兩岸經濟關係與政治關係的互動路徑

周志懷 主編

崧燁文化

目錄

兩岸政治關係和平發展的理論創新問題研究
兩岸關係和平發展階段之談判模式創新探析
論持續推進兩岸交流合作的路徑依賴和制度創新
論轉型正義與兩岸關係和平發展的深入
從「一中原則」到「一中框架」的觀察與思考
兩岸民間政治對話的路徑與機制
兩岸民間政治對話的路徑探討
兩岸政治關係發展的法律機制探析
兩岸經濟關係與政治關係互動路徑問題研究
推進兩岸政經良性互動的策略思考
海峽兩岸經濟政治互動關係初探
兩岸「先經」與「後政」的關係之辨
兩岸經濟關係與政治關係的互動路徑與模式
試論兩岸政經關係的互動軌跡和發展方向
兩岸經濟合作的政治效應問題探討
　　——理論闡釋、經驗檢視與政策建議
兩岸政經互動：理論探索與路徑選擇
推進兩岸政治關係的觀察與思考
互信與兩岸關係和平發展：制度的視角
兩岸交流合作中的自發秩序與制度建設
　　——以臺灣人的大陸政治參與為考察中心
持續推動兩岸關係從量到質的跨越
論兩岸關係和平發展中的民族認同
深入兩岸認同的路徑研究

臺灣意識的認知現狀與發展趨勢
臺灣民眾認同問題的歷史與現實：
　　以大陸臺商社會認同的實證研究為例
臺灣公民教育發展中「文化認同」變遷之研究
從兩岸社會對辛亥革命的不同解讀看兩岸國族認同的重建
兩岸關係和平發展背景下的臺灣民意變化
　　——基於 TEDS 系列調查資料的分析
臺灣民眾政治取向變化與兩岸交流的路徑選擇
論兩岸法治的建構
修正「兩岸人民關係條例」與兩岸交流合作的法治化
兩岸共同維護中國海洋權益探析
海峽兩岸資產追繳協助機制研究
　　——以《海峽兩岸共同打擊犯罪及司法互助協議》第 9 條為基礎
臺日「投資協議」的法律特徵與政治邏輯
兩岸在國際合作中的路徑及制約性因素分析
馬英九任內美國對兩岸政治對話的態度及其影響
淺析馬英九當局對日本「購島」的應對
淺析臺灣參與 TPP 的動機
建立具有兩岸關係特色的軍事安全互信機制探討
共生中的差異與差異中的共生
推進與民進黨人士交流的思考——從謝長廷登陸談起
新形勢下推動兩岸經濟一體化的思考與探索
兩岸經濟合作制度化現實與展望——基於區域經濟一體化理論的分析
虱目魚契作模式對大陸惠臺政策的啟示
跨兩岸社會：特徵、風險與治理
兩岸共同治理的制度化研究
推進兩岸文化交流制度化建設路徑探討

兩岸簽署「文化 ECFA」的路徑探索

兩岸文化教育互動新階段：發展與前瞻
　　——以高等教育互動的論述為中心

兩岸政治關係和平發展的理論創新問題研究

廈門大學臺灣研究院 陳先才

過去5年來，兩岸關係和平發展局面的形成與深入，客觀上要求我們從一個中國框架出發，建構一個既能反映兩岸和平發展現狀，又能戰略性指向未來兩岸和平統一戰略目標的理論體系。胡錦濤在中共十八大政治報告強調，要鞏固和增強兩岸關係和平發展的政治、經濟、社會和文化基礎，在當前兩岸關係和平發展新階段，積極推動包括兩岸政治關係和平發展的理論創新至關重要。兩岸政治關係的互動，我們既要考慮到兩岸目前各自的政治制度及政治文化、意識形態等現實差異，又要兼顧到兩岸關係的歷史發展及國際現實。因此，當前兩岸政治關係和平發展的理論創新，其本質要求就是要最終探討和建構一個符合兩岸政治關係特色、適應兩岸共同發展需要，同時又得到兩岸各界支持，也受到國際社會歡迎的兩岸政治關係互動機制。

一、兩岸政治關係和平發展的理論基礎

長期以來，兩岸政治關係進展有限，即使是當前兩岸關係和平發展新時期，兩岸政治互信不足，已明顯制約了兩岸關係進一步向前發展。因此，化解兩岸政治分歧、增進互信，是當前兩岸政治關係發展的重中之重，而要推動並有成效，則必須要對兩岸政治關係和平發展進行理論上的探索和創新。

事實上，過去很久以來，兩岸學術界及兩岸政界圍繞兩岸政治互動的爭執較多，其焦點主要聚集在兩岸政治關係之定位這一核心議題上。例如包括「一中原則」、「一中架構」、「一中框架」、「一國兩區」、「一國兩憲」、「一國兩府」、「一邊一國」、「兩個中國」等等論述，都是希望能夠對兩岸政治關係的

性質進行學理上或法理上的某種界定。我們必須要釐清上述論述之真偽，就必須要尋求理論的突破和解釋空間。從而為當前和今後兩岸之間的政治互動提供理論闡釋和理論支持。

就目前兩岸政治定位來觀察，無論是大陸的一中框架論述還是臺灣「獨派」的「一邊一國」之論述，其根本分歧點還是在以下三個問題：（1）1949年海峽兩岸出現的分離狀態，到底是中國國家主權的實質分裂還是主權並沒有分裂？（2）1949年在中國大陸出現的中華人民共和國政府，它對原先的「中華民國政府」是政府繼承還是國家繼承？（3）中華人民共和國政府對「中華民國」的政府繼承到底是已經完成還是尚未完成？搞清上述問題無疑至關重要。

繼承理論是國際法的基本理論之一。區分國家繼承和政府繼承對於參與繼承的國家和政府都具有非常重大而特殊的法律與政治意義。所謂國家繼承，是指一國對領土的國際關係所負的責任由別國取代。[1] 所謂政府繼承，是指在同一國家繼續存在的情況下，由於革命或政變導致政權之更迭，代表該國的舊政府為新政府所取代，從而引起的權利義務的轉移。[2] 但在國際政治現實中，區別國家繼承和國際繼承仍然相當複雜。因此，區別政府繼承與國家繼承之關鍵，就在於發生繼承的前後，參與繼承的主體——國家是否具有同一性，這才是探討國家繼承和政府繼承的前提所在。也就是說，判斷政府繼承和國家繼承的關鍵並非是否發生了政府非憲法方式變動或領土變更，而是繼承前後的國家是否具有同一性。凱爾森認為，「根據國際法，只要領土實質上仍然是同一個，國家也就仍然是同一個」。[3] 這是關於國家同一性基本原理的最精確論述。而兩岸在1949年前後的情形完全符合這一原理。

很顯然，根據國際法之相關論述，1949年以後所發生的中國繼承完全屬於政府繼承之範疇。首先，1949年10月1日宣告成立的中華人民共和國政府，並沒有改變兩岸原有的國際人格。也就是說1949年10月1日前後，在涵蓋兩岸的領土上的主權者並沒有變更，在原主權者管轄的領土上沒有出現新的主權者。即新中國並不是一個有別於1949年前的那個中國的新國家，臺灣實體（臺灣當局及其治理的地方）不是中國之外的國家。

其次，兩岸一中是現代國際法的基本規範。開羅宣言、波茨坦公告等國際法律文件明確地承認了臺灣作為中國領土之一部分的法律地位，從而使兩岸一中、一中原則得以上升為現代國際的基本規範，使國際社會普遍承認在涵蓋整個大陸和臺灣的中華大地上只擁有一個國際人格，只存在一個主權國家意義上的國際法主體，並以中國指稱這個國際法主體。而1940年代後期發生的中國內戰以及由此造成的兩岸分離，並未使在同屬一個中國的兩岸之間出現一個有別於中國的新的主權者。在兩岸分離的前後，中國的領土和主權的完整性並沒有產生絲毫的變動，在兩岸之間的中國領土範圍內並沒有產生另一個新的主權國家主體。

第三，1971年聯合國第2758號決議是聯合國和國際社會接受了1949年兩岸是政府繼承而非國家繼承的證據。而聯合國在1971年召開的第26屆聯大恢復中華人民共和國政府在聯合國及其附屬機構中的合法席位，並將蔣介石的代表從聯合國及其附屬機構中驅逐出去，這就是著名的2758號決議。這說明，中華人民共和國政府的合法代表地位已被聯合國接受，至此，中華人民共和國政府正式成為世界上唯一代表中國的合法政府。中華人民共和國的成立，是政府繼承，非國家繼承，沒有引起領土的變更，也沒有引起國際法主體即國家的變更。中華人民共和國政權取代「中華民國」政權是一個國家內部兩個政權的更迭，而不是兩個不同國家的建立，臺灣仍然是中國不可分割的領土。儘管臺灣當局偏居臺灣，但在國際法上並不能造成中國的國際法主體資格的分裂，聯合國承認中華人民共和國，確認並維護了中國國際法主體資格的連續性和一致性，已從國際法的角度消除了「一中一臺」、「兩個中國」的可能性。

最後，當前政府繼承的複雜性根源在於中國的政府繼承尚未完成。由於特殊的歷史原因，兩岸的政府繼承過程並不是一帆風順，兩岸之間的政府繼承至今仍然是尚未完成的繼承狀態。兩岸問題之所以沒有解決，關鍵還是政府繼承始終沒有完成。它不是瞬間完成的，因為兩岸圍繞政府繼承的長期鬥爭至今尚未結束。臺灣當局以「中華民國」名義在中國境內部分領土上實行有效統治，而且還有23個「邦交國」，這種不正常狀態也越來越具有某種「合法性」。兩岸之間的政治對立實際上是兩岸圍繞政府繼承問題而形成的對立，這是兩岸關係的本質問題，但隨著時間的發展，這一本質也有一些變化，目前兩岸尚未完成的政府繼承

關係不再是一個必須立即克服的非法狀態,而是一個在一定時間內可以容忍的狀態。這樣就出現了一種在治權尚未統一國家內所沒有的現象——在一定條件下,對立雙方進入不敵對的和平發展狀態。

從法理上講,政府是國家的代表,承擔著該國在國際法上的全部權利和義務,在發生政府更迭時,作為被繼承者的舊政府往往隨著新政府的建立而在國際法上消滅。因此,政府繼承理論完全是內政理論的延伸,兩岸分離在本質上還是內戰狀態的延續,只是這種延續有其獨特性。這也是國際法的缺陷所在。比如國際法的規定只涉及新舊政府的瞬間交替和叛亂政府被鎮壓下去兩種情形的政府繼承,[4] 現有國際法的政府繼承並沒有考慮在治權尚未統一的國家內,舊政府的殘餘割據該國領土的一部分並以「國家」名義長期存在的這種非正常情形。這也是胡錦濤在紀念《告臺灣同胞書》發表30週年演講上所表示的那樣,大陸和臺灣儘管尚未統一,但不是中國領土和主權的分裂。因此,兩岸政治關係的本質就是政府繼承關係,但由於國際格局的特殊性所致,中國的政府繼承過程比較特殊,也極為複雜,雖然歷經60多年,但目前中國政府繼承尚未最終完成,仍然在持續進行之中。因此,我們當前對兩岸關係定位特別是兩岸政治關係定位一定要放在中國尚未完成政府繼承這一大的框架中來談,這樣才具有現實可行性,也才有理論說服力。

二、兩岸政治關係和平發展的基本內涵

正是由於兩岸政治關係的本質是政府繼承,而且兩岸的這種政府繼承目前處於尚未最終完成階段,其政治屬性表現為中國內戰的某些延續,因此,兩岸政治關係和平發展的基本內涵主要包括以下幾個方面:

(一)一中框架。1949年由於中國內戰而導致的兩岸分離之事實並未導致中國領土與主權之實質分裂,也就是說在兩岸並沒有導致中國出現兩個國際法主體,中國原有的國際法主體仍然存在。同時,無論是臺灣還是大陸的現行相關規定,都仍然是一中架構,這是當前兩岸政治關係互動的最大特色所在。

(二)兩岸非國與國的關係。兩岸一中框架決定了兩岸之間的關係絕非國與國關係,而是一國內部的關係。

（三）反對「臺獨」。正是由於自1949年以來中國的國家和主權領土並未分裂，兩岸仍然是一中架構，反對「臺獨」分裂活動是兩岸中國人的共同任務與共同利益。反對「臺獨」當然是兩岸特色政治互動關係中的重要特色。

（四）互不否定對方是「政治實體」。儘管1949年以來兩岸分離狀態並不是中國國家領土主權的分裂，但兩岸隔離的存在卻是客觀事實。特別是兩岸形成了各具特色、適合各自實際情況的政治制度。在當前兩岸政治互動中，雙方均不以消滅或否定對方為政治前提，這也是兩岸政治互動的重要特色。

當前，兩岸政治關係和平發展的基本特徵主要有以下幾個方面：

首先，兩岸政治關係是中國內部的政治關係，兩岸政治互動的本質是中國內部的事務。這是兩岸政治互動的本質特徵。當前在兩岸一中框架下，兩岸的政治互動都是中國內部的政治互動，它是一國內部的事情，而非國與國之間的政治互動，它與中美、中日等國家之間的政治互動性質有著本質的區別。同時，由於從國際法的角度看，兩岸關係的本質屬性是政府繼承關係，因此，兩岸政治關係又與中國大陸內部其他地區之間的政治關係有很大的差異，也與中國大陸與港澳地區的政治關係有所差異。

其次，兩岸政治互動的基本目標是要維護和推動兩岸關係的和平發展，這是兩岸特色政治互動的重要特徵。2008年5月以來，兩岸關係發展取得了重大的歷史性進展，兩岸關係和平發展局面日漸形成，兩岸雙方在「九二共識」、「一中框架」等政治基礎之上開展協商，並簽署了19項兩岸協議，這些協議廣泛涉及兩岸經濟、文化、人員來往等領域，從而為兩岸關係長期和平發展厚實了基礎。儘管兩岸所簽署的這些協議並不是政治議題，但卻為未來兩岸政治議題的協商奠定了基礎，累積了經驗。在現階段，由於兩岸政治互信不足，兩岸雙方從擱置政治爭議以及維護兩岸關係和平發展大局的戰略出發，不斷推動兩岸關係朝著良性方向發展。

第三，兩岸政治互動是以中華民族利益及共同利益為依託，以兩岸情感聯繫為重要樞紐來推動。客觀而論，當前兩岸之所以政治互信不足，關鍵還是中國政府繼承尚未最終完成，還在進行之中。因此，當前兩岸在政治領域的利益衝突與

對立情緒客觀存在，但兩岸不能因為政治互信不足而關閉交流互動之大門，兩岸問題是兩岸中國人之間自己的事情，兩岸中國人應當有自信有智慧來處理好兩岸問題，兩岸應從中華民族的整體利益出發，通過促進兩岸在各方面的交流互動來增強兩岸政治互信，從而不斷推進兩岸政治關係不斷朝良性互動的方向發展，這不但符合中華民族的利益，而且也符合兩岸雙方各自的政治利益與其他利益。兩岸之所以能夠依託中華民族的根本利益來推動交流合作，主要是兩岸都帶著民族情感和歷史情感的角度來進行互動。

第四，兩岸政治互動具有國際戰略之效應，兩岸政治關係互動在某種程度上具有內外有別的特性。儘管兩岸問題的本質是中國的政府繼承問題，它在性質上當然屬於中國的內部事務，但隨著臺灣問題的不斷發展演變，特別是中國政府繼承問題至今仍然沒有完全解決，因而使臺灣問題中的國際因素越來越突顯。特別是當前兩岸政治對話之所以面臨諸多的問題，與美國等境外勢力的介入與干預完全分不開。因此，兩岸特色的政治互動在某種程度上不可避免會受到國際因素的影響和牽涉，但畢竟兩岸問題是中國的內政，因此，在兩岸特色的政治關係互動中，兩岸之間在政治關係上的內外有別原則就特別重要。由於在國際社會整個中國的國際人格只有一個，因此，兩岸在國際社會只能以一個中國原則之旗號來行事，否則就會出現「一中一臺」或「兩個中國」等與現代國際法規範相衝突的情形。但在兩岸政治互動的範疇之內，兩岸則可以擱置爭議，不必糾纏其中。例如，中國大陸在與有邦交關係的國家面前，可以稱自己代表中國，而臺灣在與其建立「邦交關係」的國家面前，也可以稱自己「代表中國」。但在國際法領域，中國的主權則是統一的。

最後，兩岸特色政治協商的主體具有特殊性。由於兩岸是一中框架，兩岸非國與國關係，因此，兩岸通過各自授權的民間團體來推動兩岸交流，甚至包括政治協商議題在內，這是兩岸政治互動的重大特色所在。例如當前兩岸推動的兩會互設辦事處，其本身就包括政治協商之意涵，但它完全是通過海協會和海基會兩個民間團體來完成和推動的。

三、兩岸政治關係和平發展的實踐模式

兩岸關係在本質上是中國繼承問題的體現，因此，兩岸關係的實質和癥結並非經濟關係、文化關係，而在於政治關係。儘管過去很長一段時間以來，特別是在李登輝及陳水扁等推行「臺獨」分裂路線的前後20年間裡，兩岸特色的政治互動仍然在持續進行。

從兩岸60多年來政治互動進度來觀察，兩岸特色政治互動的實踐模式主要有以下幾種類型：

（一）兩會協商模式

兩岸公權力部門通過授權兩岸民間機構來代行兩岸協商之功能，從而在規避政治分歧的情況下推動兩岸關係的持續發展。儘管海基會和海協會是民間機構，但由於它們都是兩岸公權力之委託機構，其實質上是扮演了代行兩岸公權力之職責。特別是其簽署的協議都得到兩岸公權力部門的認同與接受。兩岸兩會模式也是當前中國政府繼承尚未最終完成狀態下不得已而採用的方式，其兩岸特色相當突出。

正是由於兩會模式作為兩岸特色政治互動的重要實踐模式，其對於兩岸關係發展特別是政治關係互動的狀況具有重要的指標性意義。在李登輝執政後期和陳水扁時期，由於臺灣當局堅持「臺獨」分裂路線，兩岸互信基礎不復存在，特別是兩岸政治互信嚴重不足，兩會的互動自然完全中止。而2008年5月以來，隨著國民黨在島內重新執政，兩岸雙方在「九二共識」的基礎上推動交流與互動，兩岸互信基礎重新累積，特別是隨著兩岸政治互信的不斷增強，兩岸兩會的功能發揮越來越強，簽署了19項協議。這對於兩岸關係和平發展和推動兩岸政治互信都具有重要的現實意義。

從這個意義來看，兩會協商模式是兩岸特色政治互動中的重要實踐模式，也是當前兩岸關係發展新時期不可或缺的部分。雖然兩會協商的議題並不是高階的政治議題，但兩岸問題無小事，這些議題背後的政治意涵非常明顯。

（二）兩岸協議模式

在兩岸政治關係互動中，由於雙方的互信不足，因此，兩岸雙方採取了通過

簽署兩岸合作協議之模式，來不斷強化雙方的互信基礎，從而不斷推進兩岸政治關係不斷取得進展和突破。

儘管這些協議都不是真正意義上的政治協議，而是廣泛意義上的經濟合作、文化交流及人員往來等協議，但事實上兩岸非政治協議的協商及簽署本身就是兩岸政治關係互動的過程，客觀上當然有助於兩岸政治關係互信的增強。特別是各項協議簽署之後的落實及執行層面，都是需要雙方公權力部門來落實，其政治意涵相當彰顯。

例如，兩岸ECFA協議以及服貿協議，雖然在性質上是經濟合作協議，但其背後則有複雜的政治因素與考慮存在。此外，以兩岸「三通」協議來觀察，由於臺灣不願意「三通」之後兩岸之間的航班被稱為國內航線，而中國大陸也不願意稱之為國際航線，因此，兩岸雙方經過溝通與協商，從政治的高度，將「三通」航線稱之兩岸航線，從而避免了雙方的爭執，這就體現了鮮明的兩岸特色。

事實上，在當前兩岸政治互信不足的情況下，兩岸通過一系列協議來推動雙方的合作，特別是這些協議通過「白手套」的策略來把雙方的公權力緊緊抓在一起，從而使兩岸公權力部門必須不斷配合，不斷合作。因此，從這個意義上來講，兩岸協議的協商簽署過程，本身就是兩岸合作的過程，是兩岸強化對他方認可的過程。在這樣一個長期互動的過程中，自然會強化雙方的政治互信。因此，兩岸協議模式是兩岸特色政治互動過程中的重要方面。

四、兩岸政治關係和平發展的路徑模式

儘管兩岸關係呈現包括政治關係、經濟關係、社會關係、文化關係等在內的多面向特性，但兩岸問題的癥結與核心仍然在政治，這是兩岸互動中始終無法迴避的議題。事實上，從過去5年兩岸關係和平發展狀況來觀察，雖然兩岸在經貿往來、文化教育以及人員互動等領域取得了相當大的進展，但兩岸在政治關係領域的進展卻相當有限，一方面說明兩岸互信仍然嚴重不足，但另一方面也說明兩岸政治問題的解決絕非易事。當前，兩岸政治關係和平發展的路徑建構應從經濟基礎、一中架構、社會對接、民間對話、價值共享等層面來推動。

（一）兩岸政治關係和平發展的經濟基礎

根據馬克思主義原理，經濟基礎決定上層建築。儘管兩岸經濟合作未必會直接促使兩岸開展政治對話和政治協商，但從過去30年來兩岸關係發展的實踐來觀察，兩岸經濟合作對於推動兩岸關係和平發展與穩定至關重要，已成為推動兩岸穩定的重要助推力量。在推動兩岸政治關係和平發展的進度中，我們仍然要堅持以兩岸經貿合作為優先，通過不斷密切兩岸經濟聯繫，深入兩岸經濟利益的融合，從而為兩岸共同利益與兩岸命運共同體的形成奠定堅實的經濟基礎，這對於確保兩岸政治關係和平發展至關重要。

（二）兩岸政治關係和平發展的政治基礎

兩岸政治關係良性互動的基礎就是雙方要共同落實一個中國框架。一個中國原則不但是兩岸關係和平發展的政治基礎，也是兩岸政治關係和平發展的最基本要求。當前儘管兩岸尚未完全統一，但兩岸的領土和主權並未分裂，兩岸同屬一個中國的事實並未改變。從中國內部來看，兩岸目前仍然處於尚未完成的政府繼承關係狀態之中，從國際社會角度看，兩岸同屬一中的國際法基礎早已形成。因此，兩岸政治關係和平發展的政治基礎就是一中框架。雙方只有堅持一中框架，才能有助於增強互信基礎，才能有助於釋放善意，也才能維護臺海局勢的穩定狀況。

（三）兩岸政治關係和平發展的社會基礎

政治屬於上層建築，其根基來自於基層社會，兩岸政治關係和平發展離不開兩岸社會基礎的支撐。兩岸政治互信不足，其根源就在於兩岸社會信任基礎嚴重缺乏。兩岸社會自1949年以後開始按照其自身的邏輯發展，最終形成了各具特色的社會制度。儘管過去30年來兩岸社會互動有所增加，但兩岸社會的互動仍然不夠深入，兩岸社會的信任並未完全建立起來，這就需要兩岸應該加強兩岸社會的融合與重新連接，特別是在推動兩岸人員互動及社會對接方面要下足功夫才行。只有兩岸社會重新連接與融合，才能為兩岸政治關係和平發展提供強大的社會氛圍和支持基礎。

（四）兩岸政治關係和平發展的民意基礎

推動兩岸政治關係和平發展必須要有強大的民意基礎才行。現階段由於政治

議題屬於高階、敏感範疇，在兩岸互信不足的情形下，貿然推動兩岸政治對話和協商，其風險自然很大，甚至有可能會對兩岸關係和平發展局面造成負面的衝擊和挑戰。因此，當前兩岸可以通過民間政治對話，不斷累積兩岸民間共識，在此基礎上不斷推動兩岸政治互信的累積，從而為兩岸政治關係和平發展累積越來越強大的民意基礎，這對於兩岸未來解決高階政治議題具有重要的奠基效果。當前兩岸民間政治對話的形式多種多樣，既可以是兩岸政黨間的政治對話，也可以兩岸學者及智囊對政治議題的討論，還可以是兩岸民間社團組織就某一政治議題所開展的交流互動。

（五）兩岸政治關係和平發展的價值基礎

兩岸政治關係和平發展還離不開兩岸共同價值觀的塑造與共享。當前兩岸政治互信不足的原因除了兩岸政治制度與意識形態有很大的差異外，還與過去長時期的相互刻意負面宣傳與教育有莫大的關係，從而人為造成兩岸民眾政治認同的嚴重分歧與不信任情緒存在。因此，兩岸政治關係和平發展要想取得進展，就需要雙方共同培育、共同塑造出新的兩岸價值觀，這種新的兩岸價值觀既具有包容性，又符合兩岸政治關係現狀，還符合國際社會在國家主權上的共識。它一方面可以減少臺灣社會對大陸政治的刻意負面文宣，增強臺灣民眾對一中框架的認同與接受程度，另一方面，有助於增強大陸政府與民眾對臺灣政治發展與政治現狀的多元觀察。唯有如此，兩岸才不會以意識形態來觀察和判斷對方，從而有助於增強雙方在政治議題上的良性互動。

注　釋

[1].詹寧斯·瓦茨修訂：《奧本海國際法》第一部第一分冊（王鐵崖等譯），中國大百科全書出版社1995年版，第299頁。

[2].王鐵崖主編：《國際法》，法律出版社1995年版，第95～98頁。

[3].奧·漢斯·凱爾森：《法與國家的一般理論》，中國大百科全書出版社1996年版，第246頁。

[4].詹寧斯·瓦茨修訂：《奧本海國際法》第一卷第一分冊（王鐵崖等譯），中國大百科全書出版社1995年版，第115頁。

兩岸關係和平發展階段之談判模式創新探析

中國社會科學院臺灣研究所 汪曙申

在兩岸關係和平發展階段，協商談判始終是兩岸雙方增進互信、擴大共識、解決問題的重要方式和途徑。兩岸關係的性質決定了兩岸談判的形式和內容，兩岸關係的實踐推動著兩岸談判向前發展，形成反映歷史階段性特點的不同模式。基於兩岸談判的領域、層面對談判模式的需求不同，兩岸雙方理應根據兩岸關係發展的歷史規律和實際情況，適時推動談判模式創新，為建構和完善兩岸關係和平發展框架創造更為有利的條件。

一、兩岸談判模式之歷史演進

（一）「兩會模式1.0」

1990年代初兩岸交流呈現擴大之勢，交流衍生的問題愈來愈多，國民黨當局長期堅持「不妥協、不接觸、不談判」的「三不政策」難以為繼。1990年11月21日，臺灣當局成立獲得官方授權與大陸方面聯繫與協商的民間性中間機構——海峽交流基金會，次年3月開始運作。大陸方面為推動兩岸談判、發展兩岸關係，於1991年12月16日成立海峽兩岸關係協會，作為與海基會接觸、商談的平台。1992年，兩會達成在事務性商談中各自以口頭方式表述海峽兩岸均堅持一個中國之原則的共識，即「九二共識」。

「九二共識」堅持一個中國原則，表明追求國家統一，成為兩岸兩會展開對話協商的政治基礎。1993年4月29日，海協會會長汪道涵與海基會董事長辜振甫，本著平等協商、互惠雙贏的精神，在新加坡協商簽署包括《兩岸公證書使用查證協議》、《兩岸掛號函件查詢、補償事宜協議》、《兩會聯繫與會談制度協

議》及《辜汪會談共同協議》等四項協議。《辜汪會談共同協議》將此次會談界定為民間性、經濟性、事務性和功能性,協議內容涉及的是敏感度較低的事務性問題,但此次會談是1949年以來首次由兩岸授權的民間團體進行協商談判並簽署正式協議,發展出兩岸談判史上的「兩會模式」。然而遺憾的是,1994年「千島湖事件」、1995年李登輝訪美接連衝擊兩岸關係,兩岸談判隨之陷入停滯。直至1998年兩岸關係有所緩和,第二次「辜汪會談」才於該年10月在上海舉行,達成汪道涵訪臺的共識。但1999年7月李登輝拋出「兩國論」,不僅迫使汪訪臺行程取消,兩岸關係也由此陷入尷尬。自此,李登輝在分裂路線上越走越遠,兩岸互信已蕩然無存,兩會商談完全中斷,一度承載兩岸對話和商談的「兩會模式」無法再走下去。2000年臺灣首次政黨輪替,民進黨上台執政,陳水扁當局迫於美國壓力提出「四不一沒有」承諾,但頑固堅持「臺獨」立場和路線,否認「九二共識」,兩岸關係完全沒有轉圜的餘地,一步步陷入緊張對抗和衝突的惡性循環之中。

　　1990年代開啟之兩會商談是兩岸關係發展中的一項重大創新,但剛剛起步便陷入停滯,本文稱之為「兩會模式1.0」。「兩會模式1.0」的重要意義在於:第一,它是在蓬勃發展的兩岸經貿往來和民間交流下催生的,結束了兩岸不接觸、不談判的歷史,形成了兩岸對話談判的基礎。第二,它創設了兩岸通過談判解決事務性問題的新途徑、新方式,開創、建立了兩岸制度化協商的機制。第三,它探尋出一條兩岸化解敵意、緩和對抗、加強合作的可行路徑,標幟著兩岸關係邁出了歷史性的重要一步。正如馬英九稱,「該會談開啟兩岸以談判化解敵意、以協商取代對抗的歷史新局」。[1]

　　(二)「澳門模式」

　　2000年5月民進黨執政後「臺獨」分裂活動加劇,兩岸關係趨於緊張動盪,兩會協商中斷,兩岸交流所衍生的大量事務性問題缺乏妥善解決的途徑。從臺灣方面看,陳水扁2003年拋出「一邊一國論」激化兩岸關係遭到島內外強烈批評,2004年陳連任後在各方壓力下試圖緩和兩岸情勢,於是年「雙十講話」中拋出「兩岸可以九二香港會談為基礎,尋求雖不完美、但可接受的方案,作為進

一步推動協商談判的準備」。[2]　從大陸方面看，在民進黨否定「九二共識」致使兩會機制無法開展的情況下，大陸為盡早解決制約兩岸交流合作的直接「三通」問題，展現出相應的靈活務實態度，提出由兩岸民間行業組織進行協商的政策思路。2003年4月陳雲林在紀念「辜汪會談」十週年的講話中提出，「在兩會對話和談判未能恢復的情況下，可以由兩岸民間行業組織協商解決『三通』問題，擱置政治爭議，及早達成協議，盡快通起來」。[3]

在此特殊情勢下，由兩岸民間行業組織負責口頭協商的優勢在於，它不是兩岸政治對話和談判，能有效的使技術問題單純化、解決方式便捷化。基於此，大陸方面與堅持「九二共識」的國民黨達成實施兩岸春節包機的共識。由於在野的國民黨沒有公權力，最後通過行業對行業、團體對團體的方式就包機技術性、業務性問題進行溝通協商。從協商進度看，2005年兩岸春節包機由中國民用航空協會海峽兩岸航空運輸交流委員會與臺北市航空運輸商業同業公會在澳門進行口頭商談，兩岸民航主管部門官員各自以民間行業團體顧問身分與會。雙方於2005年1月達成春節包機協議，同意兩岸包機雙向對飛、不中停和多點開放，由雙方共同實施。

上述談判被學者概括為「澳門模式」，即採用一種「複委託」的談判形式。2003年10月，臺灣當局修改「兩岸人民關係條例」新增「複委託機制」，規定除海基會外，臺當局可以委託其他具公益性質的法人協助處理兩岸事務或代之簽署協議，而經臺當局委託的海基會也可以「複委託」其他公益法人執行任務。該項修法意味著，臺當局確認了兩岸事務性議題可以採用「政府主導、民間協商」方式，突破了以往單一的兩會談判模式。此後，兩岸在兩會平台停擺的情況下，可以通過分別委託各自相關民間行業團體，就特定事務性問題進行協商並達成共識。與「兩會模式1.0」不同的是，兩岸民間團體成為談判主體，相關業務主管部門官員僅以民間團體顧問的身分與談，臺灣「陸委會」和海基會人員不上談判桌。臺「陸委會」曾以「擱置爭議、不設前提，相互尊重、實事求是，政府主導、民間協助」來界定這一模式。[4]　淡江大學大陸研究所所長張五岳將該模式稱之「政府授權、民間名義、官員主談、公權力落實」。2011年臺灣領導人競選期間，前「陸委會主委」吳釗燮訪美時拋出「澳門模式」，稱民進黨重新執政

後可能以「澳門模式」取代「九二共識」延續商談。事後民進黨中央雖否認吳代表民進黨的立場，但反映出「澳門模式」在民進黨內確實有一定市場。

「澳門模式」的內容是民間協商、達成共識和各自確認，它是特殊兩岸關係的產物，能夠解決一定的事務性問題，但亦明顯存在侷限性：第一，它是在兩岸互信薄弱情況下的權宜性安排，僅用於解決「個案」問題，並無適用兩岸關係的普遍意義。第二，它涉及的春節包機屬於簡單、單純的事務，很難適用於牽涉兩岸更廣泛重要利益的複雜事務。特別是在兩岸大交流、大合作、大發展時期，「澳門模式」根本無法適應兩岸的形勢和需求。第三，它不是兩岸制度性商談，既不能作為衡量兩岸關係發展的根本性指標，對兩岸關係和平穩定的正面作用亦相當有限。

（三）「兩會模式2.0」

2008年臺灣發生第二次政黨輪替，馬英九帶領國民黨實現重新執政。馬英九上任後的重要議程之一即是貫徹國民黨的大陸政策，重建兩岸和平穩定的格局。馬英九當局大陸政策的核心是，在「中華民國憲法架構」下，維持「不統、不獨、不武」的臺海現狀，在「九二共識」基礎上恢復兩岸協商，推動和完善兩岸關係的制度化。一方面，馬英九當局主張的「三不政策」缺乏明確的政治方向，因而遭到不少的質疑甚至批評；另一方面，馬英九當局承認並堅持「九二共識」的做法為兩岸重啟商談創建了基礎，在2008年5月執政後迅速恢復兩會中斷十年之久的對話商談，其發揮的重要功能和積極意義不容否定。5年來，「江陳會談」共舉行了八次會議，簽署了18項協議，包括「三通」、旅遊、食品、醫藥、漁工、檢疫、共同打擊犯罪、經濟合作、智慧財產權保護、金融監理、貨幣清算以及投資保障等廣泛領域。2013年6月舉辦兩會領導人換屆後的首次「林陳會談」，順利簽署兩岸服務貿易協議，進一步推動兩岸經濟社會走向全面交流融合。臺灣《經濟日報》社論曾指出，若將兩岸會談以1.0、2.0作階段性的區分，「辜汪會談」兩岸關係破冰可視為1.0階段，「江陳會談」兩岸經貿協商新時代可視為2.0階段。[5] 本文之所以將2008年迄今舉行的兩會商談稱之為「兩會模式2.0」，主要是其與1990年代之「兩會模式1.0」相比具有以下主要特徵：

第一，兩岸建立並鞏固政治互信，兩會商談形成制度化運作，更加穩定、更具可持續性。兩會重啟商談的基礎可以追溯至2005年4月「連胡會」達成的國共兩黨「兩岸和平發展共同願景」。2008年國民黨重新執政後堅持「共同願景」的基本路線，建立和增進兩岸政治互信，才得以實現兩會商談的重啟和制度化。此外，兩會之間展開多層次的交流互訪，成立兩岸經濟合作委員會，召開「協議成效與檢討會議」，均有助於促進雙方相互瞭解、有針對性探討問題並保障協商成果落到實處。與「兩會模式1.0」相較，「兩會模式2.0」充分體現了「建立互信、擱置爭議、求同存異、共創雙贏」的精神，其穩定性、連續性和制度性更強。

第二，兩岸功能性業務主管部門談判參與度大幅提升。伴隨兩岸事務性談判領域拓展、專業性增強，兩岸相關業務主管部門以兩會顧問的身分直接參與到談判中，就協議框架和內容進行全面溝通協商。如在兩岸金融合作協議的協商談判中，中國人民銀行、銀監會與臺灣方面的「金管會」是業務主談者；兩岸共同打擊犯罪與司法互助協議，由司法部、公安部與臺灣方面的「法務部」對談；兩岸經濟合作框架協議（ECFA），則由商務部與臺灣「經濟部」負責主談，等等。臺灣當局將其概括為「機制對機制」、「官員對官員」。[6] 在兩岸業務主管部門完成技術性和事務性的協議文本草案協商後，再由兩會展開預備性協商，最後召開兩會領導人會談正式簽署協議。兩岸業務主管部門以適當身分參與談判，豐富了「兩會模式2.0」的功能性、專業性和權威性。

第三，政治能量和社會效應更加顯著。政治上的互信、經濟上的互需、解決問題的導向，共同放大了2008年以來兩會會談的政治能量和社會效應。一方面，兩會商談的成功實踐不僅擴大了兩岸關係的制度化網絡，更具意義的是在其過程中厚植了兩岸相互瞭解與信任，形成兩岸關係中「互信——制度化」之間的良性循環。另一方面，19項協議的達成和落實明顯降低了兩岸貨物、服務、人員和資本交流互動的交易成本，極大地推進了兩岸交流融合進度，豐富和完善了兩岸關係和平發展的內涵。

二、兩岸關係和平發展階段之談判模式創新

兩岸關係和平發展階段是一個長期複雜的螺旋上升過程，需要克服一系列的差異、難題和矛盾。在影響和推進兩岸關係和平發展的諸多因素中，談判模式創新將會在未來特定階段發揮重要作用。

（一）模式創新之基本條件

從兩岸關係發展史看，在理論上提出的各種談判構想能否在實踐中形成和發展為成熟的模式往往受到各種客觀條件的影響。不論是「兩會模式1.0」、「澳門模式」還是「兩會模式2.0」，都有其形成和發展的歷史背景及條件。基於兩岸關係和平發展階段的性質和特徵，適時推動談判模式創新符合兩岸關係向前發展的內在需求，也具有現實條件的有利支撐。

第一，實力、信心與創新。大陸的實力、信心決定著兩岸關係的走向。繼2000年至2008年取得「反臺獨、反分裂」鬥爭勝利後，大陸從2008年開始逐步確定兩岸關係和平發展框架並持續推進之，牢牢把握了兩岸關係的主導權。在2010年超過日本成為世界第二大經濟體後，大陸將在2020年進一步推進對外開放、釋放改革福利，實現經濟總量翻倍的目標，國際地位勢將有一個全新的飛躍。整體實力大幅增強、處理中國內外複雜事務信心提升，將有利於大陸在兩岸關係上推動包括談判模式在內的系統性創新。

第二，原則立場上「同」的堅持與擴展。兩岸談判中的模式創立，需要兩岸雙方共同努力和謀劃，其中臺灣當局對兩岸關係性質持何種原則立場至關重要。馬英九連任後多次表示，不論在國內或國外，都不會推動「兩個中國」、「一中一臺」或「臺灣獨立」。2013年6月國民黨榮譽主席吳伯雄在馬英九授權下與習近平總書記會談，明確提出兩岸各自的法律、體制都主張一個中國原則，都用「一個中國架構」來定位兩岸關係，而非「國與國」的關係。國民黨和馬英九當局在堅持「九二共識」和「不獨」承諾的基礎上，進一步明確主張一中原則和一中框架，這表明兩岸在增進維護一個中國框架的共同認識上邁出新的一步。隨著兩岸關係和平發展進度的向前推進，兩岸不斷給予「兩岸同屬一中」更加清晰、明確的表述和宣示是完全有可能的。只要2016年國民黨繼續執政，兩岸雙方對原則立場上「同」的堅持與擴展就不會中斷，也就有利於兩岸抓住機遇、引領形

勢，適時推動談判模式創新。

第三，理性務實管理分歧的態度。兩岸之間的特殊歷史造成兩岸關係發展中的矛盾複雜、困難密布，任何兩岸談判模式都必須考慮到這些矛盾和困難，這就需要有理性務實的態度。從以往兩岸談判的實踐看，雙方基本照顧到戰略性與策略性、原則性與靈活性的平衡，並從中尋找出一套管理爭議和分歧的方法、手段。實踐證明，在一個中國原則下，兩岸談判可以暫時擱置爭議以尋求雙贏。即使未來兩岸談判「由易入難」、「由經入政」，只要有理性務實的態度，兩岸在「核心區域」亦能找到管理分歧、解決矛盾的妥善辦法，其中就包括談判模式的創新。

（二）模式創新之基本精神

兩岸全面交流合作格局的形成和發展對兩岸關係的「頂層設計」提出了更高要求，談判模式創新是兩岸關係制度化「頂層設計」的重要組成，必須堅持科學性、平衡性、前瞻性及建設性的基本精神。

第一，科學性。兩岸關係和平發展有其內在遵循的規律，它受到兩岸歷史、地理、文化、經濟、政治、社會等因素的綜合作用，特別需要掌握好節奏、步調。談判模式創新首先要堅持科學性的原則，即首先要正確地反映兩岸關係現實，要體現「海峽兩岸同屬一個中國」的客觀事實，不能造成「兩個中國」、「一中一臺」。汪道涵曾指出，以什麼為基礎進行談判，關係到兩岸關係的性質與和平統一的前景。[7] 其次要根據兩岸關係發展的具體實踐來把握創新的「面」和「度」，既不能因急功近利而搞超前的「大躍進」，也不能因瞻前顧後的保守心態而錯失機遇。

第二，平衡性。兩岸在地理、人口、經濟、軍事、制度等方面懸殊差距大，臺灣社會在面對大陸時存在「弱者」心理，近年來臺灣社會出現兩岸相處之道的「大小關係論」就是其表現。[8] 未來兩岸強弱之勢繼續擴大以及臺灣社會懷疑戒備心理長期存在，要求兩岸雙方必須正視差異、正確看待差異，因此兩岸在談判模式創新上應該處理好「大小關係」，堅持平等互惠的精神，把握好談判過程中的平衡性，不搞單方面的強加於人。

第三，前瞻性。在兩岸關係中，任何一項政策措舉必須既有延續歷史的深度，又有掌握未來的前瞻性。正如馬英九所言：「兩岸關係仍須有新構想、新視野及新動力，方能開創永續的和平及繁榮。」[9] 談判模式創新的前瞻性表現在：一是在正確把握兩岸關係和平發展階段性過程及特點的基礎上，合理設計創新的形式與內容；二是創新不僅要有預警性，能提前反映兩岸關係發展的需求，而且要體現規劃性，開拓和引領兩岸關係發展的方向。

第四，建設性。歷史告訴我們，發展兩岸關係既需要政治基礎和互信，更需要誠意和誠信。談判模式創新的建設性應體現在，一方面它應有利於擴大兩岸共識，鞏固既有協商成果，另一方面有利於擴展兩岸和平協商格局，推動簽署包括科技、文化、教育及政治軍事領域的系列協議。

兩岸協商談判關係到兩岸關係和平發展的基礎工程建設。堅持談判模式創新的上述原則，目的在保持兩岸談判與兩岸關係發展的方向性與協調性，努力確保未來不管誰在臺灣執政，兩岸關係和平發展的方向及進度不會改變。

（三）模式創新之基本內涵

兩岸談判及其模式發展始終基於兩岸關係實踐的一般規律，即是一定經濟社會需求的反映，談判模式創新因其超前性而具有較大難度。本文試從形式與內容兩個方面進行探析。

第一，形式。5年多來，「兩會模式2.0」在推進兩岸事務性和功能性商談上發揮了舉足輕重的作用，今後鞏固和深入兩岸關係和平發展的政治、經濟、文化、社會基礎仍需要進一步豐富和發展該模式。不過要看到，兩岸協商從經貿、社會文化等「低政治領域」逐步過渡到政治、軍事安全、外交等「高政治領域」是一個歷史的趨勢，為因應此過程中存在的兩岸固有矛盾分歧，妥善處理雙方的名義、地位以便於進一步推進和深入商談，兩岸談判的外在形式可以不拘泥於兩會框架，應根據兩岸談判的規律及需要進行創新性發展。2012年11月26日，王毅在「九二共識」20週年座談會上指出，達成共識的方式也可以靈活多樣，不拘一格。目前，兩岸政學界相繼提出一些看法，代表性的建議是適時創設兩岸和平發展委員會。2010年9月，臺灣大學副校長包宗和提出，可以效仿兩岸設立經

濟合作委員會，成立半官方性質的兩岸和平發展委員會研擬兩岸和平協議。[10] 2011年4月，淡江大學中國大陸研究所所長張五岳提出，為因應未來兩岸可能的政治對話和協商，臺灣方面可以效仿當年「國家統一委員會」的機制，在「總統府」設立兩岸和平發展委員會，研擬「兩岸和平互動綱領」的可行性。[11] 前臺灣省議會議長、「21世紀基金會」董事長高育仁亦建議，應早日成立兩岸和平發展委員會，推動簽署和平協定、建立兩岸制度化的和平機制。政治大學國際關係研究中心研究員湯紹成提出，兩岸雙方將各自以及共同組織「兩岸和平發展委員會」，持續發展友好的政治、經貿與文化等各種關係。[12] 楊開煌建議臺灣方面在「總統府」下設兩岸和平發展委員會以作為協調島內各黨派立場、凝聚共識和研議功能性議題的平台。2012年3月由臺北論壇基金會董事長、前「國安會祕書長」蘇起發起的臺北論壇公開發表《政策建言書》，建議在「總統府」下設法治化的兩岸和平發展委員會，含納政黨及社會代表，建構臺灣內部對發展兩岸關係的共識。中華文化發展促進會副會長辛旗進一步建議，為兩岸政治談判創造條件，兩岸雙方可成立海峽兩岸和平發展委員會，由兩岸領導人擔任主委，由兩岸各自管轄區域內的公權力機構組成代表團進行談判，代表團成員應具有廣泛的代表性和公權力，須得到兩岸高層的充分授權。[13] 全國臺灣研究會研究員劉建青提出，兩岸有必要共同設立雙主席制的兩岸和平發展委員會，由兩岸政治領導人擔任共同主席，以規避兩岸目前在主權問題上的結構性矛盾，實現兩岸領導人的定期會面；在該委員會下可設經濟、外交、軍事、文化、社會等數個分委會，共同研究處理和解決兩岸關係發展中的問題。

　　上述創見基本上體現了模式創新的基本精神，值得兩岸雙方進一步認真思考。筆者認為，兩岸談判模式創新關係到兩岸事務的決策、授權與執行問題，未來兩岸政治談判架構頂層設計至少應考慮到以下三點。一是具有更高代表性，即應在規格和授權上要高於兩會模式。二是雙向性，即兩岸各自乃至共同組織成立談判架構，不僅用於凝聚內部共識，而且是雙方對話談判的平台。三是名稱使用彈性，既可使用兩岸和平發展委員會，亦可由雙方提出不同但能為對方接受的名稱。

　　第二，內容。一般而言，談判的形式從根本上是為談判內容服務的。兩岸談

判內容分為以經貿文教為主的「易」的部分和以政治軍事為主的「難」的部分，二者之間是一種循序發展的遞進關係。馬英九執政以來處理兩岸關係遵循的是「先急後緩、先易後難、先經後政」的原則，這說明其並未完全放棄解決「難」和「政」的問題，兩岸政治關係正常化、制度化是遲早要解決的。馬英九曾表示，兩岸簽署ECFA後進一步完成服務貿易協議和貨物貿易協議，將為兩岸關係帶來重要的結構性改變，象徵建立兩岸經貿關係的基本法。[14] 照此邏輯，「兩岸經貿關係基本法」是由若干個協議分階段、分步驟達成，那麼，兩岸政治關係的正常化、制度化甚至形成一個基本法，也可以通過兩岸對話協商來分階段、分步驟實現。不同的是，「兩岸經貿關係基本法」由兩會談判模式完成，「兩岸政治關係基本法」的達成很可能需要兩岸創設新的談判架構。

未來兩岸談判模式的創新或兩岸政治談判新架構的建立，核心是在兩岸從擱置爭議過渡到面對爭議階段時，努力去處理和解決兩岸關係中的結構性難題。具體包括：政治上，探討國家尚未統一特殊情況下的兩岸政治關係並對此作出合情合理安排；軍事上，商談建立兩岸軍事安全互信機制；對外關係上，妥善解決臺灣參與國際組織活動問題；以及協商達成兩岸和平協議。這一過程無疑牽涉到複雜的歷史、法理和政策因素，因此，即使在新的談判模式下，兩岸雙方亦要審慎處理，逐步累積進步成果，嚴防造成兩岸關係後退。

三、結論

兩岸關係和平發展階段的性質及定位是建立和發展兩岸談判模式的前提，模式創新理應立足於兩岸關係的性質和前途，應是在對歷史經驗和現實狀況準確把握基礎上的統籌規劃與科學設計，不能憑空設想，更不能脫離實際。在談判模式創新過程中，兩岸雙方有必要繼續堅持求同存異、聚同化異的精神，繼續發揮和展現開闢未來的政治決斷和務實處理複雜事務的政治智慧，為解決兩岸癥結性問題逐步創造條件。

注　釋

[1].馬英九出席「辜汪會談20週年」紀念茶會致詞，2013年4月29日，參見臺「總統府」網站。

[2].陳水扁2004年「雙十講話」，臺灣《中國時報》2004年10月11日。

[3].陳雲林：《積極促進兩岸對話與談判，開創兩岸關係發展新局面》，《人民日報》2003年4月26日，第3版。

[4].針對2008年臺「陸委會」將此稱為「2005年共識」，國臺辦表示，兩岸民航業者就2005年春節包機的技術性、業務性事宜作出安排的過程，就是在「九二共識」基礎上進行，完全不存在「陸委會」所謂中國方面放棄一個中國原則談判前提、開啟兩岸功能型議題談判的序幕的問題，也根本不存在此臆想、杜撰的所謂「2005年共識」。

[5].《兩岸會談2.5時代的開始》，臺灣《經濟日報》2013年4月29日。

[6].《賴幸媛籲大陸撤除對臺軍事部署》，臺灣「中央社」2010年9月13日。

[7].汪道涵：《兩岸對話與談判是和平解決問題的唯一途徑——紀念「辜汪會談」十週年》，《人民日報》2003年4月26日，第3版。

[8].馬英九曾多次引用《孟子·梁惠王》中的「仁者以大事小、智者以小事大」。

[9].馬英九接見中國國民黨榮譽主席吳伯雄大陸訪問團致詞，2013年6月10日，參見臺「總統府」網站。

[10].參見「學者促設兩岸和平發展委員會」，臺灣《聯合報》2010年9月3日。

[11].參見「學者倡導兩岸和平發展委員會」，臺灣《中央日報》網路版2011年4月19日。

[12].湯紹成：《當前兩岸和平機制建立的思考》，香港《中國評論》2013年第2期，第27頁。

[13].辛旗：《兩岸和發會，領導人任主委》，臺灣《中國時報》2012年5月5日。

[14].馬英九接見中國國民黨榮譽主席吳伯雄大陸訪問團致詞，2013年6月10日，參見臺「總統府」網站。

論持續推進兩岸交流合作的路徑依賴和制度創新

廈門大學臺灣研究院 李鵬

2008年以來,在兩岸同胞的共同努力下,兩岸已經初步形成了「人員往來更為密切、同胞感情更加融洽、合作領域更加廣泛、經濟聯繫更加緊密、文化樞紐更加堅韌、共同利益更加廣泛」的全方位交流合作新格局。經過四年多和平發展的開創和實踐後,兩岸關係進入了和平發展的鞏固深入的新階段,兩岸交流合作也面臨新的形勢。在2012年11月召開的中共十八大報告中,明確提出「要持續推進兩岸交流合作。深入經濟合作,厚植共同利益。擴大文化交流,增強民族認同。密切人民往來,融洽同胞感情。促進平等協商,加強制度建設」。[1] 2013年2月19日,中共中央政治局常委俞正聲出席2013年對臺工作會議時也強調,要進一步促進兩岸人員往來,深入文化教育等各領域交流,擴大兩岸基層交流。要著力提高兩岸交流的品質和效益,積極推進制度化建設。[2] 筆者認為,鞏固深入新階段的兩岸交流合作要想全面持續推進,要想進一步實現交流合作的制度化,必須要平衡和處理好路徑依賴和制度創新的關係。

一、當前兩岸交流合作面臨的機遇與挑戰

經過四年多的兩岸大交流、大合作、大發展,兩岸在經濟、社會、文化等領域全方位交流合作的局面已經形成,為今後繼續深入兩岸交流累積了寶貴的經驗。當前兩岸關係處在六十多年來的最好時期,在和平發展鞏固深入的新階段,兩岸大交流也面臨新的機遇和挑戰。

首先,兩岸關係承受住了臺灣選舉和島內民意的考驗。馬英九能夠獲得連任,「九二共識」在選舉的最後關頭成為選戰的焦點議題,在某種程度上意味著

兩岸關係和平發展得到臺灣多數民意的支持，大陸對臺惠民政策取得了一定的效果，也說明過去幾年推動的兩岸大交流符合兩岸關係發展的規律和趨勢。現在越來越多的臺灣民眾得益於兩岸交流，越來越多的民眾習慣於兩岸大交流，越來越多民眾仰賴於兩岸大交流，臺灣民意的客觀需求成為兩岸大交流持續不斷的原動力。

其次，兩岸關係依然是馬英九當局的最主要政績和追求「歷史定位」必須要考慮的重要方面之一。馬英九連任後曾多次表示他沒有連任的壓力，但是有歷史評價的壓力。目前，馬英九當局在島內施政遇到相當的困難和壓力，他自己所聲稱的各種「改革」舉步維艱，民意支持度持續低迷，對其試圖通過改革島內政經、司法制度來奠定「歷史定位」帶來困難。馬英九要想有「歷史定位」，必須從兩岸關係領域找出路，要在大陸政策方面有新的突破。而兩岸大交流的持續推進，有利於形成對馬英九當局突破兩岸關係癥結性問題的民意基礎。

再次，兩岸關係越來越成為民進黨尋求重新執政的「罩門」和不得不正視的問題。2012年的臺灣領導人選舉中，由於蔡英文未能對民進黨的兩岸政策進行實質性調整，未能獲得民眾的認同。敗選之後，民進黨內出現了新一輪要求檢討兩岸政策的聲音。在各種壓力之下，民進黨對待大陸的政策態度發生了某些變化，民進黨恢復了「中國事務部」，黨內某些政治人物如蕭美琴、林佳龍、謝長廷等先後「登陸」，表明民進黨已經意識到兩岸大交流已經是勢不可擋。

最後，美國希望兩岸關係能夠保持當前這種和平發展的穩定狀態，不希望看到臺海局勢的惡化。美國對兩岸關係過去四年的發展雖然有某些疑慮，但總體上來說還是持正面和肯定的看法，特別是對兩岸在經貿文化等領域持續擴大的交流，美國不斷表達「樂見」的立場。馬英九連任後，為了加強與美國的溝通，化解美國對兩岸關係發展的疑慮，派出心腹金傅聰擔任駐美代表，如果進行順暢，客觀上能夠為兩岸交流合作創造良好的外部條件。

由此可見，兩岸關係和平發展的宏觀環境整體上是良好的，兩岸持續開展大交流的條件是具備的，兩岸都應該抓住這個難得的機遇，將兩岸大交流推到一個新的高度。但是，在看到兩岸大交流面臨不少機遇的同時，我們要清醒地認識

到，2012年兩岸交流過程中暴露出的某些深層次問題也值得重視。比如某些綠營學者將過去幾年的大交流形容為「表面熱絡，實際分歧」，以吹毛求疵的態度不斷渲染和放大兩岸交流過程中的某些問題，企圖讓臺灣民眾質疑大陸推動兩岸大交流的「政治企圖」，讓大陸民眾懷疑兩岸大交流的成果。同時，我們也應該看到，兩岸交流合作的制度化水平還不夠高，兩岸交流合作中的廣度與深度、官方與民間、主動與被動的關係處理尚有很大的改進空間，這些都要求我們在兩岸關係和平發展的鞏固深入新階段，要不斷總結經驗，在路徑依賴的同時不斷進行制度創新，尋求兩岸交流合作規模、形式和內容的新突破。

二、路徑依賴與持續推進兩岸交流合作

路徑依賴理論是新制度經濟學家諾斯將對人類技術演進過程中的自我強化現象的論證推廣到制度變遷方面的新解釋。路徑依賴類似於物理學中的慣性，事物一旦進入某一路徑，就可能對這種路徑產生依賴。諾斯認為，制度變遷過程與技術變遷過程一樣，存在著報酬遞增和自我強化的機制。這種機制使制度變遷一旦走上某一路徑，它的既定方向會在以後的發展中得到自我強化。人們過去做出的選擇決定了他們現在可能的選擇。而沿著既定的路徑，經濟和政治制度的變化可能進入良性循環的軌道，迅速優化；也可能順著原來錯誤的路徑往下滑，甚至被鎖定在某種無效率的狀態下而導致停滯。一旦進入了鎖定狀態，要突破這種狀態就會變得十分困難。[3] 如果將路徑依賴理論用來解釋兩岸交流合作的制度化進度，就可以發現，無論是在兩岸關係發展的困難時期，還是在兩岸關係進入和平發展的新時期，兩岸交流合作的實質性制度變遷相對緩慢，存在某種程度的路徑依賴特徵。

從某種意義上說，兩岸關係的和平發展的過程，就是兩岸關係不斷實現制度化，最終形成兩岸都能夠接受的制度性安排的過程。兩岸經過近三十年的交流合作，兩岸關係制度化的需求越來越迫切、越來越強烈，涉及的領域也越來越多，制度化的條件越來越成熟。雙方從一九九零年代就開始嘗試和建立了一些交往和溝通制度，兩岸關係制度化也在此過程中不斷發展。臺灣的邵宗海教授總結出兩岸互動的機制有「密使機制」、「民間對民間機制」、「民間對官方機制」[4]、

「兩會協商機制」等四種,這其中邵教授承認「密使機制」是「有無協議多半難有文件上的證明」,「民間對官方機制」在兩岸互動歷史上只有「唯一也是最後一次」。[5] 筆者認為,這兩種機制僅僅只是一種偶然或臨時性的嘗試,遠未達到制度化的程度,不能作為兩岸關係制度化的具體表現。綜合來看,兩岸關係過去二十年發展出來成型的制度化途徑和成果主要有「民間對民間機制」、「兩會協商機制」、「黨對黨溝通平台機制」等三種,這幾種制度化的方式在兩岸關係交流合作中都發揮了重要作用,取得了一定的成果;但兩岸要想持續推進交流合作,就必須不斷促使上述制度不斷優化,進入穩中有進的良性循環軌道,同時要盡力避免因循守舊,從而進入對既有制度的「鎖定依賴」狀態。目前兩岸交流合作中出現的需要重視的路徑依賴至少包括以下幾個方面。

第一,兩岸交流合作思維的路徑依賴。

兩岸在1987年正式開展交流合作之前,長期處於軍事對峙和政治對立的狀態,即便在兩岸開始交流交往之後,由於受到李登輝和陳水扁時期兩岸關係惡化的影響,雙方對彼此都有一些負面的宣傳甚至是妖魔化的描述,使對方的民眾產生了某些帶有明顯偏見的思維定勢。兩岸交流交往在很大程度上有助於增進瞭解、促進理解,但長期形成的偏見和疑慮依然難以在短時間內完全消除,從而產生某種思維和心態上的路徑依賴,這也反映在當前兩岸的交流合作中。尤其是對臺灣方面來說,在兩岸交流合作中擔心「被統戰」、「被併吞」的思維定勢相對明顯,經常會從「陰謀論」的角度看待兩岸某些交流活動,對這些活動的政治動機表示質疑。不僅臺灣當局在考慮兩岸交流的政策時存在上述心態,普通民眾特別是沒有來過大陸或與大陸交流過的臺灣民眾此類心態更為明顯。

第二,兩岸交流協商機構的路徑依賴。

當前兩岸交流合作的協商機構是海協會和海基會。兩會雖然都以民間身分出現,但卻是經過官方正式授權從事兩岸交流、聯繫和協商談判的機構。兩會協商模式在當前兩岸交流合作中發揮著核心作用。無論是1990年代初兩會在新加坡舉行的「辜汪會談」,還是在馬英九上台後,兩會恢復並進行了八次協商,簽署了十八項協議,都說明兩會是當前兩岸協商的最主要路徑。兩會的這種功能如果

從路徑依賴的角度來說，既有積極的方面，也面臨著一些挑戰。從積極的方面來說，兩會模式使得兩岸的制度化協商成為可能，而且在兩會架構下，又發展出兩岸經濟合作委員會等新的模式，可以確保兩岸關係持續發展。但從另一方面講，如果過度依賴兩會機制，可能會使得兩岸在某些領域的制度創新難以實現。兩岸兩會是在特殊歷史背景下的產物，當時的兩岸關係形勢與今天已經發生了很大變化，在繼續優化兩會模式的同時，也應該思考創新出新的兩岸交流機構和模式，避免對兩會機制的「鎖定性」路徑依賴。

第三，兩岸交流合作形式的路徑依賴。

兩岸交流合作從一開始就是民間自發進行的，特別是在臺灣當局為兩岸交流設置種種障礙的情況下，兩岸交流能夠突破重重障礙，不斷往前推進，一個重要的原因就是交流形式多樣。在兩岸進入大交流、大合作、大發展的新時期後，兩岸交流形式更是百花齊放，有官方組織和主導的大型交流活動，如「海峽論壇」、「兩岸經貿文化論壇」等，也有民間的學術交流活動，如「兩岸一甲子」學術研討會、「臺北會談」研討會等，也有各行業協會、基層組織舉辦和進行的交流活動等等。整體上看，過去幾年的兩岸交流活動基本上延伸到兩岸交流交往的各個方面，已經具有相當的廣度，但如果僅僅只是在這方面產生路徑依賴，則難以在交流深度和交流品質上進行提升。兩岸交流合作形式的路徑依賴除了鞏固既有的交流廣度外，更要持續優化和改善帶有深度的交流形式，只有這樣才能夠真正提高兩岸交流的品質和效益。

第四，兩岸交流合作次序的路徑依賴。

兩岸當前的交流合作是一種全方位的交流合作，涉及政治、經濟、社會、文化等各個領域。從兩岸交流的歷史來看，這些領域的交流合作的確存在著先後順序，兩岸人員往來、社會、教育、文化等各領域交流的熱絡，是兩岸經濟領域的頻繁和深入交流所帶動的。2008年兩岸關係改善之後，兩岸確立了「先經後政、先易後難、循序漸進」的協商路徑。但這種路徑應該是一種動態的過程，而非靜態的次序。兩岸在經濟合作已經基本實現制度化和正常化後，理應開始在文化、社會甚至是政治領域的對話協商。大陸也為此提出了商簽文化教育協議，探

討國家尚未統一特殊情況下發展政治關係的建議，可以理解為希望能夠動態優化「先經後政」的路徑，避免出現「只經不政」、「政經脫節」的停滯性路徑依賴。

三、全面推進兩岸交流合作的制度創新

為了避免路徑依賴的負面效應，制度創新就成為必然選擇。兩岸關係和平發展就是一個制度不斷創新的過程，兩岸關係發展的關鍵就在於制度的發展和創新。制度創新是源於兩岸交流交往的強大需求，是建立在對增進共同利益的認知和化解利益分歧的需求基礎上的。兩岸關係經過過去幾年的長足發展，各項交流日益增多和人員往來日趨密切，各種政治性、經濟性、事務性問題層出不窮，隨著兩岸制度化的協商談判的深入，兩岸關係的制度創新亦是大勢所趨。雖然兩會已經達成十六項協議，涉及諸多領域，但與兩岸民間交流交往的龐大領域相比，所能夠解決的問題還非常有限，只有通過制度創新，才能夠有機會突破制約兩岸民間交流交往的制度瓶頸，真正鞏固兩岸關係可持續發展的經濟、社會、文化基礎。早在2000年，廈門大學臺灣研究院劉國深教授就注意到，「儘管兩岸兩會在共同建立兩岸交流交往遊戲規則方面達成了一些協議，但是就在這些協議的談判過程中，兩岸兩會這種『民間性』制度創新模式嚴重的侷限性已展露無遺。兩岸制度創新仍停留在消極被動的『頭痛醫頭、腳痛醫腳』的低層次上，這種有限的『制度創新模式』不能完全滿足兩岸人民對發展兩岸關係的要求」。[6] 劉國深提出，「兩岸制度創新，無論從民間社會的實際需求，還是從現有創新模式面臨的困境來看，一再表明已不可能繼續孤立地在所謂的『民間性、事務性、經濟性、功能性』議題上原地打轉了，兩岸必須盡快展開政治性的對話，以為兩岸全方位制度創新奠定基礎」。[7] 劉國深教授的上述看法對當前兩岸關係和平發展鞏固深入階段的制度化建設仍然有一定的現實意義。

兩岸關係持續交流合作的制度創新可以從三個層次來分析，第一個層次是次序路徑的創新，側重於不同領域制度化次序的探討，即如何突破當前僅存在於經濟領域制度化，創新出社會、政治、軍事安全領域的制度化、路徑。第二個層次是制度化內容創新，側重於具體領域制度化的內容設計，即通過什麼樣的方式來

達成兩岸在經濟、社會、政治、安全領域的制度創新目標。第三個層次是程序路徑，側重技術程序面的創新，即通過什麼樣的步驟來實現兩岸在某一領域乃至整個兩岸關係的制度創新。

雖然在兩岸關係制度化從經濟領域開始這一點上，學者們的意見比較一致，但對於下一步該延伸到哪個領域、從哪個層面、哪個角度、什麼時候開始其他領域的制度創新，學者們的看法雖然不盡相同，但卻都提出了不少帶有制度創新特徵的觀點。劉國深教授主張從兩岸共同事務著手，將共同事務分為「面對面的共同事務」、「背對背的共同事務」、「肩並肩的共同事務」，迄今兩岸的合作主要是處理兩岸交流交往中產生的各種問題的面對面類型，今後將會擴及「背對背」和「肩並肩」類型。雙方可以考慮成立「兩岸共同事務委員會」，共同策劃、協調、控制和監督兩岸共同事務的合作問題。[8]兩岸共同事務委員會的設想就是一種制度創新。臺灣學者張亞中則從「兩岸財」的角度進行思考，將「兩岸財」分為「私有財」、「協調財」、「共同財」和「純公共財」四個部分，兩岸可以在各種「財」內進行統合，如先成立「兩岸農業共同體」、「兩岸社會安全共同體」、「兩岸南海共同體」，並在此基礎上謀求建立「兩岸共同體」。[9]張教授的設計也是從經濟、民間和兩岸共同事務出發，來思考兩岸關係制度創新的路徑。

筆者認為，經濟領域的制度化最先外溢到什麼領域，就應該從什麼領域著手進行制度創新，從兩岸關係發展的歷史和現實來看，制度化的領域路徑應該是，從兩岸經濟合作制度化，到兩岸社會文化制度化，再到兩岸政治安全制度化，最終實現兩岸關係和平發展整體框架的制度創新。但是在經濟、社會、政治等領域制度化的先後次序並不是絕對的，並非一定要等前一個領域的制度化完成後才開啟後一個領域的制度化，它們之間其實是有交叉重疊的，在某些時候是可以同時進行的。如兩岸經濟合作制度化可以與兩岸社會文化制度化同時進行，而當經濟與社會領域的制度化進行到一定程度後，兩岸政治安全領域的制度化也可以啟動。由此可見，兩岸在簽署經濟合作框架協議，成立兩岸經濟合作委員會之後，完全可以從社會、文化等領域著手開展制度創新。

對於經濟、社會、政治領域制度化的內容路徑，不同的領域有不同的方式選擇。兩岸經濟合作要想進一步發展，同樣必須在制度創新上做文章。從理論上說，制度性經濟一體化的組織形式包括自由貿易區、關稅同盟、共同市場和經濟聯盟等形式。按照蕭萬長的「共同市場」構想，兩岸共同市場是一個中長程的目標，也是一個一步一步推進的過程，可以分三階段：第一階段先解決「三通」直航，推動兩岸經貿關係正常化；第二階段兩岸需要建立經常性的協商平台，就關稅減讓、給予進入對方市場更便利的條件、進一步推動各種制度和政策配套等問題進行協調，並訂立類似ECFA和FTA的「過渡協定」；第三階段則是全方位的經濟統合工作，包括關稅同盟、貨幣同盟等，以實現「兩岸共同市場」的目標。[10] 唐永紅也認為，當前兩岸在經濟相互依存性、經濟市場規模、經濟技術發展水平、經貿政策可協調性等經濟層面，已初步具備進行一定程度與形式的經濟一體化安排，只要兩岸具備經貿關係正常化的前提，兩岸經濟體當前宜從內容廣泛的新型自由貿易區形式著手，進而邁向關稅同盟、共同市場、經濟與貨幣聯盟更為高級的一體化形式。[11] 由此可見，兩岸經濟領域的制度創新還有很長的路要走。對於兩岸民間社會的制度創新路徑，兩岸的一些部門和學者也提出了一些創新性的構想。大陸提出兩岸可以協商簽訂「教育文化交流協議」，福建省提出了建立「兩岸人民交流合作先行區」的構想，有的學者提出了「金廈特區」或「金廈生活圈」的概念，這些從區域角度思考兩岸社會一體化的設想，隨著兩岸關係的發展，極有可能推及到兩岸整個社會文化領域。

至於兩岸政治安全領域的制度創新，兩岸公權力部門和學者都提出了一些設想。2004年，連戰在競選過程中提出「建立兩岸關係正式穩定架構」的構想，希望在「九二共識」基礎上，通過逐步協商，簽訂一個包括「和平協議」在內的綜合性「兩岸協議」，進而建立各種交流平台，包括進行領導人互訪和會晤，政府各部門之間相互對話，並互派代表，使兩岸關係正常化。[12] 胡錦濤總書記在2008年12月31日的講話中，提出兩岸可以探討結束敵對狀態、建立軍事互信機制、達成和平協議、建立兩岸關係和平發展架構等立場。在學界方面，臺灣海基會前副董事長兼祕書長邱進益、臺灣大學張亞中教授也都分別提出了「海峽兩岸和平合作協議」與「兩岸和平發展基礎協定」的草案，就兩岸政治安全關係的制

度化建設提出了他們的看法。美國學者李侃如等也提出過「中程協議」等解決兩岸政治僵局的設想。最近一段時間，兩岸都有一些學者提出建立「兩岸和平發展委員會」的構想，其實都有制度創新的典型特徵。在2013年的對臺工作會議上，大陸首次明確提出「要鼓勵兩岸學術界從民間角度就解決兩岸政治問題開展對話」，從某種意義上講就是在兩岸公權力機關進行政治協商談判時機尚不成熟情況下的一種制度創新的嘗試。

綜上所述，兩岸學界在過去二十多年的時間裡，已經就促進兩岸交流合作提出了很多制度創新的觀點，這些觀點都是建立在學者們對兩岸關係制度創新深入思考和研究基礎之上的。在當前兩岸關係新形勢下，可以就上述創新觀點進行整理，深入討論，最終找到能夠全面和持續推進兩岸交流合作的制度化創新路徑。

注　釋

[1].《胡錦濤強調：豐富「一國兩制」實踐和推進祖國統一》，新華社北京2012年11月8日電。

[2].俞正聲出席2013年對臺工作會議並作重要講話，新華網北京2013年2月19日電。

[3].道格拉斯·諾斯著：《制度、制度變遷與經濟績效》（劉守英譯），三聯書店1994年版，第11～15頁。

[4].邵宗海將1991年11月時任國臺辦副主任唐樹備與海基會董事長陳長文的會面定位為「民間對官方」，與國臺辦的理解有所出入，國臺辦強調唐樹備是「以個人名義」與陳長文進行商談，見國務院臺灣事務辦公室網站，http://www.gwytb.gov.cn/lasht/lasht0.asp?last_m_id=101.

[5].邵宗海：《兩岸關係》，臺北：五南圖書出版股份有限公司2006年版，第279～280頁。

[6].劉國深：《兩岸關係不穩定態與制度創新》，《臺灣研究集刊》2000年第3期，第4頁。

[7].劉國深：《兩岸關係不穩定態與制度創新》，《臺灣研究集刊》2000年

第3期，第6頁。

[8].劉國深：《試論和平發展背景下的兩岸共同治理》，《臺灣研究集刊》2009年第4期，第6頁。

[9].張亞中：《兩岸統合論》，臺北：生智文化事業有限公司2000年版，第277頁。

[10].蕭萬長：《一加一大於二：邁向兩岸共同市場之路》，臺北：天下遠見出版股份有限公司2005年版，第166～167頁。

[11].唐永紅：《當前兩岸制度性經濟一體化的經濟可行性考察》，《臺灣研究集刊》2007年第1期，第88頁。

[12].連戰：《改變，才有希望》，臺北：天下遠見出版股份有限公司2004年版，第243～244頁。

論轉型正義與兩岸關係和平發展的深入

中國社會科學院臺灣研究所 劉國奮

相較於民進黨主政時期，2008年以來兩岸關係的確發生了重大轉折。過去五年來兩岸關係進展較快，但兩岸關係和平發展如何鞏固並深入卻也遇到一定的瓶頸，這一狀況的出現其實是兩岸關係轉型正義未能最終完成所致。兩岸關係轉型正義事關兩岸關係和平發展的深入，關係到有效、長效的兩岸互動機制的建立，更涉及兩岸民眾切身利益與中華民族根本利益的維護。本文圍繞兩岸關係轉型正義的內容、歷史與現實和內部與外部的需求與壓力、完成兩岸關係轉型正義對兩岸三黨的要求及其相關路徑與方法等問題展開初步探討。

一、兩岸關係轉型正義及其需求與壓力

眾所周知，1949年以來兩岸長期處於分離狀態，由於冷戰和隔絕等因素，兩岸雙方都有對彼此不利的宣傳。1979年全國人大常委會發表《告臺灣同胞書》呼籲兩岸「三通」，兩岸老死不相往來的局面有所打破，特別是1987年臺灣開放民眾赴大陸探親政策，兩岸經貿人員往來增多，兩岸民眾的相互瞭解逐漸增加。但遺憾的是，1990年代後隨著臺灣「民主化」和「本土化」的推進，臺灣越來越向「獨立」的方向發展。尤其是在李登輝主政中後期和陳水扁主政時期所進行的全面的「去中國化」，及其對兩岸關係作出錯誤的定位，即所謂的「兩國論」和「一邊一國論」，不僅給臺灣民眾的中國認同觀造成極為負面的影響，而且也毒化了兩岸關係。2008年5月國民黨在臺灣重新執政後，回歸「九二共識」、反對「臺獨」的政治立場，兩岸關係得到一定程度的撥亂反正。本文將「兩岸關係撥亂反正」稱之為「兩岸關係轉型正義」，並就此問題展開進一步的探討。

在兩岸的共同努力下，五年多來兩岸關係和平發展已進入到「核心區域」。

然而，我們也注意到，兩岸關係和平發展至今，兩岸的政治僵局仍未破解，兩岸的經濟互利失衡，兩岸政治經濟發展不平衡，兩岸交流交往不全面深入，所有這一切其實與兩岸關係轉型正義未實現有關。所謂「兩岸關係轉型正義」，大致有三個方面的內容：1.政治上，兩岸互不敵對；2.經濟上，兩岸互利互惠；3.目標上，要有共同的處理兩岸關係發展的長遠目標追求。時至今日，兩岸在這些問題上還存在較大的矛盾與分歧，表明兩岸關係轉型正義遠未實現。兩岸關係轉型正義的實現需要兩岸政界和兩岸社會各界共同努力，探討兩岸關係轉型中存在的問題及原因，尋找消除存在問題的方法與路徑，共同倡導兩岸關係轉型正義以推動兩岸關係和平發展的深入。

（一）兩岸關係轉型正義的歷史與現實需求

談到兩岸關係轉型正義的歷史需求，我們不免會想到先人們對中國前途與命運的擔憂和期待，有人可能會以「老生常談」而作如此評論。但事實是，大陸領導人和廣大民眾追求兩岸統一的確是出於對國家和民族的歷史責任感。這一中國統一的目標其實與孫中山的三民主義統一中國有共通之處。然而，至今兩岸仍處於猜忌、敵對甚至仇視的狀態，這不利於兩岸關係和平發展進度的推進，更不利於兩岸民眾的整體利益和中華民族的根本利益的維護。中華民族一百多年被欺負的歷史鑄就了中國人民的國家強盛、民族復興的夢想，歷史重任已經擺在兩岸中國人民的面前。兩岸人民分離了60多年，又飽受外力的干擾，兩岸合則利於兩岸，分則損於兩岸。

從現實需求上講，現今兩岸關係和平發展的局面來之不易，而兩岸關係轉型正義的實現是深入兩岸關係和平發展的需要，如何使已進入核心區域的兩岸關係和平發展行穩致遠，必須從政治、經濟、文化、社會等全方位加以考慮與推進。兩岸關係和平發展到今天，兩岸政治性分歧問題難以迴避，如果兩岸關係轉型正義不完成，兩岸就不能很有效地觸碰到所面臨的政治性問題，更遑論問題的解決。

（二）兩岸關係轉型正義的內外動力與壓力

首先，兩岸關係轉型正義的完成具有內在的動力與壓力。五年多來，兩岸民

眾在交流交往中獲益較多，臺灣支持兩岸關係和平發展的比例也在增加，有進一步擴大和深入兩岸關係和平發展的需求。但另一方面，臺灣民眾對兩岸關係也存在不少的矛盾心理，如既「承認自己對大陸的瞭解很不夠」，但又「對大陸沒有興趣」；既「承認大陸對臺灣的發展很重要」，同時又「對大陸的影響力很擔心」；既希望在兩岸交流交往中獲利，又擔心過度依賴大陸等等。[1] 臺灣民眾有如此多的矛盾心理表明，兩岸關係轉型正義必須提到目前的兩岸議事日程上。

其次，兩岸關係轉型正義的實現具有外在的壓力。近兩年來，美國的全球戰略出現新的調整，試圖通過「重返亞洲」，建構以美國為主導的亞太權力結構。為此，美國從政治、經濟、軍事等方面在亞太地區展開新的部署。在策略手法上，美國採取了冷戰時期老一套的分化、對抗策略，如在釣魚島爭端問題上若明若暗地支持日本，加大了中、日在釣魚島問題上的紛爭；在南海問題上煽風點火，擴大東南亞國家和中國大陸之間的矛盾鬥爭，這些不僅給亞洲地區投入變數，也給兩岸關係帶來某些不利影響。事實表明，無論在釣魚島問題上，還是在南海問題上，兩岸都面臨共同合作、維護國家主權領土完整的外部壓力。然而遺憾的是，由於馬英九當局對大陸方面的不信任，致使兩岸在前述問題上不能展開有效合作，反而讓外人漁翁得利、使兩岸共同利益受損。由此我們也必須認識到，兩岸極需要通過完成兩岸關係轉型正義達到共同合作維護中國的主權與領土完整的目的。

二、兩岸關係轉型正義對兩岸三黨的要求

兩岸關係轉型正義涉及兩岸民眾對彼此的看法與情感，但兩岸關係轉型正義的實現更與兩岸三個主要政黨的立場態度有關。從兩岸民眾整體利益和中華民族根本利益考慮，實現兩岸關係轉型正義是兩岸三個主要政黨義不容辭的責任。

（一）兩岸關係轉型正義對中國共產黨的要求

過去五年多來，支持兩岸關係和平發展的臺灣民眾逐漸增多，但這並沒有使臺灣民眾有效轉化為自己是「中國人」的身分認同，反而認為自己是「臺灣人」的身分認同得到了某種程度的強化，據臺灣相關民調顯示，馬英九執政五年的「臺灣人認同」指數增加比陳水扁時期要快得多。[2] 在臺灣主張「臺獨」者無

罪，提倡統一者卻難被容忍，例如花蓮縣政府民政處長周傑民2013年6月間因說了「兩岸統一是必然的」的話語而丟了官職，縣長傅　萁還向縣議會及大眾「致歉」。[3]　面對臺灣這樣的情況，對於主張兩岸統一的中國共產黨不能不說是一大挑戰。為此，中國共產黨不能氣餒，必須做到：一要繼續堅定不移地追求兩岸統一的目標，不讓「臺獨」分子有任何幻想；二要有更大的耐心，相信時間在大陸這一邊、在中華民族整體利益這一邊；三要有靈活務實的對臺政策策略，做好統籌安排。

習近平總書記提出中國夢，其反映在對臺政策的目標上是追求兩岸的統一，兩岸如果不統一，中國夢就不能完整實現。中共對兩岸統一的目標方向明確，但手段要靈活，措施要務實。由於大陸日益強大，臺灣民眾總有忌憚心理，因此，在當前對臺工作方面，中共要放下身段，多傾聽臺灣民眾的聲音，對其合情合理合法的要求要照顧到。在高舉中國統一大旗、牢牢把握兩岸關係發展方向的同時，要廣開言路，腳踏實地，持續推動兩岸政治、經濟、文化和社會等方面的交流交往，積極主導並促使兩岸關係轉型正義早日完成。

（二）兩岸關係轉型正義對中國國民黨的要求

國民黨要堅持「九二共識」和「兩岸同屬一中」的政治立場，擔負起促進中國統一的歷史責任。很遺憾，國民黨在臺灣民主化和「本土化」過程中已經失去了統一中國的目標。馬英九的「不統、不獨、不武」的政策有助於改善因陳水扁主政而惡化了的兩岸關係，它在短期內有利於兩岸關係的改善與穩定，但從長期看不利兩岸關係和平發展的擴大與深入，反而在某種程度上成為兩岸關係和平發展深入的阻力。國民黨支持臺灣「民主化」值得肯定，但不能沒有正確的方向感，更不能被「臺獨」分子牽著鼻子走。為了實現兩岸關係轉型正義，國民黨要有更積極的作為，做出自己應有的貢獻。

國民黨要堅持以兩岸的中華民族利益為先，不能僅看美國的眼色行事。馬英九的「不統、不獨、不武」政策也符合美國對兩岸的政策要求。國民黨必須考慮清楚：在中華民族利益和美國利益之間孰輕孰重、孰先孰後？我們時常發現這麼一個怪現象，臺灣在大陸利益和美國利益之間做選擇時往往會選擇後者，而忘記

了在中華民族整體利益問題上自己的利益其實與大陸的利益是一致的、是捆綁在一起的，這在釣魚島問題和南海問題上就表現得十分明顯。例如2013年5月臺灣舉行「政經兵棋推演」，模擬中國大陸為爭奪釣魚島主權、不惜和日本開戰的緊急狀況，馬英九當局因被美、日要求選邊站，最後竟然加入美日聯盟而對抗中國大陸和俄羅斯。發生這種情況，似乎比民進黨執政時的「兵推」還更為荒腔走板，不能不令人擔憂。因此，面對臺灣這樣的現況，國民黨應有更廣的胸襟、更遠的眼光來推動兩岸關係和平發展，絕不能因一黨或臺灣一隅之利而犧牲中國的全局利益。

（三）兩岸關係轉型正義對臺灣民進黨的要求

從目前兩岸關係和平發展情況看，做一個理性、負責任的政黨對民進黨十分重要。

理性的政黨不是一味地為反對而反對。民進黨自成立迄今，反對黨的角色扮演得過頭，採取「凡之國民黨贊成的民進黨就反對、凡之國民黨反對的民進黨就贊成」的非理性做法，如既反對「九二共識」，稱其為「國共共識」而非「臺灣共識」，也反對擴大兩岸交流交往，稱大陸「有政治目的」、臺灣會被大陸「套牢」等等。某些民進黨人士雖同意與大陸交往，但其目的還是想利用「和中國發展全面性的特殊關係，積極壯大自己」，進而「降低對中國的依賴」。[4] 這種非理性的反對立場會讓民進黨自己付出代價，最終因其與臺灣民眾的需求不符合與兩岸關係和平發展脫節而不可避免地「被邊緣化」。

負責任的政黨並不會將民主訴求與國家分裂混為一談。在民進黨成立之時主張所謂「住民自決」，到後來推出「臺獨黨綱」、「臺灣前途決議文」，伴隨著民進黨在臺灣推動民主化，其「臺獨」主張越來越由隱諱走向顯性。直至民進黨上台，陳水扁於2002年8月初拋出所謂「一邊一國論」，民進黨從李登輝手中接過「臺灣主體意識」的接力棒，以「公投制憲」等方式，試圖在「臺灣民主化與本土化」的幌子下行「臺灣獨立」之實。這種企圖以「民主方式」達到分裂中國的目的的做法不是一個負責任的政黨該有的行為。

民進黨必須從自己的小算盤中走出來，拋棄「臺獨」訴求，站高望遠，做一

個對中華民族歷史負責的政黨。民進黨必須首先實現自身的政治轉型，這是兩岸關係轉型正義中非常關鍵的一環。如果民進黨夠覺悟，則可以選擇「主動轉型」，即放棄「臺獨」幻想，承認「九二共識」，在此基礎上與大陸建立起「兩岸同屬一中」的共識；積極支持並參與兩岸各界、各領域的交流交往活動，而不是動輒給對方抹黑、拖兩岸關係發展的後腿。倘若民進黨不能實現「主動轉型」，則兩岸關係轉型正義實現的時日就會被拖長，如果這種情況出現，則只有等待兩岸民眾給予壓力，倒逼其轉型。不過這種「被動轉型」將會使民進黨的發展受到影響，其執政的可能性降低。

民進黨必須盡早認清兩岸關係和平發展大勢，認識到「臺獨」目標不切實際，與大陸對抗不利於民進黨，也不利於臺灣發展。民進黨必須承認「九二共識」和「兩岸同屬一中」，融入到中華民族復興的潮流中才是其真正的出路所在。

三、完成轉型正義、深入兩岸關係和平發展的路徑與方法

從現階段情況看，完成兩岸關係轉型正義是深入兩岸關係和平發展必不可少的一環，兩岸關係轉型正義不落實，兩岸關係和平發展就難以得到深入與擴大。筆者以為，兩岸關係轉型正義的完成可以從以下四個方面著手進行。

（一）樹立「兩岸同屬一中」的觀念，開啟解決兩岸根本分歧的鑰匙

一個中國問題是兩岸繞不開的根本問題，目前兩岸關係所有問題的癥結都根源於此。在一個中國問題上，大陸方面已一再做出了調整，如從「老三段論」到「新三段論」，從「一個中國原則」到「一個中國框架」，再到「兩岸同屬一中」。目前對一個中國問題的主要糾結在臺灣方面，為解決這一問題，臺灣必須從以下三方面進行撥亂反正：

一是停止以「民粹式」地宣傳「臺灣為主」、「臺灣優先」論，以事實為基礎建構合則兩利、互惠互利的思維方式。在兩岸關係中，片面提倡以一方「優先」、「為主」的想法，都是不考慮對方的感受與利益的做法。因此，這種「民粹式」的「臺灣為主」、「臺灣優先」的論調應停止使用，對有關思維進行撥亂反正式的清理，對於兩岸關係轉型正義的實現十分關鍵。

二是停止以對抗大陸為目的的所謂「臺灣主體性」、「臺灣主體意識」的主張，以避免繼續對臺灣民眾的誤導。「主體性」、「主體意識」是相對模糊的概念，但在「反共、反中」思想意識濃厚的臺灣社會氛圍中，「臺灣主體意識」易被用來作為與大陸對抗的思想武器，也極易被「臺獨」人士利用作為「臺獨」意識的引火線。民進黨主政時期，「臺灣主體性」、「臺灣主體意識」被搬上台面，為其推行「臺獨」路線做輿論宣傳和思想準備。因此，所謂「臺灣主體性」、「臺灣主體意識」等用語的繼續使用只能誤導臺灣民眾，不利於兩岸關係轉型正義的實現。

三是停止對臺灣青少年「去中國化」的教育。馬英九上台後，中止了陳水扁時期實行的一些「去中國化」的政策措施，但該問題還未得到根本性解決，特別是在臺灣的中小學教育上，是到了真正徹底地撥亂反正的時候了。臺灣應停止向青少年灌輸包含「去中國化」內容的教育，增強臺灣青少年的正確的中國歷史觀和「中國意識」，讓臺灣青少年樹立起中國認同觀、共為中華民族復興而奮鬥的理念與目標。

（二）消除兩岸敵對心理、建立相互尊重與互利互惠的新型兩岸關係

一是停止敵對，相互尊重。由於兩岸敵對狀態未結束，兩岸相互猜忌心仍較重，臺灣方面尤為如此。以兩岸經貿往來為例，2013年6月兩岸達成服務貿易協議，儘管該協議大陸讓步較多，但島內居然有很大的反對聲音。這種狀況的發生，與臺灣相關部門事先工作做得不到位有關，更與民進黨和「臺獨」人士利用臺灣社會對大陸的敵對與猜忌心所做的宣傳有關。

二是互惠互利，利益共享。在自稱「民主社會」的臺灣，不該有僅僅只以臺灣自身獲利而不顧大陸方面的利益的做法，尤其是在大陸讓利後還一再宣稱大陸讓利「有政治目的」、「別有用心」。[5] 這種說辭不是「民主政治」與「自由經濟」的臺灣所該有的，然而這些年來這樣的說辭在臺灣不斷地被重複著，並使一些善良的臺灣民眾對大陸產生反感，進而排拒兩岸交流交往，更排斥兩岸統一。為此，兩岸要建立互惠互利的常態經濟關係，而不是大陸單方讓利，更不是大陸讓利後反遭羞辱。

三是榮辱與共，維護主權領土完整。當前，在釣魚島問題和南海問題上，兩岸應有共同的合作目標。如前文所述，兩岸應以中華民族整體利益為重，採取必要的合作措施，共同維護中國的主權與領土完整。進而以此類推，即兩岸的統一也是中華民族整體利益的維護，兩岸加強合作，榮辱與共，必將使兩岸民眾的現實利益和中華民族的整體利益得到維護和加強。

（三）相互磨合與妥協，實施「分階段走」的方案

兩者關係的和諧相處本身就是磨合與妥協的結果，兩岸關係也不例外。兩岸關係紛繁複雜，歷史與現實、內部與外部等因素相互交織，兩岸雙方必須要作出相互妥協與讓步。過去30多年來，大陸的對臺政策陸續進行調整，作出了一些妥協與讓步，並有了較為明確的「分階段走」的戰略。在1990年代以前，大陸方面對臺灣問題的解決沒有「分階段走」的概念，不管是先前的「武力解放臺灣」，還是後來的「和平解決臺灣問題」都是以「立即統一」為導向的。然而自90年代後期以來，大陸一方面鑒於臺灣內部政治發展變化，對臺灣問題的解決出現「分階段走」的思路。而且這一思路越來越清晰，到2012年11月胡錦濤總書記在中共十八大作政治報告時就明確表示：「希望雙方共同努力，探討國家尚未統一特殊情況下的兩岸政治關係，作出合情合理安排。」因此，可以説大陸已將兩岸關係分為統一前與統一後兩個時期，目前兩岸最為重要的事是，確立統一前兩岸應做的事項。

然而，反觀臺灣方面對於兩岸關係的重要性認識不足。其執政黨——國民黨對解決兩岸關係的根本分歧問題仍持消極、迴避態度，對兩岸關係和平發展進度不能造成積極的主導作用。其主要反對黨——民進黨對兩岸關係的主張仍停留在不合時宜的「臺獨」立場上，而看不到兩岸關係和平發展的大勢，如此下去這個政黨在兩岸關係和平發展中只能「被邊緣化」。不過我們也注意到，近期來民進黨召開「華山會議」對大陸政策進行討論，雖然「臺獨」立場仍是民進黨「華山會議」的主調，但還是有人建議民進黨的大陸政策不妨「向國民黨靠攏」，國、民兩黨「來比內政爭取民心」。[6] 這種與國民黨就島內政策問題展開競爭、而不是以「臺獨」與其作區隔的聲音雖弱，卻也表現出民進黨內有識之士的理性務

實的態度。如果民進黨能在大陸政策上做出理性選擇，則兩岸關係轉型正義的實現就會加快，不但民進黨的前途光明，而且更重要的是兩岸關係和平發展能有一個「歷史性轉折」。

鑒於兩岸關係的處理需要妥協與讓步，兩岸必須尋找最大的公約數。目前兩岸最大的公約數就是「九二共識」，中共已將「九二共識」寫進其十八大報告中，而臺灣方面，民進黨至今仍否認「九二共識」的存在，對兩岸關係和平發展進度的推進很不利。如果民進黨能承認「九二共識」，兩岸雙方確立「兩岸同屬一中」的共識就不會很難。從兩岸關係和平發展現況看，目前兩岸關係中重要的是確立「兩岸同屬一中」的共識，在此基礎上兩岸可就統一前的相關問題進行討論、安排，如兩岸結束敵對狀態、建立兩岸軍事安全互信機制、簽訂兩岸和平協定、兩岸政治關係定位、臺灣參與涉外活動、兩岸共同維護領土主權完整的相關事務協作等等，如此，兩岸關係和平發展面臨的政治僵局就能突破。

（四）以官方為主導，全面、深入地展開兩岸有序交流

在兩岸交流交往中突顯公權力機關主導作用。在兩岸關係和平發展的推進過程中，兩岸公權力機關的主導作用極為重要。檢視自1979年以來兩岸交流交往的每一個階段，公權力機關的作用從正反兩個方面影響著兩岸關係的發展進度。自全國人大常委會發表《告臺灣同胞書》到2008年初，兩岸的交流交往大多以民間跨出步伐為先，這種情況在臺灣尤其明顯。2008年5月國民黨在臺灣重新執政以來，馬英九當局對兩岸交流交往雖採取相對積極開放的政策措施，但受制於島內政治環境因素，仍堅持所謂的「先民後官」立場，致使兩岸交流交往除經貿外的其他方面還不夠全面、深入。兩岸關係發展到今天，兩岸公權力機關的主導作用應被突顯出來，兩岸公權力機關應聯手合作主導兩岸交流交往，乃至兩岸政治對話或談判。兩岸公權力機關要對相關活動進行統籌規劃，不僅使其有節奏、分階段推進，還應使兩岸交流交往活動細化，以分清主次，理出重點，攻克困難。

廣泛吸引兩岸各界人士參與交流交往活動，增強兩岸民眾的情感和擴大兩岸利益的交匯面。擴大和深入兩岸關係和平發展有賴於兩岸民眾的共同參與，兩岸

民眾共同參與的內容和方式應是多種多樣的。可以廣泛吸納各界共議兩岸共同關心的問題，讓問題的討論更加深入、有針對性；可以共組公益社團組織，通過共同參與相關活動，增加雙方的興趣與情感交會點；可以實行兩岸人員自由流動，除經商、旅遊外，還可適度向對方放寬求學、就業限制，做到利益共享等等。總之，通過共同推進兩岸各界、各領域的交流交往，可以使兩岸民眾參與到共創兩岸記憶、共寫兩岸發展史的活動中，從而造成增進情感和擴大利益交匯面的作用。

四、結語

由於李登輝和陳水扁時期的全面「去中國化」，兩蔣時期的反共宣傳教育被轉化為反大陸和反中國的教育，尤其是「兩國論」與「一邊一國」的思想意識灌輸，這種錯誤的兩岸關係定位對給臺灣民眾的中國認同形成極為負面的影響。而大陸在改革開放政策下經濟發展迅速，用30餘年的時間走過了西方發達國家100多年才走完的經濟發展之路，致使目前大陸政治、經濟、社會、文化等各種矛盾交織，加之西方思想價值觀在臺灣盛行，實行社會主義制度的大陸不被臺灣民眾所看好與接受。如此種種原因，使得臺灣民眾對大陸和兩岸關係有不少誤判和不合適的看法。

過去五年來，馬英九當局對兩岸關係轉型正義的作為有限，至今仍將兩岸交流交往侷限於經貿文化層面上，並將解決兩岸政治根本問題的政治對話或談判推給了民間；民進黨與「臺獨」人士對兩岸關係繼續抹黑、歪曲，並不時地拖馬英九當局和國民黨大陸政策的後腿，使得馬英九當局和國民黨對兩岸政治僵局的打破沒有更大的勇氣。所有這一切加大了兩岸關係轉型正義實現的難度。

但是我們也看到，經過五年多的和平發展，兩岸關係轉型正義的實現面臨一個機遇與挑戰並存的關鍵時刻。兩岸關係轉型正義的實現有賴於共產黨對兩岸和平統一問題解決的堅持不懈的努力，有賴於國民黨對中華民族前途責任的歷史擔當，有賴於民進黨的大陸政策的實質轉型，同時也有賴於兩岸公權力機關和廣大民眾的共同努力。我們有理由相信，有兩岸人民的智慧和勇氣及兩岸共同不懈的努力，定能早日實現兩岸關係的轉型正義，並使兩岸關係和平發展進度持續進行

下去，直至兩岸和平統一的目標達成。

注　釋

[1].《兩岸關係7個社會心理矛盾》，臺灣《中央日報網路報》2013年8月8日。

[2].《童振源對卜睿哲專書〈未知的海峽〉的評論》，臺灣《中央網路報》，http://www.cdnews.com.tw，2013/04/10。

[3].《統一論掀波　花縣民政處長下台》，臺灣《中時電子報》2013年6月29日。

[4].《臺北、金門和北京學者座談：兩岸的挑戰》，香港《中國評論》2013年6月8日，http://www.chinareviewnews.com，2013-06-08，00：47：36。

[5].陳唐山：《中國讓利充滿政治目的》，臺灣《自由時報》2013年8月5日。

[6].《遙指2016政治調色盤悄然變化》，臺灣《中時電子報》2013年7月12日。

從「一中原則」到「一中框架」的觀察與思考

全國臺灣同胞聯誼會研究室 高鵬

一、「一中框架」新論述的產生與發展

「一中框架」是在「九二共識」和「一中原則」基礎上發展出來的新論述。這個詞彙首次躍然紙面是在1993年8月大陸第一份對臺政策白皮書《臺灣問題與中國統一》上，當時主要是針對與中華人民共和國建交國家的立場要求而言，並沒有應用到對臺政策論述之中。「一中框架」落實到對臺政策論述具有深刻的時代背景，那就是2008年以來兩岸關係發展獲得了難得的突破期與機遇期。隨著兩岸關係和平發展的動能日趨強勁，為配合兩岸形勢發展需要，2008年胡錦濤總書記「12‧31」重要講話開始提出「一個中國框架」的概念，[1] 後來逐漸被廣泛寫入黨和國家領導人對臺講話文稿以及對臺政策文本之中。

2012年7月全國政協主席賈慶林在第八屆兩岸經貿文化論壇開幕詞中提出「一個中國框架的核心是大陸和臺灣同屬一個國家，兩岸關係不是國與國的關係。兩岸從各自現行規定出發，確定這一客觀事實，形成共同認知，就確立、維護和鞏固了一個中國框架」。「兩岸一國」的說法立即引起島內熱議與猜測。實際上，一個具有豐富政治內涵的詞彙不應簡單以字面的意思解讀。大陸對臺政策始終具有連貫性和一致性，「兩岸一中」與「兩岸一國」沒有太大區別。賈的講話重要的是釋出善意，強調的是「兩岸從各自現行規定出發」，確認的是「兩岸同屬一中，不是國與國關係」的事實，推動的是形成「一中框架」的共同認知。

2012年11月中共十八大報告指出：兩岸雙方應恪守反對「臺獨」、堅持「九二共識」的共同立場，增進維護一個中國框架的共同認知，在此基礎上求同

存異。這是中共首次將「一中框架」寫入黨的正式文件，再一次重申闡述「立場」問題，務實和包容地再次強調「求同存異」，具有相當重要的意義。

2013年6月13日「吳習會」，國民黨方面首次公開正面回應「一個中國框架」。吳伯雄表示，「兩岸各自的法律、體制都主張一個中國原則，都用一個中國架構定位兩岸關係，而非國與國的關係」、「兩岸同屬中華民族，都是炎黃子孫」，「從民族認同講，自己是臺灣人也是中國人」，「增強民族認同，祖先無從選擇」。

從國共雙方對此問題的互動上看，2008年至2013年是「一中框架」新論述經歷概念提出、互動、各自解讀，到形成一定程度初步共同認知的階段。尤其是2013年4月馬英九在辜汪會談20週年紀念會上提出「新三不」，強調「不推動兩個中國、一邊一國、臺灣獨立」，與「舊三不」（「不統、不獨、不武」）相比較，對於深入互信鞏固兩岸關係和平發展產生積極正面影響。雖然仍然是從負面表述，但是值得高度肯定和鼓勵。隨後，「吳習會」上吳伯雄的講話是經過授權的，不用過分計較是「框架」還是「架構」，關鍵是其首次正面表述和回應「一個中國」。

二、「一中框架」新論述具有啟發性，有豐富的含義

「一中原則」、「一國兩制」、「九二共識」、「一中框架」，是大陸在不同時期因應兩岸關係發展形勢提出的處理兩岸關係的指導性思想，具有鮮明的時代背景特徵與對臺政策運用上的功能性特點。

對於「一中原則」與「一中框架」兩者的區別，大陸學者有比較深刻的論述。[2]「一中原則」是反對「臺獨」和國際勢力干涉中國統一的產物，偏重於單方面主觀認知，更強調政治的內涵。從字面來講，「一中框架」中的「一中」指的是「一個中國」，「框架」指的是事物的組織和結構。從內涵來講，「一中框架」是在「一個中國」基礎上形成的客觀存在的東西，是指涉政治、經濟、文化、社會等各層面的大範疇概念，比「一個中國」的內涵更加寬泛，更具有包容性。

「一中原則」突出的是原則性立場，是對「國家統一」無論過去時、現在時

還是未來時的強制性表述，某種含義上也是對「國家主權」唯一性的要求，對於涉及「兩岸處於國家尚未統一階段」的特殊性、兩岸「一中」政治涵義上的差異性等方面的闡述空間較窄。

「一國兩制」突出的是「國家統一」後的政治安排，因在島內被長期汙名化，民眾對此頗有疑慮，而無法獲得島內多數民眾認同。在島內多元文化的影響下，「一國兩制」的理論生命力受到多方面衝擊。

「九二共識」突出的是兩岸事務性、功能性協商所必備的政治互信基礎。「九二共識」產生有其特殊背景，「不探討一個中國的政治內涵」是未來兩岸步入政治對話階段的桎梏。在兩岸分離、島內特殊政治生態下，即使是「一中各表」等相對軟性的說法也有被發展為「兩個中國」、「一中一臺」的隱憂。

「一中框架」不是要取代「一中原則」，而是大陸基於戰略層面考慮，由「九二共識」和「一中原則」而來的自然延伸，是為落實「一中原則」而產生的具有鮮明時代意義的相對具體的新論述。「一中框架」是從抽象的原則性概念落實到具體論述的理論創新，是兩岸關係和平發展理論的核心內容。

「一中框架」跟「一國兩制」並不矛盾，側重的是其靈活性、發展性、務實性和可操作性。大陸提出的「一國兩制」臺灣並不接受，將其中的制度安排、政治爭議先擱置起來，兩岸可以一種更加靈活彈性的辦法處理現實問題，其可操作性和想像空間將大幅增加。

「一中框架」所具有的時代意義在一定程度上也是階段性的政治思考。相對於原則性問題所具有的永久性來說，「一中框架」是一種中程性的政策闡述，雖然在今後相當長一段時期內將是兩岸關係和平發展的前提，但是也有其功能性階段任務的特點，「國家復歸統一」的目標和立場是不會動搖的。

「一中框架」講到「兩岸同屬一個中國」是「根據兩岸各自的現行規定」，並要在這個基礎上建構「一個中國的框架」。這表明，大陸對臺政策的整體思路從現實性的指導思想向建構性的指導思想轉變。承認客觀上存在的事實，是務實解決臺灣民眾所關切問題的前提，是大陸追求國家統一模式上的思維突破。

三、「一中框架」的積極影響和面臨的挑戰

「一中框架」的核心不僅強調「大陸和臺灣同屬一中」、「兩岸一中」的法理聯結，更主要的是考慮到了「國家尚未統一特殊情況下」的兩岸政治分歧和固有矛盾及「兩岸各自現行規定」的現實。這對於凝聚「兩岸同屬一中」的共同認知，凝聚「兩岸一家人」的觀念，塑造中華民族整體利益理念，增強兩岸政治互信，深入兩岸關係和平發展，進一步壓縮「臺獨」和「兩國論」的生存空間，加大民進黨務實調整兩岸政策的壓力具有十分重要的意義，也為合情合理安排兩岸政治關係提供理論支撐。

「一中框架」論述從首次提出到成為清晰的中央對臺政策，經歷了4年時間，未來也有進一步發展的空間。可以說，「一中框架」不是一個固定的概念，而是一個動態的概念，可以隨著形勢的發展，成為兩岸尋求共識、建構新型連接關係的平台。當然，在「一中框架」的理論形成與實踐過程中，也必須考慮兩岸關係發展過程中的制約因素：兩岸的固有矛盾分歧、島內的民意、民進黨的反彈及美國的阻礙。需關注的因素有：

一是國共兩黨僅在「一中框架」上形成初步的共同認知。

「一中框架」還處於國共兩黨的初步共識階段，既沒有完全形成國共兩黨制度化的共識，也沒有形成兩岸共識。兩岸在「一中」內涵上的固有分歧、在統一前途指向上的重大差別都相去甚遠。國民黨的「一中架構」仍然以「中華民國憲法」為根本，以維持兩岸現狀為目的。「一中框架」收縮了臺灣方面「各表」的空間，壓縮了國民黨在「九二共識」問題上的利己解釋空間，國民黨及其泛藍群眾也會在一段時間內出現適應性的問題。甚至，如果有選舉壓力，國民黨極有可能在此問題上著力於「求異」，這將令兩岸建立政治互信成為一個長期而複雜的過程。

二是民進黨大陸政策難以根本改變。

2012年「大選」民進黨候選人蔡英文提出「臺灣共識」，但是內容空泛，大陸政策是其敗選的重要原因。敗選之後，民進黨面臨大陸政策調整的壓力，其不可能也沒有能力切斷兩岸關係。另外，中美新型大國關係已經建立，「臺獨」

空間越來越窄。面對現實，民進黨只能繼續兩岸關係發展，對其大陸政策進行調整。但是，民進黨會考慮綠營基本盤選票的得失，兩岸政策難以根本改變。

民進黨內部蘇系、謝系、游系、「臺獨基本教義派」、黨內青壯派開始爭奪民進黨兩岸政策走向的主導權，尤其是謝系與大陸頻繁接觸交流，直接威脅黨主席蘇貞昌的大陸政策掌控力。這實際上是民進黨內部的權力鬥爭，其結果要在2014年地方選舉後才能清晰。民進黨需要在2016年「大選」前找到替代「九二共識」的新論述，新的大陸政策不能等同「九二共識」，在藍綠矛盾是島內政治生態主流的環境下，也必須與國民黨的兩岸政策有比較明顯的差異，這就促使民進黨的兩岸政策也必須與「一中框架」保持相當距離。

三是臺灣民眾有傷害臺灣主體性的疑慮。

從政治社會化角度來看，自李扁時代，「兩國論」、「一邊一國」的「臺獨」主張令臺灣的主流思想「去中國化」十分嚴重，直至今天，「臺獨」意識不但沒有徹底消除，相反卻有增無減，民粹政治、極端主義、分離主張仍然盛行，這導致島內有相當一部分民眾不承認兩岸同屬「一個中國」，這樣的狀態對兩岸關係和平發展是有百害而無一利的。

從島內民眾的生活經驗來看，「中華民國」無處不在，「中華民國」內化成「臺灣」這個概念越來越深入。無論是民眾的直接表達還是各媒體民調，都顯示多數民眾不希望「一中」影響臺灣的主體性。甚至在綠營勢力的操弄下，部分民眾把大陸對臺優惠政策理解為經濟統戰，把兩岸日益擴大的交流交往視為洪水猛獸，任何在國際上有所謂矮化臺灣的事件都會挑動民眾心中敏感的「主權」神經。

四、仍需深入探討的問題

「一中框架」論述對於新形勢下的大陸對臺工作，對於兩岸關係和平發展的理論建構，是具有十分智慧的思考。「一個中國原則」是大陸堅持的基本立場，「一個中國框架」有包容性，有廣泛空間，體現和豐富「一中原則」，把臺灣方面置於「一個中國」論述裡面來，可以根據對臺工作需要，寬窄把握，這樣就擴大了兩岸共識。但是，另一方面，「一中框架」的理論形成與實踐也是個長期而

複雜的過程，促進兩岸在「一中框架」上形成更清晰的共同認知任重道遠。

在理論建構方面，形成國家尚未統一階段的「一中框架」理論體系需要學術界先行，突破傳統的國家理論，加強理論創新，特別是「兩岸特殊關係」的政治定位、「兩岸政府治權、代表權」、臺灣的國際空間如何務實體現需要深入研究。在法治層面，不僅僅需要研究「頂層設計」，還需要研究「兩岸各自現行規定」如何適用，以及如何進行公權力的協調與對接以保障兩岸人民的合法權益。在實踐方面，隨著兩岸各界交往的不斷深入和擴大，如何在「一中框架」下累積兩岸在政治互信、經濟利益、文化社會共識等方面的正能量，避免兩岸民眾頻繁接觸交流中產生對於彼此的誤解和心理鴻溝的擴大，都是急需學界提出思考和高見的研究方向。

注　釋

[1].2008年12月31日胡錦濤紀念《告臺灣同胞書》30週年：兩岸在事關維護一個中國框架這一原則問題上形成共同認知和一致立場，就有了構築政治互信的基石。

[2].引自中國社科院臺研所陳桂清的論文與他在臺灣研究青年學術沙龍第8次會議發言。

兩岸民間政治對話的路徑與機制

——兩岸關係知識社群的介入

河南師範大學政治與公共管理學院 王鶴亭

兩岸的政治分歧制約著兩岸關係發展，「在目前兩岸雙方正式的政治商談一時還談不起來的情況下，可以先從民間開始對話，舉辦民間性質的兩岸和平論壇，由兩岸學者和有代表性的人士探索解決兩岸政治關係、軍事安全、涉外事務等方面問題的途徑和辦法，為今後開展兩岸政治商談累積經驗、創造條件」。[1]民間政治對話所涉及的對話主體、對話路徑、機制及影響政策的管道仍然是非常多元，對話主體各自的本體論、認識論、方法論、立場、利益、目標及政策取向等之間也存在相當紛繁複雜的主客觀歧異。本文擬將兩岸關係知識社群作為建構兩岸政治對話的橋樑，因知識社群相對的科學性、客觀性與中立性有助於釐清兩岸政治分歧列表，分析各方的利益訴求；知識社群成員具有共同的規範性信仰和因果信念、一致的學術邏輯，這就在一定程度上提供了對話的共同規則和基本共識，也能夠將立場、權力、利益的干擾限定在一定範圍內；知識社群所具有的共同專業素養和政策志業能夠詮釋現實，並降低未來政策預期的不確定性。從問題界定、議題框架、議題設定、建立共識、建議策略等方面介入兩岸政治對話的過程，兩岸關係知識社群可以發揮多重功能。

一、兩岸政治對話的難題與焦點

首先，兩岸政治對話進度中「一個中國」是前提還是「議題」，影響著對兩岸關係現狀普遍共識的形成。「一個中國」是兩岸關係的法理事實和政治現狀，政治對話必須基於事實。2008年以來，兩岸事務性協商在「九二共識」的基礎上得到恢復並取得豐碩成果，兩岸在一個中國原則問題上達成了一定程度的共

識，兩岸關係實現和平發展，正如胡錦濤所強調，「兩岸在事關維護一個中國框架這一原則問題上形成共同認知和一致立場，就有了構築政治互信的基石，什麼事情都好商量」。但在臺灣內部「兩個中國」、「一中一臺」的主張仍有一定的市場。

其次，兩岸關係政治定位的分歧與模糊，使得其他各項政治難題的對話缺乏基礎點。兩岸之間的諸多爭議，涉及一個極為重要的問題：你是什麼，我是什麼，彼此的關係是什麼。在兩岸政治定位問題沒有清晰之前，探討其他各項議題都有可能失去立足點和出發點。「九二共識」雖然就「一個中國」框架達成一致，但對於「一個中國」的政治涵義存在爭議，而對其內涵爭議的實質就是兩岸政治定位問題。兩岸政治定位問題也衍生出「中華民國政權」地位、兩岸政治談判對象及和平協議簽署主體、臺灣的「國際活動空間」等系列相關難題。

第三，如何正式結束敵對狀態，達成和平協議，兩岸處在「各說各話」狀態。尤其是大陸方面一再呼籲終止敵對狀態，達成和平協議，建立互信機制等。然而兩岸不間斷的爭議並不然預示著前景的樂觀，兩岸各方對「終止敵對狀態」、「和平協議」的解讀和考慮存在著各種歧異。大陸主張在一個中國原則下，適用內戰終結的相關規範，程序上先確定這是「兩岸自1949年以來的內戰將宣告結束」，進而通過協議雙方共同承擔維護領土和主權完整的義務；臺灣則認為兩岸戰爭狀態在事實上終結，程序上由兩岸各自單方面宣稱敵對狀態終止即可，而且堅持協議前首先規範臺灣的政治地位，以「對等的主體地位」來簽訂。

第四，臺灣「國際活動空間」問題是兩岸政治對話的敏感議題。自2008年以來，馬英九提出「外交休兵」，兩岸在國際社會惡性競爭的局面有所緩和，但臺灣「國際空間」問題仍是影響臺灣民眾政治心理的重要因素。這一難題雖然與兩岸政治定位相關，但卻包含多個層面的問題，如臺灣民眾的「國際活動空間」、臺灣團體參與非政府間國際組織、臺灣參與國際政府間組織等，可以通過兩岸溝通協商、政治對話加以區別對待，對話的關鍵在於雙方共同努力溝通協商，困難在於如何協調臺灣參與政府間國際組織的方式、「一個中國」代表權的統一性以及與既有國際政治規範之間的關係。

第五，兩岸涉外共同事務處置是兩岸政治對話中的焦點和新議題。在面對共同的壓力、困境或競爭者以及維護共同利益的情況下，兩岸相關主體展開競合，在推動兩岸共同事務進展的同時自身也獲得增益，如兩岸在南海爭端中的戰略合作，曾經在西沙保衛戰和南沙保衛戰上的合作默契。釣魚島爭端、南海爭端、菲臺爭端等都說明了兩岸合作共同維護和爭取中華民族利益的迫切性，毫無疑問，兩岸涉外共同事務領域的合作，將創造新的公共空間和增長極，這應是兩岸政治對話中極待探討的焦點與困難。

第六，兩岸內政外交的有序安排及統一目標和路徑的協商是兩岸政治對話的隱含難題。隨著兩岸關係和平發展的深入，必然帶來兩岸政治對立的逐步結束，其表現也就是兩岸在「一個中國」框架下內政外交逐漸有序化，這在一定意義上也代表著兩岸關係朝向和平統一的目標發展，正如「胡六點」所言，兩岸復歸統一，不是領土和主權的再造，而是結束政治對立。兩岸政治對話在達成一個中國原則與內涵、兩岸政治定位等共識後，面向未來，一定會探討兩岸政治體系如何進一步互動的問題。

二、兩岸政治對話的困境與分歧

在和平發展的大背景下，大陸一再呼籲：「通過平等協商，可以逐步解決兩岸關係中歷史遺留的問題和發展過程中產生的新問題」。但就兩岸關係現狀來看，兩岸正式的政治協商和談判滯礙難行，而較為寬泛而靈活的兩岸政治對話之間更存在諸多分歧。

兩岸政治對話的困境源自兩岸政治互信仍然不足。如果兩岸沒有足夠的政治互信與善意解讀，也很難持續展開政治議題的談判協商，當然政治互信與政治協商兩者之間有一種相互影響乃至於互為因果的關係，兩岸基於「九二共識」的互動，已經表明兩岸可以促使這種相互關係進入一種良性循環。然而就以正式協商談判解決兩岸政治難題這一任務而言，兩岸政治互信遠未達到所需層次。首先是對「九二共識」中「一個中國」的意涵仍處於各說各話的狀態，大陸用「一個中國框架」一詞取代「一個中國原則」更具包容性，但馬英九「互不承認主權，互不否認治權」主張在內涵上卻具有很大的模糊性與不確定性；其次，臺灣「朝

野」之間、民眾內部缺乏共識，對大陸存在諸多誤解，這種政治生態牽制或限制了兩岸政治互信的深入及政治對話的開啟，民進黨的兩岸主張、臺灣民眾的「敵意」認知及對大陸善意的誤解等，構成了不利的內部因素，也使得臺灣當局缺乏開啟兩岸政治協商談判的動力與魄力。

兩岸政治對話在諸多議題上存在著諸如現狀認知、目標追求、價值情感及實現路徑等方面的分歧。

首先，兩岸各方對兩岸關係的現實認知不同。長期以來，兩岸最棘手的問題便是臺灣與大陸之間存在著法理事實與政治事實認知上的落差，從起點上就存在著根本性的分歧，以致兩岸各執一端，各依其理，無法妥善地按照現行的法理和政治學學理來商討兩岸之間的關係，因而衍生出許多問題無法解決。

其次，兩岸對於兩岸關係包括政治對話要達到的目標不同。兩岸政治議題的探討著眼於未來，存在著是走向和平統一、維持現狀還是逐漸分離等最終目標追求上的分歧，還存在著是要追求中華民族的偉大復興還是執政權的願景歧異等。

第三，兩岸探討政治議題的方法論及解決問題的路徑不同。這個方面的分歧較多，包括要不要以「一個中國」為前提，是否要走「先分後統」的道路，兩岸之間要不要講求「對等」，是「先經後政」還是「只經不政」，是總體方案還是個別分開處理等等。

第四，兩岸在處理政治議題上的價值觀念與情感傾向不同。大陸較多地考慮民族感情、愛國熱情及「大一統」觀念，表現為對國家領土主權完整、國家統一和民族尊嚴的珍惜，對分裂勢力及其外國干涉力量的排斥，構成大陸人民在臺灣問題上根本的思想感情；而臺灣強調「臺灣優先」和「主體性」，強調民主價值，也存在將「本土化」意識泛政治化，把「民主」、「民意」導向「民粹」化等問題。此外，兩岸對談判與對話中的誠意、互信、公正、對等的重視程度，兩岸對民主、自由的理解歧異及政治文化結構性的差異等也會影響到兩岸對政治議題的認知與目標。

面對這些難題與困境，兩岸政治對話必須立足現實、面向未來、兼顧事實與情感，充分考慮和尊重對方的感受，平衡各方的權力、立場與利益，更需要建立

起跨越兩岸的議題聯結，綜合處理，融通兩岸。

三、兩岸關係知識社群介入的合理性

當代民主政治運行規則下，隨著兩岸交流互動的深入，非公權力的行為主體越來越影響到各自內部決策，促進了兩岸合作，而且衍生出的問題也需要公權力的行為模式做出調整。但由於兩岸處在政治對立狀態，無論是大陸還是臺灣，面對兩岸議題時，都會力有未逮，這使得民間力量包括兩岸的政黨、非政府組織、產業、媒體、智囊、利益團體、知識社群等具有了各自的能動空間，經由彼此的對話與合作形成在兩岸間的跨界聯結，對政府決策產生相當程度的影響力，甚至形成一種分享公權力的治理結構，進而由下至上地推動兩岸正式對話協商。相對於其他民間政治對話主體僅具有代理人（agent）或行動者（actor）的單一角色，兩岸關係知識社群還可以扮演問題發現者、訊息提供者、利益詮釋者、議程設定者、分歧仲裁者及決策建議者等多重角色。

首先，知識社群介入兩岸民間政治對話具有破解難題、決策諮詢的政治效用。學界將兩岸政治互動的路徑大致分為官方性質的「一軌」、半官方半民間性的「二軌」以及民間性的「三軌」，目前兩岸主要是在「三軌」的層面展開各種形式的政治對話，如黨際交流、「國共論壇」、兩岸和平論壇、「臺北會談」、學術研討會等等。只有充分瞭解問題，才有可能找到答案，這些民間性的「三軌」對話並不迴避兩岸政治關係中的敏感議題，各方可以充分表達自己的立場、利益，雙方可以深入理解對方的關注點，可以就雙方的分歧充分展開論辯。相對於其他對話主體，兩岸關係知識社群更多地從學理角度切入，能夠詮釋政治利益與民眾需求，辨識行動選項，降低政策議題的不確定性，進而可以發現共識與共同利益所在，並探討可能的化解之道，這些成果猶如涓涓細流，先從學理上破解難題，進而通過「三軌」、「二軌」與「一軌」的連動，為決策提供諮詢。

其次，知識社群介入兩岸民間政治對話還具有政治社會化的效應，促進兩岸關係中的「共識」社會化與「社會化」共識。兩岸政治對話的議題都是與兩岸民眾尤其是臺灣民眾切身利益相關的問題，在媒體高度發達的訊息社會裡，民間政治對話的內容、觀點及建議，包括兩岸之間敏感難題的充分爭辯，都會影響到民

眾對兩岸關係現狀及未來走向的認知，也促進兩岸民眾展開進一步的對話，以網路空間為例，兩岸民眾借助於網路新媒體，已經建構出了另類的兩岸對話溝通平台。在這個政治社會化的過程中，有助於將兩岸關係中的「共識」社會化，如將「九二共識」演進成為臺灣各黨派、民眾的共識，也有助於「社會化」共識，即通過民眾的廣泛而深入的互動，由下至上逐步地達成共識。而知識社群以其中立性、客觀性、專業性、全面性享有較高的社會信任度，基於這種優勢之上的問題界定、共識凝聚與政策創新也較易為民眾所認可與接受。

第三，兩岸關係知識社群具有其他民間政治對話主體所不具備的優勢與能動空間。知識社群是由一群在一個特定的範圍內，具有公認的專業和能力的專家，以及在此範圍或議題範疇上，對於政策相關知識具有權威性主張的專業人士所組成的網絡。[2] 根據P. M. Haas的定義，知識社群具有四個特徵：一套共享的規範和原則信念，作為行動的價值判斷標準；一套共享的因果信念，用以作為聯繫行動選項及政策後果的判斷準則；一個共享的效果觀念以評斷其專業領域中知識與政策的效果；一個共同的政策實踐過程。[3] 不同於其他政治對話主體依賴利益、權力作為媒介，知識社群以自身所具備的專業知識作為媒介和影響力的源泉；與其他團體或個人立足各自立場追求自身利益最大化的行為模式不同的是，這種藉由共享的知識，進行聯盟和溝通的知識社群，從社會到政府，並跨越兩岸，在相互聯結的議題之間，足以建構一種微觀的文化權力，進而影響宏觀政治。兩岸關係知識社群可以借助於這種文化權力，通過解構宏觀政治和宏觀權力主導下的兩岸宏大敘事和刻板話語；從各種邊緣的、微觀的、多形態的、多元差異的角度，塑造人們對於兩岸政治關係微觀與宏觀相結合的理解模式；通過這種文化權力的「生活化」，建構個體對於自身利益、角色、需求及環境的詮釋，因「行動是由對外部環境的理性適應和內部的主觀理解共同塑造的」，[4] 進而影響個體的行為模式。

四、兩岸關係知識社群介入的路徑

對於兩岸政治對話的探討與設計，可以從博奕論、結構取向、行動者取向、理性分析、建構論等角度展開，然而公權力或民間力量無論是作為代理人

（agent）還是作為行動者（actor），都被賦予了完全理性和完全訊息，忽略了個體行動在微觀層面都是「解釋性理解」和「策略性算計」的綜合，「解釋」指任何結構、環境、條件等都必須經過個體主觀上的認知、詮釋和評估，「策略性算計」則是非完全客觀理性下對各種行動選擇的收益和成本所進行的計算。[5]如何獲取訊息、怎樣評估現實與情境、如何詮釋和權衡政策選項等，對於個體而言，並不具有既定的答案和可通約的標準，特定領域內共同期望的一系列原則、規範、規則與決策程序也不一定是現成的，這就提供了知識社群介入的空間與路徑。「『知識社群』取向並不否定結構因素、情境因素，和理性考慮的重要性」，就「如何辨識其利益及行動空間而言，知識社群取向提供了一套系統性的觀察步驟」。[6]

首先，兩岸關係知識社群通過問題界定，列舉阻礙兩岸關係發展的各種關鍵難題與分歧，避免兩岸政治對話陷入「失焦」或「失根」狀態。知識社群影響政策制定運作取決於三個方面的動態關聯：探尋議題的不確定性，議題如何被詮釋，以及議題領域如何被制度化。[7]兩岸關係中各領域的行為主體均能從各自的角度感受到兩岸政治對立所帶來的負面衝擊，民間政治對話可以從自身關切的利益、權力等問題展開，但反應的只是利益妥協和各自的行為偏好，相比之下，兩岸關係知識社群以其深刻而全面的探討，更能夠發掘困境的核心難題及因果關係，確立清晰的問題意識和期望達成共識的路線圖。通過問題界定，確立起兩岸政治對話的分歧列表，使得對話能夠抓住問題的根源與重點，引導兩岸論辯或爭議。

其次，兩岸關係知識社群建構議題框架，釐清議題聯結，設定議程，確立起兩岸民間政治對話的「路線圖」。兩岸關係中雖分歧叢生，但是各個難題之間往往存在內在聯繫，分歧的解決並非是無序和隨機的，例如兩岸關係政治定位、「中華民國政權」地位、臺灣「國際活動空間」、「和平協議」簽署、國際事務合作等，這些問題的解決都彼此關聯。而知識社群對於其間的因果關係或邏輯順序有著較為精準的瞭解，有能力對相關過程做出專業的判斷，能對各種行為選擇可能出現的結果提出預測或建議，這就為政策決策者或對話者提供了可以參考的「路線圖」。

第三，兩岸關係知識社群通過建構共同觀念，逐步形成共識，為決策者或行動者確立起符合各自期望的系列原則、規範、規則與決策程序。考察兩岸政治對話主體，無論是公權力機關，還是政黨、利益團體等，多是從各自的立場、利益出發，往往通過利益妥協、權力博奕等方式來應對爭議，容易陷入各執己見的「迷亂」困境，所提出的政策或解決方案缺乏合法性和可接受性。知識社群立足於更高的價值規範，依循相應的學理，客觀中立地詮釋情境，建構兩岸關係中的諸如「和平發展」的共同觀念，協助決策者與行動者認識或重新界定自己的利益與偏好，推動各說各話到對話；而知識社群內部綜合考慮價值、學理、權力、利益與情感等因素所達成的共識性解決方案，能夠超越單一行動者的狹隘視野，為政治對話提供程序性規範。

第四，兩岸關係知識社群提出建議策略，作為公權力機關的政策選項，以及民間政治對話的方案參考。知識社群在致力於推動良性政治對話的信念下，能夠就相關議題形成權威的知識網路，結合決策者的偏好，在充分考慮決策者的利益取向基礎上提供最優化的政策建議，推動政策創新。兩岸政治議題的多元化和複雜化，增加了代理人或行動者理解、算計、詮釋與決策的難度，使得決策者更加依賴於知識社群的政策建議，使其逐漸融入正常的決策管道而制度化，尤其是現代官僚體系與知識社群互動互賴的深入，加上其他民間政治對話主體對於知識社群的訊息與決策依賴，使知識社群憑藉其專業優勢，直接地或間接地發揮著政策影響力。

五、兩岸關係知識社群介入的機制建設

兩岸關係知識社群憑藉其獨有的專業知識、訊息及話語權，可以在兩岸政治對話過程中扮演問題發現者、訊息提供者、利益詮釋者、議程設定者、分歧仲裁者及決策建議者的多重角色。但兩岸關係知識社群如何成為可能？如何從多元的、邊緣的、分布式的意見中完成知識發現？其觀念與知識如何轉換為制度化的權力？

兩岸關係知識社群的初始化可以源自於多種力量的驅動：（一）公權力機關發起，因兩岸直接政治對話窒礙難行，可以借助學界力量，當前兩岸內部各自都

有一些公權力機關發起的研究社群或智囊，但跨越兩岸的知識社群尚未形成。（二）理念驅動學界倡導，因知識、觀念、理念的相近，個體的、分布式的研究者逐漸聚合，推動其理念、建議在政策過程及社會公眾中的傳播，通過宣傳、教育、倡導等方式影響決策者和社會大眾，在這個過程中，研究者通過議題聯結逐步形成知識社群。（三）利益的相互作用，兩岸關係中的行動者在面臨政治分歧的時候各自有自己堅持的立場和利益，在相互的競爭與妥協過程中，也可能尋求仲裁和調和，可以從競爭場域內部或外部促成相關知識社群的產生。就當前兩岸關係的發展態勢以及研究現狀而言，兩岸間的學術交流與對話已相當頻繁，兩岸公權力機關及民間也相當關注與重視兩岸學術界的研究成果，應該說兩岸關係知識社群的建設已具備了一定的學術基礎和社會基礎。

兩岸關係知識社群的生成與建設大致可以分為幾個階段循序漸進：（一）議題性聯結階段，兩岸的研究者對於兩岸政治難題與分歧展開各自的研究，因關注的議題相同、相關而逐步產生聯結，以點對點或面對面的方式，例如通過學術研討會、論文等形式交換觀點、論辯，逐步在兩岸學界產生一種議題網路；（二）功能性聯結階段，兩岸的研究者在多次的觀點交鋒、學理探究之後，逐步累積起一些基本共識，為解決特定的現實問題而借助於論壇等進行共同探討，相關評估報告和特定共識，在兩岸學界之間形成一種跨界網路；（三）制度性聯結階段，在少數共識及特定合作經驗的基礎上，兩岸學界通過架設研究合作平台，定期發表兩岸關係發展的評估報告，針對其時間的問題提出方案，生成一個相對穩固的知識社群；（四）組織性聯結階段，兩岸關係知識社群已經建立相當程度的共享價值觀、方法論和政策志業，通過設立常設研究小組，針對兩岸關係中的議題提出自己的政策建議，並以常設小組為樞紐，建立起兩岸關係研究及決策的知識網路。

表1 兩岸關係知識社群演進

類別 \ 階段	議題性聯結	功能性聯結	制度性聯結	組織性聯結
媒介	研討會	論壇	平台	常設小組
形式	論文、觀點	評估報告、個別共識	評估報告、方案	政策建議
成果	議題網路	跨界網路	知識社群	知識網路

本表為作者自製

在兩岸關係知識社群的生成過程中，從議題網絡逐步形成跨界網絡的議題關係和研究者關係，在跨界知識社群的工作下，最終形成一個知識網路，能夠為持續研究、決策諮詢提供資源與智力支持。從靜態來看，這一知識網路體現為知識關係，可以使社群成員發揮以往所不具備的知識協同優勢，也體現為研究實體之間的協作關係；從動態而言，知識社群和知識網路形成一個基於問題驅動的工作系統，是知識的創造與共享過程。

六、結語

在兩岸政治分歧暫時無法通過正式的官方談判協商或對話加以解決的情況下，兩岸民間政治對話可以累積一定程度的經驗與基礎，然而民間政治對話同樣會因彼此在立場、利益、權力、方法等方面存在諸多歧異，仍可能陷入「失焦」、「失真」、「失根」及「迷亂」的境地，而兩岸關係知識社群憑藉共享的學術規範、學理邏輯、專業知識、客觀中立性成為兩岸政治對話的問題發現者、訊息提供者、利益詮釋者、議程設定者、分歧仲裁者及決策建議者。兩岸關係知識社群的建設與完善仍需兩岸各方的持續努力，但其前景值得期待。

注　釋

[1].孫亞夫：《繼續為破解兩岸政治難題逐步創造條件》，中國新聞網2013年5月7日，www.chinanews.com/tw/2013/05-07/4794370.shtml.

[2].李河清：《知識社群與全球氣候談判》，《問題與研究》第43卷第6期。

[3].P. M. Haas. "Introduction: Epistemic communities and International policy

coordination", International Organization, Vol. 46, No.1 (1992), p.3.

　　[4].喬納森・特納：《社會學理論的結構》（第6版・上，邱澤奇等譯），華夏出版社2001年版，第52頁。

　　[5].喬納森・特納：《社會學理論的結構》（第6版・上，邱澤奇等譯），華夏出版社2001年版，第54頁。

　　[6].黃偉峰：《「知識社群」研究取向如何應用在歐洲與東亞經濟和貨幣整合？方法論的困境及其解決之道》，《問題與研究》第39卷第5期，2000年5月。

　　[7].黃偉峰：《「知識社群」研究取向如何應用在歐洲與東亞經濟和貨幣整合？方法論的困境及其解決之道》，《問題與研究》第39卷第5期，2000年5月。

兩岸民間政治對話的路徑探討

上海臺灣研究所 朱愛莉

兩岸目前在政治對話的意願上明顯存在差異，因此，推動政治對話需要循序漸進。所謂的兩岸民間政治對話就是由兩岸的智囊社團、研究單位以民間學術的方式就兩岸關係中的政治議題進行對話、探討。民間政治對話是政治對話的一種形式，中共新領導人接班以後，各種形式的兩岸民間政治對話日漸升溫，管道多元，對象擴大，頻率加快，層次提高，社會影響力和關注度增強。本文試圖對兩岸民間政治對話的現狀作一分析，以探討其未來對和平發展兩岸關係提供新驅動力的可能路徑。

一、兩岸民間政治對話升溫的背景

兩岸民間政治對話早就存在，只是以往表現得比較零散和少數，為兩岸關係發展提供新動力的作用並不明顯。而2012年後，兩岸民間政治對話則已明顯升溫。這種升溫並非偶然，而是勢所必然，主要有五大背景：

1.兩岸政治對話重要且不可避免已不斷地被突顯

兩岸關係在2008年馬英九執政後逐步進入了和平發展的新階段，通過共同努力，兩岸簽署了包括「三通」、ECFA等多項經濟性、事務性議題的協議。隨著兩岸交流交往的緊密，特別是在ECFA簽署後，困擾兩岸關係進一步發展的政治分歧日益顯現出來。如何處理政治議題已成為兩岸執政者思考和規劃「兩岸關係如何走下去」時必須面對的關鍵議題。

從兩岸關係的健康穩定發展考慮，中共十八大報告將發展兩岸政治關係提上議事日程，表示「希望雙方共同努力，探討國家尚未統一特殊情況下的兩岸政治關係，作出合情合理安排；商談建立兩岸軍事安全互信機制，穩定臺海局勢；協

商達成兩岸和平協議，開創兩岸關係和平發展新前景」。[1]這是大陸在和平發展階段推動兩岸政治關係未來發展的核心內容。

兩岸政治關係的發展有賴於政治對話的開啟，兩岸政治對話是兩岸關係和平發展深入階段的必然之路。兩岸關係和平發展的深入有賴於制度化建設，而制度化建設不可避免地牽涉結構性的政治安排，政治安排必須經歷政治對話到政治談判的過程。兩岸政治對話因此而成為在推動兩岸關係和平發展過程中具有現實意義的重要課題。

2.兩岸政治對話複雜而敏感的特性已不斷被認識

兩岸政治對話的重要性在被廣泛認識後，其複雜性和敏感性同時也突出地展現出來。

首先，受制於兩岸政治議題的自身難度。兩岸政治議題雖然是必須面對的現實議題，但卻不是一蹴可成的議題。兩岸政治議題是結構性難題，兩岸政治分歧具有結構性的特徵，複雜而敏感，解決並不容易。一方面，兩岸對於政治議題的立場分歧嚴重；另一方面，臺灣內部對於政治議題的立場分歧也很嚴重。

其次，受制於臺灣內部藍綠嚴重對立的政黨競爭生態。國、民兩黨嚴酷的政黨競爭已使兩岸政治對話在臺灣社會被壓縮處理。在臺灣民眾概念裡，兩岸政治對話等同於統一談判，而統一在目前臺灣多數人的認知裡就是大陸「吞併」臺灣的代名詞。因此，排斥甚或反對統一就成了目前臺灣社會的多數民意。在如此臺灣民意的認知下，馬英九當局不敢也無意與大陸進行政治對話。

第三，受制於美國對於兩岸政治對話的疑慮頗深。美國因素一直是兩岸關係和平發展中的重要影響因素。雖然美國認同兩岸關係和平發展對於降低區域緊張的積極意義，但對日趨緊密的兩岸關係對於美國利益的排斥則極為緊張。「以臺制華」仍是美國在平衡戰略中處理臺灣問題的政策思考。以此出發，美國不但不樂見兩岸政治關係的發展，且對兩岸經貿關係的持續擴大與深入也有疑慮。馬當局親美先於和陸的政策思維決定了美國的疑慮對於兩岸政治對話的牽制力。

因此，馬英九當局在其執政滿意度不高的情況下對於兩岸政治對話消極迴

避，以至於一開始由其主動倡導的兩岸和平協議、軍事互信機制成了避之唯恐不及的議題。

3.兩岸民間對於政治對話已有嘗試且熱情很高

事實上，兩岸民間政治對話早在2009年以後就不斷地被嘗試。2009年11月，由臺灣「太平洋文化基金會」主辦的「兩岸一甲子」學術研討會在臺北舉行，兩岸與會人員達110多位。由於參加者不但包括多位接近兩岸決策核心的重量級智囊學者，還包括前官員和軍事人員，且探討的是包括兩岸政治、經濟、文化、軍事、涉外事務等領域的諸多敏感議題，因此廣受關注。這是兩岸重量級專家學者第一次公開並大規模地在臺灣就涉及包括政治議題在內的各種議題進行綜合性研討，有一定的突破意義；2010年4月，臺灣「國防部總政戰部前主任」許歷農率領由23位臺灣退役將領組成的臺灣新同盟會訪問團與20多位大陸解放軍退役及現役將領、專家學者就包括兩岸軍事互信議題等內容進行座談交流；2012年12月，由兩岸統合學會和中國社科院臺研所等機構在臺北舉辦的「臺北會談」，首次圍繞「強化認同互信、深入和平發展」主題展開交流研討，對政治對話也交換了看法。與會者除兩岸著名學者外，還包括國臺辦官員、民進黨前官員。隨著兩岸民間政治對話的不斷開展，其影響力正在擴散，民間對於政治對話的熱情亦水漲船高。

4.兩岸執政者對於民間政治對話在政策上或鼓勵或不排斥

由於兩岸公權力機關政治對話目前難以開啟，大陸在中共十八大後著力推動兩岸民間政治對話。俞正聲在「2013年對臺工作會議」上明確提出「要鼓勵兩岸學術界從民間角度就解決兩岸政治問題開展對話」；[2] 孫亞夫2013年4月在臺北參加「辜汪會談20週年紀念」座談會時，公開肯定民間對話，表示可以舉辦民間性質的兩岸和平論壇，「便於吸納兩岸各方面學者和有代表性的人士參加，便於反映各方對解決兩岸政治難題的看法，便於尋求和累積社會共識」；[3] 孫亞夫在2013年6月的「北京會談」中表示，在大陸和臺灣同屬一個中國的政治基礎上，在不造成「兩個中國」、「一中一臺」的情況下，兩岸交往中實務部門公權力行使的問題是可以討論的。

两岸民间政治对话因应了深入和平发展两岸关系的阶段性需求。民间先行的方式可以大大降低由官方直接对话的敏感度，并可集中民间智慧，为以后的官方对话作出一定的铺陈，有助于缓解政治对话在台湾的敏感度和争议度。马英九虽对两岸政治对话谨慎回避，但在2013年6月接受台媒专访时答复涉及两岸民间政治对话的提问时称自己对两岸交流的扩大与深入并未设限，苏起解读这是对两岸民间形式政治对话的正面讯息。显然，就政策面而言，两岸民间政治对话已成为发展两岸政治关系的现实路径。

5.台湾民众对两岸的连结有较高的认同

两岸民间政治对话升温一定程度上与台湾民意在两岸关系议题上的取向有一定的关联。虽然由于长期受到「去中国化」的影响，台湾社会在「台湾认同」增强的同时，中国认同却出现弱化，但即便如此，民调反映台湾民众对中华民族的认同度仍然非常高。绝大多数的台湾民众都认同两岸民众同属中华民族，都是炎黄子孙。《远见》民调显示，79.6%台湾民众自认是中华民族一分子。台湾竞争力论坛2013年5月9日公布的民调结果显示，89%的人认同自己是中华民族。调查指出，2012年12月到2013年4月的4次调查发现，认同中华民族的比例在86%～90%之间。[4] 台湾竞争力论坛2013年7月4日公布的民调结果表明，若以较务实的角度思考国族认同，也就是同时希望确保台湾利益且有利于两岸和平时，否定中国人的比例会下降；55%的人认同吴伯雄在北京提出的「一个中国架构」说法，也就是一个「中华民国」包含「台湾地区和大陆地区」来定位两岸关系；85%的人认同自己是中华民族；47%支持「马习会」。[5]

二、两岸民间政治对话的既有形式和特点

目前，已有的两岸民间政治对话的形式主要包括三种：

第一种：纯民间的学者或学术团体的对话形式。大陆对台研究这些年发展很快，拥有不少民间的台湾研究机构和涉台研究的学者；而台湾涉足两岸关系研究的机构和学者也有很多。由于分散而多元，这种形式的交流往往频率高，但影响力比较有限，较少引起关注。

第二種：智囊社團的對話形式，即是由一定背景或影響力的智囊社團舉辦的規模性對話形式。大陸有很多智囊性質的涉臺社團和研究機構，對臺工作的現任或卸任官員不乏任職於其中；而臺灣也有不少智囊性質的基金會或研究團體，有的具官方背景或政黨背景，有的具藍綠實力人物或派系背景，也有的具意見領袖背景。兩岸社團智囊或對社會有一定影響力，或對執政者有建言獻策的影響力，因此，這種對話交流模式具重要且實質意義。該形式最具代表性的當屬由大陸社科院臺研所與兩岸統合學會自2009年起迄今共同舉辦的「兩岸和平發展路徑系列研討會」。研討會雖由民間機構主持，內容卻圍繞兩岸最核心的政治問題，包括認同、互信、史觀、政治定位、和平協議等重要議題。特別是2012年以「深入和平發展」為主題的「臺北會談」和2013年以「探索政治安排」為主題的「北京會談」，在兩岸政治議題上的研討充分展現了開拓進取的前瞻性。參加者匯集兩岸政、軍、學界人士，臺灣方面除了有藍營人士外，不乏綠營人士，對話具有一定的實質性。

這種智囊社團形式的交流使兩岸退役將領或卸任官員也有了對話的機會。除了2010年兩岸退休將領的交流對話外，2013年6月，大陸的中華文化發展促進會與臺灣的兩岸統合學會共同舉辦「築信研討會」，近30名兩岸退役將領和學者共同探討建立兩岸軍事互信機制。此外，2013年，兩岸退休涉外官員也進行了規模性的研討交流。1月，由方夏文化交流協會和兩岸統合學會共同舉辦的「夏合研討會」，就兩岸涉外事務協商在內的議題進行研討交流。近30名與會者中，包含了首次受邀的兩岸退休涉外人員。

另外，大陸與民進黨人士也得以通過智囊社團的平台有機會進行溝通。2013年6月，由謝長廷擔任董事長的臺灣維新基金會主辦、中國社科院臺研所協辦的「兩岸關係的發展與創新研討會」在香港舉行。臺灣與會者由謝長廷領軍，成員除學者外，還包括9位民進黨籍不同派系的現任「立委」、3位民進黨籍市議員和1位民進黨籍縣府處長。大陸則由國臺辦副主任孫亞夫以海峽兩岸關係研究中心主任身分領軍，成員包括大陸北、中、南臺灣研究重要智囊的學者。雖然謝長廷定位香港研討會為思想與政策研討會，不是政治談判或對話，但從與會者涉及的研討內容看，涉及紅綠政治立場方面的言論並不少。

第三種：政黨對話形式。兩岸之間的政黨交流始自2005年連戰以國民黨主席身分首訪大陸，目前主要以國共交流為代表，主要包括國共兩黨領導人會面及兩岸經貿文化論壇等非官方形式。2005年以來，國共已形成了年度交流機制，每年度不但有高層會談，也有國共論壇。2012年在哈爾濱舉行的「國共論壇」上首次增設「兩岸和平發展」小組，開始討論政治議題。時任政協主席的賈慶林提出兩岸同屬一個國家的想法。2013年「吳習會」上，習近平提出推動兩岸關係發展的四點意見：堅持從中華民族整體利益的高度把握兩岸關係大局；堅持在認清歷史發展趨勢中把握兩岸關係前途；堅持增進互信、良性互動、求同存異、務實進取；堅持穩步推進兩岸關係全面發展。吳伯雄則表示，兩岸各自的法律、體制都主張一個中國原則，都用「一個中國架構」來定位兩岸關係，而不是「國與國」關係。「吳習會」的重點在於馬公開授權，吳有代表性地傳達馬的想法使兩岸領導人有機會間接對話。作為兩岸的執政黨，國共黨際交流平台對於兩岸關係發展有一定的先導作用，是非常重要的一種對話形式。

從既往的兩岸民間政治對話看，其對象包括：學界、智囊、黨政軍人士及意見領袖，話題論及包括認同、互信、政治定位、軍事互信、國際空間及和平協議等，呈現平台的多元性和對象的廣泛性以及內容的包容性。同時由於約束少，因此表現出相當的創意和前瞻性思考，有一定的探索性。

三、兩岸民間政治對話的功能和作用

兩岸政治互動是兩岸關係全面發展的重要組成部分，和平發展階段的兩岸政治互動從政治對話入手，以政治談判為目標，最終達成軍事安全互信機制以及簽署兩岸和平協議。一般而言，政治對話是指地區間、國家間以及政治團體間通過正式或非正式的溝通，以獲得某種共識的活動。因此，很顯然，政治對話的對象一般應該是官方。而兩岸關係發展中之所以出現民間政治對話的倡導，則是因為兩岸關係特殊性所致。由於臺灣社會目前的政治生態，兩岸公權力機關政治對話的環境與條件尚未成熟。但為了和平發展的兩岸關係能夠穩定持續地深入，兩岸政治對話須以民間為起點，逐步探索政治議題的解決之道，必須積極主動地營造有利於進入公權力機關政治對話的環境與條件。

兩岸民間政治對話應該成為未來兩岸公權力機關正式對話的前奏，它是一種在當前兩岸無法通過正式授權管道進行政治對話時由兩岸民間先行探索的鋪陳對話，時機成熟後則再由雙方授權管道接手。兩岸民間政治對話須對兩岸公權力機關的政治對話產生先導作用。

政治對話民間先行遵循了先易後難、循序漸進的互動原則。民間相對於政府部門而言，具有某種程度的非正式性，對話中的分歧不至於對兩岸關係造成直接衝擊。民間政治對話非正式的特點比較容易打破臺灣分裂社會甚或美國質疑的牽制，是先易後難、循序漸進的兩岸互動原則在政治對話程序上的具體表現。

鼓勵、支持民間展開具有建設性、前瞻性的政治對話是鋪設兩岸高層政治對話的重要路徑。兩岸民間政治對話須為兩岸高層政治對話鋪路搭橋。

首先，路徑的鋪設須有一致的方向。兩岸民間政治對話需界定功能性目標。兩岸民間政治對話須著力於解決兩岸關係和平發展的制度化和穩定化，即旨在為和平發展的制度化、穩定化排憂解難，創造一個確實可行的路線圖。

其次，路徑的鋪設須有明確的對話步驟。對話步驟牽涉對話議題設定，對話議題設定應包含現實和未來兩大方向，與兩岸關係相關聯的政治性議題均可涉及，同時還可包含對於兩岸高層政治對話的機制和內容探討。由於承擔造勢鋪路的功能，兩岸民間政治對話必然主要圍繞敏感政治議題。由於需求不同，目前兩岸各方感興趣的對話內容各有側重。大陸關注的內容主要包括：兩岸尚未統一前政治關係合情合理的安排；結束兩岸敵對狀態，建立軍事安全互信機制；和平協議問題；一個中國框架的共同認知與大陸和臺灣同屬一個中國的認同表述。臺灣關注的內容主要包括：「中華民國」定位；臺灣的「國際空間」。另外，民進黨方面則特別突顯民主人權的對話。董立文在《兩岸政治對話的美麗新世紀》一文中強調民主人權對話可以「把主權之爭擴展向價值、制度之爭；把政治對話轉變為文明的對話」。[6] 由於兩岸需要討論的政治議題很多，為了更好地體現為現實兩岸關係服務，需要對共同關心的政治議題作出整理，在此基礎上按照先易後難、先急後緩原則將對話內容做一先後順序排列。綜合而言，兩岸需要著重處理的敏感政治議題主要包括：國家尚未統一前兩岸政治關係的安排；兩岸和平協

議；軍事安全互信機制；臺灣參與國際活動。基於兩岸關係發展的實際需要，統一前兩岸政治關係的探討最具迫切性，應該成為對話的首要關鍵議題，最好集中力量攻堅克難，對此一事關兩岸關係的深層次、戰略性重大問題進行富有成效的溝通與對話，集思廣益並在此基礎上進行前瞻性思考，以提出務實和具有建設性的共識性意見。

第三，路徑的鋪設須有機制化的設計。由於承擔造勢鋪路的功能，兩岸民間政治對話在保持多元管道的同時，須致力於機制化的建立。兩岸民間政治對話的機制化建設須注重形成以智囊社團對話為主管道的對話機制。為此，兩岸有識之士已經提出了很好的建議。2012年的國共論壇曾提出和平論壇的倡導；國民黨榮譽主席連戰在2013年2月的「連習會」上曾提出民間辦理和平論壇的提議；劉兆玄2013年4月28日在臺北舉行的「辜汪會談20週年紀念」座談會上表示，兩岸民間應成立共同智囊和舉辦論壇，不分黨派和意識形態，來探討有爭議、敏感的政治問題，理性探討中華民族的未來。[7]；蔡瑋教授建議兩岸在和平論壇的架構下成立共同智囊，甚至考慮建立常設的祕書處，雙方都把事情按照大、中、小，重要性列出一個序列，看看那些是可以先做，哪些必須後做，做得成、做不到的原因，列出負責主管單位及相關程序。大陸已表態支持舉辦民間性質的兩岸和平論壇，認為舉辦和平論壇，是一個很好的辦法，也是一條可行的途徑，期待兩岸和平論壇能在2013年內舉行。從兩岸目前反應看，大陸意願強烈，態度積極；臺灣也不乏有興趣的民間團體。作為兩岸未來可以也是能夠推動和經營的民間政治對話的機制化平台，和平論壇值得期待。為了突顯社會力和影響力，和平論壇的參與者須體現多元性和代表性，既要有學術精英，也要有意見領袖；和平論壇的成果須有共識性意見的累積展現。從有利於和平論壇的推展看，兩岸民間共同智囊的規劃也是一個值得思考的方向。

兩岸兩會談判是得到官方授權的一個管道，以往是經濟性、事務性協商談判，未來在以經濟性、事務性議題為主的情況下可否思考擇時嘗試處理一些政治性問題。

第四，路徑的鋪設需要有利於政治互信的累積。兩岸政治對話的開啟有賴於

雙方善意的表達。兩岸民間政治對話須是增信釋疑、聚同化異的過程。由於是非正式、非官方，民間政治對話可不設限制和框架。對象的廣泛性有利於在廣開言路的基礎上增加瞭解，促進理解，換位思考，建立共識。雙方應協同努力在各自關心的核心政治領域取得進展，逐步消除在政治關係、軍事安全、涉外事務等方面的隔閡和誤解，增進理解和信賴，從而為今後開展正式的兩岸政治對話累積經驗，營造社會氛圍，以民間互信推動高層互信。期待兩岸民間政治對話成為雙方擴大瞭解、增進互信、拓展合作的重要平台。

第五，從各說各話、暢所欲言進入互動交流、尋找交集乃至發揮創意、建立共識是兩岸民間政治對話的發展路徑。兩岸民間政治對話旨在討論事關兩岸關係發展的全局性、戰略性、長期性問題，因此需要累積信任，相互磨合，共創未來，在這一過程中實現諒解、達成默契、達成共識。兩岸民間政治對話先要經歷各說各話的階段，這是一個互相瞭解的階段，在此階段雙方都需各抒己見，傾聽彼此。兩岸民間政治對話再要進入尋找交集的階段。這是一個互相理解的階段。在此階段，雙方都需換位思考，善意相待。最後，兩岸民間政治對話還要進入建立共識的階段，這是一個達成諒解的階段。在此階段，雙方需發揮創意，展現前瞻智慧。

注　釋

[1].《堅定不移沿著中國特色社會主義道路前進為全面建成小康社會而奮鬥》——胡錦濤主席在中國共產黨第十八次全國代表大會上的報告（2012年11月8日），人民出版社2012年11月第1版，第45頁。

[2].http://news.xinhuanet.com/politics/2013-02/19/c_114729415.htm.

[3].http://www.2013chinanews.com/tw/2013/04-28/4775519.shtml.

[4].http://news.xinhuanet.com/tw/2013-05/10/c_124691879.htm.

[5].http://news.sina.com.cn/c/2013-07-05/090527585292.shtml.

[6].臺灣《新新聞》第1370期，第10頁。

[7].http://www.chinanews.com/tw/2013/04-28/4774867.shtml.

兩岸政治關係發展的法律機制探析

福建省社會科學院現代臺灣研究所 葉世明

兩岸政治關係發展的法律機制是指調整和規範兩岸在政治關係領域的規範和制度的總稱，統領兩岸政治關係的法律和協議的總概括性概念。它在解決兩岸政治議題，發展兩岸政治關係上具有基礎性和關鍵性作用，是保障兩岸政治關係穩定發展的制度因素和結構性因素。建構兩岸政治關係發展的法律機制，包括兩岸政治關係發展的憲法機制、兩岸政治關係發展的行政法機制，以及兩岸政治關係發展法律障礙的解決機制等。本文將從和平發展的視角對兩岸政治關係的法律屬性、為什麼需要法律機制以及建構兩岸政治關係發展法律機制架構包括哪些主要內容等問題進行討論。

一、建構兩岸政治關係發展法律機制的釋義

（一）兩岸政治關係的法律障礙與法律屬性

兩岸最棘手的問題便是臺灣與大陸之間存在著法理事實與政治事實認知上的落差。兩岸對政治定位的現實認知不同，以致兩岸各執一端，各依其理，無法妥善地按照現行的國際法和政治學學理來定位兩岸之間的政治關係，兩岸互不承認對方法律和公權力機關的合法性，導致法律適用和法律協作等一系列困難，衍生出許多問題無法解決，甚至使正常的法律業務無法開展，形成阻礙兩岸政治關係發展的法律障礙。對臺灣問題（兩岸政治關係）的法律屬性的認識，我們經歷了一個逐步深入的過程。長期以來，大陸政界、學界和普通民眾對臺灣問題的認識主要停留在政治層面，較少從憲法和法律角度來思考臺灣問題。與此同時，「臺獨」分裂勢力卻不斷鼓噪「憲改」、「公投」等活動，以期實現「臺灣法理獨立」。「憲法」和「法律」儼然成為「臺獨」分子謀求「臺獨」的重要手段。隨著「臺獨」分裂勢力運用的手段逐漸從政治領域向法律領域尤其向憲法領域轉

移，我們也逐步認識到了臺灣問題（兩岸政治關係）的法律屬性。從法律角度而言，一方面，儘管兩岸尚未統一，但兩岸同屬於一個中國的法律事實從未改變；另一方面，臺灣問題實際上是中華人民共和國憲法與法律是否能有效適用於臺灣的問題，是兩岸法律體系之間的關係問題。而且臺灣問題最終也應通過合乎憲法和法律的途徑解決。《反分裂國家法》是我們認識臺灣問題的法律屬性的標誌性成果，它將中央的對臺政策法治化，已經成為我們對臺工作的基本法律依據之一。就目前而言，我們不僅需要通過《反分裂國家法》重申一個中國原則，表明我們對臺灣問題的基本態度和基本政策，而且還需要建構一套包括各個門類、各個層級的規範性文件在內的法律體系，對處理兩岸政治關係進行全面、整體、明確的制度安排和程序設計，以期通過法律機制促進兩岸政治關係發展。馬英九也把修正「兩岸人民關係條例」列為第二任重大施政目標。有鑒於此，我們極有必要從法學角度深入兩岸政治關係法律屬性的認識，完善兩岸創法機制並研究如何運用憲法和法律手段解決了兩岸政治議題，深入兩岸政治關係發展的法治化進度。

（二）法律機制對於促進兩岸政治關係發展的意義與必要性

法律的主要特徵是程序性和理性，而法律要求人們服從合乎正義和理性的規則。探尋人類政治文明的發展規律可知，政治問題法律化是人類社會發展的必然趨勢，也是人類政治文明成果的結晶。中國已將「依法治國、建設社會主義法治國家」寫入憲法，依法執政已成為我們黨治國理政的基本形式。因而，通過合乎法律的途徑促進兩岸政治關係發展也是必然的選擇。法律機制對於發展兩岸政治關係的重要意義，可以從兩個方面來認識：一是法律機制為兩岸政治關係發展提供了制度動力；二是保證了兩岸政治關係發展的結構穩定性。比如，通過法律機制解決兩岸政治議題可以增強解決問題的正當性；法律可以將有關民族認同和國家認同的共識規範化，運用規範的明確性、穩定性、強制性維護共識的權威性和有效性。不僅如此，兩岸政治關係發展是未來祖國完全統一的前奏，法律機制對於提高兩岸政治互信有著不可替代的作用。

建構兩岸政治關係發展法律機制，一方面將「和平統一，一國兩制」的主張

法治化，不斷豐富其實踐內涵，為兩岸政治關係發展奠定法理基礎；另一方面又建立相應的配套制度，將和平發展的思想具體化、程序化，使其能發揮實效，並以法律形式加以體現，可以提高政策的科學性和權威性，並加強政策的宣示效果，也可借助法律固有的穩定性、明確性特徵，達到穩定臺灣人民心理、震懾「臺獨」分裂勢力的目的。因此，運用法律思維處理臺灣問題，以法律手段反對和遏止「臺灣法理獨立」，以法促統、依法統一，在絕不承諾放棄使用武力的前提下，按照憲法和《反分裂國家法》規定的各項原則、方針、政策處理兩岸關係，用憲法和法律的武器震懾、制約、打擊「臺獨」分裂勢力，具有極為重要的意義。我們應充分認識法律機制解決兩岸政治議題的主要意義，在對臺工作中樹立法律思維，以合適的法律規範合理地表達兩岸共識，從而充分運用合乎法律的途徑來處理相關問題，這對於最終實現祖國統一將具有重要的戰略意義。

　　我們有必要在法學理論和法律技術的作用下，通過吸收現有工作方式和制度創新，將兩岸政治關係發展的主體、客體、內容、程序等諸要素用法律形式加以明確，從而形成具有一致性、明確性和穩定性的法律機制。通過制度設計與實踐，促進兩岸政治關係發展，保障臺海地區的穩定。如果我們給建構兩岸政治關係發展法律機制下一個粗淺的定義，那麼它可以被概括為調整兩岸關係和平發展過程中各種事務的法律規範、法律制度和法律運行的總稱。在實踐中具有多元性，即在實踐環節上，宏觀層面的兩岸政治定位、中央和有關部門依法開展的各項涉臺活動，兩岸有關機構相互接觸、合作等活動，以及微觀層面的司法裁判、行政執法行為和公民所進行的法律活動等，都構成兩岸政治關係法律實踐的一部分。具體說來，是將兩岸政治關係發展轉化為立法、執法、司法和守法的過程，通過對法律制度的貫徹落實，一方面使法律成為促進兩岸政治關係發展的助力，另一方面則形成有利於兩岸政治關係發展的法律秩序。兩岸政治關係發展的持續動力來自制度通過對規範的實施和保障而產生的驅動，並將之轉化為一種穩定的結構。

　　　　二、兩岸政治關係法律機制的主要表現形態

　　（一）兩岸政治關係發展的憲法機制

憲法在建構兩岸政治關係發展的法律機制中居於核心地位。我們應重視憲法在國家統一過程中的重要作用，運用憲法思維來判斷和解決兩岸關係發展過程中所面臨的問題。在憲法中確認國家統一的事實與目標，可以為兩岸關係和平發展和最終完全統一提供憲法上的依據，又構成在兩岸互動中爭取主動權的法律資源。兩岸政治關係發展的憲法機制包括三個層面：其一是成文法典意義的憲法；其二為以憲法解釋為主的憲法變遷形式；其三是具有憲法性法律性質的兩岸和平協議與《反分裂國家法》等。黨的十七大報告中首次提出「和平協議」這一重要概念，如同「九二共識」一樣，「和平協議」將在凝聚兩岸最大共識的基礎上形成，將成為建構兩岸政治關係發展憲政機制的基礎性規範。可以預見，臺灣的地位、臺灣當局的性質、兩岸關係和平發展的基本框架等重大問題，都將在「和平協議」中有所體現。當然，就目前局勢而言，「和平協議」僅僅是一個基本設想，至於其內容、簽訂方式以及效力等問題均需進一步研究。

　　（二）通過釋憲途徑界定兩岸政治關係的性質

　　就目前形勢而言，在憲法層面界定兩岸政治關係的性質十分必要。臺灣問題是中國內戰遺留問題。由於種種特殊的歷史原因，中國大陸制定的憲法從未在臺灣有效實施，現行憲法在臺灣的效力和臺灣在現行憲法中的地位等問題，在憲法中也沒有說明。目前，中央對臺政策主要表現為中央領導人的講話和有關部門的重要文件，尚屬於政策性規範，多數未轉化為法律規範。上述問題都是對臺工作的核心問題，既要體現法律性，也要體現政策性；既要考慮到憲法和法律的權威，又要顧及中央對臺政策的延續性；既涉及對已有憲法規範的解釋，也涉及對憲法未明確規定事項的闡明。從憲法學角度而言，解決上述問題最適宜的方法莫過於憲法解釋。通過釋憲釐清臺灣問題的性質，其另一作用是可將中央的對臺政策憲法化，使之成為具有憲法位階的法律規範。從而造成僅從政策層面定位難以達到的效果。同時，善於運用憲法解釋的方式，在個案中依據憲法的規定，平衡各方觀點，既堅持統一的總體原則和方向，又不失時機地開放兩岸政治關係深入發展的制度空間。

　　（三）通過共同修憲維持過渡性平衡

在中國政治實踐中，通過憲法確認政策及其變化的主要方式是憲法修改，具有政治性的宣示意義。從兩岸關係和平發展的長遠趨勢與國家統一大局來考慮，兩岸未來要共同破解政治難題，其實無法迴避共同修憲的問題。過去的經驗證明，即便是事務性、功能性商談，只要涉及到公權力，更進一步的交流合作往往受阻於兩岸關係政治定位的模糊不清，兩岸關係和平發展也會因為外在環境缺乏安定性而無法得到穩定、持續發展。兩岸關係「政亂則經慌」的局面也證明了這一點。可以說，對兩岸政治關係性質的界定是對臺工作的核心問題。這最終需要體現在兩岸共同修憲的形式上，將給予臺灣當局適當的法律定位與「一個中國」的法律化聯繫起來。從兩岸政治對立及認同差異的現狀來看，以兩岸政體歸一、政權合併、權力統一（傳統的政治統一）為目標的全面性修憲的條件和時機並不成熟。積極且務實之計，是探討局部性修憲的可能，亦即暫時不變兩岸憲法本文，共同增加一段內容相同的憲法前言。目的是在兩岸共同事務（經濟合作制度化、人員與文教交流密切化等）與對外事務（臺灣參與國際組織活動、兩岸涉外雙邊與多邊關係等）上建立「兩岸一中」與「過渡性分治」的平衡。共同憲法前言的內容應該包括以下基本要點：兩岸同屬一個中國，兩岸應共同維護「一個中國」原則，反對國家分裂，促進共同的國家認同。

（四）兩岸行政事務的法律協作

臺灣問題具有高度的複雜性，涉及經濟、政治、文化、社會、外交等各個領域，牽涉公權力與公權力之間、公權力與私權利之間，以及私權利與私權利之間的錯綜複雜的法律關係。因此，建構兩岸政治關係和發展框架的法律機制也具有複雜性。具體而言，公法所針對的問題包括兩點：其一是具有根本性的臺灣及臺灣公權力機關的地位問題，此類問題主要通過憲法規範加以解決；其二是兩岸公權力機關對涉臺事務如何處理的問題，這些主要通過行政法規範來解決。與日益活絡的民間交往及經貿交往相比，兩岸公權力機關之間並無任何直接接觸，甚至在某種程度上還處於敵對狀態。但這一局面並不能削弱行政立法在兩岸政治關係發展中的重要地位。大陸行政機關與臺灣籍相對人之間的行政法律關係，已經從原來單純的出入境管理，擴展到投資經營管理、稅務管理、教育管理、基礎設施建設管理、旅遊事務管理、戶籍管理等多個部門行政法領域，包括行政處罰、行

政許可、行政給付、行政救助以及行政合約等主要行政行為形式在內，而一些臺商也開始運用大陸的《行政復議法》和《行政訴訟法》維護自身的合法權益。與民事立法和商事立法相比，行政立法具有相當的複雜性，涉及一系列敏感問題，只能循序漸進、逐步建立，並在立法前加強溝通與協調，建造「兩岸法」，因為，各自的域內法已不能滿足兩岸關係和平發展與政治關係發展的需求。

三、建構兩岸政治關係發展的法律機制的精神與實踐

（一）原則性與靈活性

兩岸政治關係發展的法律機制基礎是憲法觀念和憲政建設的聚同。那就必須是全力以赴真正實現「依憲治國」的憲政建設。首先，依憲治國就必須強化和施行憲法至上的原則，必須恪守「一個中國框架」的國際國內法原則。「憲法至上」和堅持「恪守一個中國框架」，實際上就是兩岸中國人民利益和共同意志至上，就是用憲法的實現性和時效性來凝聚兩岸人民恪守一個中國憲法，讓憲法一中框架扎根於兩岸民眾，貼近兩岸社會生活。同時，轉變在兩岸關係問題上的思想文化誤差，我們必須尊重歷史，絕不能割斷歷史，也就是用尊重孫中山先生領導的新三民主義革命和毛澤東領導的新民主主義革命的歷史成果，給這兩段歷史的發展以一定的科學的法律的定位和辯證唯物主義觀點的法律定位。

其次，建構兩岸政治關係發展法律機制，必須確定一個中國原則和「九二共識」的政治基礎。將一個中國原則從政治原則上升為法律原則，一個中國原則是發展兩岸關係和實現和平統一的基石。也是兩岸關係任何機制建立和維持的基礎和前提。兩岸共同維護中國的領土主權完整是務必堅守的原則，以推動兩岸和平發展、共存共榮，兼具合法性與有效性、可接受性與可行性，進而在此基礎上探討符合政治現實和法理規範並面向未來、雙贏的定位方案。

建構法律機制的過程就是各種利益集團之間的博奕過程，就是不同利益主體通過鬥爭與妥協尋求交會點的平衡過程，是反覆討價還價和理性選擇基礎上博奕的結果。期間鬥爭固然重要，妥協同樣不可或缺。如果各個利益主體自行其是，互不妥協，就難以找到共同支點，其結果必然導致問題懸而不決，妥協讓步是以承認社會分歧與政治衝突的合理存在為前提的。在「一中原則」下的兩岸政治定

位可以適當保留彈性空間。法律機制建構的過程就是各方進行協商或溝通，並相互妥協達成一致的過程，其成果一般需要通過達成協議或成立相關機構來體現和落實。通過謹慎的主動選擇，迴避分歧，不觸及那些可能破壞交流互信乃至進度的問題，這種方法在解決事務性的問題上較為有效，在時機成熟時，兩岸在政治定位問題上不應迴避責任，而是要實事求是地面對分歧，推動兩岸互動向更高層次發展，進一步建構共同的規則和制度。

（二）經驗理性與建構理性的有機結合

經驗理性與建構理性是近代以來流行於西方的兩種不同的認識論和方法論，也是人們探求知識與改造世界的兩種不同的思維方式和路徑選擇。經驗理性和建構理性互有短長。經驗理性更貼近現實，有利於社會的秩序穩定與持續發展而建構理性可以充分發揮人的主觀能動性和歷史首創精神，積極推動社會進步。經驗理性特徵更明顯地體現在正視社會存在多元利益及其衝突的客觀事實和善於通過妥協以化解政治矛盾的態度和方式上。理性建構也不是凌空蹈虛的，而是腳踏實地的。因此，單純的經驗理性和建構理性都具有片面性，正確的選擇應是將二者有機結合在一起，揚長避短，優勢互補。在兩岸政治關係發展的法律機制的建構上體現經驗理性與建構理性的有機結合。

一方面，歷史的經驗表明，每解決一個重大問題，每向前邁出一步，幾乎都是衝突各方互諒互讓的結果。因而，在創建兩岸政治關係發展的法律機制過程中，在堅守基本原則的前提下，經常通過必要和適度的妥協讓步，以解決各種矛盾衝突，達到利益的整合平衡。如，為兩岸政治定位方案必須立足現實、面向未來、兼顧事實與情感，在可持續地維護中國主權、領土完整的基礎上，充分考慮和尊重臺灣人民的感受，協調兩岸，有效性與合法性並重。其中，第一個要點表明兩岸同屬一個中國，相當於將「一個中國」政治原則再法律化，為第二個要點「互不否認對方為有效治理的政治實體」提供了政治前提和憲法約束，「兩岸一中」與「過渡性分治」共同入憲，是兩岸和平統一的重要階段。結合現實及和平協商的考慮來看，壓制分歧或「擱置爭議」在一定時期內具有可取性。本著「妥協」精神，求同存異，尋求調適之道。一是體會到臺灣島內特殊的政治環境和兩

岸關係特殊的歷史背景，為了使大陸的對臺政策主張盡可能地被臺灣民眾所瞭解、理解和接受；二是為了在兩岸接觸商談時，為臺灣當局和兩岸政治關係的處理留下餘地，以便在維護中國的主權和領土完整不容分割的前提下，爭取兩岸互利雙贏的結果。從當前兩岸的情勢來看，「擱置爭議」成為雙方達成默契的靈活策略，即可能將兩岸政治定位的分歧壓制和擱置。此外，政治法律、文化傳統、歷史經驗、思想家的理論指導、立憲先賢們的個人才智與貢獻，都是不容忽視的重要因素。

　　另一方面，建構兩岸政治關係發展的法律機制需要兩岸積極自覺地去「建構」，用法律的語言規避政治的爭議，用法律的權威克服政治的盲動，形成法治型的兩岸政治關係發展模式。以《反分裂國家法》為核心，制定專門以處理兩岸政治關係為目的的法律體系，從而將中央的對臺政策法律化。同時，兩岸只有舉行政治談判並簽訂，才能改變兩岸關係在過去20多年的時間裡經常是跌宕起伏，徘徊在「危機」、「緊張」、「緩和」、「改善」之間的局面。在談判中，各方不應使用涵義模糊的各種文字和語言，尤其在政治契約中不能存在兩種以上的涵義或解釋，以免日後各方利用不同涵義引發更大的爭議；在簽訂政治契約後，各方應該認真履行政治契約，只有這樣，才能消除各方之間的衝突，才能依據政治契約維護和平與共贏。當前兩岸關係已經邁入和平發展的新時期，更需要通過理性建構法律機制，尤其是建構一個具有基礎地位與能起統帥作用的憲制性協議，為可持續的兩岸關係和平發展提供基礎性的規範。

　　實踐證明，將經驗理性與建構理性有機結合起來，互不偏廢，兩條腿走路，是順利踏進法治大門的一條成功之道。我們考察政治組織和制度安排，總結繼承中國內外正反兩方面的歷史經驗，並將其視為寶貴的經驗加以吸收運用，而反對坐而論道、閉門造車，單憑邏輯構思就輕率地進行無把握的政治試驗。同時，有必要將國際公法與兩岸公法綜合起來，考慮一般的國家同一性與特殊的政府繼承形式之間的政治平衡，並重新審視兩岸政治關係背景下的基本政治概念，結合新形勢與新問題進一步充實這些基本概念的內涵。

　　（三）架設兩岸政治關係發展法律機制的創法平台

建構兩岸政治關係發展法律機制需在一定的目標指引下，遵循一定的原則，通過適當的程序或路徑，經過各方努力達成一定的成果。建構兩岸政治關係發展法律機制的首要任務是要架設溝通、協商或談判的平台，這就需要明確參與機制化的兩岸雙方的角色定位和建立協商制度和機構。兩岸要想直接通過官方管道架設機制化平台有一定的難度，雙方只能務實採取建立某些會議制度和協調機構的方式，來間接架設協商交流平台，如兩會機制、黨對黨溝通平台機制、民間對民間協商機制等機制化產物。在嚴格意義上說，我們所探討的兩岸政治關係發展的法律機制不應是各自的區域法，而是「兩岸法」，這就需要突顯和完善兩會框架及相關平台的創法性功能。比如，海峽兩岸的民間組織可以起草海峽兩岸統一的法律文件，提交海峽兩岸的立法機關審議通過，以法律的統一促進海峽兩岸政治的統一。此外，臺灣方面若能借助於修改「兩岸人民關係條例」的歷史機會，為海峽兩岸的政治交流提供法律上的空間，那麼，海峽兩岸的政治和談指日可待，海峽兩岸的人民就會充分發揮自己的聰明才智，為海峽兩岸政治關係的發展提出建設性的意見。

四、結語

　　法律機制是兩岸政治關係發展的制度動力，它嵌入兩岸政治關係發展框架的結構中，並起著強化這一結構的功能。根據中國共產黨與中國國民黨兩黨就兩岸關係法律架構描繪的大致輪廓來看，未來兩岸關係的法律架構不同於目前世界各國任何一個國家的法律架構，也不同於中國目前內地與香港、內地與澳門的法律架構，更不同於中國大陸地區的現行法律架構。這種法律架構的整體框架是傳統憲政理論和實踐的一種演繹和延伸。目前而言，從宏觀制度思考建構兩岸政治關係發展的法律機制，在決策和實務層面都缺乏相應的措舉，在研究範疇也有待深入。

　　由於種種原因，對臺灣問題的研究，大多側重宏大敘事的歷史闡述和應景式的對策分析，隨著兩岸交往的日益深入，當前兩岸政治關係僵局構成了兩岸關係發展的瓶頸，諸多問題一一暴露，其中絕大多數與法律有關，迫切需要尋求法理上的突破。在和平發展的大背景下，我們應充分認識到法律機制在建構兩岸政治

關係發展中的重要作用，應綜合運用法律手段對臺灣問題法律屬性進行體認，加強學術研究，為兩岸政治關係的法律機制建構提供概念話語和理論指引，建構法治型的兩岸政治關係發展模式，始終為臺海地區謀和平，為兩岸人民謀福祉，從而為祖國完全統一奠定規範的、穩定的、「不可瓦解性」的基礎。

參考文獻：

1.周葉中：《論建構兩岸關係和平發展框架的法律機制》，《法學評論》（雙月刊）2008年第3期（總第149期）第3～12頁。

2.周葉中：《臺灣問題的憲法學思考》，《法學》2007年第6期第38～46頁。

3.巫永平、鄭振清：《重建「一個中國」憲政框架建立臺海兩岸政治關係新平衡的理論探索（之一）》，
http://www.21ccom.net/articles/zgyj/thyj/article2011100546442.html.

4.兩岸政治談判的一些法律問題，
http://www.zaobao.com/special/forum/pages6/forum_tw080908c.shtml.

5.朱國斌：《「複合制」：具有中國特色的新型國家結構形式》，
http://www.110.com/ziliao/article-3657.html.

6.魏鏞：《邁向民族內共同體：臺海兩岸互動模式之建構、發展與檢驗》，《中國大陸研究》第45卷第5期。

7.王鶴亭：《兩岸政治定位的分歧處理及建議》，《臺灣研究集刊》2009年第2期。

8.李鵬：《兩岸關係和平發展的機制化需求與建構》，《臺灣研究集刊》2009年第2期，第8～14頁。

9.祝捷：《聯邦德國基本法與德國的統一》，《武漢大學學報（哲學社會科學版）》2009年第63卷第5期，第727頁。

兩岸經濟關係與政治關係互動路徑問題研究

廈門大學臺灣研究院 陳先才

　　根據馬克思主義的基本原理，經濟決定政治，經濟基礎決定上層建築，從兩岸關係近三十年的發展歷程來觀察，在總體上確實體現了這一客觀規律。但由於兩岸關係又有其複雜的歷史背景以及現實因素之制約，其特殊性的一面又相當突出和彰顯，那就是兩岸政治關係與經濟關係的發展進度並不同步，發展節奏並不合拍，當然會對兩岸關係和平發展以及中國和平統一進度產生負面的影響。導致兩岸經濟關係與政治關係互動路徑出現不暢的原因當然有很多方面，其中最為關鍵的因素還在於兩岸雙方的互信不足。

　　當前兩岸關係和平發展的新階段，如何實現兩岸經濟關係與政治關係的良性互動，為兩岸關係和平發展道路保駕護航，不斷推進中國和平統一進度向前邁進，這本身就是一個重大而嚴肅的課題，對於相關問題的研究與探討，其現實意義非常重要。

一、兩岸經濟關係與政治關係互動的現狀與特點

（一）現狀

　　在兩岸關係長期的發展進度中，兩岸經濟關係與政治關係的互動無疑成為一條主線貫穿其中。自1949年以來，兩岸政治關係無疑成為兩岸關係的主軸，海峽兩岸雙方圍繞中國代表權的問題進行了長時期的爭奪。即使到了李登輝時期，臺灣當局開始採取分裂主義路線，兩岸雙方的鬥爭，在本質上仍然是政治關係的範疇。雙方圍繞「臺獨」與反「臺獨」的鬥爭，仍然從根本上沒有脫離政治思維的範疇。當然，在這一時期兩岸政治關係的互動，在總體上呈現出全面對抗、相

互敵視的特徵。同時，由於兩岸處於相互敵對和隔絕的狀況，雙方經濟關係完全處於斷絕狀況，海峽兩岸經濟關係基本上沒有任何的互動。

但自從1980年代中後期開始，隨著兩岸民間交往的恢復和開啟，特別是臺商開始直接或間接到中國大陸投資生產，兩岸經濟關係至此開始重新連接。此後，隨著臺商大批到大陸發展，兩岸經濟關係的重要性日益提升，逐漸成為兩岸關係的重要內容，也使兩岸關係中的經濟因素日益突顯。截至2012年2月底，大陸累計批准臺資項目86032個，實際利用臺資547.3億美元。[1] 在這一時期，儘管兩岸經濟關係不斷發展，特別是兩岸民間經貿關係頻繁，合作程度不斷加深，但由於李登輝當局及陳水扁當局不斷推動「臺獨」分裂主義路線，兩岸政治互信嚴重不足，臺海緊張局勢不斷升高，也使兩岸政治關係的互動陷入困境，並不順利。在總體上，兩岸經濟關係與政治關係呈現出「經熱政冷」的發展格局。

2008年5月以來，隨著國民黨在臺灣重新執政，兩岸關係出現了重大的轉折，兩岸關係快速改善，在此基礎上，兩岸經濟關係發展進一步得到提升，2010年兩岸簽署《海峽兩岸經濟合作框架協議》（ECFA），為兩岸經濟關係的正常化奠定了堅實的基礎，有力地推動了兩岸經濟關係的快速發展。

在當前兩岸關係和平發展新時期，兩岸經濟關係和政治關係已成為當前兩岸關係的主軸，同時並存，並開始發生作用與影響力。例如在2012年臺灣領導人選舉中，儘管民進黨的參選人蔡英文來勢很猛，社會支持率不低，但由於臺灣多數民眾出於對兩岸關係的顧慮和經濟發展的思考，包括臺灣企業界、經濟界大人物在選舉前夕紛紛出來力挺國民黨候選人馬英九，臺灣民眾最終選擇了馬英九，這充分說明兩岸經濟因素開始在臺灣選舉中發揮實質性的影響。

隨著馬英九連任後，兩岸經濟關係發展又開始進入到一個新的階段。臺灣當局逐漸放開大陸資本入臺，這無疑為兩岸經濟關係互動提供了新的機會和平台。因為兩岸經濟關係開始逐漸步入相互投資的新階段，從而一改過去臺資單向流往大陸的不正常現象，這對於推動兩岸經濟關係正常化發展具有重要的意義。但是我們還要看到，儘管現階段兩岸經濟關係越來越成為兩岸關係中的重要內容和主要方面，但兩岸政治關係的角色和份量仍然不容忽視和低估，畢竟兩岸關係發展

為歷史及現實困境所制約，只要兩岸政治關係在短時期內還沒有找到徹底的解決之法，兩岸政治關係發展仍然充滿困境和挑戰，它必然會對兩岸經濟關係發展帶來衝擊和制約，因此，政治關係在兩岸關係中的份量和重要性仍然不容忽視。

因此，在現階段兩岸關係互動中，兩岸經濟關係與兩岸政治關係成為兩條主線，它們時而有交集，時而又平行發展。但從總體和趨勢來觀察，隨著經濟關係份量的不斷增強，經濟關係對兩岸政治關係的影響力開始在提升，並呈顯性發展，當然目前尚未達到根本性的制約效果。一方面，隨著兩岸經濟關係不斷朝正常化方向發展，兩岸經濟關係發展所展現的政治、經濟及社會效應不斷彰顯出來。例如，兩岸經濟關係的緊密互動，客觀上使兩岸民間社會開始重新連接獲得了新的動力和契合點，特別是兩岸利益的不斷結合，也開始對臺灣的社會、政治產生一定的影響，包括對「臺獨」分裂勢力的牽制效應也開始顯現。

但是，我們也要看到，兩岸政治關係的發展並沒有與兩岸經濟關係的發展同步，並沒有取得相應的進展。例如，從民調數據來看，綠營縣市長基於推銷農產品也紛紛來訪問大陸，但其政治意識形態並未有大的改變。此外，臺灣民心並沒有隨著兩岸經濟關係的大幅度發展和改善而朝政治關係方面轉化。這可以從臺灣各類民調的數據可看出來，兩岸政治關係與經濟關係呈現出來的「有發展但不同步」的不協調現象值得關注和思考。

（二）特點

首先，兩岸經濟關係與政治關係的互動呈現出不協調不同步的特點。

一方面，兩岸經濟關係發展不斷有所突破，雙方共識不斷增加，另一方面，兩岸政治關係互動仍然進展有限，步履維艱。同時，雖然兩岸經濟關係對政治關係的正面影響效應已開始發酵，但其能量並未全部發揮，在很大程度上甚至被折損掉一部分，從而讓外界和兩岸民眾產生心理上的落差和誤解。其主要原因在於，兩岸雙方在經濟關係互動上的共識已基本形成，即使是在臺灣內部藍綠雙方在這一點的共識也大致具備，這是兩岸經濟互動較為順暢的重要原因。而在兩岸政治關係互動領域，不但兩岸雙方尚未取得共識，即使在臺灣內部藍綠的差異與分歧也相當嚴重，這當然會對兩岸政治關係的互動產生極大的制約與阻礙。

其次，兩岸經濟關係對政治關係的影響總體上呈日益增強的發展趨勢。

從總體上來觀察，兩岸經濟關係對政治關係的影響效應在不斷增強，這對於兩岸關係的長期發展而言是一件好事。隨著兩岸關係中的經濟份量不斷突顯，經濟對政治的影響力自然不斷增強，這對於兩岸政治關係發展當然會產生正面作用，經濟對政治的化學效應自然會發生。特別是隨著兩岸經濟關係的快速發展，兩岸利益的不斷融合，客觀上也會使兩岸政治互動逐漸朝良性健康的方向發展。

最後，兩岸政治關係對經濟關係的制約能力仍然客觀存在。

兩岸問題在本質上仍然還是政治問題，既有歷史上的恩怨鬥爭，也有現實的利益折衝，但兩岸關係的本質和核心還是在政治範疇，當前，即表現為如何實現整個中國統一的政治問題。當前兩岸關係互動中，無論是臺灣當局的政治定位，還是國際參與方面，都是政治範疇，這些問題的存在，從根本上制約了兩岸關係的發展，包括經濟關係的發展。這對於兩岸關係和平發展是不利的。因為它會從根本上影響兩岸經濟關係的正面效應及能量釋放，當臺灣民眾對兩岸經濟合作成效的有感相當有限的情況下，民眾的觀感和心理自然有很大的落差，自然會對兩岸關係發展的認知出現不全面不盡客觀的一面，從而減少兩岸關係和平發展的群眾支持基礎。

二、兩岸經濟關係與政治關係互動的機遇和挑戰

當前，積極推動和建構兩岸經濟關係與政治關係互動的新路徑面臨難得的歷史機遇，當然也有其現實挑戰。

（一）歷史機遇

1.大環境有利

自2008年國民黨重新執政以來，特別是馬英九當局堅持「九二共識」，兩岸關係得到了迅速的改善，進入1949年以來最好的歷史時期。兩岸不但實現了通商、通航、通郵，並簽署了包括ECFA在內的一系列重要協議，全面開啟了兩岸關係和平發展的新階段。過去幾年，兩岸在經濟、文化、人員、社會等領域的交流合作相當頻繁與深入，兩岸關係的極大改善客觀上有助於兩岸經濟關係與政

治關係的良性互動發展。隨著兩岸關係的持續發展，兩岸利益的日益結合，兩岸民眾對兩岸關係和平發展的信心和信任度不斷增長，兩岸關係的積極發展必然有助於兩岸經濟關係的健康發展，有助於兩岸經濟關係的正常化。同時，兩岸經濟關係的正常化以及兩岸經濟聯繫的不斷密切，也反過來有助於兩岸政治關係不斷朝良性的方向發展，為兩岸政治互信不斷充實基礎，累積互信，增強共識。在兩岸關係大環境改善的有利背景下，兩岸民眾利益的不斷結合，兩岸進行政治對話、增強政治互信、確保臺海和平穩定機制建構的民意基礎自然不斷得到增強，這當然有助於推動兩岸加強兩岸政治協商的進度，有助於兩岸關係向前發展。

2.內部改革形勢

當前兩岸關係發展進入到新的階段，兩岸關係發展進入內部改革，如果不推動政治關係的改善，則會對兩岸關係包括經濟關係的下一步發展有阻礙和影響。而過去四年來，兩岸在政治關係互信方面的累積也在增長。這對於兩岸經濟關係與政治關係的互動新路徑當然有利。我們看到，儘管過去幾年兩岸關係在經貿、文化、教育、人員往來等領域取得了重大的進展，兩岸也簽署了ECFA等協議，也實現了陸客及陸生、陸資等入臺，為兩岸關係和平發展增添了不少新的積極因素，但是由於兩岸在政治關係方面進展有限，特別是臺灣方面對兩岸政治對話和協商採取消極迴避的態度，這在一定程度上使兩岸互信的基礎受到損害，這對於兩岸關係進一步發展有負面的牽制影響。畢竟無論是文化協議，還是ECFA的後續談判等諸多議題，雖然其範疇屬於文化經貿議題，與政治議題的直接關聯度較低，但其背後的政治因素卻客觀存在，正因如此，才使得兩岸在上述議題的進展相對受阻。因此，在當前兩岸關係和平發展新階段，如果不推動政治議題的進展，則肯定會影響到兩岸經貿交流及文化等領域的進一步進展。

在這種情勢下，兩岸雙方都面臨很大的壓力。對於臺灣而言，如果內部改革的局面長期存在，自然在一定程度上影響到兩岸交流，甚至包括兩岸經貿關係的進一步發展，這對於國民黨執政當局而言，並非好事。畢竟兩岸交流才是馬執政的最大業績所在。而對於大陸而言，當然也需要克服內部改革的障礙，不斷推動兩岸關係向前發展，因此，兩岸關係內部改革的問題出現，客觀上也使兩岸發展

面臨新的機遇和挑戰，有助於雙方加強合作，推動兩岸政治關係與經濟關係發展的良性互動。

3.雙方有意願

兩岸雙方都有需求。例如在政治上雙方都需要累積互信，共同維護兩岸的和平與穩定，這不僅符合大陸的利益，也是臺灣的現實利益所在。而兩岸密切的經濟關係也是需要的。所以，在這方面的需求很強。同時，雙方都需要把兩岸和平與發展的能量釋放出來，轉化為對己方有利的利基。2008年以來的兩岸關係發展，正是由於兩岸雙方基於建構臺海和平之現實考量，因此雙方對兩岸和平的意願相當高，均認為兩岸和平是完全符合雙方根本利益的。事實上，當前推動兩岸在經濟關係及政治關係的良性互動，本身就是建構臺海和平機制的過程，對兩岸而言也是雙贏之局面，當然是雙方所期待的結局。

（二）現實挑戰

1.臺灣層面

馬英九當局不願意碰觸兩岸政治關係議題，這是最大的挑戰。其原因主要是基於選舉選票的考量。國民黨執政當局基於選舉之考量，擔心被對手抹黑抹紅，所以在兩岸政治議題方面比較保守，不願意碰觸。同時，臺灣當局對大陸的防範意識仍然相當強，這是不願意接觸的深層次原因。此外，臺灣民間社會對大陸缺乏信任，畢竟經過過去幾十年的敵對與隔絕，臺灣民眾對大陸有諸多的負面認知和不瞭解狀況。這就是問題所在。

2.兩岸層面

過去四年，儘管兩岸關係有了極大改善，但兩岸關係中長期存在的結構性矛盾並沒有化解，兩岸的互信基礎仍然相當不足。一方面，過去長達60年的兩岸對峙及意識形態的對立不易在短短的四年多時間內完全化解。另一方面，當前兩岸之間的結構性矛盾並沒有隨著兩岸關係的和緩而得到根本的化解，包括臺灣當局的政治定位以及參與國際活動等問題都沒有得到全盤解決。正是由於政治互信不足，從而限制了兩岸在政治問題上的進展。

3.國際層面

長期以來,兩岸關係的發展都伴隨有外部勢力的干擾,美國等國際勢力高度關注,政治問題是高度敏感的議題。雖然美國支持兩岸關係和平發展,但對於兩岸在政治議題上接觸仍然關切,不希望兩岸之間走得太快,這仍然是美國的主流共識,在政治議題上當然會牽制臺灣。

三、兩岸經濟關係與政治關係互動的路徑和模式

(一)三種可能路徑

客觀而論,兩岸經濟關係與政治關係的互動路徑極其複雜,絕非單線型發展,而應是多元的發展模式。

1.正向路徑

兩岸經濟關係與政治關係的互動路徑有可能是正向發展模式,即漸進路徑模式。根據馬克思主義經濟基礎決定上層建築的原理,隨著兩岸經濟關係的日益結合與利益連接,自然會促使兩岸政治關係的不斷改善,從而推動兩岸雙方進行政治議題的談判與協商,這當然是當前最為期待、也最為理想的發展路徑。

2.反向路徑

兩岸經濟關係與政治關係的發展也有可能呈現反向發展的路徑模式,即背離路徑模式。隨著兩岸經濟關係的快速發展和不斷結合,但兩岸的政治關係非但沒有進展,反而愈行愈遠,因為隨著兩岸經濟關係的發展,實力較弱的臺灣方面有可能產生擔心被大陸掏空的恐懼心理,從而對於兩岸任何的政治談判和政治對話都持高度謹慎與擔憂的態度。

3.平行路徑

兩岸經濟關係與政治關係的發展還有一種可能就是平行路徑,即兩岸經濟關係與政治關係的發展呈現兩條平行線,雙方之間不存在交集。一方面,兩岸雙方儘管目的不同,但都有發展經濟關係的某種期待,另一方面,雙方由於政治分歧較為嚴重,互信基礎不易累積,政治關係進展遙遙無期。在這種情況下,推動雙

方經濟關係互動的動力還在於民間社會。

在當前兩岸關係和平發展新時期，兩岸經濟關係與政治關係的互動路徑尚未最終定型，還處在發展之中，特別是上述三種路徑的可能性及趨勢都客觀存在，這是我們需要注意的地方。事實上，對於兩岸經濟關係與政治關係互動之前景，不可能寄望於激進的突變，而應當立足於現有的兩岸現實政治、經濟、文化、社會及氛圍狀況，應遵循相對合理的思路，在尊重兩岸現實的基礎上，尋求某種水到渠成的漸變模式。

（二）建構適宜的模式

首先，繼續強化兩岸經濟的融合。

根據馬克思主義原理，經濟是政治的基礎，經濟基礎決定上層建築。而在兩岸關係互動中，我們要繼續深入兩岸的經濟合作，從而逐步提升經濟合作對政治的效應。事實證明，大陸長期以來在對臺戰略中所堅持的「以經圍政」等策略證明是非常有成效的。當前朝鮮半島的形勢也可以借鑒。南北朝鮮之間正是由於經濟關係不夠結合，縱使雙方領導人實現了歷史性的互訪，但雙方關係仍然是激烈的對抗，穩定性不強。而兩岸正是由於經濟關係結合度高，使兩岸關係的穩定度有保障，即使是民進黨執政時期，兩岸關係相當緊張，但兩岸民間交往關係及經貿關係仍然在向前發展，這與朝鮮與韓國關係存在重大差別。因此，繼續強化兩岸經濟的融合與緊密聯繫，是兩岸關係穩定的最大保障力量。

其次，積極強化政治對經濟的引導效應。

兩岸關係長期以來就有兩種力量在拉扯和存在。一種是融合的力量，一種是分裂的力量。當前這兩種力量仍然在拉扯之中，民進黨和綠營代表的是分裂的力量，其論述主體是過分強調臺灣的「主體性」與「獨立性」，其後果是使臺灣越來越陷入困境。而融合的力量，是強調以和平為基調，為兩岸關係發展提供另外的思路。2008年以後，隨著兩岸關係的快速改善，兩岸融合的力量不斷增長，這對於兩岸關係的長期穩定發展至關重要，我們要積極引導兩岸融合力量的增長。在兩岸關係互動中，儘管兩岸經濟關係是基礎，但我們仍然要高度強調政治的功能。兩岸關係發展必須要堅持一個中國的基本原則，儘管兩岸目前尚未實現

完全的統一，但兩岸的主權和領土並未分裂，兩岸同屬一個國家的事實從未改變。我方必須要強調這一基礎。特別是在當前兩岸關係和平發展新時期，我們應大力加強兩岸民間政治對話，為兩岸最終解決政治議題創造條件和準備。

第三，重新連接兩岸民間社會關係。

當前我們要重建兩岸社會的一體化。通過重建兩岸民間社會，來推動兩岸經濟關係與政治關係的良性互動。自1949年兩岸因內戰隔離以來，兩岸民間社會就按照各自的軌道發展，最終形成了兩種不同的社會發展模式。儘管過去二十多年來，兩岸民間社會開始重新交往和連接，但兩岸民間社會的差異仍然很明顯。這是當前影響兩岸經濟關係與政治關係良性互動的深層次原因所在。在重新建構兩岸民間社會一體化的過程中，我們應努力發掘兩岸民間的積極因素和力量，廣泛利用兩岸民間因素來增強兩岸經濟的密切度和聯繫程度，從而不斷厚實兩岸關係和平發展的穩定基礎。同時，由於當前兩岸互信不足，我們可以積極開展兩岸民間的政治對話，特別是充分發揮兩岸民間智囊及研究機構的智慧，就兩岸政治關係中的重大問題進行探討，從而不斷增強雙方的互信基礎，不斷推進兩岸經濟關係與政治關係的良性互動。

第四，加強戰略與戰術的有效結合。

在推動兩岸經濟關係與政治關係良性互動中，必須加強戰略與戰術的高度結合，在當前，必須要採取官方主導與民間推動相結合的策略。兩岸經濟關係的持續發展，並不必然導致兩岸政治關係取得重大進展，一味採取等待時機的做法並不可取，因此，要使兩岸的經濟效應最終能夠外溢為政治效應，則必須要有戰略上的助推。大陸方面一定要積極為兩岸政治關係的互動創造條件，累積基礎。同時，除了官方在戰略上要主動作為外，還應善加利用民間的力量。畢竟兩岸經濟關係與政治關係之互動完全符合臺灣主流民意之期待，因此，我們應盡可能地發揮民間力量，包括民間資本，民間人士以及民間組織的功能。

第五，強化兩岸關係的法律規範問題。

從兩岸關係發展的實踐以及臺灣現有情況來觀察，兩岸關係發展的法治化至關重要。因為只有把兩岸關係互動用法律規範加以確認，其未來發展才具有穩定

性。事實上,包括兩岸關係和平發展的經濟、文化、社會等成果,都應用法律規範來加以確認,都需要用法律來約束,從而防止因臺灣政局變幻而使兩岸交流的成果受到損傷甚至蕩然無存。例如,把過去幾年兩岸經濟交流的成果加以制度化法律化固定化,無疑能為兩岸政治關係的發展奠定堅實的基礎,當然有助於推動經濟關係與政治關係的良性互動。即使未來臺灣政局變幻,甚至是政黨輪替,但經過法律固定化的成果則不易喪失,其原因主要有兩點:一是使其成本上升,變更方要承擔更大的責任和風險,從而陷入得不償失的境地;二是變更法律的難度很大。從而為兩岸經濟關係與政治關係互動提供更為充足的時間和機遇。

四、結語

兩岸經濟關係與政治關係的互動路徑有很多種發展模式和面向,並不必然只會朝單一面向發展,而兩岸經濟關係發展也並不必然會導致政治關係的進展,因此,在推動兩岸經濟關係與政治關係良性互動的進度中,還需要創造更好的條件和氣氛,努力推動兩岸經濟關係與政治關係互動朝良性、健康的方向發展。

注　釋

[1].參見中臺辦、國臺辦網站「兩岸經貿統計」。

推進兩岸政經良性互動的策略思考

福建省社會科學院現代臺灣研究所 單玉麗

辯證唯物主義認為,經濟是基礎,政治是上層建築,經濟決定政治,同時政治服務於經濟,對經濟有著巨大的反作用。目前,兩岸經濟合作已進入核心區域,儘管其中的影響因素很多,但最主要的是兩岸政治互信不足,政治對話停滯於經濟合作的發展,已嚴重制約了兩岸經濟合作的深入。因此,必須在進一步拓展經濟合作空間的同時,盡早展開兩岸政治對話,強化政治認同,擴大政治共識,累積政治互信,為深入兩岸經濟合作保駕護航,努力開創兩岸關係和平發展新局面。

一、以「九二共識」為基礎的政治認同是推動兩岸經濟合作的主要動能

兩岸關係最本質的內涵是政治關係,是1940年代末期中國內戰導致的兩大政治集團對立形成的兩個政治板塊。就政治關係而言,「中國只有一個,應當統一,也必將統一」。[1] 臺灣在其制定的「國家統一綱領」中也明確主張:「在一個中國的原則下以和平方式解決一切爭端。」在兩個政治板塊中,中華人民共和國是國家的代表,臺灣是中國的組成部分,這早已在聯合國記錄在案,是包括美國在內的國際社會公認的客觀事實。1972年美國政府在《中美上海公報》中也明確指出:「美國認識到,在臺灣海峽兩邊的所有中國人都認為只有一個中國,臺灣是中國的一部分。」蔣介石、蔣經國在臺灣主政期間都一再強調「大陸、臺灣皆中國領土,不容割裂」。1978年,大陸改革開放,為振興中國經濟,使兩岸化干戈為玉帛,開啟了兩岸經濟合作的大門。1979年,全國人大常委會發表《告臺灣同胞書》,號召兩岸「發展貿易、互通有無、進行經濟交流」;1981年全國人大常委會委員長葉劍英發表《關於臺灣回歸祖國實現和平統一的方針政策》,呼籲兩岸實行「三通」(通航、通郵、通商),「歡迎臺灣

工商界人士來中國大陸投資，興辦各種經濟事業」；1987年臺灣解除「戒嚴令」，開放民眾到大陸探親，1989年5月原則允許有條件的開放對大陸間接投資，並開放民間團體赴大陸參加國際商展活動，並於1990年7月頒布《對大陸地區間接輸出貨品管理辦法》，開放24類2500項產品赴大陸投資。至此，兩岸在一個中國原則的共識基礎上，迎來了第一波臺商投資大陸熱潮。據大陸海關統計，僅1992年，兩岸貿易額達到65.79億美元，其中，大陸出口58.81億美元，進口6.98億美元；同年臺商投資祖國大陸協議金額達到55.43億美元。[2]

在兩岸經濟合作取得成效的推動下，1992年，兩岸啟動了分離40多年後的首次政治對話，即「辜汪會談」，達成了以堅持「一中原則」為核心的「九二共識」，推動兩岸關係進入一個新的歷史時期，經濟合作很快從試探性、局部性向穩定性、多領域的方向發展。至2005年，兩岸貿易總額達到912.3億美元，是1992年的13.8倍，其中臺灣對大陸出口746.9 億美元，進口165.5億美元；臺商對大陸投資103.6億美元，是1992年的1.9倍。

2005年4月，臺灣國民黨主席連戰訪問大陸，國共兩黨達成堅持「九二共識」、反對「臺獨」、推進「兩岸和平發展」的共同願景。2008年國民黨勝選上台，同年6月13日，海協會與海基會在北京恢復了中斷9年之久的商談，之後簽署了一系列協議，包括《海峽兩岸空運協議》《海峽兩岸海運協議》《海峽兩岸郵政協議》和《海峽兩岸食品安全協議》等，推動兩岸實現了全面「三通」，有效促進了兩岸經貿交流與合作的全面展開。

2010年6月29日，《海峽兩岸經濟合作框架協議》（ECFA）的簽署，標幟著兩岸經貿關係進入正常化、制度化、機制化新階段。2012年8月，兩岸又簽署了《海峽兩岸投資保護和促進協議》和《海峽兩岸海關合作協議》，有效促進了兩岸經貿績效的大幅增長。據大陸統計，2012年兩岸貿易總額1689.6億美元，其中臺灣貿易順差954億美元。[3] 從2008年12月兩岸「三通」至2012年10月，兩岸進出口貿易總額累計為5542.7 億美元。其中，大陸自臺灣進口額為4384.0億美元，對臺出口額為1158.7億美元；臺灣大陸貿易順差3225.3億美元。[4] 2012年大陸批准臺商投資項目2229個，實際使用臺資金額28.5億美元；截至

2012年底，大陸累計批准臺資項目88001個，實際利用臺資570.5億美元。[5] 與此同時，大陸赴臺投資也取得新進展：臺當局「經濟部投審會」統計數據顯示，2012年陸資赴臺投資案達138件，年增35.29%，投資總金額達3.28億美元，年增650.11%，陸資赴臺投資的件數與金額，皆創開放以來新高。在兩岸關係和平發展形勢下，兩岸金融合作也取得突破性進展，建構了兩岸貨幣清算機制，不僅便利兩岸資金往來，而且降低了匯率風險和經營成本。

目前，兩岸已簽署18項協議，成立了「兩岸經濟合作委員會」和「投資工作小組」、「研究諮詢小組」、「兩岸產業合作工作小組」等執行管理機構，第一批兩岸經貿社團的辦事機構已掛牌運作。目前，兩岸已建構四大機制化交流平台，即作為政黨交往的「兩岸經貿文化論壇」平台，作為授權協商的「兩會商談」平台，作為民間交流的兩岸「海峽論壇」平台以及以兩岸企業家為主體的「紫金山峰會」交流平台。除此之外，還有大陸各省市為發揮比較優勢，推動對臺經濟合作而建構的許多綜合性或專業性兩岸交流平台。這些平台儘管定位不同，功能各異，但都不可或缺，彼此間相互銜接、互動互進，形成有機整體，不僅共同推動著兩岸經濟關係的發展，也不斷加深著兩岸同胞的情誼。

綜觀30多年來兩岸關係的發展，不難發現，兩岸經濟合作取得的成果都是在「九二共識」基礎上獲得的。在兩岸關係和平發展過程中，經濟與政治密不可分，「經中有政，政中有經」，經濟合作每前進一步都離不開公權力的推動。「九二共識」是兩岸經濟合作穩步發展和深入的主動能。

二、政治互信不足是制約兩岸經濟合作深入的主要瓶頸

兩岸經濟合作關係經過30多年的發展，取得了豐碩的成果。然而，由於兩岸政治議題一直沒有破題，政治關係雖有認同而互信不足，致使經濟合作難以深入。因此，在學術界一度出現了對「兩岸政經相悖」的擔憂，一些臺灣學者認為：兩岸經貿合作對大陸的經濟意義遠低於臺灣，而弔詭的是，臺灣一方面吸吮大陸的經濟利益，另一方面卻豢養出越來越強的「臺獨」與「獨臺」意識。兩岸經濟合作的開展和人員交流的增加，並沒有增進臺灣人對大陸的政治信任。2009年5月，臺灣行政院研考會的民調顯示，在2007年至2009年連續三年的民

調中，臺灣民眾認同是臺灣人分別為63%、67%和65%，而認同中國人的分別為15.4%、13.6%和11.5%。中國人認同比例出現下降趨勢。[6] 2009年5月臺灣《中國時報》的民調顯示，傾向「臺灣獨立」的民眾比例為33%，比2008年3月大幅增加15 個百分點；認為兩岸政策維持現狀或更保守者的民眾比例高達68%；有47%的民眾抨擊馬英九的兩岸政策過分傾向大陸。[7] 這是因為當前臺灣民眾對「國家認同」、「民族認同」、「中華文化認同」、「民主、自由」等政治價值理念認同乃至於「共同家園認同」等還有偏差，影響到政治互信的建立。

臺灣出現國家、民族認同缺失主要有兩個原因，一是歷史因素，二是「臺獨」勢力的干擾。

就歷史原因而言，臺灣400年來經歷了荷蘭、西班牙、日本等殖民統治，以及鄭成功、清朝和國民黨政府的統治，近代獨特而悲慘的歷史經歷造就了今日臺灣民眾的獨特心態。特別是日本50年的「皇民化」教育和國民黨50年的反共灌輸，沉重的歷史經歷給臺灣民眾心理埋下了刻骨的傷痕，形成了強烈的「臺灣意識」、「臺灣情結」。

在「臺獨」勢力干擾方面。從一九九零年代中葉開始，由於李登輝、陳水扁當局強力推行「臺獨」路線，「臺獨」思潮逐漸泛濫、「臺獨」勢力活動猖獗，致使臺灣社會出現了愈演愈烈的國家認同、民族認同、政治互信等問題，使臺灣社會陷入藍綠尖銳對立，兩岸政治僵局難以破解。

如上所述，1992年兩岸兩會達成「九二共識」的核心是堅持「一中原則」，即「兩岸同屬一個中國」，以謀求國家統一為目標。在李登輝親自主持制定的臺灣「國家統一綱領」中，也明確指出，「大陸與臺灣均是中國的領土，促成國家的統一，應是中國人共同的責任」。[8] 然而，到1999年李登輝卻反其道而行之，公然拋出「兩國論」，為島內「臺獨」勢力推波助瀾；2000年民進黨上台，加緊推行「臺獨」路線，大肆鼓吹「一邊一國」，否認「九二共識」，挑起「統獨之爭」，在社會上掀起一股「本土化」、「去中國化」的歪風，利用臺灣民間獨特的歷史悲情，不斷強化所謂「臺灣主體意識」「臺灣主體文化」，造成臺灣民眾政治認同分化扭曲。一些人否定「一中原則」，一些人基於選舉考

量，從眼前政治利益出發，在「一中各表」上做文章，影響到兩岸之間的政治互信和經濟合作的深入。

最近一段時期以來，兩岸有關方面和經濟學家都認為，兩岸經濟合作已進入「核心區域」，進一步強化政治共識，增進兩岸政治互信至關重要。雖然ECFA早收清單涉及800多項減稅商品，但這只是兩岸貿易8000多項商品的一小部分，兩岸經濟合作深入還有很多事情可做。目前兩岸經濟合作步入「核心區域」的一個突出表現是：兩岸兩會領導人例行會議由一年兩次減少為一年一次，每次簽署的協議也從最多的3項減少到1項，每項協議協商的時間越來越長。如貨物貿易和服務貿易協議已分別進行了多次商談；爭端解決協議商談也未完成；一些合作領域如兩岸民眾所期待的合作開發海洋資源，保護海洋漁權也無法做到。

兩岸經濟合作處於「核心區域」的原因是多方面的：一是缺少政治層面的制度支持與保障。2008年以來，兩岸關係的進展集中表現在經貿領域的合作上，雖然公權力在其中發揮了作用，但政治認同基礎只是建立在對相互共同利益的共識上，缺少政治互信對經濟合作制度的保障。尤其是臺灣方面更多的是基於有利於臺灣經濟發展的考量，而並非是兩岸的共同發展。這也是兩岸協商進展緩慢的重要原因。二是兩岸經濟合作的特殊關係是史無前例的，無論是政治互信的累積還是經濟合作的深入，都沒有現成的模式可循，需要兩岸共同摸索。而顯然臺灣在如何突破兩岸政治議題方面，既沒有準備好，也沒有多大的意願。三是由於ECFA後續協議的商談範圍廣、內容多，涉及的技術性、政治性問題更加複雜，雙方主談業務部門要在目前政策、體制存在較大差異的情況下進行充分溝通和調整對接存在困難。[9] 四是當前經濟發展的起伏波動和不確定性已大大超過理論的預期，後續議題協商缺乏實踐參考。這些「核心區域」難題的出現和解決，都不可避免地會觸及政治議題。增進兩岸政治互信越來越成為深入經濟合作的必經之路。

長期以來，我們曾經寄望於「以經濟促進政治，以民間促進官方」、「以文化帶動經濟」理念的實現。然而，實踐表明，這些期待雖然在一定程度上是可行的，但一旦進入「核心區域」，無論是政治或經濟都只能是治標而無法治本。在

當前全球經濟一體化的環境下，不少臺灣工商界和民眾僅把大陸看成是重要的貿易夥伴，而並非兄弟之間的互助雙贏。民間親屬往來、姓氏宗族聯誼，乃至學界和團體的互動，在黨派林立、地方勢力密布的臺灣社會裡，是不足以撼動臺灣高層神經的。正如臺灣淡江大學教授趙春山所說的，分享經濟利益並不必然導致深入兩岸互信，也不會加強兩岸的民族認同、國家認同。[10] 因此，在兩岸經濟合作進入「核心區域」時，必須有新的思維、新的措舉，在政治、經濟、文化、社會等領域，發展更多的共同價值，制定更具體的合作規範，建立可行的合作機制，不斷累積兩岸和平發展所需要的正能量——政治互信，不能為經濟而經濟，因為任何經濟合作都不能獨立於政治互信之外。

三、增進兩岸政治互信，推動兩岸政經良性互動的策略

從政治學理論講，「政治信任是一種價值認同，也是一種責任期待」，因而價值認同與責任期待是深入政治互信的關鍵。[11] 就價值認同而言，兩岸政治互信作為兩岸共同價值信念的維繫系統，是由兩岸的政策互動內生的，存在於兩岸社會的意識中，起著協調兩岸雙方行為規則的作用。鑒於兩岸特殊的歷史經歷，目前兩岸的政治文化、政治體制、法律制度和社會管理制度等方面都存在明顯差異。特別是在60多年的分離過程中，臺灣引入西方政治理念和政治體制，形成西方式的選舉社會；而大陸則在自己的實踐中成功地建構了具有中國特色的社會主義政治體系。基於兩岸不同的社會制度及其相應的意識形態，兩岸政治互信將是一個漫長的協調與磨合過程。這個過程將貫穿於兩岸政治、經濟、社會、文化、教育等多領域、多層次的合作與互動中，需要兩岸各方共同做出艱苦的努力。

（一）推動兩岸政治對話，擴大兩岸政治互信，為實現兩岸政經良性互動提供制度保障

最近一段時間，呼籲兩岸政治對話的聲浪悄然掀起，究其原因主要有二：

一是中共中央就兩岸政治對話再度釋出誠意，激起兩岸各界的認同和熱議。中共十八大報告指出：「解決臺灣問題，實現祖國完全統一，是不可阻擋的歷史進度」，「希望雙方共同努力，探討國家尚未統一特殊情況下的兩岸政治關係，

做出合情合理安排；商談建立兩岸軍事安全互信機制，穩定臺海局勢；協商達成兩岸和平協議，開創兩岸關係和平發展新前景」。中共中央臺辦原主任王毅在詮釋「做出合情合理安排」時明確指出，所謂「合情」，「就是照顧彼此關切，不搞強加於人」；所謂「合理」，就是恪守法理基礎，不搞「兩個中國」、「一中一臺」。中國大陸對兩岸政治對話務實與寬容的態度為開啟兩岸政治對話，深入兩岸經濟合作注入了新的動力，帶來新的希望。

2013年4月8日，中共中央總書記習近平在博鰲會見臺灣兩岸共同市場基金會榮譽董事長蕭萬長時，針對兩岸高層對話面臨的困難，以「肯取勢者可為人先，能謀勢者必有所成」的名言，勉勵兩岸中國人確實把握歷史機遇，順應時代發展潮流，攜手推動兩岸關係和平發展，共同開創中華民族的美好未來。對此，臺灣輿論給予高度評價，臺灣《中國時報》發表評論稱，「蕭習會」定調兩岸經濟同屬中華民族經濟，是對臺傳達的「政治信號」。[12]

二是兩岸經濟合作進入「核心區域」，政經相悖矛盾影響兩岸經濟合作的深入。2012年10月，在由兩岸統合學會、臺灣大學政治學系、臺灣大學社會科學院等聯合主辦的，以「強化認同互信，深入和平發展」為主題的「臺北會談」研討會上，一些臺灣學者和媒體針對臺灣當局近期提出的「政治協商不是兩岸最迫切的」言論，紛紛發表不同看法。有臺灣專家認為，隨著兩岸關係順利發展，經貿合作逐步進入「核心區域」，兩岸應盡早啟動「政治對話」，對臺灣來說，「政治對話」談比不談好，早點談比晚點談好；大陸願意談且釋出善意，臺灣應該知道，政治問題拖下去不解決，對臺灣更不利。臺灣一家主流媒體發表社論認為，兩岸「政治對話」是大勢所趨，臺灣應盡早做好準備，畢竟積極面對比消極逃避好。臺灣兩岸事務主管部門前負責人蘇起也認為，雖然兩岸「政治談判」在馬當局任內不太可能做到，但「政治對話」卻又不可避免。為此，他建議可採取非官方「政治對話」形式，溝通雙方意見，凝聚共識，增進互信，推動經濟合作深入。臺灣政治大學一位專家表示，當前兩岸經濟合作已邁入「核心區域」，解決經濟協商難題離不開政治議題，缺少政治領域對經濟合作制度的支持與保障，兩岸經濟合作難以向深度發展。還有學者擔心島內外形勢多變對兩岸經濟合作的影響。一方面是島內「臺獨」勢力的存在，另一方面是美國、日本的干涉和拉

攏，而臺灣是一個選舉社會，政權輪替在所難免，如果不乘現在兩岸關係向好之機，通過「政治對話」，把兩岸經濟合作的體制和機制法治化，一旦民進黨上台，兩岸關係和平發展的成果將難以維繫。面對當前兩岸經濟合作面臨的諸多不確定因素，兩岸學界、商界、政界越來越多的人認為，「政治對話」是深入兩岸經濟合作、推動兩岸關係和平發展的當務之急。

（二）健全經濟合作機制，提升經濟合作水平，為實現兩岸政經良性互動奠定堅實的物質基礎

在《現代漢語詞典》中，所謂「機制」是泛指同一系統中各元素之間互相作用的過程和功能；在管理學上，「機制」是指行為主體的結構、功能和互相作用的方式和原則。「合作機制」即是行為主體為實現互利雙贏目的，基於共同價值目標和利益預期而設定的組織機構、制度和共同遵守的合作原則、規範，以及決策程序的體系。因此，作為一個體系，兩岸經濟合作機制應該不僅是一種制度性合作框架，還應包括組織機構、運行規則、決策程序和共同的利益目標預期。

2008年以來，大陸秉持「建立互信、擱置爭議、求同存異、共創雙贏」方針，按照「先易後難，先經後政，循序漸進」的思路，與臺灣共同努力，在經濟合作領域取得了歷史性突破，簽署了ECFA（《兩岸經濟合作框架協議》），實現了兩岸經濟合作從功能性向制度性轉變。這是兩岸共同努力的結果，值得珍惜、維護。但也應該看到，ECFA只是一個「框架協議」，兩岸經濟合作的「制度性」建設才剛剛開始，健全兩岸經濟合作機制，進一步深入兩岸經濟合作，還有漫長的路要走。

一要鞏固發展《兩岸經濟合作框架協議》的既得成果，充分發揮ECFA框架內「兩岸經濟協作委員會」的功能，健全「委員會」屬下的「投資工作小組」、「研究諮詢小組」、「兩岸產業合作工作小組」等機建構設，完善其工作機制；加強兩岸經濟領域的高層對話和協調，加強兩岸經濟形勢、經濟政策、經濟發展規劃溝通，增強經濟合作的前瞻性和協調性。

二要著手研究深入兩岸經濟合作的深層次問題，為深入經濟合作提供制度支持，諸如兩岸文化合作協議問題、兩岸租稅互免協議問題、兩岸智慧產權保障協

議問題,兩岸區域經濟整合以及臺灣參與國際區域經濟合作問題等,在解決疑難問題過程中不斷累積共識,探索新的合作路徑,為深入兩岸經濟合作增添新的活力。

　　三要拓展經濟合作領域,提高合作水平。(1)加強兩岸新興戰略性產業合作。2009年,臺灣確定的6大新興產業和4項智慧產業,與大陸2010年頒布的7大戰略性新興產業,都是基於轉變經濟發展方式、推動產業轉型升級的需要,存在著明顯的互補性和契合點,兩岸新興產業合作有利於優勢互補,搶占世界經濟技術的制高點。(2)深入金融和服務貿易合作。應本著互惠互利原則,盡早完成相關協議的簽署。(3)確實抓好農業產業合作。臺灣在現代農業管理方面有許多先進的經驗,如農業科技推廣體系、農業土地利用、農民合作組織、農產品物流、農業自動化、資訊化等,大陸有30多個國家級臺灣農民創業園,建議在有條件的「創業園」引進臺灣的先進做法和經驗,推動兩岸農業合作從技術性向制度性合作發展。(4)建立兩岸區域性經濟合作平台,推進福建成為兩岸政經互動的合作試驗區。福建與臺灣一衣帶水,五緣相親,以福建為主體的「海西區」是與臺灣進行社會經濟對接、融合試驗的最佳區域,在福建探索兩岸政經良性互動的途徑和模式,對兩岸經濟合作健康持續發展有重要的現實意義。

　　(三)加快兩岸文化融合,弘揚中華優秀文化,架設推動兩岸政經良性互動的精神橋樑

　　胡錦濤在紀念《告臺灣同胞書》發表30週年座談會上指出:「中華文化源遠流長、瑰麗燦爛,是兩岸同胞共同的寶貴財富,是維繫兩岸同胞民族感情的重要樞紐。中華文化在臺灣根深葉茂,臺灣文化豐富了中華文化內涵。」30多年來,中華文化以其博大的胸懷、強大的生命力,在兩岸不同政治制度下為兩岸經濟交流合作發揮了重要的推動作用。馬英九在其2011年元旦文告中也強調:兩岸炎黃子孫應通過深度交流,在中華文化智慧指引下,為中華民族走出一條康莊大道。然而,由於特殊的歷史原因和「臺獨」勢力「去中國化」的影響,迄今部分臺灣民眾對中華文化的認同還存有偏差,隨著兩岸政治對話啟動和經濟合作的深入,新的摩擦和競爭將會不斷給兩岸民眾的思想觀念帶來新的衝擊。因此,推

動兩岸文化融合,對兩岸政經互動乃至兩岸關係和平發展都至關重要。因為文化既是新興的產業經濟,也是推動兩岸經濟合作的精神樞紐。

一要加強中華傳統優秀文化的宣傳教育。中華傳統優秀文化的特質,包括以和為貴、合諧的價值取向;胸懷天下,團結奉獻的愛國情懷;節儉自律,自強不息的奮鬥精神;扶正揚善,助人為樂的社會公德等,是五千多年來中華各族人民辛勤勞動創造的寶貴精神財富。過去,它激勵了一代又一代炎黃子孫為民族和國家進步而不息奮鬥。今後,中華文化仍將是維護兩岸民族團結和國家主權領土完整的精神食糧。因此要盡快簽訂「兩岸文化合作協議」,深入開展中華文化的宣傳教育。

二要協同發展兩岸文化產業。文化產業是新興的朝陽產業,是兩岸經濟合作不可或缺的重要領域。由於「文化」與「產業」的相互滲透性和文化市場的共生性,「文化產業化」與「產業文化化」雙向融合,已成為世界經濟文化發展的新趨勢。臺灣前「行政院長」劉兆玄曾說過,「中華文化是兩岸最大公約數」,兩岸中華文化血肉交融,文化產業有先天的優勢和很好的前景,應從基於中華文化的人、事、物出發,尋找雙方合作的題材,整合雙方研發、設計、生產、行銷等環節的力量,以文化創意產業園區為載體,共創文化產業合作發展新模式。

三要提升文化軟實力,共同應對經濟全球化的挑戰。文化軟實力是社會文化領域裡的思想影響力、民族凝聚力、市場吸引力,它通過發展模式、價值觀、生活方式、制度和政策對外界施加影響,成為一個國家和地區綜合競爭力的重要組成。當前兩岸都面臨著社會轉型過程中價值迷亂、道德危機、文化庸俗化和西方文化的衝擊等,提升兩岸文化軟實力是應對經濟全球化和新一輪國際市場競爭的迫切需要。習近平總書記在接見蕭萬長時懇切地說,希望本著兩岸同胞一家人的理念促進兩岸經濟合作。只要兩岸同胞團結合作,共同致力於中華民族的偉大復興,凡事都從中華民族整體利益考慮,就一定能克服前進道路上的各種困難和阻礙,推動兩岸關係和平發展不斷取得新成就。總書記把兩岸經濟合作與民族文化、民族復興密切聯繫起來,既對兩岸經濟合作寄予厚望,又為進一步深入兩岸經濟合作指明了方向,兩岸同胞當共同努力,進一步深入兩岸經濟合作,擰緊文

化交流的樞紐，力推政治對話破繭，早日開創兩岸政經互動的新局面。

注　釋

[1].余克禮：《維護政治認同與互信基礎，深入兩岸和平發展》，《研究要報》2012年8月8日。

[2].單玉麗主編：《臺灣經濟60年》，知識產權出版社2010年3月版，第244頁。

[3].《2012年兩岸貿易總額逾1689億美元，臺灣順差954億》，中國臺灣網2013年1月31日。

[4].「三通」至今兩岸貿易總額達5542億美元。

[5].商務部：《2012年兩岸貿易總額逾1689億美元，臺灣順差954億》，中國臺灣網2013年1月31日。

[6].周志懷：《開創兩岸關係和平發展新局面的挑戰與動能》，全國臺灣研究會編：《進一步開放兩岸關係發展新局論文集》，全國臺灣研究會2010年6月，第5頁。

[7].周志懷主編：《臺灣2009》，九州出版社2010年4月版，第217頁、218頁。

[8].余克禮：《維護政治認同與互信基礎，深入兩岸和平發展》，《研究要報》2012年8月8日。

[9].高楊等：《不要讓「先經後政」變成「只經不政」》，《人民政協報》2012年11月24日。

[10].高楊等：《不要讓「先經後政」變成「只經不政」》，《人民政協報》2012年11月24日。

[11].周志懷：《開創兩岸關係和平發展新局面的挑戰與動能》，《進一步開創兩岸關係和平發展論文集》，全國臺灣研究會2010年6月，第8頁。

[12].肖師言等：《蕭習會帶動島內「政治對話熱」》，《環球時報》2013年4月10號。

海峽兩岸經濟政治互動關係初探

南京大學臺灣研究所 劉相平

海峽兩岸經貿交流呈現出階段性。第一階段，1979年至1987年。「兩岸貿易已有來往，即海峽中走私風熾，大部分貿易是經由香港、澳門及其他國家」進行的。[1] 第二階段，1988年至2008年，為合法的「間接貿易」、「間接投資」階段，呈現出「間接」、「民間」、「單向」的特點。第三階段，2008年至今，為「直接貿易」、「直接投資」階段，是功能性經貿交流向制度性經貿交流過渡、轉型的階段。

在30多年的歷程中，兩岸經貿交流與政治關係的互動十分密切，探析其互動的方式、路徑不但具有較大的學術價值，而且對兩岸關係的後續發展具有很大的指導意義。

一、大陸在對臺經貿政策中的政治意圖及其效果

從對臺經貿政策法規可以看出，大陸表現出極大的誠意希望加強與臺灣的經貿關係。從經濟層面考察，大量吸引臺資，有助於填補大陸現代化建設中的資金缺口，有助於大陸出口增長，有助於大陸技術進步和產業升級；從政治層面考察，有助於海峽兩岸的和平統一。大陸在制定對臺灣經貿政策時，充分地考慮了經濟和政治兩個層面的因素。

1.在經貿交流過程中，大陸堅持「不以政治分歧去影響、干擾兩岸經濟合作」的方針，採取「政治、經濟分離」的方式。

1992年5月16日，唐樹備代表海峽兩岸關係協會發表講話，主張「海峽兩岸應把進行經濟合作擺在特別重要的位置上，不要把政治上的敏感問題作為開展兩岸經濟合作的前提」。[2] 海協會長汪道涵也指出：「我們對兩岸經濟科技交流

與合作的基本主張是：和衷共濟、互補互利、共同繁榮、振興中華。現階段應當把兩岸經濟交流與合作放在兩岸關係的首要位置上，政治上的歧異不應當妨礙經濟合作。」[3]

1994年4月11日，國務院召開為期5天的對臺工作會議。江澤民在會上強調，不斷加強兩岸的經濟交流與合作，既可以促進兩岸經濟共同發展，又可以增進彼此瞭解，增進共識，從而推動兩岸關係的發展和國家的統一。所以各地、各部門都要確實把對臺經濟工作這件大事抓緊抓好。[4]

1995年1月30日，江澤民發表《為促進祖國統一大業的完成而繼續奮鬥》的重要演講，提出八項重要主張（即「江八點」），其中重要一條就是「面向21世紀世界經濟的發展，要大力發展兩岸經濟交流與合作，以利於兩岸經濟共同繁榮，造福整個中華民族」。[5]

1996年3月8日，江澤民在八屆全國人大四次會議上海代表團討論時強調：「我們要繼續發展兩岸關係，加強對臺經濟工作，鼓勵臺商到大陸投資，並保護他們的一切正當權益。臺灣人民是和平統一的重要力量。我們一定要做好臺灣人民的工作，為促進中國的和平統一進一步創造條件。」[6]

1997年，錢其琛在接見臺港工商團體負責人時再次強調，我們強調不但不以政治分歧去影響和干擾兩岸經濟合作，相反還要進一步促進兩岸經貿關係，長期執行鼓勵臺商投資的政策，貫徹《臺胞投資保護法》，並擴大兩岸貿易。不論在什麼情況下，我們都將保護臺商的一切正當權益。我們希望臺灣當局不要再做阻撓臺灣企業家到大陸投資的事，因為這歸根到底是不利於臺灣同胞的利益的。我們還呼籲臺灣當局採取措施，減少大陸對臺商品輸出的限制，逐步縮小大陸對臺貿易逆差，使兩岸貿易健康發展。[7]

同時，大陸政府再三保證：「不論在什麼情況下，我們都將確實維護臺商的一切正當權益。要繼續加強兩岸同胞的相互往來和交流，增進瞭解和互信。」[8]

大陸「不以政治分歧去影響、干擾兩岸經濟合作」的方針，創造了雙方經貿交流的良好環境。即使在海峽兩岸政治關係陷入困境時，大陸臺商的利益也能得

到有力的保證，這確保了兩岸經貿交流持續、穩定地發展。

2.大陸根據一個中國原則，從「和平統一，一國兩制」的戰略高度制定對臺經貿政策，希望通過兩岸經貿交流，「寄望於臺灣人民」，實現中國完全統一。

自從1979年1月1日全國人大常委會發表《告臺灣同胞書》後，1981年9月30日，葉劍英委員長又作了《關於臺灣回歸祖國實現和平統一的方針政策》，闡明了和平統一中國的九條方針。1982年9月26日，鄧小平在會見英國首相柴契爾夫人時提出了「一個國家，兩種制度」的構想，1983年6月26日，鄧小平在會見美國西東大學教授楊力宇時提出「一國兩制」同樣適用於臺灣。[9]　　此後，「和平統一，一國兩制」成為中央對臺工作的基本方針。

為此，大陸方面多次重申和強調要在堅持一個中國原則的前提下，積極開展兩岸經貿工作。如，1992年10月12日，江澤民在中國共產黨十四大報告中指出：「我們堅決反對任何形式的　『兩個中國』、『一中一臺』　或『一國兩府』，堅決反對任何旨在製造」臺灣獨立「的企圖和行動。我們將繼續促進兩岸直接通郵、通航、通商，推動兩岸人民的往來和各個領域的交流合作，特別是大力發展兩岸經濟合作，共同振興民族經濟。」[10]

1997年3月7日，時任國務院副總理兼外長的錢其琛在答記者問時依然堅持：「在海峽兩岸關係上，我們一直主張進行　『三通』，廣泛開展經濟貿易關係，直接通航、通郵、通商。關鍵問題就是海峽兩岸都應該在『一個中國』原則的認同上來開展兩岸的關係。」[11]

在策略上，大陸方面則根據兩岸關係發展的實際情況作出了調整。1979年，蔣經國領導下的臺灣當局堅持一個中國原則，中國大陸對其寄予某種希望，因而提出「寄望於臺灣人民，也寄望於臺灣當局」，「希望臺灣當局以民族利益為重，對實現中國統一的事業作出寶貴的貢獻」。[12] 並提出「中國共產黨與中國國民黨兩黨對等談判，實行第三次國共合作」。[13] 李登輝上台初期，也再三表示繼續堅持「一個中國」，大陸依然表示「完成中國統一，我們寄望於臺灣人民，也寄望於臺灣當局」。[14]

此後，李登輝出於「臺獨」圖謀，蓄意阻礙兩岸關係順利發展，大陸因而「不再寄望於臺灣當局」，宣布：「在解決臺灣問題，實現中國統一大業的不懈努力中，中國共產黨和中國政府堅持『寄望於臺灣人民』的方針。」[15]

毋庸置疑，開展和促進海峽兩岸經貿交流正是大陸「寄望於臺灣人民」方針的重要體現。有香港學者對此評價道：「大陸方面對兩岸經貿合作一直採取較為明確的政策，除希望通過這種合作促進自身經濟增長外，更主要的目的是藉以實現和平統一的戰略目標。」[16] 這一分析不無道理。

二、臺灣的大陸經貿政策中的政治意圖及其效果

與大陸對臺經貿政策相比，臺灣大陸經貿政策十分複雜和瑣碎，甚至存在前後矛盾之處，但總體而言，1988～1996年間，以逐步開放為主；1997～2008年間，以「管制」為主；2008年至今，逐漸走入正常化。

按照臺灣當局所制定的大陸經貿政策以及臺商投資大陸的頻率波動，可以將1988年至今的臺商對大陸投資抽成與兩岸總體經貿發展同步的五個小的階段：（一）1988年至1991年，臺商投資大陸「合法化」開始階段；（二）1992年至1997年，臺商投資大陸快速發展階段；（三）1998年至2000年5月，臺灣當局「戒急用忍」政策限制下臺商投資大陸曲折前進階段；（四）2000年6月至2008年4月，臺灣一次「政黨輪替」後，兩岸「政治冷、經貿熱」，臺商投資大陸進入新階段；（五）2008年5月至今，臺灣二次「政黨輪替」後，兩岸經貿逐漸正常化。

這期間，臺灣島內政治生態對其大陸經貿政策走向的影響十分顯著。

1980年代末期，臺灣當局以「民間」、「間接」、「單向」、「漸進」方式，開放兩岸經貿關係，1990年代初期，臺灣當局主張「導禁結合、以導為主」，奉行「務實、穩健、前瞻」六字方針。所謂「務實」，就是在世界各國都集中注意大陸市場開拓的形勢下，臺灣處於地緣、語言的有利地位，不能刻意忽略甚至放棄這個廣大的市場。所謂「穩健」，則指臺灣不應因經濟利益而喪失政治的警覺性，為了保障廠商的權益，臺灣不能讓企業毫無規範地進行貿易活動，

必須採取漸進、穩健的方式進行。[17]

雖然在實踐中常出現搖擺調整情況，即所謂「民間與政府拔河、經濟與政治較勁」的局面，但總體來說，在工商界的推動下，臺灣的大陸經貿政策逐漸鬆動、放寬。

李登輝於1996年9月提出「戒急用忍」原則，標幟著臺灣當局大陸經貿政策從逐漸開放轉變為以「行政手段管制為主」。

「戒急用忍」政策引起臺灣島內學術界廣泛的質疑，[18] 主要觀點有：（1）兩岸經貿應取決於市場機制，以自動調節市場供給需求的平衡，而非「政府」之干預；（2）轉口貿易可帶動臺灣經濟成長；（3）妨礙島內產業結構的轉型；（4）他國企業，尤其多國籍公司（multi-national corporations，簡稱MNCs）積極進軍大陸市場，「戒急用忍」政策無疑延誤商機；（5）影響產業根留島內、兩岸功能分工；（6）「戒急用忍」不利於兩岸關係的良性發展。而民進黨前主席許信良則認為，對於臺商赴大陸進行投資，即使臺灣當局有管制的「意圖」，也沒有管理的「能力」，因而倡導「大膽西進」。[19]

「戒急用忍」政策更是遭到臺灣島內工商界人士的強烈反對和嚴厲抨擊。不過，由於李登輝的一意孤行，「戒急用忍」政策仍然成為臺灣當局大陸經貿政策的指導原則。

「戒急用忍」政策的實施，確實對兩岸經貿交流造成相當大的負面影響。1998年2月6日，臺「經濟部投資審查委員會」宣稱：「臺商1997年對大陸投資平均個案金額規模縮小逾三成，顯示臺商赴大陸投資個案規模已由大變小，政府『戒急用忍』政策已產生實際效果。」[20]

2000年5月，臺灣實現所謂「政黨輪替」，陳水扁當局在島內民意壓力下，被迫宣布放棄「戒急用忍」政策，代之以「積極開放，有效管理」。但是，從2001年11月7日臺當局公布的《對大陸投資「積極開放，有效管理」執行計劃》看，陳水扁當局對大陸經貿政策「積極開放」是虛，「有效管理」是實。該《計劃》的主要內容有：[21]（1）簡化大陸投資產業分類為禁止類及一般類：禁止類

為基於國際公約、「國防」或「國安」需要、重大基礎建設及產業發展考量（如核心技術或關鍵零組件），禁止前往大陸投資之產品或營業項目；一般類為非禁止類之產品或營業項目，其符合個案審查標準，准許赴大陸投資。（2）個案審查機制：凡列為一般類之產品及營業項目得准許赴大陸投資，要予以簡易審查和專案審查：累計投資金額在2000萬美元以下者（含2000萬美元），採簡易審查方式；個案累計投資金額逾2000萬美元者，須經投審會進行專案審查。審查的標準和項目包括：是否根留臺灣（如國內相對投資情形），是否全球化布局（加大陸投資占海外投資比例及全球化布局計劃），是否債留臺灣（如負債餘額、負債比例等），技術移轉是否可能導致國內業者核心競爭力之削弱，是否影響「國家安全」，是否影響兩岸關係等等。

該《計劃》的頒布遭到臺灣島內普遍的質疑。有媒體對此評論道：對產業而言，「看似全面開放，實則全部需經審查，只不過分為『簡易審查』與『專案審查』而已」，是「換湯不換藥的『鬆綁』」。[22] 顯然，「戒急用忍」在新的政策包裝下繼續延續，兩岸經貿關係仍然固守在李登輝主政後期的政策框架內。

臺灣當局之所以頑固堅持「戒急用忍」的大陸經貿政策，是因為他們認為開放的大陸經貿政策會給臺灣帶來所謂「經濟安全」和「國家安全」問題。

在享受與大陸經貿「紅利」的同時，臺灣當局不斷地在島內渲染兩岸經貿交流對臺灣經濟形成負面影響，強調所謂「經濟安全」問題。主要觀點有：（1）臺商過分依賴大陸市場，將來不易尋找其他替代市場。（2）臺商投資大陸的產業，以外銷創匯為主要目的，故對臺灣生產外銷的類似產品，在國際市場上形成競爭；更有部分產品回銷到臺灣，直接打擊島內廠商。（3）臺灣廠商熱衷投入大陸市場必然造成同業外移的壓力；同時臺灣廠商既然可以原產品易地繼續營運，必然減緩在臺灣從事研究開發之誘因，降低產業升級和整體經濟轉型之動力。（4）製造業的長期大量外移，將造成產業空洞化的結果，即使以服務業填滿，亦會降低臺灣整體經濟在國際競爭上的能力。[23]

臺灣當局在島內大肆宣揚開放的大陸經貿政策會給臺灣帶來嚴重的「國家安

全」問題，主要包括以下幾個方面：

（1）在兩岸經貿交流中獲得利益的臺灣工商界人士組成利益集團，會給臺灣當局制定大陸經貿政策甚至大陸總體政策施加影響，形成「以經促政」、「以經圍政」的局面。「在經濟面，中共由臺商投資取得資金、提升製造技術、增加就業機會、創造產值、促進經濟發展；而在政治方面，使臺商形成利益團體，企圖影響我大陸政策，更是取得極為有利的籌碼」，「臺商赴大陸投資一方面可使中共取得資金，另一方面又可以形成臺商的『利益集團』為中共所用，不知不覺地落入中共『以商圍政』、『以經濟促政治』的陷阱」。[24]

（2）如果臺灣工商界在大陸投資過多，乃至形成臺灣對大陸經貿依存度過高，大陸可利用這種經濟聯繫促進和加快和平統一進度。

臺灣當局認為：中共把對臺工作的重點放在經貿往來上，運用「以經促政、以經促統」的策略，將兩岸經貿往來與其政治任務結合。他們還以中共領導人的講話作為論據，如楊尚昆在1990年12月的「全國對臺工作會議」中，即要求「從中國和平統一的戰略高度認識對臺經貿工作的意義」，「發展雙方經貿往來，密切兩岸聯繫，是遏止臺灣分離傾向、促進和平統一的有力措施」，而對臺經貿工作應該「為促進和平統一的政治任務服務」。江澤民在1993年7月22日亦強調：「實現中國統一，臺灣回歸祖國，最重要的途徑是擴大兩岸交往，特別是加強經濟聯繫。要多做臺灣大中企業家的工作，吸引臺資尤其是大宗臺資到大陸，使臺灣和大陸的經濟，你中有我，我中有你，密不可分，在經濟上把臺灣拖住，這也就是用經濟促統一。」由此得出結論：「兩岸經貿活動與政治層面已無法區分，值得從事兩岸經貿活動者的注意。」[25]

（3）如果兩岸政治關係惡化，大陸又可以利用這種經濟聯繫給臺灣當局施加壓力，成為直接影響臺灣政局的有力武器；如果兩岸間發生軍事衝突，大陸還可以將這種經濟聯繫作為一種「統一戰爭」的重要輔助手段，甚至達到「不戰而屈人之兵」的目標。

細究臺灣所謂「國家安全」的概念，在不同時期有不同的內涵，它是隨著海峽兩岸關係的變化而變化的。

在兩岸經貿交流的初期，臺灣當局提出所謂「三民主義統一中國」。[26]臺灣的一些學者也認為，如果不能以「武力光復大陸」，那麼就應當通過文化與貿易等交流方式，來促進大陸制度的質變。因此，應該加快兩岸交流以實現「和平轉變大陸的使命」。[27]　在臺灣的一些官員尤其是與兩岸關係相關部門的官員中，同樣存在以「臺灣經濟轉變大陸」的構想，只不過「大多認為宜作不宜說」。[28]　1993年6月18日，李登輝也表示：「過去多年來，大陸採取經濟開放的政策，一般認為大方向是對的，因為經濟開放才能走向政治民主，我們願意和國際社會合作來積極催化大陸的轉變。」[29]

此時，臺灣當局將開放兩岸經貿交流當作對大陸「和平演變」的工具，他們絲毫不認為這會給臺灣所謂「國家安全」帶來影響。但是，祖國大陸在經濟高速發展的同時，並沒有出現臺灣當局所期盼的那種「民主化」，臺灣當局以「臺灣經濟轉變大陸」的企圖根本無法實現。

而隨著綜合國力的增強，祖國大陸的國際地位逐年上升，在處理臺灣問題上的主動權越來越大，臺灣當局感到談判「籌碼」越來越少，而經濟上的優勢是其最有力的「籌碼」。他們認為，「臺灣40年來的經濟建設，已得到舉世的肯定，而這股強大的經濟實力，就是今天臺灣生存的最大本錢，也是我們和中國大陸競爭的唯一武器。因為事實上，無論軍事實力、尖端科技、外交關係、國際組織會籍等各層面來看，臺灣都無法和中共相抗衡，因此，我們更應該謹慎運用在經濟上的優勢，並且繼續保持經濟實力，以爭取我們最大的生存發展空間。」[30]

因此，他們認為，兩岸經貿交流尤其是臺商大量赴大陸投資，有助於祖國大陸經濟的快速發展，削弱臺灣的經濟優勢，從而減少臺灣當局與祖國大陸抗衡的「籌碼」。

不過，應該承認，在1990年代中期以前，臺灣當局的「國家安全」概念是以一個中國原則為基礎的，其「安全威脅」的概念基本沿襲國、共兩黨對抗的思維，即由所謂的「制度之爭」而不是「民族之爭」、「國家之爭」所引發。

但是，隨著李登輝「臺獨」野心的逐步暴露以及陳水扁的上台，臺灣所謂

「國家安全」的內涵轉變為：如何避免大陸的遏阻，以「安全」地實現「臺獨」。

李登輝等人擔心「兩岸人民經由貿易往來而關係趨於密切之際，將使『臺灣獨立』機會大為降低」，[31] 因此，想方設法阻礙海峽兩岸經貿交流，推行「戒急用忍」政策。實際上，作為總體大陸政策的一部分，「戒急用忍」政策已經成為臺灣當局「拒統求獨」的重要工具。而陳水扁上台後，也多次強調兩岸經貿交流必須服從於臺灣所謂「國家安全」的觀點，強調「有效管理」，實際上，也是以此達到「拒統求獨」的目的。

中國大陸明確宣示：「如果臺灣的當權者，與社會上『臺獨』分裂勢力相互勾結一起公開搞『臺獨』，公然向中國大陸挑釁，向一中原則挑釁，那武力恐怕就難以避免。」「『臺獨』就是戰爭」，[32] 因此，臺灣當局通過「戒急用忍」達到其「拒統求獨」的圖謀絕對不可能得逞。如果他們一意孤行，那臺灣所謂的「國家安全」更加沒有保障。

上述分析表明，出於政治考量，臺灣當局並不希望兩岸經貿關係趨於密切。[33] 相反，臺灣當局從狹隘的「本土化」思想出發，以「根留臺灣」為口號，給臺商投資大陸設置重重障礙。當將所有企業侷限於島內發展的企圖無法實現時，他們轉而希望將臺商投資分流至大陸以外地區；當分流的圖謀幾近破產後，他們則對臺商投資大陸實施嚴格的審查、管制措施；使得其對外經貿政策呈現出「全球化服從於本土化」的特徵。另一方面，全面禁止大陸資金投資島內。追根究底，臺灣當局的大陸經貿政策的根本目的在於實現「經濟臺獨」。

確實，臺灣當局從謀求「與大陸對等的政治實體」、「兩個中國」、「一邊一國」的政治主張出發，對兩岸經貿交往設置「警戒線」，並時常宣揚「憂患意識」、「危機意識」，阻礙兩岸經貿關係的發展。於是，政治上離散力與經濟上趨合力形成明顯反差，兩種力作用的結果，決定了臺灣大陸政策的總體界線，即大陸經貿政策必須限制在不縮小兩岸經濟差距、不擴大臺灣對大陸依存的範圍內，在保證臺灣島內安全和競爭優勢的前提下，漸進發展。「這一界線決定了臺灣的大陸經貿政策總是落後於兩岸經貿的發展實踐，失去了政策本身應具有的科

學性和指導功能,也反映了臺灣的大陸經貿政策為其大陸政策所左右,並為大陸政策服務的特點,從而決定了臺灣大陸經貿政策的侷限性。」[34]

從臺灣對大陸經貿政策演變的過程中,自然可以看出其中存在「開放」和「管制」兩種主張的角力和鬥爭,而且,「管制」的力量明顯地占據了上風。從更加宏觀的視角觀察,「開放」和「管制」兩種主張實際上同時也分別代表了臺灣「全球化」與「本土化」兩種不同的主張。

三、臺灣在區域經濟整合中的政治意圖及其效果

目前,推動東亞區域經濟一體化進度的機制主要是APEC和東盟國家與中、日、韓的「10+3」機制。不過,臺灣尚未被「10+3」機制接納,同時,它在APEC中的作用和地位也已出現「邊緣化」趨勢。

1.「南向政策」的政治意圖及其失敗

為了加強與東盟國家的經濟聯繫,更重要的是出於政治考慮,臺灣當局對臺商赴東南亞投資一直保持積極支持的態度。1990年代以來,臺灣當局先後三次提出和實施「南向政策」,都是以東南亞國家和地區為對象。

1994年,臺灣當局提出並實施了第一輪「南向政策」。臺行政院頒布了「加強對東南亞地區經貿工作綱領」,該「綱領」的實施期限為三年,實施範圍為當時東盟七國(菲律賓、泰國、馬來西亞、印度尼西亞、新加坡、越南、汶萊),並選擇了越南與菲律賓作為推行此項政策的重點基地。臺「經濟部」隨後發表「南向政策(投資部分)說帖」,宣示其政策目標主要是:「(1)協助國內企業較不具比較利益之產品移至東南亞生產。(2)以部分東南亞國家取代1997年以後香港之地位,作為未來大陸經貿之『中繼站』。(3)運用在臺發展經驗,擴大整合當地資源、經營規模,以有效支援臺灣島內產業達成厚植企業實力根留臺灣。(4)增進臺灣與東盟國家之實質關係,以增強臺灣在區域安全體系之關鍵地位。」[35]

事實上,「南向政策」是臺灣當局為「避免對中國大陸投資過熱之考慮」的一個「反制策略」,以「抑制對中國大陸經濟的依賴度,確保(臺灣)本身的經

濟實力及自主性」。[36] 臺灣當局不願意讓臺商「大陸熱」升溫，以免「政治和經濟上陷於被動」，因此以此分散臺商海外投資，減輕「對大陸依賴程度」。[37]

應當承認，臺灣第一輪「南向政策」的實施，「在一定程度上抑制了臺灣資本對大陸的投資和促進了臺灣資本向東南亞地區的投資」。[38] 1992～1993年期間，臺商在大陸投資93.04億美元，遠遠超過了其東南亞地區投資的25.84億美元。而「南向政策」實施後，1994～1996年三年期間，臺商在東南亞地區的累計投資額達127.74億美元，超過了在大陸的累計投資額98.31億美元。

但是，1997年，由於發生金融風暴，東南亞地區金融形勢不穩、經濟衰退、市場需求嚴重疲乏，在東南亞投資的臺商們尤其是中小企業遭受了嚴重的經濟損失，並在較長時間裡面臨了空前的經營困難，包括銀行信貸、原資料供應、出具出口信用證等，而歐美市場也不敢再向東南亞各國企業發出訂單，更加劇了這種困難。

臺灣島內因而展開了一場「南向」與「西進」的激烈論戰。臺灣當局極力鼓吹「南向第二春」。1998年1月，臺「經濟部」制定了「加強對東南亞及澳新地區經貿工作綱領」，並派出高級官員到東南亞進行活動。3月，臺行政院通過了加強推動對東南亞經貿的具體措施，推動「第二輪南向政策」，以馬來西亞為重點。

臺灣當局並以提供金融危機援助為誘餌，企圖換取東南亞國家為臺商投資提供安全保障和投資優惠，還設立東南亞投資公司，以集團投資方式減輕投資風險，並指令臺灣銀行為投資東南亞的廠商提供優惠融資。

不過，臺商們對當局推動的「第二輪南向政策」普遍持消極態度，使得臺灣企業對東南亞投資不但沒有增加，反而大幅度縮減。根據臺「經濟部投審會」公布的數字，除了越南、馬來西亞外，金融危機後一年（1997年7月至1998年6月）與危機前一年（1996年7月至1997年6月）相比，臺商對東南亞國家投資額縮減了78%，與此相反，同時期臺商在中國大陸的投資額則增長了78%。

在事實面前,臺灣國貿局不得不於1998年9月24日公布新聞稿,表示,「鑒於東南亞地區政經形勢不穩定,並恐有進一步擴大的趨勢,政府將不再鼓勵國內廠商到東南亞投資,因應國際經貿形勢的變化,適時調整『南向政策』」。至此,臺灣當局所推行的「第二輪南向政策」以失敗而告終。

「南向政策」的失敗,意味著臺商不願聽命當局的政治干涉,堅持市場經濟原則,不再以東南亞地區作為對外投資的第一選擇,而在金融危機中保持政治、經濟穩定的大陸成為臺商對外投資的第一選擇。

2.臺灣在APEC邊緣化的趨勢

1991年,大陸以及臺灣、香港根據一項協議(諒解備忘錄,簡稱MOU),同時加入亞太經合組織(APEC)。這個「諒解備忘錄」的主要內容是,APEC注意到中國政府關於世界上只有一個中國以及區分主權國家和地區經濟的立場,在此前提下達成如下協議:臺灣方面的稱謂只能是「中國臺北」;它只能派出與APEC有關的負責經濟事務的「部長」出席「部長會議」,它的所謂「外長」或「副外長」不得參加APEC會議。香港在回歸後其稱謂將改為「中國香港」(HONGKONG,CHINA)。

APEC重要目標是區域貿易與投資自由化。APEC在成立之初便提出了貿易與投資自由化問題,1994年11月雅加達會議通過並發表的《茂物宣言》則成為分水嶺,APEC的貿易與投資自由化從議論進入了實際行動階段。

很清楚,APEC是一個推動區域經濟一體化的組織,它甚至刻意地保持與政治的距離。不過,自成為APEC的會員起,臺灣當局就不斷強調,這是它「自退出聯合國之後,第一個得以與亞太各國首長、尤其是中國大陸平起平坐的國際組織,對於提升臺灣參與國際經濟事務的能見度及發言權,具有重大意義」,因而千方百計地渲染其政治意義。種種非理性行為,讓臺灣在APEC年會中不斷「陷入訴求不清、失去著力點的困境」,使臺灣在爭取實質參與上幾無所獲,臺灣在APEC發言的聲音「愈來愈低」[39],「邊緣化」的趨勢出現端倪。

3.政治意圖明顯使得臺灣對外簽訂FTA協議進展不順

目前,「自由貿易區」(FTA)越來越成為區域經濟合作的重要形式。其主要內涵是自由貿易區內各成員互相取消關稅和其他貿易限制,但仍然維持自身對非區內成員的關稅及貿易限制。

為了避免在新一輪區域經濟合作趨勢中被「邊緣化」,2000年下半年,臺灣開始積極推動FTA的簽訂。此後,臺灣當局多次表示希望與美國、日本、新加坡以及其他東盟國家等簽訂建立「自由貿易協議」,但並沒有實質性的進展,目前,臺灣只是先後與巴拿馬、瓜地馬拉、尼加拉瓜、薩爾瓦多和洪都拉斯等所謂「邦交國」簽署了FTA。

不過,臺灣當局的主要目的不是為了發展與這些國家的經濟關係,而是企圖以此為途徑,發展與這些國家的「官方關係」,利用區域經濟組織進行「經貿外交」。比如,臺灣與巴拿馬等國之間的經貿往來並不頻繁,貿易總額很少,因此,相互之間「自由貿易區協議」的簽訂除了興起一波政治鼓噪外,對臺灣的經濟發展幾乎沒有積極作用。

在尋求提升包括東盟國家在內的「雙邊經貿關係」的過程中,臺灣當局明確表示這是開展區域內的「經貿外交」的表現,企圖由經濟而政治,「尋求參與亞太多邊安全對話或合作機制,積極扮演『參與者』、『合作者』及『貢獻者』的角色」,其政治圖謀可見一般。

臺灣當局還企圖藉此建立圍堵大陸的「聯盟」。2002年9月9日,陳水扁表示,「全球的資本也不斷大量流入中國大陸,相對降低了美國與日本在亞太地區經濟的影響力」,因此要建立臺灣與美國、日本以及臺灣與東盟國家「自由貿易區」,以「強化亞太地區經貿結構的均衡與穩定」,[40] 以遏止大陸。

可以看出,陳水扁當局參加區域經濟一體化進度的目的,不是為了讓臺灣更好地發展經濟,不是為了臺灣更好地參加經濟全球化進度,而是為實現其政治「本土化」服務。

四、當前兩岸經濟、政治互動關係中的幾個問題

從以上闡述可以看出,在2008年以前,政治對兩岸經貿關係影響甚大。隨

著兩岸關係的發展，兩岸經濟、政治互動關係出現一些新的變化，值得關注和探討。個人在以下問題上至今認識模糊，在此請教諸位方家，懇請不吝賜教。

1.經濟對政治的影響力初見端倪，但該種影響力是否可持續？

2.從大陸的角度，在兩岸關係發展過程中，經濟關係、政治關係孰輕孰重？增強兩岸經濟關係，除了經濟利益之外，在政治上的需求是什麼？是加強瞭解、降低敵意、推動和平發展、增進認同、促進統一？能做到麼？目前出現效果了麼？為什麼？

3.從臺灣的角度，在兩岸關係發展過程中，經濟關係、政治關係孰輕孰重？增強兩岸經濟關係，除了經濟利益之外，在政治上的需求是什麼？不同利益集團，有不同的利益訴求？有部分人和大陸一樣，是加強瞭解、降低敵意、推動和平發展、增進認同、促進統一？這部分人有擴大的可能？其他的人怎麼看？

4.海峽兩岸處於不同的市場，兩岸經濟一體化並未完全形成，其經濟、政治互動關係應該用何種理論或模型來考察？可以套用「經濟基礎決定上層建築」原理麼？如果能，其機制和路徑是什麼？如果不能，可用的理論是什麼？可以用新政治經濟學考察兩岸政治經濟關係？可以用國際政治經濟學考察兩岸政治經濟關係？還是用兩者結合形成新的模式來考察兩岸政治經濟關係？這種新模式的核心概念是什麼？「生產─分配」？「利益與制度」？

5.隨著兩岸關係的發展，兩岸經濟一體化的趨勢越來越明顯。這種趨勢對兩岸政治關係的影響是什麼？如果兩岸經濟一體化最終可以實現，建立在這個兩岸共同經濟基礎之上的政治架構將是什麼？

注　釋

[1].于宗先：《兩岸關係與臺灣經濟》，臺灣《「自由中國」之工業》，1996年12月。

[2].《人民日報》1992年5月18日。

[3].《汪道涵提出關於海峽兩岸經濟交流合作的具體意見》，載姜殿銘：《臺灣1993》，北京：中國友誼出版有限公司1994年8月第1版，第405～406

頁。

[4].《人民日報》1994年4月16日報導。

[5].江澤民：《為促進祖國統一大業的完成而繼續奮鬥》，《人民日報》1995年1月31日。

[6].《人民日報》1996年3月9日。

[7].《人民日報》海外版1997年4月8日報導。

[8].《人民日報》1996年3月9日。

[9].參見崔之清主編：《海峽兩岸關係日誌》（1949～1998），人民出版社2001年11月第1版，第448～449頁。

[10].江澤民：《加快改革開放和現代化建設步伐，奪取有中國特色社會主義事業的更大勝利》（1992年10月12日），《十四大以來重要文獻選編》上冊第45～46頁。

[11].《人民日報》1997年3月8日報導。

[12].全國人大常務委員會：《告臺灣同胞書》，《人民日報》1979年1月1日。

[13].葉劍英：《關於臺灣回歸祖國實現和平統一的方針政策》，《人民日報》1981年9月30日。

[14].江澤民：《在慶祝中華人民共和國成立四十週年大會上的講話》（1989年9月29日），《十三大以來重要文獻選編》中冊第633～634頁。

[15].《人民日報》評論員文章：《寄望於臺灣人民》，《人民日報》1996年2月28日。

[16].廖光生：《大陸市場經濟的發展與兩岸關係》，見廖光生編著：《兩岸經貿互動的隱憂與生機》，香港中文大學、香港亞太研究所1995年7月初版，第80～81頁。

[17].臺灣《工商雜誌》1993年3月號,轉引自廖光生編著:《兩岸經貿互動的隱憂與生機》,臺北:允晨文化1995年版,第81頁。

[18].關於對「戒急用忍」政策及臺灣當局設限管制對大陸投資的批評,參見鐘琴:《為何大陸投資應該設限?》,載臺《經濟前瞻》第24期(1994年11月);冷則剛:《從美國對南非的經貿管制探討我對大陸的經貿政策》,載《中國大陸研究》第41卷第4期(1998年4月);高長、徐東海:《兩岸經貿發展趨勢與因應對策剖析》,載《理論與政策》第11卷第4期(1997年秋季號);周添城:《兩岸經貿發展的戰略思考》,載《理論與政策》第11卷第4期(1997年秋季號)。

[19].吳重禮、嚴淑芬:《「戒急用忍」或「大膽西進」?——「中國」對於大陸投資的影響因素評估》,載臺灣《問題與研究》第38卷第7期(1999年7月),第43~61頁。

[20].臺灣「中央社」1998年2月6日報導。

[21].臺灣「中央社」2001年11月7日報導。

[22].社論:《換湯不換藥的「鬆綁」》,臺灣《中央日報》2001年11月8日。

[23].社論:《換湯不換藥的「鬆綁」》,臺灣《中央日報》2001年11月8日。

[24].高孔廉著:《兩岸經貿現況與展望》(修訂版),臺北:「行政院大陸委員會」1994年4月出版發行,第19~20頁。

[25].高孔廉著:《兩岸經貿現況與展望》(修訂版),臺北:「行政院大陸委員會」1994年4月出版發行,第7~8頁。

[26].參見楊丹偉:《從統一到「臺獨」——1987年至1999年臺灣當局大陸政策的政治分析》,南京大學博士論文(未刊),第1頁。

[27].高希均、李誠、林祖嘉著:《臺灣突破——兩岸經貿追蹤》,臺北:天

下文化出版股份有限公司1992年8月第1版，第8頁。

[28].高希均、李誠、林祖嘉著：《臺灣突破——兩岸經貿追蹤》，臺北：天下文化出版股份有限公司1992年8月第1版，第57～58頁。

[29].臺灣《中央日報》1993年6月19日報導。

[30].高孔廉著：《兩岸經貿現況與展望》（修訂版），臺北：「行政院大陸委員會」1994年4月出版發行，第38頁。

[31].侯家駒：《談大陸經貿政策》，載高希均、李誠、林祖嘉著：《臺灣突破——兩岸經貿追蹤》，臺北：天下文化出版股份有限公司1992年8月第1版，第92頁。

[32].《國臺辦副主任王在希稱「臺獨」是一條底線》，中國新聞網2003年11月18日報導。

[33].吳能遠：《臺商投資祖國大陸與兩岸關係》，載《臺灣研究集刊》2000年第1期，第1～7頁。

[34].李宏碩主編：《海峽兩岸經貿關係研究》，中國致公出版社1994年11月第1版，第178～179頁。

[35].楊豐碩：《從「中國」與東南亞經貿關係看南向政策之意義》，見《臺灣經濟研究月刊》1994年第8期，第37頁。

[36].林嘉玲：《「南向政策」平衡「西向發展」的成效評估》，見《臺灣經濟研究月刊》1999年第2期，第17頁。

[37].姜殿銘：《臺灣1993》，中國友誼出版公司1994年8月第1版，第33頁。

[38].汪慕恆：《臺灣當局的「南向政策」評析》，載《臺灣研究集刊》1999年第1期，第36～40頁。

[39].社論：《臺灣在APEC邊緣化的危機》，臺灣《聯合報》2007年4月4日。

[40].張青：《扁：臺美簽自貿協議，強化區域穩定》，臺「聯合新聞網」2002年9月10日。

兩岸「先經」與「後政」的關係之辨

中國人民大學政治學系 王英津

　　自2008年以來，兩岸關係出現了前所未有的跨越式發展，但遺憾的是，隨著兩岸經濟的熱絡交流與合作，兩岸政治關係卻裹足不前，呈現出「只經不政」的局面。針對這一事實和現象，有人根據馬克思主義關於經濟決定政治的原理，認為兩岸「只經不政」是暫時現象，「由經入政」是一個必然的自然而然的能動過程，不必人為推進；也有人因當下臺灣方面「只經不政」而對我們「先經後政」的對臺政策產生了動搖和懷疑。那麼，如何理性看待當下的「只經不政」以及如何實現「由經入政」就成為一個不容迴避的問題。基於此，本文結合相關學術理論與國際實踐，擬對如何觀察和解釋兩岸「經濟—政治」關係互動提供一個合理的視角與方法。

　　一、兩岸「先經」能否帶來「後政」：從馬恩的「經濟決定政治」說起

　　在大陸，很多學者受馬克思主義關於經濟決定政治原理的影響，認為兩岸經濟互動必然會帶來政治協商與對話。這種觀點是對馬克思主義關於政治與經濟關係原理的一種誤解，是片面的「經濟決定論」。那麼，如何正確理解馬克思主義關於經濟與政治關係的原理，以及如何運用這一原理來指導我們觀察和分析當下兩岸「經濟—政治」關係的互動呢？我們尚須回溯到馬克思主義經典作家的原始論述。

　　馬克思和恩格斯出於創立唯物史觀的需要，注重從經濟的角度來把握政治。1845至1846年，馬克思和恩格斯在《德意志意識形態》中第一次把政治同一定的生產活動方式聯繫起來，用「歷史——經濟的觀點」來分析問題。隨後，馬克思和恩格斯在《共產黨宣言》、《〈政治經濟學批判〉序言》、《社會主義從空想到科學的發展》等著作中都反覆強調不能就政治談政治，而應從社會經濟關係

的深處來發現政治本質的規律性。從馬克思主義歷史唯物論來看,政治屬於上層建築的範疇,一般說來,是由經濟基礎決定的,只要經濟基礎發生變化,政治上層建築也會發生相應的變化。「任何時候,我們總是要在生產條件的所有者同直接生產者的直接關係——這種關係的任何形式總是自然地同勞動生產方式和勞動社會生產力的一定的發展階段相適應——當中,為整個社會結構,從而也為主權和依附關係的政治形式,總之,為任何當時獨特的國家形式,找出最深刻的祕密,找出隱蔽的基礎」。[1]「人們在自己生活的社會生產中發生一定的、必然的、不以他們的意志為轉移的關係,即與他們的物質生產力的一定發展階段相適合的生產關係。這些生產關係的總和構成社會的經濟結構,即有法律的和政治的上層建築豎立其上並有一定的社會意識形式與之相適應的現實的基礎。物質生活的生產方式制約著整個社會生活、政治生活和精神生活的過程」。[2] 馬克思和恩格斯當時之所以緊扣經濟關係來談政治關係,是因為他們以前的唯心主義學派都本末倒置地離開經濟基礎來談政治,如黑格爾等人就把歷史看成是「絕對觀念」的體現。

為此,馬克思和恩格斯從歷史唯物主義出發,對經濟和政治的關係作出了符合時代要求和社會發展的解釋,認為經濟與政治之間存在著決定與被決定、作用與反作用的互動辯證關係。一方面,經濟是政治的基礎;另一方面,政治又是經濟的集中體現,但它又不是簡單地被經濟所決定,它具有相對的獨立性。在現實的社會生活中,政治上層建築經常並不緊跟經濟基礎、經濟條件的變革而變革,它往往會落後於經濟基礎並與經濟基礎的發展要求相矛盾。以上便是馬克思主義關於經濟與政治關係原理的基本觀點。

運用馬克思主義的上述原理來指導我們發展兩岸關係無疑是正確之舉,但由於部分人片面理解馬克思主義關於經濟與政治關係的原理,甚至對該原理中的少數概念存在誤解,加之簡單、機械地照搬套用之,導致了實踐中的以下兩種錯誤認知或觀點:

一是從經濟決定政治出發,認為只要兩岸經濟互動到一定程度,政治對話與協商一定會自然而然地實現,該觀點把兩岸經濟互動與兩岸政治互動之間的關係

簡單地理解為決定與被決定的關係，過分誇大了經濟互動所能產生的實際功效。

二是因兩岸政治對話與協商暫時難以取得突破和進展而產生悲觀情緒，開始懷疑我們「經濟先行」政策的正確性。導致這兩種錯誤認知或觀點的原因主要有以下兩個方面：

第一，沒有準確理解馬克思主義關於「經濟決定政治」中所指「經濟」的內涵。「經濟決定政治」這一論斷中的「經濟」，其含義是指客觀存在的生產方式、生產力等物質條件。這可以從恩格斯的另一段論述中得到證明，他說：「我們視為社會歷史的決定性基礎的經濟關係，是指一定社會的人們用以生產生活資料和彼此交換產品的方式來說的。因此，這裡面也包括生產和運輸的全部技術和裝備。這種技術裝備，照我們的觀點看來，同時決定著產品的交換方式，以及分配方式，從而在氏族社會解體後也決定著階級的劃分，決定著統治和從屬的關係，決定著國家、政治、法律，等等。此外，包括在經濟關係中的還有這些關係賴以發展的地理基礎和事實上由過去沿襲下來的先前各經濟發展階段的殘餘，當然還有圍繞著這一社會形式的外部環境。」[3]　可見，恩格斯在這裡使用的「經濟」概念大體可包括生產的交換方式、生產的技術裝備、地理環境和傳統殘餘等，這些方面均屬於生產方式的範疇，他在這裡並沒有把具體經濟工作納入到作為歷史決定性基礎的「經濟」的範疇。分析至此，我們可以發現，馬克思主義關於「經濟決定政治」中「經濟」的涵義與兩岸經濟互動中「經濟」的涵義是不同的，筆者將這些不同概括如下：

（1）馬克思、恩格斯是從論證社會歷史發展規律的角度來使用「經濟」這一概念的，這裡的「經濟」是指生產方式、生產關係的總和或生產力；而兩岸經濟互動中所使用的「經濟」概念指具體經濟交流活動，這裡的「經濟」同政治一樣也屬於人的社會實踐的範疇，而不是作為社會存在的客觀物質基礎。從唯物史觀上講，經濟交流活動與生產方式是有區別的，其區別就在於經濟交流活動是人們改造世界的一種實踐活動，屬於主觀能動性的範疇；而生產方式則是客觀的經濟活動，屬於社會存在的範疇。可見，作為生產方式的「經濟」和作為人們生產或營利活動的「經濟」是不能混為一談的，而我們在講「經濟決定政治」時，恰

恰是常把兩個「經濟」概念混為一談的。

（2）馬克思主義關於經濟決定政治的論斷是從哲學層面上來講的，是形而上的宏觀論述，是對人類社會發展總體規律和歷史進度的概括。如同「人類社會由低級向高級發展」這個結論，其就人類社會發展的總體規律來說其無疑是正確的，但倘若簡單套用，就會犯「機械論」的錯誤，因為實踐中並不排除在某個特定階段出現停滯或倒退的情形。而我們在論述兩岸經濟關係與政治關係時，卻不能從社會發展規律的角度來闡述，而應從兩岸關係發展的具體工作和具體實踐活動方面來闡述，更不能簡單地由經濟基礎決定上層建築、經濟決定政治推論出兩岸經濟互動必然帶來兩岸政治對話與協商的結論。

第二，忽視了政治是一個具有相對獨立性的領域。雖然經濟是政治的基礎，但政治並不是完全被動地、機械地、簡單地受經濟的制約。在一定條件下，政治也會對經濟造成決定性的反作用。對此，列寧在十月革命後，明確提出了「政治是經濟最集中的表現」，[4]「政治同經濟相比不能不占首位。不肯定這一點，就是忘記了馬克思主義的最起碼的常識」。[5] 列寧的這些論斷既說明了政治屬於建立在經濟基礎之上的上層建築的範疇，它以經濟為基礎，又說明了政治對經濟的能動作用。毛澤東在其《矛盾論》中就指出：「生產力、實踐、經濟基礎，一般地表現為主要的決定的作用，誰不承認這一點，誰就不是唯物論者，然而，生產關係、理論、上層建築這些東西，在一定條件下，又轉過來表現其為主要的決定的作用……當著政治文化等等上層建築阻礙著經濟基礎的發展的時候，對於政治上和文化上的革新就成為主要決定的東西了。」[6] 人類社會實踐也表明，雖然經濟是政治的基礎，但政治並不是簡單地被決定而失去自己的相對獨立性。就當下兩岸關係來說，兩岸經濟互動並非必然帶來政治上的互動（協商與對話），因為兩岸政治關係是一個相對獨立於兩岸經濟關係的另一「存在」，其一旦產生，就具有相對獨立性，不能簡單地由「經濟決定政治」而誤認為兩岸「先經後政」是一個自然而然的能動過程。眾所周知，政治問題的解決通常除了依靠經濟手段之外，還得依靠政治、軍事、文化、法律等其他手段。兩岸政治關係的推進，除了通過「經濟先行」為其創造基礎性條件之外，還得綜合依靠其他各種手段，特別是要有政治上的思維和操作。

二、德國處理「經濟—政治」關係的經驗和啟示

在現實工作層面上，儘管不能從馬克思主義的經濟基礎決定上層建築簡單地推出具體經濟關係決定政治關係的結論；但也不能否認經濟互動對於政治互動的基礎性作用和重要影響。德國統一案例表明，儘管兩德經濟關係不能簡單地決定其政治關係，但卻為兩德政治關係的發展創造了物質基礎和條件。

兩德之間的經貿往來開始於雙方在1951年所簽訂的《柏林條約》，該條約並於1960年、1972年不斷加以修訂，對兩德間的貨物、服務業往來以及付款的方式都做了明確的規範，使兩德之間的經貿往來能發展出一套獨特的經貿形式。在這套特殊的貿易形式下，聯邦德國將其視為德國內部的交易行為，使其在實際運作時突顯出不同於國際間經貿往來的特定措施。兩德這種特殊形式的經貿交易方式，亦受到國際間的認同，1951年《關稅及貿易總協定》的「多奎瑞議定書」，以及1957年西德在參與成立歐洲經濟共同體及歐洲原子能共同體所簽署的《羅馬條約》，其中「兩德貿易與相關問題協定書」中若干條約，即授予西德聯邦政府制定對東德貿易政策的權限，使兩德經貿往來不至於脫離國際經濟組織的相關規範。兩德之間這種特殊的經貿交易方式，受惠最大的還是東德。就東德而言，西德是它僅次於蘇聯的第二大貿易夥伴，在兩德貿易中，東德不但享有西德所提供各項優惠條件，東德的產品也可在德國的名義下進入歐洲市場的其他會員國。概括起來，東德從西德的獲利，主要表現在：其一，東德經常得到西德提供的數額巨大的低息和無息貸款；其二，在「德意志內部」貿易方面，除了東西德馬克按1：1官方比價（東西德馬克按在國際市場上的實際購買力的比價為100：12）結算之外，東德每年僅免除關稅這一項就可得到價值數百萬（民主德國）馬克的好處；其三，東德通過西德與歐共體各國進行貿易，同樣也從免除關稅中得到許多實惠；其四，東德每年可從西德與西柏林之間的公路和鐵路等交通方面得到過境費達數十億西德馬克；其五，西德公民（包括西柏林人）每次進入東德須交入境費25西德馬克和手續費5西德馬克，這樣，東德每年可從數百萬西德公民的入境這一項費用上得到數千萬聯邦德國馬克。此外，東德還從兩德的科技合作等項目上得到西德的經濟和技術援助。[7]　東德雖也瞭解西德的真正意圖，但巨大的現實利益使其不願破壞這種特殊的經貿交易方式，實踐證明兩德間

這種特殊的經貿交易方式，實為維持德意志民族共同體的最重要因素之一，也為後來兩德關係正常化互動提供堅實的物質基礎。[8]

在兩德經濟交往的基礎上，西德為了加強和推進雙方民眾的社會、文化等相關領域裡的互動與交流，以克服兩德間日益加深的疏離感，維持德意志民族的一體共識，甚至不惜犧牲經濟上的利益，以換取東德的合作與支持。譬如，從1987年9月1日起，把發給每個到西德旅行、探親的東德人的「歡迎金」由30德馬克提高到100德馬克，東德人在西德乘火車減價50%，乘坐其他公共交通工具或進出文娛場所，或免費或優惠。東德雖擔心擴大人員往來會給它帶來消極影響，但又希望從西德盡可能獲得經濟好處，因此在人員往來問題上總是不斷有所放鬆。[9] 雖然東德在1970年代即開始大力推動「劃界政策」，企圖從形式上與社會文化上切斷其與西德或整個德意志民族的聯結，但是強大的經濟誘因卻使它無法拒絕與西德的各項交流。兩德的頻繁交流，增進了雙方民眾的瞭解，維護了雙方民眾對於整個德意志民族的情感，為日後德國統一奠定了最深層的基礎。[10]

當年西德處理兩德「經濟—政治」關係的實踐，可以給我們處理兩岸「經濟—政治」關係提供以下啟示：

第一，頻繁的經濟往來可以有效地消弭分離主義。兩德之間不斷擴大和加深的交往，有助於實現西德所致力達到的目的——維繫民族同一性和民族感情，使之不致因相互隔離而削弱和消失。兩德的敵視減少，互相接觸和瞭解的增加，久而久之，共同的歷史和文化的意識、民族同一性的意識就能得到維持和發展。具體說來，兩德之間頻繁的經濟互動對於維護和實現「一個德國」所產生的積極功效主要體現在以下兩個方面：

一是拖住了東德的分離主義步伐，使東德的「劃界政策」無法得逞。二是為兩德的最終統一創造了基礎和條件。[11] 就當下大陸的「經濟先行」政策而論，即便其不能有效地推進政治對話與協商，但也拖住了「臺獨」分離主義的腳步，使「臺獨」難以得逞。

眾所周知，當下兩岸頻繁的經濟聯繫將兩岸緊密地「綁」在一起，讓臺灣在

經濟上與生存發展上無法與大陸分開,「你中有我,我中有你」,這在根本上削弱了「臺獨」的經濟基礎。換言之,兩岸經濟關係越密切,相互依賴的程度就越強,「臺獨」實現的可能性就越小。

另外,「經濟先行」雖不能保證一定能走向政治對話與協商,但無疑能為兩岸走向政治對話與協商創造基礎和條件。因此,對「先經後政」政策必須予以肯定和堅持,不能因為暫時未出現兩岸政治對話與協商的局面就對其產生動搖和懷疑。

第二,以經濟實力為後盾,以擴大交流與合作來推進政治合作。通過為兩個德國居民之間的往來提供便利和建立貿易關係,來推動兩德之間的相互接近,促進雙方的相互瞭解,增進民族共屬感和凝聚力,為最終實現統一目標創造條件,是德國統一的重要經驗之一。西德這種以經濟互動促進國家認同的策略之所以得以成功實施,一個重要原因是基於西德強大的經濟實力。事實表明,西德強大的經濟實力為德國統一奠定了堅實後盾。兩德互動的經驗對當下兩岸的互動主要有以下兩方面啟示:一是大陸方面應繼續憑藉著自身強大的經濟實力,以政治層面為主要考量,繼續給予臺灣各項優惠條件,通過雙方頻繁的經濟聯繫,維護和鞏固「一個中國」框架。二是在政治爭議一時難以解決的情況下,從國家統一的長遠目標和兩岸人民的現實利益考慮,海峽兩岸應該擱置政治爭議,以非政治領域裡的交流與合作去促進和帶動政治領域的交流與合作,早日實現「由經入政」。

第三,要從政治層面解決經濟互動的障礙,以深入雙方的交流與合作。兩德經濟互動儘管在1960年代已很頻繁,但兩德所處的對抗格局,使兩德的經貿往來受到很大影響,加之經貿互動所衍生的其他各種問題,迫切需要兩德官方從政治層面上加以解決,這也成為兩德於1972年簽署《基礎條約》的動因之一。按照《基礎條約》,東德得到了西德的國家承認(但未獲得西德的國際法承認),但東德應允許在經濟、交通、文化、體育等各領域內與西德展開合作。故該條約簽訂以後,兩德之間的經濟往來、文化交流、人員互訪都有了較快的增長。從西德(包括西柏林)前往東德和東柏林的人數,由1970年的250萬人次增加到1978年的800萬人次;而從東德到西德和西柏林的人數,1978年也達到138萬人次,

比1970年增加了三分之一。兩德之間的貿易額，由1970年的45億德馬克，增加到了1987年的140億德馬克。[12] 比較《基礎條約》簽訂前後的兩德互動數據可以發現，通過雙方簽署《基礎條約》這一政治舉措，有效地促進和深入了兩德經濟和其他各項交流與互動。就兩岸來說，當前雙方的經濟互動已承受到「只經不政」的束縛，意欲兩岸經濟互動方面取得更大的成就，雙方應適時開啟政治對話，就有關問題進行積極協商，通過早日簽署兩岸和平協議等政治舉措來為兩岸經濟互動創造更加寬鬆的政治環境。

三、歐洲一體化處理「經濟—政治」關係的經驗和啟示

眾所周知，歐洲一體化通常被視為由經濟統合到政治統合的典型範例。那麼，歐洲一體化進度中如何處理經濟統合與政治統合之關係呢？首先讓我們一起回顧歐洲一體化進度中的三大路徑。

聯邦主義（federalism）路徑。聯邦主義是歷史最久的歐洲一體化理論，它主張歐洲一體化採取聯邦制的形式。該理論認為，採取聯邦方式可以使組成聯邦的各個單位或國家在一種既聯合又獨立的系統內維持權力的制衡局面，能夠在確保聯邦的統一性的同時，還能保持多樣性，在多數統治下也能保護少數的利益。聯邦主義者設計了歐洲一體化的兩種路徑：其一是通過制憲大會的方法。戰後初期的聯邦主義者關於建立聯邦的清晰戰略，是通過召集普選的立憲大會，為新的歐洲聯邦起草一部將被歐洲各民族國家批准的憲法。立憲會議是戰後初期聯邦主義者所選擇的一體化制度，並希望當時的歐洲委員會能夠充當或創設這樣的一個制度。隨著歐洲委員會創立聯邦努力的失敗，贊成這種一體化手段的聯邦主義者開始把他們的注意力轉向了歐洲議會。他們希望通過擁有一個普選產生的歐洲議會，分階段創立一個普選的立憲會議，使歐洲議會擔負起草《歐洲聯盟條約》的重任。[13] 其二是通過政府間協議的方法。隨著歐洲委員會創立聯邦的初步失敗，一些聯邦主義者仍然贊成立憲會議的模式，但是其他一些聯邦主義者（主要以義大利的阿爾蒂羅・斯皮內利為代表），轉而採納了共同體的方法作為實現聯邦主義目的的手段，即通過直接的政府間協議。這些聯邦主義者的思維邏輯是：創立一個聯邦國家，必然涉及成員國把有關主權讓渡給中央政府的問題，因此聯

邦制國家的形成只能在政府間的討價還價中才能實現。聯邦主義者的這種信條使他們的關注點集中到了歐共體委員會和部長理事會上，而不是在歐洲議會上。[14] 總之，聯邦主義所主張的歐洲一體化途徑是一種由上而下的統合途徑，倡導者認為僅靠經濟領域裡的功能合作，並不能夠達到統合。如果要使各成員國間真正的相互依存，應該以建立超國家（supranational state）的憲政體制為統合目標。[15] 從統合的程序來看，聯邦主義者認為政治統合應為優先，因為政治統合可以促進經濟統合，但是經濟統合卻不必然促成政治統合，所以先建構一個超國家的「自主性中央機構」實屬必要。

功能主義（functionalism）路徑。與聯邦主義相比較，功能主義更強調經濟統合，它認為通過相互競爭的經濟與貿易政策的逐漸和諧，最後這種和諧將會「溢出（spillover）」到政治領域。在功能主義者看來，政治邏輯與經濟邏輯是平行的，這種方法是漸進的和務實的。米特蘭尼於1930～1940年代就提出了其功能主義一體化理論。米特蘭尼認為國家間避免戰爭、獲得和平的途徑有三種：一是實現「國家聯合」；二是建立地區性的「聯邦體系」；三是通過功能合作途徑。其中第一種途徑並不必然導向一體化，第二種則不能保證消滅民族主義，只有第三種功能性的合作既可以避免國際機構過於鬆散的弊端，同時又能在公共生活的某些領域建立廣泛而穩定的權威。按其功能主義理論，主權需要從地域單位轉移到功能單位。[16] 與聯邦主義相比，功能主義是一種迂迴的方法。主要體現在：功能主義者認為從各方具有的共同利益出發，積極合作建立共同的認知後，統合才可能完成。與聯邦主義主張的由上而下的統合相反，功能主義認為統合應該是一種由下而上的統合途徑。功能主義視統合為一個過程，在這個過程中，民眾的態度將隨著跨國界功能組織的合作而逐漸增強他們對統合的看法。因此，功能主義不主張一開始就直接進入政治領域裡的統合，並認為建立統一的聯邦並不見得就優於現有的民族國家體系。[17]

新功能主義（neofunctionalism）路徑。1960年代，哈斯（P. M. Haas）等學者通過總結一體化的實踐，在功能主義的基礎上提出了新功能主義一體化理論。新功能主義認為歐洲一體化是一個漸進的、自我發展的過程，在一個政策領域的一體化會產生「溢出（spillover）」壓力，從而「擴溢」到其他領域。因此，一

體化是一個不斷演進的過程，目前無須指明其終極目標。在敏感的主權問題上，新功能主義提出了「超國家」的概念，以「主權的分享」代替「主權轉移」的說法。在超國家性主張上，新功能主義與功能主義有著重要區別：新功能主義強調超國家機構的功能，主張通過外溢機制使一體化從技術性部門逐漸擴展到政治性部門，最終建立制度化的區域性超國家機構；功能主義更多地注重政府間合作，偏重內部結構不太緊湊的共同體形式，主張通過建立使民族國家權力逐漸流失的功能性組織，最終建立非政治化的功能性組織的集合體。可見新功能主義所謂的共同體是更具政治性的超國家機構，而功能主義所說的共同體更強調的是一種純粹功能性的政府間合作機構。此外，新功能主義和聯邦主義雖然都主張設立超國家機制，但二者也有差別：新功能主義所主張的超國家性機構是指各成員國通過部分主權的讓渡與共享，在某些部門建立起來的、對成員國具有一定指導性和制約性的機構；聯邦主義則主張通過各政府間的章程性談判或立憲大會等憲政措施，最終建立一個統一的聯邦國家，從而完成一體化進度。認識這些主張的差別有助於我們從另一側面加深對新功能主義的理解。

　　從歐洲一體化的歷史進度來看，上述三種一體化路徑在歐洲一體化進度中均發揮過重要的作用。在新功能主義出現以前，功能主義對歐洲一體化建設的影響最大。歐洲煤鋼共同體、歐洲經濟共同體從一開始就體現了功能主義的一體化主張。在1960年代新功能主義產生之後的二十多年，歐洲一體化進度受到了新功能主義的重要影響，歐共體在共同的關稅同盟、共同的農業和漁業政策、政治合作、統一的匯率制度等方面取得很大進展。1990年代以來，歐洲一體化因里程碑式的《馬斯特里赫條約》的簽署而進入了一個新階段，聯邦主義也因歐洲一體化不斷深入與擴大的要求而成為人們關注的焦點。實際上，在歐洲一體化的進度中，聯邦主義、功能主義與新功能主義對一體化進度的影響是很難區分開來的。如果說某一特定時期內某一種路徑與其他路徑相比占主導地位，那麼在很大程度上是因為這一路徑更貼近於當時的現實，或更容易為當時的人們所接受。[18] 在一體化的過程中形成一些路徑設計，運用這些設計反過來推進一體化的實踐，是歐洲一體化與其他區域一體化的重要不同。

　　歐洲一體化作為一種區域性國際組織從「分散」走向「集中」的成功案例，

對當下處理兩岸「經濟—政治」關係的啟示主要有：

第一，以經濟合作促進政治統合。在歐洲一體化過程中，針對當時國際政治現實，繞過政治和意識形態的分歧，先從經濟貿易方面加強往來與合作，以穩步、漸進的和平方式逐步實現統合。其經驗啟示我們：兩岸可考慮通過較不具有爭議性的經濟、技術與社會層面的合作，以漸進的方式，逐漸消除雙方的疑慮，雙方在瞭解、互信和共識的基礎上，先進行經濟合作，然後再適時過渡到政治統合，為最後走向統一創造條件。同時，我們應該看到，統合是一種動態和有意識的過程，需要雙方的配合與參與。我們要正確處理經濟互動與政治互動的關係，經濟合作可以促進政治統合，但並不必然地導致政治統合，這方面，我們還應認識到單純功能合作的侷限性。

第二，以政治操作推動和深入經濟合作。從總體上說，歐洲一體化經歷了經濟合作到政治統合的過程；但從某個具體階段來看，亦並非全然，有時也經歷以政治統合來統領和促進經濟統合的過程。可以說，歐洲一體化的進度是以經濟合作為基礎，但絕不是單純依靠經濟合作，其更注重經濟合作與政治統合的相互促進和推動，即在推動經濟合作的同時，也注重政治統合的規劃和推動，特別是超國家機構（如部長理事會、歐洲理事會、歐洲聯盟委員會、歐洲議會、歐洲法院、審計院等）的建立，對於推動歐洲一體化進度發揮了重要的作用。對於兩岸來說，政治關係的推進不能單純依靠經濟合作，需要有政治上的操作。就當下兩岸關係情勢來說，可分兩步走：第一步，互設辦事機構，以辦事機構的互設為機會，進一步推動兩岸各項交流的深入與擴大。第二步，待條件成熟時，共設跨兩岸的協調機構。根據歐洲一體化理論，可以將歐洲一體化的路徑概括為國家間由「合作→統合→統一」的程式。從歐洲一體化的目前狀況來看，歐洲一體化進度目前正處於「統合」階段（能否到達「統一」階段，目前尚為一個存有爭議的問題）。按照經濟學家貝拉薩（Belassa）在建構其「統合」理論時對「合作」與「統合」做的區分：「統合」與「合作」的不同在於它有超國家機構的建立，即「統合」不僅尋求經濟之間的互動，更注重政治上的互動。而「合作」一般只尋求經濟上的互動，不謀求政治上的互動。如果借貝拉薩（Belassa）的觀點來觀察兩岸關係，我們只能說兩岸目前正處於有限度的經濟「合作」階段，尚未達到

政治「統合」階段。所以，條件成熟時應盡快建構跨兩岸的協調機制，作為深入兩岸關係經濟互動的推動力量。

四、結語

通過以上分析可知，無論是馬克思主義經典作家關於經濟與政治關係的論述，還是德國處理經濟互動與政治互動的做法，抑或歐盟由經濟合作到政治統合的經驗，儘管它們對於經濟和政治關係的論述和實踐各有所側重，但基本共識有二：一是經濟對於政治具有重要影響，特別是能為政治問題的解決創造基礎和條件；二是政治對於經濟具有重要的反作用，深入和擴大經濟互動，同樣需要政治上推動和操作。

就目前兩岸的互動情況來說，隨著兩岸經濟互動的擴大與深入，「只經不政」已經嚴重不適應經濟互動的步伐和需要，已影響到兩岸經濟互動向更深更廣層次推進，因此「由經入政」問題就提上了議事日程。所以要通過兩岸之間政治對話與協商來化解政治分歧，為深入兩岸經濟互動消除障礙。目前兩岸政治對話和協商難以取得進展，不是由於「經濟先行」政策存有問題，而是由於兩岸政治關係本身的複雜性和相對獨立性所導致。同時，我們也要充分認識到「經濟先行」僅僅是影響或推進「政治互動」的因素之一，大陸要推進兩岸政治對話與協商不能單單從經濟入手，還應多管齊下，以共同推動「由經入政」，早日實現兩岸政治對話與協商。

注　釋

[1].《馬克思恩格斯全集》第25卷，人民出版社1975年版，第891～892頁。

[2].《馬克思恩格斯選集》第2卷，人民出版社1972年版，第82頁。

[3].《馬克思恩格斯選集》第4卷，人民出版社1972年版，第505頁。

[4].《列寧選集》第4卷，人民出版社1972年版，第416頁。

[5].《列寧選集》第4卷，人民出版社1972年版，第441頁。

[6].《毛澤東選集》第五卷，人民出版社1991年版，第325～326頁。

[7].高德平著：《柏林牆與民主德國》，世界知識出版社1992年版，第44～45頁。

[8].張五岳著：《分裂國家互動模式與統一政策研究》，臺灣業強出版社1992年版，第373～374頁。

[9].世界知識出版社編：《德國統一縱橫》，世界知識出版社1992年版，第14～15頁。

[10].張五岳著：《分裂國家互動模式與統一政策之比較研究》，臺灣業強出版社1992年版，第373～378頁。

[11].需要指出的是，兩德的經濟互動對於促成兩德最終的統一具有重要的影響和意義，但不能無限誇大這種影響和意義，倘若把兩德統一完全歸結於兩德經濟互動的結果，則有失客觀。

[12].Gottfried-Karl Kindermann, "The Peaceful Reunification of Germany", Issues and Studies, 27: 3 (March 1991), p.55~56.

[13].房樂憲：《聯邦主義與歐洲一體化》，載《教學與研究》2002年第1期。

[14].Hans. J. Michelmann, Panayotis Soldatos ed., European Integration: Theories and Approaches, New York: University Press of America, Inc., 1994.

[15].張亞中著：《兩岸統合論》，臺灣生智文化事業有限公司2000年版，第248頁。

[16].Peter. Wilson, "The New Europe Debate in Wartime Britain", in Philomena Murray and Paul Rich, eds., p.49.

[17].Stephen. George, Politics and Policy in the European Community, Oxford: Clarendon Press, 1985, p.20.

[18].王麗萍著：《聯邦制與世界秩序》，北京大學出版社2000年版，第230頁。

兩岸經濟關係與政治關係的互動路徑與模式

北京聯合大學臺灣研究院 陳星

兩岸經濟關係與政治關係的互動路徑及模式一直是兩岸關係研究中的一個重要問題。兩岸關係中經濟關係與政治關係的互動模式直接影響到臺海局勢的發展方向及國家統一大業的實現路徑選擇。目前兩岸經濟關係已經隨著和平發展戰略的持續推進越來越緊密，但是政治關係卻仍沒有走出有限對抗的陰影，臺灣民眾和各個政治勢力對兩岸政治關係的認知分歧嚴重，兩岸的政治互信依然脆弱，兩岸就政治議題方面的協商也一直遲遲無法展開。可以看出，兩岸經濟關係的發展對政治關係有較大影響，但是與政治關係發展並非簡單線性相關的關係。本文擬從政治體系間政治關係和經濟關係發展的不同邏輯及其相互影響特徵的視角出發，對兩岸關係中經濟關係與政治關係的互動模式進行簡單分析。

兩岸關係中經濟關係與政治關係的不同邏輯

兩岸關係中經濟關係與政治關係分別具有不同的運行邏輯，這種不同的邏輯是這兩種關係之間不時呈現出張力的根本原因。一般而言，不同政治體系之間經濟關係與政治關係無論在追求目標、實現路徑還是受制約因素等各個方面都存在相當大的不同，這些差異使經濟關係與政治關係的發展在絕大多數的時間點上都無法保持同步推進，經濟關係與政治關係之間這種內在的緊張長期存在，並且交互影響，共同構成了不同政治體系之間整體關係變遷的基本內容。

在現代社會的語境下，經濟關係的發展和擴張主要是在生產力發展的客觀規律支配下完成的，在有可能的條件下，經濟發展規律會推動資源的優化配置，以求獲得最大的經濟利益，這是不同政治體系之間經濟關係發展的最基本推動力。

馬克思早就指出：「不斷擴大產品銷路的需要，驅使資產階級奔走於全球各地，它必須到處落戶，到處開發，到處建立聯繫。」[1] 馬克思以宏大理論的視角探討經濟關係的產生根源，概括性地描述出了個體之間、個體與群體以及不同政治體系之間經濟關係發生及發展的基本路徑。優化資源配置以獲取利益的衝動一旦在適宜的情境下就會充分發揮出來，以巨大的力量推動經濟關係的建立和加強，這也構成了現代經濟理論的一個邏輯起點。以作為經濟學理論分支的投資理論為例，一般投資理論主要從企業投資動機和目的探討資本流動的行為，以區域角度分析企業投資的合理性，闡明企業的生產技術以及無形資產的流動方式和特點，從廠商優勢、內部化交易等方面討論投資的經濟性。[2] 在全球化背景下，上述經濟規律表現得更加明顯，資本往往跨越國家、地區和族群的界線，使世界各地的經濟聯繫空前加強。

經濟關係的這種基本特徵決定了其發展的一般性邏輯，即以資本優化配置為中心的逐利衝動要衝破一切的阻礙因素，不斷衝破政治界線和政治障礙，使世界向著一體化的方向發展。在世界範圍內經濟關係發展的歷史實證中，各地無論在政治制度、意識形態和經濟發展水平的差異多大，對於經濟交流與交往的要求是基本一致的，都希望在經濟交流與交往中發展自己的經濟，形成自己的利益最大化。這也意味著經濟的發展相對政治具有一定的獨立性，一旦尋得機會，經濟就會自發地發展起來，最終形成比較強的經濟聯繫。

兩岸經濟關係的發展歷程與上述經濟關係發展規律若合符節。大陸學者唐永紅認為，兩岸經濟關係是兩岸經濟體為追求自身利益最大化，在經濟全球化力量的推動下不斷調整參與全球化方式的過程中，特別是在兩岸政治經濟博奕與不斷調整兩岸經貿政策的過程中形成並發展起來的；深受兩岸政治關係約束的兩岸經濟關係有著強大的發展動力支持。[3] 兩岸經濟關係的建立是在政治關係鬆動情況下經濟發展規律產生作用的自然結果，隨著大陸兩岸政策的調整，臺灣島內的投資衝破臺灣當局的限制，通過各種直接或者間接的管道湧入大陸，形成了投資大陸的熱潮。而隨著兩岸經濟關係的不斷緊密，臺商投資大陸不斷從廣度和深度兩個面向上向前推進，兩岸經濟關係的內涵越來越豐富，結構也不斷調整並變得越來越複雜，雙方合作的範圍也越來越廣。

兩岸政治關係卻是另外一種發展邏輯。大陸學者王滬寧認為，政治及政治活動的邏輯有其不同於其他活動的一般性特徵，在進行任何政治分析時應當抓住三個基本變量：一是經濟活動，一定的政治活動和政治關係問題與一定的經濟與經濟活動是聯繫在一起的，受後者的制約；二是政治體系的活動。政治體系是政治關係和政治活動的焦點；三是階級集團的活動，政治體現一定的階級關係是政治自身的邏輯，但是政治體現階級關係並不一定是說政治體現的是對立階級之間的鬥爭關係。[4] 這裡需要強調的是，此處的政治與經濟關係主要著眼於經濟基礎與上層建構的抽象層面而言，也強調了在微觀層面上經濟關係對政治關係有比較基礎性的影響。在考慮到經濟關係的基礎性影響前提下，政治關係的一般邏輯是沿著政治系統的基本結構以及系統中利益集團和階層結構的分化為基層展開，相對於經濟關係具有一定的獨立性。就兩岸關係而言，在經濟、文化領域，合作可以超越「國家主權」之爭，因此合作、和解可以成為主題或主旋律。但在政治領域則不然，政治議題中最核心的是國家政權問題，雙方的「政治定位」中已經蘊含了在「國家主權」上的對抗性，除非統一，否則雙方都無法超越這種對抗性。[5] 這種對抗性特徵中包含了政治體系內部利益集團、政黨及民眾在基本政治認知及意識形態等方面的不同想法，這些分歧短期內無法消除，雙方的政治合作也無法像經濟合作那樣實現直線式的發展。

如果進行比較的話，我們會發現經濟關係發展的邏輯鏈條比較簡單與直接，從一般性的情形來說，經濟關係發展的直接指向就是經濟利益的獲取，這是經濟關係建立的基本動力，也在一定程度上決定了經濟聯繫的基本樣態。但是政治關係的發展路徑卻複雜得多。從驅動力上來說不同政治體系之間政治關係的建立與發展當然可以說是受政治利益的驅動，但是政治利益的概念定義卻遠比經濟利益的定義複雜。從層次上說，精英個人的政治利益和政治系統整體的政治利益顯然並不一定重合，在通常的情況下，政治系統的結構會對精英的決策取向產生根本性影響，所以學界在討論政治關係時往往將焦點集中在體系的層次而非個人的層次上。

大致而言，在分析政治關係時主要應從以下幾個層次上展開：一是個人層次。這是最為基礎的層次，諸如馬英九和陳水扁對兩岸關係的認知差別，構成了

他們當政時兩岸關係發展樣態的重要影響因素。二是利益集團層次。利益集團是當代社會結構中的重要組成部分，也是影響政治生態的重要層面，經濟發展帶來的利益集團結構的分化會對政治關係建構和發展產生較為重大的影響。三是體系層面。政治體系在更大的結構當中的位置以及發展的歷史，是政治關係發展走向的重大影響因素，兩岸關係就是在內戰問題沒有解決的情境下展開政治關係的重新建構，歷史遺留問題即是兩岸政治關係的起點，同時自然會產生重大的約束。四是意識形態層次。意識形態相對於經濟關係和短期的政治關係具有相對的獨立性，意識形態結構對政治關係的建構產生的影響是持久的。在兩岸和平發展推進到今天這個地步，在臺灣受「臺獨」意識形態影響的民眾對兩岸政治關係的建立仍抱持反對的立場，就是一個典型的例子。可以看出，經濟關係對政治關係的影響只是局部的，政治關係的發展有著與經濟關係發展不同的邏輯。

此外，政治關係的產生與發展與政治體系的互動模式和過程有關，在互動中政治互信或者得到加強，或者受到損害，從而形成了不同的政治關係樣態，即有敵對、友好與合作等不同的政治關係存在。從上述意義上說，政治關係在實現路徑上受到的影響因素具有比經濟關係表現為多元性和複雜性，這是兩者具有不同的運行邏輯使然。對於兩岸政治關係和經濟關係的互動來說，這種運行邏輯的不同形成了二者內在的張力，也使二者在一定程度上出現背離成為可能。

兩岸政經關係互動的特殊語境

臺灣問題是中國內戰遺留下來的歷史問題，這是兩岸目前政治定位的一個重要法理基礎，也是兩岸經濟關係與政治關係展開的邏輯起點，並構成了兩岸經濟關係與政治關係互動的特殊語境。易言之，兩岸政治關係的發展與變遷其實是兩岸在內戰遺留下來的歷史和法理框架中尋求互動模式的過程。從這個意義上說，兩岸政治模式最起碼有兩個方面的意涵，一是兩岸政治定位到底如何的問題，這是從靜態的角度去討論兩岸政治關係，這方面的討論更加注重於法理層面的探討。二是兩岸在政治上的互動過程，這個過程是通過兩岸政治協商，根據形勢的發展對兩岸的法律定位和政治定位進行重建，進而解決內戰遺留下來的問題，完成國家統一大業，這是一個動態的過程。也正是因為這種複雜的語境，兩岸之間

的政治關係與一般政治體系之間政治關係的差別極大，兩岸的經濟關係與政治關係的互動模式也與一般性的個案有較大差別。一般意義上的政治關係往往指在國際結構相對穩定的情況下，國際社會中各個國家之間或其他政治體系之間在協調與控制彼此之間的利益關係過程中形成的相互聯繫，這種相互聯繫以國家或地區之間的全局利益關係的協調與控制活動為基礎。[6] 這種情況下的政治關係相對簡單，但是兩岸情況的複雜性在於歷史遺留問題卻一直沒有解決，雙方正是在政治對立長期存在的情況下摸索互動的模式與路徑。

從兩岸政治定位的角度而言，無論是就歷史還是現實來說，一個中國原則都是兩岸處理兩岸政治關係的基礎。由於兩岸政治關係現狀來源於國共內戰，雖然1979年以後雙方已經離戰爭的硝煙越來越遠，但是兩岸並沒有通過協商解決兩岸的政治定位和法律問題，故而從法律上說兩岸依然處於內戰狀態。這種情況下的兩岸關係有學者將其歸結為政府繼承尚未完成的狀態。「兩岸政治關係實際上包含了三個層面的內容：國家層面、政府權力能力層面、政府行為能力層面」。「1949年後，中華人民共和國完成了權利能力層面的政府繼承，而尚未完成行為能力層面的政府繼承」。[7] 在這種政府繼承問題解決之前，兩岸政治關係都會處於一種不穩定的狀態，對兩岸的經濟關係會有比較大的影響。

事實上，兩岸經濟關係其實是被包含在一個中國原則的具體層次內涵中的。黃嘉樹教授認為，一個中國原則的內涵可以進行四個層次的劃分：政權涵義上的一個中國、主權涵義上的一個中國、經貿關係上的一個中國以及文化、歷史、地理、血緣涵義上的一個中國等。[8] 在一個中國的框架下面，兩岸經濟關係的產生和不斷發展是1979年以來大陸對臺政策調整的結果，也是兩岸政治關係變動的產物。不過，一旦經濟關係突破了政治關係的部分束縛，就以自己的邏輯向前發展，逐步成為兩岸關係中的一個重要組成部分，並對未來的兩岸政治關係和其他兩岸關係結構產生越來越深刻的影響。但不可否認的是，兩岸經濟關係仍然受到兩岸政治關係的束縛與影響，仍存在著諸多變數。

兩岸的政治關係大致來說可以分為三種類型：對抗、對抗與合作並存、合作。我們看到自1949年以來在相當長的時間內兩岸政治關係都是以對抗的形態

存在，大陸學者陳孔立教授將這種對抗形態稱為「非合作博奕」。及至1979年以後中國大陸主動調整對臺政策，兩岸的經濟關係雖然發展很快，但是政治對立的局面長期無法解決，1992到1993年兩岸有短暫的進行政治接觸的嘗試，但是隨著李登輝快速走向「臺獨」道路而戛然中止。此後，兩岸的政治對立一直持續到2008年民進黨下台。2008年以後，馬英九放棄了李登輝和民進黨在臺海政策中的對抗路線，開始改善與大陸的關係，兩岸政治關係開始有了結構性變化，實現了兩會協商的制度化，同時也建立了國民黨與共產黨之間一定程度的政治互信。但是另一方面，兩岸之間的政治對立並沒有完全消除，政治分歧依然存在，兩岸政治關係進入對抗與合作並存的階段。

目前兩岸政治關係中不穩定的因素依然很多，雙方還沒有達到相對穩定的政治關係狀態。一方面，國共之間在許多政治問題上還存在著分歧，雙方只是在經濟發展以及民生議題重視方面有一定的共識，但是對於政治性議題，特別是關於兩岸政治定位問題，目前還看不到破冰的可能，「當兩岸涉及政治性、安全性議題並且需要簽訂有雙方約束力的文件的時候，臺灣方面必將要求解決『我是誰』的問題。但在相當長的時間內，看不到真正解決這一問題的可能」。[9] 而且，臺灣島內還有一個強大的反對黨存在，這股政治勢力堅持「臺獨」立場，對大陸懷有敵意，一旦他們重新上台執政，未來兩岸政治關係的發展又會進入一個高度不穩定的時期，兩岸的經濟關係也會相應受到影響。

兩岸政經關係互動的基本路徑

兩岸經濟關係與政治關係的互動是一個動態的過程，也是一個長期的歷史過程。自1949年兩岸隔絕以來，在近30年的時間內雙方並沒有經濟上的往來，經濟關係自然也無從談起。從1979年以來兩岸系統調整臺海政策，臺商投資大陸掀起了一個又一個熱潮，兩岸的經濟關係逐步發展起來，政治關係與經濟關係的互動成為兩岸關係中的一個重要組成部分。

就政治關係影響經濟關係的層面來說，在經濟關係出現至今的歷史過程中，政治關係對經濟關係發展的制約作用呈現出越來越小的趨勢。一般而言，政治關係對經濟關係的影響主要表現在政策層面的限制。兩岸經濟關係實現破冰的30

多年歷史中，臺灣當局對經濟交流的限制俯拾皆是，1980年代初臺灣當局視臺商投資大陸為寇仇，嚴加限制，及至後來阻擋不住，才不得不有所調整。從1985年的「轉口貿易三原則」，[10] 到李登輝時期的「戒急用忍」，再到陳水扁時期的「有效開放、積極管理」和「積極管理、有效開放」，臺灣當局一直被經濟發展的客觀形勢拖著走，顯得非常被動。究其原因，臺灣當局一方面擔心兩岸經濟過於緊密的交流與合作會危及其「政治安全」；另一方面，自李登輝到陳水扁，一直想在兩岸經濟合作與交流中塞進「臺獨」訴求和「一邊一國」的內容，大陸對此當然不會同意。[11] 也正是因為如此，兩岸經濟關係發展時疾時徐，「三通」問題從提出一直延宕了近30年才最後解決，就是一個例子。

經濟關係一旦形成，會對政治關係產生較為長期的穩定的影響。馬克思認為，物質生活的生產方式制約著整個社會生活、政治生活和精神生活的過程，不是人們的意識決定人們的存在，而是人們的社會存在決定人們的意識。社會物質生產力發展到一定階段，便與他們一直在其中運動的現存生產關係或財產關係（這只是生產關係的法律用語）發生矛盾。[12] 馬克思是從宏觀的角度說明經濟關係對社會關係和政治關係的影響，其所言也不僅止於政治體系之間，而是具有一般的普適性。不過這個論斷在微觀層次依然具有較強的解釋力。從兩岸關係30餘年的發展歷程來看，兩岸政治關係的調整在相當大程度上都是經濟關係發展的推動，即經濟關係發展產生了兩岸互動模式改變的強大需求，使政治關係不得不相應地調整以適應形勢發展的需要。

兩岸經濟關係對政治關係的影響可以分為直接影響和間接影響兩個層次。從直接層次上來說，隨著兩岸經濟交流的緊密程度日益加深，客觀上要求兩岸解決發展中出現的一些現實的問題，諸如推動兩岸的投資保護、實現兩岸「三通」、簽訂相關的行業協議等。2008年之後雙方的政治關係有了突破性進展，簽署了一系列的協議，就與長期以來兩岸經濟關係發展產生的客觀需要有關。民進黨執政時期雖然一直想壓抑這種客觀需求，但遭到的反彈力量也越來越強大。這也意味著，如果政治結構不出現根本性的調整，經濟關係發展產生的這種強大需求雖然可以被壓制，但是卻不能被消除，並會呈現出越來越大的壓力。就間接層次上來說，兩岸經濟關係的發展對臺灣民眾對兩岸關係的認知產生了深刻的影響。以

前的兩岸關係基本與民眾沒有什麼關係,政治體系之間的對抗距離民眾相當遙遠。但是在兩岸經濟關係發展起來以後,兩岸關係與民眾的切身利益的關聯性越來越大,民眾從自身利益出發要求行政當局調整兩岸政治關係,以保證和平發展的局面可以持續下去。民間形成的這種壓力對政黨和政治人物產生的壓力是巨大的,現在民進黨已經感受到了這種壓力,並且不得不做出調整的姿態。

兩岸政經關係互動的歷史表明,政經關係大致會沿著三個方向推進:一是雙方由經濟走向政治,這是不可避免的一個趨勢。在經濟關係發展過程中,一系列需要解決的問題構成了政治關係調整的內生性動力;二是雙方的政治關係會隨著經濟關係的發展而由對抗轉向合作,這也是不可避免的趨勢。當然,這種合作的同時還會存在一定程度上的對抗,從而出現了合作與對抗並存的局面;三是政治關係由消極轉向積極。對臺灣當局來說,在政治關係方面一直是消極的,即一般不會主動在政治態度上或政策上進行調整。但是當臺灣民意因為兩岸經濟關係的緊密而出現結構性改變的時候,臺灣的政治勢力對兩岸政治關係的調整會轉趨積極,以求在臺灣島內的政治博奕中占據較為有利的地位。

兩岸政治關係的變化過程事實上也就是政治互動中新的行為規則不斷建立起來的過程。在對抗的情境下,雙方的行為規則基本是零和博奕的模式,即以消滅對方為目標,但是在合作日益占據主導地位的經濟與政治關係情境下,則以非零和博奕為主要表徵,即不是要打擊對方、消滅對方,而是要引導對方與自己合作。陳孔立教授認為這種新的規則主要包括三個方面的內容:建立持久的合作關係;互相給予回應,即策略地處理合作中出現的問題,使雙贏的合作最大限度地得以維持;要自己得分也要讓對方得分。總體來説,是兩岸在合作博奕中能夠共同遵守遊戲規則,取得利益最大化、損失最小化的功效。[13] 當然,這種新規則建立的同時也是兩岸政治互信建立的過程,這事實上是一體兩面的關係,共同構成了兩岸政治關係的基本內容。

兩岸經濟關係與政治關係本身就存在著張力。易言之,兩岸經濟關係的發展會推動政治關係進行相應的調整,而政治關係的發展也會反過來對經濟關係的發展提供新的動力和制度支持。但是這種相互推動的張力也會存在極限的問題,即

經濟關係上實現了一體化,是否意味著政治關係會隨之走向一體化?可能事情沒有那麼簡單。學界一般認為,經濟一體化和政治一體化是兩個截然不同的概念,經濟一體化趨勢,並不意味著承認政治一體化趨勢,因此並不能簡單地預期兩岸經貿關係發展必將加速兩岸政治整合乃至統一,這顯然低估了兩岸關係中政治的決定性作用。[14] 同樣,兩岸政治關係的發展與國家統一概念之間也有非常大的差異。在當前的臺海結構背景下,國家統一涵義上的政治關係發展可以分為「對抗→對抗與合作並存→合作→政治整合→統一」等層次,這也是國家統一進度的不同階段。經濟關係在這個過程中可以造成重要的推動作用,但是這個過程中的諸多環節還是要靠政治智慧來解決。兩岸政治關係的發展有其自己的邏輯,涉及意識形態、制度設計以及民眾對兩岸關係的認知結構等各個方面的內容,處理起來遠比經濟關係的發展要複雜。

結語

兩岸經濟關係對政治關係的主要作用在於降低了臺海緊張的局面,使臺海局勢的基本結構發生了變化。具體而言指以下兩個方面:

一是加強了兩岸之間的利益聯結,使兩岸合作在一定層次上展開;二是在臺灣島內出現了一個支持兩岸關係和平發展的群體,成為兩岸政治關係實現突破的原生驅動力。總體上來說,兩岸政治關係的發展有著比經濟關係更為複雜的內部結構,其中既有歷史遺留下來沒有解決的敵對狀態問題,也有島內不同政治勢力對政治關係未來走向的不同認知,還有兩岸在政治關係發展過程中的分歧與衝突,同時更有外部勢力的影響等方面的因素。所以在政經關係互動結構的分布上會出現諸多不對稱的局面,如在經濟文化領域,出現「合作壓倒對抗」的局面,但在政治領域則表現出「對抗多於合作」的狀態。有的學者認為,兩岸經濟交流的深入不能取代兩岸的政治對話,兩岸經濟上的相互依賴可以使兩岸在政治上「鬥而不破」,但不能從根本上阻止兩岸就一些政治問題繼續保持「鬥爭」的態勢,兩岸尚未結束敵對狀態,兩岸之間還存在一些歷史遺留的結構性難題尚未解決,在今後兩岸關係和平發展的過程中還會遇到各種新的問題。[15] 這事實上意味著兩岸政治關係的發展是一個長期的過程,在目前格局不發生大的變化情況

下,經濟關係持續發展以及由此帶來的社會整合可以逐步消弭兩岸的差異,包括制度、價值、認同等方面的差異,這對於兩岸政治關係的進一步發展是有利的。不過,如果兩岸在政治關係上實現進一步突破,需要兩個前提條件,一是兩岸對和平發展和政治整合形成較為一致的價值認知,二是對兩岸政治整合有較強的內生性需求。在這兩個條件的推動下,兩岸政治關係通過結構性轉換,最終可以實現較高程度的政治整合。

注　釋

[1].馬克思:《共產黨宣言》,中央編譯局編:《馬克思恩格斯選集》第1卷,人民出版社1995年版,第276頁。

[2].李非:《海峽兩岸經濟關係通論》,鷺江出版社2008年版,第23頁。

[3].唐永紅:《兩岸經濟制度性合作與一體化發展研究》,九州出版社2010年版,第125頁。

[4].王滬寧:《比較政治分析》,上海人民出版社1987年版,第18～22頁。

[5].黃嘉樹:《爭取政治合作多於對抗》,《兩岸關係》2010年8月。

[6].柳劍平:《國際經濟關係區別於國際政治關係的絕對性與相對性——兼評瓊‧斯佩羅「國際經濟關係就是國際政治關係」的觀點》,《湖北大學學報(哲學社會科學版)》1999年11月第26卷6期。

[7].李秘:《兩岸政治關係初探:政府繼承的視角》,《臺灣研究集刊》2010年1期。

[8].黃嘉樹:《「一個中國」內涵與兩岸關係》,《臺灣研究》2001年4期。

[9].黃嘉樹:《兩岸政治談判的動力、阻力與路徑》,《臺灣研究》2010年6期。

[10].轉口貿易三原則的主要內容為:不與中共貿易,不得與中共設在海外的機構和人員接觸,對臺灣出口產品轉運其他地區不加限制。臺灣當局的這種表

態，比原先的禁止和消極默許兩岸貿易前進了一步。相關論述見李保明：《兩岸經濟關係二十年——突破與發展歷程的實證分析》，人民出版社2007年版，第41～44頁。

[11].唐永紅：《政治關係僵局下兩岸制度性經濟一體化實現路徑探討》，見石正方主編：《臺灣研究新跨越‧經濟分析》，九州出版社2010年版，第311頁。

[12].馬克思：《〈政治經濟學批判〉導言》，《馬克思恩格斯選集》第2卷，人民出版社1995年版，第32頁。

[13].陳孔立：《走向和平發展的兩岸關係》，九州出版社2010年版，第43頁。

[14].曹小衡：《東亞經濟格局變動與兩岸經濟一體化研究》，中國對外經濟貿易出版社2001年版，第49頁。

[15].李鵬：《海峽兩岸經濟互賴之效應研究》，九州出版社2010年版，第171頁。

試論兩岸政經關係的互動軌跡和發展方向

浙江臺灣研究會 周麗華

政治關係與經濟關係具有不同內容和本質屬性。一般來說，良好的政治關係可以促進經濟關係的正常發展，而經濟關係的密切和深入又能進一步增強和鞏固政治關係的基礎，促進政治關係的良性發展。然而，在兩岸關係發展進度中，政治關係與經濟關係作為不同角度下的兩岸關係具體形態，由於其各自的發展蘊含在兩岸關係曲折前行的進度之中，受到各個時期兩岸關係特性及政策思維的影響，總體呈現「政經分離」、「政冷經熱」的不對稱形態。本文擬通過政經關係的互動理論，剖析兩岸政經關係的具體生態，釐清兩岸政經關係互動的脈絡主線，尋找其演化進度中存在的主要問題，並試圖描繪出其演進軌跡和延伸路線。

一、沿循與游離：政經關係理論視野下的兩岸政經互動

兩岸政經關係的互動，總體上沿循了政治經濟學理論中政經關係相互作用的動力路徑，但亦蘊含了其本身固有的發展特性與模式，並不完全沿循政經關係理論的模式，呈現沿循與游離相互交織、不對稱發展的特有軌跡和路線。

馬克思主義政治經濟學認為：「經濟是政治的基礎，政治是經濟的集中體現，經濟決定政治，政治對經濟具有反作用，有時甚至是決定性作用」。這一經典關係理論深刻闡述了「經濟基礎決定上層建築，上層建築反作用於經濟基礎」的唯物史觀。然而，兩岸關係是特定歷史背景下形成的產物，具有獨特的屬性，無法完全適用原側重於國內政治經濟互動關係研究的馬克思政治經濟學理論，因此需要一個間接轉化的過程，經由國內政治經濟與國際政治經濟之間的能量傳遞與效用波及，轉換觀察和研究的視角，運用國際政治經濟學理論（本文中的「國際」一詞指國際關係行為體之間，不特指主權國家之間）來揭示兩岸政經互動理應呈現的演進軌跡和發展方向。

國際政治經濟學是一門新興的交叉邊緣學科，可以定義為「研究國際關係中的各行為主體之間政治經濟相互作用的一般形式和普遍規律的一門新興學科」。[1]　其研究的核心為國際關係中政治與經濟互動形式和一般規律，力圖對國際政治和國際經濟相互影響、相互作用的途徑和機制作出明確而扎實的理論闡述。

　　西方國際政治經濟學認為，「所謂國際政治與國際經濟互動是指國際關係中國家與市場之間的相互影響和相互作用。即政治框架制度與國際經濟利益分配之間的相互影響和作用，或者說，經濟增長是有其國際政治根源的，而國際行為體間政治關係的發展，亦受其國際經濟格局及相互經濟訴求的左右。國際（外交）政策決定過程中的政治意圖和經濟利益的相互作用，致使國際政治經濟相互融合，一定程度上國際經濟關係本身就是國際政治關係」。[2]

　　無論是傳統的馬克思主義政治經濟學理論模式，還是新興的西方國際政治經濟學中的國際政治經濟相互影響作用的理論架構，雖然話語體系與觀察視角不盡相同，但無不描述著政經關係互動的經典路徑，即政治關係可以影響經濟關係的正常發展，經濟關係又能進一步增強和鞏固政治關係的基礎，促進政治關係的良性發展。然而，綜觀兩岸政經關係的互動進度，並不完全符合上述政經關係理論中的互動規律。兩岸在「九二共識」、反對「臺獨」的共同政治基礎上，恢復了「兩會」的協商談判，取得了一系列重大的成果，推動了兩岸經濟關係的大幅發展，走上了制度化的軌道，廣泛而有深度的經濟交流合作雖然對政治關係的改善有一定的助推作用，但事實上，兩岸政治對話和協商尚未開啟，政治互信基礎仍然十分薄弱，兩岸政治關係的進度與快速發展的兩岸經濟關係明顯不相對應。政經關係理論視野下的兩岸政經互動，雖然沿循著政經關係理論的基本規律，但也一定程度上游離理論規制的一般軌跡，呈現出兩岸間特有的「政冷經熱」的發展模式與運行態勢，交織為理論沿循與游離共存的演進圖景。

二、不對稱性：兩岸政經關係發展的現狀

　　在前20年發展的基礎上，到2008年國民黨重新上台執政，在「九二共識」和反對「臺獨」的政治基礎上，「兩會」恢復協商談判，不僅實現了兩岸「三

通」、大陸居民赴臺旅遊、大陸資本赴臺投資，還實現了兩岸人員、資金以及物品等的雙嚮往來。隨著兩岸間各項經濟協議談判漸次展開，尤其是2010年兩岸正式簽署《海峽兩岸經濟合作框架協議》（ECFA），經貿交流駛入了前所未有的快車道，經濟合作制度化基本成型，實現了經濟關係的良性發展。與此相對應，兩岸政治關係發展未能取得突破，政治議題的協商對話遲遲未能開展，政治互信基礎尚待鞏固，臺灣執政當局對於政治關係的發展心存抗拒，兩岸政治關係呈現「欲突還僵、相對停滯」的境況。

（一）經濟交流合作取得突破性進展

1.兩岸經濟合作制度化建設取得重大進展

繼2010年正式簽署《海峽兩岸經濟合作框架協議》（ECFA）之後，2011年1月，兩岸在「兩會」框架下成立了「經濟合作委員會」，專門負責ECFA簽署後兩岸經貿事務的協商，成為兩岸經濟合作、協商處理相關事務的重要平台；2012年8月，「兩會」舉行第八次高層會談，簽署了《海峽兩岸投資保護和促進協議》與《海峽兩岸海關合作協議》，這兩項協議的簽署標幟著ECFA後續協商取得重大進展，消除了兩岸投資管道障礙，為兩岸貨物進出、物流管道的暢通提供了保障；此後，兩岸又簽署了《海峽兩岸貨幣清算合作備忘錄》，2012年底，兩岸指定的中國銀行臺北分行與臺灣銀行上海分行已正式啟動辦理人民幣清算業務，兩岸資金往來更加快捷便利。此外，兩岸在互設辦事處方面也取得進展，2012年11月，臺灣海峽兩岸觀光旅遊協會（臺旅會）上海辦事處正式設立，12月，臺灣外貿協會相繼在北京、上海設立辦事處。如今，「兩會」互設辦事機構已提上議事日程，臺灣行政院通過了「大陸地區處理兩岸人民往來事務機構在臺灣設立分支機構條例草案」，隨著兩岸經濟交流中各項協議的簽署和落實以及相關辦事機構的成立，經濟交流機制化、制度化建設更加完善，為今後的發展奠定了良好的基礎。

2.兩岸貿易額快速增長

從總量上看，二十一世紀以來，兩岸經貿聯繫日趨緊密，貿易額逐年增長。2012年兩岸經貿總額達1689.6億美元，占當年臺灣對外貿易總額的29.55%，其

中臺灣出口大陸　1321.8億美元，占同年臺灣出口總額的42.90%。大陸已成為臺灣第一大貿易夥伴、第一大投資地、第一大順差來源地、第一大出口地及第二大進口地，經貿關係極為緊密，而且兩岸合作的領域和層次正在不斷拓展，涵蓋了經貿、文化、教育、科技、旅遊等諸多領域。2000年至2012年兩岸貿易詳情見表一。

表一　2000年～2012年兩岸貿易統計表　　單位：億美元

年份	貿易總額 金額	同比(%)	大陸對台出口額 金額	同比(%)	大陸對台進口額 金額	同比(%)	貿易差額
2000年	305.3	30.1	50.4	27.6	254.9	30.6	-204.5
2001年	323.4	5.9	50.0	-0.8	273.4	7.2	-223.4
2002年	446.7	38.1	65.9	31.7	380.8	39.3	-314.9
2003年	583.6	30.7	90.0	36.7	493.6	29.7	-403.6
2004年	783.2	34.2	135.5	50.4	647.8	31.2	-512.3
2005年	912.3	16.5	165.5	22.2	746.8	15.3	-581.3
2006年	1078.4	18.2	207.4	25.3	871.1	16.6	-663.7
2007年	1244.8	15.4	234.6	13.1	1010.2	16.0	-775.6
2008年	1292.2	3.8	258.8	10.3	1033.4	2.3	-774.6
2009年	1062.3	-17.8	205.1	-20.8	857.2	17.0	-652.1
2010年	1453.7	36.9	296.8	44.8	1156.9	35.0	-860.1
2011年	1600.3	10.1	351.1	18.3	1249.2	7.9	-898.1
2012年	1689.6	5.6	367.8	4.8	1321.8	5.8	-954.0

資料來源：根據商務部臺港澳司公布的數據整理而成。

3.陸資赴臺，實現雙向投資

長期以來，兩岸投資呈現單向模式，即臺灣資本可以來大陸，而大陸資本入島卻受到限制。2009年4月，在兩會領導人舉行的第三次會談中，雙方就大陸資本赴臺投資達成共識，臺行政院隨後核定「大陸地區人民來臺投資許可辦法」及「大陸地區之營利事業在臺設立分公司或辦事處許可辦法」，並於6月30日公布實施。此後，臺灣依據「先緊後鬆、循序漸進、先有成果、再行擴大」的原則，

以「正面表列」方式分階段開放大陸資本。歷經3次修正後,已累計開放陸資投資項目408項,其中製造業204項,開放比例為96.68%;服務業161項,開放比例為50.95%;公共建設43項,開放比例達51.19%。與此同時,臺灣還放寬了兩岸貨品貿易的限制,持續增加開放大陸產品進口種類並大幅減少對大陸出口產品的限制。據臺灣經濟主管部門4月公布最新統計數據顯示,自開放陸資以來,臺灣已累計核准371件陸資投資案,核准投(增)資金額6.42712億美元。[3] 僅2012年,核准陸資赴臺投資件數為138件,比去年增加35.29%;投(增)資金額共計3.28067億美元,比去年增加650.11% [4],投資金額漲幅巨大。陸資赴臺投資標幟著過去單向投資的模式已被突破,實現了真正的全面直接雙向「三通」。

(二)政治關係停滯不前,無法適應兩岸經濟關係發展

1.國共高層交流密切、形成機制

國共兩黨領導人會面,探討兩岸關係發展中的重大問題,達成共識,是兩岸政治關係取得進展的重要標誌。2005年4月,胡錦濤總書記邀請時任國民黨主席連戰先生訪問大陸,「連胡會」打破了兩岸政治關係發展的堅冰,兩黨領導人共同發表了「兩岸和平發展共同願景」,達成「反對臺獨、堅持九二共識」一致意見,這是兩岸首次就政治層面的話題達成共識。「連胡會」開啟了兩黨領導人高層交流的模式。此後,國民黨榮譽主席連戰、吳伯雄等多次訪問大陸,國共論壇、博鰲論壇上多次舉行了「連胡會」、「蕭胡會」、「吳胡會」。2013年2月,習近平以總書記身分邀請並會晤了榮譽主席連戰,「連習會」象徵了國共高層定期交流機制的傳承與延續。兩黨高層往來密切,交流順暢,為進一步累積政治互信,推動兩岸關係和平發展造成了強烈的推動作用,具有重要意義。連戰、吳伯雄等在大陸發表了積極思考和促進兩岸政治關係發展的談話,引起了巨大反響,但有關講話,特別是連戰最近所提「一個中國、兩岸和平、互利融合、振興中華」[5] 十六字原則,被馬當局相關單位澄清,所談內容並未得到馬英九的授權,只代表個人 [6],國共黨際交流在兩岸政治關係中的作用在臺灣被人為地降低,連戰、吳伯雄等人的努力也被沖淡了。

2.馬英九當局婉拒兩岸政治對話

馬英九上任後秉持「先易後難、先經後政」的談判策略，與大陸展開經濟社會層面的協商談判。他曾公開表示：改善兩岸關係必須分階段推進，在兩岸經貿領域實現正常化、解決臺灣的國際空間問題後，才能談簽署和平協議。他在執政週年接受臺灣中視記者專訪時指出：「要談的議題優先順序非常清楚，三原則就是先急後緩、先易後難、先經後政，政治議題在經濟性議題談判時儘量不要觸碰，以免造成困擾」[7]。對於馬英九當局的態度和策略，大陸予以充分的理解。大陸認為，兩岸政治關係涉及兩岸政治定位，既是歷史遺留的問題，也有兩岸關係演進產生的問題，紛繁複雜，屬於深層次、難解決的問題，需要雙方累積相當的互信，需要「先易後難，循序漸進」地找尋破解之道。而且國民黨重新執政，面臨全球金融危機，發展才是硬道理，只有經濟發展，改善民生，才能穩固政治基礎。正是基於這樣的認知，國民黨上台後的四年，兩岸才能簽署15項協議。2012年，馬英九再次當選，各界對馬英九沒有連任壓力的情況下開啟兩岸政治對話充滿期待，但馬英九依然婉拒，一再表示經濟是發展兩岸關係的優先議題，兩岸政治談判的議題時機並不成熟。近期，他在接受《中國時報》強調：兩岸現階段仍有互設機構等更迫切的事，且臺灣與對岸的政治對話時機仍不成熟，過去五年經驗證明兩岸可以和平穩定地發展下去，若要在政治上做什麼，臺灣的時機沒有成熟，雖然外界有許多人一再表示兩岸應進行政治對話，但沒有人真正說清楚具體該談什麼，既然大家沒有一致的意見，「那又何必急」？[8]

3.兩岸結束敵對狀態、簽訂和平協議障礙重重

2011年10月17日，馬英九在「黃金十年」記者會上公開表示，在「民意支持、『國家』需要、國會監督」的前提下，未來10年中「審慎斟酌洽簽『兩岸和平協議』」，在「大選」的關鍵時刻拋出如此敏感的政治議題，引發島內震撼和各界高度關注，遭到民進黨的猛烈攻擊。馬英九原想藉此協議擴大兩岸「和平紅利」效應、主導兩岸議題話語權，反被民進黨詮釋成「進入了統一進度、確定了急統時間表」，影響了民意支持度。三天之後，馬英九特地召開記者招待會，對三前提做出進一步解釋：「民意支持」與「國會監督」指不排除民調、「立法院」決議或「公民投票」，「若公投沒有過，就不會簽和平協議」。馬英九「簽

署兩岸和平協議」的説辭雖然喚回部分深藍民眾的投票熱情,凝聚了基本盤,但所提三條件十分苛刻,附加「公民投票」更是抬高了門檻,為兩岸和平協議設置了人為障礙,也為兩岸政治關係的發展帶來隱患。

4.民間禁忌打破,成為政治關係發展的重要推手

臺灣當局對兩岸政治對話態度保守,官方授權機構遲遲未能就政治議題展開對話,民間對開展政治對話、進行政治協商的呼聲卻日益高漲,也自發開闢了多個探討政治議題的舞台。如,2009年11月在臺北舉行的「兩岸一甲子」研討會,首次觸碰了政治議題;2012年12月章亞若教育基金會主辦的「『九二共識』二十週年論壇——兩岸關係發展之新情勢與展望研討會」以及2013年1月由方夏文化交流協會和臺灣兩岸統合會共同舉辦的「夏合研討會」,兩岸重量級的退休外交官第一次正式座談,連續三屆的「臺北會談」等,兩岸許多重量級的人物參加了上述民間研討,有的還邀請了民進黨的代表人物出席,紅藍綠三方人士共聚一堂探討政治議題,體現了民間對政治議題的參與熱情,也開啟了兩岸政治對話的民間舞台。兩岸智囊、學者及有識之士就兩岸政治關係的相關話題進行廣泛深入的討論,對促進兩岸政治關係是一種有益嘗試,對改變兩岸「政冷經熱」的現狀,為今後兩岸政治對話的開啟營造了氛圍、累積了互信。

三、影響兩岸政經互動不對稱性的主要因素

兩岸政經關係呈現出與一般關係不同的特點,與兩岸經貿日益熱絡、經濟關係正常化相對應的是兩岸政治關係相對緩慢和冷淡,原因複雜,主要包括以下因素:

(一)「一中各表」成為兩岸政治關係僵局難以打破的主要原因

堅持「九二共識、反對臺獨」是首次「連胡會」國共兩黨達成的政治共識,在兩岸關係的發展中發揮了巨大作用,也為2012年國民黨贏得選舉立下汗馬功勞。馬英九雖然多次強調「九二共識是兩岸關係的基礎,也是確保兩岸和平發展的關鍵」[9],但對「九二共識」的內涵以及「一個中國」的解讀,兩岸實際上存在明顯分歧。大陸認為「九二共識」的內涵是「兩岸均堅持一個中國,共同謀求國家統一,在事務性商談中,對一個中國的政治意涵暫不討論」,即共識的主要

內容是堅持一個中國和追求國家統一；而臺灣對「九二共識」的解讀是「對一個中國的政治意涵雙方可以各自表述」，臺灣當局奉行的就是「一中各表的九二共識」。馬英九在首次就職演說中表示：「我們將以最符合臺灣主流民意的 『不統、不獨、不武』 的理念，在中華民國憲法架構下，維持臺灣海峽的現狀。一九九二年，兩岸曾經達成 『一中各表』 的共識，隨後並完成多次協商，促成兩岸關係順利的發展。今後將繼續在 『九二共識』 的基礎上，盡早恢復協商」。[10] 在連任後的就職演講中馬又鄭重指出：「兩岸政策必須在中華民國憲法架構下，維持臺海 『不統、不獨、不武』 的現狀，在 『九二共識、一中各表』 的基礎上，推動兩岸和平發展；而我們所說的 『一中』，當然就是中華民國」。[11]「九二共識」是兩岸現有的政治基礎，是開展各項交流合作的前提，在事務性交流以及經濟關係發展層面，「九二共識」被戰略模糊，實質分歧也被暫時擱置。但在政治關係層面，雙方分歧明顯，互信基礎尚顯薄弱。大陸最新護照內頁中印製了日月潭等風景點，觸動了臺灣敏感的神經，引起臺灣「陸委會」等公權力單位的強烈抗議，反映了臺灣對「一中各表」的堅持，也從一個側面顯示雙方在政治關係的定位上暫無交集，政經互動出現落差，客觀體現了兩岸問題的特有屬性。

（二）維持現狀的主流民意加深了馬當局開啟兩岸政治對話的顧慮

國民黨的大陸政策獲得了大部分民眾的認可，但民意在統「獨」等事關臺灣前途問題上的認知尚未發生根本性的變化。去年3月公布的遠見民調顯示希望維持現狀的民意占據半數多，達54.7%，贊成獨立的24.5%，贊成統一的9.8%，贊成終極獨立的46.9%，不贊成34.8%，贊成兩岸終極統一只有21.8%，不贊成61.1%。[12] 另據去年9月《聯合報》針對臺灣前途的民調：有18%民眾希望盡快獨立，13%傾向維持現況以後再獨立，5%主張急統，10%主張緩統，48%希望永遠維持現狀，僅4%無意見。如果把「急緩獨」與永遠維持現狀三部分的民意歸為不贊成統一，高達79%。[13] 在藍綠政治立場嚴重分裂的臺灣，國民黨出於鞏固執政地位、實現永續執政的長遠目標，所推大陸政策必須考慮民眾的感受。民眾歡迎與大陸發展經濟關係，享受由此帶來的實實在在的利益，但顧慮兩岸政治關係的發展，擔心政治對話變成「統一前奏曲」，害怕政治協商成為「統一協

商」，顧及民眾的意願和接受程度，在缺乏民意支持的情況下，馬英九執政當局是不敢輕易觸碰政治議題的。謹慎應對政治議題也是兩岸政經關係產生落差的原因。

（三）民進黨和「臺獨」勢力的制衡是兩岸政治關係滯緩的主要障礙

民進黨作為島內最大的在野黨，堅持「臺獨」理念，拒絕承認「九二共識」，反對與大陸開展經濟合作與政治對話。國民黨重新執政後恢復兩會協商，陳雲林會長首次訪臺期間，民進黨使出十八套招數，舉行了大規模的街頭抗議活動。針對國民黨與大陸開展的各項協商尤其是兩岸簽署ECFA，民進黨先後多次組織「嗆馬」遊行，打著「顧肚腹、護主權、要陽光、反一中市場、反掏空主權、反無能政府」等旗號，誣稱ECFA將使400萬臺灣人失業，煽動民眾反對馬當局的大陸和解政策。馬英九提出「審慎洽簽和平協議」，遭到了民進黨的猛烈攻擊，批馬「親中賣臺，矮化主權」，同時在「立法院」拋出「公投修法案」，主張兩岸政治協商前須經「公投」授權，事後須經「公投」複決。民進黨強烈反對兩岸政治議題有其自身政黨發展的需要，也束縛了馬英九執政者當局的手腳。出於政黨競爭的考慮，國民黨不得不考慮放緩兩岸政治關係發展的腳步，民進黨的制衡一定程度上阻礙了兩岸政經互動的進度。

（四）美國因素牽制了兩岸政治關係的發展

兩岸政經互動進度的背後，或多或少浮現出美國因素。兩岸關係和平發展、馬英九當局「和中、友日、親美」的戰略總體符合美國的利益，是歐巴馬政府多次對兩岸關係發展表示「樂觀其成」的重要原因。美國支持馬英九連任，給予「中華民國護照」赴美免簽證待遇，同意出售高性能的F16戰機等，旨在拉攏臺灣，成為美國在亞太的重要「制衡」力量。隨著美國亞太在平衡戰略的實施，美國需要馬英九當局繼續執行親美路線與「和而不統」的大陸政策，臺灣與大陸保持若即若離的關係，採取經濟發展依賴大陸、安全保障依附美國的做法讓美國安心。倘若兩岸政治互信持續增強，經濟一體化進度快速推進，兩岸經濟社會高度融合進而走向更高層次的政治對話甚至建立軍事安全互信機制，將使美國長期經營的第一島鏈中的臺灣一環面臨瓦解，一貫使用的「以臺制華」的策略失去效能，勢將影響美國的亞太戰略布局，這是美國所不樂見的方向，必然會對臺灣施

加壓力,盡早防範。近期,臺灣民間對兩岸聯手保釣的呼聲此起彼伏,美國不顧釣魚島主權的事實,一再對外聲稱釣魚島屬於「美日安保條約」範疇,既阻止兩岸在釣魚島問題上聯手,也提前在兩岸政治和軍事關係上設防。對臺灣當局來說,親美,看美國的眼色行事,在美國的保護傘下尋求更大的國際空間,也是臺灣當局的總體戰略,因此,兩岸政治的關係的發展也不得不照顧和遷就美國的利益。

四、兩岸政經互動的發展方向

兩岸政經關係互動的演進軌跡,呈現出經濟關係較不受政治干擾的基本特徵,一定程度上游離出傳統政經關係理論揭示的一般規律,這只是特定環境和背景下的歷史片段性「脫軌」,長遠來看,兩岸政經關係的互動仍然會沿著客觀發展規律的軌跡演進。兩岸經濟、文化、社會、人員等層面關係的深度拓展,必將增進兩岸政治互信的動能,促進兩岸政治關係的良性發展。兩岸政治關係的改善也必能進一步促進經濟關係更深層次、更廣層面的融合,促成兩岸經濟一體化的實現。

1.兩岸經濟一體化加快

兩岸經貿關係深度化拓展的內部需要及當今經濟全球化、區域經濟一體化的大勢,即內部驅使和外部推動,共同助推著兩岸經貿關係的未來發展進入一體化的快速軌道。加強兩岸經貿合作、實現經濟一體化是兩岸經濟關係發展總體趨勢和演進方向。

內部因素:近年來,兩岸經貿發展現狀雖然總體上樂觀,但橫在兩岸經濟交流進度中的體制、機制性障礙仍然相當大程度制約其向深度化方向拓展,盡快深入、跟進兩岸經濟合作的體制、機制,是兩岸經貿關係發展過程中極待解決的課題。兩岸經濟關係日趨緊密為一體化奠定了良好的基礎,經濟利益的最大化訴求為一體化注入了內部動力,兩岸經濟和生產力之間各個要素的強力互補,有助於解決各自面臨的問題,提升經濟競爭力。大陸經濟的磁吸效應越發顯現,增強了臺灣經濟對大陸的向心力,推動著兩岸經貿關係向深度擴展。

外部因素:全球金融危機的後期影響,歐債危機持續發酵,致使全球經濟低

迷不振，各主要經濟體紛紛尋找經濟發展的出路。自烏拉圭回合談判陷入僵局後，區域性自由貿易簽訂方興未艾，歐美、北美、中南美、美韓、東盟以及東盟十加一、十加三等自貿區域的形成以及正在進行的美歐、美日、中日韓、TPP、CREP等談判的開展，顯示國際經濟形態已從全球性的自由貿易向區域性自貿組織過渡，即國際經濟格局已從全球性的WTO時代進入區域性的FTA時代，在可預計的將來，可能形成以美、中兩國為核心的多個自由貿易區。臺灣過去幾十年實現經濟的快速發展，主要原因是抓住了全球化的機遇，加入WTO融入了全球經濟發展的大潮。但在區域性的FTA談判中，臺灣已明顯落後，若不與大陸結合，很可能被新一輪FTA談判浪潮邊緣化，則未來經濟發展堪憂。故對臺灣來說，兩岸經濟一體化是提振經濟、促進發展的快捷之路、必經之路。

2.ECFA的後續效應將鞏固兩岸政治關係的基礎

隨著ECFA簽署與實施，兩岸經濟合作步入正常化、制度化的新階段。目前，ECFA「早收計劃」執行情況良好，對臺經濟成效顯著。在大陸經濟帶動下，臺灣經濟保持積極向好的發展趨勢。雖然ECFA只是一個經濟協議，但ECFA的簽署，說明兩岸因應各種問題，必須本著對等協商、互利雙贏的精神，通過協商、談判尋求方法和途徑，任何單方面的放話、喊話，都不利於問題的解決。隨著兩岸經濟上共同利益的不斷拓展，相互依賴程度的不斷加深，將逐漸建構起利益上的共同體，而兩岸人員往來的頻繁，陸配、陸生、陸商、臺商、臺生、臺配、臺教在兩岸的生根發展，使兩岸政治敏感度進一步下降，從而弱化甚至避免兩岸政治軍事衝突的可能，並且會鞏固兩岸政治關係發展的基礎，助推兩岸政治關係的良性發展，使得兩岸關係沿著和平穩定的方向前進。「ECFA將兩岸引往政治談判、邁向和平，已是約莫可以思索出來的方向」。[14]

3.島內民意的變化和兩岸社會的融合促進兩岸政經互動的良性發展

民進黨執政終結、國民黨重新執政以來，有關兩岸關係發展的臺灣主流民意發生了積極轉變，形成了一股反對「臺獨」、認同「九二共識」、支持兩岸關係和平發展的潮流，2012臺灣「大選」，馬英九獲勝很大程度上得益於其兩岸政策，而蔡英文敗選主因在其否認「九二共識」的「臺灣共識」上。兩岸交流的豐碩成果及帶來的「和平紅利」讓島內廣大民眾認識到，任何形式的「臺獨」都不

符合臺灣同胞的真正利益,支持民進黨、對兩岸交流持負面態度較多的南部民眾也正在改變對大陸的看法,搭上兩岸和平發展的快車,更多的臺灣民眾對大陸的認知與瞭解漸趨客觀,評價漸趨友善。此外,ECFA的簽署及兩岸經濟整合的加強,將逐步加深兩岸民眾的命運共同體觀念,促進兩岸社會融合過程。輿論認為,伴隨兩岸的互存發展,「兩岸統一的急迫性降低,臺灣『獨立』的可能性也降低,甚至已趨於零,北京將通過釋放善意和誠意,提升臺灣民眾對大陸的好感與認同」。[15] 兩岸各領域交流合作的深入,民眾間友善感、相互間的包容度等都將逐漸增強,以經濟融合為主要動力,兩岸社會上的融合亦呈現出緊密交織的態勢。

島內民意的變化和兩岸社會的融合,有利於增強兩岸政治關係發展的後勁,擴大兩岸政治關係良性發展的民意基礎,逐步建構起兩岸政治互信,增進社會、文化上的包容和認同,為兩岸全方位的交流合作奠定堅實的民意、社會基礎,對於兩岸政經關係的良性互動起著不可或缺的助推作用。

4.大陸綜合國力的提升有利於兩岸政經良性互動

2010年,大陸經濟總量超過日本,成為世界第二大經濟體,2012年大陸經濟總量為51.9兆,學界預測到2020年中國經濟總量將超越美國,成為世界第一大經濟體。與臺灣相比,大陸GDP已從2000年的接近四倍,放大到2011年的15倍,目前廣東、江蘇、山東、浙江等四省的GDP已超越臺灣。大陸經濟、社會各方面的進步,綜合國力的不斷提升,一方面增強了兩岸政經關係良性互動的動力,另一方面,有效地降低了兩岸政經關係互動的內、外阻力,推動著兩岸政經互動關係的向前發展。與此同時,大陸社會、文化、法治等各方面的發展進步和完善,對臺灣向心力和影響力的增強,將成為兩岸政治關係發展的最重要的內在因素,同時對於兩岸政經互動的內、外部阻力,一定程度上亦會起淡化作用,如逐漸降低島內政黨政治的制約作用,因大陸發展的紅利日益為臺灣民眾所認可,島內認同兩岸關係和平發展的民意基礎不斷擴展,勢必影響臺灣的政黨選舉政治。又如對於外部美國因素的掣肘,隨著中國綜合國力的與日俱增,這種因素的阻力效用亦將逐漸降低。

結語

　　中共十八大報告提出了未來對臺工作的指導思想和努力方向，呼籲「希望雙方共同努力，探討國家尚未統一特殊情況下的兩岸政治關係，做出合情合理的安排；商談建立軍事安全互信機制，穩定臺海局勢；協商達成兩岸和平協議，開創兩岸關係和平發展新前景」。這是需要兩岸共同努力的目標，也是兩岸關係進入新的歷史階段、邁入「核心區域」後無法迴避的重大歷史任務。長期以來，在兩岸關係互動中政治與經濟無法分開，政治氛圍的好壞制約著經貿與社會交流的鬆緊。當前，兩岸政治關係的發展雖然無法與經濟關係同步，政經互動不平衡不對稱的現象仍將在今後一段時間內繼續存在，但是經濟與政治是建構「和平發展」的「雙軌」，兩岸經貿交流的日益頻繁，ECFA紅利效應的持續釋放，內驅力與外動力的雙核牽引，兩岸經濟終將駛入相互融合的一體化快車道，必將帶動兩岸人員密切往來，消除對發展兩岸政治關係的疑慮。隨著兩岸間政治互信度的不斷累積，一定能實現政治關係質的改變，兩岸政治對話、協商終將啟動，政經互動中的游離因子將漸次消退，最終勢必會沿循政經關係理論揭示的一般規律，打破「政經分離」、「政冷經熱」的怪圈，融進政經關係互動發展的良性循環圈中。畢竟，經濟上別無選擇地選擇與大陸融化的同時，政治關係的發展和突破也將不可避免。

注　釋

[1].樊勇明：《試論國際政治經濟學的理論建構》，復旦學報（社會科學版）2003年第4期。

[2].樊勇明：《試論國際政治經濟學的理論建構》，復旦學報（社會科學版）2003年第4期。

[3].臺灣「經濟部投資審議委員會」網站http://www.moeaic.gov.tw/.

[4].臺灣「經濟部投資審議委員會」網站http://www.moeaic.gov.tw/.

[5].賴錦弘：《連習會連戰提兩岸16字原則》，臺灣《聯合晚報》2013年2月25日。

[6].藍雍森、陳怡秀：《連戰「一個中國」府：非總統授權》，臺灣《聯合報》2013年2月27日。

[7].《馬：任內絕不與中國協商統一》，臺灣《中國時報》2009年5月12日。

[8].《兩岸政治對話馬英九：不知談什麼何必急》，http://www.chinareviewnews.com.2013年4月21日。

[9].黃國梁：《馬：九二共識是和平發展關鍵》，臺灣《聯合晚報》2012年11月9日。

[10].馬英九2008年就職演說。

[11].馬英九2012年就職演說。

[12].《臺灣民眾統獨觀調查》，遠見民調2012年3月16日公布。

[13].臺灣《聯合報》系民調中心公布的民調臺灣《聯合報》2012年9月23日。

[14].《解讀ECFA政治效應：增進互信推動兩岸社會整合》，中國網，http://www.china.com.cn/news/tw/2010-07/20/content_20538624.htm.

[15].《解讀ECFA政治效應：增進互信推動兩岸社會整合》，中國網，http://www.china.com.cn/news/tw/2010-07/20/content_20538624.htm.

兩岸經濟合作的政治效應問題探討[1]——
理論闡釋、經驗檢視與政策建議

廈門大學臺灣研究院 唐永紅

一、兩岸經濟合作的政治效應及其機制、限度與條件的理論闡釋

（一）兩岸經濟合作的政治效應及其機制

在和平發展成為當今世界及兩岸關係發展主題的時代背景下，在經濟全球化與區域一體化已成為當前世界經濟發展主流的趨勢下，在中國大陸和平崛起並正在成為世界經濟中心之際，抓住機遇，推進兩岸經濟合作與一體化發展，形成日益緊密的兩岸經濟共同體，乃是鞏固和深入兩岸關係和平發展乃至兩岸和平統一之經濟基礎的戰略性措施，具有重大的現實意義。

推進兩岸經濟合作與一體化發展，就是要在充分發揮市場機制的作用基礎上，借助兩岸公權力攜手合作的作用，建立健全兩岸貿易合作機制、投資合作機制、產業合作機制、兩岸經貿爭端解決機制，以制度化的方式推進兩岸經貿活動的正常化、自由化與便利化，形成「你中有我，我中有你」的一體化發展格局和日益緊密的兩岸經濟共同體。如此，經濟上可以克服市場機制的侷限性，有助於進一步整合發揮兩岸經濟的互補性與比較優勢，拓展兩岸經濟合作與互利共贏之利基，協調兩岸經濟體之經貿競爭態勢，維護兩岸經濟關係發展的秩序，共同應對全球化與區域化之挑戰。[2]

從政治關係與經濟關係互動層面看，在兩岸當前的政治經濟關係狀態與內外環境條件下，推進兩岸經濟合作與一體化發展，不僅是兩岸應對內外經濟環境、實現經濟關係協調發展、追求利益最大化的必然要求，而且也有助於發揮兩岸經

濟關係對兩岸政治關係的促進作用，對於密切兩岸聯繫、穩定兩岸關係、促進兩岸關係和平發展乃至兩岸和平統一有著重大的現實意義。[3]

事實上，推進兩岸經濟合作與一體化發展，厚植兩岸共同利益，不僅有助於厚實兩岸關係和平發展的經濟基礎，而且有助於共同的認知與觀念的形成乃至國家認同的建構，從而有助於促進兩岸關係和平發展，推進兩岸和平統一進度。

首先，通過推進兩岸經濟合作與一體化發展，特別是通過建立兩岸產業合作機制，可以減少兩岸經濟競爭，預防兩岸經濟衝突；通過建立兩岸經貿爭端解決機制，可以有效處理兩岸經濟摩擦與糾紛，維護兩岸經濟關係發展的秩序。所有這些都最終有助於降低兩岸出現對立或衝突的風險，促進兩岸關係的和平與穩定發展。

其次，通過推進兩岸經濟合作與一體化發展，兩岸共同利益將不斷增長，當共同利益在兩岸各自利益中占有難以割捨之比例與地位的時候，兩岸雙方各界會更加珍視兩岸關係和平發展的環境，從而會更加重視維持兩岸政治關係的穩定性，並更加願意加強、深入和擴展兩岸交流與合作。

最後，通過推進兩岸經濟合作與一體化發展，兩岸共同利益將不斷增長，當兩岸共同利益在兩岸各自利益中占有難以割捨之比例與地位的時候，兩岸雙方也會改變既有的觀念，形成更多的共識，從而有助於兩岸共同認知與觀念的形成乃至國家認同的建構，進而有助於兩岸政治問題的和平解決。

（二）兩岸經濟合作的政治效應的限度與條件

值得注意的是，兩岸經濟合作一體化發展，雖然可以鞏固和深入兩岸關係和平發展的經濟基礎，有助於推進兩岸和平統一，但它並非兩岸和平統一的充分條件。根據區域一體化理論與實踐，經濟合作與一體化深入發展，雖然客觀上會相應提出一定程度上的政治合作與一體化要求，但政治合作與一體化的啟動與發展仍然有其非經濟因素層面的邏輯，至少需要雙方共同的政治意願與行動。[4] 事實上，雙方共同的政治意願與行動，還會在雙方共同的認知與觀念的形成、國家認同的建構等多個層面影響經濟合作與一體化的政治效應。

經濟合作與一體化本質上就是推進經貿活動的自由化與便利化。因彼此差異性的存在，這將是一個漫長的發展過程。在這一漫長的發展過程中，根據客觀條件的不斷成熟，經濟合作與一體化可以有其豐富的一體化程度不同的階段性內容形態，通常是從部分互惠貿易安排到自由貿易區，再到關稅同盟、共同市場，進而經濟聯盟乃至完全的經濟一體化。這些程度不同的合作與一體化形態，相應需要一定的經濟條件才可付諸實踐。例如，只有當各成員方產業競爭力接近因而對外關稅水平接近的條件下，才能結成關稅同盟；只有當各成員方經濟發展水平接近因而工資等生產要素報酬接近的情形下，才能結成共同市場；只有當各成員方都能承受同一經濟政策的衝擊時才能結成經濟聯盟。

　　除了經濟條件之外，經濟合作與一體化的啟動與發展還取決於各方的政治意願。經濟合作與一體化的根本動因與目的在於區域成員方實現自身利益最大化的內在需要。由於經濟關係、政治關係、文化關係、社會關係之間的互動性，因此這裡的利益包括經濟、安全（政治）、價值（文化）三方面的基本內容。而在具體的實踐中，經濟合作與一體化通常有其不同的具體動因與主要目的，包括經濟的、政治的、文化的、社會的，通常需要對各方面利益特別是政治與經濟目的進行權衡與綜合考慮，有時候甚至需要交換與取捨。只有當經濟合作與一體化的收益大於成本，而且無論是區域整體還是區域內部各成員方都具有這一成本——收益條件的情形下，經濟合作與一體化才有可能產生與發展。

　　特別值得注意的是，經濟合作與一體化的產生特別是深入發展，需要區域內部之間在主要價值上的相互適應性（相容性）以及在此基礎上的行為上的相互可預測性。所謂各方之間主要價值上的相互適應性，是指有關各方對於一些基本問題有著共同的或相容的而非相互衝突的認識、標準甚至信仰。所謂各方之間行為上的相互可預測性，是指各方對彼此的意圖偏好、行為習慣、思維模式、民族性格等方面有著相當的瞭解，相信對方不會輕易採取對己方有害的行動。顯然，這種行為上的相互可預測性是建立在主要價值的相互適應性的基礎上的，它消除了有礙於合作與一體化的敵對心態或互不信任。

　　兩岸經濟合作與一體化的啟動與發展，總體上無疑也將遵循區域經濟合作與

一體化的一般規律與條件。當前,兩岸經濟合作與一體化確有內在動力與外在壓力,並在經濟相互依存性、經濟市場規模、經濟技術發展水平、經貿政策可協調性等方面已具備進行一定程度合作與一體化安排所必需的一些基本經濟條件,以實現預期的經濟效應;但由於兩岸關係存在結構性矛盾,兩岸政治互信脆弱,特別是兩岸雙方關於兩岸關係和平發展的未來方向缺乏共識,預期不僅兩岸經濟合作與一體化的深入發展將面臨嚴峻的政治考驗,而且在兩岸經濟合作與一體化發展過程中,臺灣方面在主觀意願上將不僅不會通過採取正面的言行推進經濟合作與一體化向政治合作與一體化方向發展,而且還可能通過採取負面的言行抑制這種外溢發展。

二、近年來兩岸經濟合作政治效應的經驗檢視

自認同「九二共識」的中國國民黨2008年在臺灣重新執政以來,大陸充分考慮兩岸共同面對的新情況,以及臺灣同胞的特殊心理,抓住機遇加快實施兩岸關係和平發展戰略,特別是採行以新功能主義與建構主義為代表的一體化思路與策略,沿著「先易後難、先經後政、把握節奏、循序漸進」路徑,力求通過和平發展為兩岸和平統一創造條件。和平發展戰略一方面旨在通過強大自身綜合實力,相對削弱臺灣「臺獨」能力與國際勢力干涉兩岸統一的能力;另一方面旨在通過強大自身綜合實力,增強對臺吸引力,特別是通過緊密交流合作,提升兩岸共同利益,促進臺灣民眾對「兩岸一國」的國家認同。以此觀之,近年來兩岸經濟合作特別是大陸對臺經貿政策措施在反「獨」中造成了一定的積極作用,但在「促統」方面收效甚微,並面臨諸多挑戰,有著調整和改進的空間。

(一)和平發展理念深入人心,但國家認同尚未提升

實施兩岸關係和平發展戰略,推動了兩岸協商取得一系列成果,實現了兩岸全面直接雙向「三通」,深入了兩岸經濟合作,促進了兩岸交流合作制度化,並形成了兩岸各界大交流格局,擴大了兩岸交往規模。兩岸同胞在經濟交流合作中擴大了共同利益,在直接往來中增進了彼此感情。兩岸經濟合作特別是大陸對臺經貿政策措施推動了兩岸交流合作,對臺灣社情民意產生越來越廣泛的影響,兩岸關係和平發展理念深入人心,「臺獨」分裂活動受到一定遏止,兩岸關係和平

發展趨勢不斷增強。筆者民調顯示 [5]，75.3%臺灣民眾認為兩岸舉行8次「江陳會談」，並簽署18項協議，有助於臺灣整體發展，認為沒有幫助的民眾只有14.6%；82.7%的受訪者支持兩岸繼續在「九二共識」的基礎上，持續通過制度化協商，來處理兩岸間交流的問題，不支持的只有17.3%；69.9%民眾支持拓展兩岸交流合作，推進政治等其他層面的兩岸交流合作，不支持的只有30.1%。

另一方面，隨著兩岸交流合作與和平發展，當前，兩岸敵意雖然有所下降，但臺灣民眾對「兩岸同屬一國」的國家認同並沒有根本變化，希望兩岸走向統一的意願並未增強，特別是臺灣民眾中的年輕群體更是不認同兩岸同屬一個國家，而更願意「臺灣獨立」。筆者民調顯示，認為大陸方面對臺灣人民友善的比例從2010年的49.2%上升至57.9%，不友善的比例從30.4%下降至 23.3%；認為大陸方面對臺灣當局的態度是友善的比例53.1%，不友善的比例25.7%，但認為「兩岸分屬於兩個不同國家」的比例仍高達57.7%，認為兩岸同屬一國的僅占42.3%[6]，而且，希望維持現狀的比例有增無減，高達91.2%，不贊成兩岸最終應該統一的比例36.7%高過贊成最終應該統一的比例31.5%。民調還顯示，近72%的臺灣民眾表示，對兩岸關係與國家認同的態度，並沒有因大陸近年來的對臺經貿政策措施與兩岸交流合作而有所改變。需要強調的是，雖然不能因此證實或證偽兩岸經濟交流合作對國家認同建構的作用，但顯然也不能將造成這種現象的原因僅僅歸結為兩岸交流合作時間尚短所致。

（二）先經後政可能是幌子，只經不政可能是實質

當前，臺灣社會存在追求「獨立」的政黨團體和民意基礎，而且如臺灣民調顯示的，即便主張維持現狀的臺灣民眾在內心深處更多傾向「獨立」而非統一；存在爭議的國共之間的「九二共識」或「兩岸一國」更未成為臺灣共識與兩岸共識；在利益多元化、多黨政治與選舉政治的背景下，國民黨看起來越來越難以代表臺灣人民的主流意志與利益，也不太可能永遠執政。而且，即便是今天的國民黨也已不再堅定不移的追求國家統一。在選舉政治下，統一與「獨立」都是國民黨的選項，一切以民意為導向和依歸。國民黨即便口頭上認可兩岸同屬一國（「中華民國」），宣稱堅守「中華民國憲法」，但實際上可能趨於偏安與「獨

臺」，與綠營政黨的主張相差無幾。

在這種情況下，一方面，在全面的真正的兩岸共識達成之前，兩岸關係和平發展的穩定性顯然存在不確定性問題；另一方面，兩岸對和平發展的方向與目標（是否要統一）沒有共識，臺灣當局對推行促進和平統一的措施的意願不足，甚至根本不願意，和平發展進度（先經後政）將難以深入，促進統一的成效可能有限。馬英九當局不僅在過去四年未能在符合「中華民國憲法」要求下對陳水扁違背「中華民國憲法」「去中國化」的「文化臺獨」採取任何力所能及的撥亂反正措施，而且在連任勝選後依然以不具備民意基礎條件為由拒絕進行兩岸政黨或官方政治對話與協商。而事實上，筆者民調顯示，69.9%的臺灣民眾支持拓展兩岸交流合作，推進政治等其他層面的兩岸交流合作，不支持的只有30.1%。因此，儘管先經後政具有一定的理論與現實邏輯，但必須警惕先經後政在臺灣當局方面可能是一個幌子，只經不政可能是其真實的動機。

（三）惠臺讓利政策正確性有待思考，有效性有待檢驗

實施兩岸關係和平發展戰略以來，大陸實施了一系列的對臺經貿政策措施，包括兩岸全面直接通航、大陸民眾赴臺旅遊、大陸採購團赴臺採購、大陸資本赴臺投資、大陸零關稅進口臺灣農產品、兩岸ECFA。這些對臺經貿政策措施基本上都有著「兄弟讓利說」的考慮，期望在有助於改善臺灣民生經濟的同時改變臺灣民眾對大陸政府的印象與認識，更希望有助於建構臺灣民眾對兩岸一家的國家認同。

惠臺讓利儘管有助於兩岸交流合作順利開展，有助於和平發展理念深入人心，但如上所述國家認同目前並沒有因此有所提升。不僅如此，在臺灣民眾多數不認同兩岸同屬一國的情況下，在結束敵對狀態前的讓利政策可能存在政治正確性問題。

事實上，惠臺讓利政策不僅可能存在政治正確性問題，如民調顯示的，還存在有效性問題。當前兩岸尚處於敵對狀態，「窮人幫富人」式的讓利讓臺灣各界認為大陸動機不純，慷慨讓利未必能贏得臺灣民心。而且，當前臺灣各界政經分離心態普遍，讓利或許有助於降低敵意，但難以型塑國家認同。再有，由於種種

因素，惠臺讓利的經貿政策措施實踐中更多惠及了臺灣的大財團，而以「三中」（中南部地區、中小企業、中下階層）為代表的臺灣基層社會沒有感受或感受不明顯。

三、提升兩岸經濟合作的政治效應的政策建議

綜上所述，推進兩岸經濟合作與一體化發展，形成日益緊密的經濟共同體，可以鞏固和深入兩岸關係和平發展的經濟基礎，有助於推進兩岸和平統一，但並非兩岸和平統一的充分條件；而且，推進兩岸經濟合作與一體化發展，以及發揮兩岸經濟關係對兩岸和平統一的促進作用需要相應的主客觀條件，至少需要兩岸雙方的共同政治意願與積極行動，以便在共同利益不斷增進的基礎上建構國家認同；近年來兩岸經濟合作雖在「反獨」中造成了一定的積極作用，但在「促統」方面收效甚微，並面臨諸多挑戰，有著調整和改進的空間。而國家認同的形成，乃是兩岸和平統一的關鍵。因此，必須堅持特定的推進原則，選擇適宜的推進方式，以提升兩岸經濟合作的政治效應。

（一）以正確的合作理念推進兩岸經濟合作

其一，推進兩岸經濟合作，應以形成兩岸經濟共同體、厚植兩岸共同利益為導向，以積極開放、平等互利為原則，不宜過分強調單方利益。如此，才能為兩岸經濟合作的持續發展提供動力，也才能形成「你中有我、我中有你」的一體化發展格局，更有助於共同觀念乃至國家認同的形成，從而也才能在經濟基礎與意識形態方面為兩岸和平統一創造條件。

其二，兩岸經濟合作是否推進，應以宏觀整體利益為依據，不宜僅以企業生產者利益為依據，而不顧消費者與民眾的利益。如此，一方面可以確實並及時推進總體上利大於弊的兩岸經濟合作政策，另一方面也能讓兩岸經濟合作的成果惠及廣大的兩岸民眾。

其三，兩岸經濟合作的推進，應兼顧長期利益與短期利益、動態利益與靜態利益，而不宜僅以短期利益與靜態利益為依據。如此，才能整合發揮雙方互補性優勢與比較優勢，在獲取短期利益與靜態利益的同時，培育並提升兩岸可持續的國際競爭力，並有助於兩岸經濟的持續發展。

（二）以「兩岸一國」的前提推進兩岸經濟合作

兩岸經濟合作對大陸的經濟意義有限，大陸推進兩岸經濟合作的主要目的在於其政治效應，特別是爭取臺灣民心，型塑國家認同。但兩岸經濟合作與一體化發展，雖然有助於但並不必然導致兩岸和平統一。而且，兩岸經濟關係的政治效應的獲得，特別是國家認同的建構，也需要兩岸雙方自始至終共同的政治認知、意願與行動。

而在當前的臺灣社會，「兩岸同屬一個國家」並非主流民意，國民兩黨還沒有共識，國民黨也沒有推進兩岸統一的意願。因此，當前在公權力層面推進兩岸經濟合作，必須在必要的政治基礎與前提條件下進行。應堅持將「兩岸同屬一個國家」的政治共識作為其政治基礎與前提條件。如此，有助於「兩岸一國」框架的維護與觀念的普及，有助於國家認同的建構。否則，不僅將可能只有經濟關係的發展而沒有政治關係的發展，而且難以保證和平發展沿著和平統一的正確軌道進行。

（三）以「以經促政」的方針推進兩岸經濟合作

在「兩岸一國」的前提條件下，推進兩岸經濟合作，儘管在戰術與局部層面可以考慮「政經分離」的做法，但在戰略與總體層面，不能搞「政經分離」，必須堅持「以經促政」、「以和促統」的方針。如此，大陸才可以掌控兩岸關係發展走向，確保和平發展為和平統一創造條件。事實上，大陸在推進兩岸經濟合作發展中可以而且有條件實踐「以經促政」的做法。兩岸經濟體在發展層面形成的眾所周知的不對稱性依賴為大陸實踐「以經促政」奠定了經濟基礎與籌碼條件。

實踐中，在臺灣方面要求更多經濟利益和國際空間的時候，大陸至少可以要求臺灣當局在臺灣社會對「文化臺獨」進行撥亂反正，並積極推進兩岸社會文化教育交流合作；可以要求臺灣當局削減甚至停止採購軍事武器；更應在不承認「兩岸一國」的政黨執政臺灣的時候停止兩岸經濟合作，中止ECFA及其他惠臺讓利政策措施的執行。

（四）以「原則互利＋策略讓利」的原則推進兩岸經濟合作

在ECFA後續協商談判中，在推進兩岸經濟合作中，大陸應該而且可以以遵循WTO規則等國際經濟慣例為由，堅持以積極開放、平等互利為原則。臺灣經濟規模深度小，抗衝擊能力因而受限，確有穩步推進開放的必要，但作為WTO會員，且是發達經濟體，目前至少應遵循最惠國待遇原則，實現兩岸經貿關係正常化，以拓展兩岸交流合作與互利共贏的利基。如此，一方面有助於形成「你中有我、我中有你」的一體化發展格局，壯大兩岸共同利益，促進國家認同的建構；另一方面，有助於大陸商品、資本、人員進入臺灣市場，有助於臺灣先進技術與戰略產業向大陸轉移，從而提升兩岸經濟交流合作對大陸經濟發展的貢獻。

在此基礎上，適當考慮兩岸經濟合作對臺灣中南部地區、中小企業、中下階層（「三中」）等社會問題的可能影響與作用，在有助於解決臺灣「三中」等社會問題的市場開放方面可做適當讓步與讓利，以有助於爭取臺灣基層社會民心，進而以自下而上的路徑推進臺灣各政黨特別是綠營政黨在國家認同上的態度轉變。事實上，正如民調表明的，在推進兩岸合作交流的過程中，有必要以適當的方式方法採取有針對性的措施，讓臺灣中南部地區民眾、中下階層民眾、綠營政治傾向民眾體認到兩岸合作交流的好處。如此策略讓利，也有助於加強臺灣方面推進兩岸經濟合作深入發展的意願。

此外，還可在大陸的一些競爭性不夠的行業領域，向臺灣多開放一些，以借助臺灣業者或產品的進入壓力，迫使大陸業者改進，並有助於提升大陸消費者的福利。

注　釋

[1].基金項目：中央高校基本科學研究業務費專項資金資助項目（Project Supported by the Fundamental Research Funds for the Central Universities）「大陸對臺經貿政策措施的社會政治效應研究」（2011221034）。

[2].唐永紅：《ECFA下兩岸經濟制度性合作與一體化發展問題探討》，《臺灣研究集刊》2012年第5期。

[3].唐永紅：《兩岸經濟制度性合作與一體化發展研究》，九州出版社2010年6月版。

[4].隨著實踐的發展，圍繞區域一體化至今已形成了眾多的理論與不同的流派。各種理論和流派關注的視角與側重的領域不同，觀點各異，但基本上都可以定位到以政府間主義和超國家主義或者以現實主義和自由主義為基軸的坐標內，都有其自身理論模式的侷限性，又都反映了當今區域一體化的部分現實，並相互補充，構成了區域一體化理論的主要內容，在實踐與爭論中發展，並在發展中相互借鑑和逐漸融合，但至今卻沒有一個統一系統的理論分析框架。筆者曾超越門派之見，從區域一體化的動因與必要性、條件與可行性、動力與路徑、機制與模式等方面，對各種區域一體化理論的內容和觀點進行揚棄與整合，歸納總結出一個可以系統研究區域一體化問題的綜合性的理論分析內容框架。參見唐永紅：《兩岸經濟一體化問題研究——區域一體化理論視角》，鷺江出版社2007年版。

[5].本文所依據的民調數據源於筆者為了完成筆者主持的中央高校基本科學研究業務費專項資金資助項目「大陸對臺經貿政策措施的社會政治效應研究」（2011221034）的研究任務，於2012年10～12月借助廈門大學臺灣研究院民意調查中心所做的民調。

[6].廣義認同兩岸同屬一國的僅占42.3%。其中，認同「臺灣和大陸同屬一個國家，但這個國家的名字兩岸認知有所不同」者，占31.09%；而認同「大陸和臺灣同屬中華民國」者，僅占總數的9.95%；認可「大陸和臺灣同屬中華人民共和國」的最少，占總數的1.24%。

兩岸政經互動：理論探索與路徑選擇

福建省社會科學院現代臺灣研究所 劉凌斌

　　2008年國民黨在臺灣重新執政以來，兩岸在反對「臺獨」，堅持「九二共識」的政治基礎上，開創了兩岸關係和平發展的新局面。五年來，兩岸政治關係漸趨緩和，政治互信有所提升；兩岸經濟關係突飛猛進，經貿合作不斷深入，二者之間形成了良性互動的新格局。然而，兩岸關係和平發展步入「核心區域」之後，因涉及雙方更多、更廣、更深的切身利益，兩岸發展純粹的經濟關係的空間已經大大限縮，兩岸交流合作「由經轉政」的壓力明顯增大，兩岸政治關係的相對停滯已明顯妨礙到兩岸經濟關係的深入與發展。因此，在後ECFA時代，兩岸如何在持續深入經貿交流合作的同時，進一步鞏固與增進政治互信，開啟政治對話與協商進度，實現兩岸經濟關係與政治關係的良性互動，正日益成為鞏固與深入兩岸關係和平發展進度中的一個重大課題。

一、從經濟與政治的關係看兩岸政經互動

　　根據馬克思主義理論，經濟與政治作為人類社會生活或社會關係的兩個基本領域或方面，並非彼此分割、相互獨立的，而是相互依賴、相互聯繫和相互作用的。[1] 回顧改革開放以來30多年間兩岸關係的發展歷程，經濟與政治之間相互作用的辯證統一關係體現得淋漓盡致，兩岸關係中的經濟領域與政治領域這兩個基本層面之間始終存在相輔相成、彼此互動、相互影響的關係。

　　1970年代末至80年代，雖然兩岸政治上的對峙僵局並未緩和，但兩岸經濟交流交往與民間的交流成為不斷衝擊政治關係的內部力量，經濟關係聯結的緊密和交流交往的不斷增加則會以量變的形式最終導致兩岸政治關係的質變。[2] 這就迫使臺灣當局不得不調整政策以適應兩岸關係的發展，諸如放棄「三不政

策」，逐步開放兩岸人員往來與經貿合作，成立海基會並開啟兩岸兩會協商等，最重要的成果自然是兩岸兩會在往來函電中形成的「九二共識」以及在此基礎上於1993年4月舉行的「辜汪會談」，最終推動兩岸政治關係實現了一定程度的緩和。可以說，正是由於兩岸經濟關係在「量」上的迅速發展，才有了後來兩岸政治關係在「質」上的破冰。換言之，兩岸經濟關係的發展推動了兩岸政治關係的改善。

但到了李登輝執政後期拋出兩岸是「特殊國與國」關係的主張，以及民進黨執政時期頑固堅持「臺獨」立場，導致兩岸協商的大門被關死，兩岸政治關係重新陷入高度對抗的僵局。這一時期兩岸關係「政治與經濟分離化」的現象相當明顯，呈現出「政治冷經濟熱，官方冷民間熱」的特點，即「與兩岸經貿日益熱絡的形勢相對應的是兩岸政治的持續僵局」，但「兩岸政經關係的當前表現只是一種暫時性表象，是政經互動在特定時期的一種階段性表現。這種表象並不能也不會最終否定政治經濟相互促進的規律」。[3]由於兩岸經濟交流合作是大勢所趨，隨著兩岸經貿往來的日益密切，兩岸關係中政治與經濟相互「制約化」的特點也在加大：一方面，政治因素對經濟的影響力度不小。如臺灣當局推行的「戒急用忍」、「有效管理、積極開放」和「積極管理、有效開放」的限制性兩岸政策，拒絕不放寬臺商到大陸40%投資上限，對「違法偷跑」到大陸的廠商進行懲處，以及拒絕開放大陸企業赴臺投資等政策障礙，均嚴重制約了兩岸經貿交流合作的規模和水平。另一方面，經濟因素對政治、政策的影響也在加大。「蘇修路線」的提出與實施就是一個典型。正是兩岸關係中密切的經貿合作潮流與民意，迫使臺灣當局在堅持所謂「積極管理」的前提下，修正現行對大陸的經貿政策，宣布擴大「三通」範圍，開放四節（清明、端午、中秋、春節）包機等。[4]

二、從相互依賴理論看兩岸政經互動

作為國際關係研究領域的一支重要理論，相互依賴理論是從國際政治與國際經濟相結合的視角來分析國際關係，著重研究經濟相互依賴如何影響國家間的政治關係，即經濟相互依賴與和平／安全之間的關係。但對於這一問題的解答，中國內外學者的研究結論卻有較大的分歧甚至截然相反。[5] 同樣的，對於兩岸經

濟相互依賴到底能否給臺海地區帶來和平與安全，甚至推動兩岸走向政治上的統一，中國內外學者的看法也存在明顯分歧。[6]

鑒於兩岸關係的特殊性和複雜性，兩岸政經互動是一個錯綜複雜的進度，在運用相互依賴理論來研究兩岸經濟相互依賴的和平效應之時，應當將兩岸經濟關係與政治關係的互動置於特殊的時空背景下考量，以便更為客觀地、全面地、動態地評估兩岸經濟相互依賴的政治效應。

（一）從短期來看，兩岸經濟相互依賴可能會使得兩岸在經濟、政治等領域的低級別衝突有所增加，給臺海和平安全帶來一定的負面影響

由於兩岸政治互信不足，臺灣當局和部分民眾對大陸的偏見、不信任感甚至敵對心態並未隨著兩岸關係的改善而完全消弭，因此對於兩岸經貿合作的深入仍然存在種種擔心和顧慮。再加上臺灣方面對於兩岸經貿合作抱持的心態過於功利，在兩岸經貿合作過程中總是堅持「多要少給」甚至「只要不給」的做法，導致兩岸經貿合作長期處於不平衡的局面，客觀上增加了兩岸在經濟合作中產生摩擦與衝突的機率，不利於兩岸經貿合作真正實現互利雙贏的局面，也不利於兩岸和平發展局面的鞏固與深入。此外，兩岸經濟關係的突飛猛進反而加劇了民進黨等「臺獨」勢力及其支持者的危機意識，他們擔心國民黨「親中賣臺」，擔憂自身經濟利益受損，對於實現「臺獨建國」的理想愈發渺茫而感到焦慮和失望。因此，短期內綠營仍然會不擇手段，以捍衛臺灣「主權」和利益為藉口，對兩岸經貿合作加以干擾和破壞，甚至不惜利用兩岸經貿合作中的偶發事件借題發揮，誤導民意，煽動民眾對兩岸經濟合作的恐懼和抵觸情緒，故意製造兩岸在經濟、政治領域的低級別衝突，惡意刺激大陸，干擾和破壞兩岸經貿合作的進度，影響兩岸合作氣氛與互信基礎。

（二）從長期來看，兩岸經濟相互依賴將對兩岸政治關係的改善產生積極影響，最終將有利於兩岸關係的和平穩定發展

一方面，兩岸經濟相互依賴的不斷加深，將成為拉動臺灣經濟增長的源頭活水，對於改善臺灣的經濟民生大有裨益，使得臺灣主流民意逐漸認同兩岸經貿合作與改善兩岸關係，從長遠來看將逐步消融「臺獨」的社會基礎，使得「臺獨」

主張愈來愈喪失民心，成為遏止「臺獨」勢力發展的重要力量。由於兩岸經貿關係的發展大大提升了雙方的「退出成本」，也使得以民進黨為代表的「臺獨」勢力在推動分裂活動時投鼠忌器，並迫使其調整與反思保守、僵化的兩岸路線，加強與大陸的互動交流，從而在一定程度上降低了兩岸之間爆發高級別衝突乃至戰爭的機率。另一方面，兩岸經貿合作的日益深入，也將有利於兩岸政治互信的鞏固，為維護兩岸和平穩定的安全形勢創造有利的環境。同時兩岸在經濟層面的協商合作也將為兩岸開展政治對話、改善政治關係累積經驗，並創造良好氛圍，從長遠來看必將有利於臺海形勢的和平穩定。

（三）兩岸經濟相互依賴並不必然導致兩岸最終實現政治整合與和平統一

由於兩岸關係的癥結在於政治上的對立與分歧，因此兩岸經貿合作的深入不能取代兩岸政治協商對話，「政治問題還需要政治解決，經濟、文化只是助力罷了」。[7] 換言之，兩岸問題的最終解決，兩岸政治整合與和平統一的最終實現，並非只通過經濟合作、文化交流就可迎刃而解了，追根究底還需要兩岸通過政治協商談判，消除政治分歧與政治對立，逐步改善兩岸政治關係來解決。更何況，從學理上說，經濟一體化和政治一體化是兩個截然不同的概念，經濟一體化趨勢，並不意味著承認政治一體化趨勢，因此並不能簡單地預期兩岸經貿關係發展必將加速兩岸政治整合乃至統一。[8] 一個最典型的例子是，近些年來在兩岸經貿合作突飛猛進，經濟相互依賴日趨深入的同時，各種民調卻顯示臺灣民眾的「中國認同」不斷下降，「臺灣認同」則日益鞏固，統獨立場則仍然呈現「統消獨漲」的趨勢，產生「政治離心與經濟向心」、「兩岸愈交流、認同愈疏離」的矛盾，顯示「只有經貿交流，並不一定能為兩岸建立共同的重疊認同」。[9] 這也從一個側面表明了兩岸經濟相互依賴與兩岸政治整合、和平統一之間並無必然聯繫。

三、兩岸政經互動的現狀與問題

（一）兩岸在反對「臺獨」，堅持「九二共識」的政治基礎上增進政治互信和互動，深入經貿交流合作，共同推動兩岸政經關係形成良性互動的新格局

2008年5月國民黨重新執政以來，兩岸雙方確立反對「臺獨」、堅持「九二

共識」的共同政治立場，秉持建立互信、擱置爭議、求同存異、共創雙贏的精神，採取積極的政策措施，按照先易後難、先經後政、把握節奏、循序漸進的思路，推動兩岸關係不斷改善發展。[10] 在共同的政治基礎上，兩岸不斷增進政治互信，推動兩岸政治關係取得一系列進展：實現兩岸兩會常態化、制度化協商，迄今共舉行了8次會談（「江陳會」），簽署了包括兩岸經濟合作框架協議（ECFA）在內的18項協議。架設了國共兩黨間的黨際互動平台，迄今已舉辦8屆的「兩岸經貿文化論壇」成為兩黨凝聚共識、增進互信、交流互動的平台。實現國共兩黨領導人會晤常態化，共舉行了13次「連胡會」（2005年迄今）、5次「吳胡會」和1次「連習會」，有助於兩黨領導人建立互信，加強溝通，增進瞭解。另一方面，兩岸在政治領域的互信與互動為兩岸經濟合作創造了良好氛圍，有力促進了兩岸經濟關係的發展。兩岸經濟合作不斷深入，經貿規模持續擴大，合作層次日益提高。「兩岸經濟合作框架協議」（ECFA）的簽署和實施，大大推動了兩岸經貿合作正常化、制度化、一體化的進度。兩岸貿易額持續遞增，截至2012年底已達到1689億美元，比2011年同比增長4.3%，是2002年的近4倍。[11] 臺商赴大陸投資數額不斷增加，大陸企業開始赴臺投資，兩岸雙向投資結構日漸形成。兩岸金融合作穩步推進，大陸銀行開始赴臺設立分支機構，兩岸貨幣清算機制正式建立。兩岸產業合作持續深入，「兩岸產業合作論壇」、「兩岸企業家紫金山峰會」和「兩岸文創產業合作論壇」相繼創辦，為推動兩岸企業家交流、拓展兩岸產業合作架設了新平台。

（二）與兩岸經濟關係相比，當前兩岸政治關係的相對停滯，在一定程度上影響和制約兩岸經貿合作的進一步深入與發展

與兩岸在經濟合作領域取得的成就相比，當前兩岸在政治領域所取得的成果並不顯著，兩岸政治互信不足，政治關係相對停滯仍是客觀存在的事實，這在一定程度上必將影響和制約兩岸經濟關係的進一步深入與發展。一方面，由於兩岸在「一中」內涵、「中華民國主權」、兩岸政治定位與兩岸關係前景等政治敏感議題上的歧見，使得兩岸的政治立場南轅北轍，其後果是雙方的政治互信仍然比較薄弱，兩岸政治協商的進度舉步維艱，嚴重阻礙兩岸關係向更深層次發展，對於兩岸經貿合作勢必產生負面影響。此外，由於擔憂大陸將兩岸經貿合作作為

「以經促政」的「統戰」工具，導致國民黨當局仍不時以維護臺灣的「主權」和安全為藉口對兩岸經貿合作採取一些不合理的政策與限制性措施，不願意以平等互利的心態來對待兩岸經貿交流合作，這無疑將不利於兩岸經貿合作進一步邁向互利雙贏的局面。另一方面，堅持「臺獨」立場的民進黨等綠營政黨迄今不認同、不接受「九二共識」這一兩岸關係和平發展也是兩岸交流合作的政治基礎。因此，在民共兩黨找到新的政治共識基礎之前，若民進黨重新上台執政，兩岸政治關係必將受到衝擊，從而嚴重危害兩岸經濟關係的發展前景。

（三）臺灣方面對發展兩岸關係所普遍存在的「政經分離」的態度，不利於未來兩岸政經關係的良性互動，也不利於兩岸關係和平發展的鞏固與深入

馬英九當局執政五年多來，在大力發展兩岸經貿合作的同時，卻對敏感的政治問題極為謹慎，不敢碰觸，其標榜的「先經後政」實際上早已蛻變為「只經不政」，反映出臺灣當局實際上是採取「政經分離」的態度來發展兩岸關係。然而，在兩岸關係中的經濟議題與政治議題難以截然脫鉤，尤其在兩岸關係和平發展步入「核心區域」之後，兩岸協商往往不再是單純的經濟議題，將不可避免地會受到政治因素的干擾。例如臺灣方面特別重視的與其他國家洽簽「自由貿易協定」（FTA）、融入區域經濟整合等問題都牽涉到敏感的兩岸政治定位與「主權」爭議等問題。可以預見，若無兩岸之間保持政治上的對話與溝通，上述問題都將無從談起。可見，未來臺當局若再用「政經分離」的思維來發展兩岸關係恐將難以為繼，對於未來兩岸經貿合作的深入發展勢必造成負面影響。此外，臺灣當局對待兩岸關係的「政經分離」心態也在一定程度上影響了部分臺灣民眾和民進黨的政治立場。部分臺灣民眾尤其是南臺灣基層民眾「上行下效」，「支持ECFA，票投民進黨」，在享受大陸的惠臺政策與兩岸「和平紅利」的同時，票卻照樣投給支持「臺獨」的民進黨，不支持兩岸走向政治整合與和平統一。民進黨方面，同樣想用「政經分離」的方式來進行兩岸政策調整，即在戰略上不放棄「臺獨黨綱」，不承認「九二共識」的同時，在具體策略上推出更加務實和開放的兩岸經貿政策，並逐步加強與大陸的互動交流。綜上所述，未來臺灣方面若繼續用「政經分離」的思維與態度來思考與發展兩岸關係，恐怕將成為推動兩岸政經關係良性互動與深入兩岸關係和平發展的最大障礙。

四、深入兩岸政經互動的路徑選擇

（一）維護鞏固「一中框架」，厚實共同政治基礎

在兩岸關係和平發展已逐漸步入「核心區域」的今天，兩岸雙方唯有恪守反對「臺獨」，堅持「九二共識」的共同立場，增進維護「一個中國框架」的認知，不斷鞏固與厚實這一共同政治基礎，增進兩岸政治互信，才能促進兩岸政治關係與經濟關係的良性互動，維護與發展兩岸關係來之不易的大好局面。

一是在堅守反對「臺獨」、堅持「九二共識」的基礎上，努力還原「九二共識」的真實面貌。「九二共識」的核心是雙方各自以口頭方式向對方承諾了「堅持一個中國原則」，共同「謀求國家統一」，精髓是擱置爭議、求同存異，即「求一中之同，存一中內涵之異」。然而，目前臺灣方面所認同的「九二共識」，卻呈現出將其解讀為「一中各表」的越來越強烈的傾向，這就背離了「九二共識」的本來面貌，對於厚實兩岸政治基礎並無益處。因此，兩岸在恪守反對「臺獨」，堅持「九二共識」共同立場的同時，更應本著客觀公正的態度，正本清源，努力還原「九二共識」的完整內涵與真實面貌，避免單方面使用「一中各表」代替「九二共識」所導致的「各自表述，越表越遠」的狀況。唯有如此，才能繼續發揮「九二共識」在推動兩岸協商互動進度中的重要作用，不斷推動兩岸關係和平發展的鞏固與深入。

二是鞏固和深入對「一中框架」的共同認知，共同探討「一中框架」的內涵。「一中框架」是國家尚未統一特殊情況下「一個中國」的具體實現形式，它從兩岸的各自規定中來確認「一個中國」的共同認知，既確認和擴大兩岸雙方的共同點，也尊重和包容雙方的差異性，[12]為促進兩岸雙方求同存異提供了新的思考途徑。未來兩岸關係要進一步發展，兩岸雙方就必須確實維護與鞏固對「一中框架」的共識。兩岸學者應對「一中框架」的內涵展開探討，不斷充實與豐富「一中框架」的內涵，尋求建立兩岸所能共同接受的「一中框架」的明確論述，使之發展成為鞏固與深入兩岸關係和平發展的堅實政治基礎。

三是兩岸應拿出最大的誠意、決心和魄力，不斷增強兩岸政治互信，維護兩岸關係和平發展的大局。「雙方應採取積極措施，多做有利於強化政治認同、增

進政治互信的實事和好事,多講有利於強化政治認同,增進政治互信的好話」,[13] 努力營造有利於深入兩岸政經互動的良好氛圍。針對兩岸關係發展進度中出現的可能傷及兩岸互信的突發事件,雙方應本著互諒互讓和「同情之理解」的原則,以最大的耐心與誠意協商解決,盡可能化解兩岸之間的隔閡與誤會,努力維護兩岸關係和平發展的大局。

(二)破除交流政策障礙,加強法律制度建設

當前,兩岸在進一步發展經濟關係與政治關係的進度中,仍然面臨著許多政策障礙和法律障礙的制約,為此,未來兩岸雙方應當強化法治思維,不斷破除政策障礙,加強法律制度建設,為深入兩岸政經互動、推進兩岸關係和平發展提供有力保障。

一是逐步廢除或修改制約兩岸關係發展的法律法規與政策措施。兩岸應逐步廢除或修改彼此法律與政策中對對方民眾的歧視性規定與條款,賦予對方民眾享受「準國民待遇」或「國民待遇」。對臺灣方面來說,臺當局應展現更大的政治魄力,強力排除民進黨等「臺獨」勢力的阻撓,盡快完成對「兩岸人民關係條例」中落後於時代步伐、不利於兩岸經貿合作、民眾往來與文教交流的相關條款及其他配套法律法規的修訂工作,同時應對相關政策措施進行檢討與修訂,逐步放寬對兩岸經貿合作、文教交流的種種不合理限制。[14] 對大陸方面來說,除了應盡快修訂現行的涉臺法律法規與政策措施中不合時宜、制約兩岸交流合作的條款外,還應該考慮制定一部《兩岸關係條例》(或《兩岸關係法》),使之與《反分裂國家法》形成互補與配套,作為國家尚未統一之前規範與處理兩岸關係相關事務的根本大法。

二是加快推進兩岸互設綜合性辦事機構的進度。兩岸應加快協商,在堅持一個中國原則的前提下,秉持去政治化的原則,推動兩岸兩會互設綜合性辦事機構,並將其功能限定於經貿、文化、教育、旅遊、急難求助等方面,為兩岸民眾提供「民間性、經濟性、事務性」的服務,以避免引發政治爭議或造成「國與國」問題。此外,兩岸還可以借鑑海旅會和臺旅會互設旅遊辦事處的模式,推動文化、教育、經貿等公權力部門授權以代表官方的「協會」名義互設辦事機構,

為兩岸經貿合作和文教交流提供保障。

三是加快ECFA後續協商的步伐，深入兩岸經貿交流合作。兩岸應秉持「循序漸進、互諒互讓，互惠互利、追求雙贏」以及維護兩岸人民權益及兩岸交流的正常秩序的原則，以最大的誠意和魄力排除干擾，相向而行，推動ECFA後續協議的早日簽署，深入兩岸經貿交流合作，以取得更多惠及兩岸民眾的新成果。就大陸方面而言，應繼續對臺灣實施一定程度的「讓利」，並儘量照顧到臺灣的弱勢群體、弱勢產業、中小企業以及中南部民眾的利益。就臺灣方面而言，臺灣當局和相關業者要摒棄以往在兩岸經貿合作中「多要少給」甚至「只要不給」的心態和做法，以將心比心、平等互惠的態度對待ECFA後續協商與兩岸經貿合作。

（三）鼓勵民間學界先行，開啟政治對話進度

雖然由於兩岸政治議題的敏感性與複雜性、島內政治分歧的嚴重性等原因導致在短期內兩岸開展正式的政治談判的時機仍不成熟，但從民間層面進行兩岸政治對話的時機業已成熟。未來兩岸應把握循序漸進、先易後難的思路，遵循「民間團體先行，學者智囊次之，官方審慎跟進」的路徑，不斷推動兩岸政治對話的進度。

一是鼓勵兩岸民間和學界就政治議題展開探討。兩岸智囊、大學、研究機構以及民間團體應更多地聯合舉辦以兩岸政治關係為主題的大型研討會，如由兩岸重要智囊聯合舉辦或在國共平台下設立「兩岸和平論壇」，並使之形成制度化、常態化；尤其要更多地在島內與港澳地區舉辦較大規模的較有影響力的研討會，邀請紅藍綠三方學者共同參與，亦可邀請兩岸政要以民間身分參與，同臺研討兩岸未來發展與兩岸政治議題。要充分發揮民間的智慧，鼓勵兩岸學者就政治議題開展充分討論，進行觀點碰撞、思想交鋒、以化解矛盾，消除分歧，凝聚共識，為今後兩岸破解政治難題、開啟正式的政治談判創造條件。

二是加強民共對話與交流。大陸可考慮逐步放寬對泛綠學者登陸的限制，盡可能多邀請他們到大陸參訪交流，以增進雙方學術界之間的互動與瞭解。應鼓勵大陸智囊與綠營智囊聯合舉行研討會與論壇，就政治議題開展對話溝通。歡迎贊成兩岸關係和平發展的具有一定影響力的民進黨人士以適當身分參訪大陸，對有

意登陸參訪、招商、促銷農漁產品或洽談兩岸合作事宜的民進黨籍縣市長、民意代表等公職人員給予必要協助，為其提供便利。鼓勵大陸赴臺人員多與綠營人士接觸，多與民進黨基層聯繫，增進彼此瞭解，消除歧見，化解隔閡。

三是積極促成兩岸卸任領導人互訪。未來兩岸應積極促成卸任領導人互訪，並逐步提高互訪層級，架設另一種形式的兩岸高層會晤機制，開闢兩岸民間政治對話的新途徑，從而為最終實現兩岸現任領導人直接會談與兩岸政治協商談判累積互信、掃清障礙、奠定基礎。

（四）深入媒體交流合作，營造良好輿論環境

在資訊高度發達的當今社會，大眾傳媒在傳播訊息、引導輿論、教育大眾、文化傳承、社會監督等方面發揮日益重要的作用。未來兩岸媒體應不斷深入交流合作，引領社會輿論，引導兩岸主流民意認同與支持兩岸關係和平發展，努力營造有利於兩岸政經關係良性互動與兩岸關係和平發展的良好輿論環境和社會氛圍。

一是深入兩岸傳統媒體的交流合作。兩岸新聞主管部門應逐步放寬對兩岸媒體交流合作的政策限制，推動建立兩岸媒體交流合作的制度化與常態化。應擴大兩岸媒體駐點範圍，推動兩岸媒體互設常駐機構，逐步實現報紙、電視相互落地。應逐步擴大兩岸媒體交流規模，要更多地入島舉辦兩岸媒體交流活動，努力打造更多形式的交流平台。應不斷深入兩岸媒體在資金、人才、資源、創意、市場、營銷等方面的合作，開展並推動兩岸媒體間各層次從業人員互訪，相互學習，交流經驗，取長補短。推動兩岸媒體開展稿件、版面、影音、圖片內容的互換，開展委託採訪、聯合採訪、聯合製作廣播電視節目、合拍紀錄片與影視劇以及廣告合作等。

二是推動兩岸網路媒體合作。兩岸應共同開發和利用互聯網資源，加強技術合作，實現資源共享，共建功能強大的網路媒體（如主題網站，互動論壇，微博平台等），在經濟、文化、旅遊等民生項目上，加強網上相互推薦介紹，架設兩岸交流合作的網路互動平台。

三是利用微博架設兩岸交流新平台。[15] 大陸應充分發揮微博在對臺交流中

的作用，將其打造成為兩岸民眾相互瞭解與互動交流的新平台，為深入兩岸政經互動與交流合作奠定民意基礎。建議大陸應調整微博管理政策，針對臺灣政治人物申請認證的微博帳號，在核實其真實身分之後應允許設立，在設立後一切依法、依規管理；大陸的涉臺專家學者可以更多利用微博平台與臺灣民眾與政治人物進行互動溝通，既可向兩岸民眾宣揚大陸對臺政策，又可與臺灣民眾建立友誼；同時還可利用微博平台探討與辯論兩岸經濟、文化、政治議題與兩岸關係前景，架設兩岸民間與學界進行民間交流與政治對話的特殊途徑。

注　釋

[1].經濟是政治存在和發展的基礎，政治是經濟的反映，是經濟的集中體現。一方面，政治發展尤其是政治制度、政治體制的變更有其經濟根源，最終是由經濟（生產力）的發展水平所決定。另一方面，政治對於經濟具有相對的獨立性，並對經濟產生巨大的反作用，極大地指導、影響或制約（並在一定的條件下決定）經濟的發展。參見陳振明主編：《政治學——概念、理論與方法》，北京：中國社會科學出版社1999年版，第11～13頁。

[2].陳星：《繼往開來，再創歷史新局——「辜汪會談」二十週年系列四》，華廣網2013年4月17日。網址：http://www.chbcnet.com/pl/content/2013-04/17/content_519528.htm。

[3].李非、劉澈元：《鄧小平「一國兩制」理論與兩岸政經互動關係發展》，《臺灣研究》2007年第3期。

[4].嚴安林：《海峽兩岸關係發展的新形勢、新特點與新趨勢》，《臺灣研究》2007年第3期。

[5].主要有四種觀點：（1）經濟相互依賴促進和平；（2）經濟相互依賴導致衝突；（3）經濟相互依賴有條件地促進和平；（4）經濟相互依賴與衝突沒有相關性。參見鄺艷湘：《後ECFA時代兩岸政治關係的走向：基於相互依賴理論的研究》，《臺灣研究集刊》2012年第1期。

[6].主要有四種觀點：（1）兩岸經濟相互依賴有利於和平；（2）兩岸經濟

相互依賴不利於兩岸和平；（3）兩岸經濟相互依賴在一定條件下促進兩岸和平；（4）兩岸經濟相互依賴不一定導向政治上的統一。參見鄭艷湘：《後ECFA時代兩岸政治關係的走向：基於相互依賴理論的研究》，《臺灣研究集刊》2012年第1期。

[7].張亞中：《從「一德各表」到「一中同表」：德國統一經驗的反思》，《中國評論》2010年10月號。

[8].曹小衡：《東亞經濟格局變動與兩岸經濟一體化研究》，中國對外經濟貿易出版社2001年版，第49頁。

[9].張亞中：《論兩岸統合的路徑》，《中國評論》2009年4月號。

[10].王毅：《十年來對臺工作的實踐成就和理論創新》，《求是》2012年第20期。

[11].王英津、李龍：《十年來兩岸關係發展論綱》，《中國評論》2013年4月號。

[12].李祕：《探討兩岸政治問題應從討論「一中框架」的內涵開始》，《中國評論》2013年4月號。

[13].余克禮：《增進一中框架共同認知　鞏固深入政治互信機制》，《臺灣研究》2012年第6期。

[14].例如，放寬對陸資赴臺的限制，逐步開放大陸農產品與大陸勞工赴臺，廢除陸生赴臺就學的「三限六不」政策，擴大招收陸生規模，推動兩岸學歷互認，縮短陸配入籍年限等等。

[15].微博作為在大陸互聯網上興起的一個訊息發布與傳播平台，具有操作便捷、互動性強、訊息來源廣泛與傳播迅速等特點，近年來發展異常迅速，影響日益廣泛。已經有越來越多的臺灣政治人物、社會名流與普通民眾在大陸開通微博帳號。

推進兩岸政治關係的觀察與思考

中國社會科學院臺灣研究所 彭維學

2008年5月以來,隨著兩岸關係和平發展格局的不斷深入,兩岸政治關係總體上呈現良好發展,兩岸政治對立與軍事對抗程度明顯下降,兩岸政治互信不斷提升。但兩岸政治關係仍處於初級階段,正常化、制度化、機制化水平偏低,兩岸政治僵局仍未打破。由於制約兩岸政治關係的戰略環境和基本條件短期內不會根本改變,未來兩岸政治關係的發展將充滿複雜性與曲折性。本文將就兩岸政治關係的發展現狀、存在的問題及其未來發展的制約因素等問題展開探討,希冀為鞏固兩岸和平發展成果、探討兩岸政治關係走向提供有益視角。

一、兩岸政治關係從「緊張對抗期」、「高度危險期」跨入和平發展期,整體格局不斷向前穩步邁進

政治學理論認為,政治關係是指政治角色在社會政治生活中、基於特定利益要求而形成的、以政治強制力量和權利分配為特徵的社會關係。這些政治角色,既包括個人,如公民、政治家、政府官員,也包括集體,如政黨、政治團體、政府機關、國家等。而兩岸政治關係有廣義與狹義之分。狹義的兩岸政治關係是指兩岸高層、兩岸公權力部門或受權機構與人士,為處理兩岸政治事務或重大政治議題對話,以正式身分、公開場合、直接接觸方式,達成相應政治安排的一種互動關係。而廣義的兩岸政治關係是指兩岸的政治角色為處理政治事務和其他事務,以適當身分、各種形式進行接觸交流,而形成的一種互動關係。就廣義而言,與李登輝、陳水扁時期兩岸政治關係高度緊張、高度危險相比,馬英九執政以來兩岸政治關係跨入和平發展期,呈現「政治對立與軍事對抗程度明顯下降、政治角色交流往來人員增多、層級提高、渠道拓寬、領域擴大,國共兩黨交流制度化水平明顯提高、兩岸政治互信不斷提升」等特徵。

（一）國共兩黨和兩岸雙方在堅持「九二共識」、反對「臺獨」，堅持「兩岸非國與國關係」、「兩岸同胞同屬中華民族」、堅持兩岸和平發展、共同振興中華等問題上的基本立場趨於一致，在「一中框架」形成內涵更加豐富、路徑更為清晰的共同認知方面取得一定進展

胡錦濤、習近平等領導人多次重申「九二共識」的內涵、精髓及其重要意義，黨的十八大報告首次把堅持「九二共識」寫入會議正式文件。繼胡錦濤2008年12月31日首次提出「一個中國框架」概念後，賈慶林2012年7月28日在第八屆兩岸經貿文化論壇上表示：「一個中國框架的核心是大陸和臺灣同屬一個國家，兩岸關係不是國與國的關係。」

馬英九當局對大陸立場不同程度上作出了積極回應。馬英九強調，「九二共識」是「兩岸交流互信的基礎，確保兩岸和平發展的關鍵」；[1]「臺灣與大陸不是國與國關係，而是特殊關係」，不論在島內外，「都不會推動『兩個中國』、『一中一臺』或『臺灣獨立』」；[2]「兩岸人民同屬中華民族，都是炎黃子孫」。馬當局對陳水扁「去中國化」政策進行了一定程度的撥亂反正，要求把公文中稱大陸為「中國」的做法，改以「大陸」、「中國大陸」代之。

國共兩黨高層在「兩岸同屬一中」、「振興中華」等問題上達成共識。2012年3月，國民黨榮譽主席吳伯雄與胡錦濤會面時，首度提出「一國兩區」，強調「彼此都堅持一個中國」、「兩岸同屬一中」、「自己是臺灣人，也是中國人」。2013年2月25日，國民黨榮譽主席連戰與習近平總書記會談後在記者會上提出「一個中國、兩岸和平、互利融合、振興中華」四點主張。[3] 馬英九2011年元旦以《壯大臺灣，振興中華》為主題發表演講。

（二）兩岸執政黨交流對話基本實現制度化、機制化，中共與民進黨人士交流取得突破性進展

2005年4月「連胡會」以來，國共兩黨高層直接對話，兩黨交流基本實現制度化。胡總書記多次會見連戰、吳伯雄，習總書記也於2013年3月與連戰舉行「連習會」。2009年7月，胡總書記電賀馬英九當選國民黨主席，馬回電致謝，開創兩岸領導人60年來首次隔空互動新模式。2012年10月，馬英九首次以國民

黨主席身分第一時間電賀習近平當選總書記，開啟國共領導人「黨對黨」互動新模式。另一方面，國共兩黨黨際溝通平台——兩岸經貿文化論壇自2006年建立以來，至今成功舉辦8屆，形成了100多項共同建議，大陸還藉此平台宣布了100多項惠臺政策。兩黨高層會晤機制、兩黨黨際溝通平台，是目前兩岸政治關係中互信基礎最穩固、運作比較成熟的互動模式，在提升兩岸政治互信、推動兩會協商、協助臺灣參與國際組織活動、匯聚「反獨促和」力量等方面發揮了重要作用。值得一提的是，民進黨中常委、前「行政院長」謝長廷2012年10月以臺灣維新基金會董事長身分訪問大陸，標幟著中共與民進黨重要人士交流實現突破，對推動民進黨轉型、擴大兩岸關係和平發展民意發揮了積極影響。

（三）兩岸高層往來、兩岸半官方交流不斷創新模式、提高層級、拓寬領域

2008年4月、2012年4月，胡錦濤、李克強分別與應邀參加博鰲論壇的蕭萬長、吳敦義會談，開闢兩岸高層互動新模式。2013年4月8日，習近平在博鰲與蕭萬長會談。2008年11月以來，胡錦濤在一年一度的APEC峰會上與馬英九的代表連戰會晤，開啟了兩岸國際場合互動的新模式。這些高層互動對於兩岸增強共識、累積互信、解決緊迫性問題發揮了不可低估的作用。

兩岸兩會自2008年恢復商談以來，共進行8次會談，簽署了18項協議。兩會實現領導人互訪與兩會協商正常化、制度化，兩岸高級官員以兩會顧問或專家身分直接參與談判，有關司法互助、海關合作等協議涉及敏感的政治議題，標幟著兩會協商邁入「以官扮民」的「準官方談判」階段。尤其是，兩會積極商討互設辦事機構，具有「一定的準官方色彩」，「無異為兩岸架接了從『互不否認治權』，逐漸走向『相互承認治權』的橋樑」，[4]引導兩岸協商邁入新階段。

（四）兩岸對對方的一些重大利益關切展現善意、默契配合

臺灣「國際空間」問題是島內各界高度關注、本應通過兩岸政治談判解決的政治性議題。大陸對馬當局保持高度善意，低調處理與臺「邦交國」關係，善意安排臺灣參與一些國際組織的活動。大陸先後於2008年、2012年同意臺灣候任「副總統」以適當身分出席博鰲論壇，2009年以來同意馬英九出席APEC峰會的代表提升到「前副總統」層級，2009年4月以來允許臺以「觀察員」身分出席世

界衛生大會等等。2012年11月以來，胡錦濤、習近平分別對臺灣「參與國際民航組織活動」、「參與區域經濟整合」等問題作出積極回應。對「保釣」問題，馬當局雖多次表示「不與大陸聯手保釣」，但堅決捍衛釣魚島主權。兩岸公權力部門各自行動，兩岸四地民間組織聯合行動，形成共同捍衛國家領土與主權完整的強大聲勢。馬英九對涉及大陸社會穩定的敏感問題表達了一定善意，兩岸開始互相體諒對方的重大利益，有效降低了兩岸緊張對抗關係，減少了經濟與政治內耗，增強了兩岸互信。

（五）兩岸半官方、學術界對政治議題的探討取得一定進展

5年來，兩岸高層會談、國共高層會談、具有官方背景的智囊學者進行學術研討，都具有較強的政治對話意涵。國共兩黨、兩岸具有官方背景的學者、民間機構、學術界，就探討兩岸政治議題進行了務實探索，有利於增信釋疑、累積共識、為兩岸政治對話營造氛圍。2012年7月28日，國共兩黨共同舉辦的第八屆兩岸經貿文化論壇，首次全面研討兩岸關係中的政治、經濟等重要問題，為兩岸探討政治議題發揮了政策先導作用。12月10日，兩岸學術團體和機構舉辦「臺北會談」，首次在島內圍繞認同、互信的政治議題展開討論，為從民間開始兩岸政治對話進行了有益的嘗試。

二、兩岸政治關係仍處於初級階段，正常化、制度化、機制化水平較低，敵對性、非官方性、非直接性等特徵明顯

（一）兩岸關係的敵對性沒有根本改變

5年來，兩岸關係和平發展不斷取得重大突破，但兩岸敵對狀態並未結束，兩岸在政治、軍事、外交、意識形態等領域的敵對心態與作為仍較嚴重。尤其是，兩岸軍事部署仍有一定針對性，臺軍更以大陸為「唯一假想敵」。臺灣民眾認為大陸官方對臺當局、臺灣人民「友善」的比例較過去增加了10個百分點左右，認為「不友善」的比例下降了5～10個百分點，但認為大陸「不友善」的比例仍超過「友善」的比例。[5]

（二）兩岸在一個中國框架、兩岸政治定位、臺灣前途走向等重大問題上的立場分歧嚴重

2008年5月以來，兩岸雙方都承認「九二共識」，但對一中內涵分歧嚴重，沒有找到處理「正視現實」與「增強互信」關係的合理方案。大陸強調「一中框架」，但缺乏有關「中華民國」定位的論述。而馬當局刻意突出「一中內涵」差異，強調「一中各表」、「一個中國就是中華民國」。馬英九聲稱兩岸是「主權互不承認、治權互不否認」的關係，兩岸的憲法定位是「一個中華民國，兩個地區」。在兩岸關係和平發展前途問題上，大陸提出「在同心實現中華民族偉大復興進度中完成祖國統一大業」，[6] 而馬英九放棄了2008年競選期間提出的「終極統一論」，重申在「中華民國憲法」架構下，維持臺海「不統、不獨、不武」現狀，宣稱「統一沒有時間表」。在美國對臺軍售問題上，大陸歷來強烈反對美國對臺軍售，而馬英九宣稱軍購「使臺灣與大陸接觸更有自信」。

（三）兩岸公權力機關公開、直接的交流對話管道仍未開啟，兩岸政治僵局仍未打破

兩岸公權力機關交流沒有實現正常化、全面化、高層化、制度化、機制化。兩岸行政部門仍無法公開、直接交流，也不能就敏感政治議題公開對話，仍需通過兩會「白手套」進行交流，或通過官方智囊居中傳話。兩岸處理一些重大政治問題、重大利益關切，如臺參與國際組織活動等，主要依靠兩岸的互信、大陸的善意，缺少制度化、機制化安排。兩岸軍事、外交、立法等部門亦未建立正式對話管道。兩岸領導人建立熱線電話、以適當身分會談、公開互訪等，迄未實現。

（四）兩岸政黨關係正常化、機制化沒有實現

當前，兩岸黨際交流主要是國共兩黨高層交流，其廣泛代表性、互動基層性仍然不足。民、共之間缺乏政治互信，民進黨被排除在兩岸黨際交流之外，國、民、共三角關係極不穩定、極不均衡。即使是國共交流，在臺「總統」兼任執政黨主席的情況下，兩岸執政黨最高領導人會面未能正常化，兩岸執政黨政治互信與執政當局政治互信仍存一定落差。

（五）兩岸戰略互疑較為嚴重，兩岸政治關係脆弱性較強

兩岸政治互信基礎薄弱，兩岸政治對立與政治歧見嚴重，兩岸政治對話遲未開啟，導致兩岸戰略互疑長期難解。臺灣擔心「大陸導彈威脅」、「被併吞」、

「失去主體性與自由民主價值」的恐懼與疑慮強烈，而大陸對臺灣「配合美國亞洲再平衡戰略」、永遠維持現狀、乃至搞「兩個中國」、「一中一臺」甚至「臺獨」的疑慮並未根除。

三、美日全力阻撓破壞、兩岸社會融合程度較低、兩岸民意分歧嚴重、島內藍綠對抗結構固化難解，是制約兩岸政治關係的重要因素

當前，大陸綜合實力與影響島內政局、兩岸關係的實力持續增強，島內支持兩岸關係和平發展的民意基礎持續增強，有利於兩岸融合、不利於「臺獨」發展的勢頭持續增強，這些變化有利於鞏固和深入兩岸關係和平發展格局，但尚不足以從根本上打破兩岸政治僵局。在較長一個時期內，制約兩岸政治關係的戰略環境及條件不會根本改變，兩岸政治關係的複雜性與曲折性不容小覷。

（一）美臺、日臺實質關係密切，美、日推行「以臺制華」戰略，是制約兩岸政治關係的重要外部因素

未來20～30年內，美國的唯一超級大國地位不會發生根本性變化，中國的綜合實力、尤其是軍事與高科技實力仍與美國有較大差距。[7] 兩岸經貿關係快速發展，將相對削弱臺灣對美、日的外貿依存度，但美、日仍將通過投資、產業線及核心技術控制臺灣經濟，美國更在投資、政治、安全、意識形態等領域對臺維持重要影響。臺灣社會「親美媚日」心態濃厚，多數民眾視日本為「最友善國家」，[8] 視美為「對臺經貿發展最重要國家」、「最重要的安全夥伴」，國、民兩黨競相爭取美國支持，預示著中國在與美國爭取臺灣民意博奕中的劣勢地位短期內仍難根本改變。

美國雖公開表示「歡迎兩岸互動與整合」、「絕不會在兩岸政治對話上幕後干預」，[9] 但實際上強力阻撓兩岸政治對話與談判，反對簽訂和平協議。前美國國務院高官、「美國在臺協會」官員、知名智囊學者斷言，「臺灣民眾不支持」、「馬英九沒有做好準備」，[10]「簽署和平協議非常難」。馬英九在兩岸政治談判、簽訂和平協議問題上的立場不斷倒退，甚至屢次公開拒絕，顯然與美國的強大壓力密不可分。隨著美國「亞洲再平衡」戰略加緊推進，日本謀求東亞政治大國地位的企圖日盛，美、日以與臺簽訂FTA或類似協議、提升官方往來層

級、扶持民進黨為槓桿，美國更以強化美臺軍事關係為核心，增強臺灣對美、日的全方位依賴，加大「拉馬」、「壓馬」力度，破壞兩岸政治互信，影響兩岸政治關係進度。即使兩岸現階段就某些重大政治議題達成共識，美國也會從中作梗，破壞兩岸政治談判。

（二）兩岸大交流大合作大發展大融合處於初級階段，兩岸民間互信與社會融合程度低，尚不能為兩岸突破政治僵局提供足夠動能

過去五年是「兩岸交流合作成果最豐碩、兩岸民眾得利最多、兩岸內耗最少、兩岸關係發展最迅速的時期」，[11]但兩岸交流明顯存在「各領域之間發展不平衡、各領域交流合作制度化機制化程度不高、政治經濟外溢效果未充分發揮」等問題。一是已簽18個協議遠不足以滿足兩岸大交流需要，而既有協議的落實與預期效果有一定落差。二是兩岸制度化緊密經貿關係的建立尚未完全實現，產業鏈、貿易鏈、價值鏈整合程度較低，兩岸經濟關係並未形成嚴格意義上「你中有我，我中有你」的局面。ECFA只是兩岸經濟一體化進度中的階段性目標，離兩岸經濟全面整合還有較大距離。[12] 三是兩岸社會文教交流明顯落後於兩岸經濟交流，兩岸法治、科技、政治文化、公民社會領域的交流相當有限。[13] 四是兩岸經濟社會交流的政治外溢效果有待加強，兩岸交流中「貴族化」、「國民黨化」、「北部化」現象有待克服。五是兩岸社會融合度較低，「兩岸命運共同體」意識淡薄。臺灣民眾認為大陸人是「生意夥伴」的比例高達53.6%，僅13.3%認為大陸人是「朋友」。[14]

（三）兩岸民眾對國家認同、臺灣政治定位、臺灣前途走向的認知存在巨大差異，尤其是島內民眾對大陸具有濃厚的恐懼與敵對心理，難以為兩岸加強理論創新、突破政治僵局提供強大民意支持

在大陸民眾看來，兩岸同為一國，親如一家，臺灣人都是中國人；所謂「中華民國法統」已不存在，臺灣遲早要與大陸統一；美、日是影響中國統一兩個最大的障礙，兩岸應聯手抗衡美、日。隨著兩岸關係和平發展格局的深入，多數島內民眾支持兩岸關係和平發展，但對大陸的負面刻板印象、恐懼敵視心理沒有大的改變，對「中華人民共和國代表全中國」、「大陸與臺灣同屬一個國家」的說

法難以接受，[15] 對臺灣政治定位不明、國際空間受擠壓強烈不滿。他們在臺灣前途問題上的立場呈現「獨升統降、維持現狀、反對一國兩制」的態勢，其國家認同、身分認同「去中傾臺」趨勢仍未根本扭轉。[16] 不少民眾害怕過早推動政治談判會損害臺灣的主體性和自由民主價值，70%多的民眾支持兩岸協商「先經後政」的順序。[17] 蕭萬長認為，兩岸分治60多年，政治觀點認知，尤其涉及一個中國部分，仍有相當大的分歧，在短期內沒有政治談判的條件。[18]

（四）民進黨等「臺獨」勢力嚴重阻礙兩岸政治關係進度

2012年「總統」敗選後，民進黨出於爭取中間選民需要，一度顯露調整兩岸政策跡象。但迫於「臺獨基本教派」的強大壓力及「獨」性較強的群眾基礎，[19] 民進黨主席蘇貞昌被迫重回「臺獨」老路。在較長一段時期內，民進黨除塑造民共對話假象、擺出與大陸交往姿態、展現「處理兩岸關係能力」外，不可能放棄「臺獨」政策，不可能支持兩岸在「一中框架」下發展政治關係。由於藍綠對抗格局短期內難以根本改變，國民黨大陸政策及兩岸政治關係將在較長時期內受民進黨牽制。尤其是，民進黨如果重新執政，推動「漸進式臺獨」甚至「法理臺獨」，將對兩岸政治關係造成重大衝擊。

（五）兩岸政治博弈中的利害算計，尤其是臺當局兩岸政策的侷限性、保守性與工具性，是制約兩岸政治關係進度的政策因素

大陸增加一中框架包容性，但一直沒有明確其具體內涵，擔心對臺灣做出過多、過於明確的承諾或讓步，會在後續談判中陷入被動；而臺灣強調正視兩岸「不統、不獨、不武」現狀、「兩岸分治」現實，置臺灣於謀取更多籌碼的有利戰略地位。

從執政環境而言，馬英九在深陷執政困境、認定大陸對臺政策「不太可能改弦易轍」的情況下，把內部改革和拚經濟作為施政最優先選擇，避免過早開啟兩岸政治對話引起美國、民進黨反彈，影響2014年「七合一」選舉和2016年「總統」選舉。同時，馬寄望以「先經後政」、「政經分離」甚至「只經不政」策略，通過在大陸與美國之間維持平衡關係，甚至「親美遠中」，既得到更多兩岸和平紅利，又得到更多美國政治安全承諾，達到鞏固執政地位、爭取更多籌碼、

為國民黨2016年「大選」提前部署的多重目的。

　　未來一段時期，無論是國民黨、還是民進黨執政，都可能以兩岸政治對話為籌碼，提高對大陸要價，同時在美國與大陸間玩平衡，撈取更多實質利益。所不同的是，國民黨可能或多或少顧忌大陸感受，強調在大陸、美國間「不會向任何一方傾斜」；[20] 而民進黨可能倒向美國，玩「聯美日制中國」的「臺獨」老把戲。

四、壯大綜合實力、深入互利融合、增強綜合互信、加強理論創新、落實平等協商、增強民意儲備，推進兩岸政治關係不斷取得進展

　　兩岸政治互信的提升，兩岸政治關係的推進，是一個長期、複雜、漸進的過程，我們應抓住機遇，積極有為，務實自信，穩步推進。同時，應辯證處理好推進兩岸政治關係過程中五個要素之間的相互關係，即：大陸強大的軟硬實力是根本，兩岸交流融合程度是重要條件，兩岸民間互信、臺灣民意是核心，對臺理論創新是關鍵，對話協商是手段。

（一）壯大綜合實力，加強自我完善

　　中美綜合實力博奕，將在相當程度上決定兩岸政治關係的進度。中國潛心發展硬實力，用心提升軟實力，在「建國百年」建成社會主義現代化國家，不但GDP總量超過美國，更主要的是大幅縮小與美國在軍事與高科技方面的差距，不斷完善民主法治建設。中美實力對比產生質變，「大陸強臺灣弱」趨勢更加明顯、更加全面，將從根本上扭轉制約兩岸政治關係的戰略環境。一是大陸影響兩岸關係、島內政局的實力顯著增強，甚至趕超美國，處理兩岸政治關係、推動理論創新將更加自信。二是美國對臺灣的政經影響明顯下降，美國介入兩岸關係的成本大幅增加，介入兩岸關係的能量與意願下降。三是臺灣民眾「親美媚日」心態將根本扭轉，國家認同、民族認同與統「獨」立場朝「兩岸一國、兩岸一家」方向深入，對大陸向心力明顯提升，對兩岸政治對話的要價趨於合理。四是民進黨兩岸政策出現重大調整，民共關係出現重大突破，民進黨成為推動兩岸關係和平發展的重要力量。

（二）深入交流融合，增強綜合互信

經濟基礎決定社會的政治、法律制度和設施，決定社會的各種思想觀點和社會意識形態。沒有兩岸經濟社會關係的全面深入發展，就不可能有兩岸政治關係的全面、穩定、可持續性提升。兩岸雙方在較長一段時期內，仍應堅持「九二共識」，以經濟民生為核心，著力加強兩岸對話協商、經濟整合、社會整合、文化整合、政黨交流、共同機構等六大基礎工程建設，不斷提升兩岸交流合作的正常化、制度化、機制化、一體化水平，尤其是推升「大陸資金、機構、人員、訊息入島」品質，促進兩岸加強利益聯結、加深同胞情感、增進社會互信、正視政治現實、培養價值認同。臺灣有學者認為：兩岸民眾建立起長期、穩定的交往關係，建構共同的工作和生活圈，在長期共同的生活中不斷破除過去的刻板印象，接納和信任對方，形成穩定、不可逆的民間互信機制，促進兩岸社會融合，形成「兩岸命運共同體」。[21]

（三）解決重大關切，塑造共同價值

根據臺當局施政步調，以適當途徑、恰當方式，妥善解決民眾高度關注的緊迫性政治需求，是兩岸增加互信、推進政治關係的一個成功模式。近5年來，大陸對臺灣參與APEC、WHA活動等問題持續釋放善意，極大地贏得了臺灣民眾的好感。未來我們應更加自信、更加主動、更加靈活、更有成效地處理好、維護好臺灣同胞的重大關切與利益訴求，增強臺灣同胞「兩岸一家」、「兩岸命運共同體」意識。

一是持續推動、認真落實惠臺政策，利用大陸城鎮化建設，吸引臺灣「三中階層」就業，回應臺灣民眾發展經濟、提高生活水平的經濟利益訴求。

二是在不影響兩岸經濟整合情況下，理性協助臺灣參與區域經濟整合，回應臺灣民眾避免被邊緣化的經濟安全訴求。

三是慎重處理臺當局政治定位，逐步滿足臺灣民眾要求正視「中華民國」的政治安全訴求。

四是本著「先急後緩、加強溝通、適度開放、漸進可控」的原則，審慎處理臺參與《聯合國氣候變化綱要公約》、國際民航組織活動等問題，適當滿足臺灣民眾「擴大國際空間」的涉外安全訴求。

五是大陸單方面宣布逐步減少海西區的導彈部署，宣布臺灣海峽為「臺灣不獨、大陸不武」的臺海和平示範區，適當滿足臺灣民眾的軍事安全訴求。

（四）平等對話協商，循序漸進推動，合情合理安排

打破政治僵局，推進政治關係，不可能一蹴可成，也不可能僅靠一項《和平協議》來解決所有問題。必須根據國際格局演進、兩岸社會融合程度、兩岸民意變化，通過長期對話協商，主動作為，先易後難，循序漸進、化整為零，以堆積木的方式，簽訂一系列協議，作出合情合理安排。

推進兩岸政治關係要循序漸進推動，不能操之過慢，更不能操之過急。一是主動作為，創造條件。兩岸雙方要積極探索，化解歧見；抓住機遇，積極推動。

二是先易後難，先簡後繁。按政治議題敏感度、緊迫度、雙方意願、成功可能性的高低，漸次推動。

三是先民後官，充分探討。學術界先探討達成共識，然後通過兩岸公權力機關協商，簽訂協議。

四是穩中求進，反對「四急」。要克服急躁冒進、急功近利、急於求成、急於回報的作為。避免貿然推動，凸現分歧、激化矛盾、傷害互信。

五是化整為零，細堆積木。將軍事互信機制、《和平協議》可能涉及的內容合理分割，分開對話，逐個達成共識或簽署協議，條件成熟時形成總協議。

推進兩岸政治關係要平等對話協商。不論是當前兩岸兩會協商，還是未來兩岸公權力機關對話、談判，都要本著平等尊重、坦誠溝通、互體互諒的原則。兩岸對話協商，不是國家與國家對話，不是中央與地方的對話，更不是中國內戰勝方與敗方的對話；不搞單邊主義，不強人所難，不強加於人；不通過放話、耍狠，達到要價目的，即使談判破裂，也不相互指責，推卸責任。

推進兩岸政治關係，要充分考慮國際與兩岸政治現實，尊重中國傳統情理與禮儀，做出合情合理安排。一是正視現實，排除分裂。兩岸政治協商的最終結果不是「統一安排」，但必須有統一指向（尤其是和平協議），不能造成事實上的「兩個中國」、「一中一臺」、「臺獨」或永遠維持現狀的惡果。二是捨得有

度，符合情理。古語云：「施人慎勿念，受施慎勿忘」。[22] 兩岸雙方要有「兩岸一家」的胸懷和「捨也是捨給自家兄弟姐妹，得也是謀求中華民族發展」的高度。尤其是，大陸要有捨、讓的自信、責任、誠意與魄力，最大限度地尊重並滿足臺灣同胞的重大關切、利益需求、體面尊嚴。相應地，臺灣也應將心換心，展現智慧，在推進兩岸政治關係過程中適時適情適度讓步。兩岸協商不能以大欺小，以勢欺人，拒絕讓步；也不能依小賣小，吃定對方，漫天要價，毫不妥協。三是排除外力，兩岸解決。兩岸政治對話、協商，兩岸高層會談，不用到第三地進行，更不應讓第三方介入、仲裁、調停，不用挾外力謀取談判籌碼。

注　釋

[1].《馬英九：要宣示「九二共識」是確保兩岸關係和平發展的關鍵》，馬英九在島內「九二共識」20週年學術研討會上的講話，新華網2012年11月9日電。

[2].《馬英九強調：不論島內外都不會推動「兩個中國」》，馬英九在紀念「辜汪會談」20週年活動時的講話，新華社2013年4月29日電。

[3].《連戰提「平衡、對等、有效」的政治架構》，臺灣《聯合報》2013年2月26日。

[4].《準領事待遇，相互承認治權第一步》，臺灣《聯合報》2013年4月12日。

[5].《民調：46%臺灣民眾認為大陸對臺灣態度友善》，臺海網2012年12月30日訊。「陸委會」2009年12月29日公布的民調顯示，46%臺灣民眾認為大陸官方對臺當局態度「友善」，約40%認為「不友善」；約46%認為大陸官方對臺灣人民態度「友善」，約42%認為「不友善」。認為大陸對臺當局、臺灣人民「友善」的比例均超過「不友善」的比例，這是近年來臺灣民調中極少見的一次。

[6].《胡錦濤十八大報告涉臺部分》，香港中評社2012年11月8日電。

[7].王緝思：《20年內美國仍是唯一超級大國》，《環球時報》2011年8月2

日。《切勿輕言輕信「美國衰落」》，香港中評社2011年7月8日電。

[8].臺灣財團法人金車教育基金會對島內高中、大專生調查顯示，對臺灣「最友善的國家和地區」排名前三名分別是日本（44.4%）、美國（41.6%）、非洲「邦交國」（39.4%），而「最不友善的國家和地區」排名前三名分別是中國大陸（82.9%）、韓國（33.3%）、美國（29.7%）；對臺灣經貿發展最重要的國家和地區前三名分別是美國（84%）、大陸（78.7%）、日本（75.7%）。參見《近9成學子：大陸對臺灣不友善》，臺灣《中時電子報》2011年11月23日。臺灣《遠見》雜誌和大陸零點研究諮詢集團聯合調查發現，臺灣民眾最有好感的國家和地區，排名第一的是日本。參見《關鍵調查：兩岸民眾互看價值觀》，臺灣《遠見》雜誌2009年7月號。臺灣指標民調公司民調顯示，針對「政府應該和大陸或美國的關係誰最優先、對臺灣利益幫助比較大」的問題，17.2%的島內民眾認為是大陸，15.4%認為是美國，56%表示看事情而定。愈年輕者愈認為應優先重視和大陸的關係，愈年長者愈認為應和美國關係優先，分歧的年齡轉折點為45歲。參見《逾7成臺灣民眾不知道習近平》，香港中評社2012年11月9日。

[9].《兩岸政治談判美國變臉，擺馬英九上台煎熬》，《多維新聞》2013年4月26日。

[10].《薛瑞福盼臺灣領導人在美國演說》，香港中評社2013年4月17日電。

[11].《張志軍在十一屆兩岸關係研討會上的講話》，香港中評社2013年3月22日電。

[12].石正方：《加快ECFA後續協商，促兩岸經濟一體化》，華廣網2012年8月21日。廈門大學臺灣研究院唐永紅認為，按照經濟制度、政策趨同程度不同，經濟一體化大致按照互惠貿易安排（如ECFA）、FTA、關稅同盟、共同市場、經濟貨幣聯盟等步驟演進。參見《經貿關係累積量變尋突破，兩岸經濟一體化已啟程》，東南網2012年8月11日。

[13].以兩岸民眾往來為例，2012年兩岸民眾往來797萬人次，創歷史新高，其中大陸居民赴臺263萬人次，遠低於大陸居民赴港3000萬人次。絕大多數大陸民眾沒去過臺灣，約三分之二的臺灣民眾沒來過大陸。

[14].《遠見》雜誌與大陸零點研究諮詢集團聯合進行「2009年兩岸民眾價值觀關鍵調查」，在「兩岸最後會變成什麼樣的關係」一項，53.6%的臺灣民眾認為大陸人是「生意夥伴」，占比最高，只有13.3%認為大陸人是「朋友」。52.3%的大陸民眾認為臺灣人是他們的家人與親戚，16.2%認為臺灣人是生意夥伴。詳見臺灣《遠見》雜誌2009年7月號（第277期）。

[15].2011年臺灣「總統」選舉期間，蔡英文提出「中華民國就是臺灣，臺灣就是中華民國」的主張，《旺旺》中時民調中心民調發現，50%表示認同，18%不認同。參見《「中華民國就是臺灣」，5成民眾認同》，臺灣《中國時報》2011年10月14日。《遠見》雜誌2009年7月公布的民調顯示，82.8%臺灣受訪者認為兩岸目前是各自發展的國家。

[16].《遠見》雜誌2008年10月號公布的民調顯示，臺灣民眾自我概念與認定依序是：臺灣人95.9%、中華民族一分子75.4%、亞洲人73.5%、華人67.3%、中國人46.6%。「陸委會」2009年2月16日整理「2008年兩岸關係臺灣各界民意調查綜合分析」，75.4%至81.6%臺灣民眾認同馬英九「不統、不獨、不武」理念，在「中華民國憲法」架構下維持臺海現狀。參見《馬英九「三不」政策：八成臺灣民眾認同》，《多維新聞》2009年2月17日。

[17].2012年5月17日，「陸委會」委託臺灣政治大學選舉研究中心的民調顯示，62%的民眾支持臺灣優先推動經濟議題的協商，以後再談其他領域；67%認為兩岸共同參加國際組織或活動可建立兩岸良性互動。參見臺灣「中央社」2012年5月17日。2012年12月14日，臺「陸委會」委託臺灣政治大學選舉研究中心的民調顯示，57.2%民眾支持以經濟性議題為主，未來再談政治性議題。參見《57.2%民眾支持兩岸協商先經後政》，香港中評社2012年12月15日。

[18].《蕭萬長：現階段沒政治談判條件》，臺灣《聯合晚報》2012年4月28。

[19].《新新聞》週刊2012年2月委託「山水民意研究股份有限公司」調查顯示，66.8%的臺灣民眾同意民進黨不應排斥與中國大陸交往；49.6%認同民進黨廢除「臺獨黨綱」，才能調整對中國的政策，33.4%受訪者不認同。支持「蔡蘇

配」又認同廢除「臺獨黨綱」的只有36.2%，顯示多數民進黨支持者仍不支持廢除「臺獨黨綱」。參見《近五成民眾要民進黨廢除「臺獨黨綱」》，臺灣《新新聞》週刊2012年3月1日。

[20].趙春山：《擱爭議、共發展、創和平紅利》，臺灣《聯合報》2013年4月17日。

[21].王欽：《兩岸新關係6懸念系列五——由民間互信進入社會融合》，臺灣《旺報》2012年12月13日。

[22].韓才主編：《增廣賢文》，內蒙古少年兒童出版社2006年9月版，第71頁。

互信與兩岸關係和平發展：制度的視角

中國社會科學院臺灣研究所 汪曙申

2012年臺灣「大選」國民黨繼續執政，兩岸關係走向鞏固深入階段的前景更加明確，今後增進互信和推進制度建設將是支撐兩岸關係和平發展的兩大要素。互信與制度之間的相互作用及其對兩岸關係的影響，是本文所要探討的重點。

一、制度理論在兩岸關係中的適用性

近幾十年來，制度作為研究分析政經和社會問題的重要變量日益得到重視，適用範圍不斷拓寬。美國政治學家伊莉諾·歐斯壯認為，「制度是一整套規則，應遵循的要求和合乎倫理道德的行為規範，用以約束個人行為」。[1] 美國經濟學者諾思認為，「制度是一個社會的博奕規則，或者更規範地說，它們是一些人為設計的，形塑人們互動關係的約束」。[2]。在國際社會上，國際制度被認為是「在一定國際關係領域中匯聚行為體期望的一組原則、規範、規則和決策程序」。[3] 總體上，研究制度的學者普遍認為，制度一般包含以下要素：規則和行為規範、約束和限制性、處理社會關係。

從功能上看，制度的價值主要在於：一是創設規則，為參與者所遵循，使其在預先設定的框架下行動、相互作用和發揮影響，並規定違反規則的懲戒機制。二是提供相對穩定的預期，減少事物及其關係的不確定性。「用經濟學的行話來說，制度界定並限制了人們的選擇集合」。[4] 三是減少交易成本。有效率的制度能夠提供更加全面、及時和準確的訊息，促進行為者之間合作的可能性，減少不必要的成本損耗，從而增進共同利益。

海峽兩岸關係是兩岸經濟、政治、社會、文化、軍事、民意等關係相互交錯

和滲透構成的一個整體系統。隨著兩岸關係和平發展由開創期步入鞏固深入期，兩岸經濟關係在正常化的基礎上逐步走向制度化；社會文化教育關係正在探索進一步加強合作的可行路徑，建構常態化的制度是未來努力方向；政治軍事關係雖尚未提上日程，但兩岸結束敵對狀態、簽署和平協議、建立軍事安全互信機制等都離不開良好完善的制度支撐。

從理論上看，適用於兩岸關係的制度理論屬中層理論，它既不同於關於國家、社會性質的宏觀制度理論，也區別於規範一般組織機構的微觀制度分析。制度理論在兩岸關係中的適用性主要表現在以下方面。

第一，關於制度的形成。歷史唯物主義的觀點認為，制度的生成最終是由生產力程度決定的。兩岸關係發展過程中形成的各種制度，追根究底也是由兩岸社會各自生產力發展程度及其所衍生的經濟社會需求所決定的。比如，1990年代初，兩岸創設海協會和海基會並形成兩會會談制度，就是在兩岸開放和互動的影響下根據雙方經濟社會發展需要所建立的。兩岸關係的政治性強、敏感度高，制度的形成除了根植於社會經濟力之外，還離不開政治力的上層推動和設計。因此，在兩岸關係和平發展的整個進度中，制度建設主要還是由兩岸根據雙方經濟社會發展要求進行理性穩妥的頂層設計，然後予以逐步實施和推進。也就是說，制度建設的主體是兩岸公權力機關。

第二，關於制度的規範。規範是制度的重要內容。在兩岸關係中，制度的適用範圍廣泛，涵蓋政治、經濟、社會、文化、軍事等眾多領域。制度首先規範的對象是兩岸政治主體，它要求執政者尊重制度的合法性，運用各自的治權將內部治理統一到兩岸制度的規範要求上來。如兩岸簽署ECFA後，兩岸自然應根據協議要求調整內部相關經濟政策和法規。其次，制度規範將推及到兩岸經濟主體、社會主體以及個人。如兩岸投資保障協議對兩岸投資人的權利義務進行了規範。總體上，兩岸迄今簽署的18項協議和達成2項共識，對制度規範的對象、內容、範圍形成了明確的表述。在兩岸關係和平發展進度中，制度的規範性需要兩岸雙方共同去維護和完善，這不僅是雙方的共同利益所致，而且是互信增長的結果。

第三，關於制度的發展。基於適應生產力進步和人的發展需要，以及時代條

件所限，制度往往呈現螺旋式上升的發展軌跡。「制度就會以一種自我實現的方式制約著參與主體的策略互動，並反過來又被政治主體在連續變化的環境下的實際決策不斷再生產出來」。[5] 從1980年代兩岸初步開放交流到如今兩岸步入大交流、大合作、大發展時代，兩岸關係發展所需要的制度，其形式和內容都已發生重大變化，總體要求越來越高。從趨勢上看，兩岸關係制度發展不僅要緊跟兩岸擴大全面交流合作的客觀需要，還應發揮主動性和前瞻性，為深入兩岸關係和平發展消除體制或機制上的各種障礙，創造更加有利的條件。

在兩岸關係中，制度既是社會生產力發展的結果，也是兩岸理性塑造的產物。黨的十八大報告明確提出，「促進平等協商，加強制度建設」。2013年1月海協會會長陳雲林訪問洛杉磯時指出，黨的十八大報告強調加強兩岸關係和平發展的制度化建設，表明了我們願通過平等協商，強化兩岸各領域交流合作的機制化，以利於鞏固兩岸關係和平發展局面，並形成不可逆轉的趨勢。在維護兩岸關係和平發展這一大局上，制度在妥善運用下將會發揮越來越大的效用，成為促進兩岸全面互信與兩岸關係和平發展之間形成良性互動的重要因素。

二、互信與兩岸關係制度化的邏輯關係

正如新制度政治學所主張的，制度並不是決定政治、經濟和社會行為的唯一因素，現實中是「制度攸關」而不是「制度決定」。根據制度的一般性功能及在兩岸關係中的特殊適用性，制度在兩岸關係和平發展進度中與互信的邏輯關係，主要體現在以下兩個層面。

（一）基本邏輯（1）：互信→制度→兩岸關係

互信是指行為者之間在心理上彼此信任、對相互間行為具有穩定預期的一種正面狀態。互信是兩岸關係保持和平發展正確方向的前提和基礎，是四年多來兩岸關係和平發展取得重大成就的關鍵所在。

兩岸關係的制度建設，已完全超過一般意義上的交流互動，它涉及兩岸經濟、政治、社會、軍事等領域的利益調整及其規範化、機制化。因此，推進兩岸關係的制度化，必須倚賴兩岸互信的鞏固和深入。兩岸關係發展的經驗告訴我們，只有解決信任問題，才能協商去解決實務問題，信任度越高，越有利於達成

共識和落實共識。在兩岸關係進入鞏固深入的新階段，制度作為互信與兩岸關係和平發展之間的銜接作用已日益突出。

兩岸執政雙方經過四年多的接觸、對話、協商，對建立、維繫和深入兩岸互信的基本路徑、方法進行了積極探索並累積了一定經驗。從加強兩岸關係制度化建設出發，未來深入兩岸互信的基本路徑可以參考如下：

第一，堅持不懈地培育和鞏固兩岸互信的政治基礎。「兩岸互信遍及廣泛領域，人民之間的互信是基本命題，兩岸雙方的互信則起提綱挈領的作用」。[6] 儘管兩岸在政治上仍有諸多歷史遺留下來的複雜問題需要克服，在現實中亦面臨各種負面干擾因素，但在雙方既有的政治框架下，並不妨礙對「兩岸同屬一中」原則的共同堅持。在兩岸關係和平發展新的形勢下，兩岸雙方不斷給予「兩岸同屬一中」更加清晰、明確的表述和宣示，對增進互信無疑大有裨益。2012年3月，國民黨榮譽主席吳伯雄與胡錦濤總書記會見時提出，國民黨在大陸政策上堅持「九二共識」與反對「臺獨」，兩岸「彼此都堅持一個中國」，「兩岸並非國與國的關係」，釋放了進一步推進兩岸關係和平發展的積極信號。

第二，不斷提升和厚實兩岸互信的物質基礎。兩岸互信的深入離不開物質上共同利益的追求與實現。迄今，兩岸簽署的18項協議特別是對促進兩岸經濟關係機制化具有重大意義的ECFA，為臺灣積極應對全球化和區域經濟一體化潮流提供了重要機遇。正是有了這些被實踐證明為正確的重要成果，兩岸雙方才更有經驗、更有信心、更有動力去進一步推進交流交往，擴大互利合作。隨著兩岸商談的深入推進，雙方在經貿合作上由淺入深、由易入難，將會觸及到各自的一些重要利益調整，增添兩岸商談的難度，這勢必將考驗著兩岸雙方的智慧和耐心。目前，兩岸雙方對今後一個時期的經濟合作及發展具有相當共識。兩岸經濟同屬中華民族經濟，兩岸應有能力解決經濟交流合作中的各種複雜問題，從而為增進互信奠定更為扎實的物質基礎。

第三，不斷厚實和提升兩岸互信的民意基礎。社會互信對政治互信的深入具有重要意義，兩岸雙方需要從文化、教育、情感、心理等層面入手，抓住和平發展的歷史機遇全面深入兩岸社會互信。正如吳伯雄所言，「臺灣與大陸無論是歷

史脈絡、血緣和文化關係,都是血脈相連、唇齒相依」。同時我們也清醒地看到,經過兩蔣時期的長期對抗隔閡,李登輝、陳水扁時期的「臺獨」意識泛濫,島內民眾對大陸存在各式各樣的誤解和疑慮還難以在短期內消除,兩岸在對促進互信有著重要作用的「共有觀念」上仍顯不足,未來還有很大的提升空間。今後,推動兩岸文化教育交流與合作,加強社會基層更為廣泛的接觸與對話,將是不斷深入兩岸社會互信的重要途徑。

第四,正式結束敵對狀態、簽署和平協議是從根本上解決兩岸互信不足問題的必然之路。從歷史上看,兩岸在冷戰時期形成的敵對心理迄未根本消除,臺灣當局在政治、經濟、軍事等方面對大陸仍持有明顯的防範傾向,是深入兩岸互信的阻力。大陸方面提出兩岸關係和平發展理論,對和平統一前的兩岸關係發展進度進行了符合兩岸實際情況和兩岸人民利益的總體規劃,展現出新思維和新觀念。只有臺灣方面真正打破冷戰思維,與大陸一起以合情合理合法的方式正式結束敵對狀態,簽訂和平協議,才能從根本上掃除互信障礙。

從上述邏輯關係看,互信是制度建設的關鍵前提。從以上四方面推進兩岸全面互信,是保證兩岸關係和平發展進度不斷向前推進的基礎工程。

(二)基本邏輯(2):制度→互信→兩岸關係

1970年代起,新制度經濟學的有關理論被運用到國際關係領域。制度的功能從創造經濟效益,擴大到政治、安全領域,即國家之間建立起良好的制度能夠緩解權力現實主義的「安全困境」,從而增進國家間的信任與合作。「制度具有規範性、權威性、約束性和可預期性的特點」。[7] 在兩岸關係和平發展過程中,制度如何以及發揮何種程度之作用,是我們認知兩岸關係制度化的重要方面。我們知道,互信對兩岸關係和平發展具有關鍵意義,兩岸理應從戰略高度進行規劃、培育,使其始終朝有利於兩岸關係良性發展的方向演進。在此過程中,制度建設發揮著難以替代的重要作用。

第一,制度建設客觀上要求兩岸應從系統、前瞻的角度持續鞏固深入雙方互信。對於大陸方面,應將建立和深入兩岸互信作為一個系統工程來看待,不僅需進一步明確兩岸互信的基礎、條件,而且要根據兩岸關係發展的歷史規律和階段

特點主動設計深入互信的進度、步驟,以與兩岸關係的制度建設保持步調一致、相互協調,以確保兩岸互信既能滿足當前兩岸關係發展的客觀需要,又能為兩岸進一步深入合作創造可持續條件。對於臺灣方面,應將增進兩岸互信納入大陸政策框架的內容,作為制定和實施大陸政策的重要準則,從有利於兩岸關係制度化的大方向思考決策。

第二,制度建設能夠穩定兩岸雙方預期,減少不確定性。「制度能夠增加人類行為的規律性,減少行為的不確定性,使解釋和預測更加可靠」。[8]隨著兩岸關係制度化持續推進,兩岸在經濟、社會、政治乃至軍事上都可能實現更加緊密的對話、合作,雙方在規則構成的制度框架下將會獲得更加透明、準確和高效的訊息,彼此行為都將受到約定的規範,相互提供穩定的預期,為維護和增進互信提供良好的制度環境。

第三,制度建設能夠有效促進兩岸互信、減少互疑。兩岸互信是增長還是削弱,與兩岸關係發展的實踐密切相關。當兩岸關係發展較順利、穩步向前時,互信就容易累積、增長;當兩岸關係遭遇挫折、衝擊時,互信就自然消磨、減少。清楚把握這種相關性,兩岸雙方應進一步認清和強化「以實踐促互信」的基本路徑,多做、做好有利於增進兩岸互信的事情,不斷探索、開創有利於增進兩岸互信的新方式、新途徑。在此過程中,制度確實可以發揮兩岸關係穩定器和推進器的作用,能夠促進兩岸關係平穩發展,減少不必要的誤解和誤判,從而維護和增進互信。

第四,制度建設能夠減少交易成本,強化兩岸合作的內在動力。在兩岸關係中,合作的達成需要政治、經濟和社會等方面條件的配合。制度建設有利於減少兩岸交流合作的成本。如ECFA實施後兩岸早收清單內容逐步實現零關稅,顯著促進了經貿合作的發展。隨著兩岸關係制度化由點及面的逐步展開,兩岸在經濟、政治、社會文化等方面的對話合作勢將進一步擴大,從而為兩岸互信的增長提供更好的制度保障。

以上論述說明,互信與制度是一個相互依賴和促進的關係,二者實現良性互動的結果是為兩岸關係和平發展創造更穩定、更有利的條件。從不斷鞏固兩岸互

信、有力推進兩岸關係和平發展出發,如何做好兩岸關係的制度設計就顯得至關重要。

三、推動兩岸關係制度化的主要原則

認同與互信是兩岸關係的基本問題,也是推動兩岸關係和平發展的基礎問題。[9] 兩岸關係和平發展越深入,需要破除的難題越多,互信和制度的需求就越大。基於兩岸關係發展的歷史規律和現實特徵,兩岸關係制度設計應堅持以下原則。

第一,兩岸公權力機關理應扮演好兩岸關係制度化的設計者和維護者角色。兩岸關係制度化要靠社會民間各方面力量的參與推動,更需要兩岸公權力機關的意志與能力支撐。由於阻礙因素多、情況複雜,兩岸關係制度化的統籌設計應由兩岸公權力機關共同完成。雙方應從兩岸關係和平發展的大局出發,在互信的基礎上求同存異,求同化異,尊重規律並發揮創新意識,力求不僅使制度建設滿足兩岸關係發展的要求,還要為兩岸關係持續深入創造新的動力。

第二,兩岸關係制度化應以有利於維護一個中國框架為前提。兩岸關係制度化的宗旨是鞏固深入兩岸關係和平發展,為最終實現中國和平統一穩固基礎。也就是說,在國家尚未統一特殊情況下,制度建設的首要前提是堅持一個中國原則,堅持反對「臺獨」。王毅指出,十八大報告「強調加強兩岸關係和平發展的制度化建設,表明了我們願通過平等協商,強化兩岸各領域交流合作的機制化,以利於鞏固兩岸關係和平發展局面,並且形成不可逆轉的趨勢」。[10] 十八大報告首次把堅持「九二共識」寫入黨的代表大會正式文件,提出兩岸雙方應增進維護一個中國框架的共同認知,表明大陸方面希望在認同並堅持一個中國上尋求兩岸雙方的連接點,擴大彼此的共同點,增強相互的包容性,從而深入政治互信、加強良性互動,增添兩岸關係和平發展的前進動力。對此,臺灣方面有必要在維護一個中國框架、堅持「兩岸一中」立場上表明更加積極的態度。

第三,兩岸關係制度化應堅持合情合理的原則。合情,就是照顧彼此關切,不搞強加於人;合理,就是恪守法理基礎,不搞「兩個中國」、「一中一臺」。從這個意義上講,一方面,制度建設需要基於兩岸雙方的共同意願,不能將一方

的意志強加於對方,制度建設過程中的矛盾和困難需要兩岸通過平等協商談判的方式去妥善解決。另一方面,制度建設不能違背兩岸各自內部規定的關於「一個中國」的法理基礎,因此其目標是排斥「臺獨」路線,增進兩岸對「一中」的認同。

第四,從增量的角度理解推進兩岸互信和制度化建設。增量是相對於存量而言的,兩岸互信需要在確保既有存量成果的基礎上一步步向前推進,既不能停滯不前,又不能急於求成。有學者將兩岸政治互信分為「基礎性互信」、「長成性互信」、「融合性互信」三個不同層級。[11] 增量互信重視結果,即通過兩岸執政雙方在戰略指導下的共同努力,不斷厚實互信基礎,提高互信質量。由於兩岸關係內在的複雜矛盾,互信呈現螺旋式上升狀態,不排除會因某些突發事件導致停滯甚至後退的情況發生。但對此不必悲觀,只要大原則一致,經兩岸努力完全可以排除障礙。對於受制於客觀條件尚難達成的事情,雙方也不必操之過急,要從符合事務本身發展規律的角度去對待和處理。既然兩岸互信的增長是一個漸進的過程,以互信作為支撐的兩岸關係制度化同樣是一個增量遞進的進度。制度建設既要符合兩岸關係發展的實際,不停滯、不過度超前,也要發揮前瞻性和規劃性,為兩岸關係和平發展不斷取得新的實質突破創造環境。

四、兩岸關係制度化的動力和限制

理論和實踐上,制度都不是一成不變的,它本身是動態發展的,制度變遷是連續的、漸進的,是一種創新的過程。一般而言,制度變遷在能夠為相關主體創造高於成本的收益時才會發生,它需要驅動力。綜觀兩岸關係和平發展進度,制度化的動力在於:

第一,兩岸公權力機關具有推進兩岸關係制度化的意願和能力。未來十年,大陸綜合實力將保持穩步提升,對臺戰略的實施條件將更加有利,方向是繼續以兩岸關係和平發展為主題,在保持既定政策連續性的同時,根據兩岸關係形勢發展適時對政策進行創新發展,制度化是一項重點工作。十八大報告明確指出,希望雙方共同努力,探討國家尚未統一特殊情況下的兩岸政治關係,作出合情合理安排;商談建立兩岸軍事安全互信機制,穩定臺海局勢;協商達成兩岸和平協

議，開創兩岸關係和平發展新前景。上述提法反映大陸方面希望兩岸關係由經濟的制度化逐步過渡到政治、軍事關係的制度建設。馬英九當局在第一任期內，高度重視並將「兩岸關係制度化」作為保障臺灣安全的三道防線之一，[12] 通過簽署18項協議充實制度化的內涵。正如馬英九所指出，「兩岸和解制度化」是維護臺灣安全最好、也是第一道防線。[13]

第二，兩岸關係和平發展的內在需要是制度化的重要驅動。兩岸關係和平發展是一個全面系統的過程，包括經濟、政治、社會、文化、軍事、民意等領域。在兩岸關係和平發展的總體路線圖中，從經濟制度化走向社會文化的制度化，最後逐步破解難題實現政治、軍事領域的制度化，是符合事物發展規律和兩岸關係特殊情況的穩妥路徑。2012年兩會在第八次會談中簽署《兩岸投資保護和促進協議》、《海關合作協議》，推進了兩岸經濟交流合作的制度化建設。兩岸經濟合作框架協議（ECFA）早收計劃實施成效明顯，[14] 後續協商進展順利。目前兩岸已實現互設經貿辦事機構，兩會互設辦事機構亦有望很快實現。這些都表明，兩岸關係和平發展呈現階段性遞進的特徵，其本身的能動性將對兩岸關係制度化不斷提出新的要求。

第三，兩岸經濟和社會一體化推進將為兩岸關係制度化提供強大支撐。一般而言，制度創新從根本上受到制度供給能力與人的需求水平之間的矛盾驅動。兩岸關係制度化，從一開始就是圍繞兩岸人民的需要建立起來的。當前，隨著兩岸經濟、文化、社會聯繫達到了60多年來最密切的程度，兩岸關係和平發展理念已深入臺灣社會，成為各界共識。從經濟面看，近幾年來兩岸貿易投資穩步增長，2012年兩岸貿易額達1689億美元，同比上升4.3%，占臺灣對外貿易總量的約39%。同時，兩岸產業合作進一步走向制度化、機制化。從社會面看，2012年兩岸人員往來規模達797 萬人次，再創歷史新高。大陸居民赴臺263.02 萬人次，同比增長42.56%，其中赴臺旅遊197萬人次，同比增長57.5%。兩岸民間社會交流交往日益密切，大幅增進相互瞭解和感情融洽。臺「陸委會」2013年1月3日公布民調顯示，64.2%的民眾贊成兩岸兩會互設辦事機構，76.4%的民眾支持臺灣當局進一步深入兩岸在人權、法治、經貿、文教、公民社會等各項交流，以增進兩岸民眾的相互瞭解；67.1%的受訪民眾認為應適度開放大陸資金赴臺投

資。

　　當前，兩岸關係制度化呈現前所未有的重要機遇，但臺灣問題的長期性和特殊性，使得兩岸關係制度創新是一個複雜和敏感的過程。它的建立和完善務必要講究條件、時機和策略，在把握有利條件的同時，不能忽視以下限制因素。

　　第一，兩岸之間長期存在道路差異、制度差異、理念和觀念差異。兩岸關係制度化無法通過單方、強制的方式達成，只能是一種雙向、協議式演化過程，它取決於大陸的對臺政策和臺灣當局的大陸政策。兩岸長期存在的道路、制度和理念觀念差異對兩岸互信的深入構成重大障礙，加之兩岸在地理環境、人口規模、經濟總量、軍事實力上的落差，使臺灣方面在推進兩岸關係制度化進度中難以去除作為相對弱勢一方、因缺乏自信而產生的心理疑慮。「在臺灣的國、民兩黨對於『在一個中國原則下，什麼都可以談』這般話有著不信任與不安全感」。[15]這種「只經不政」局面若長期維持下去，兩岸關係制度化很難在政治、軍事領域取得突破，互信的發展將會遭遇瓶頸。

　　第二，兩岸重疊認同的塑造是一個艱難的過程。本質上，認同決定互信。淡江大學大陸研究所教授趙春山稱，唯有兩岸有共同思維想法、心靈相通、共同價值觀，才有助於推動兩岸和解制度化。[16] 根據臺灣政治大學選舉研究中心長期跟蹤的調查數據，近20年來臺灣民眾的中國人認同持續下降，臺灣人認同不斷上升，2008年國民黨重新執政以來兩岸關係和平發展未改變這一趨勢。同樣，在多數人支持維持現狀下，偏向統一的比例下降，偏向「獨立」的反而上升。這說明兩岸社會在大交流、大合作時代的「共同意識」、「共有觀念」仍然不足，兩岸關係和平發展在扭轉臺灣民眾「去中趨臺」、「去統趨獨」方面還需要更多條件的配合，需要花費更大力氣去耕耘。馬英九當局實施的「不統、不獨、不武」政策以維繫兩岸關係現狀為目標，其缺乏明確方向所造成的消極性，制約了兩岸社會從根本上持續擴大重疊認同。要扭轉這一形勢，需要馬英九當局拿出更大的政治勇氣和決心，破除舊觀念和舊思維，進一步明確「兩岸同屬一中」、「兩岸同屬一國」的政治立場，與大陸方面一起將其文件化、法律化和制度化。

　　第三，「臺獨」勢力始終對兩岸關係制度化持抵制態度，是兩岸關係實現

「由經入政」的島內最大阻力。2008年以來「臺獨」運動在兩岸關係和平發展大潮中步入低谷，民進黨的兩岸政策開始轉以建構兩岸穩定的關係為基調。但在政黨競爭、選舉利益、「臺獨」理念等影響下，民進黨對兩岸執政當局進一步推動經濟關係制度化的政策，包括擴大大陸資本入島投資、陸生赴臺求學等，始終持疑慮和抵制態度。對於兩岸進一步增進維護一個中國框架的共識、強化確認「兩岸同屬一中」，推動「一中各表」走向「一中共表」，民進黨等「臺獨」勢力勢必會全力反制。兩岸啟動政治談判以取得兩岸關係制度化實質性突破將面臨一定困難。

第四，以美國為代表的國際制約因素仍將長期存在。美國的臺海政策向來以其自身的亞太和全球戰略為依歸，現實主義特性濃厚。臺海局勢關係亞太區域和平穩定，民進黨執政時期，美國雖一度加強對「臺獨」行徑的管控，但並沒有放棄對臺灣的支持。2008年國民黨重新執政後，美臺關係快速恢復。從衡量美臺關係的對臺軍售看，過去四年美國對臺售武步入20年來經費最高、項目最多的階段，總額達183億美元。此外，美國正式給予臺灣免簽證待遇，訪臺官員層級也進一步提高。布魯金斯學會東北亞政策研究中心主任、「美國在臺協會」前理事主席卜睿哲撰文稱，美中之間存在的摩擦越來越多，美國在臺灣問題上向中國讓步，無助於美國解決其他問題，反而會讓日本、韓國等盟友擔心美國會犧牲其利益。[17]

五、結論

在兩岸關係和平發展的長期進度中，互信是前提和基礎，制度化是路徑和方式，二者猶如兩根支柱，相互關聯、缺一不可。互信的建立和深入有助於兩岸關係制度化的持續發展，反之，兩岸關係制度化的不斷推進將為兩岸互信的增長創造更加有利的條件，二者共同支撐著兩岸關係和平發展這一主題。今後三年將是建構兩岸關係和平發展框架的重要機遇期，只要兩岸秉持建立互信、擱置爭議、求同存異、共創雙贏的精神，發揮兩岸中國人的智慧，妥善處理好增進互信與拓展制度化之間的關係，兩岸關係一定會取得更大的發展。

注　釋

[1].V・伊莉諾・歐斯壯等：《制度分析與發展的反思》（王誠等譯），商務印書館1996年版，第226～228頁。

[2].道格拉斯・C・諾思：《制度、制度變遷與經濟績效》，上海人民出版社2008年版，第3頁。

[3].Stephen. D. Krasner, ed, International Regimes, Ithaca: Cornell University Press, 1983, p.2。

[4].道格拉斯・C・諾思：《制度、制度變遷與經濟績效》，上海人民出版社2008年版，第4頁。

[5].青木昌彥：《比較制度分析》（周黎安譯），上海遠東出版社2004年版，第28頁。

[6].孫亞夫：《客觀地、全面地、辯證地看待認同問題》，《中國評論》2013年1月號，第11頁。

[7].朱衛東：《對進一步增進兩岸政治互信的戰略思考》，《臺灣研究》2012年第5期，第4頁。

[8].魏姝：《政治學中的新制度主義》，《南京大學學報（哲學・人文科學・社會科學）》2002年第1期，第59頁。

[9].孫亞夫：《客觀地、全面地、辯證地看待認同問題》，《中國評論》2013年1月號，第11頁。

[10].2012年12月26日王毅在「九二共識」20週年座談會上的講話《十八大報告的對臺工作論述具有繼承性、創新性和前瞻性》，國臺辦網站http://www.gwytb.gov.cn/wyly/201211/t20121126_3391676.htm.上網時間2013年1月24日。

[11].劉國深：《增進兩岸政治互信的理論思考》，載張文生主編：《兩岸政治互信研究》，九州出版社2011年版，第25頁。

[12].2011年5月馬英九在與美國戰略與國際研究中心（CSIS）視訊會議中提

出「兩岸和解制度化」、「深入臺灣在經濟、文化上對國際發展的貢獻」、「強化國防與外交」為內容的「三道防線論」。

[13].《馬：兩岸和解制度化，保臺第一道防線》，臺灣《中國時報》2011年11月30日。

[14].根據大陸的統計，2012年1至11月，臺灣企業享受關稅優惠大約是30.86億人民幣，同比增長3.2倍。據臺灣統計，同年1至11月，大陸企業享受關稅優惠大約是5005萬美元，同比增長1.4倍。

[15].張亞中：《兩岸和平發展期應是統合期：以統合深入認同與互信》，《中國評論》2013年1月號，第5頁。

[16].《兩岸政治協商議題，學者交鋒》，臺灣《中國時報》2012年7月29日。

[17].Richard. C. Bush III: Uncharted Strait, http://www.brookings.edu/research/papers/2013/01/14-taiwan-bush，上網時間2013年1月15日。

兩岸交流合作中的自發秩序與制度建設
——以臺灣人的大陸政治參與為考察中心

河南師範大學政治科學與公共管理學院 王鶴亭

　　隨著兩岸關係和平發展的深入，兩岸交流合作也在廣度、深度上持續拓展。兩岸交流合作是兩岸公權力機關、團體及個人等在多個層面的多元互動，從發展趨勢或者說規範意義上來看，兩岸交流合作不僅有經濟、貿易、社會、文化等層面，也必然會觸及到政治領域的互動；不僅催生兩岸民眾間、兩岸公權力部門的互動，也一定會涉及兩岸民眾政治體系的互動。臺灣人的大陸政治參與必然是兩岸全面交流合作過程中的重要構成部分。就「一個中國」框架的規範性及兩岸復歸統一的指向性而言，臺灣人對大陸以及中國的政治參與可能是一種必不可少的建構路徑，其產生的壓力、支持、服從及認同轉換有助於逐步充實「一個中國」的內涵和建構兩岸復歸統一的秩序、制度。

一、研究回顧與反思

　　關於臺灣人大陸政治參與的研究相對較少，包淳亮教授在《從國家認同與政治參與談統一不確定性的極小化》[1] 一文中借助學理演繹推論認為，倘若臺灣人民可以參與中國政治，則國家認同的範疇也可能隨之變遷，倘若由於中國大陸的發展使臺灣人重新認同中國，則臺灣人也勢必要求參與中國政治。而如果僅僅參與中國政治就意味著統一，則統一不意謂臺灣的體制變動，其不確定性因之減至最低。兩岸學界的相關研究較多集中在跨界流動下的臺商、臺生等群體社會融入與認同變遷等問題，[2] 主要從經濟成本、社會資本、文化心理等方面歸因，而對於政治參與較少探討，或者將政治因素視為常數；而且多從全球化、跨國移民等理論視角出發展開研究，未必符合特殊的兩岸關係情境。部分學者的研究也

在關注臺商對於臺灣政治及兩岸關係影響的同時，探討了臺商在大陸的政治影響，如童振源認為，臺商是影響大陸政策決定的重要利益集團，因為臺商為中國大陸的經濟發展作出了巨大的貢獻，所以包括「臺資企業協會」成立、1995至1996年的臺海危機、1999至2000年的「兩國論」事件，大陸臺商都能夠在一定程度上影響大陸政府的政策。「臺資企業協會」和大陸官員保持了一種非常緊密的關係，為了保護和發展臺商利益，「臺資企業協會」在和大陸方面進行協商與溝通的過程中發揮了關鍵的作用；[3] 耿曙、林琮盛分析了臺商的政治角色，就「臺灣影響對岸」的層面觀察，認為臺商的角色有「作為夥伴的臺商」（Taishang as a partner）以及「作為說客的臺商」（Taishang as a lobby）兩種類型，藉由這兩種身分，可以發揮其潛在的政治影響，作為改變、軟化中共對臺政策的力量。[4] 本文立足於前人研究成果，擬從「一個中國」的法理與現實框架出發，整理臺灣人對於大陸政治參與的合法性、合理性以及現狀，將其作為兩岸交流合作不可或缺的部分，嘗試探討作為行動者和代理人的臺灣人在環境因應、利益追求及價值驅動等各種因素下的政治參與行為所形成的秩序，及其與制度的互動關係，從而試圖為深入兩岸交流合作、充實「一個中國」的政治內涵提供一點淺見。

倡導持續推動兩岸交流合作，其中含有的預設之一即是，交流合作能夠深入與鞏固兩岸關係的和平發展，進而能夠「由下至上」、「由經及政」的化解兩岸政治難題，經由社會經濟文化的交流融合去緩和乃至結束兩岸政治對立。延續這種預設與邏輯，既有的研究、政策及現實世界話語中，存在一些值得斟酌或者說需加以補足的思維或「結論」：通過兩岸大交流，尤其是臺灣人在大陸的經濟社會文化活動能夠改變他們對大陸的刻板印象，通過共同利益的聯結，進而作用於臺灣政治體系，改變兩岸關係結構；對臺灣而言，兩岸交流合作是「以商逼政」、「以民逼官」，西進臺商是「屠城木馬」；交流帶來臺灣民眾文化認同、民族認同的強化，進而帶來國家認同的轉化；通過兩岸「命運共同體」的建構，帶來兩岸「政治共同體」目標的實現；不少的研究以數據的增長來證明大陸與臺灣的經貿社會文化的聯繫越來越緊密，推導出或隱喻著功能主義或新功能主義的統合理論，即經濟社會的連帶作用、互相依賴性的增強能夠使兩岸政治關係改善

乃至邁向完全統一；臺灣民眾被視為一種被動的行動者，大陸制定各種優惠政策，頒布惠臺措施，使臺灣受益，臺灣民眾會逐步減少對大陸方面的「敵意」認知，產生對大陸的正面認同。然而兩岸關係發展的實踐卻使得這些思路或「結論」需要進一步的斟酌、校正或補足：並沒有充分說服力的數據可以證明臺灣民眾的政治認同發生預期的變化；或者說交流確實帶來刻板印象的改變，但若觸及深層的身分認同及統「獨」立場時，交流互動並無法發揮撼動的力量；[5] 臺灣民眾對於兩岸交流仍存在一定的矛盾心態；臺灣民眾並非是消極的被動者，而是具有自主性與能動性；臺灣人是否真的對高階政治、「國家定位」、政治談判等不感興趣呢，抑或是缺乏有效表達與參與途徑下的無奈？「臺灣主體意識」、「獨立」與「維持現狀」是否是一種對大陸或整個中國政治發展缺乏參與機會的情況下的一種自我保護心理和迴避呢？臺灣人的政治認同的形成具有特殊的環境，其中之一便是兩岸隔絕，臺灣人民無法實現「憲法一中」規範下的政治參與，也是一個重要誘因。臺灣民眾對於兩岸交流合作的矛盾心態的原因是不是源於自己無法控制或管理交流過程與結果的疑慮？交流合作的經濟、社會、文化與政治等各個面向是互相影響與糾結的，社會融入的相關研究說明了臺灣人的大陸生活適應及融入處於較初級和局部的狀態；命運共同體不能只有「利益共同體」，而缺乏「政治共同體感」的支撐。因此，筆者認為，需要補足的是臺灣人之於大陸或者說整個中國的政治參與，臺灣人作為中國人在意義上的構成部分，其政治參與填補了兩岸交流合作的空白空間，與兩岸經濟、文化、社會交流合作相互影響，同時豐富了兩岸公權力機關、團體、個人之間的互動，使其更加完整和全面，臺灣人的大陸政治參與所形成的行為秩序與制度建構也必定具有應然與實然上的合法性、合理性與必要性。

二、臺灣人大陸政治參與的合法性

臺灣人的大陸政治參與合法性源自於「一個中國」框架下兩岸中國人之於中國的政治權利，以及相對於兩岸復歸統一目標的延伸（衍生）權利。

依據現代政治基本理念，國家由政府、領土、人民及主權等要素構成，人民為國家權力的最終來源，對於政治事務擁有相應的創議、決定等權利，而國家公

權力的運行要受到民眾的監督，政治體系的維持與再生產也依賴於民眾的支持、服從與認同。兩岸同屬一個中國，臺灣人民也當然是中國這個國家的構成要素，對於中國政治事務擁有應有的參與權。「中華人民共和國政府以唯一中國政府代表自居，雖國家未統一，有效統治不及臺灣，但臺灣人民仍是中國人，是中國國民。任何的中國政府都有責任視臺灣的中國國民為國民」。[6]　因此，臺灣人的中國政治參與權利除了對於臺灣的參與外，對於中國大陸的政治參與也就成為重要的構成部分，而兩岸政治對立格局對於這部分權利的限制並不能消除其存在。兩岸關係的發展脈絡也能證明這種權利的存在，在兩岸競爭代表中國合法性的階段最為明顯，臺灣方面的實踐可以作為最明顯的反證，依據「中華民國憲法」，「中華民國之主權，屬於全體國民」，而由「國民大會」「代表全體國民行使政權」，在1949年之後很長時期內，「中華民國政權」力圖維持其代表中國的政治架構，而「國民大會」則發揮著重要功能，例如選舉「總統」、「修憲」等，在主觀上代表著全體中國國民對「中華民國」政治體系的參與，「萬年國大」的現象也從一個側面證明，雖然因政治對立和意識形態原因而限制了實質上的權利行使，但客觀上民眾對於這種涉及整個中國的政治事務具有參與的合法性。而後的臺灣「憲政改造」將「中華民國」劃分為「大陸地區」和「自由地區」，將政權運行及政治參與的範圍限定在「自由地區」，「自由地區與大陸地區間人民權利義務關係及其他事務之處理，得以法律為特別之規定」，實際擱置「大陸地區」人民的政治權利。而大陸在爭取臺灣的支持與參與方面也是不遺餘力，並有相關的制度建設與政策措施，尊重臺灣人民「當家做主的權利」不僅指對於臺灣內部事務的決定權，也包括對整個中國事務的參與，如全國人民代表大會中設有臺灣代表團；而大陸與移居大陸臺灣同胞之間的管理、權利義務也絕非是所謂移居國與外國移民之間的關係模式。「寄望於臺灣人民」與「寄望於臺灣當局」的方針在現代民主的邏輯下，也證明了臺灣人之於大陸政治參與（其實質是對中國政治事務的參與）的必要性與合法性。與完全統一的國家不同，中國內部存在著兩岸政治對立的特殊情況，但依據兩岸各自依循的法治，兩岸人民都在對方「國民」涵蓋範圍之內。由於在競爭代表中國合法性的過程中，「中華民國」政權漸漸處於劣勢，承認了大陸方面對於大陸地區的統治，而在「一個中國」框架的維

持與運行過程中，與臺灣相比，中國大陸方面承載著主要的能動性和主動性，在爭取臺灣人民的政治支持上具有更大的開放性，因此，在交流合作進度中兩岸民眾之於對岸的政治參與這一問題上，臺灣人對大陸的政治參與才是重點。

總而言之，大陸人和臺灣人對於中國的政治事務具有參與的合法權利，在涉及領土主權、代表整個中國等層面，兩岸民眾對於對岸政治體系也保有一定程度參與的權利，這是臺灣人的大陸政治參與的合法性的基礎部分；而在維持和充實「一個中國」框架以及追求復歸統一的目標導向下，臺灣人的大陸政治參與更為重要，如鄧小平所言「井水不犯河水」，大陸人不參與臺灣政治事務，因為臺灣不再競逐中國代表權之爭，但這並不意味著臺灣人不能參與大陸政治事務，只有補足臺灣人的政治參與，「一個中國」框架和復歸統一目標才能在實際運行中得以完整，這是臺灣的大陸政治參與合法性的延伸部分。

三、臺灣人大陸政治參與的合理性

如前所述，臺灣人的大陸政治參與對於維持和充實「一個中國」以及漸進達成復歸統一目標而言是必要的。同時，大陸政治參與的必要性與合理性也存在於其他方面。

對臺灣當局和政治精英而言，可以增加其在兩岸關係中的安全性和能動性。學者常以全球化的視角來論證內政越來越多地受到外在因素的影響，臺灣不是一個國家，兩岸關係並非國際關係，但在全球化及兩岸關係的雙重影響下，無論臺灣當局和政治精英們將臺灣與大陸的關係看做是「一個中國」的內部關係，還是「一中一臺」的關係，顯然將所謂「政治安全」或自主性侷限在臺灣內部顯然是不夠的。在臺灣人在中國大陸的利益日益增加、兩岸交流合作愈發深入的情態下，排斥大陸只會壓縮自身的政治空間，使得兩岸間的不平衡愈發擴大。而「參政中國給予臺灣人能動性，毋寧也可以是一種化解焦慮的方式」[7]。大陸政治參與並不是在兩岸政治對立的環境中「選邊站」，政治參與也不同於「隸屬」，更不是「被統治」，而是藉由政治參與的過程，讓臺灣的政治精英直接與大陸政治系統「對話」。在兩岸政治定位尚未獲得共識之前，兩岸公權力機關之間的正式交往或談判不可求，強求則可能陷入沒輸沒贏，甚至造成兩岸交流合作進度的

倒退，而通過廣泛的、常態性的臺灣人的大陸政治參與，可以有更多的政治精英或普通民眾與大陸進行平等的溝通、互動，可以將兩岸高階政治議題分解，增進理解與互信，也未嘗不能為臺灣累積更多的政治空間與能動性，更可能在兩岸經貿社會文化聯結的「安全網」之外，編織「政治安全網」，如前述童振源和耿曙的研究都從實證和理論方面證明了在陸臺商的政治參與對大陸對臺政策產生了有利於臺灣的影響。

對臺灣人民而言，可以增加自主性，降低不確定性，累積對兩岸關係的可控感。「維持現狀」反映了臺灣人民對於兩岸關係未來不確定性疑慮心態下的理性選擇。臺灣學者吳介民教授認為臺灣社會心態應加以調整，從「背對中國」轉向「面對中國」，[8] 筆者以為還應進一步深入，走向「參與大陸」。雖然在臺灣內部的選擇比較多元，但「獨立」與「統一」都意味著改變現狀與未知的不確定性。「一國兩制」給予臺灣巨大的自主空間，「然而一國兩制或許在降低統一過程中的不確定性上有其可稱道之處，但其強調『體制』差異，無異於承認大陸的政治體制對於臺灣毫無吸引力，因而分享了『臺獨』論者所深刻認知到的大陸體制遠比臺灣體制落後的觀點；更甚者，由於一國兩制不是從人民的角度出發，也不強調民主，忽略了政治參與對於促進溝通、形成共識上的根本重要性」，而「如果統一意謂『受大陸統治』，固然絕不可行；如果統一意謂簽訂一個『條約』，大幅改變『中華民國』與中華人民共和國的政治體制，現實上的不確定性也很高。只有先求政治參與的空間，才能大幅減少不確定性，同時象徵統一；而在此漸進的參與過程中，或許漸漸地臺灣人也才會覺得沒有與中國隔海對立的必要性」。[9] 通過參與大陸政治，發揮自主性與能動性，增加對中國政治及兩岸關係的功效感，參與兩岸交流合作不再有「喪失自我」的疑慮，而是一個維護自身利益、累積自身權力、實現自身權利的過程。

而對於登陸臺灣人民而言，通過大陸政治參與保護自身權益更加具體、直接，具有迫切性和現實性。應然與實然之間的落差使得多元的政治參與更顯務實和必要。「臺灣居民成為中國官方範疇中的一個特殊身分團體，是一種既非一般『中國公民』、也非一般『外國人』的『境外人士』」，旅居大陸的臺灣人，「放在現代政治學的譜系中，比較接近國民，而非公民」。[10] 這是因兩岸關係

的特殊性所產生的權宜性選擇，加上臺灣方面對臺灣人大陸政治參與的諸多限制，使得登陸的臺灣民眾雖然在大陸投資就業就學，深度融入大陸經濟社會各領域，衍生諸多經濟社會等方面的利益聯結，卻無法實現以充分的政治權利、全面的途徑來維護自身利益。然而政治參與的形式和管道是多元的，即便如「兩岸人民關係條例」禁止臺灣人擔任大陸公職等，但仍可以通過其他方式參政議政，例如通過臺商協會與政府溝通，在一些地區列席地方「兩會」，參加相關部門定期召開的「懇談會」發表意見。[11] 以適當方式參與大陸政治生活，「有利於臺灣同胞逐漸融入當地社會，有利於增進兩岸同胞的相互瞭解，也有利於更好地維護臺胞的權益」。[12]

對於臺灣民眾政治認同的發展而言，有助於增加開放性。在海峽兩岸分立的情況下，雖然兩岸維持「一個中國」的法理架構和憲法約束，然而在政治實踐上雙方都難以實施相應的行動。加強交流合作可以增加瞭解，也希望能夠帶來臺灣人民認同的改變，但目前以共同利益聯結、「惠臺」等方式具有一定的權宜性。更深層的思考，應該是在政治正當性層面有所作為，在這個層面上，經常以「血緣、文化、民族聯結」等作為支撐，但這些只能看作是一種輔助性的環境因素，對於生成或復歸傾向於「一個中國」以及「統一」的政治認同這一目標而言，具體而直接的符合程序正義的政治參與似乎更加根本、有效，無論是出於維護自身利益，還是受價值信念驅動，經由衝突、溝通、改變等建構一種共同政治空間，獲得一種功效感，進而從微觀層面生成「政治共同體感」。同時，因政治參與帶來的正向的功效感與共同的文化、民族認同之間則可以相互補充而產生加乘效應。

對於兩岸交流合作進度而言，臺灣人的大陸政治參與能夠增進交流合作的全面性和均衡性。兩岸目前正面臨化解敵意與相互協作的時期，雙方應在各方面積極加強交流，建立互信。政治交流是兩岸交流合作的重要部分，更是面臨諸多難題的領域。政治方面的交流合作並不僅僅是兩岸官方、政黨之間的正式對話、協商，也包括更為日常、具體而多元的臺灣人的大陸政治參與。兩岸政治關係議題有「高階」與「低階」之分，其實還應注意到可以有另外的分類，比如相對平等的雙向政治互動和相對非對稱性的單向政治參與，這可以使我們能較為充分認識

到兩岸政治難題的消解可以換一種思維或路徑。兩岸交流合作雖秉持「先經後政」、「由低至高」、「求同存異」、「循序漸進」等原則，但交流合作的內容及進度卻未必是線性的，政治作為一種配置資源、設置規則的權力活動，對於經濟、社會、文化等活動具有相當程度的制約或引導功能，這在兩岸關係中尤為明顯，政治交流與其他領域的交流相輔相成，可以使兩岸交流合作更加協調均衡。此外，臺灣人的大陸政治參與能夠使得可能存在的中央政策與地方政府執行之間的落差以及各政府部門之間的不同得以顯現，通過問題的解決，能在微觀層面推進兩岸交流合作的協調性。

四、臺灣人的大陸政治參與現狀

受制於兩岸關係特殊的政治環境與地理環境，臺灣人的大陸政治參與並不具備較為順暢的條件與管道；同時加之相關制度的制約，使得這種參與並非充分而全面的。但在既有的結構性限制與制度性制約下，臺灣人出於功能性或價值性需求，仍存在多個層面的大陸政治參與。

首先，在地的臺資、臺商、臺幹出於維護或追求經濟利益的考慮而進行主動或被動的大陸政治參與。臺商投資大陸會對政治風險作評估，兩岸政治對立的外在環境是一項不可避免地影響投資動機與策略的因素，加上一定程度上的政策不確定性、制度的不透明性，從降低風險、尋求行政上的便利、降低成本、增加利潤乃至利用制度漏洞等方面，臺資、臺商等通過各種方式或高或低地參與大陸政治事務或者説地方治理。

在第一層次，臺商「自力救濟」，形成吳介民教授所稱的臺商「關係政治學」，臺資企業用付給地方官員非正式租金的方式，尋求行政上便利、降低成本，增加利潤，這種非正式的關係並非長久的、穩固的，臺商與政府官員彼此間也只是利益交換、各取所需的「同床異夢」的關係，[13]，臺商通過經營有效的政商關係來降低尋租的威脅與風險，並尋求保護與同盟，關係中的工具性性格逐漸發達，讓投資者與地方政府間建立合作協定或共謀協議。[14]

在第二層次，當制度缺乏適用性、尚未規範或者説不存在規範時，臺商可以與地方政府之間基於利益共生而達成某種默契或秩序，從地方政府在與臺商的互

動過程中，一些地方政府除了給予中央政策規定的優惠之外，在執行中央政策時會保持較大空間的彈性與緩衝，[15] 臺商的參與是一個很大的促因，而且地方政府在制定制度、執行政策時也會主動邀請臺商參與議政。[16]

在第三層次，通過組織化的方式參與，例如臺商協會、全國臺灣同胞投資企業聯誼會，通過臺商協會集結臺商企業的力量，一方面提供會員在生活、投資方面的問題協助，另一方面臺商通過臺商協會的管道，能夠參與地方政策規劃上的談判與協商，使得臺協確實發揮爭取臺資企業權益的制度性角色，提升臺協在各項事務的影響力。

在第四層次，通過融入大陸政治體系中的既有管道直接參政議政，如旁觀、參選、列席政協、人大等，早在2006年廈門臺商林重光就曾公開參選區級人大代表；2007年臺商林佳蓉擔任東莞市政協委員；2010年廈門市第13屆人大會5次會議，3名臺商代表首次被編入代表小組全程參與人大、政府工作審議討論，發表意見和訴求；[17] 廣東省等設常駐臺籍特聘或特邀委員；[18] 直接擔任省或全國政協委員；等等。大陸政府對於臺灣同胞參政願望也表示尊重和理解。[19]

其次，旅居大陸的臺灣同胞出於增進社會文化利益而衍生對大陸的政治參與。旅居大陸的臺灣人如臺商、臺幹、臺生、旅遊者等，出於維護和增進自身或大陸的社會文化利益，會產生對於大陸政治體制、行政管理制度以及具體運行機制、政府作為、公職人員行為等的一些批評或建議等，甚至直接參與系列治理過程，影響或促進了大陸政治制度在微觀層面的變化。例如臺灣慈善組織深度參與大陸慈善事業，也引起對大陸行政管理部門在慈善事業中的角色與功能的思考，帶來一些變化。因對大陸行政系統或慈善體系存在某種程度的不信任或不瞭解，一些臺灣慈善組織和人士會對相關制度及其運行加以監督，甚至是要求加以重新設計或校正。如王建煊設計「王氏助學模式」來「防止愛心受傷」即是一個有趣的例證，為了避免捐款流程產生弊端，王建煊在大陸與港臺各地拜訪如紅十字會、青商會、獅子會、慈濟等慈善團體，瞭解他們對於捐款的監督與使用，最後與中國僑聯簽約合作[20]，每建一所愛心小學，都要簽署愛基會、中國僑聯和當地縣政府的三方協議書，根據協議書，愛基會將20萬人民幣匯入僑聯，僑聯再

匯入當地縣政府的國庫帳戶，由當地政府負責項目的實施，僑聯系統負責與地方政府溝通與項目監督。「土氏助學模式」的獨到之處是引入了對政府的監督，這是王建煊為解決「資金不到位」問題的解決方案，更是一種比較低階的政治參與。

第三，臺灣人在網路政治空間裡通過新媒體所進行的大陸政治參與不容忽視。與兩岸地理隔絕的實體政治空間不同，虛擬網路裡的兩岸政治互動卻建構了事實上的新政治空間，網路政治空間能夠超越地理與空間的限制，為兩岸政治交流營造了新的平台。兩岸民眾在此空間內就兩岸關係難題、臺灣與大陸政治體制等各種問題展開交流、批評、激辯，不同理念與觀點發生碰撞、融合，它不是兩岸「內戰」的「新戰場」，而是兩岸彼此深入瞭解與理解的橋樑。在此過程中，臺灣政治精英或普通民眾的政治理念及其對大陸政治體制的批評、意見或建議等也會對大陸民眾的思想產生一定反響，甚至引起大陸相關部門的回饋、修正，這其中尤其以新媒體形式的政治參與最為明顯。新型社交媒體如微博以其快速的擴散性和延展性、訊息聚合功能、民意積聚功能，成為一種影響當代中國政經社會生活的重要管道。比較典型的案例就是邱毅新浪微博聲援南京法桐事件，[21] 在南京市民及大陸網民自發護樹早期，官方並未充分滿足民眾訴求，[22] 邱毅通過新浪微博介入後，南京市政府多次與邱毅溝通，最終滿足了護樹訴求，而且承諾改變類似問題的政策制定的流程和議事規則。除邱毅外，許多臺灣政治精英、知名人士已經或曾經開通新浪微博，如謝長廷、蔡其昌、郭正亮、陳長文、李敖、陳文茜、伊能靜等，主動建立起與大陸溝通交流的窗口以及參與的管道，發表諸多關涉兩岸關係和大陸政治的言論，其受眾主要是大陸人群，其影響也會在網路空間中「發酵」。借助於新媒體的政治參與更加便捷直接，能迅速積聚民意和關注，並能引發受眾持續而深入的思考，這是以往的政治參與管道所不具備的，也給大陸政治體系帶來新的壓力與動力。

前兩種參與比較適合於「治理」的解釋框架，這種參與並沒有非常濃重的「高階」政治色彩，而後一種更符合政治交流的定義，交流的議題和作用對象較為多元，涉及一些「高階政治」領域。前兩種主要是一種功能性參與，而後一種則包含有較多的情感性和價值性色彩。總體來看，臺灣人的大陸政治參與在規模

和影響上逐步擴大，參與程度有深入趨勢，這些參與在兩岸政治關係格局下及大陸政治體系內形成一種特殊的「秩序」，具有自發性、局部性、相對無序、個案性等特點。

五、臺灣人大陸政治參與的制度建設

可以預見，隨著兩岸交流合作的頻繁，政治交流的空間將逐漸被填補，臺灣人或作為行動者（actor），或作為代理人（agent），出於不同動機，在微觀和具體層面的大陸政治參與固然建構著「自發秩序」，但兩岸的政策、制度對於參與門檻、過程及後果具有相當大的影響，而制度的限制、引導或驅動也在兩岸關係宏觀結構下從中觀層面形塑臺灣人大陸政治參與的行為與秩序。

在兩岸政治對立的結構性矛盾制約下，兩岸公權力機關在臺灣人大陸政治參與問題上的政策、措施、制度等存在較明顯的差異。從臺灣當局的政策措舉來看，相關制度較為封閉保守，對於臺灣人的大陸政治參與具有明顯的限制性傾向；而大陸則越來越具有開放性，甚至主動爭取臺灣人的政治參與，並逐步完善相關制度加以規範和引導。這一差異在兩岸官方和臺商圍繞大陸參政問題上的互動、博弈過程中表現得尤為顯著。臺商基於維護和爭取自身利益而發生大陸政治參與，從早期的「自力救濟」發展到良性的「政商互動」再到組織化的參與以及進入大陸體制內參政議政，這種「自發秩序」具有良性運轉與拓展的傾向，臺商進一步的參政議政常態化、制度化理應得到兩岸官方的理解與支持，大陸對此充分理解、尊重，並具體研擬相關制度，但臺灣方面卻消極應對，對於脫離時代的「禁令」未能有所作為。臺灣當局在1992年制定的「臺灣地區與大陸地區人民關係條例」第三十三條第二項規定，臺灣人民、法人、團體或其他機構，不得擔任經「行政院大陸委員會」會商各該主管機關公告禁止之大陸地區黨務、軍事、行政或具政治性機關（構）、團體之職務或為其成員，這構成了臺灣人進一步參與大陸政治事務的制度性障礙。根據2004年「陸委會」的解釋，禁止擔任大陸地區黨務、軍事、行政或具政治性機關（構）、團體之職務或為其成員之原則有三：（一）涉及國家認同或基本忠誠度，（二）對臺統戰工作，（三）有妨害國家安全或利益之虞，[23] 這顯然是以敵對思維來處理兩岸交流合作，直至今天仍

然延續這種固定思維模式來處理臺商的大陸參政問題。這一問題的爭議點在於，臺商基於維護和爭取權益而參政，臺灣當局則以所謂「政治忠誠」、「國家安全」作為禁絕的理由，不可否認，在兩岸競爭性權力結構中，大陸占據優勢，臺灣當局存在一定程度的安全顧慮是可以理解的，但這種制度設計既未與時俱進，不能滿足臺灣人民的合理要求，更突顯了臺灣當局的信心不足和疑慮過度。2012年4月「陸委會」所列的「開罰名單」有32人擔任大陸黨政軍公職，但其中31人均為臺商[24]，這也佐證了前述判斷，臺商參政是維護權益的合理需要，大陸為其提供制度性管道，而臺灣則是應對失當。

相對於臺灣當局的封閉保守，大陸政府對於臺灣人的政治參與應繼續保持開放的管道，在既有制度建設的基礎上，持續增加臺灣人政治參與的廣泛性和代表性；注意建構一個協調有序的制度體系，避免自身在面臨臺灣人政治參與時可能的應對失序。

首先，制度的設計和引導可以從臺商擴大到臺幹、臺生、臺眷等，擴大政治參與的基礎與範圍。

其次，促進臺灣人的大陸政治參與逐步由象徵性發展到實質代表性，「在大陸的臺灣居民參政議政已出現了多元化發展傾向，二百多萬名在大陸的『新臺灣人』——臺商、臺生、臺眷，將會逐漸取代不到四萬人的在大陸出生並是大陸居民的臺屬第二、三代『老臺灣人』。無論是『臺胞』身分的代表性，還是彰顯兩岸同屬一個中國，臺灣同胞直接參加國家事務管理工作的實質意義，都強得多」。[25]

第三，當前的兩岸制度設計集中於可控性較強的登陸臺灣人政治參與方面，大陸政府對於兩岸政治交流、臺灣人跨界政治參與應有更多的制度規劃，在秉持「只要堅持『一個中國』，兩岸之間什麼都可以談」的精神，可以先期思考相應的宏觀規劃和細節支撐。

第四，應注意進行對大陸政治體系內部的制度和功能整合，充分注意避免和消除大陸各部門之間因「條塊分割」、思維和工作方式差異而產生的應對失序和互相衝突，面對臺灣人的政治參與，各部門之間的制度規範及運行機制並不必然

協調有序，制度阻礙或不合宜的應對方式都可能會抵消正面積極的制度驅動力，因此，有必要通過制度整合以形成制度驅動的合力。

六、結語

總之，在兩岸同屬「一個中國」、政治對立的宏觀架構下，兩岸交流合作的深入必然觸及政治交流，而臺灣人的大陸政治參與具有相應的合法性、合理性與必要性。臺灣人出自於維護和爭取自身權益、基於情感與價值性的驅動，對大陸的政治參與不斷擴大與深入，在兩岸既有政治格局及制度環境下，建構了一種「自發秩序」，對兩岸政治體系產生了更多的壓力和制度需求，而兩岸公權力機關相應的政策作為、制度建設也將形塑臺灣人進一步的大陸政治參與。臺灣當局需要以更加開放的心態，逐步消除制度性障礙，大陸則應充分尊重臺灣人的正當需求，順勢而為，加強制度建設與引導，推動臺灣人大陸政治參與的良性有序擴展，同時應注意消除「條塊分割」、「各自為戰」，加強宏觀規劃，整合制度，使不同機構、制度之間的協調有序。而兩岸公權力機關之間也應在兩岸和解的情境下，加強溝通，保持一定的默契與共識。

注　釋

[1].包淳亮：《從國家認同與政治參與談統一不確定性的極小化》，《香港社會科學學報》第33期2007秋／冬，第59～88頁。

[2].如耿曙、林瑞華：《制度環境與協會效能：大陸臺商協會的個案研究》，《臺灣政治學刊》卷11：2期2007.12，第93～171頁；林瑞華、耿曙：《經濟利益與認同轉變：臺商與韓商個案》，《東亞研究》卷39：1期2008.01，第165～192頁；林瑞華、胡偉星、耿曙：《『階級差異』或『認同制約』？——大陸臺灣人當地融入的分析》，《中國大陸研究》卷54：4期2011.12，第29～56頁；王茹《「兩岸族」臺胞的社會身分認同與兩岸命運共同體》，《臺灣研究集刊》2010年1期；《臺灣「兩岸族」的現狀、心態與社會融入情況》，《臺灣研究集刊》2007年第3期；嚴志蘭：《跨界流動、認同與社會關係網路：大陸臺商社會適應中的策略性》，《東南學術》2011年第5期等。

[3].童振源：《全球化下的兩岸經濟關係》，臺北：揚智文化2003年版，第

332～352頁。

[4].耿曙、林琮盛：《全球化背景下的兩岸關係與臺商角色》，《中國大陸研究》2005年3月第48卷第1期：1～28頁。

[5].耿曙、曾於蓁：《中共邀訪臺灣青年政策的政治影響》，《問題與研究》49卷3期2010年9月，第29～70頁。

[6].王曉波：《臺胞國民化和兩岸一體化——也論臺灣社會統一動力的重建》，臺灣《海峽評論》雜誌2006年8月第188期。

[7].包淳亮：《從國家認同與政治參與談統一不確定性的極小化》，《香港社會科學學報》第33期2007秋／冬，第59～88頁。

[8].吳介民：《中國因素與臺灣民主》，《思想》2009年第11期。

[9].包淳亮：《從國家認同與政治參與談統一不確定性的極小化》，《香港社會科學學報》第33期2007秋／冬，第59～88頁。

[10].曾嬿芬、吳介民：《重新思考公民身分的政治面向：移居中國之臺灣人公民身分政策為例》，《政治與社會哲學評論》第32期2010年3月。

[11].鄭立中：《大陸臺商可以通過幾種管道參政議政》，中國新聞評論網，2010年3月8日，http://www.chinareviewnews.com/doc/1012/5/2/4/101252439.html?coluid=7&kindid=0&docid=101252439，查詢日期：2013年2月15日。

[12].國臺辦：《望臺方以建設性態度處理臺胞在大陸任公職》，中國臺灣網，2012年3月28日，http://www.taiwan.cn/xwzx/la/201203/t20120328_2408407.htm，查詢日期：2013年2月16日。

[13].吳介民：《同床異夢：珠江三角洲外商與地方之間假合資關係的個案研究》，載李思民等編《中國區域發展面面觀》，臺北／香港：臺灣大學人口研究中心與浸會大學林思齊研究所，1996年，第176～218頁。吳介民：《「關係政

治學」：臺商在中國的生存策略與倫理處境》，載臺灣中社編《危機時代，認識中國》，高雄：春暉出版社2005年版，第37～63頁。

[14].Wu Jieh-min, 1997, Strange Bedfellows: Dynamics of Government-Business Relation between Chinese Local Authorities and Taiwanese Investors, Journal of Contemporary China, Vol.6, No.15, pp.319-349.

[15].陳建成：《全球化下地方治理研究——以無錫臺商參與地方經濟發展為例》，東海大學碩士學位論文2010年，第122頁。

[16].柏蘭芝、潘毅：《跨界治理：臺資參與崑山制度創新的個案研究》，載盧鋒主編：《中國經濟轉型與經濟政策》（第三輯上冊），北京大學出版社2004年版。

[17].黃嵩、魯欣：《臺胞大陸「參政」破禁發聲護權益》，《政協天地》2010年Z1期。

[18].《廣東政協特聘臺胞僑胞委員開全國先河》，新浪新聞2009年2月9日，http://news.sina.com.cn/c/2009-02-09/075617175720.shtml.查詢日期：2013年2月15日。

[19].《國臺辦：尊重並理解在陸臺商在當地參政議政願望》，中國臺灣網2010年2月24日，
http://www.taiwan.cn/xwzx/xwfbh/gtbxwfbh/wb/201002/t20100224_1262881.htm.

[20].《臺灣政壇鬥士大陸做慈善 惠及十萬貧困學童》，搜狐新聞2008年9月2日，http://news.sohu.com/20080902/n259333935.shtml，查詢日期：2013年2月15日。

[21].邱毅微博聲援南京法桐事件：這起被稱為「法桐事件」的事故，緣起於三月九日，為興建地鐵，南京移植市內太平北路沿線四十多株法國梧桐，有網民將梧桐樹被連根拔起的照片貼上網路，引起許多對南京法國梧桐擁有美好記憶者的迴響，其中包含邱毅。邱毅的反對，基於南京最早一批法國梧桐樹，是國民政府時期栽種，是兩岸歷史記憶的一部分。邱毅介入此一事件的管道是「新浪微

博」。開通「新浪微博」僅只三個月，丘毅已經擁有超過四十八萬名粉絲。邱毅在新浪微博上表示，在兩岸都正慶祝「辛亥百年」之際，針對南京市砍掉梧桐一事，他身為國民黨中常委，須表達最深沉的抗議。邱毅對南京提出「一個改變、三項原則」建議，改變指南京應召開公聽會，聽取市民意見；三項原則是不砍樹、以不移植為原則，若需移植，須以「最少數量」為準。據指出，南京市政府以正式公文「南京市人民政府對邱毅先生微博的回覆意見」，給予邱毅積極回應，不但承諾南京主城區的法國梧桐均不移植，國民政府時期栽種的五千株法國梧桐也均不移植，此外，還承諾今後再有類似問題，將會先行公告，徵求社會民眾的意見，並且接受民眾監督。引自《南京法桐事件邱毅聲援奏功》，《中國時報》2011／3／20。

[22].《南京為修地鐵遷移梧桐樹 官方稱回歸可能性不大》，雅虎資訊 2011年3月5日，http://news.cn.yahoo.com/ypen/20110315/259537.html，查詢日期：2013年2月16日。

[23].《公告 臺灣人民、法人、團體或其他機構，禁止擔任大陸地區黨務、軍事、行政或具政治性機關（構）、團體之職務或為其成員》，2004年3月1日「行政院大陸委員會」陸法字第0930003531-1號，www.mac.gov.tw.

[24].《32 人涉任陸職 陸委會擬開罰》，大公網2012年4月30日，http://202.55.1.83/news/12/04/30/TM-1475872.htm，查詢日期：2013年2月16日。

[25].《臺商參加權力機關工作 廈門再先行先試》，中國評論新聞網2010年1月20日，http://www.zhgpl.com/crn-webapp/mag/docDetail.jsp?coluid=24&docid=101203656&page=3，查詢日期：2013年2月16日。

持續推動兩岸關係從量到質的跨越

廈門市臺灣學會 楊仁飛

經過兩岸雙方共同努力,近年海峽兩岸關係呈現快速發展勢頭,和平發展成為兩岸主流民意與時代潮流。不過,由於兩岸長期累積的敵意尚深,互信基礎薄弱,因此和平的基石尚未牢固。當前兩岸關係挑戰與機會並存,兩岸公權力機關與民眾應抓住機遇,克服當前面臨的困難,共同謀求兩岸關係可長可久的發展。

一、推進兩岸政治對話的有利條件

1.兩岸交流向制度化推進,和平發展與「九二共識」成為兩岸主流民意,和平戰略成效彰顯

和平與發展是鄧小平的遠見卓識。[1] 近年來,特別是2005年以來,以胡錦濤為總書記的黨中央領導集體推出一系列對臺工作新論斷、新政策、新措舉,形成對臺戰略新思路——和平戰略。[2] 2005年3月,胡錦濤總書記在《關於新形勢下發展兩岸關係的四點意見》中提出,「和平解決臺灣問題、實現中國和平統一,符合兩岸同胞的根本利益,符合中華民族的根本利益,也符合當今世界和平與發展的潮流」。2006年4月胡錦濤總書記在會見國民黨榮譽主席連戰時首次系統地闡述了「兩岸關係和平發展觀」。2007年10月,黨的「十七大」將「和平發展」正式作為中國共產黨推動兩岸關係發展的主題,並提出「在一個中國原則的基礎上,協商正式結束兩岸敵對狀態,達成和平協定,建構兩岸關係和平發展的框架,開創兩岸關係和平發展新局面」。2012年11月,胡錦濤在十八大報告中進一步闡述兩岸關係和平發展的基本主張,主張實現和平統一首先要確保兩岸關係和平發展,必須堅持「和平統一、一國兩制」方針,堅持發展兩岸關係、推進中國和平統一進度的八項主張,全面貫徹兩岸關係和平發展重要思想。

廈門大學臺灣研究院劉國深院長指出，和平發展使海峽兩岸雙方可以超越政權之爭的政治藩籬，建立基本的政治互信，在此基礎上雙方可以達成「建立互信、擱置爭議、求同存異、共創雙贏」，可以讓雙方擺脫統「獨」之爭糾纏，找到彼此之間的政治交集，為雙方創造出更多的時間和更大的空間，得以從容不迫地解決政治難題。[3]

在和平戰略的推動下，2008年以來，海峽兩岸通過兩會平台的協商機制得到新的發展，目前已經形成了雙軌、多元和多層次的溝通交流機制。2010年6月29日，海協會會長陳雲林與海基會董事長江丙坤在重慶簽署了《海峽兩岸經濟合作框架協議》，為兩岸經濟合作架設了一個制度化的平台。2013年3月21日兩會協商談判取得新進展，雙方達成「同意將兩會互設辦事處納入兩會協商議題，適時進行業務溝通」，並爭取年內有所突破。

2.通過積極有效的對臺爭取、分化、轉化戰略與政策，爭取臺灣民心的工作取得一定成效，島內支持兩岸和平交流、合作對話的力量正在形成迫使民進黨改變「臺獨」立場與政策，阻止其破壞兩岸關係和平發展是我對臺政策的重要組成部分。通過持續努力，民進黨內部出現支持兩岸務實交流的聲音。曾任民進黨主席的謝長廷是目前民進黨內部重新思考大陸政策的指標性人物。2012年12月，人在美國的謝長廷稱，必須正視大陸崛起對臺灣產生的正面和負面的影響，臺灣應穩健處理與大陸關係，經民間的兩岸論壇增進臺灣與大陸的相互瞭解，改善兩岸關係。《美麗島電子報》副董事長吳子嘉認為，民進黨如果不改變兩岸路線的話，根本不可能在以後的選舉中取勝，甚至會變成兩岸和平的障礙。[4]2012年10月謝長廷以個人名義訪問廈門、北京等地，進行其「開展、互信、分享之旅」。這是2000年以來民進黨內最重要政治人物的一次登陸行動，具有引導、推動民進黨與大陸加強交流的意味。在此前後，謝系人馬接連派人參加在雲南騰衝與福建平潭舉行的兩岸關係研討會，並計劃在2013年內臺灣維新基金會與大陸有關研究所在香港舉辦兩岸論壇。民進黨中央在黨內一些人士的壓力下，也釋放出評估以「新境界文教基金會」名義與大陸智囊合辦學術研討會的可能性。[5]

當然，民進黨內部雖出現主張兩岸交流、對話的聲音，但他們的主要目的是

為了實現民進黨重新執政的目的。因此，主張發展兩岸交流、民共交流只是民進黨的政治工具而已。民進黨「反共、反大陸」的本質，其「臺獨」的政黨屬性不會很快改變，現階段我們不應被民進黨內少數政治人物主張兩岸交流而模糊了對民進黨的認識，也不能高估了民進黨黨內主張調整兩岸政策的力量。

爭取臺灣民心的工作，是大陸對臺工作的基礎。由於近年來兩岸密切的交往與合作，兩岸普通民眾認知到戰爭不應當是兩岸的選擇，感受到兩岸並非敵對，可以和平共處、理性對待，真正認識到和平的可貴與重要。目前臺灣民眾對大陸的看法正在發生積極的變化。2012年9月臺灣《聯合報》民調顯示，「大陸政府對臺灣人民善意指數」從2011年的33.9%上升到52.1%。2011年臺「陸委會」的民調顯示，超過半數的臺灣民眾認為兩岸變得比較緩和（占57.6%）。[6] 隨著兩岸交流的頻繁與雙邊關係制度化的逐步推進，將為兩岸關係和平發展的深入提供制度的保證與基礎。

3.在反對「臺獨」的共同訴求下，一個中國原則或「一中架構」認知得到強化

2000年民進黨上台執政，「臺獨」風險驟增。為避免、阻止民進黨將臺灣帶上一條不歸之路，大陸頒布《反分裂國家法》，有效遏止了「臺獨」勢力。

目前臺灣島內，特別是藍營政治人物普遍形成反對「臺獨」，堅持「九二共識」的政治原則。2008年臺灣領導人馬英九明確將兩岸定位為地區與地區的特別關係，並非國與國的關係。2012年月3月，胡錦濤總書記與國民黨榮譽主席吳伯雄就兩岸同屬一個中國形成更為清晰的共同認知。2013年2月國民黨榮譽主席連戰再次訪問大陸，在與習近平主席會面時，連戰明確提出「一個中國、兩岸和平、互利融合、振興中華」16 字基本原則，強調雙方可以求「一中架構之同，存一中涵義之異」，發展更有意義、更具建設性的兩岸關係。

4.兩岸經濟關係日益密切，民間交流深入推進，為兩岸政治對話打下扎實的基礎

黨的十八大報告明確指出：「希望雙方共同努力，探討國家尚未統一特殊情況下的兩岸政治關係，作出合情合理安排；商談建立兩岸軍事安全互信機制，穩

定臺海局勢；協商達成兩岸和平協定，開創兩岸關係發展新前景。」大陸雖然沒有逼迫臺灣進入政治協商，但提示未來兩岸政治關係的議題不可迴避。

雖然馬英九多次表態目前不會進行兩岸政治談判，堵住了未來兩岸進行政治對話可能性，不過臺灣不少有識之士認為兩岸進行政治對話已具一定的條件。臺灣前「國安會祕書長」蘇起認為，兩岸「先經後政」有其時空狀況，兩岸經濟合作框架協議已經是低階段政治的體現，未來四年一定是「有經有政」。蘇起主張，馬英九應先積極推動籌組「兩岸和平發展委員會」，且可先「授意不授權」與大陸開啟政治對話，及早爭取主動權。國民黨中評委主席團主席張榮恭表示，未來兩岸政治對話不可避免，重點是兩岸雙方都把話說清楚之後，要尋找比較容易對話的議題。[7]《中國時報》2013年4月27日社論稱，兩岸進行政治對話對降低緊張、增加互信都有正面幫助。雙方不妨成立兩岸或區域和平論壇或智囊，有系統、全面性地探討兩岸關係中有待解決的問題。[8] 民進黨前主席許信良希望，兩岸能夠對話，通過對話達成政治諒解，臺灣應該用正面的態度，這不只有益於兩岸關係，也會有助於穩定東亞局勢，臺灣可以讓中國大陸更有信心，不然中國大陸高漲的民族主義，很容易讓臺灣受到傷害。許信良還呼籲民進黨提出新的兩岸決議文。[9]

二、兩岸政治關係面臨的主要障礙與存在問題

1.臺灣一些政黨與政治人物藉口兩岸制度與價值觀差異敵視大陸

迄今為止，臺灣官方與民間即使認同30年大陸經濟快速發展及支持兩岸經濟、民間交流，但仍自認臺灣在民主建設方面是亞洲的楷模，臺灣實行的政治制度比大陸優越。馬英九在2008當選臺灣領導人之時稱，「臺灣的民主已經跨越了一個歷史性的里程碑」，「臺灣是亞洲和世界民主的燈塔」，「因為臺灣是全球唯一在中華文化土壤中，順利完成二次政黨輪替的民主範例，是全球華人寄以厚望的政治實驗」。[10] 2012年馬英九連任之時再次開門見山歌頌臺灣的民主成就：「這是臺灣民主邁向成熟的重要里程碑。自由與公正的選舉程序，臺灣全體選民所展現的高度民主素養，都獲得國際社會的讚揚！」在談到臺灣文化競爭力時，馬英九還聲稱，「民主制度造就了我們的公民社會，公民社會中開放的風

氣、自由的精神，成為創作家的土壤。開放的社會才會有奔放的創意，自由的環境才容許大膽的想像」。[11]

不僅如此，臺灣領導人及政治人物還試圖以西方及臺灣的價值觀、意識形態來影響與改變大陸。馬英九曾稱「期盼兩岸民間團體在民主、人權、法治、公民社會等領域，有更多機會交流與對話，為兩岸和平發展創造更有利的環境」。「兩岸問題最終解決的關鍵不在主權爭議，而在生活方式與核心價值。我們真誠關心大陸十三億同胞的福祉，由衷盼望中國大陸能繼續走向自由、民主與均富的大道，為兩岸關係的長遠和平發展，創造雙贏的歷史條件」。[12]

兩岸敵對的歷史記憶與政黨操作需要，還使得臺灣一些政黨與政治人物將大陸視為「敵對的一方」，一有機會就會對大陸政治制度、執政方式進行批評。無論大陸做什麼，尤其綠營政治人物往往習慣用敵對的思維來分析、評判，如遇到選舉，更是將大陸作為攻擊、抹黑的對象。就連近期兩岸音樂界協同參與的湖南電視臺《我是歌手》節目，也被民進黨主席蘇貞昌批評為大陸對臺灣「入島、入戶、入腦」，要求臺灣民眾警惕。[13] 2013年4月初，臺灣行政機構通過海協會赴臺設辦事機構的條例草案，綠營政治人物卻批評臺當局是開大門讓大陸「滲透」臺灣，讓兩岸進入政治協商議程。可見，即使兩岸交流30年，臺灣一些政治人物仍對大陸充滿敵意。[14]

2.臺灣主要政黨不論藍綠，均借臺灣民意，或明或暗抗拒兩岸走向統一

儘管馬當局認為兩岸為兩個特殊的地區，但實際上卻不願推動兩岸統一。馬英九雖然提出過「洽簽兩岸和平協議」的主張，但更多強調維持臺海「不統、不獨、不武」的現狀，在任內不會跟大陸談統一問題，兩岸要建立「互不承認主權、互不否認治權」的共識。2012年12月5日，「陸委會」主委王郁琦在國民黨中常會上報告「中共十八大兩岸關係發展」，稱中國大陸將加強政治促談壓力，但臺灣不接受涉及統一的和平協議。[15]

臺灣政論家南方朔指出，馬當局反中不敢明講[16]，但在野黨民進黨不僅反中，而且明拒統一。民進黨攻擊和平協議將成為臺灣的「賣身契」，是「賣臺時間表」，是「定時投降協議」。民進黨主席蘇貞昌在談到十八大報告時稱，「臺

灣是個主權獨立的國家,臺灣和中國之間的差異是兩岸之間無法迴避的政治現實」,「這是臺灣的主流民意,也是中國無法迴避的政治現實」。「臺獨」是民進黨的神主牌,民進黨長期以所謂的「主權」與民意來對抗兩岸統一,甚至連兩岸開啟政治對話也表示強烈的反對。

臺灣藍綠在大陸政策上存在「政策合流」的現象,因此在未來很長的時間內,藍綠明裡暗裡抗拒兩岸統一將是實現國家統一面臨的最大挑戰。

3.民族主義不敵功利主義,臺灣對大陸政策目光短淺

為了兩岸和平統一的宏大目標,這幾年大陸不斷向臺灣釋放利好,甚至作出各種讓步,包括ECFA早收談判中,發展水平低的大陸卻向發展水平較高的臺灣作出較多的讓利,目的是希望通過不斷的釋放善意,爭取臺灣民心,為兩岸政治和解與軍事互信打下基礎。雖然近年來,大陸一系列對臺政策產生了積極的效應,開創了兩岸和平的新局面,但也應該客觀地看到,大陸一些政策與善意並沒有得到臺灣民眾應有的理解與認同,反而被視為別有用心,政策的利好未能直接轉化為民心的歸向,這是必須正視的問題。

臺南大學行政管理學系副教授吳宗憲認為,與民族主義相比,臺灣代之而起的是比較功利的思考,從利益的角度設想經濟該如何發展,怎麼樣能讓大家的利害相關、利益得至平衡,讓大家都能賺錢。[17] 王鶴亭、曹曦認為,臺灣民眾有利益和安全的憂慮,即使在兩岸經貿合作領域,偽「經濟民族主義」的意識仍有一定的市場,更有「悲情意識」的歷史沉澱。[18]

臺灣當局在對大陸政策上,存在片面追求自身利益的最大化,較少顧及兩岸整體利益以及大陸民眾利益的問題。[19] 如馬英九當局第一個任期(2008～2012),抓住兩岸關係難得的發展機會,不斷要求中國大陸向臺灣經濟讓利,要求在國際空間問題、在對外關係等問題上釋放善意。在馬英九的第二個任期(2012～2016)開始,馬利用亞洲形勢發生重大變化,重在彰顯臺灣的「主權」地位與影響力,加強國際突破,包括出訪教廷、提出東海和平倡導,旨在強化臺灣的國際地位與拓展國際影響力。中國大陸雖然多次呼籲兩岸聯合保釣,捍衛釣魚島主權,但是臺灣當局為了一己私利,明知日本離間兩岸保釣,仍與日本

於2013年4月快速簽署「漁業協議」，以獲得一些漁權而沾沾自喜。此舉表明，臺灣日益明顯的功利主義，甚至自私自利，正在不斷傷害兩岸關係，對未來兩岸關係的進一步發展帶來陰影。

4.臺灣雖然在許多領域保持優勢，但大陸快速崛起令臺灣產生強烈的危機感，轉而重新擁抱比大陸更強的美日，而這又不斷觸痛大陸神經。

從經濟發達程度來看，中國大陸經濟發展不平衡，且處於發展中階段，而臺灣早在20年前進入中等發達經濟體之列。目前臺灣人均GDP超21500美元，世界排名第37位，遠比中國大陸高。

在社會層面，臺灣已有足夠富裕的物質基礎來建構比較完善的社會保障體系與照顧社會底層生存狀態的再分配體制，社會保險普及化，自2008年起正式實施「國民年金制度」，推行「全民健康保險」。

儘管如此，臺灣面對大陸快速崛起產生了嚴重的焦慮與不安，[20]，出現不願正視大陸崛起的情形。[21]

這種越發嚴重的危機感，使得臺灣藍綠政黨、政治人物轉向美日強國投懷送抱，爭取深入與美日等國家的關係。

在美臺關係方面，馬英九上台後，全面實施「親美、友日、和陸」的戰略。在這一思路下，2008年臺軍方首度明確臺美軍事關係為準同盟關係，[22]這是臺美「斷交」且繼「臺美共同防禦條約」廢止之後，臺「國防部」首次公開以「同盟」的字眼形容臺美軍事關係升溫的現況。2009年美智囊報告也稱美臺為「準軍事同盟關係」。馬英九在他的第一任期內共向美國採購了價值108億美元的先進武器，此外美臺還在情報偵搜、軍事訓練、網路安全等領域進行了全方位的合作，2012年馬英九對外稱，臺美關係為30年來最好。2013年4月，美國AIT主席薄瑞光在華盛頓有關智囊召開的兩岸與美國關係研討會上表示，美臺軍事關係比任何時候都要強勁，美臺有非常好的訊息交流、訓練，美臺在許多層面的日常軍事對話與合作已經制度化。

在對日關係方面，2008年馬英九上台後將臺日關係定位為特別夥伴關係，

即雙方雖無正式「外交關係」，但實質關係卻比有「邦交」更密切。在這樣的安排下，臺日高層互訪頻繁，臺日機制性協商不斷取得進展，2011年臺日簽署「投資保障與開放天空協議」，2013年臺日簽訂「釣魚島漁權協議」，相互避免雙重課稅的談判也在推進中。臺灣「駐日本經濟文化代表處」負責人沈斯淳於2013年3月14日投書日本右翼媒體，大談「臺日關係良好」，「期盼臺日在既有基礎上加強在文化、觀光、青少年等方面的交流，深入彼此的瞭解與信任，進一步促成臺日緊密關係」。馬英九在簽署漁業協定後稱，臺日關係40年來最好，臺日關係進入新階段。臺「立法院長」王金平也強調臺日關係近年來提升很快，得來不易，應該珍惜。這些足以顯示，臺灣當局對臺日關係之重視，臺日關係密切非同尋常。

在當今美日視中國為強勁對手、全力遏止中國大陸崛起、損害中國利益之際，臺灣深度擁抱美日，深入臺美、臺日「同盟關係」及特別夥伴關係，實質傷害及危及兩岸關係。

5.先經後政或先經不政，臺灣爭取以時間換空間，謀取兩岸關係的戰略制高點

總體上，馬當局強調兩岸交流先經後政、先易後難、循序漸進，但在馬的第二任期有目的地放緩「後政」時代到來的節奏與時間。馬英九2013年3月29日接受英國《金融時報》（Financial Times）專訪時再次強調，在兩岸關係的原則上，臺灣一向的立場就是「先急後緩」、「先易後難」及「先經後政」。這就是馬英九上台執政以來屢次提及的「十二字」口訣。

臺灣當局的先經後政策略，從根本上來說，是一種「以經緩政、只經不政」，或者以時間換空間的拖延策略。對於大陸近期提出的兩岸簽署和平協議，增進雙方互信，臺「陸委會」發言人吳美紅於2013年3月7日明確表示，「兩岸政治議題並非短時間可以處理，目前雙邊的重點還在經濟發展、交流衍生的問題上」。臺灣「陸委會主委」王郁琦表示，兩岸商簽和平協議，這在馬英九第二任期裡面不是優先推動的事項，且簽訂和平協議須具備三個條件，即「國家需要、民意支持與國會監督」，未來兩岸和平協議，一定要先交付人民公投。[23] 臺

「國防部」認為兩岸建立軍事互信機制的主客觀條件還不成熟，也不到推動的時機。馬英九最近在接受臺灣《中國時報》時明確表示，「兩岸過去談判了18項協議，多少會碰到政治問題，但都解決了；若特別要進行政治對話，那要談什麼」？「若要在政治上做什麼，臺灣的時機沒有成熟，雖然外界有許多人一再表示兩岸應進行政治對話，但沒有人真正說清楚具體該談什麼，既然大家沒有一致的意見，那又何必急」？[24]馬英九實際委婉否定了兩岸進行政治對話的可能性。

6.大陸以經促政策略與政策不夠細膩、圓潤，而且經濟戰略與政策對政治的影響力本身存在停滯的問題

近年來，大陸方面有意配合馬當局的先經後政策略，但確實同時也存在以經促政、推動兩岸政治和談的考慮。這種以經促政的思路，雖產生了一定成效，但也存在高估經濟對政治影響力的問題。臺灣石之瑜教授認為，若是因此而寄望讓利能在政治上促成兩岸更好的統合，甚至進而統一，就是不切實際的。[25] 這可以解釋大陸越讓利，兩岸經濟越密切，為什麼臺灣內部的擔憂卻在上升。臺灣不論藍綠都有一些人認為，在經濟上依賴大陸，會造成「以商圍政」的效果，不利於臺灣利益的追求。[26]

當然，大陸的對臺戰略與政策在實際執行層面存在簡單化、粗線條，甚至未考慮臺灣民眾感受的問題。

三、以可持續發展的理念經營兩岸關係，逐漸推動兩岸關係取得實質上的突破

面對目前兩岸關係所呈現的挑戰與困局，我們認為，應以超越傳統經濟或政治的單一對臺工作與政策思維，以最大程度爭取臺灣民心為依歸，探尋出新時期促進兩岸關係、深入兩岸關係的新思維、新路子。具體而言，我們應該：

1.通過正面與迂迴相結合的策略，繼續耐心累積兩岸互信。季辛吉在《論中國》一文中指出，「西方傳統推崇決戰決勝，強調英雄壯舉，而中國的理念強調巧用計謀及迂迴策略，耐心累積相對優勢」。

儘管目前大陸對臺灣的相對優勢有所顯現，但總體上來說，我們的優勢並不明顯，臺灣官方與民間也不買我們的帳。在這一階段，我們不能心浮氣躁，更不能成為臺灣方面借力使力提出更高價碼的藉口。[27]

因此在下一階段，我們對臺政策部分重在謀劃如何耐心累積兩岸的互信，累積我們在對臺交流與合作方面的優勢，包括累積對臺政策與工作的主動權、主導權，爭取更多的臺灣民心歸向。

2.以符合市場規律的深度經濟合作力促政治對話的啟動。在兩岸經濟交流與合作環節要彰顯市場經濟的法則，真正以市場的手、市場的規律規範兩岸的經濟交流，實現兩岸經濟合作的雙惠共贏。今後大陸方面的對臺經濟讓利，除了政治考慮外還須結合經濟的本質規律。我們要用實實在在的政策、方式告訴臺灣民眾，兩岸經濟安排、密切的經濟關係不僅對臺灣人民有利，也有助於推進大陸地區的經濟發展。我們要通過創造良好的制度環境、經濟、生態與人文環境，通過建設美麗中國，以龐大的大陸市場繼續增強對臺灣的吸引力，打動及爭取臺灣民心，爭取早日開啟兩岸政治對話。[28]

3.要以同理心理解、包容對方，要善於吸取對方的先進經驗，以歷史、文化、教育、社會的多個視角，以軟性的力量，深入兩岸民眾的感情樞紐，深入兩岸人民的國家、民族認同。

同理心，就是站在對方立場設身處地思考的一種能力。爭取臺灣民心的工作，是一個非常複雜又長期的工程，我們的對臺政策、措施，實施執行黨與國家對臺戰略與政策的部門與人員要站在國家戰略利益高度去思考的同時，也要站在臺灣及臺灣人民的角度去思考政策是否會引起反彈，自己的言行是否與爭取臺灣民心的目標相一致。當然我們也要爭取、影響臺灣官方與民間，希望對方能以同樣的同理心來看待大陸，與大陸交流，在這個層面實現兩岸同理心的「對等」。前國臺辦主任王毅指出，「合情，就是照顧彼此關切，不搞強加於人；合理，就是恪守法理基礎。」[29]

在兩岸交流、合作中，我們不僅要強調相互交流，而且要強調學習對方的優秀成果，在相互學習中提升彼此。在經濟領域，臺灣有先進的管理經驗與市場拓

展能力、專業化程度高及創新能力強；在社會領域，臺灣有比較成熟的治理能力與良好的社會保障體系；在文化領域，臺灣有不拘泥於歷史，並且不斷推陳出新的能力。可以說，臺灣許多領域值得我們學習。

我們要善用歷史與文化的力量。我們不僅要尊重歷史，而且要通過重新研究與評價，讓兩岸的歷史回歸真實的一面。如客觀評價國民黨在抗日戰場中的貢獻，對尚活在人世的抗戰老兵及其後裔給予應有的物質與精神鼓勵；如強化對二戰前後臺灣人在大陸的歷史與族譜研究，讓臺灣民眾對大陸的歷史記憶從在祖先遷臺的時間延伸到近代，甚至現代。

我們深知文化的力量是無形的，是有感召力的，有時比政治、經濟政策更能打動平民百姓。我們要善用音樂、藝術等各種各樣的文化形態，與臺灣民眾一道打造兩岸交流與感情的橋樑。最近「我是歌手」節目在臺灣受到熱捧，反映了文化是有感染力及張力的，其效果不亞於向臺灣採購水果、大米。我們要利用文化的影響力來推動兩岸民心的融合，塑造兩岸共同的價值觀與追求，推動兩岸關係發展從量到質的突破。

4.探索破解美國阻礙兩岸和平統一的方法、方式

在過去、現在以及今後很長一段時間，美國是阻礙兩岸進一步和解實現統一的關鍵外部力量，目前兩岸存在的許多問題因美國的干預而無法解決。美國在臺協會前理事主席卜睿哲多次公開宣稱「兩岸政治對話非常困難」。卜睿哲認為，一旦兩岸簽署和平協議或軍事互信協議，大陸勢必會要求臺灣減少或停止對美軍購，美國提醒臺灣應加強軍力，以免大陸在實力不對等的情況下，逼臺灣就範。因此兩岸簽署和平協議沒有必要。[30] 美國前負責亞太事務的助理國務卿坎貝爾稱，美國最終給予臺灣的建議是如何冷靜且非常小心地處理釣魚島、南海及兩岸等問題。美國用各種手法力阻臺灣與大陸過度親近，因為會使美國無法掌控臺灣，從而影響美國在亞太的利益平衡。因此美中關係的發展程度直接決定美臺關係及兩岸關係的進度。

實際上，美國為了自己的利益，長期以來不希望兩岸進行政治對話簽署和平協議，今後更不容許兩岸走向統一。

從這一角度來看，經營兩岸關係，要取得兩岸從經濟、文化等交流合作走向政治對話，必須與經營中美關係聯結在一起，要通過中美的較量，打破或改變美國對臺灣的新管控，從而謀求兩岸政治關係的重大突破。

總之，當前兩岸關係出現了一些新機會，也存在一些問題、新障礙，這些問題與障礙有臺灣方面的功利主義考慮，也有域外大國干預的因素，當然也與我綜合國力不夠強大有關。正如習近平總書記所說的那樣，打鐵還要自身硬，我們要通過增強軟硬實力，以更有效的方式推動經濟、文化、社會的交流，持續累積兩岸互信，最終實現兩岸關係從量到質的突破。

注　釋

[1].鄧小平於1984年時說，世界上有許多爭端，總要找個解決問題的出路。我多年來一直在想，找個什麼辦法，不用戰爭手段而用和平方式，來解決這種問題。見《鄧小平文選》第三卷，人民出版社1993年版，第49～50頁。

[2].楊立憲：《兩岸關係和平發展理論是怎樣形成的》，《統一論壇》2009年第3期，第53頁。

[3].劉國深：《兩岸和平發展價值觀社會化探析》，《臺灣研究集刊》2012年第6期，第7-13頁。

[4].www.my-formosa.com.

[5].《綠營人士談民共智囊交流：能力與決心，蘇恐怕都不足》，《海峽導報》2013年4月15日。

[6].金奕：《兩岸關係和平發展對臺灣民意影響深遠》，華夏經緯網2012年12月19日。

[7].陳詠江：《「臺北會談」餘音迴響兩岸》，《臺灣週刊》2012年12月第50期。

[8].《兩岸或為政治對話準備》，《海峽導報》2013年4月28日。

[9].許信良：《支持連戰看法勿避政治對話》及《兩岸政治解決最終要對

話》，http://www.chinareviewnews.com，2013年3月12日及4月12日。

[10].2008年馬英九就職演說，
http://www.zaobao.com/special/china/taiwan/pages11/taiwan080520e.shtml。

[11].2008年與2012年馬英九就職演說。

[12].2008年與2012年馬英九就職演說。

[13].《中國時報》2013年4月14日。

[14].陳孔立教授在《兩岸認同過程的五個階段》一文中指出，在兩岸未正式「結束敵對狀態」之前，兩岸從內部歷史的延續上來說，仍然處於敵對狀態，在政治上、國際活動上相互敵視的狀態時常出現，在民眾心態上或多或少存在敵意、對抗的意識。詳見《臺灣研究集刊》2012年第6期，第1～6頁。

[15].《馬英九會見博鰲代表團時重申「九二共識」與「三不」》，《臺灣週刊》2013年第13期，第13頁。

[16].南方朔：《北京祭出懲罰ECFA不再讓利臺灣》，《新新聞》第1341期，第26-29頁。

[17].吳宗憲：《臺灣年輕人愈來愈不重視國族民族》，
http://www.chinareviewnews.com，2013年3月17日。

[18].王鶴亭、曹曦：《基於動力分析的兩岸持續合作機制建構》，《世界經濟與政治論壇》（南京）2012年03期，第131～144頁。

[19].邱進益：《臺灣政治人物，目光太短淺》，《中國時報》2013年4月27日。

[20].吳建民：《臺灣人對我直言恐懼大陸》，2010年 1月 11日，http://news.sohu.com/20100111/n269488068.shtml。

[21].李開復：《臺灣不願正視大陸崛起是件「奇怪的事」》，2008年1月10日，http://news.enorth.com.cn/system/2008/01/10/002628504.shtml。

[22].《自由時報》2008年9月1日。

[23]. 王郁琦：《洽簽和平協議有3條件》，《聯合早報》2012年11月9日。

[24]. 《中國時報》2013年4月21日。

[25]. 石之瑜：《為何經濟統一不可恃》，http://www.chinareviewnews.com，2013年4月10日。

[26]. 蘇貞昌：《馬執政思維一切以中國為主體》，http://www.chinareviewnews.com，2013年3月15日。

[27]. 章念馳表示，我們要尊重兩岸關係的規律和特點，要先易後難，先經後政，要耐得住寂寞，不要不適當地把難以解決的問題拿到條件不成熟時機解決，要堅持擱置爭議，讓交流、交往、經貿文化關係、對話與談判的進度越長越好，在建立良好信任的基礎上，再解決政治分歧更為妥當。見《要正確把握當前的兩岸關係》，香港《中國評論》2009年11月號。

[28]. 李韌在2011年由中共中央黨校出版社出版的《和諧海峽論：兩岸關係和平發展戰略研究》一書中說，從根本上說，臺灣問題，只有在現代化的進度中，實現國家的繁榮、富強、增強綜合實力，實現兩岸的和諧發展，進而加以解決。

[29]. 王毅：《在「九二共識」20週年座談會上的講話》（2012年11月26日），參見國臺辦網站：http://www.gwytb.gov.cn/wyly/201211/t20121126-3391669.htm。

[30]. www.taiwan.huanqiu.com/taiwan opinion，2013-4-9。

論兩岸關係和平發展中的民族認同

福建師範大學閩臺區域研究中心 許川

兩岸關係之所以特殊,不是因為它們之間只有一灣淺淺的海峽相隔,也不是因為它們的政治對立,而是在於兩岸都是中華民族的血脈,兩岸人民同屬於中華民族的子孫。1970〜1980年代以來,兩岸的交往,並不是一開始就觸及到極為敏感的政治議題,而是利用「民族」最基礎的因子「血緣」關係架設起兩岸交流的橋樑。《告臺灣同胞書》的頒布和臺灣開放老兵探親政策,都大大消融了兩岸之間堅冰;民族認同在兩岸交往中起著舉足輕重的作用。另一方面,民族分裂勢力的存在及其猖獗活動也給兩岸關係正常發展埋下了不少隱患。「臺獨」勢力抬頭,引起了兩岸關係的一度緊張,影響了兩岸關係的和平發展和中國統一的進度。

圍繞民族因素和民族認同是如何影響兩岸關係發展的,本文擬通過對兩岸關係演變的歷史和過程簡單整理,從中分析民族因素和民族認同在兩岸關係中的作用。同時,指出民族認同在兩岸關係和平發展中遇到的阻力,並根據當前兩岸發展情勢,就如何充分發揮民族認同的作用提出一些粗淺的建議,以期兩岸關係和平發展能走好走穩、走長走遠。

一、兩岸關係中的民族因素、民族認同與國家認同

(一)民族與民族主義

民族,既可以說是一個人類學術語,也可以作為政治學概念來理解。在孫中山先生看來,他認為「民族就是國族。」[1] 民族與生俱來就與國家有著密不可分的關係。臺灣社會絕大部分人都是來自大陸,傳承著中華民族的血脈,臺灣的前途必然會與「整個中國」[2] 唇齒相依,故臺灣問題首先應該是一個中華民族

內部發展中出現的問題。也正緣於此,「臺灣所進行的本土化運動,是各種政治勢力衝突角力的結果。這個結果迫使北京將臺灣問題從一個本國內戰的政治問題,重新定位成是全民族興旺的問題。」[3] 民族往往又與國家也即是政治因素牽連在一起,有的民族因為各種原因分裂成幾個國家,如德國;有的民族又因為各種原則組合成一個聯盟國家,如蘇聯等。根據歷史的發展軌跡來看,民族的這種演變趨勢普遍存在於世界各地。那麼,這種演進到底是好事還是壞事,是該支持還是該反對,有沒有章法可循等一系列問題就成為過去和現在長期關注和爭論的焦點。為此,民族主義應運而生。

「民族主義既可以被視為一種意識形態,也可以被視為一種政治運動、或是制度文物之表現。」[4] 也有學者認為:「『獨立主權政府』 及 『民族國家』乃成為現代民族主義的主要內涵。」[5] 若是把民族主義嵌入兩岸問題中去,它必然會將兩者皆包含進去。就兩岸政治定位而言,兩岸在民族議題上著墨甚多。邵宗海教授就分析了兩岸雙方在制定不同政策的民族主義基礎,並借用了史奈德的理論認為臺北的大陸政策適用於「少數民族主義」理論,而北京的對臺政策則運用了「大型民族主義」理論。[6] 實際上,民族主義一開始就是運用在團結全民族去對抗外來侵略的基礎之上。隨著第二次世界大戰的結束,國際上掀起了一波民族解放和民族自決運動的浪潮,加之民族主義的研究範圍不斷擴大和深入,有人將民族主義分成兩類,「一種是領土式民族主義(territorial nationalism)……另一種是族群式民族主義(ethnic nationalism)」,[7] 這在一定程度上使得民族分裂主義分子有了興風作浪的機會,也給世界上各主權統一國家造成了極大困擾。如何防範這顆毒瘤,成為當前需要面臨和解決的重要課題。

(二)民族認同與國家認同

「迄今,民族國家的目標仍在於建立公民之間共同的民族認同感」,[8] 此處的民族認同感,是國家認同的重要基礎。民族認同在社會共同體的政治形式方面就體現為國家認同。國家認同簡單地說「就是一個國家的自我定位,是經過不斷地互動、協商、學習、定義及建構而成」。[9] 兩岸關係中的國家認同呈現出複雜的局面。島內部分政治勢力通過狹隘的民族主義情緒試圖建構新的國家認

同，從而背離兩岸人民的民族認同。照這樣發展下去，勢必會增加雙方統合的難度。因此，國家認同是兩岸關係正常發展中極須解決的問題。兩岸如能在共同的民族認同基礎上推動和強化共同的國家認同（大陸和臺灣同屬於中國），兩岸關係的發展就會步入坦途；反之，如果島內某些政治勢力形塑出了與大陸背道而馳的國家認同，那麼兩岸前途就特別堪憂。

　　國家認同，是國家統一的重要基礎之一。建構國家認同的重要途徑就是強化民族主義，通過民族認同的強化建構國家認同。有學者樂觀地認為：「以民族主義為構成原則的國家認同彰顯了若干其他認同無法發揮的功能。」[10] 以民族主義和民族認同的精髓構造國家認同勢不可擋。當前，島內「臺獨」勢力顧慮到「新國家認同」會被大陸看作挑釁，故而仍舊處在模糊狀態，而不能撥雲見日。然而，值得注意的是，有人在理論上將國家認同分成三個層次，「族群認同、文化認同和制度認同」，[11] 從而為臺灣建構「新國家認同」提供了似是而非的「理論」支持。於是，島內有人將狹隘的民族主義肢解成上述三種主要形式，不僅大大降低了國家認同的敏感性，甚至還明目張膽地進行「新國家認同」的建構。這是我們進行反「臺獨」鬥爭中必須十分重視的問題。在這一鬥爭中，兩岸的文化認同具有十分重要的意義。因為縱使臺灣的族群和制度認同與中國大陸有一定距離，然其文化認同始終是處在中華民族文化的體制之下。也就是説，兩岸的國家認同具有整合而一的穩固基礎（文化認同）。因為民族國家需要以民族文化作為支撐，若是所謂的國家認同沒有獨自的文化內涵，那麼這個國家認同就不能成為社會主導力量，而失去它本身存在的價值和意義。

　　島內「臺獨」勢力也意識到這是他們前進路上的致命弱點，但鑒於「民族主義文化性的本質內容體現在有利於保存多樣而豐富的人類文化遺產，鞏固民族認同，豐富社會的價值資源和文化生活」，[12] 故他們力圖確立自己的所謂「國家」文化，這要求我們進行針鋒相對的鬥爭。

（三）國家認同與兩岸關係

　　1980年代，臺灣社會體制發生轉型，民主化與本土化情緒不斷高漲。在強大民意的趨使下，臺灣很快就確立了資產階級民主體制，並以此為傲。但臺灣社

會的各種矛盾並沒有因為民主化和本土化的實現而有所緩和與改善。在經歷選戰的廝殺後，島內社會逐漸分化成針鋒相對的兩股勢力。與兩岸關係息息相關的統「獨」議題也成為選舉的重要議題。統「獨」是自民主化運動以來臺灣政治社會爭辯最激烈、影響最廣泛的議題，這不僅牽動著中國大陸的敏感神經，也引起了美國等國際社會的高度關注。

1949年國民政府遷臺後至1970年代末，臺灣社會儘管出現了本土化和民主化的跡象，但在當時威權政治的強力控制和監管下，這股力量似乎還未能形成氣候，故臺灣社會的國家認同並沒有出現多大偏差，大部分人都認為臺灣屬於中國，承認自己也是中國人。然而，隨著本土化運動的不斷延燒，加上民主化的催化作用，臺灣社會演化出了本省與外省、統一與「獨立」兩派。省籍意味著要改變自己的地緣屬性，統「獨」則預示著要修正與對岸的關係，這都必然會帶來嚴重的國家認同危機。

美國著名學者杭亭頓認為，國家認同的銷蝕主要有如下幾項特徵：「多元性文化和多樣性在某些精英分子之間流行，以及將種族、族裔、性別和其他次國家認同置於國家認同之上所帶來的特殊利益。」[13] 在大陸看來，臺灣社會中存在的國家認同的轉變，必定會影響到兩岸關係的健康發展；在島內「臺獨」勢力看來，重建屬於自己本身的「國家認同」是一種不可離身的利益需求。如何強化對一個中國的國家認同，消弭兩岸民眾在國家認同方面的差異，成為兩岸關係和平發展走向統一過程中遇到的嚴峻挑戰。

二、民族認同對兩岸關係的影響

（一）民族認同對兩岸政治交往的影響

1980年代末，兩岸關係出現鬆動，不僅民間往來熱絡，連政治交往也一度出現了緩和痕跡。大陸提出了「和平統一、一國兩制」方針，臺灣方面亦做出了積極回應。成立了海基會，並組織運作「國統會」，頒布了「國統綱領」。然而，由於各自的固有立場相異，且沒有及時溝通和化解，以致出現了1996年的臺海危機。隨後，儘管中途雙方有意改善兩岸政治氛圍，又因李登輝的「兩國論」只好作罷。陳水扁上台後，繼續奉行冒進的「臺獨」路線，使得兩岸關係一

度陷入了寒冬。

　　2005年，為遏止「臺獨」活動，扭轉兩岸政治交往的頹勢，大陸開始從民族大義和整體利益出發，強調中華民族認同，繞過執政的民進黨，轉而積極主動接觸在野的國民黨。國、親、新三黨順利登陸並圓滿成功，使得兩岸政治交往又春暖花開。兩岸政黨之間達成多項共識，尤其是國共的「五項共識」對後來兩岸政治交往進入正常狀態奠定了堅實的基礎。2008年，堅持「九二共識」和中華民族認同的國民黨在島內再度掌權，將兩岸交流進一步昇華，政治上不僅恢復兩岸兩會復談，還積極支持兩岸政黨交流和非／半官方接觸。臺灣領導人馬英九在其就職演說中曾多次提到「中華民族」的概念，顯示出「中華民族」已成為兩岸最大公約數。而大陸的對臺政策也從2009年正式轉向了「兩岸關係和平發展」。2012年10月初訪問大陸的謝長廷也深有感觸地說：「政治不能超越人性，不能因為政治立場不同，否認祖宗。」[14] 儘管兩岸存在著政治對立，但基於民族利益和宗親血緣，雙方都試圖以民族因素和民族認同為基礎，積極往來，維護和平。以中華民族作為兩岸交往的認同基礎，已逐漸成為兩岸的共識。

　　（二）民族認同對兩岸經貿交流的影響

　　1978年，中國大陸實行改革開放，經過30多年的迅猛發展，大陸的經濟建設取得了輝煌的成就。臺灣經濟發展在20世紀末就達到了相當高的水平，並漸次進入後工業時代。如何保持經濟的繼續增長，滿足民眾的物質需要，便成為島內各政黨制定兩岸政策的重要考量因素。兩岸經貿交流曾呈現良好勢頭，後來由於李登輝和民進黨推行「戒急用忍」，實行「積極管理，有效開放」，使得兩岸經貿交流不如人意。

　　2008年國民黨贏回執政權，其領導人馬英九多次強調兩岸同屬中華民族，積極順向兩岸關係發展的潮流，頒布了有效的兩岸經貿政策，大陸也做出正面回應，兩岸經貿交流日益熱絡。臺灣經濟之所以能在世界金融危機和歐債危機的陰霾下還能保持穩健增長，也主要是得益於兩岸經貿合作的成效。自5年前兩岸兩會第一次恢復商談至今，已簽署了18項協議和達成了兩項共識，特別是兩岸經濟合作框架協議（ECFA）的簽署，不僅給大陸的經濟發展帶了先進技術和充足

資金，也給疲乏的臺灣經濟注入了不少活水。如今，據大陸方面統計，「2011年，兩岸貿易總額已達1600億美元。臺灣是大陸第七大貿易夥伴和第九大出口市場，大陸則是臺灣最大的出口市場和貿易順差來源地」，[15] 由此觀之，經貿合作已經成為兩岸交往的黏合劑。

2012年4月初，國務院副總理李克強與臺灣準副領導人吳敦義在海南博鰲會談時，也多次強調了「兩岸同胞同屬中華民族，兩岸經濟同屬中華民族經濟。進一步深入兩岸經濟合作，有利於促進兩岸共同發展、造福兩岸同胞」的理念。[16] 由此可見，兩岸經貿合作之所以能夠長足發展，主要是得益於兩岸同屬中華民族的民族情結，中共「十八大」後，兩岸經貿合作態勢有增無減。兩岸經貿合作的現狀不會因為大陸領導層的更替而改變，兩岸經貿合作前景十分令人樂觀。

（三）民族認同對兩岸文化交流與傳承的影響

民族文化是一個民族存在和發展的靈魂，擁有民族文化才能立足於世界民族之林，也才能受到來自其他民族的尊重。而兩岸都繁衍於中華民族，固然有著同文同種的民族文化。為此，文化傳承是兩岸中華民族認同的基礎，也是兩岸交往中的重要一環。「經貿與文化是不可分割的一對，尤其在文化創意產業大發展的今天，兩岸文化交流合作將對兩岸經貿文化、民眾思想情感等產生不可忽視的影響」。[17] 不論是從文化價值本身出發，還是從豐富其他角度理解，兩岸傳承共同的中華民族文化應當成為往後雙方合作的題中之義，唯此，兩岸才能從多個領域多個視角突破瓶頸，將兩岸關係推向高潮。

有人說「臺灣比中國還中國」，不可否認，即使在所謂的臺灣南部地區，中華民族的文化影子也隨處可見。每年孔子誕辰日前往孔廟祭拜的人群絡繹不絕；媽祖文化、客家文化以及各種民間信仰對臺灣人民影響根深蒂固。同樣，大陸各界也逐漸意識到保護民族文化的重要性，在大陸不但興起了國學熱，還在世界各地開辦孔子學院，以便將中華民族的文化發揚光大。臺灣方面也持續跟進，繼而成立「文化部」，以示對中華民族文化教育和傳承的重視。總體而言，「兩岸人民的主流都是既學習外來文化，又發揚本土文化，文化原教旨沒有市場，這也為

兩岸人民的價值觀交流擴展了平台」。[18]如前所述，文化認同不僅是民族認同的重要內容，也是國家認同的重要組成部分。因此，加強文化交流、增強民族認同，兩岸人民共同傳承和弘揚中華民族文化精髓，不僅可以喚起兩岸人民的共同記憶，而且可以從根本上強化兩岸關係的根基，鞏固來之不易的兩岸和平發展成果。

（四）民族認同對臺灣「國際空間」問題的影響

「國際空間」問題一直是兩岸雙方博奕的重要戰場。自1949年兩岸正式分離以來，雙方為維持（爭取）在國際上中國的代表權或者說「正統地位」而爭論不休，致使中華民族在國際上不斷內耗。20世紀末，在李登輝提出兩岸為「特殊的國與國」關係後，更是引起臺海局勢的緊張。應當看到，島內「臺獨」勢力所推動的民族主義運動致使臺灣主體性意識得到強化，而「認同平行外交與民族主義運動卻常是一體兩面，因民族認同無論是論述建構或作法實踐上，都有需要借助認同平行外交之處」，[19] 因此島內「臺獨」勢力主張的外交政策其實質就是分裂民族、分裂中國的行徑。兩岸的綜合實力已今非昔比，鹿死誰手不言而喻。而在國際社會中的這種「零和遊戲」，給兩岸人民特別是給臺灣人民帶來了深深的損傷。但在全球化的浪潮下，「國際空間」又是不得不面對的問題，故自兩岸交往開始，雙方在國家空間上的角力就沒停止過。

2008年泛藍陣營在島內的勝選後，這一問題的解決有所轉機。泛藍主要三黨都強調兩岸的中華民族認同，在島內執政的國民黨摒棄了過去民進黨的「烽火外交」，以民族大義為基礎，修復中華民族文化，在國際上推行理性務實的「和解休兵」的「外交」政策；而大陸也釋出善意，使臺灣在一個中國框架內盡可能多的參與國際事務。兩岸駐外機構也正常來往，相互減少敵意。島內執政黨也認識到，兩岸共同維護中華民族的利益，踐行中華民族的民族價值和精神，會更有利於參與國際活動，得到國際社會的接納和認可。

三、發揮兩岸中華民族認同對兩岸和平發展的促進作用

（一）意識形態分歧及臺灣主體性意識對兩岸民族認同的不利影響

從歷史角度而言，兩岸現狀是冷戰的產物，兩岸形成了不同於對方的意識形態。當前，「兩岸如果一味地強調狹義的『愛國主義』與分離的『民族認同』只會引發兩岸更激進與對立」。[20] 意識形態的相異是阻礙兩岸交往的重要因素。「作為群體理性產物的意識形態……事實上貫穿了整個自我的建構、群體的凝聚以及錯覺的形成等一系列過程，其中至少同時包括理想的功能、偶像的認同與觀念的投射等不同的面向」，[21] 建構一種新的意識形態勢必會對舊的或者相異的意識形態產生強大衝擊力。由於兩岸之間存在不同的體制、理想以及觀念，要化解兩岸在意識形態上的隔閡實屬不易。當前兩岸關係處在大交流、大合作、大發展階段，人員往來也是歷史之最，然而，兩岸人民之間的距離並沒有因為日常的交流而有所縮減，探其根由，源於意識形態的弊病在作祟。儘管民族因素在開啟和發展兩岸關係中造成了不可替代的作用，但這並不能說因為有了民族因素的參與，兩岸間各種問題就隨之迎刃而解了。強化兩岸對中華民族的認同，還需要做從多方面增進相互的信任，深入民族認同。

在這一過程中，臺灣近年來主體性意識的強化需要我們認真考量。臺灣主體性意識產生之初是在於「他們此時的抗爭形式更多地表現為維護民族本原的文化鬥爭和爭取權益的議會鬥爭」，[22] 並非一開始就朝著要獨立於中華文化之外的體系發展。不過，那時的大陸並無有力的回應，從而「助長了臺灣人『孤兒意識』與『棄民意識』產生異化，加上日本在皇民化政策下加速去漢民族意識，這等意識的深植，將一絲一絲斷裂臺灣與大陸中國意識的臍帶關係」，[23] 故臺灣主體性意識開始發生流變，便轉向了尋求「獨立」的臺灣民族和民族文化。然而，「民族獨立代表對既有民族與國家的重新定義，則全世界的國家與民族連帶都會受到客觀性上的創傷」，[24] 臺灣主體性意識要走國際路線是行不通的。

（二）強化兩岸全方位交流，鞏固兩岸對中華民族的認同

兩岸全方位的交流，有助於兩岸人民樹立共同的民族認同，使兩岸人民對中華民族的認同深入人心，並體現在兩岸人民社會生活的各個方面，使兩岸關係和平發展有堅實的基礎。

首先要加強兩岸經貿交流。美國波士頓大學專門研究民族主義與經濟發展的

資深學者里亞‧格林菲爾德，通過對世界上東西五個大國（美、英、日、德、法）的歷史分析得出中心論點是民族主義與經濟增加的密切關係，認為：「民族主義是導致經濟活動一再趨向發展的決定性因素」、「現代經濟的持續增長並非自我維持，它需要民族主義的激勵和支撐」。[25] 因此，鞏固和深入兩岸經貿交流與合作，不僅可以造福於兩岸人民，也對增強民族認同和發揮民族主義有著積極作用。目前，ECFA在島內已形成一種旋風式效應，然而，南部尤其是在民進黨執政縣市的能量和潛力還未完全發揮出來。若把臺南學甲虱目魚契作模式試驗區域擴大，應用到其他領域，且延長契約年限，以後選舉中這些地方的開票結果應該會有相當大的改觀。大陸具備廣闊的市場，較強的競爭能力，且已成為世界第二大經濟體；臺灣擁有世界領先技術，在專業和人才方面占優勢，唯兩岸合作互補，方能創造另一個經濟奇蹟。隨著世界區域經濟的日漸整合，兩岸經濟合作也須不斷深入，確保兩岸經濟持續繁榮。

其次要加強兩岸文化教育交流。文化和教育作為兩岸交往內在的軟實力，作為一種非政治因素，一直在連接民族情感，增進民族認同中扮演著重要角色。胡錦濤同志多次在公共場合提及加強兩岸文化交流；2012年10月，馬英九在其政策說明會上也表示要提高中華文化在世界的發言權。兩岸雙方不約而同地表達了對今後文化交流的期許，這對兩岸關係向深層次方向發展發出了積極信號。為此，要積極推動兩岸簽署文化交流協議。同時，也要完善兩岸青少年交流機制，重視培養兩岸下一代共同的民族認同。

再次，要努力開啟政治交往和政治談判的大門。政治議題是兩岸交往最敏感最核心的地帶。當兩岸經貿合作逐步完善、各種交往持續展開的情況下，政治協商或談判的需求就會浮出水面。兩岸應當早做準備、未雨綢繆，以正面和積極態度去迎接挑戰，不僅在內政上要全面互動，且在國際方面發生的問題也要妥善處理。兩岸政黨要保持互動局面，不僅要保持國共之間的固有關係，同時也要加強紅綠之間的對話和交流。國際事務是內政的延伸，只有當內政外交合為一體，共同處理之，才算得上是政治對立的完全解決。因此，臺灣的「國際空間」問題也應當與政黨互動同步運作。既然兩岸都以「擱置爭議、求同存異」為指導精神和優先原則，那麼在國際空間問題上就不必非此即彼，完全可以擱置主權爭議，在

不損害整個中國主權和利益的前提下,共同分享整個中國的代表權、參與權和話語權。至於如何分享,還有待進一步研擬和商榷,但至少可以先確定這樣的理念,為後續發展鋪陳道路。

四、結語

回顧海峽兩岸交往的歷史,我們能夠清楚清晰的定位民族認同在臺海交流的不同領域、不同層次中扮演著不可替代的作用。可以看出,在兩岸關係最艱難的時候,是民族情感充當了兩岸交往的支柱。它不僅是打開臺海僵局的第一推手,更重要的是,它也為往後化解兩岸政治難題提供了最後一道防護傘。儘管民族主義與自由主義還在相互較量,但民族主義和民族認同一直都被各主權國家視為當前乃至未來社會安定團結、領土完整的守護神,故自由主義欲完全超越民族主義而主導社會發展潮流,可謂是難乎其難。儘管兩岸在民族認同的大趨勢下,也活動著一些民族分裂勢力,但只要我們堅持與之鬥爭,有效加以遏止,就可以保持兩岸關係和平發展的良好勢頭。儘管兩岸民眾之間還有相當多的隔閡和誤解,但這並不影響他們認祖歸宗的宿願,不會使兩岸民眾對中華民族的認同出現逆轉,反而為兩岸提供了努力工作的方向。當前,中華民族發展正處於一個關鍵時期,雙方都應當以民族利益為重,以人民福祉為依歸,創造更寬的平台、架設更多的橋樑,不斷強化兩岸人民對中華民族的認同,為兩岸關係和平發展提供更為堅實的基礎和更為強勁的動力。唯此,海峽兩岸才可能永保祥和與繁榮。

注　釋

[1].遲成勇:《試析民族與中華民族的概念》,《黑龍江民族叢刊》2009年第6期。

[2].「整個中國」的概念,取自臺灣大學教授張亞中的提法,詳情請參閱張亞中:《〈兩岸和平發展基礎協定〉芻議》,《中國評論(香港)》2008年10月號。

[3].石之瑜:《民族、民族研究、民族主義:兼論作為意識形態的社會科學研究》,《問題與研究(臺北)》第四十卷第3期。

[4].江宜樺著：《自由主義、民族主義與國家認同》，揚智文化事業股份有限公司（臺北）1998年5月版，第36頁。

[5].詹哲裕：《從民族主義的觀點論族群衝突之化解》，《復興岡學報》第五十一期，第90頁。

[6].有關少數民族主義與大型民族主義的論述請參見邵宗海：《從兩岸關係的變遷探討兩岸關係的定位（上）》，《遠景基金會季刊》第四卷第四期2003年10月。

[7].江宜樺著：《自由主義、民族主義與國家認同》，揚智文化事業股份有限公司（臺北）1998年5月版，第41頁。

[8].Montserrat・Guibernau著：《全球時代的政治社群》（周志傑譯），韋伯文化（新北）2004年1月版，第213頁。

[9].施正峰：《臺灣人的民族認同／國家認同》，《臺灣民主集刊》第一卷第一期，第186頁。

[10].江宜樺著：《自由主義、民族主義與國家認同》，揚智文化事業股份有限公司（臺北）1998年5月版，第62頁。

[11].江宜樺著：《自由民主體制下的國家認同》，《臺灣社會研究季刊》第25期，第87頁。

[12].花永蘭：《試論「中華民族的民族主義」》，《廣西民族研究》2007年第2期，第21頁。

[13].山繆・杭亭頓：《誰是美國人——族群融合的問題與國家認同的危機》（高德源等譯），左岸文化（新北）2008年12月版，第149頁。

[14].謝長廷：《主動安排祭祖　政治不能超越人性》，臺海網2012-10-03.http://www.taihainet.com/news/twnews/twdnsz/2012-10-03/956696.html．

[15].蔣耀平副部長在第七屆兩岸經貿合作與發展論壇上的致詞，2012-09-14，中國商務部官網，

http://tga.mofcom.gov.cn/aarticle/subject/hzfzseven/subjectii/201209/20120908340206

[16].李克強會見吳敦義一行，人民網2012-04-01.http://politics.people.com.cn/GB/99014/17564643.html.

[17].劉國奮：《擴大和深入兩岸文化交流合作之初探》，《中國評論（香港）》2011年4月刊，第2頁。

[18].俞新天：《兩岸關係中的文化認同問題》，《臺灣研究（北京）》2010年第一期，第4頁。

[19].辛翠玲：《從民族主義到認同平行外交：魁北克經驗》，《政治科學論叢》第二十四期，第117頁。

[20].謝政諭：《民族認同與公民社會：以兩岸的發展為例》，《國家與社會》第二期（2007年6月），第67頁。

[21].于治中：《意識形態中的主體性形構》，《臺灣社會研究季刊》第六十二期，第102頁。

[22].安然：《臺灣同胞：中華民族抵禦外敵的光輝篇章》，《求是雜誌》2005年19期，第18頁。

[23].謝政諭：《民族認同與公民社會：以兩岸的發展為例》，《國家與社會》第二期（2007年6月），第51頁。

[24].石之瑜：《民族、民族研究、民族主義：兼論作為意識形態的社會科學研究》，《問題與研究（臺北）》第四十卷第3期，第103頁。

[25].里亞·格林菲爾德：《資本主義精神：民族主義與經濟增長》（張京生、劉新義譯），上海人民出版社2004年版。

深入兩岸認同的路徑研究

——基於社會組織的分析視角

中國社會科學院臺灣研究所 謝楠

2008年5月以來,兩岸關係進入一個大交流、大合作、大發展時期,「三通」的實現、ECFA的簽訂以及一系列相關協議的簽署標幟著兩岸和平發展格局正在不斷深入發展,但兩岸間的相互認同增強趨勢卻並不明顯,減弱勢頭卻較強。針對如何深入兩岸相互認同的問題,已有不少研究者進行了深入的研究,提出了兩岸之間通過建構「集體記憶」與「共有觀念」進入兩岸認同的發展過程。[1] 筆者擬在「集體記憶」和「共有觀念」概念的基礎上,借助社會組織的研究視角,對深入兩岸相互認同的路徑進行具體論述。

一、兩岸經濟往來與兩岸認同

近20年來兩岸之間經濟貿易發展速度驚人(如圖1),2012年兩岸貿易金額達到1689.9億美元,其中大陸從臺灣進口1322億美元,向臺灣出口367.9億美元,大陸成為臺灣對外貿易順差主要來源地。但同時,島內民眾對中國的「國家認同」卻呈現弱化趨勢,島內統「獨」對立情況愈發嚴重(如圖2、3)。島內的「去中傾臺」趨勢並未隨著兩岸日益密切的經濟關係而得以扭轉。

從圖2中我們可以看出,島內民眾認同自己既是「中國人」又是「臺灣人」的比例在過去的20年中穩中有降,已從最高1995年的49.3%下降到2012年38.5%,認同自己是「臺灣人」的比例大體呈上升趨勢,2012年已達54.3%,認同自己是「中國人」的比例則一路下滑,以後1993年最高的26.2%下降至2012年的3.6%。從圖3 中我們還可以看出,島內民眾對兩岸統一的態度日益曖昧,雖然主張「維持現狀再決定」的比例一直維持在35%左右、「偏向獨立」的比例增長

也不多（增長僅8個百分點），但主張「永遠維持現狀」（保持兩岸現有的這種在政治對立、彼此關係和平發展的狀況）的比例卻呈現明顯上升趨勢，已從1994年的不到10%上升至2012年的27.7%，同時「偏向統一」的比例也出現了明顯下降，已由1996年的最高峰19.5%下降至2012年的8.7%。

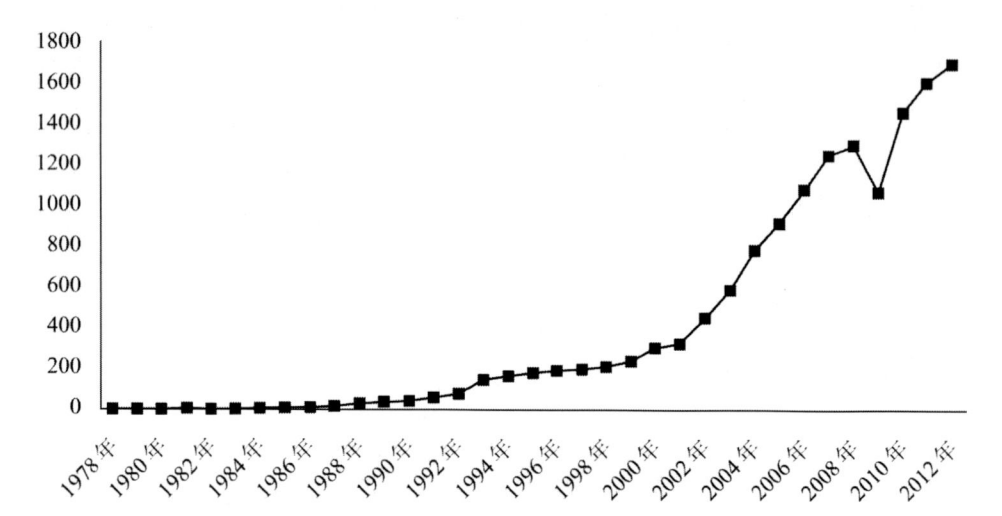

圖1：1979-2012年兩岸貿易圖

數據來源：商務部臺港澳司。

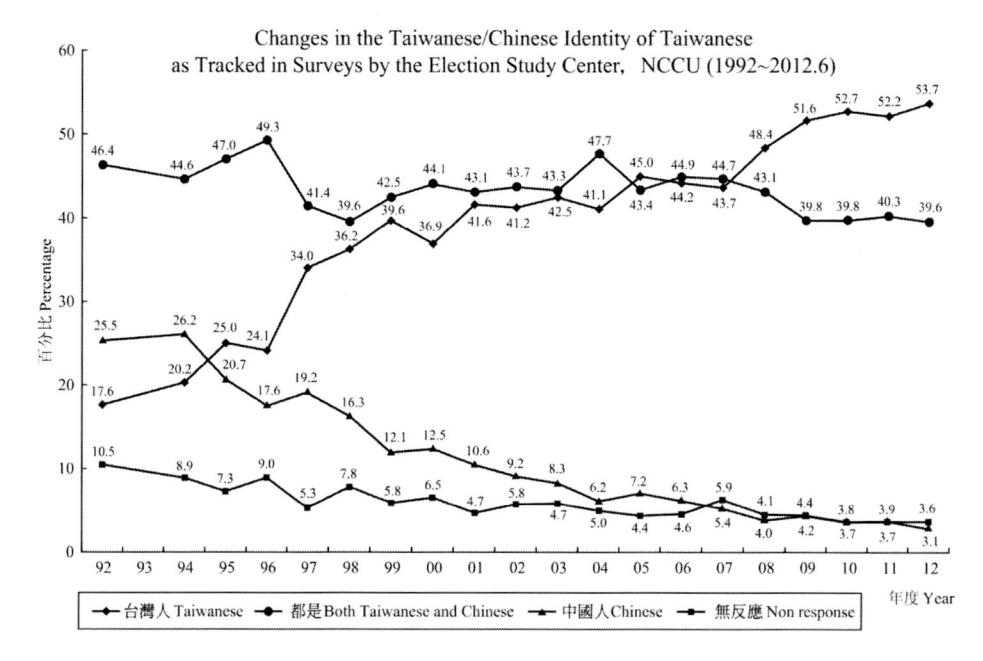

圖2：臺灣民眾臺灣人／中國人認同趨勢分布圖（1992～2012）

分布圖由臺灣政治大學選舉研究中心製作，數據來源：臺灣政治大學選舉研究中心數據庫。

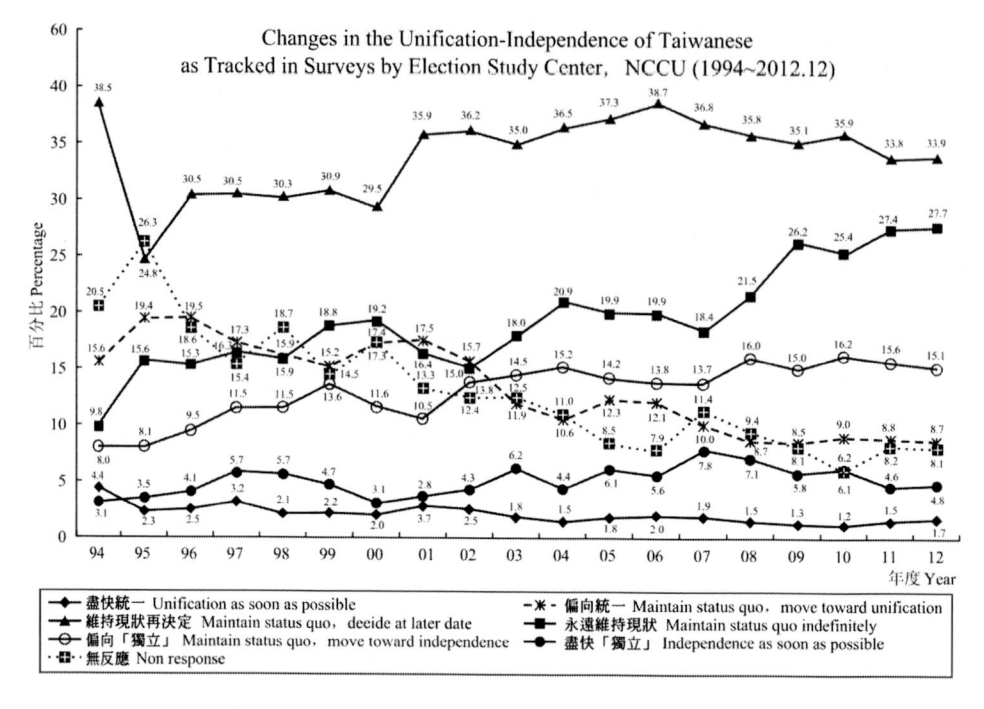

图3：臺灣民眾統「獨」立場趨勢分布圖（1994～2012）

分布圖由臺灣政治大學選舉研究中心製作，數據來源：臺灣政治大學選舉研究中心數據庫。

反映島內民眾國家認同的調查不少，雖然具體數據有所差異，但所反映出的島內「臺灣主體意識」逐漸上升，「獨臺」、「偏安」意識日漸濃厚的趨勢卻基本一致。[2]

馬克思認為人們在自己生活的社會生產中，發生適合的生產關係，其總和構成社會的經濟結構基礎，制約著豎立其上的法律、政治、社會意識等上層建築。[3] 但社會意識有其自身發展的獨立性，並非與社會存在變化發展亦步亦趨。兩岸相互認同程度明顯落後於兩岸間經濟依存度的狀況，充分說明了兩岸間日益密切的經濟往來只是兩岸相互認同的必要條件而非充分條件。兩岸間經濟貿易的迅速發展主要是兩岸經濟發展程度客觀上互補性強，當然也有大陸主觀讓利的成分，但都是雙方理性選擇的結果，本質上是一種基於利益考慮的交換。在經

濟基礎上所建構的兩岸的合作框架及機制，其本質上應該屬於一種懲罰式或預防式機制，根本作用應該在於控制可能出現的臺灣背離大陸的風險。這種基於經濟利益關係所建立和強化的信任關係屬於一種工具型信任，是一種理性計算與預期的結果，並非是一種認同型信任。[4] 具體而言，兩岸經濟往來的日益密切可以有效實現對「法理臺獨」、「急獨」行為的遏止，但難以阻止臺灣「獨臺、偏安」意識的上升，也難以對兩岸相互認同的深入造成立竿見影的作用。

以大陸對南臺灣開展的虱目魚契作合作為例，2010年8月國臺辦副主任鄭立中赴臺南與當地虱目魚養殖漁戶直接座談，促成由上海水產公司與代表學甲養殖漁戶的臺南學甲食品公司達成協議，與100戶養殖漁戶簽訂契約協議，以每臺斤高於成本價新臺幣10元的45元保證收購價格，上海水產公司並預付參與契作養殖戶每臺斤新臺幣10元訂金。2011年共收購300萬臺斤；2012年契作戶數增加至120戶，2012年12月收購完成360萬臺斤，估計占全臺灣虱目魚總產量的5%。運行兩年的虱目魚契作模式帶來了良好的社會經濟效益，穩定了收購價格，使參與契作的臺灣漁民獲得真正受益，贏得了當地漁戶的真正支持，形成了當地漁民與大陸經濟上的緊密聯繫。當地漁戶協會理事長喊出了「經濟是漁民最關心的，不容任何政黨破壞，反對契作就是反對漁民」，這已初步具有「經濟利益共同體」意味。雖然契作在2012年選舉未能扭轉臺灣學甲當地基本盤，但在藍綠政黨陣營3：7的投票傾向中，投票率71%比全市的74%低，廢票率0.8%比全市的0.7%高。這意味著當地選民開始對島內民進黨消極的不投票、投廢票，逐漸展現對其消極面對兩岸交流的不滿態度。

雖然臺南學甲區居民還未積極投票支持藍營或者直接支持兩岸交流政策，但這是一個令人期待的開始。我們相信，隨著大陸對臺灣（特別是南臺灣地區）經濟合作方式的不斷調整，隨著大陸善意持續的、適宜的展現，島內群眾將會越來越多的支持兩岸交流政策，兩岸之間的認同也會在這過程中得到逐步深入。

現階段兩岸間經濟與政治發展的二律背反現象促使我們正視兩岸認同建構的複雜性和艱鉅性，因此有必要深入研究「認同」概念的內在涵義及發展規律，以尋找到深入兩岸認同的可行路徑。下文擬從「集體記憶」、「共同觀念」及「社

會參與」的概念入手，深入剖析「認同」的構成要素。

二、集體記憶、共同觀念與社會參與

（一）集體記憶、共同觀念與兩岸認同

「認同」（Identity）是一個社會心理學概念，所回答就是通常意義上的「我是誰」的問題，涉及社會如何將自我概念賦予個人、個體又如何產生群體概念的相關問題。「認同」是社會成員對自己某種群體歸屬的認知和感情依附，[5]是「一個人或群體的自我認識，它是自我意識的產物——我或我們有什麼特別的素質而使得我不同於你，或我們不同於他們」。[6]「認同」一方面強調了歸屬，強調你和某群人有何共同之處，另一方面強調區別和排斥，強調你和他者有何區別之處。按照建構主義的觀點，「認同」是社會建構的產物。其中，集體記憶是集體認同形成的重要因素，「集體記憶在一個集體，特別是民族集體，回溯性的身分認同中造成持久的作用」。[7] 同時建構主義強調共同觀念在集體認同形成中的重要作用，認為「觀念建構身分，身分決定利益，利益決定行為」。[8] 由此可見，兩岸認同是由兩岸民眾的集體記憶和共同觀念所建構的，如果我們能夠構造新的集體記憶，發展共同觀念，我們就能夠深入兩岸認同。

基於集體記憶的可重建性特徵，在深入兩岸認同方面，研究者提出正視多年來兩岸各自在政治社會化過程中所建構的集體記憶的差異性，以開放心態糾正、消除彼此的差異，促進相互理解和包容，另一方面通過兩岸之間的互動建構新的集體記憶。而對於兩岸間的共同觀念，研究者認為兩岸的長期交流已經形成了一些共有的觀念，如「兩岸關係應當和平發展」、「兩岸關係不能倒退」等，提出兩岸在互動過程中繼續建構更廣泛、更深刻、更密切的共有觀念。[9]

（二）集體記憶與社會參與

從歷史發展的角度上觀察，集體記憶具有歷史性和現實性的分別，而對集體記憶本身進行考察，我們發現集體記憶可以是宏大的、標誌性的、規範意義上的，也可以是零碎的、分散的和日常性的。理解集體記憶自身的複雜性和多樣性，對建構新的集體記憶大有裨益。

兩岸之間協商簽署的諸多合作協議，如ECFA等，就屬於宏大的（涉及兩岸各自整體之間的相互關係）、標誌性的（代表著兩岸之間的合作達到一個新的高度）、規範意義上的（以約束性的文本規範兩岸彼此之間的權利與義務）新的集體記憶。另一方面臺灣對大陸開放自由行促使每年幾十萬陸客進入臺灣旅遊、兩岸青年學子彼此交流留學等等，也屬於新集體記憶的建構。通過兩岸民眾互動所產生的大量零碎的、分散的和日常性的記憶事件，有助於增進對「他者」的瞭解，消除彼此之間的「刻板印象」，推動兩岸認同從區隔走向重建。[10] 正如格羅塞所言，「集體記憶通過家庭、階層、學校和媒體來傳承」，[11] 集體記憶的建建構立在廣泛的社會參與基礎上。

　　現階段兩岸正不斷創造條件以促進兩岸民眾在社會領域相互參與。但筆者認為，當下兩岸民眾在社會生活領域的參與行為更多具有「推著走」的特徵，往往是兩岸公權力機關、學校等官方正式組織動用「有形的手」強力組織動員民眾參與。我們應該創造條件，積極為兩岸民眾的社會參與行為「解禁」，使其具有自我推動、自我發展的內在動力。

　　（三）共同觀念與社會參與

　　共有觀念來自行動者的社會性實踐活動。「建構主義理論意味著共同觀念的存在取決於具有知識的行為體之間的互動。沒有實踐活動，結構就不會發揮作用。」[12] 回顧兩岸關係由敵對狀態走向和平發展的歷史過程，正是雙方不懈努力、勇於實踐的結果。兩岸之間既有的一些共同觀念如「兩岸關係應當和平發展」、「兩岸關係不能倒退」、「兩岸人民屬於中華民族」等都是在兩岸持續互動交往中不斷碰撞、調整而形成的。展望未來，兩岸之間想要形成更多的共同觀念，必然是秉持求同存異的精神，在相互肯定雙方既有的同質性的基礎上，通過廣泛的社會參與形成更廣泛、更深刻、更密切的共有觀念。

　　以兩岸最終實現完全統一的目標來看，「兩岸關係應當和平發展」、「兩岸關係不能倒退」、「兩岸人民屬於中華民族」這類共同觀念只是兩岸現階段之間的最大公約數，屬於一種底線共識，是一種彼此不可突破也不應突破的基礎性規範。「兩岸關係應當和平發展」、「兩岸關係不能倒退」是海峽兩岸人民、紅藍

綠政黨都接受的共識,而「兩岸人民屬於中華民族」則是兩岸對自身歷史文化的共同認知。當兩岸共同觀念繼續向前發展,就涉及對彼此發展道路、生活方式、價值理念的不同認知。客觀上說,1949年以後大陸與臺灣就走上了不同的發展道路,至今都在實現現代化的道路上不斷摸索和實踐。兩岸之間的隔閡與差異在短時間內確實難以消除。因此,未來兩岸間共同觀念的繼續建構,不僅僅需要兩岸在政治領域達成共識形成協議,更是需要兩岸民眾在社會生活領域廣泛參與,以實現對彼此的生活方式和價值理念產生認同。這是一個彼此包容理解的過程,更應是一個彼此砥礪、共同發展的過程。

三、發展兩岸間社會組織是深入兩岸認同的重要路徑

無疑,深入兩岸認同需要通過兩岸民眾的積極社會參與以形成新的集體記憶、發展共有觀念。社會參與的形式有許多種,包括社群參與、網路參與等等。其中最重要的應該是參與各類社會組織,以實現制度化、組織化的社會參與,這也是公民現代性的重要組成部分。[13]

（一）社會組織的特徵與功能

社會組織的概念有廣義與狹義之分,廣義上講社會組織是人們為實現特定目標而建立的共同活動的群體,亦稱次級社會群體[14]。狹義的社會組織概念,又被稱之為「民間組織」、「非政府組織」,泛指那些在社會轉型過程中由各個不同社會階層的公民自發成立的、在一定程度上具有非營利性、非政府性和社會性特徵的各種組織形式及其網絡形態。[15] 在本文的討論中,如無特別說明,筆者一般運用狹義的社會組織概念。

社會組織存在多種形式和類型,但也有相對穩定的共同特徵:一是特定的組織目標。組織成員一般都是圍繞著某一特定而具體的目標來從事共同的活動。二是相對固定的成員。成員進入、退出和活動都有相應的程序,成員對組織能形成歸屬意識。三是合法性。社會組織應該在國家法律許可下,登記註冊開展活動。四是自治性。社會組織一旦成立,就應該在相應範圍內自主。開展活動,實現有效的自我管理。從這個意義上說,大陸的很多社會組織與政府之間依舊是從屬互補合作關係,民間性和自治性尚不完全。[16] 五是非盈利性。這強調社會組織與

市場經濟中的公司組織之間的差別，突出社會組織的服務性特徵。社會組織的發展目標不在於獲得盈利，而在於向社會提供多樣的社會服務。

社會組織的功能總體而言在於滿足人們的經濟、政治和社會需要。具體而言，社會組織功能的發揮取決於社會組織自身的定位。如果將大陸社會中的社會組織定位於政府、市場之外的第三方，是社會治理「多中心」的一方，那麼社會組織的主要功能在於彌補市場「無形的手」和政府「有形的手」的不足，可以推進政府向「有限政府」的轉型，同時有助於企業擺脫「企業辦社會」的狀況，推動企業的專業化發展。[17]

另一方面，從社會轉型發展的角度上說，社會組織的基本功能在於培育和發展與市場經濟相適應的價值體系、社會規範、道德和倫理實踐體系。[18]各種社會組織內社會個體之間、社會組織相互之間在頻繁持久的互動過程中將逐漸形成、並為社會普遍認同的價值和社會準則。從這個意義上說，大陸社會自身在快速變遷的過程中所存在的社會約束力失控、價值「迷亂」現象需要通過形成新的社會組織體系，並通過社會集體組織的正常運作來重新規範個體行為，並逐步形成社會普遍認同的價值和社會準則。而大陸社會與臺灣社會未來要形成真正意義上的「生命共同體」，也應該通過社會組織（廣義層面）這個媒介，使彼此的社會個體與社會組織能夠在頻繁持久的互動過程中形成雙方都認可的價值和社會準則，為兩岸最終統一奠定觀念認同基礎。

（二）發展兩岸間共有社會組織的優勢

現階段，大陸和臺灣之間的交流，社會組織已經發揮了重要的作用。每年兩岸公權力機關、學校及行業協會等各類組織都組織大量的交流活動，如各類兩岸論壇、兩岸青年交流營，最近臺灣還逐步放寬了陸生赴島的限制。兩岸之間大量的交流活動確實對修正彼此之間的刻板印象大有裨益。但坦白而言，這類交流互動行為普遍存在著「推著走」的情況，基本都是在既定組織之間發生的。這種行為有助於增進理解，結束兩岸之間的「敵對狀態」，推動兩岸民眾從「互不理解」到「相互理解」。[19] 但當兩岸認同建構進入獲得「群體資格階段」，[20]兩岸民眾要獲得彼此群體成員特徵，除了選擇成為對方社會中的一員以融入當地

社會,如長期居住在大陸的臺商逐步強化對遷移地的認同,[21] 進入臺灣的大陸配偶逐步融入臺灣當地社會,還應創造條件使彼此社會中的個體能夠在共同的社會組織中持續互動,不斷擴大兩岸之間價值觀念和社會規範「交集」的範圍,成為真正意義上的「你中有我,我中有你」,如圖4所示。

兩岸間共同的社會組織與兩岸各自的既有組織在促進兩岸互動方面的區別在於:前者可以使兩岸彼此的社會個體能夠在共同的目標下,制定彼此都認同的程序、規範,實現真正的共同管理,以形成共同的歸屬和認同。而後者的社會個體一方面難以有長期持續的互動,另一方面受自身組織的規範和觀念影響,個體在互動時往往會出現「我瞭解你,但我不認同你」的狀況。

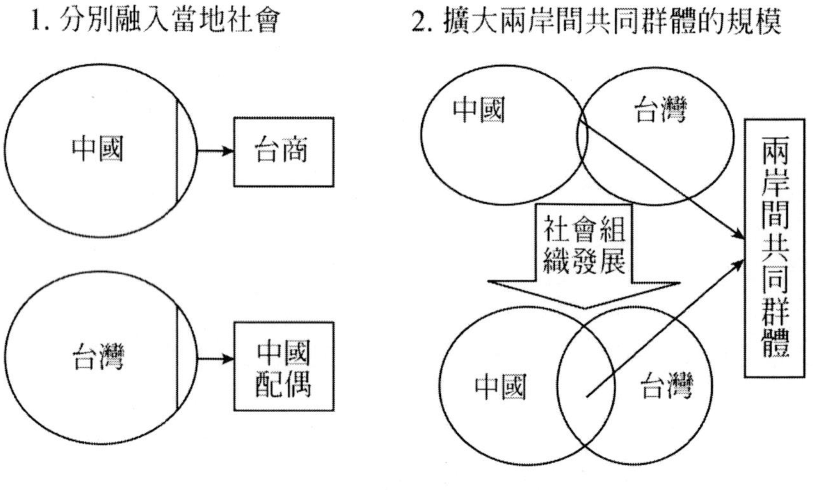

圖4:兩岸認同建構的不同路徑示意圖

(三)優先發展兩岸間的公益慈善服務類社會組織是合適的選擇

社會組織的類型劃分多樣,按照大陸的《社會團體登記管理條例》、《民辦非企業單位登記管理暫行條例》和《基金會管理條例》,民政部將納入管理的民間社會組織分為社會團體、民辦非企業單位和各類公益性基金會三大類,學術界有按照美國霍普金斯大學非營利組織比較研究中心制定的分類法,將中國民間組織分層12各大類27個小類:文體類、教育類、衛生保健類、公益基金及志願服務類、宗教類等。[22] 鑒於兩岸政治社會生態的具體情況,筆者認為應優先發展

兩岸間的公益慈善類社會組織。

主要理由：

一是大陸開始逐步降低社會組織登記准許進入門檻，社會組織活動空間有所擴大。2012年1月1日起，廣東省社會組織管理改革邁出實質步伐，放寬了社會組織的限制，各類行業協會、異地商會以及公益服務類、社會服務類、經濟類、科技類、體育類、文化類社會組織不再需要掛靠主管單位，可以直接到民政部門申請登記。按照大陸社會管理發展的趨勢來看，沿海經濟發達地區都可能會效仿廣東，放寬對社會組織發展的限制，以促進社會組織的發展。

按照廣東省委、省政府印發的《〈關於進一步培育發展和規範管理社會組織的方案〉的通知》的具體要求，行業協會商會已經允許吸納港澳臺人士在廣東省內工商註冊的企業為會員，同時強調應加強與港澳臺社會組織交流合作，推進港澳服務提供者以獨資民辦非企業單位形式舉辦養老機構和殘疾人福利機構。未來我們應該積極推動在特定社會組織領域（如公益慈善類社會組織）內，進一步放寬對港澳臺社會個體參與大陸社會組織的限制，將兩岸三地的合作層次由組織對組織的合作推進到組織與個人的合作甚至是個人與個人的合作。

二是公益慈善服務類社會組織政治功能較弱，其價值理念無涉兩岸政治敏感區。必須認識到社會組織具有非政府性、非營利性和資源性特徵的同時，同時也具有政治性、對抗性，主要發揮社會功能的同時，也具有一定的政治功能。[23] 在自由主義語境下的西方公民社會理論較為強調國家與社會之間的二元對立劃分。西方發達資本主義國家甚至還經常以非政府組織為中間，向非西方國家灌輸西方的民主觀、人權觀和社會觀。這是值得我們警惕的。我們必須走國家與社會組織有效整合的發展道路。

公益慈善類社會組織的「幫助弱勢群體」的核心理念具有較強的普適性，較易與兩岸之間現存的政治敏感區進行區隔，能夠在兩岸之間形成「共同觀念」的連接點，即便對兩岸中政治態度差異較大的社會個體也能形成共鳴，有助於互動的持續進行。

三是可以吸收臺灣先進的經驗，有助社會組織水平的提升。臺灣社會組織建

設取得了令人矚目的成就，截至2012年底，臺灣各類社會組織總數超過5萬個[24]，成為社會治理的重要組成力量。臺灣社會組織管理理念較為先進、監管體系嚴密、管理機制以及管理手段多元化，這些經驗都值得大陸借鑑。[25]

四是可以充分吸引兩岸青年人的參與。從臺灣的「國家認同」調查來看，島內的青年群體對「中國」的認同相對與其他年齡群體更低。《天下》雜誌的調查顯示：62%受訪者認為自己是「臺灣人」，自認「既是臺灣人也是中國人」的有22%，自認是「中國人」的僅8%；其中，19到29歲的年輕族群認為自己是臺灣人更高達75%。[26] 導致臺灣青年國家認同觀念轉變的原因與臺灣李登輝時期開始的「去中國化」教育密切相關。這既說明了兩岸認同建構工作的艱鉅性，也指明了工作的主要對象應是島內的青年群體。

兩岸青年群體固然在國家認同觀念層面有著巨大的差異，但在熱衷慈善公益、積極參與志願服務工作方面有著極強的共同性。發展兩岸間公益慈善社會組織，能夠充分吸引兩岸青年人的參與，可以為兩岸青年的長期互動交流、增進相互理解提供很好的條件。

（四）發展兩岸間公益慈善社會組織的目的

發展兩岸間共同的公益慈善社會組織的目的在於將兩岸各自的社會個體以公益慈善理念匯集起來，在共同組織內互動交流，為共同的目標——「幫助弱勢群體」共同努力。在此過程中，兩岸具有不同生活習慣、思維方式和價值觀念的社會個體能夠逐步建構出鮮活、積極的集體記憶，並在互動中提升擴大「共有觀念」，共同努力建構一種雙方均能接受的新行為規範和價值理念，穩步推動兩岸認同的深入發展。

自2008年馬當局執政以來，兩岸關係進入了快速發展階段。現階段兩岸關係進入了公認的「核心區域」，而兩岸認同被普遍認為是未來兩岸深度整合的關鍵性因素。兩岸認同在不同層面上展現出不同的面貌：兩岸民族認同長期保持高度同一性；兩岸文化認同中的同一性大於差異性，差異性值得正視和消除；兩岸國家認同同一性已被差異性趕超，差異性還有擴大的趨勢。[27] 臺灣「國家認同」的轉變是島內政治生態變化等綜合因素影響變化的結果。消除兩岸認同的差

異性、重新走向同一性,需要兩岸長期共同努力。深入兩岸認同的可選路徑有許多,選擇以發展兩岸間共同社會組織為抓手,優先發展公益慈善類社會組織,從「幫助弱勢群體」這個兩岸都普遍認同的觀念入手,吸引兩岸的社會個體特別是青年群體廣泛參與,循序漸進,逐步增強兩岸在文化價值理念層面的認同,為建構「兩岸一家人」的觀念提供可靠基礎。

注　釋

[1].陳孔立:《兩岸認同的過程——雙管雙向互動模式》,《臺灣研究集刊》2012年第5期,第10～16頁。

[2].這裡所指的「偏安」意識是引用臺灣大學政治系張亞中教授的說法,意指島內的一種滿足於現狀、不希望改變兩岸間「不統、不獨、不武」的狀態、希望長期享受兩岸和平紅利的態度。

[3].馬克思:《政治經濟學批判序言》,中共中央馬克思、恩格斯、列寧、史達林著作編譯局編:《馬克思恩格斯選集》第2卷第2版,人民出版社2004年版,第32頁。

[4].沈惠平:《社會認知與兩岸互信的形成》,《臺灣研究集刊》2013年第1期,第7～13頁。

[5].王希恩:《民族認同與民族意識》,《民族研究》1995年第6期,第17頁。

[6].杭亭頓:《誰是美國人?美國國民特性面臨的挑戰》(程克雄譯),新華出版社2010年版,第17頁。

[7].格羅塞:《身分認同的困境》,社會科學文獻出版社2010年版,第37頁。

[8].陳孔立:《兩岸認同的過程——雙管雙向互動模式》,《臺灣研究集刊》2012年第5期,第10～16頁。

[9].陳孔立:《兩岸認同的過程——雙管雙向互動模式》,《臺灣研究集

刊》2012年第5期，第10～16頁。

[10]. 孫升亮：《兩岸認同從區隔走向重建》，《臺灣研究》2009年第5期，第7～12頁。

[11]. 格羅塞：《身分認同的困境》，社會科學文獻出版社2010年版，第34頁。

[12]. 溫特：《國際政治的社會理論》，上海世紀出版集團2008年版，第19頁。

[13]. 王兵：《當代中國人的社會參與研究述評》，《哈爾濱工業大學學報（社會科學版）》2012年第6期，第22～26頁。

[14]. 參見：《中國大百科全書（第一版）》網路版「社會組織」條目，作者：李路路。

[15]. 王名：《走向公民社會-中國社會組織發展的歷史及趨勢》，《吉林大學社會科學學報》2009年第3期，第5～12頁。

[16]. 文軍：《中國社會組織發展的角色困境及其出路》，《江蘇行政學院學報》2012年第1期，第57～67頁。

[17]. 張尚仁：《「社會組織」的含義、功能與類型》，《雲南民族大學學報（哲學社會科學版）》2004年第2期，第28～32頁。

[18]. 馮鋼：《論社會組織的社會穩定功能——兼論「社會複合主體」》，《浙江社會科學》2012年第1期，第66～73頁。

[19]. 陳孔立提出兩岸的認同過程存在五個階段：「對抗」、「不對抗」、「利益相關者」、「群體資格」與「認同重建」這幾個漸進向前的發展過程。參見陳孔立：《兩岸認同過程的五個階段》，《臺灣研究集刊》2012年第6期，第1～6頁。

[20]. 「群體資格」是社會認同理論中的重要概念，是社會認同的來源。行動者獲得某一群體「群體資格」的過程也是相關集體記憶和社會知識的習得過程。

[21].耿曙：《「資訊人」抑或「臺灣人」：大上海地區高科技臺商的國家認同》，臺灣《「國政」研究報告》2002年5月28日。

[22].鄧國勝：《非營利組織評估》，社會科學文獻出版社2001年版，第5～6頁。

[23].白平則：《如何認識中國的社會組織》，《政治學研究》2011年第2期，第3～10頁。

[24].數據來源：臺灣內政統計資訊服務網www.moi.gov.tw/stat.

[25].鄭振宇：《臺灣社會組織管理的經驗、問題與啟示》，《探索》2013年第3期，第142～146頁。

[26].《2010國情調查》，臺灣《天下》雜誌第437期，2009年12月16日。

[27].劉相平：《兩岸認同之基本要素及其達成路徑探析》，《臺灣研究》2011年第1期，第1～6頁。

臺灣意識的認知現狀與發展趨勢

——增強兩岸互信之思想基礎

首都師範大學臺灣研究室 崔萍

「臺灣意識」是指臺灣民眾在長期共同生活中所形成的共同心理認知，是「中國意識」在臺灣的反映。「臺灣意識」是影響臺灣民意趨向的社會思潮，是牽動兩岸關係走向的敏感神經。全面、正確理解「臺灣意識」的內涵與本質，有助於把握臺灣民眾長期以來形成的共同心理認知，從而加深對臺灣由於各種因素所形成的獨具個性的政治文化的理解，為增強兩岸互信提供必要的思想認知基礎。

一、「臺灣意識」的內涵

「臺灣意識」是臺灣民眾在長期的共同生活中所形成的一種特殊的社會意識，是基於臺灣特殊的歷史、政治、經濟環境下所產生的不同於中國其他地方的特殊意識。

1.「臺灣意識」的社會意識涵義

「臺灣意識」屬於社會意識的歷史範疇，社會意識與社會存在相對應而存在。從社會意識的形式來看，它包括社會心理和社會意識形式兩方面內容。社會心理是人的潛在的精神與思維活動，屬於低級層次的社會意識。其特徵是「自發性、散亂性和不穩定性」。[1] 社會意識形式是社會意識的高級層次，是形式化和具體化的社會意識，包括政治、法律思想、哲學、藝術、宗教等內容。在社會意識中，社會心理占據最大比例，它是社會意識形式的基礎和源泉，而社會意識形式則是「社會心理的集中、概括、提煉和昇華」。[2] 因此，「臺灣意識」是社會心理的層面的集中表現，隨著實踐活動的發展，部分社會心理會向社會意識

形式轉化。社會意識取決於並反映社會存在,因此「臺灣意識」必然具有「中國意識」的普遍特徵。當然,由於歷史的發展與政治的演變,「臺灣意識」又獨具個性,產生了與中國其他地區不同的地方性意識。「臺灣意識」與「中國意識」的關係是「臺灣意識」的本質問題,也是圍繞「臺灣意識」探討的核心所在。從社會意識與社會存在關係的角度來看,「臺灣意識」可以理解為臺灣民眾在長期共同生活中所形成的共同心理認知,是「中國意識」在臺灣的反映。

2.「臺灣意識」的政治文化涵義

「臺灣意識」又屬於政治文化的範疇。美國政治學家阿爾蒙德認為:「政治文化是一個民族在特定時期流行的一套政治態度、信仰和情感。」[3] 關於政治文化的內涵,阿爾蒙德提出了「三大要素說」,即「政治認知」、「政治情感」和「政治評價」。所謂「政治認知」,是指「人們經由傳承教化和社會生活經驗得來的對政治現象是非善惡、因果對錯等問題的既成認識」。[4]反映在「臺灣意識」的內涵中,它包含了臺灣人民對中國大陸、臺灣以及兩岸關係的政治歷史與政治現實的認識。所謂「政治情感」,是指「社會成員在已有的政治認知基礎上對政治現象產生的親疏好惡等情緒性反應」。[5] 據此,「臺灣意識」的內涵具體包括了臺灣民眾對政治權威、政治體系以及政治現象的態度傾向和對自身歷史境遇的心理感受。所謂「政治評價」,或稱「政治價值取向」,是指「人們在基本政治認知、政治經驗和直觀的政治情感基礎上的思想與態度的昇華,包括政治理想、政治信仰、政治價值觀念、群體意識、政治追求等理性思維和主張」。[6]因此,「臺灣意識」內涵還具體包括臺灣人對兩岸關係未來走向的追求,對本土民主自由的意見和主張。無論是從理論角度去分析,還是從實踐經驗來觀察,政治評價對臺灣政治文化的發展產生最具實質性的影響。全面理解「臺灣意識」的內涵,就必須深入瞭解臺灣民眾的心理認知、態度情感和目標價值。

3.「臺灣意識」的歷史發展涵義

從歷史的發展進度來看,「臺灣意識」的內涵在不同的歷史時期,都有不同的內容。「臺灣意識」形成於明清時期,此時更多表現為愛鄉愛土的熾熱情懷。「臺灣意識」的形成是一個漸進的過程,臺灣早期的移民大部分來自大陸的福

建、廣東一帶，他們將閩粵文化、風俗習慣傳播到臺灣島，並懷有對中國的熱愛、對故鄉的思念之情。大陸移民在開拓、定居、建設臺灣的過程中，與當地的文化風俗不斷交流、融合，共同奮鬥，發展經濟，這是中華民族形成過程的一個縮影。從三國一直到明清時期，歷代政權一直都很重視對臺灣的開發與建設，在當代臺灣也保留了很多思鄉愛國之情的民間風俗和體現中華傳統文化的歷史古蹟。直至明清時期，「臺灣意識」從個別意識上升為社會認同，由鬆散的意識發展成為集體自覺。由鄉土觀念、民俗習慣凝聚匯成的民族認同，是「臺灣意識」的最初意識形態。日據時期，日本強占臺灣半個世紀，但是臺灣人民從未放棄反抗日本殖民統治的鬥爭和爭取回歸中國的努力。對於《馬關條約》的割臺條款，臺灣人民表示：「臺灣屬日，萬民不服，如赤子之失父母。」[7] 這是臺灣人民悲情意識的起源。此後，日本企圖同化臺灣同胞為日本順民的皇民化運動也並沒有動搖「中國意識」的主導地位，民族意識、中國意識一直是「臺灣意識」的主流。在臺灣光復初期，臺灣人民歷經磨難終於回歸中國時的興奮感很快被現實打碎，變為對國民黨政權的不滿與失望。國民黨政權的腐敗無能、軍隊的渙散暴力，加深了臺灣民眾同國民黨當局的矛盾與隔閡。此時期，臺灣民眾不僅有歷史的悲情意識，更有對民主、自由、權利的嚮往與追求。

　　較早定義「臺灣意識」內涵的學者是旅日著名臺灣史學家戴國煇先生，他提出，「臺灣意識」是指「日據時代，視中國為祖國和中國意識、中國文化為主體，對抗日本殖民統治、殖民文化和皇民化的一種愛祖國、愛鄉土的愛國意識」。[8] 這是基於當時的臺灣所處的殖民環境所做出的解釋。臺灣光復後，尤其是臺灣民主化以來，臺灣與大陸長期處於分離、隔絕和對峙的狀態，因此「臺灣意識」不免出現了淡化「中國意識」的傾向，但是「中國意識」依然是兩岸關係的主流。李登輝上台以後，強行將「臺獨」意識灌輸給臺灣民眾，「臺灣意識」被曲解為「臺獨」意識的趨向越來越嚴重，以至於有相當人群將「臺灣意識」與「臺獨意識」混為一談，加深了兩岸民眾之間的誤解。2009年，中共總書記胡錦濤在紀念《告臺灣同胞書》三十週年座談會上發表重要講話，將「臺灣意識」與「臺獨意識」嚴格區分開來。同年7月全國政協主席賈慶林在「第五屆兩岸經貿文化論壇」開幕式演講時強調：「臺灣同胞因近代以來特殊的歷史遭遇

和形成的 『臺灣意識』,反映的是愛鄉愛土的熾熱情懷和自己當家做主的樸素願望。」[9] 對「臺灣意識」內涵做出新的界定。

綜上,「臺灣意識」可以從三個層面理解:一是愛鄉愛土的熾熱情懷,這是「臺灣意識」的最初形態,也是貫穿「臺灣意識」形成與發展各個時期的最基本內容。這是從意識層面理解的「臺灣意識」;二是歷經磨難的悲情意識,這是臺灣民眾遭受外部民族侵略以及內部高壓統治所形成的一種特殊的情緒心理,是從歷史層面理解的「臺灣意識」;三是自己當家做主的樸素願望,這是臺灣民主化以來「臺灣意識」演變發展的最新內容,是從政治層面理解的「臺灣意識」。

二、「臺灣意識」的認知現狀

目前兩岸關於「臺灣意識」的認知,焦點在於「臺灣意識」的本質問題,即「臺灣意識」與「中國意識」的關係。大陸對「臺灣意識」的本質認知很明確,即「中國意識」是「臺灣意識」的本質特徵,也是臺灣社會的主流意識。臺灣對「臺灣意識」的認知不盡相同。一部分認為「中國意識」是「臺灣意識」的核心思想,另一部分認為「中國意識」與「臺灣意識」是完全對立的。在臺灣不同政黨執政時期,「中國意識」在臺灣社會意識的主流思想中也存在微妙的變化。在民進黨執政時期,「臺獨意識」一度占據主導地位,而「中國意識」在主流思想中就表現出微弱的態勢;在國民黨重新執政的這段時間,「中國意識」重新與「臺灣意識」聯結,但是「臺獨意識」依然是一股不可忽視的社會思潮,並且隨著社會存在的變化而出現此消彼長的態勢。

1.大陸對「臺灣意識」的認知

對於「臺灣意識」大陸主要是側重於對「臺灣意識」的內涵,「臺灣意識」與「臺獨意識」、「中國意識」的關係進行探討。

關於「臺灣意識」的內涵方面,大陸基本上從四個層面來理解:

一是鄉土意識或地方意識。這是一種自生的、最純樸的「臺灣意識」,「鄉土意識的產生可以說是一種十分自然之事。在臺灣成長、生活的人,對自己的母社會產生一種依戀之情,進而在意識上要求認同臺灣,關懷社會,這便是鄉土意

識的由來」。[10] 臺灣作為中國的一部分，是一種地方意識，「和中國其他地方的地方意識形態沒有本質區別」，「如果說和中國一般的地方意識有所區別，充其量也就是可以和『香港意識』、『澳門意識』相提並論」。[11]

二是民族意識和愛國情感。從大陸移民定居、開發、建設臺灣和反對外來侵略的歷史過程中，祖國意識一直是「最基本的意識」。[12] 臺灣民眾以五千年的中華民族文化為榮，「抗戰時期，臺灣人民的堅決抵制和英勇反抗」，「臺灣人民將中國視為自己的祖國，想方設法光復臺灣」，回到祖國的懷抱，這種不屈不撓、英勇抗日的精神便「體現了臺灣民眾的民族意識和愛國情感」。[13] 在李登輝、陳水扁執政期間，臺灣同胞的祖國意識主要表現為反對「臺獨」活動、發展兩岸交流、推動和平統一。

三是民主精神。由於臺灣民眾在歷史上受到殖民主義的侵略踐踏，加上國民黨統治時期基本權利被無情剝奪，因此出現了「一種不願任人宰割擺布、要求自己當家做主的心理反映」。這種民主意識發展到今天主要表現為「臺灣出頭天」的情結。[14]「民主意識是自發意識中最深層的因素」，[15] 其在臺灣流行的主要原因：對殖民統治的憎恨，對專制統治的反思，以及移民的社會性質所決定。

四是敢於打拚的性格。臺灣大多數祖先是「被逼上梁山、逼下臺海、從死亡線上活過來的硬漢。凡經不起臺灣海峽的風浪，戰不勝荒島瘴氣，敵不過外來侵略統治者的，都難以在臺灣這片土地生存下來」。[16] 今日臺灣的繁榮也正是臺灣同胞大無畏的精神所造就的。因此，這種打拚的性格也是「臺灣意識」的重要內容。

關於「臺灣意識」與「中國意識」、「臺獨意識」的關係方面，大陸方面所持觀點基本一致，認為「臺灣意識」從屬於「中國意識」，而與「臺獨意識」是對立的，「臺灣意識」的本質是「中國意識」。

第一，「臺灣意識」與「臺獨意識」在本質上截然不同。「大陸從來沒有把『臺灣意識』和『臺獨』等同起來」，雖然有「臺獨」勢力利用和操縱「臺灣意識」、將「臺灣意識」異化為「臺獨意識」，「但是大陸對這一個問題，對他們之間的不同和界線是非常清楚的」。[17]

第二，「臺灣意識」的本質是「中國意識」。臺灣人民的主流意識是「中國意識」，即「認同自己是有5000年光輝燦爛文明歷史的中華民族的優秀兒女」。[18]「臺灣意識」與「中國意識」是相互融合的，而「臺灣意識」的本質，「是追求民族昌盛的中華意識」，[19] 即「中國意識」。

第三，「臺獨意識」是「臺灣意識」的異化。「二二八事件」後，臺灣民眾對國家的認同受到巨大衝擊，少數「臺獨」分子「在外國反華勢力的支持下趁機而入，挑撥離間，逐步誤導『臺灣意識』與『中國意識』相脫離，並將『臺灣意識』異化，扭曲為『臺獨意識』」。[20] 但是也有少部分學者認為當今的「臺灣意識」已經與「中國意識」脫離，發展成為了「臺獨意識」。究其原因，首先是「臺獨」分子利用悲情意識「強化臺灣本土意識」。其次是由於兩岸長期隔離，「臺灣人對中國大陸由陌生、疏離到排斥對立」。此外，「臺灣青年人的『中國意識』與中華民族感情淡漠」也是一個重要原因。[21]

2.臺灣對「臺灣意識」的認知

「臺灣意識」一詞近年來在臺灣島內出現頻率非常高，受「臺灣意識」的異化影響，臺灣關於「臺灣意識」的理解與認識大致分為兩種觀點。

一種認為「臺灣意識」不等於「臺獨意識」，而是「中國意識」的一部分。其基本觀點包括三個方面：

一是兩岸同屬「一個中國」，「臺灣意識」從屬於「中國意識」。「海峽兩岸均堅持一個中國原則」是「九二共識」的核心內容，也是維持兩岸關係和平發展的基礎，深受廣大臺灣同胞的肯定與支持。2012年國民黨榮譽主席吳伯雄在「九二共識」發表20週年之際，強調「『九二共識』是白紙黑字的歷史事實，今後兩岸和平發展仍要以此為基本」。[22] 國民黨副主席蔣孝嚴也表示，「九二共識」是「巧政治的展現」，是臺灣民眾可以「高度接納的歷史事實」。[23] 臺灣新黨主席郁慕明在接受《旺報》採訪時，指出解決臺灣出路問題最根本的就是堅持「一中、就是終極統一」。[24] 承認「一個中國」，即承認「中國意識」是兩岸共同的價值追求，「臺灣意識」從屬於「中國意識」，是「中國意識」不可分割的重要組成部分。

二是兩岸同屬中華民族，擁有共同文化，「中國意識」是「臺灣意識」的本質。「臺灣意識」是「立足於中華文化、中華民族的基礎之上」的社會意識，[25] 是「中華文化體系下多元文化的表現」，[26] 是絢麗多彩的中華文化的組成部分。中華傳統文化在臺灣一直都是主流，「『臺灣意識』所強調的『愛鄉、愛土』也是中華傳統文化的一部分」。[27] 馬英九發表2013年元旦祝詞時提到，「兩岸同屬中華民族，都是炎黃子孫」。[28] 吳伯雄出席《中華兒女策馬中原》新書發表會時表示，「一個人可以選擇朋友、伴侶，但不能選擇祖先」，他呼籲臺灣年青人應該「多接觸中華文化，不能放棄自己是炎黃子孫的一分子」。[29]

三是「臺獨意識」與「中國意識」、「臺灣意識」是完全背離的。少數「臺獨」分子將「臺灣人」與「中國人」區隔、對立，其目的是「煽動族群情緒的選舉謀略」，這樣「既無助於臺灣內部的團結，也有礙海峽兩岸的相互溝通與友誼的建立」。[30] 親民黨主席宋楚瑜2005年在清華大學演講時強調，懇請大陸同胞不要把「臺灣意識」與「臺獨」意識畫上等號。「『臺灣意識』是在長期的歷史脈絡中自然形成的一種認同臺灣人跟地的一種情感，『臺獨』是要把臺灣與中國大陸徹底地去割裂的一種企圖」。[31] 2012年3月吳伯雄赴鄭州參加壬辰年黃帝故里拜祖大典時表示：「我深愛臺灣，同許多臺灣人一樣有強烈的『臺灣意識』，但這絕不同於主張永遠分離的『臺獨意識』。」[32]

另一種認為「臺灣意識」即「臺獨」意識，與「中國意識」是平行或者對立的。他們將「臺灣意識」等同於「臺獨」意識，高舉著「臺獨」旗幟，號稱是正統的「臺灣人」，挾持臺灣民眾尤其是中南部選民的感情為政治選舉服務。民進黨為了上台，「竭力推動『臺灣意識』與『臺獨』意識的等同關係，抽出完全不同的區隔成分，混淆一體。」謀得執政黨後，又充分利用公權力大搞「臺獨」活動，「力求將『臺灣意識』等同於『臺獨』意識的關係合法合理化」。[33] 將「臺灣意識」導向「臺獨」意識是民進黨等「臺獨」勢力操縱政治選票的工具，每逢選舉，對大陸「以刺激性的語言意圖惹惱中共，迎合深綠支持者，嚴重威脅臺海安全和區域和平」，對島內「製造省籍對立、族群分裂，弄得

人心不安」。[34] 這是民進黨參與政治、謀取自身利益的一貫手段，把「臺灣意識」異化為「臺獨」意識，把「臺獨」意識綁架於民主意識，操弄民粹爭奪選票。因為民進黨人始終認為「只有擁抱其所謂的『臺灣意識』，才有勝選機會」。[35]

三、「臺灣意識」的發展趨向

當前「臺灣意識」表現出兩種發展趨向：一種是與「中國意識」相背離，「臺獨意識」繼續發酵；一種是與「中國意識」重新聯結，具體表現為「臺灣認同」。

1.「臺獨意識」與「中國意識」相背離

「臺獨」分子極力灌輸「臺獨」意識，將臺灣人民愛鄉愛土的熾熱情懷捏造為「愛臺灣」與「愛中國」相對立，將臺灣人民要求當家做主的樸素願望歪曲為要求臺灣政治「獨立」的訴求。2000年和2004年民進黨通過博得臺灣民眾的同情謀取政治選票，獲得上台執政的機會，使「臺獨意識」泛濫開來，「臺灣意識」最終被異化為了「臺獨」意識。「臺獨」意識有意割裂「臺灣意識」與「中國意識」的關係，製造民族矛盾，分裂國家主權，是與「中國意識」完全背離的。

從表面來看，「臺灣意識」被異化為「臺獨」意識，並取得了一定的成效；從短期來看，「臺獨」意識在當今臺灣社會還有一定的影響，尤其是島內青少年的「國家認同」情感逐漸降低。但是，「臺獨」意識破壞了以「和平與發展」為主題的世界趨勢以及兩岸關係潮流，違背了中華民族的優良傳統和中國人民的共同意願，更損害了廣大臺灣同胞的根本利益。從本質以及長遠來看，「臺獨」是一條沒有前途的道路。

2.「臺灣認同」與「中國意識」相融合

「臺灣認同」與中國其他地區的地方認同一樣，是一種鄉土認同，是臺灣同胞在開拓和定居臺灣的過程中，逐漸形成的對鄉土的熱愛與眷顧之情，可以被看成是「臺灣意識」的具體表現。這種地方認同與國家認同並不相違背，熱愛家鄉

是熱愛國家的一種表現，積極投身家鄉建設與發展也是報效國家的重要方面。然而，由於臺灣特殊的歷史發展與政治動態的演變，「臺灣認同」又被賦予了「民族認同」、「國家認同」層面的含義，這是「臺灣認同」的特殊性。所謂「民族認同」主要是指認同兩岸同屬一個民族，即中華民族；「國家認同」主要是指認同兩岸同屬一個國家，即中華人民共和國。李登輝、陳水扁執政期間，「臺灣意識」被異化為「臺獨」意識，造成了臺灣政治認同觀的混亂。據多項調查，自1990年以來臺灣同胞的「國家認同」度呈下降趨勢，而「本土認同」度逐年上升。對於此現象和在「臺灣認同」的理解上，我們要仔細分析，區別對待。

第一，「臺灣認同」，或稱「鄉土認同」，是「臺灣意識」的具體表現，我們應予以尊重。「臺灣意識」主要包含了三層含義，即愛鄉愛土的熾熱情懷、歷經磨難的悲情意識和自己當家做主的樸素願望。而「鄉土認同」正是反映了「臺灣意識」中愛鄉愛土的熾熱情懷這一層含義。臺灣從一個荒蕪貧瘠之島發展成為富庶繁榮之地，是一批批大陸移民披荊斬棘開拓出來的，是世世代代臺灣兒女辛勤澆灌創建形成的。由主體為大陸移民組成的臺灣同胞，在開拓、扎根臺灣的歷史形成過程中，很自然地對這塊土地產生了熱愛之情，進而由地域的歸屬感上升為「鄉土認同」。這是「臺灣意識」的自生發展，也是「臺灣意識」的最原始含義。因此，「鄉土認同」並不是「臺獨」意識。我們應充分尊重臺灣同胞愛鄉愛土的熾熱情懷，將具有「鄉土認同」感的廣大臺灣同胞同少數鼓吹「臺獨意識」的分裂分子區別開來，孤立少數極端的「臺獨」分子，這樣才能真正贏得多數臺灣民意、民心。

第二，「國家認同」度下降是歷史與現實因素綜合作用的結果，我們應高度警惕。歷史上臺灣遭受過荷蘭、西班牙、葡萄牙、英國、法國、日本、美國等國家的侵擾，並先後淪為荷蘭與日本的殖民地，尤其是近代以來日本對臺灣的殖民統治長達半個世紀之久。巨大災難在臺灣同胞心中深深刻下了悲情的歷史印記，他們缺少祖國的關懷，缺少獨立的人格，因而這種「悲情意識」很容易被分裂分子蠱惑、渲染，產生對祖國的疏離感。國民黨入臺後，當局的腐敗無能又深深刺痛了臺灣同胞的愛國情感，他們很快由回歸中國後的喜悅之情變成對當局的不滿，漸漸對中國產生了失望感。長期以來國民黨當局封鎖臺灣海峽，實行恐怖統

治，進行反共復仇的宣傳，抹黑大陸政權，至今對臺灣同胞來說還心有餘悸。臺灣民主化與自由化以來，「臺獨」勢力從夾縫中崛起。李登輝、陳水扁等分裂分子不遺餘力的將「臺灣意識」異化為「臺獨」意識，使臺灣同胞「國家認同」的價值觀也隨之混亂和扭曲。我們應始終高度警惕和抵制「臺獨」分子潛移默化地灌輸「臺獨」意識，高度重視臺灣同胞被政治挾持而產生對「國家認同」的淡化，這是影響兩岸關係長遠發展的毒瘤與癥結。

第三，「民族認同」是兩岸同胞凝聚共識的契合點。目前，從「國家認同」的角度爭取臺灣民意還有不小的難度，畢竟歷史的隔閡、誤解很難在短時間內消除、融化。但是從「民族認同」的立場出發，有利於縮小臺灣同胞與大陸人民的情感距離。兩岸同屬中華民族，這是不爭的歷史事實，是無法改變的親緣血統。相對於國家層面，臺灣同胞更容易接受同屬於中華民族的論述。《遠見》雜誌在2009年7月通過一份民意調查，發現約八成臺灣的受訪民眾認同自己是「中華民族的一分子」，約六成認同「兩岸民眾同屬中華民族」。[36] 2013年2月27日，有最新民意調查顯示：90%的臺灣人認同自己是中華民族的一員，認為自己非中華民族者占6%，[37] 這是臺灣競爭力論壇與艾普羅民意調查公司聯合公布的，調查結果具有很高的科學性和可信度。可見，臺灣同胞的民族認同感還是比較高的。例如，2008年奧運前，兩岸關於「中國臺北」與「中華臺北」的爭議，臺灣當局對「中國臺北」名稱持反對態度，反映了目前兩岸在政治認同上的差異與分歧。而「中華臺北」可以被視為中華民族的分子或中華文化的子文化，於是最終被兩岸共同接受。

總之，我們應該尊重經過歷史遷移所形成的「臺灣認同」，警惕當前臺灣民眾「國家認同」度下降的趨勢，重視「民族認同」在推動兩岸關係和平發展中的作用。因此，我們可以在擱置爭議的基礎上，凝聚兩岸共識，從「民族認同」著手逐步推進臺灣同胞樹立正確的「國家認同」觀，深入互信，擴大往來，為兩岸關係穩定發展提供堅實基礎。

注　釋

[1].張保權：《意識、社會意識和意識形態》，《蘭州學刊》2006年第9

期。

[2].張保權：《意識、社會意識和意識形態》，《蘭州學刊》2006年第9期。

[3].羅納德‧H‧奇爾科特著：《比較政治學理論》（高恬等譯），社會科學文獻出版社1998年版，第244頁。

[4].劉國深：《臺灣政治概論》，九州出版社2006年版，第2頁。

[5].劉國深：《臺灣政治概論》，九州出版社2006年版，第13頁。

[6].劉國深：《臺灣政治概論》，九州出版社2006年版，第21～22頁。

[7].倪建中：《臺灣禍福——整理大陸與大洋之間的歷史流變》（下），中國社會出版社1996年版，第887頁。

[8].參考中國社會科學網，《促進政治關係兩岸必經之路》，http://www.cssn.cn/news/137879.htm.

[9].參考中國臺灣網，《推進兩岸文化教育交流合作的五點意見》，http://www.chinataiwan.org/zt/wj/lt/jh/200907/t20090711_948998.htm.

[10].方曙兵：《「臺灣意識」及大陸對臺政策的反思》，《當代經理人》，2005年第2期。

[11].參考中國臺灣網，《解讀「臺灣意識」的三種形態》，http://www.chinataiwan.org/plzhx/hxshp/whshh/200708/t20070801_411093.htm.

[12].劉紅：《剖析臺灣的各種社會意識　瞭解臺灣同胞的所想所需》，《統一論壇》，2006年第1期。

[13].參考中華網，《抗戰時期臺灣人民的祖國意識是維繫兩岸的樞紐》，http://news.china.com/zh_cn/news100/11038989/20051026/12787853.html.

[14].呂晶華：《「臺灣意識」剖析》，解放軍外國語學院2002年。

[15].劉紅：《臺灣主要社會意識與現實的關係分析》，《臺灣研究》2006

第1期。

[16].鄭堅：《「臺灣意識」的基本特徵》,《臺聲》,1994年第6期。

[17].參考中國臺灣網,《「臺灣意識」和「臺獨」界線很清楚》, http://www.chinataiwan.org/zt/szzt/songchuyuinterviewed/views/200807/t20080711_0

[18].劉芳彬：《探析「臺灣意識」》,《中央社會主義學院學報》2006年第2期。

[19].參考中國臺灣網,《「臺灣意識」是愛土愛鄉的情感　絕非等同於「臺獨」》, http: //www.chinataiwan.org/zt/lszt/kangzh/zhuanj/200801/t20080102_528745.htm。

[20].劉芳彬：《探析「臺灣意識」》,《中央社會主義學院學報》2006年第2期。

[21].參考中華網,《抗戰時期臺灣人民的祖國意識是維繫兩岸的樞紐》, http://news.china.com/zh_cn/news100/11038989/20051026/12787853.html.

[22].參考中國臺灣網,《「九二共識」是白紙黑字的歷史事實》, http://doc.lib.taiwan.cn/taiwandiqu/201212/t20121224_3483465.htm.

[23].參考中國臺灣網,《「九二共識」是「巧政治」的展現》, http://doc.lib.taiwan.cn/taiwandiqu/201212/t20121224_3483340.htm.

[24].參考中國臺灣網,《解決臺灣出路　最根本的是兩岸一中、統一》, http: //doc.lib.taiwan.cn/taiwandiqu/201212/t20121219_3469236.htm.

[25].參考華夏經緯網,《重建臺灣的核心價值觀》, http://www.huaxia.com/la/bfyl/2007/00644185.html.

[26].參考中國臺灣網,《連戰記者會　肯定經貿論壇成果解讀臺灣意識》, http://www.chinataiwan.org/zt/jmkj/forum/report/200807/t20080725_709588.htm.

[27].參考中國臺灣網,《相同文化促統一》, http://www.chinataiwan.org/zt/gjzt/10_hwtch/10_whtchzf/201107/t20110713_19215

[28].參考中國臺灣網，《兩岸同屬中華民族　臺海永久和平是首要之務》，http://doc.lib.taiwan.cn/taiwandiqu/201301/t20130104_3509670.htm.

[29].參考中國臺灣網，《兩岸都是炎黃子孫　　不接觸太可惜》，http://doc.lib.taiwan.cn/taiwandiqu/201301/t20130128_3594923.htm.

[30].參考中國臺灣網，《相同文化促統一》，http://www.chinataiwan.org/zt/gjzt/10_hwtch/10_whtchzf/201107/t20110713_19215

[31].參考人民網，《親民黨主席宋楚瑜在清華大學演講全文》，http://tw.people.com.cn/GB/26741/47108/47528/3379817.html.

[32].參考臺海網，《「臺灣意識」絕不同於「臺獨意識」》，http://www.taihainet.com/news/twnews/bilateral/2012-03-23/829306.html.

[33].參考華夏經緯網，《扁家讓民進黨吃盡苦頭　有苦說不出》，http://www.huaxia.com/thpl/sdfx/3121059.htm.

[34].參考鳳凰網，《「臺灣意識」絕不是「臺獨意識」》，http://news.ifeng.com/taiwan/1/200809/0927_351_808692.shtml.

[35].參考中國網，《「和而不同、和而求同」與「臺獨」有何不同》，http://www.china.com.cn/news/tw/2011-02/28/content_22019864.htm.

[36].湯紹成：《臺灣的認同問題》，臺灣問津堂書局2012年版，第18頁。

[37].參考中國臺灣網，《一份科學、可信的民調》，http://www.taiwan.cn/plzhx/zhjzhl/zhjlw/201303/t20130304_3855868.htm.

臺灣民眾認同問題的歷史與現實：以大陸臺商社會認同的實證研究為例

復旦大學 嚴志蘭

社會認同具有結構性特徵，根據不同的標準，可以將認同劃分為不同的類型。兩岸關係研究語境下臺灣民眾的「認同」又有其特定內涵。目前兩岸學界多從政治角度關注、研究臺灣民眾的「認同」問題，其中臺灣民眾的「國家認同」被討論得最多。但由於長期以來兩岸之間的特殊關係，不管是研究者，還是認同的主體，對「國家」的理解存在諸多不同的認知。大體上，「國家認同」中的民族認同、文化認同、制度認同是目前對兩岸關係影響最大的因素。[1]隨著兩岸關係不斷改善，兩岸之間各個領域、層面的交流不斷深入，影響乃至改變島內臺灣民眾認同的因素增多的同時，對臺灣民眾「認同」的研究也要隨之調整。必須從更廣闊的視角來觀察，運用不同學科理論，對臺灣民眾不斷變化著的認同現象做出比較客觀的解釋。

本文首先沿著歷史的脈絡簡單整理臺灣民眾的認同形成及變遷過程，然後聚焦於2008年以來臺灣民眾的認同亂象，著重分析兩岸關係進入新的歷史時期以來臺灣民眾認同的新動向，探析未來兩岸關係鞏固深入階段臺灣民眾認同危機的化解與修復以及兩岸共同認同的建構。

一、臺灣民眾認同問題的產生及其國家認同意識的變遷

（一）臺灣民眾認同問題的產生

作為一種心理現象，臺灣民眾認同的基礎是作為一個以地域關係為主的共同體（社會群體）的形成。明代鄭成功收復臺灣以來直至清代，臺灣逐漸形成了一個以漢族移民為主體的移民社會，由此逐步形成以「鄉土意識」為核心的對臺灣

本土的認同。但這種認同屬於以地域為認同標準的地方性認同（本質性認同），無涉國家認同。[2]

臺灣民眾的國家認同成為一個問題始於1895年，被殖民經歷是其重要歷史根源。[3]受到外力衝擊的臺灣社會逐步形成具有「主體性」的「臺灣意識」，一方面，臺灣被從中華民族母體強行割讓出去的歷史記憶對臺灣民眾的國家認同造成難以磨滅的傷痕，另一方面，日本對臺灣人民實行的皇民化教育又造成了近代臺灣民眾國家認同的混亂。同時，臺灣被迫與中國大陸分離的50年，正值中華民族國家觀念形成的關鍵時期，[4]臺灣民眾也就失去了與大陸人民形成共同歷史記憶的關鍵時機，由此對臺灣民眾形成正確的國家認同造成致命傷害。劉國深教授將這一時期臺灣民眾的認同危機稱為認同異化，並認為此後臺灣社會所經歷的種種歷史遭遇不斷加深臺灣民眾的認同異化，最終導致臺灣民眾國家認同與民族認同（中華文化認同）的斷裂、錯位。

歷史研究表明，《馬關條約》割讓臺灣給日本，對臺灣當地人民造成嚴重傷害。但在日本占領的前半期，臺灣人民保持了中國的文化和對中華民族的認同，他們回歸大陸的意願從未減退。隨著臺灣被殖民時間的加長，日本侵略者對臺灣的皇民化教育削弱了臺灣民眾同中華傳統文化聯繫的同時，也使臺灣民眾的中華民族認同開始削弱。這一時期，臺灣民眾的國家認同與民族認同（中華文化認同）基本上是統一的，並未發生折裂。1945年，國民黨在國共內戰中戰敗退臺，在兩蔣治理臺灣時期，逐漸建立起臺灣民眾對「中華民國」的「國家認同」。應該說，1970年代以前，退臺的國民黨當局旗幟鮮明的堅持「一個中國」，反對臺灣「獨立」，大部分臺灣民眾也以「中華民國」為主觀認同的對象，臺灣民眾的國家認同與民族認同和諧一致。

但是，由於國民黨當局對臺灣統治的一些失誤，也使得臺灣人民與大陸人民產生隔閡。尤其是1947年的「二二八事件」，為後來臺灣部分民眾國家認同與民族認同的斷裂、錯位，臺灣民眾認同危機的產生、深入以及「臺獨」勢力的發展埋下隱患。

（二）臺灣民眾認同危機的深入

進入1970年代以後，臺灣民眾的認同異化加速，認同危機深入。1971年臺灣當局被清理出聯合國，國際上代表中國的是中華人民共和國，也是全世界大多數國家承認的中國唯一的合法政府。好不容易建立起來的「中華民國」這一臺灣民眾的中國認同虛象開始迅速破滅。那麼在臺灣當局是一個什麼性質呢？臺灣方面說不清楚，臺灣民眾也弄不清楚，陷入迷茫的臺灣民眾開始將臺灣認同（其實質為鄉土認同）異化為「中國認同」。1990年代以來，臺灣民眾認同的「臺灣認同」強化和「去中國化」趨勢較為明顯。出生、成長於日據時期的李登輝在執掌臺灣後，利用公權力的力量，一方面解構與重建臺灣民眾對過去400多年臺灣所遭受歷史的新歷史記憶，另一方面借助於當時島內盛行的民主化和本土化趨勢，兜售「兩國論」和「一邊一國」論，由此重塑臺灣民眾新的「國家認同」（建構性認同），臺灣民眾的國家認同與民族（中華文化）認同發生嚴重錯位、斷裂，導致已經出現的認同危機走向激化。

綜上所述，臺灣民眾的認同危機最主要的表現是國家認同與民族（中華文化）認同的錯位。民族、國家等概念幾乎都是同時出現在近代史上，無論是單一民族組成或多元民族組成的國家，民族和國家這兩個概念指向原本不相矛盾，即民族認同與國家認同應該基本一致，但在臺灣卻發生了嚴重的錯位現象，造成島內長期以來的族群對立、社會衝突，也對兩岸關係的和平發展與和平統一造成長期、深遠的負面影響。現階段臺灣民眾的國家認同出現多元化特徵，大體上表現為「一個中國」、「一中一臺」和「兩個中國」三類國家認同。[5]這三類國家認同之間又是互相對立的，由此導致臺灣民眾的國家認同更加扭曲、畸形，國家認同的危機在臺灣社會埋下了衝突、對立的種子。

（三）2008年以來臺灣民眾認同的新動向

2008年臺灣「總統大選」歷經二次政黨輪替，2012年代表國民黨競選的馬英九成功連任，兩岸關係持續和平發展，現在兩岸關係和平發展已經從開創期進入鞏固深入階段。

但是，與兩岸經濟、社會、文化等各領域交流持續升溫形成鮮明對比的是，臺灣民眾的臺灣本土認同卻呈現逐年上升趨勢。根據臺灣政治大學選舉研究中心

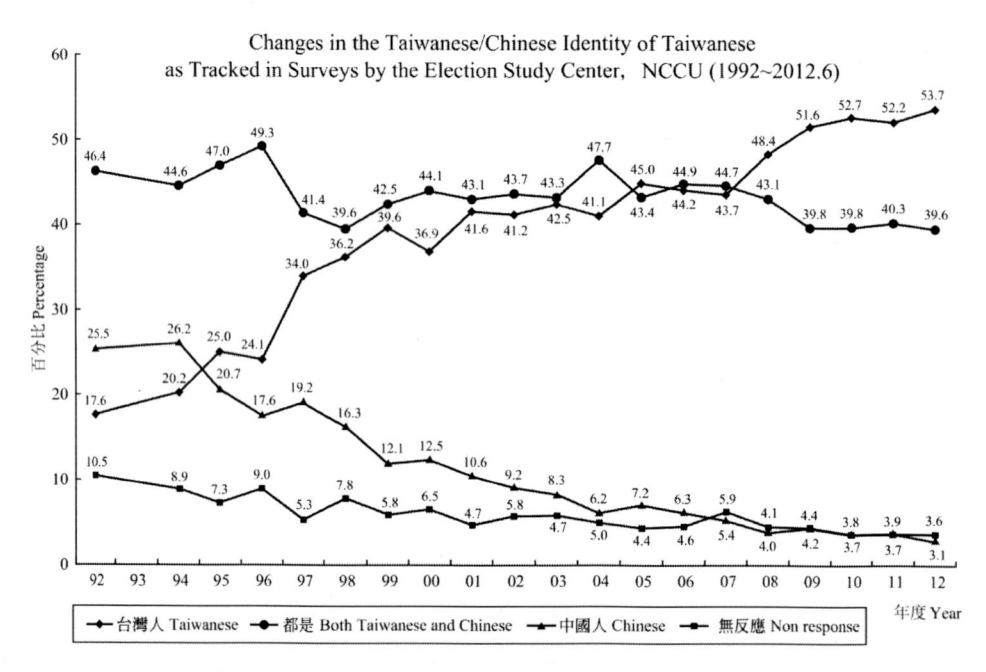

的跟蹤調查數據（見圖1），[1] 自2008年下半年開始，自認是「臺灣人」的比例顯著超過自認「既是中國人也是臺灣人」的比例，到2012年6月，自認「是臺灣人」的比例比自認是「中國人」的比例超出50多個百分點。這就是說，兩岸關係大幅改善，但認同是「臺灣人」的比例反而比民進黨執政八年任何一個時期都還要來得高。這一看似矛盾的現象再次告訴我們：兩岸關係和平發展與和平統一道路曲折；臺灣民眾的認同，尤其是政治認同的形成與改變有著複雜的運作機制，是政治、經濟、社會、心理等多種因素綜合作用的結果，也是未來兩岸關係和平發展與統一繞不開的一道難題。

圖1 臺灣民眾臺灣人／中國人認同趨勢分布（1992～2012.06）

資料來源：臺灣政治大學選舉研究中心網站。http://esc.nccu.edu.tw/modules/tinyd2/content/TaiwanChineseID.htm.

如果在臺灣民眾認同的民意調查問卷中將民族與中華文化認同和國家認同區分開來，那麼又會得出不同的調查結果。依據臺灣《遠見》雜誌2009年7月的一份民調結果，近八成臺灣的受訪民眾認同自己是「中華民族的一分子」（2008

年6月是77.2%），約六成認同「兩岸民眾同屬中華民族」。[6]《遠見》雜誌在2010年10月所公布的另一份民調數據表明，「兩岸關係已改善，但民眾對大陸做法仍較反感的主要是」：77.2%限制臺灣參加國際組織、68.4%不民主且欠缺言論自由、67.6%瞄準臺灣的飛彈。[7]由此可見，臺灣民眾的認同變化主要集中在國家層面的政治認同，影響臺灣民眾認同變化的主要因素是兩岸關係中的制度與政治方面的因素；臺灣民眾的民族與文化認同心理目前仍然比較穩定。

（四）1950年代以來影響臺灣民眾認同變化的主要因素

臺灣民眾的認同變化及隨著兩岸關係日益密切而突出的認同危機（或稱為認同異化、認同撕裂、認同混亂）出現的原因大體上可以從島內、大陸和國家三個方面去理解：

首先，島內各種政治社會力量強力介入民眾認知的修復與重建，是影響臺灣民眾認同變化最主要的因素。這主要表現在：「臺獨」勢力通過歷史教科書有計劃、系統性的修改社會記憶；「臺獨」思想附體臺灣的民主化、本土化浪潮，臺灣民眾健康的國家、民族認同心理被利用；島內新聞媒體政治對立色彩明顯，片面、失真、缺乏客觀性的報導，干擾民眾建立理性的社會認同。

當然，我們還要看到臺灣當局和臺灣民眾的認同選擇動機是不同的。李登輝、陳水扁在位期間推行「去中國化」政策，否認「中國認同」是島內選舉政治、選舉文化、選舉利益高於一切的特殊政治環境使然。但是，臺灣民眾的認同選擇在很大程度是基於一種自尊心理需要，[8]應該給予一定的尊重與理解。

其次，大陸對臺政策與兩岸經濟社會發展差距的消長對臺灣民眾認同變化的影響越來越大。大陸因素主要通過內生和外生兩個方面，通過直接和間接兩種方式對臺灣民眾的認同產生影響作用。中華文化是作用於臺灣民眾認同的長期、持久的內部力量。作為一種國家政策的大陸對臺政策，對臺灣民眾認同的影響日益從間接影響力變成直接影響力。此外，大陸在政治、經濟、文化、社會等各個領域的發展水平提高、國家綜合實力增強、對外形象改善以及國際地位提升，都會影響到臺灣民眾的社會認同。

第三，長期以來美、日等國不放棄插手干預臺灣問題，干擾臺灣民眾健康認同的建構是影響臺灣民眾認同的重要國際因素。

二、大陸臺商社會認同的實證研究

下文將重點轉向弱政治性的社會認同，以2009～2010年間在福建生活的臺商為研究對象，通過田野調查和實證分析，深入剖析以大陸臺商為典型代表的臺灣民眾在兩岸關係進入大交流、大合作、大發展階段的社會認同特徵及細微變化。

本研究所做的問卷調查側重受調查者的主觀感受和認知，[2] 從四個方面瞭解臺商的社會認同狀況。

（一）與當地社會的互動感受

與當地人的互動感受包括自己與大陸本地人異質性的心理感受以及被大陸本地人接納程度的心理感受。

見表1，57.4%的受調查者只是偶爾意識到自己是臺灣人，超過三分之一的受調查者感覺自己常常被提醒是臺灣人；

表1 日常生活中對自己是「臺灣人」的意識

	日常生活中的「台灣人」意識	頻數	百分比	有效百分比	累計百分比
有效值	常被提醒自己是台灣人	43	34.4	35.2	35.2
	偶爾意識到	70	56.0	57.4	92.6
	常常忽略掉	9	7.2	7.4	100.0
	小計	122	97.6	100.0	
缺失值		9	3	2.4	
總計		125	100.0		

見表2，一半以上的受調查者感覺自己作為臺灣人的行為特徵比較突出，很容易被認出是臺灣人。

表2 一看就知道我是臺灣人

一看就是台灣人		頻數	百分比	有效百分比	累計百分比
有效值	非常同意	26	20.8	21.8	21.8
	比較同意	38	30.4	31.9	53.8
	一般	43	34.4	36.1	89.9
	不太同意	11	8.8	9.2	99.2
	不同意	1	0.8	0.8	100.0
	小計	119	95.2	100.0	
缺失值		9	6	4.8	
總計		125	100.0		

Mean = 2.35

見表3，62.8%的受調查者感覺大陸當地老百姓「一般都可以接受」臺灣人，同時認為大陸當地居民要接受自己「需要時間，得慢慢來」。有受訪者認為臺灣人在語音語調、著裝習慣、飲食和衛生習慣等方面與當地老百姓有明顯不同，因此在與當地老百姓的互動中比較容易被感覺與眾不同。被對方認出來自臺灣不會引起對方特別的反應，但是在消費購物時有被漫天要價的擔心。

表3 感覺大陸當地百姓是否能夠接受臺灣人

感覺當地人是否接受台灣人		頻數	百分比	有效百分比	累計百分比
有效值	一般都可以接受	76	60.8	62.8	62.8
	需要時間，得慢慢來	41	32.8	33.9	96.7
	不太容易接受台灣人	4	3.2	3.3	100.0
	小計	121	96.8	100.0	
缺失值		9	4	3.2	
總計		125	100.0		

不少受訪者感覺在大陸人印象中臺灣人是有錢人的代名詞，他們自身卻並不認同這種評價，反而向筆者解釋自己出身貧寒，現在有點錢也是吃苦受累打拚賺來的。

（二）地域身分認同

地域身分認同回答的是「我將歸屬在哪裡」的問題。[9]本研究從哪邊過春

節、哪邊像家、哪邊生活比較習慣、理想的工作和生活地點五個方面瞭解臺商地域身分認同情況。

見表4,85.5%的受調查者大部分春節是在臺灣過的。

見表5,近三分之二的受調查者認為「臺灣那邊比較像家」。

表4 哪邊過春節

哪邊過春節		頻數	百分比	有效百分比	累計百分比
有效值	福建	16	12.8	12.9	12.9
	台灣	106	84.8	85.5	98.4
	其他地方	2	1.6	1.6	100.0
	小計	124	99.2	100.0	
缺失值		9	1	0.8	
總計		125	100.0		

表5 福建與臺灣,哪邊像家

哪邊像家		頻數	百分比	有效百分比	累計百分比
有效值	福建這邊比較像家	2	1.6	1.6	1.6
	台灣這邊比較像家	82	65.6	65.6	67.2
	兩邊都像家	40	32.0	32.0	99.2
缺失值		1	0.8	0.8	
總計		125	100.0	100.0	

表6 理想的長期工作/生活的地方

理想的長期工作/	頻數		百分比		有效百分比		累計百分比	
生活的地方	工作	生活	工作	生活	工作	生活	工作	生活
有效值 台灣	42	68	33.6	54.4	33.9	54.4	33.9	54.4
福州	31	16	24.8	12.8	25.0	12.8	58.9	67.2
廈門	20	16	16.0	12.8	16.1	12.8	75.0	80.0
上海、杭州、蘇州等地	20	19	16.0	15.2	16.1	15.2	91.1	95.2
國內其他省市或地區	9	5	7.2	4.0	7.3	4.0	98.4	99.2
國外	1	1	0.8	0.8	0.8	0.8	99.2	
說不清	1		0.8		0.8		100.0	
總計	125		100.0		100.0		100.0	

見表6,「臺灣」仍然是理想的生活地點和理想的工作地點的首選,不過選擇臺灣為理想生活地點的比例比選擇臺灣為理想工作地點的比例要高20.8%。福州成為繼臺灣之後的理想工作地點;上海、蘇州、杭州則成為繼臺灣之後理想生活地點。此外,理想的長期工作的地點與理想的長期生活的地點大致是重疊的,以福州為理想工作地點的受調查者多傾向於以福州和臺灣為理想的生活的地點;以上海、蘇州、杭州為理想工作的地點的受調查者則會選擇以上海、蘇州、杭州、臺灣及國外為理想的生活地點(見圖2)。

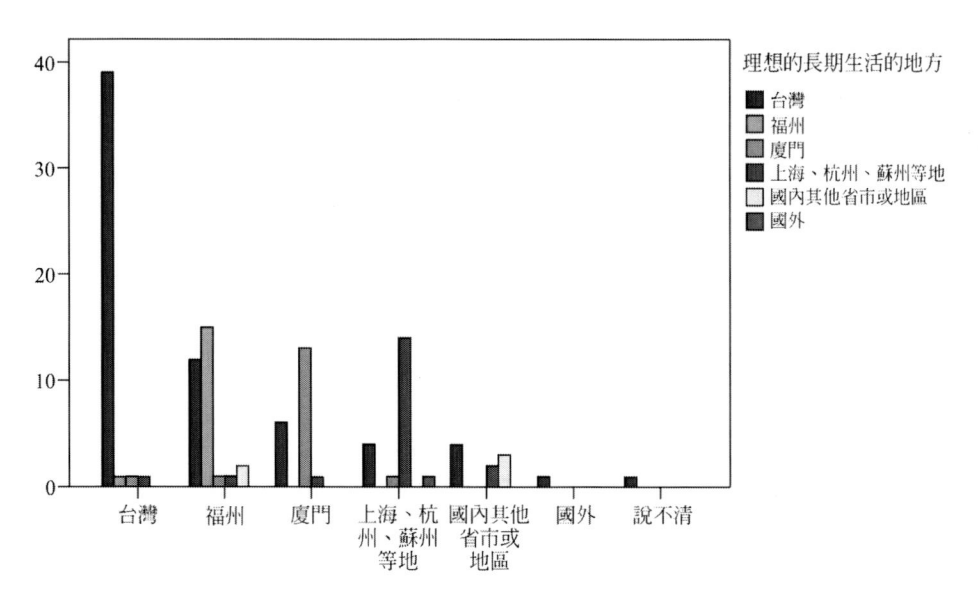

圖2 理想的長期工作的地方與理想的長期生活的地方

（三）群體身分認同

群體身分認同是對「我歸屬於哪個群體」的回答，外地——本地群體是比較常見的群體劃分方法，到大陸投資的臺商與當地社會居民共處同一社會空間，卻存在社會邊界的劃分，由此形成了臺灣人群體和大陸人群體的區分。本研究從群體信任感和群體同質性認知兩個方面分析臺商對群體身分認同的情況。

見表7，受調查者對「臺灣過來的人」的信任程度遠遠高於「大陸本地人」，認為「臺灣過來的人」大多數可以信賴的比例超過「大陸本地人」40個百分點。

見表8，近40%的受調查者對參加臺灣人在大陸的社團組織或活動興趣不高。

表7 「臺灣過來的人」／「大陸本地人」是否可以信賴

「台灣過來的人」／「大陸本地人」是否可以信賴		頻數		百分比		有效百分比		累計百分比	
		台灣	大陸	台灣	大陸	台灣	大陸	台灣	大陸
有效值	大多數可以信賴	62	12	49.6	9.6	49.6	9.6	49.6	9.6
	部分可以信賴，部分不可以信賴	61	100	48.8	80.0	48.8	80.0	98.4	89.6
	只有小部分可信賴	2	13	1.6	10.4	1.6	10.4	100.0	100.0
	總計	125	125	100.0	100.0	100.0	100.0		

表8 更願意參加臺灣人在大陸的社團組織和活動

更願意參加大陸台灣人的社團組織		頻數	百分比	有效百分比	累計百分比
有效值	非常同意	37	29.6	30.6	30.6
	比較同意	36	28.8	29.8	60.3
	一般	46	36.8	38.0	98.3
	不太同意	2	1.6	1.7	100.0
	小計	121	96.8	100.0	
缺失值		9	4	3.2	
總計		125	100.0		

見表9，有一半的受調查者不認為在福建的臺灣人是一個整體。他們在情感上更傾向於信任與自己來自同一地域和成長環境的臺灣人，同時在理性上也認識到臺灣人跟臺灣人不一樣，有好也有差。

表9 在福建的臺灣人大體上是一個整體

在福建的台灣人是一個整體		頻數	百分比	有效百分比	累計百分比
有效值	非常同意	19	15.2	16.5	16.5
	比較同意	35	28.0	30.4	47.0
	一般	49	39.2	42.6	89.6
	不太同意	9	7.2	7.8	97.4
	不同意	1	0.8	0.9	98.3
	說不清	2	1.6	1.7	100.0
	小計	115	92.0	100.0	
缺失值		9	10	8.0	
總計		125	100.0		

（四）文化身分認同

文化身分認同是對「我應該採用哪一種文化模式」的回答，文化認同體現在穿戴的服裝、吃的食物、交往的人群、堅持的價值觀，以及用來適應新文化和當地人的策略等方面。[10]臺商從臺灣遷移到大陸，雖然兩岸語言相通、文化同源，但由於兩岸社會制度、發展水平、歷史經歷等方面存在較大差異，臺商依然面臨文化身分轉換的問題。本研究從語言使用、思想觀念的差異性和對中華文化認同三個方面瞭解臺商對文化身分認同的情況。

見表10，55.8%的受調查者傾向於跟臺灣人講閩南話。

表10 更願意與在大陸的臺灣人講閩南話

願意與大陸台灣人講閩南話		頻數	百分比	有效百分比	累計百分比
有效值	非常同意	30	24.0	25.0	25.0
	比較同意	37	29.6	30.8	55.8
	一般	49	39.2	40.8	96.7
	不太同意	3	2.4	2.5	99.2
	說不清	1	0.8	0.8	100.0
	小計	120	96.0	100.0	
缺失值		9	5	4.0	
總計		125	100.0		

見表11，75.2%的受調查者認為自己與大陸人的觀念和想法存在部分差距，還有14.9%的受調查者認為這個差距非常大。

表11 自己的觀念與想法是否與大陸人差不多

觀念想法與大陸人差不多		頻數	百分比	有效百分比	累計百分比
有效值	不，還是差非常遠	18	14.4	14.9	14.9
	有部分類似，有部分還有差距	91	72.8	75.2	90.1
	是，已經沒有太大的差別了	12	9.6	9.9	100.0
	小計	121	96.8	100.0	
缺失值		9	4	3.2	
總計		125	100.0		

見表12，60%的受調查者認同兩岸相同的文化根源是發展事業的有利因素，但也有近四成的受調查者認為作用不明顯。

表12 與當地社會有著相同的文化根源對我的事業發展很有幫助

相同的文化根源有助於我的事業發展		頻數	百分比	有效百分比	累計百分比
有效值	非常同意	26	20.8	22.6	22.6
	比較同意	43	34.4	37.4	60.0
	一般	43	34.4	37.4	97.4
	不太同意	3	2.4	2.6	100.0
	小計	115	92.0	100.0	
缺失值		9	10	8.0	
總計		125	100.0		

臺商在文化身分的選擇上具有「求同存異」、「和而不同」的特點,一方面將自己置身於中華文化的大背景中,這是順利融入當地社會的基礎;另一方面傾向於保持自身所具有的臺灣文化特質,按照在臺灣社會中習得的價值觀念和行為方式來處理問題。

(五)結論

臺商在心理上感覺自己能夠被當地社會所接納,不會與當地社會產生太大的文化摩擦或衝突。在群體身分認同方面,出現情感與理智的分離,在情感上更信任來自群體內部的臺灣人,同時在理性上也認識到臺灣人跟臺灣人不一樣,有好也有差。在文化身分認同方面,意識到兩岸文化大同小異,但更傾向於保留臺灣的語言習慣,並堅持按照在臺灣社會中習得的價值觀念和行為方式處理問題。在地域身分認同方面,臺商情感依戀的對象仍然是臺灣,主要體現為春節在臺灣過,理想的生活和工作地點首選臺灣,儘管長期生活在大陸,但心目中的家仍然在臺灣。

三、在綿密的兩岸雙向交流中厚實臺灣民眾認同的社會基礎

(一)從政治認同到社會認同:全面觀察臺灣民眾認同的變化、發展

前述臺灣民眾認同問題的產生及認同危機的深入更多的指涉較為宏觀和政治層面的國家認同,以及由此引起的民族、文化身分認同混亂問題。臺灣民眾認同危機造成的後果是十分嚴重的。兩岸都意識到臺灣民眾的認同危機關係到兩岸互信的建立,關係到兩岸和平發展的民心導向,已經成為當前和未來兩岸關係發展

中極須面對的重要問題。

只有站在歷史發展的脈絡中理解臺灣民眾認同問題的產生及發展，才能準確、客觀地把握臺灣民眾認同的心理脈動，提出符合民心國情的求解之道。筆者認為，1950年代以來臺灣民眾的認同心理及其變化經歷了三個歷史階段，在不同歷史階段，認同變化的社會基礎也不同。

第一階段是1950～80年代，兩岸之間的主要矛盾是國共兩黨之間的矛盾，是政治制度之間的矛盾。這一階段，臺灣民眾逐漸建立起對「中華民國」的國家認同，國家認同與民族（中華文化）認同統一。

第二階段是1990年代中期～2008年，兩岸之間的主要矛盾是統「獨」矛盾。這一階段，臺灣民眾的國家認同與民族認同被嚴重撕裂，臺灣民眾認同問題的關鍵在於是否承認臺灣是中國的一部分，以及臺灣是否應該尋求「獨立」或與大陸統一。[11]

第三階段是2008年至今，兩岸之間的主要矛盾仍然是統「獨」矛盾，但兩岸關係發展的社會基礎已經發生了變化，可以暫時擱置政治認同，在其他層面的社會認同方面取得突破。在前兩個階段，兩岸民眾少有在日常生活中進行長期地交流互動，臺灣民眾對大陸尚有明顯的防備與排斥心理，到了第三階段，兩岸民眾從未如此密集地在同一個地域和社會空間面對面進行全方位、多層次的交流互動，互相深入到對方日常社會生活中的經歷，將對兩岸民眾各自對彼此的認同心理帶來潛移默化的影響。

以大陸臺商群體為例，在兩岸社會的交往、交流中，沒有哪一個群體能像臺商群體這樣與兩岸社會同時保持密切、深入、持久的聯繫，也沒有哪一個群體像臺商群體這樣處於兩岸社會的夾縫之中，遭遇身分認同的模糊與尷尬。基於上文的實證研究發現，筆者認為大陸臺商群體在兩岸民間交流中扮演著重要角色，是兩岸民間交流的使者和強有力的推動者、兩岸社會融合的先行者，更是兩岸社會共同認同的建設者。臺商在大陸的社會適應與融入就是兩岸間彌補歷史造成的隔閡、建構新型兩岸認同的重要途徑。首先，臺商在大陸獲得經濟上的成功是臺商社會適應的基礎。其次，是臺商與當地民眾在長期的社會交往中逐步實現平等交

往、和諧共處,建立深厚的同胞情誼。最重要的是,在臺商與大陸民眾共同的日常生活與相處中,實現兩岸民眾的相互理解、尊重,臺商能在思想感情上融入到當地社會,把當地社會當成第二故鄉,乃至在兩岸民眾對各自政治、文化、社會等方面的差異性和共同性的深刻瞭解的基礎上,建立起一種新型的兩岸社會共同認同。

(二)兩岸認同的困境:經濟交流與政治認同不會自然銜接

如果沿用上述第二階段觀察臺灣民眾認同的標準,不可避免地會看到在第三階段持續滑落的臺灣民眾「中國認同」趨勢與兩岸熱絡頻繁的經貿往來、民間交流形成鮮明反差。想當然地認為臺灣老百姓僅僅因為得到了大陸經濟利益的好處,兩岸的差異和隔閡由此瞬間消除是不現實的。因此,我們需要認真思考兩岸經濟交流與臺灣民眾認同,乃至兩岸政治統合的關係。

首先,經濟交流有利於臺灣民眾認同傾向的改變。在經濟和社會上的往來與交流中建立起相互依賴的關係,可以促使相互依賴的各方學習用他者的眼光來看待自己,可能會導致自我身分的再定義和新的集體認同出現。兩岸經濟往來有利於爭取臺灣民心,也有利於增強兩岸民眾的認同感和親近感,這是臺灣同胞中國認同的物質基礎。但也不能因此靜待兩岸統一的到來。目前兩岸經濟交流尚處於盤整深入階段,如果過於關注經濟交流的政治效應,可能適得其反,正如臺灣學者劉文斌所說,兩岸經濟因素逐漸統合,但「國家認同」的政治因素卻造成兩岸關係的緊張。[12]

其次,兩岸在經濟交流中加深瞭解的同時,兩岸在深層次上的差異也開始顯現。兩岸大交流對臺灣民眾的「制度認同」的影響是潛移默化的。上百萬的臺商在大陸正常經營,上百萬的臺灣同胞選擇在大陸長住生活,本身已經證明制度的差異本不應該成為兩岸走到一起的障礙。當臺灣越來越多的民眾瞭解到大陸的政治和社會制度並不是他們在島內輿論報導和書上所描述的那樣,當他們通過交流親身感受到大陸必須實行與國情相適應的制度,他們就不僅不會感到恐懼,還有可能更加深入的思考大陸制度的某種合理成分,從而促進兩岸在制度認同上差異的縮小。[13]

第三，在經濟利益共識的基礎上跨越制度的差異性，建構更具包容性的兩岸共同認同。有臺灣學者認為，兩岸之間的「九二共識」只是經濟利益的共識，如果要建構政治和文化的共識，必須要跨越兩岸公民意識與制度認同的鴻溝。[14]正如兩岸交流遵循先經後政、先易後難、擱置爭議、求同存異的原則一樣，在兩岸共同認同的建構上，理應解析出臺灣民眾認同的結構性與層次性，並將建構深具包容性的兩岸民眾共同的「國家認同」作為兩岸共同認同的最終目標。而兩岸對「一個中國」的共同認同正是兩岸走向統一的社會心理基礎。當前需要迫切解決的問題是如何倡出並有效地開導臺灣情結由負轉正，然後把正的臺灣情結（健康的臺灣意識）與新格局具有說服力及整合力之中國情結（健康的中國意識）連接在一起，動員所能動員的一切活動以開創新局面，即讓人民多參與，能提供滿足老百姓真正的「歸屬感」。[15]還有學者提出，密切的民間交流會有助於強化同屬於中華民族的文化認同和情感聯絡，但同屬於一個民族的意識並不必然地自動地導向同屬於一個國家的意識。任何一個民族或族群對於民族國家的認同都是在一定的制度環境之下，通過一定的政治安排才能實現和維持的，也就是說，這個進度必須要有來自政治體系的制度力量參與其中才能完成。[16]而這又需要大陸和臺灣雙方執政者各自提出更具包容性的、符合歷史與現實的理論設想，並將之落實在政治社會化教育過程中。

（三）共建新的集體記憶：臺灣民眾認同的危機也是建構兩岸共同認同的歷史轉機

2008年以來兩岸關係在「九二共識」基礎上邁向和平發展軌道，兩岸大交流、大合作、大發展局面初步形成。2012年代表國民黨的馬英九成功競選連任，兩岸和平發展關係步入鞏固深入階段，兩岸的協商交流也逐漸由「淺水區」進入「核心區域」，經濟議題進一步深入，制約兩岸經濟關係發展的政治議題逐漸浮出水面。而化解臺灣民眾的認同危機，修復臺灣民眾錯亂的認同將為建立兩岸政治軍事互信，推動兩岸關係和平發展提供新的動力源。

一方面，在兩岸關係從危機管理進入機遇管理階段的歷史大背景下，將臺灣民眾認同危機轉化成兩岸共同認同的可能性開始出現。另一方面，兩岸關係和平

發展的過程本身就是兩岸新的集體記憶和國家認同共建與重建的過程。在兩岸持續充分交流的過程中，投入交流的個體行為者越來越多，他們之間會形成共有的行為模式和行為規範，而且會遵循社會規範選擇與自己身分相符的方式行動，通過互動建構起「公有知識」，[17]進而建立起共同的觀念認同和身分認同。從兩岸社會自然的新陳代謝過程來看，擁有舊的兩岸歷史記憶的社會群體自然更替，擁有兩岸交流交往新經驗的新一代則會逐漸成長、壯大。兩岸關係和平發展不僅要靠兩岸公權力機關從制度上加以確定，而且要靠兩岸民眾心理上、情感上的認同。只要兩岸執政者和民眾胸懷中華民族復興的歷史責任感，珍惜得之不易的兩岸和平發展關係，在兩岸日常交流過程中建立起來的各個層面的認同就能逐漸轉變成有利於兩岸統一的新的集體記憶。

（四）建構兩岸命運與生活共同體：厚實兩岸共同認同的社會基礎

當前臺灣民眾的國家認同（政治認同）是歷史、政治、國際和社會心理等諸多因素綜合、反覆作用的結果，在短期內根本扭轉臺灣民眾歪曲、錯亂的國家認同是不現實的。

但是兩岸交流從經濟領域一直貫穿到文化和私人生活領域，由此形成的弱政治性的新型社會認同使我們看到了影響臺灣民眾認同意識、建構兩岸共同認同的著力點。比如，有學者敏銳地捕捉到了臺商作為一種新型社會認同載體的重要意義。[18]

建構新型兩岸認同可以從兩個層面著手，這兩方面都是將建構兩岸共同認同的出發點和著力點放在兩岸民眾社會生活經驗基礎上：

一是在歷史和宏觀層面強化兩岸「命運共同體」意識。在日常社會生活中形成的社會認同是國家認同（政治認同）的社會心理基礎，國家認同必須扎根於日常社會生活。兩岸持續互動，兩岸和平發展關係鞏固深入，在兩岸經貿往來和民間互動中不斷加深瞭解、加強互賴的大陸與臺灣，實際上也在建構一個實實在在的「命運共同體」。

二是在現實和中觀層面建構「生活共同體」。如果說「命運共同體」觀點有

較多的歷史色彩,那麼筆者在常駐大陸的臺商群體不斷壯大背景下提出的「生活共同體」觀點則更加具體,更具現實性。兩岸民眾在同一個地域空間中長期共同生活的經歷將會造就能涵蓋越來越多數量的兩岸民眾的「生活共同體」。

正如大陸學者余克禮所指出的:影響兩岸長遠關係的重要因素,並不只是臺北以及北京的精英,更關鍵的是兩岸人民是否能相互尊重理解,這種深厚的社會基礎比經濟利益更具有深遠作用。[19]民間經濟文化交流是形成兩岸民眾共同社會認同的重要社會土壤。在兩岸血濃於水的天然關係和中華文化樞紐的作用下,即便是兩岸政治隔絕及民進黨執政時期兩岸嚴重對抗,兩岸民間經濟文化交流也不曾停止。現在有過大陸經驗的臺灣人已越來越多,相關交流涉及投資、經商、考察、學習和旅行等諸多方面,已逐漸形成連接兩岸社會的「連綴社群」,他們樂見兩岸關係不斷改善,也成為改善兩岸關係的強大草根力量。臺灣民間對大陸的印象隨著兩岸民間交流的逐年推進而發生著緩慢的變化。

參考文獻:

[1].李鵬:從兩岸大交流看兩岸民眾共同認同的建構 [A].全國臺灣研究會編.全國臺灣研究會2011年學術年會論文集 [C],2011:85。

[2].劉國深:試論百年來「臺灣認同」的異化問題 [J].臺灣研究集刊,1995(3/4):95。

[3].胡文生:臺灣民眾「國家認同」問題的由來、歷史及現實 [J].北京聯合大學學報(人文社會科學版),2006(2):84。

[4].黃興濤:現代「中華民族」觀念形成的歷史考察——兼論辛亥革命與中華民族認同之關係[J].浙江社會科學,2002(1):128〜141。

[5].鞠海濤:當代臺灣民眾「國家認同」透視 [J].兩岸關係,2005(3):6〜10。

[6].《遠見》雜誌民調中心:兩岸互動一年:馬英九滿意度[EB/OL].http://www.gvm.com.tw/gvsrc/200907 GVSRC others.pdf,2009年

7月16日.

[7].《遠見》雜誌民調中心：「馬總統滿意度；大陸撤飛彈相關議題」民調　[EB/OL].http://www.gvsrc.net.tw/dispPageBox/GVSRCCP.aspx?ddsPageID=POLITICS&view=2010&dbid=3111112010，2010年10月22日。

[8].陳孔立：自尊需求與「臺灣人認同」[J].臺灣研究集刊，2012（2）：1～7。

[9].Paasi, A.Region and Place: Regional Identity in Question.Progress in Human Geography, 2003, 27(4).

[10].Ward, C.S. Bochner & A. Furnham. The Psychology of Culture Shock (2nd ed.).Boston: Routledge Kegan Paul, 2001.

[11].汪天德：臺灣的認同危機和「臺獨」勢力的發展　[M].思想戰線，2007（4）：14～20.

[12].劉文斌：臺灣「國家認同」變遷下的兩岸關係[M].臺北：問津堂書局，2005：22.

[13].李鵬：從兩岸大交流看兩岸民眾共同認同的建構[A].全國臺灣研究會編.全國臺灣研究會2011年學術年會論文集［C］.2011：82～94.

[14].黃清賢：兩岸身分認同的建構——南臺灣觀點[EB/OL].中國評論網　　　　http://www.zhgpl.com/doc/1020/6/2/2/102062294.html?coluid=7&kindid=0&docid=102062294&mdate=0407004820，2012年4月7日。

[15].雷玉虹：戴國輝的臺灣人身分認同研究視角　[J].臺灣研究，2011（6）：39～44。

[16].林紅：和平發展形勢下臺灣民眾的「中國意識」[J].香港：中國評論，2012（5）。

[17].陳孔立：臺灣社會的歷史記憶與群體認同［J］.臺灣研究集刊，2011（5）：8。

[18].王茹：「兩岸族」臺胞的社會身分認同與兩岸命運共同體［J］.臺灣研究集刊，2010（1）：76～83。

[19].余克禮：正視臺灣認同危機深入兩岸和平發展［J］.香港：中國評論，2011（3）。

注　釋

[1].根據格羅塞的觀點，媒體所做的民意調查往往也是建構扭曲的社會認同的重要因素。兩岸有不少研究者也指出，臺灣島內諸如此類關於「中國」或「中國人」認同的民意調查，往往已經預設了政治前提，有誤導之嫌，並不能真正反映受調查者的認同傾向。即便如此，本文認為此處引用的調查數據亦能曲折的呈現臺灣民眾的若干認同變化。參見阿爾弗雷德·格羅塞著：《身分認同的困境》（王鯤譯），社會科學文獻出版社2010年版；劉國深：《偏狹民調亂臺灣亂兩岸亂世界》，中評網　http://www.zhgpl.com/doc/1021/5/1/8/102151858.html?coluid=7&kindid=0&docid=102151858&mdate=0702094003，2012年7月2日；湯紹成：《臺灣認同問題的弔詭》，香港：《中國評論》2012（6）。

[2].本研究對大陸臺商「社會認同」的操作化基於筆者在深度訪談中所形成的認知。

臺灣公民教育發展中「文化認同」變遷之研究[1]

上海市教育科學院臺灣教育研究中心 尚紅娟

在兩岸統一大業的各種障礙性因素中，文化認同是為關鍵性的因素之一。然而，也正如臺灣文化總會會長劉兆玄所言，兩岸在取得包括簽訂「ECFA」在內的經濟層面的溝通成果以後，在中華文化這一基礎上，兩岸可以找到一條出路，「中華文化是兩岸之間的最大公約數」。[2]

兩岸文化同根同源，本為一家。甲午戰敗臺灣割讓日本後，兩岸處於長期分離狀態，文化建設在歷史的發展中形成了各自的特色。儘管，經過30年的交流交往，兩岸的經濟結合和利益的融合已是十分的廣泛和深入，但經貿關係的發展，並不直接而且必然地帶來兩岸同胞的認同感差距的縮小。迄今為止，根據臺灣方面有關的民調顯示，兩岸民眾的國家認同感差距仍在持續擴大中，臺灣同胞「國家認同」混亂的局面並沒有得到明顯改善。[3] 兩岸間這一「經濟合作」與「政治疏離」共存的悖反現象，[4] 一定程度上與解嚴後執政者所主導的「國家認同」、「文化認同」的發展趨勢有關。[5]

一、臺灣的「國家認同」與「文化認同」

現階段臺灣討論的「國家認同」[6] 多是指臺灣各種政治勢力及廣大民眾對於臺灣的法律地位前途走向的看法，亦即關於臺灣的「國家歸屬」、「國際地位」的觀點，其中包含對於海峽兩岸歷史和現實的利益關係、各階級及其政黨、社會集團的利益與民族利益的關係等問題的態度。臺灣「國家認同」的兩大主流是「中國認同」與「臺灣認同」；在民眾國家認同觀異化的過程中，這兩種認同

觀始終處於對峙衝突狀態，[7]　由此造成了「各領風騷的黃金時期」。正是這一鮮明的、赤裸裸的頑抗，使得臺灣民眾國家認同觀不僅僅是對「中國」或是「臺灣」的認同，更是對統、「獨」的認同、制度的認同、尤其是文化的認同。

（一）「國家認同」的異化

「國家認同」在臺灣一直是極具爭議且影響面較廣的重大議題。1980年代以前，鑒於國民黨的威權統治，「認同中國」、「兩岸同文同種」、「和平統一中國」等一直是臺灣政治與社會的主流趨勢。這一時期，「國家認同」爭議是禁忌，在公共領域中幾乎沒有公開討論的空間。解嚴後，隨著臺灣政治社會「自由化與民主化」的發展，臺灣意識逐漸抬頭，「臺灣認同」和「中國認同」兩種認同的意識形態互相對立，「國家認同」爭議猶如猛虎出閘，衝擊整個臺灣社會。「國家認同」分歧的出現，不但是臺灣社會政治紛擾、族群對立的最主要根源，更進一步影響臺灣中小學階段的國家認同教育，使其始終在不同的政治意識形態的角力中不斷地擺盪，尋找方向與定位。[8]

「認同是人們意義與經驗的來源」。[9]　認同問題，即身分問題，是解決臺灣問題所面臨的核心因素。國家認同則包含政治認同與文化認同兩個層面，「政治認同和文化認同都是國家認同的重要層面，他們共同創造了公民對國家忠誠的感情」。[10]　在臺灣學者認為，文化認同是國家認同的三大組成部分之一。[11]事實上，臺灣的文化認同並非是單純的對文化的一種認同，更多是對「國家認同」的輔助、強化或是昇華；文化認同的變遷與「國家認同」的演變始終保持著高度的一致。所以，在國家認同觀的異化過程中，原有單一的文化認同隨之產生分化；在國家認同觀的爭議中，同時走向了分歧。

「臺灣意識」、「中國意識」及「本土意識」均是一種意識形態，而且每個政黨及領導人均有意識形態。因為意識形態的影響，同樣是從中國大陸遷移至臺灣的中國人，因為移居的先後、生活習慣改變、國家認同等種種因素，發展出「臺灣意識」與「中國意識」。眾所周知，臺灣不是一個國家，目前是作為中國分離的一個省份而存在的，因此在「主權」問題上臺灣屬於中國。臺灣民眾對臺灣的眷愛之情和大陸其他各地人民對家鄉執著的依戀一樣，都是中國人民的傳統

美德。正如葛永光教授所說，臺灣認同是中國認同的一部分，正常、健康的「臺灣認同」與「中國認同」是不相抵觸的。[12]自100年前臺灣認同首次出現臺灣民主國 [13]認同的異化以來，先後經歷了日據時期、「蔣氏父子時期」、「李登輝時期」和「陳水扁時期」四個不同的歷史階段。兩蔣威權統治時期採「教化式同化」方式，使民眾在其社會啟蒙中建立了「中華文化」、「中華民國」的國族想像。李登輝時期開始消解國民黨的「黨國意識形態」，至陳水扁時期，已使之從官定、獨占的意識形態退位甚至消失；並以「本土化」取代「中國化」進而「去中國化」，進入了「臺灣人」、「臺灣國」的「新國家認同」階段。

由此，「中華民國在臺灣」為認同虛象的臺灣認同異化，達到了登峰造極的階段；同時也使得以往任何一種異化形式，且被當局所壓制的「異端邪說」發展成為了臺灣當局的「官方學說」。掌握著各種政治社會化工具的臺灣當局，正在利用各種途徑向島內民眾及國際社會傳播這一經過精心包裝過的認同虛象。[14]在此過程中，「國家認同」的爭議也衍生為島內一種政治危機，最終淪為政黨選舉操縱民意、換取選票的政治工具。而「中國認同」與「臺灣認同」則此消彼長，中國傳統文化與臺灣文化的融合與滲透，人為的釐清與篡改也成為「國家認同」演變的最直接表現。

（二）「文化認同」的分化

眾所周知，中華文化有著五千年的悠久歷史，臺灣人民的祖先絕大多數是來自中國大陸的移民，因此也就把中華文化帶進臺灣，使臺灣文化成為中華文化的一個不可分割的組成部分。臺灣作為中國的省份之一，其文化認同應與大陸的文化認同相一致，分化出的臺灣文化認同至多作為一種地方文化的認同。但是，光復後臺灣的文化認同，先是在掃除皇民化的基礎上確立了中國文化的合法化，李登輝繼任後不久，在其「修憲、凍省」的操作下，營造出臺灣「本土文化」，刻意強調突出其與中國文化的不同。陳水扁執政時期公開地打出了「兩國論」，大搞與中國文化對立的「臺獨」文化。

所以，在「國家認同」異化的情況下，臺灣民眾的文化認同出現了分化，中國傳統文化、臺灣文化，附帶有西方文化的衝擊。前兩者是臺灣民眾文化認同分

化的兩大主流，也是執政當局干涉最深，著力最重的兩點，而且影響著臺灣民眾的政治認同、國家認同等，對臺灣未來定位相關的重大問題。西方文化則是臺灣民眾主動的接受與引進，並且是一種無形的衝擊，故不在本文的討論範圍。而且，臺灣的文化認同帶有強烈的政治色彩，本地化是以臺灣「本土化」為主軸，不抗拒全球化，卻拒斥中國化。

臺灣的中華文化認同、西方文化認同和「本土文化」認同的不和諧，臺灣的文化發展，長期被這種分化的文化認同糾結。臺灣關於「中」與「西」，「傳統」與「現代」，「中國情結」與「臺灣情結」的糾纏、爭論此起彼伏，因為無法肯定文化認同的對象，搖擺於中西、傳統與現代、「中國與本土」之間，而不知道何以為根，最終影響了臺灣文化的發展。中華文化與臺灣「本土文化」的分離，也使得臺灣民眾的自我身分的認同出現分化，在分化中而變得多元化。

二、公民教育「中國認同」中國文化

作為臺灣的新生代，青少年文化認同觀的形成受到當局意識形態的嚴重影響，其主要的塑造途徑之一則是由政府強勢介入的公民教育，尤其是學校領域的公民科課程。在所有的學校課程中，社會科課程或公民課程，是國家進行政治社會化、培養國家認同意識的核心課程，其傳遞、再製意識形態的作用更為顯著。「公民教育無論就其終極目標——造就適合國家社會的公民，或工具性功能——政治社會化，陶冶公民意識與行為，均不脫政治教育的目的，而在這政治教育中，首重的即是國家認同概念，蓋國家認同可謂一切政治教育的核心。因此，在無獨立政治教育的學科以從事此等認同教育時，公民教育便是國家認同教育的最佳形塑工具。」[15]

兩蔣執政時期的國民黨當局，在對臺灣確立「正統中國認同」的同時，採取了一套嚴密的戒嚴體制，從社會的各個方面對臺灣民眾灌輸中國意識，並將中國文化的滲透作為其建構中國國家認同的主要策略之一。臺灣學者對此評價為：在威權統治的浸淫之下，教育便是一個國家展開霸權宰制不可或缺的工具。臺灣的教育在此背景之下，不僅必須配合政策嚴厲推行「國語運動」，教科書中也處處可發現「三民主義統一中國」、「中華文化正統」、「反共復國」等中心思想標

語的蹤影，教育環境被塑造成只有「中國」而無「臺灣」的單純且專一。明顯至極的，人民普遍認同的是虛幻的「心底的中國」，而非臺灣「本土」的文化。與此同時，教育在這一過程中，成為了塑造中國意識，強化中國文化的主要工具，其中公民教育受到了特別的「重用」，其功能也被發揮到了極致，產生了極其明顯的效果。

（一）公民教育與「中國意識」的大一統

國民黨治臺初期，在中小學課程即教科書政策上，所顯現的是以「大中國」、「大中華民族」、「大中華文化」三位一體的概念，建構一個大中國意識的威權教育體系。[16]

兩蔣時期推行的公民教育是以民族精神教育為內容的道德教育。從1950至1960年代，在歷經10餘年「反共抗俄」的基本國策後，由於島內外情勢的變動，蔣介石反攻大陸的目標已經遙不可及。因此，在建構三民主義思想教育的系統下，臺灣的中小學課程中已不再特別強調「反共抗俄、戡亂建國」，而以「復國建國、維護國家尊嚴」取代。[17] 同時，以民族精神教育為核心，繼續強化「大中國、大中華民族、大中華文化」三位一體的「大中國意識」。在三民主義、公民與道德、國文、歷史、地理、軍訓、健康教育、輔導活動、生活與倫理等相關學科中，（甚至包括體育、音樂、美術），均強調以「民族精神教育」為中心思想，以灌輸固有文化，建立民族意識，激發學生愛國思想，教育學生成為一個足以表現中華民族道德文化，堂堂正正的中國人。

在兩蔣治臺的四十年中，「中國化」是國民黨當局的最高指導原則，國民教育的發展受到政治意識形態的支配，重視中國文化，宣揚民族主義。「一元化」的標準，成為一種「文化霸權」。[18] 舉凡教科書的內容編定、街道的命名等等，均是以「中國化」為第一要務。國民黨以所有可操控的文化霸權工具宣揚大中國意識，希望一方面有效地去除島內皇民化現象，一方面塑造「中國中心、臺灣邊陲」的概念。國民黨當局通過文化霸權，尤其是學校教育的國家機器，灌輸兒童許多大中國的意識形態。[19] 相對地，教科書亦缺乏以臺灣為主題的論述，從教育目標、課程標準、教材編選、教學實施以迄教學評量、評鑑，無不以大中

國意識為內涵，較少關懷臺灣的歷史、社會、文化、地理等為基礎的本土意識的陶冶。[20]。

（二）公民教育與「中化文化」的塑造

文化中國認同的本質，是一種軟性的大中國認同意識。在公民類教科書文本中，雖然不會直接提到統一中國的目標，但是其內涵卻是藉由敘述中華文化的優點和博大精深，傳遞「我們中國人」的意識，以達成大中國認同的目標。[21] 在文化認同上，兩蔣當局試圖將這類認同意識形態，從血緣、民族情感和文化等方面，將中華民族、中華文化與「中華民國」合而為一，強調臺灣與大陸文化血脈相連、不可分割的關係，以及「中華民國」主政者在復興中華文化方面的努力，試圖從強調中華文化的道統，以建構中國認同的意識。有學者將兩蔣時期臺灣文化認同的演變整理為以下三個階段 [22]，事實上公民教育對中華文化認同的塑造基本涵蓋在內，因為文化認同的核心內容即是公民科教育的主旨。

公民教育作為大中國認同的建構、中國意識大一統的最強有力的支撐，在文化中國認同過程同樣扮演了重要的角色。蔣介石曾明確指出，「公民生活教育不止是灌輸知識，更要使其瞭解中國倫理習性，父慈、子孝、兄友、弟愛、夫義、婦順的六項正德，乃是做中國國民必不可少的基本條件。同時亦要改變學生的性格與行為，使其尊應獨立自由國家的生活」。[23] 臺灣光復後，為塑造臺灣民眾對中國文化的認同，孔孟學說在當局的推動下，廣泛地存在中小學課程中，成為了中華傳統文化在臺灣發展的主要形式；《中國文化基本教材》作為國民黨版本的孔孟學說之集大成，出現於高中生的公民科領域。三民主義在文化復興中則被重建為傳統中國文化的根基，服務於當局穩固政權，以實現其「三民主義統一中國」的目標。

國民黨當局退臺，為了穩固政局，合理化臺灣為復興基地的關鍵角色，自1950年代起，文化認同的訓練除了「去皇民化」，更積極地灌輸「中華文化」，以強化臺灣人的民族文化與愛國情操，同時將三民主義思想推展到各層面。所有與「反共抗俄」對立的論述，都視為非法而被禁忌。1952年的「文化改造運動」、1954年的「文化清潔運動」和1955年的「戰鬥文藝運動」，都是

借助所謂「文化運動」的方式進行教育體系的改造與文藝出版界的整編，從而積極塑造「中華民國政府」統治臺灣的正當性，但一直到1966年發起的中華文化復興運動，整個文化論述才算完備。[24]

所以，「由中華文化對三民主義的強調，以及在學術上對儒家學說的側重可見，文復會所欲復興的中華文化有別於地方文化，而是一種國家認可的、一種支持反共作戰與重光民族的唯一文化，亦是能代表全中國、而且全民均應熟習的標準文化。全體人民都應把握著標準文化，統一在國家之下，為同一目標惕礪意志」。[25]

兩蔣當局在塑造中華文化認同的過程中，於1961年成立孔孟學會，並將儒家思想作為傳承中華文化的重點。蔣介石曾一再表示，「中國文化傳統思想，就是孔孟之道」。「孔孟學說博大精深……不僅為中國學術思想的主流，抑且為興滅繼絕、扶顛持危、實現天下為公的大道，數千年來涵濡孕育，深入人心，成為我中華民族悠久博厚的歷史文化」。在他認為：「若要保存和發揚中國的文化，就應該以經書為我們文化的基本資料。」[26]

儒家思想在戰後臺灣可以分為兩個陣營，一是以正式教育途徑存在於中小學教科書中的「官方儒學」，對儒家思想進行高度選擇性的解釋，以支持國家政治目標或為政治領袖的言行提供傳統文化的基礎；二是非正式教育途徑存在的民間學者或知識分子所研究的「民間儒學」。[27] 其中，在官方的詮釋中，孔孟學說基本上發揮保衛國民黨政治體制的作用，它是一種意識形態的機器，也是政治目標的支持者，強調對政治權威的服從，發揮了鞏固既存體制的作用。

三、公民教育「臺灣認同」臺灣文化

李登輝與陳水扁執政期間的「本土」政策，在教育及文化上都是與推動鄉土的教育或文化主題或政策有關。曾經在臺灣中小學校公民領域教材中頻頻出現，並被高度強調的「大中國認同」、「中華文化認同」已經被執政當局，即帶有濃厚的「臺獨」色彩的李登輝、陳水扁一步步瓦解，至最終消失。取而代之的是對「臺灣主體性」宣揚與倡導，旨在通過鄉土化、本土化教育，將其致力於從中國大陸分離的臺灣，作為一個主體來學習和對待，進而確立所謂「新臺灣國」的認

同,最終實現其臺灣「獨立」的政治目標。

(一)公民教育與「臺灣意識」的大發展[28]

臺灣公民領域教育歷經解嚴後,在李登輝與陳水扁「本土化」教育與「臺灣主體」性教育策略的推行下,「其教科書內容在1995年與2005年的課程改革中,已基本趨向述說臺灣現況的國家認同,並逐漸確立臺灣主體價值」。[29] 與「國家認同」相關的章節中,「中國意識」、「大中國認同」已完全消失,這在一定程度上表明了「臺灣作為一個主體」,塑造「新臺灣國」認同方面已所取得了一定的效果。

「教育本土化」在許多國家都是自然而然的事,但是在臺灣卻是個極具政治性的議題,亦即「本土化」教育具有濃厚的政治性格。[30] 在臺灣,使用「本土化」這一名詞時已具有普遍的認知,因為這是過去二十五年來最重要的文化與政治運動。[31]「本土化」是指以臺灣為發展中心的意識觀念和做法,含有「根植臺灣,對抗大陸」的涵義。在臺灣,「本土化」運動的最大推手是來自於政治人物及政黨,「不土不愛臺」就是非「本土化」候選人。[32] 因此臺灣「本土化」不但具有政治意義,還有「臺灣化」的意識形態夾雜其中。陳昭瑛將1980年代以來的臺灣「本土化」運動歸類為「反日、反西化、反中國」三個階段之中的反中國階段,並提及「本土化」的大方向下所包括的「原住民」運動和環保文學等支線,進而歸納出「本土的本來就與外來的對立」,並突顯出臺灣「本土化」的顛覆性格。[33]

鄉土教育和本土教育雖然都是強調地區、家鄉、認同,兩者的基本意義有一定的重疊、可以相通、交互使用。但在臺灣逐漸發展演變的結果,卻產生不同的面向。鄉土教育的影響面更多是對島內居民,尤其是對原住民「本土意識」的「啟蒙」;「本土教育」(「本土化」)則逐漸發展為以「臺灣意識」對抗「中國意識」的「臺灣主體」性教育。[34]「臺灣主體意識」是一種以臺灣為「主體」的思考方式或意識形態。它是由對抗國民黨威統治所衍生出的,一種解構「中國主體意識」的力量,旨在追求臺灣在政治、民族、文化等三個層面上的「主體」地位,用以對抗「中國」、「中華民族」、「中華文化」這三個屬於

「大中國意識」的概念。[35]

1993年公布的小學「鄉土教學活動」與1994年公布的初中「鄉土藝術活動」課程是臺灣正式實施鄉土教學的開始；1996年，李登輝成為臺灣首任直選的「總統」，代表臺灣的民主化與「本土化」運動的一個里程碑。時任「教育部長」郭為藩在1993年9月公布《小學課程標準》時所言，增設鄉土教學活動，在課程上是一小步，但是在教育政策上是一大步。[36]

很顯然，李登輝執政期間，實施的鄉土教學與文化地方化的「本土化」政策，完全脫離了之前國民黨「中華民國五權憲法」的架構、中華文化為主的教育及大中國意識的認同，使得「臺灣化」與「臺灣意識」成為主流意識。其在教育方面的「本土化」策略，主要表現為推動鄉土教育課程與修訂新教科書，即鄉土教學活動的實施，「認識臺灣」課程的增加以及教材的臺灣化。民進黨執政後在邁向臺灣「本土化」的教育改革理念下，以「去中國化」及建構「臺灣化」作為區隔國民黨執政的主要施政目標，對於學校教育則採取解構過去傳統課程穩定結構，並批判隱蔽存在的中心與邊緣不合理的課程支配權力關係。

（二）公民教育與「臺灣文化」的營造

臺灣文化原本是中國文化的一部分，這是不爭的事實。但是，臺灣解嚴後，伴隨著臺灣意識、「臺灣主體」性意識、「臺獨」意識的逐漸興起，臺灣認同趨於主流，臺灣文化也被染上了「獨立」的色彩。而在李、陳相繼推出的「文化臺獨」策略中，臺灣文化不僅與大陸文化、中華文化割裂，而且還自成體系。

李登輝上台後不久，便為島內「臺獨」勢力在文教領域的分裂活動大開綠燈。「文化臺獨理論」的倡導者之一史明在其《臺灣人四百年史》中，公開宣稱，曾統治臺灣的國民黨及之前的政權等都是「外來政權」，並帶來「外來文化」。李登輝在其執政後期也公然地宣揚，臺灣「必須是臺灣人的東西」，宣揚「臺灣意識」、「臺灣精神」、「臺灣魂」等論調，鼓吹「新臺灣人主義」；並且十分重視做文化扎根「養獨」工作，聲稱「登輝無時無刻不在思考文化的重建與新生」，「教育不改，人心也不會改變，過去教育都限制在大中華的觀念範圍中，臺灣不需要大中華主義」。[37]

陳水扁上台後，繼承李登輝衣鉢，繼續不遺餘力地推行「文化臺獨」。他多次在公開場合宣揚「臺灣文化不是中國文化的一個分支」，而是臺灣「原住民」文化受「外來文化」影響而形成。為強調「原住民」文化是臺灣文化，有其獨立起源，他從人種的角度否定臺灣與祖國的血緣聯繫，同時還利用臺灣在歷史上曾遭受荷蘭、西班牙、日本殖民統治的特殊經歷，片面強調外國殖民統治對臺灣文化的影響，以此來「矮化」中國傳統文化的地位，將中國傳統文化歪曲成僅僅是形成「臺灣文化」的影響因素之一。

為了加快推動「文化臺獨」，陳水扁當局還有步驟地採取了多種推動形式，主要有：一是借助「臺灣論」，鼓吹「臺灣意識」，二是推行「本土化教育」政策，以「臺灣」取代「中國」，三是抬出「通用拼音」方案，擠壓「漢語拼音」，四是用文學鼓吹「臺獨」，設立「臺灣文學系」。[38]

歸納李、陳的「文化臺獨」表現主要有兩種：

一是重新解釋「臺灣文化」與中國傳統文化的關係，企圖從歷史的角度否定中國文化在臺灣的地位，虛構一種「獨立」的「臺灣文化」。將中國歷史歸入世界史便是臺灣當局利用政治力量企圖扭轉整個歷史文化主軸的一部分。

二是刻意在文化上製造臺灣與大陸的差異與區分。[39] 而且，在「去中國化」的同時，以鄉土文化、海洋文化等所謂「本土文化」來建構其「臺灣主體文化」、特色文化。於是，在臺灣的中小學公民教育領域中母語教學、歷史教學、主體性教育等方面處處充斥者臺灣文化認同的意識與目標。

結語

1945年臺灣復歸中國的版圖，1949年底國民黨退守臺灣，這兩項關鍵的歷史轉折，也使得了臺灣社會發生了兩大變遷：擺脫日本殖民統治、與中國大陸長期分離。接收的國民黨政權極欲重新塑造有別於殖民地時期的國家認同、民族意識及國民性格，所以，之前在大陸實施的公民教育內涵在臺灣產生了重大轉變。兩蔣時期所推行的「國家的公民教育」集政治教育、國民教育、道德教育於一體，尤其是政治教育的色彩在戰後臺灣這一特殊時代、地域、特別的政治情勢下

更為突出。「去皇民化」、「反共復國」、「民族精神教育」三位一體的中國化教育，既是兩蔣治臺時期的施政理念，也是臺灣公民教育發展四十年來的核心理念，其首要目標即是在臺灣這塊土地上塑造中華民族的文化認同，建構中華民族國家的認同；教育臺灣的中小學生，未來的公民，進而做一個堂堂正正的中國人。

如果說兩蔣時期，臺灣的教育是「中國化」教育，那麼從李登輝起，臺灣的教育便進入了「臺灣化」階段。解嚴後，臺灣的公民教育，在李登輝、陳水扁所推行的「本土化」策略與所謂的民主化進度中，從「鄉土教育」轉變為「本土教育」，至「臺灣主體性教育」；發展至2000年，已完全融入到九年一貫課程的社會學領域，僅有高中保留了公民與社會科。

無論是課程標準、課綱的修訂，教材的編輯，課程科目的調整，還是輔助課程，諸如「鄉土教育活動」、「母語教學」、「現代社會」、「深入認識臺灣行動」的實施等，所具有的鮮明特色便是「去中國化」，一切向「本土」看齊，即要處處體現，層層滲透「臺灣特色」。國民黨當局為了去殖民化，首要措施之一是「國語運動」；李、陳二人的臺灣化過程中，同樣以所謂「臺灣母語」教育為依託，逐漸展開其「鄉土教育」進度。

所以，李、陳二人主政時期推行的所謂的「社會的公民教育」，是打著回歸教育本質的旗號，在「多元化」、「民主化」的掩蓋下推行其「本土化」、泛臺灣化的「臺獨」教育。如此，解嚴後臺灣公民教育的發展趨勢、實施模式（儘管取消了單獨設科，實行科際整合，但其目的完全是基於「本土化」的需要），與兩蔣時期的幾乎是同一路徑。即「去中國化，立臺灣化」與「去皇民化，立中國化」。

國民黨是在對「大中國意識」的認同下，將「復國」與公民教育結合，李、陳則是在「臺灣主體意識」的認同下，將「獨立」與公民教育結合。兩蔣時期，借助於戒嚴時期的威權統治，建構了高度集中的中央管制教育體制；之後的李、陳時期，則是在教育「自由化」的改革中，將「本土化」推廣到極致，實現其「臺獨」色彩的「臺灣化」認同。

綜上，光復後，臺灣公民教育近六十年的發展，其目標從「反攻復國」至「獨立建國」，所主導的國家認同也從「大中國認同」轉為「臺灣認同」。因當權者執政的需要，塑造這一認同意識的公民科課程從初中小學、高中的單獨設科，發展至「九年一貫的社會學領域」的整合，課程名稱頻繁改變：公民科、公民與道德、公民與社會、生活與倫理、現代社會、認識臺灣等；課程目標多次修訂：1952年版、1962年版、1975年版、1983年版、1995年版、2000年版等，教材內涵隨之及時調整：大中國文化的全面復興與滲透至臺灣本土文化的營造與建構。傳遞當權者主流意識的公民領域教科書所灌輸於學生的，則是從「大中國」的強化，演變至「臺灣國」的論述。無論是以民族精神教育建構中華民族意識，以中國化教育灌輸大中國意識，以鄉土教育啟蒙「本土」意識，以「本土」教育彰顯「臺灣主體」意識；還是以文化復興重建三民主義，以正式途徑編撰官方的儒家學說，以「母語教學」突顯「本土」文化，以「主體性」教育推崇臺灣的海洋文化，公民教育的實施與民主社會的追求似乎漸行漸遠，其本質始終是臺灣當局穩固政權，實現執政理念的合法性工具，而且帶有濃厚的臺灣「本土化」色彩，即政黨政治對教育的全面介入，尤其是對公民教育的過分干涉與利用。

很顯然，不論是威權時期的「反攻復國」，還是民主時期「獨立建國」，臺灣的公民教育始終淪為當權者傳遞施政理念、建構文化霸權的政治工具。在一定程度上來說，臺灣的公民教育也是「臺灣問題」的潛在推手之一，更是「文化臺獨」策略在學校的合法性載體。從「黨化教育」至「中國化」教育、「臺灣化」教育的這一目標演變中，公民教育的課綱被多次修訂，科目名稱變化多端，教材內容更是反覆增減，唯一不變的則是政治教育的本質。所以，在1945～2008年間，近代中國以培養公民意識為目標的公民科，卻在赤裸裸發揮著意識形態灌輸的功能。如果說從「大中國認同」的確立到「臺灣國認同」的建構，從「中華文化認同」的塑造到「臺灣文化」的營造，是其政黨色彩的顯著特徵；那麼「國家認同」模糊，「文化認同」缺失，「民主、多元」的公民社會成為虛象則是其「本土化」發展的必然結果。

注　釋

[1].本文為國家青年基金課題《臺灣公民教育發展與兩岸文化認同研究》（CEA100132）的階段性成果。

[2].劉兆玄：《中華文化是兩岸最大的公約數》，《21世紀經濟報導》2010年12月9日。

[3].楊毅周：《海峽兩岸文化交流的意義》，《臺聲雜誌》，2009年第7期。

[4].包宗和、吳玉山主編：《爭辯中的兩岸關係理論》，五南圖書公司1999年版，第3頁。

[5].依據臺灣政治大學選舉研究中心重要政治態度分布趨勢圖中「臺灣民眾·臺灣人／中國人認同趨勢分布圖（1992年6月至2009年12月）」，從1992年6月到2009年12月，自我認定「既是臺灣人也是中國人」的人數比例一直在40%～50%之間；但自我認定「是臺灣人」的比例持續上升，至2009年12月已達到51.3%；而自我認定「是中國人」的比例持續下降，至2009年12月僅剩下4.2%，還不到1992年6月時的六分之一。轉引自許建明：《兩岸關係、臺灣政治生態與中國國家認同》，《當代中國研究》2010年8月。

[6].國家認同，是在有他國存在的語境下，人們建構出歸屬於某個「國家」的「身分感」，即某個地區的人們（包括階級及其政黨、政府和社會集團、個人）對該地區「國家歸屬」（對內政權、對外主權）的認定和贊同。

[7].林震認為，兩種觀點從衝突對峙走向合流：臺灣民主化進度中，「中華民國」在推動民主改革的同時也成為解構的對象，這使臺灣社會的國家認同觀出現分裂，在消解與捍衛對「中華民國」的認同的鬥爭中，民進黨為首的反對派成功地瓦解了部分臺灣人對「中華民國」的認同；國民黨逐漸居於下風，「中華民國」成為一團介於「真實」與幻想之間的模糊體。90年代開始，在突破外部環境約束的過程中，兩種對立的國家認同觀在「中華民國」縮小化的基礎上培育了共同點，直至最後實現了合流，但仍然沒有解決「中華民國」的認同危機。總之，民主化的進行不但沒有強化臺灣人對「國家」的認同，反而使臺灣社會在國家認同問題上處於進退兩難的境地。只有恢復被威權統治損害了的國家統一的價

值和聲譽，才是消除臺灣社會國家認同危機的根本途徑。林震：《論臺灣民主化進度中的國家認同問題》，《臺灣研究集刊》2001年第2期。

[8].劉文斌：《臺灣國家認同變遷下的兩岸關係》，臺灣政治大學中山人文社會科學研究所博士論文，2004年6月。

[9].曼紐爾·卡斯特：《認同的力量》（夏鑄九、黃麗玲等譯），社會科學文獻出版社2003年版，第2頁、第4頁。

[10].江宜樺：《自由主義、民族主義與國家認同》，臺北揚智文化事業股份有限公司1998年版，第90頁。

[11].江宜樺的這一觀點基本得到了臺灣島類多數學者的認同，在與臺灣「國家認同」有關的課題研究中，多被引用，或已經成為主流觀點。詳見江宜樺：《自由主義、民族主義與國家認同》，臺北揚智1998年版。

[12].有很多學者將「二二八事件」當做臺灣人發生中國認同變遷的起點，如臺大政治系教授葛永光就認為，「造成部分臺灣同胞中國認同變遷的是「二二八事件」。詳見葛永光：《文化多元主義與國家整合》，臺灣正中書局1991年7月版，第128頁。筆者更為認可劉國深學者所提出的以1895年臺灣民主國的建立為國家認同異化的開端。詳見劉國深：《試論百年來「臺灣認同」的異化問題》，《臺灣研究集刊》1995年第3／4期。

[13].葛永光：《文化多元主義與國家整合》，臺灣正中書局1991年7月版，第128頁。

[14].劉國深：《試論百年來「臺灣認同」的異化問題》，《臺灣研究集刊》1995年第3／4期。

[15].廖容辰：《臺灣與香港公民教育教科書中國家認同內涵之比較》，暨南國際大學比較教育學習碩士論文，2006年。

[16].藍順德：《教科書意識形態歷史回顧與實證分析》，華騰文化股份有限公司2010年版，第121頁。

[17].臺灣教育部門：《高級中學課程標準》，臺北正中書局1983年版；《國民中學課程標準》，臺北正中書局1985年版。

[18].陳伯璋：《文化霸權與教育——中國高中「潛在課程」的剖析》，載陳伯璋主編：《意識形態與教育》，臺北師大書苑1988年版，第223～229頁。

[19].彭鴻源：《國小教師本土化概念及其運作課程之研究》，臺北師範學院課程與教學研究所碩士論文，2001。

[20].陳麗華：《臺灣社會的意義性結構及其在國小社會科教育的體現分析》，《臺北市立師範學院學報》1995年第26期，第163～198頁。

[21].劉文斌：《臺灣國家認同變遷下的兩岸關係》，臺灣政治大學中山人文社會科學研究所博士論文，2004年6月。

[22].洪振華：《廿世紀臺灣師範教育與國家認同塑造》，臺灣師範大學第四次教育哲學史研討會，http://pb1.ed.ntnu.edu.tw/~seph/1029-2.htm，其認為教育的目的可以協助同化，認為師範教育體制可說明文化認同對國家認同的影響情形。

[23].《偉人的智慧—蔣公嘉言》，偉文圖書出版社有限公司1979年版，第82頁。

[24].林果顯：《「中華文化復興運動推行委員會」之研究（1966-1975）》，臺北稻鄉，第1頁。

[25].林果顯：《「中華文化復興運動推行委員會」之研究（1966-1975）》，臺北稻鄉，第84頁。

[26].《偉人的智慧——蔣公嘉言》，偉文圖書出版社有限公司1979年版，第88頁。

[27].黃俊傑：《戰後臺灣的轉型及其展望》，臺灣大學出版社2008年版，第188頁。

[28].臺灣意識所展現出來的具體意義有三：1.確立臺灣在歷史與客觀現實上獨特的「主體地位」：臺灣意識論者以臺灣政經的歷史發展，論證了臺灣社會、

人民相對於中國大陸成立一個政經共同體,兩者之間便存在著對立而不相統屬的關係。2.追求「去中國中心化」的政治立場:中國意識論者無視兩岸分隔的現實,以臺灣人的漢族、漢文化意識為橋樑,或預設未來統一的立場,或加上文化、歷史的中國,來統合現實上分隔的兩岸,並進一步向臺灣社會的中國立場挑戰。3.注意到臺灣多元文化的事實:當臺灣意識論者在批判中國中心意識時,很自然地必須論述臺灣歷史發展的獨特性,亦注意到臺灣存在著多種殊異文化的事實。吳由美:《臺灣國家認同的發展與反思》,載施正鋒主編:《國家認同之文化論述》,臺北市翰蘆,第83~116頁。

[29].郭豐榮:《高中公民領域教材中國家認同變遷之研究——1995年至2008年為主》,臺灣師範大學政治學研究所碩士論文,2008年。

[30].藍順德:《教科書意識形態歷史回顧與實證分析》,華騰文化股份有限公司2010年版,第190頁。

[31].John Makeham and A-Chin Hsiau.Cultural, Ethnic, and Political Nationalism in Contemporary Taiwan. Bentuhua. New York, N. Y.: Palgrave Macmillan, 2005, p.11.

[32].高格孚:《風和日暖:臺灣外省人與國家認同的轉變》,臺北允晨文化實業股份有限公司2004年版,第76頁。高格孚認為臺灣的本土化的現象包含八個部分:1.政治人物、軍人與行政人員的族群交替;2.政治象徵的變化;3.政治機構;4.有關臺灣認同與兩岸關係的官方言論;5.政治社會化,包括教科書;6.語言政策與社會語言自然的變化;7.在社會中,臺灣各地鄉土文化的復甦;8.若干臺灣電影與電視節目的「本土」色彩。若將其內容加以歸納,就可以分為政治(第一項至第四項)、教育(第五項)、文化(第六項至第八項)等三項。

[33].陳昭瑛:《論臺灣的本土化運動:一個文化史的考察》,《中外文學》,第6~43頁。

[34].藍順德:《教科書意識形態歷史回顧與實證分析》,華騰文化股份有限公司2010年版,第161頁。

[35].賴建國：《臺灣主體意識發展與對兩岸關係之影響》，臺灣政治大學東亞研究所碩士論文，1997年6月。

[36].藍順德：《國民小學鄉土教學的規劃與展望》，載臺北師範學院主編：《「國小」鄉土教育課程與教材研討會》，1996年，第43～48頁。

[37].《評臺灣當局「文化臺獨」：荒誕不經難以得逞》，
http://news.xinhuanet.com/newscenter/2003-10/13/content_1120010.htm.

[38].《評臺灣當局「文化臺獨」：荒誕不經難以得逞》，
http://news.xinhuanet.com/newscenter/2003-10/13/content_1120010.htm.

[39].《「文化臺獨」粉墨登場愈演愈烈》，
http://www.cctv.com/news/china/20031013/100315.shtml.

從兩岸社會對辛亥革命的不同解讀看兩岸國族認同的重建

上海國際問題研究院臺港澳所 張哲馨

2011年,兩岸以紀念辛亥百年為題舉辦了多場活動,其中不乏雙方學者、媒體人士或者青年學子之間的對話和研討。他們在對辛亥革命歷史意義的解讀上有何異同,這對於我們思考當前兩岸在國家和民族認同上存在的巨大差異有哪些啟示,未來應該從何處入手來增進兩岸之間的國家和民族認同,這些是本文要探討的核心問題。

一、兩岸社會對辛亥革命歷史意義的不同解讀

2011年,兩岸各種民間組織為紀念辛亥革命百年舉辦了多場橫跨兩岸的交流活動,雙方學者、媒體精英和青年學生之間的對話和互動是其中的重頭戲。參加活動的不僅有「泛藍」人士,還包括許多「泛綠」方面的社會精英及民眾,因此可以說,兩岸參與者在這些活動中表達的觀點能夠在相當程度上反映兩岸社會的主流思想和意見。從效果來看,這些活動有力地促進了兩岸社會對辛亥革命的記憶和理解,並在很大程度上拉近了兩岸民眾特別是青年之間的心理距離,但同時也反映出雙方對辛亥革命的認知和解讀——特別在如何評價辛亥革命的歷史意義上,差異較大。

從對這些活動的報導和分析中可以發現,來自臺灣的參與者無論在政治傾向上「偏藍」還是「偏綠」,對辛亥革命所取得的歷史功績都持正面態度,這一點同大陸方面是一致的:雖然大多數人不很清楚辛亥革命前後的詳細歷史,卻普遍認為這場革命的主要功績在於「推倒了千年帝制」,是日後「革命力量的先驅」;同時,他們也都對革命先賢在推翻帝制、爭取民族復興的過程中所展現的

義無反顧的精神和捨我其誰的責任感崇敬有加。不過，在如何看待辛亥革命對20世紀中國所走過的道路的影響上，兩岸人士有著較為不同的解釋和側重：臺灣人多認為辛亥革命的最大影響是在思想和制度變革層面，即樹立了民權至上、言論自由、三權分立等現代民主理念，而大陸人則傾向於從權力變革和民族革命角度來解讀，認為其最大影響在於推翻清政府並開啟了擺脫西方列強壓迫的民族獨立進度。[1] 換言之，大陸方面更重視辛亥革命的「反帝反封建性」，關注點在「國（state）」與「族（nation）」；而臺灣方面更重視辛亥革命所承載的「三民主義」理想，關注點在「制（institution）」與「民（people）」。

追根溯源，這不僅體現出兩岸史學界對20世紀上半葉中國革命道路的認知差異，也反映了兩岸多年來在政治、社會、文教等方面的不同側重。大陸主流史觀一直認為，辛亥革命雖然推翻了滿清王朝，但仍屬舊民主主義革命，因其並沒能改變舊中國半封建半殖民地的社會性質，也沒能實現民族獨立和人民解放。直到中共成為中國革命的領導力量，先是取得新民主主義革命的勝利，建立了獨立自主的人民共和國，再通過大規模社會主義建設不斷推動國家和社會進步，促進民族和睦與共同發展，方迎來今日中華民族偉大復興的光明前景。[2] 儘管這一過程常伴隨著國家和集體利益同個人權益之間的矛盾，但也正因為國家和民族利益至上思想深入人心，執政黨才能夠長久地凝聚國人之心力，使偌大的中國從饑貧羸弱、四分五裂的局面逐步走向強大和統一。特別在全球化時代國家主權及政府權力不斷受到侵蝕的情況下，這種以國家和民族精神為號召，集中力量進行一些需要長期投入方見效之建設的動員能力，則是中國大陸的經濟增長多年來在全球獨領風騷的重要原因。

反觀臺灣，從最初強調中國國民黨領導作用的官方史觀到民間史學界的修正與補充，再到近20年來在「中華民國史觀」、「臺灣史觀」和「臺獨史觀」之間不斷游移分化，對辛亥革命之後歷史的認識自1960年代至今一直呈多元化發展，總體趨勢是愈加淡化民族精神和國家統一思想在革命鬥爭與社會發展中的地位和作用，而強調以自由、民主、市場為核心的價值秩序及政治社會制度的建立與演化過程。如今，臺灣主流社會關於辛亥革命的論述大多集中於它對中國社會及價值體系發展過程的推動，特別是辛亥先賢所弘揚的三民主義精神和原則對臺

灣近幾十年的民主轉型產生的影響。馬英九先生在「紀念辛亥革命一百週年講話」中開篇即表示：「一百年前，中國歷史只有朝代的更替，人民不能當家做主。『中華民國』的建立，向人民許下民主的承諾……（以及）均富與教育的承諾……這些承諾，正是三民主義的理想；這些承諾，通過世代的努力……逐步實現在我們的生活中……（我們）逐步在臺灣實現中山先生的理想。」[3] 一些臺灣媒體則更加直白地說：「辛亥革命的核心理念是三民主義：民族、民權、民生。如今一百歲的『中華民國』，在民權主義上已經實現完全的民主政治；在民生主義上也實現了自由經濟，並勉力朝『福利國家』前行；唯在民族主義上，由於兩岸分裂分治，仍處於問津尋岸的情境。」[4] 可見，相對於民權和民生而言，民族主義在臺灣官方和主流媒體話語體系中已被置於較次要的地位。

二、從對辛亥革命的不同解讀到國族認同差異

兩岸社會對辛亥革命歷史意義的認知偏離是雙方多年來經過的不同社會發展道路的反映，而史觀建構和社會發展歷程的不同，又是當前兩岸在國族認同上存在巨大差異的根本原因。所謂「國族認同」，既包含對承載著相同文化、歷史和血緣關係的廣義民族的認同，也包括對擁有統一主權的國家的認同。[5] 具體到兩岸社會，就是雙方是否都認同自己是廣義上的「中國人」以及是否認同「兩岸同屬一個大中國」。儘管人們可以從法律、人類學、社會學等角度對「國族認同」進行不同的概念界定，但在「國族認同」對一個國家和民族保持對內和平與社會發展的重要意義上則有著相似的理解。正如臺灣大學張亞中教授所說：「『認同』作為區別『我群』與『他群』的判定，從正面來看，『認同』可以凝聚人民共識，風雨同舟、共度艱難；從負面來看，『我群』與『他群』的『分別心』，也很容易將仇恨插入人民的生活，使得民族或國家內部、民族或國家之間發生悲劇的災難。」[6] 兩岸關係過去20年來的發展過程便為這種認識寫下了清晰的注解。

1990年代之前，兩岸社會還基本處於相互隔絕狀態，但雙方在對「中國人」和「兩岸同屬一中」的認同上尚未出現較大裂痕。[7] 據臺灣「陸委會」1990年代初的統計，臺灣民眾認同自己是中國人的有48.5%，既是中國人也是臺

灣人的有32.7%，二者合計達81.2%，而認同自己只是臺灣人的僅有16.7%。[8]可是，就在不到一代人的時間裡，臺灣民眾的國族認同已經出現了根本逆轉。據臺灣政治大學選舉研究中心2011年的一項調查，臺灣民眾認為自己是中國人的比例僅有4.1%，認為自己既是中國人也是臺灣人的也僅有39%，而認為自己是臺灣人的則達到了54.2%。[9] 這一變化產生的原因，固然有全球化時代世界民眾的國族認同普遍弱化的因素，但更重要的是臺灣方面在史觀建構和社會發展道路選擇上與大陸日益疏離。

人們一般認為，臺灣的主流史觀發生本質性變化，大致源於李登輝所代表的國民黨「主流派」為鞏固權力基礎而在臺灣社會上下挑起的關於「臺灣意識」與「臺灣地位」的論爭。李登輝在1990年當選「總統」後，在國民黨內面臨著郝柏村、林洋港、李煥等「非主流派」大人物的挑戰。為了全面肅清「非主流派」的影響，李登輝不但通過一系列或明或暗的黨內運作排擠對手，還借炒作「省籍議題」、發動「本土化運動」、推動臺灣「入聯」等，將「國民黨的『起源自中國近代衝突的革命政黨屬性』，轉化為『歸屬於臺灣的現代的民主政黨屬性』」，使「臺灣人受外來者欺壓、爭取自決的歷史意識」逐漸泛濫。[10] 到了陳水扁執政，更是通過修改歷史教科書、推動「入聯公投」、甚至公開主張「一邊一國」等，故意放大兩岸之間的分歧並突出「臺灣主體性」，大肆宣揚「臺獨」史觀。結果，在李、扁執政的近20年時間裡，臺灣社會對大陸的「他者」甚至「敵者」認識迅速上升，給臺海地區穩定和兩岸關係發展造成了巨大的障礙。即使在2008年馬英九上台執政後，臺灣當局也沒能採取足夠的積極措施來糾正這種錯誤史觀，令相當一部分臺灣民眾在「去中國化」的道路上越走越遠。[11]

除上述政治力量的作用外，臺灣社會過去20年的發展也是導致臺灣民眾的國族認同發生變化的重要原因。臺灣自1970年代中期起逐漸進入政治轉型期，隨著政治反對運動和各種社會運動的興起，以及大型資本和地方派系勢力上升，臺灣的政商關係逐漸從過去的「威權侍從關係」走向「大小夥伴關係」，行政部門力量弱化而財團、地方甚至民間組織的力量日益強大，一個強有力的公民社會

逐漸形成並在此過程中進一步完成民主轉型。[12]正是由於臺灣的政治結構和社會結構的「去威權化」，才使得今天的臺灣民眾更多地關注經濟和民生問題，特別是同自身密切相關的相對狹隘的利益。如今，對於相當多的臺灣人而言，對保障個人和小團體權益的追求已超過了對社會共同利益的考慮，無怪乎臺灣「中央研究院」近代史研究所黃克武所長稱，臺灣社會正逐漸遠離孫中山先生所提倡的「天下為公」精神與民族理想，只求建立一個「小而美的生命共同體」。[13]

從上可見，由於秉承著不同的史觀及社會發展道路，兩岸在國族認同上的差異越來越大。大陸從「國」的角度考慮，寓中華民族復興於兩岸統一之中，而臺灣則從「民」的角度考慮，置鄉土利益於國家和民族利益之上。這一認同差異不但在過去嚴重阻礙了兩岸公權力機關與民間的相互理解和交流合作，還是兩岸關係未來發展必然要面臨的巨大挑戰。如張亞中教授所說：「如果同一個國家，或同一個民族間的 『認同』 已經斷裂，或者已經消失，那麼，國家將不再是個『命運共同體』，民族也不再是一個 『生命共同體』，它們將只是一盤沒有共同目標的散沙而已。」[14] 因此，如何重塑兩岸的國族認同，使兩岸民眾得以為著一個共同的願景團結奮鬥，既是兩岸的根本利益所在，也是雙方共同的歷史使命。

三、從年輕一代入手重建兩岸國族認同

近年來，兩岸政學商等各界人士對如何塑造兩岸共同的國族認同進行了大量思考與討論，一般認為應首先建構互惠互利、相互依賴的「利益共同體」，繼而形成文化價值觀共享的「文化共同體」，之後方有望逐漸走向彼此信任、榮辱與共的「命運共同體」。[15] 然而，需要指出的是，儘管這一路徑在邏輯上是有先後次序的，但在實踐當中，並不是非要等「利益共同體」與「文化共同體」形成之後才能培育雙方的「命運共同體」。特別在現階段，更不宜過分強調經貿與文化交流對國族認同差異的彌合作用，因為經濟互依與文化認同，甚至包括共同的歷史記憶都僅僅是國族認同的必要條件，而非充分條件。否則，英國同美國、德國與奧地利等等都應具有很強的國族認同才是。筆者認為，要促進兩岸形成共同的國族認知，應當從現在做起，特別要從培養年輕一代的國族認同入手，以堅持

兩岸關係和平發展為基礎，在不斷鞏固和擴大兩岸經貿、文化及民間交流成果的同時，促進兩岸共同史觀、共同願景及共同參與機制的形成。

對於臺灣的年輕一代而言，過去20年不但是他們在人生中學習成長最關鍵的20年，也是整個臺灣社會走向自由開放，各種利益團體和社會組織蓬勃發展的20年。因此，他們的「民國意識（即「中華民國」與中華人民共和國是兩個體制不同、相對獨立的政治實體）」和「臺灣人意識（即自己是臺灣人而非大陸政府管轄之下的中國人）」是與生俱來的，而他們對兩岸共有的歷史記憶和愛恨交織的複雜情感則知之甚少，幾乎無人再抱有其祖輩父輩深埋於心的如「葬我於高山之上兮，望我大陸」那樣厚重悲壯的祖國情結。他們自出生起耳濡目染的，是民眾對各種公共事務越來越多的參與，是大眾媒體對臺灣特別是當地社會民生問題的每日報導和討論，是「臺灣主體性」在思想上的渲染和法律、制度上的不斷強化。因而，他們對廣義的「中國」和「中華民族」並沒有多大認同，更遑論「天下興亡，匹夫有責」的使命感與責任心了。

然而，正由於臺灣年輕一代對於國族認同問題沒有什麼心理上的歷史包袱，他們也不像其祖輩父輩之中一些人那樣對大陸持有很強的敵意和戒心。事實上，從到大陸學習工作的臺灣年輕人逐年增多的趨勢看，大陸對於臺灣青年來說更多代表著一種機會而不是威脅。尤其自2008年以來，兩岸關係的歷史性轉折使兩岸青年交流進入歷史上最活躍的時期，雙方在經濟、文化、教育等各領域的廣泛交流正不斷加深彼此的理解與包容。隨著兩岸關係和平發展趨勢繼續鞏固和強化，從雙方的年輕一代入手，逐漸塑造兩岸人民共同的歷史記憶，促使他們在看待國家和民族的視角上相向而行，進而重塑共同的國族認同，不但符合兩岸加強友好合作的現實需要，也是全球化時代下兩岸攜手復興、創新並弘揚中華文明的必經之路。

如上文所述，由於兩岸當前的國族認同差異很大程度源於各自政治文化對「國」與「民」的側重不同，因而，雙方首先應在史觀建構上積極地換位思考和彼此借鑑：大陸方面需要更多從「民」的角度闡釋歷史，特別要關注臺灣民眾因各種歷史和現實原因而產生的對大陸的疏離感；臺灣方面也需盡快糾正「臺獨」

史觀中關於「臺灣人在中國近現代史中幾近空白」的錯誤表述，從「國」（即包括兩岸在內的廣義的中國）的角度看待臺灣的發展歷史，認識到「臺灣人的政治或社會活動不只是與整個中國現代化歷史接的上，也是參與其中的」。[16] 令人高興的是，近幾年兩岸已開始對各自史觀進行了大量反思和重新整理，這種開放的態度無疑是建構共同史觀的第一步。此外，臺灣方面還需盡快修正陳水扁當政時期開始的在中小學推行「鄉土教學」、修改高中歷史教科書等所謂的「本土化教育」，還臺灣青少年一個真實的宏觀的中國歷史。

兩岸在努力建構共同史觀的同時，還需大力培育雙方的共同願景。中共中央前總書記胡錦濤同國民黨前主席連戰早在2005年4月就指出，兩岸「應步入合作的良性循環，共同謀求兩岸關係和平穩定發展的機會，互信互助，再造和平雙贏的新局面，為中華民族實現光明燦爛的願景」。過去幾年來兩岸關係的迅速進展為兩岸塑造更加明確的共同願景奠定了基礎。未來，兩岸特別要在幾個關鍵問題上加強討論以逐漸形成共識，例如，為何兩岸統一是中華民族復興的必經之路、臺灣的鄉土意識如何可以同更廣泛的國族意識並行不悖、兩岸政治和社會架構有哪些可以相互學習之處及相互融合的可能，等等。[17] 由於年輕一代更易接受新事物、新思想，兩岸需進一步擴大青年交流的層面和範圍，尤其是為雙方盡可能提供以平和寬容的心態暢所欲言的交流平台。

為了促進雙方共同史觀與共同願景的形成，須為兩岸民眾特別是年輕人創造更多參與彼此社會、經濟、文化等事務的機會，使雙方真切感覺到兩岸之間有著不可分割的利益與心靈的樞紐。比如，通過志願者活動深入對方社群、組織觀摩對方的地方行政與立法事務、鼓勵雙方對彼此的經濟社會發展獻計獻策，等等。誠如臺灣大學電信研究所的蔡宗諭先生所言，「現代臺灣年輕人不敢去想如何幫助大陸，那種清末民初想要救全中國的情懷，在臺灣這一代是不敢想像的……（然而）年輕人需要改變世界的夢想與衝勁，當一個國家沒有辦法給予年輕人這種感覺，年輕人一定會被影響的」。[18] 因此，兩岸交流活動的組織者在設計二者共同參與項目時，應考慮到年輕人參與熱情高但重娛樂性的特點，儘量避免以往過於正式、追求一切細節完美的交流模式，在「抓大放小」的原則下多一些自發的即興式的活動。畢竟，由於全球化的深入影響，如今兩岸的年輕一代在道德

理想、文化偏好甚至個性展示等方面都有很多共同點。他們可以勇對挑戰,但拒絕接受平庸;可以理解分歧,但不能認同虛假;可以原諒不完美,但不會容忍單調。如果兩岸越來越多的青年通過各種議題的共同參與,真切感到為兩岸的社會經濟發展做出了貢獻的話,彼此的認同自會水到渠成。

當然,要實現上述目標,關鍵需要兩岸高層政治意志的推動和保障。當前的問題是:大陸有決心、有恆心、有耐心,而臺灣當局則常常態度游移,「進三步退兩步」。如臺灣統一聯盟文宣部部長戚嘉林所言,馬英九強調自由、民主、人權、法治是核心價值,然後再用這些觀念來區隔臺灣與大陸的不同,似已落入李登輝與陳水扁當局固化分離意識的巢窠,如經常用「中華」代替「中國」,用「中華民族」代替「中國人」,甚至提出具有主權意涵的「臺灣前途須由全臺2300萬人決定」,説明「藍營政治人物論述核心語彙及其語境的改變,不但強化了綠營「臺獨」論述的正當性,而且潛移默化了誤導臺灣民眾的國族認同,其嚴重性藍營似渾然不覺」。[19] 的確,臺灣領導人在選舉政治下必須考慮到多數選民的意願,而島內藍綠力量幾乎勢均力敵的現實也限制了領導人的決策。然而,一個真正的政治家不應總為短期的民意浪潮所推動,而理應基於自身的遠見和決斷説服民眾,帶領他們駛向雖然未知但卻更加美好的遠方。從這層意義上説,馬英九當局在未來三年左右的時間裡恐怕需要展現更多的決心和魄力。

總而言之,只有雙方本著宏觀視野,共同致力於兩岸關係和平發展大方向不動搖,才能通過兩岸交往的不斷擴大深入,使雙方民眾特別是年輕人逐漸形成休戚與共的國族認同,在辛亥革命百年之後的今天,一道邁向當年革命義士甘願為之「以血薦軒轅」的民族統一與復興之路。

注　釋

[1].見媒體相關報導,如新華視點:「兩岸青年學子關於辛亥革命的對話」,2011年10月8日;國際在線:「兩岸青年聚首香港,共話辛亥革命百年」,2011年10月3日;人民網:「香港調查指兩岸四地青年對辛亥革命認知度不足」,2011年7月25日;中評社:「臺灣青年如何看待兩岸關係」,2011年6月18日,等。

[2].儘管近年來少數大陸學者對中共以外其他政黨或政治勢力在1949年前所起的歷史作用提出過一些不同的解讀，但無論官方還是主流學界都大致認同這一史觀。參見胡錦濤：《在紀念辛亥革命100週年大會上的講話》，北京，2011年10月9日。

[3].馬英九：《紀念辛亥革命一百週年講話》，2011年10月10日。

[4].（臺灣）《聯合報》社論：《面對兩岸未來「中華民國」的力量源自辛亥革命》，2011年10月10日，第1版。

[5].本文無意對「國族認同」的概念作一學理上的系統整理，而僅採用其最具普遍意義的內涵，即「對自身所屬一個超越族群、地域、文化等因素的『大民族』以及具有政治統一性和地域一體性的國家實體的認同」。參見劉泓：「國族與國族的認同」，載《學習時報》2006年12月18日。作者不贊同一些學者（如邱永君：《加強對「中華國族」的核心認同》，載《中國特色社會主義研究》，2010年6月，第21～22頁）在概念上將「國族認同」混同於「民族認同」，因為基於共同血緣、歷史和文化的「中華民族認同」並不等於對一個政治上廣義的大中國的認同，甚至也不完全等同於強調歷史記憶的「中國認同」。而我們之所以對「國族認同」問題進行討論，不單旨在重新確立兩岸的「中華民族認同」，還要在共同的民族認同和中國認同基礎上，達成兩岸對未來國家形態及彼此安排的基本共識。故此處「國族認同」是不可與其他概念混用的。

[6].張亞中：《統合方略》，（臺灣）兩岸統合學會出版2011年版，第81頁。

[7].有學者認為，由於日本在臺殖民統治達半世紀之久，臺灣當地民眾在1940年代末對中華民族和「中國」的認同不如大陸民眾那樣強烈。直到國民黨當局遷臺並進行大量文化歷史教育，才逐漸建立了臺灣主流社會對中華民族及「中國（中華民國）」的認同，但其代價是忽視與掩蓋了臺灣自身的歷史記憶，在1970年代國民黨當局面臨重大「法統」危機後，引發了關於重新認識臺灣歷史的社會大討論並延續至今。見陳孔立：《臺灣社會的歷史記憶與群體認同》，載《臺灣研究集刊》2011年第5期，第1～10頁。但據臺灣學者陳毓鈞的研究，

即便在日據時代，臺灣民眾仍持有很深的「中國意識」。見陳毓鈞著：《我們是誰？臺灣是什麼？——臺灣的過去、現在和未來》，上海譯文出版社2006年版，第35～49頁。

[8].張亞中：《統合方略》，（臺灣）兩岸統合學會出版2011年版，第83頁。

[9].臺灣政治大學選舉研究中心：《臺灣民眾臺灣人／中國人認同趨勢分布（1992～2011.06）》，2011年7月。

[10].張茂桂：《臺灣政治民主化與「公民社會」的發展》，載朱雲漢等著：《臺灣民主轉型的經驗與啟示》，社會科學文獻出版社2012年版，第102-103頁。另見王建民等著：《國民黨下台內幕》，新華出版社2005年版，第116～146頁。

[11].張迎來：《「臺獨史觀」誤導民眾的身分認同》，載（澳門）《九鼎月刊》2012年第12期，第41～43頁。

[12].王振寰：《民主轉型與政商關係重組》，載朱雲漢等著：《臺灣民主轉型的經驗與啟示》，社會科學文獻出版社2012年版，第46～74頁。

[13].共識網：《黃克武：談臺灣學界對辛亥革命的研究》，2011年7月12日。

[14].張亞中：《統合方略》，（臺灣）兩岸統合學會2011年版，第81頁。

[15].劉強：《社會記憶與臺灣民眾的國族認同》，載《江蘇省社會主義學院學報》，2011年第2期，第60～63頁。另見中國網，楊立憲：《兩岸觀念文化的交流應嘗試「相向而行」》，2011年8月31日。此外，已故的臺大政治系教授魏鏞也曾提出「聯鎖社群（linkagecommunities）」的概念，認為兩岸通過社群之間廣泛的社會、文化、商業或其他形式的接觸，會形成跨越雙方體系界線的「聯鎖社群」。雙方聯鎖社群規模越大、整合程度越高，便越容易導致兩岸在政治上和平統一。見中評社：《臺灣青年如何看待兩岸關係》，2011年6月18日。從內容上看，這一概念似乎是「利益共同體」與「文化共同體」的結合。

[16].鄭鴻生：《臺灣人如何再作中國人》，載《臺灣社會研究季刊》第74期2009年6月，第136頁。

[17].對於第一點，中國新古典主義儒學學者楊萬江在2011年6月19日「部落格中國」上發表名為「國家的意義何在：臺灣青年應當如何思考兩岸問題」的文章，http://yangwanjiang.blogchina.com/1157820.html（2013年1月10日訪問），認為「從內部能夠獲得良好治理的角度看，臺灣民眾有理由認為一個民主憲政的國家是實現政治理想的必要制度條件。從外部能夠獲得尊重、保障、權力和影響力的角度看，在國際社會，大國比小國更有能力保障自己的國民和實現自己的理想。因為只有大國才能塑造世界。甚至只有大國才能把國民的思想、道德和創造力提升到人類最普世和根本的那種前沿水準上去。美國是這樣，中國也必將是這樣。小國注定了自己的國民只是大國政治和文化追隨者而不是創造者的命運。在這個意義上說，『臺獨』不可能讓臺灣人民有前途。甚至，如果從你是什麼樣的人的文化角度，『臺獨』實際上使臺灣民眾喪失了過去一直保持的華夏文化中的大國政治及其天下意識，變得只有靠反對大陸才能找到自己的存在感，但卻沒有建構自己形態文化的前途。去中國化的『臺獨』，實際上是臺灣在文化上的倒退和政治上的矮化。臺獨只能使臺灣政治不配在全球意義上來打量臺灣」。此外，一個較有啟發性意義的觀點認為，兩岸應通過追求「民族共融、民主共建、民生共贏」的「新三民主義」來達到和平統一的最終目標。見天涯論壇：《新三民主義：臺海兩岸關係的新思維》，作者：月明共誰秉燭，發表於2005年10月2日，http://www.tianya.cn/publicforum/Content/news/1/59115.shtml（2013年1月2日訪問）。

[18].中評社：《臺灣青年如何看待兩岸關係》，2011年6月18日。

[19].戚嘉林：《臺灣的新祖國認同與祖國論述》，《中國評論》2011年10月號。

兩岸關係和平發展背景下的臺灣民意變化
——基於TEDS系列調查資料的分析 [1]

上海交通大學國際與公共事務學院 吳維旭

2008年臺灣實現二次政黨輪替,至2012年馬英九先生成功連任臺灣領導人,這其中在2010年兩岸共同簽署ECFA協議,這是兩岸經濟交流制度化的重大進展,兩岸關係進入了和平發展的新階段。目前,兩岸已然呈現大交流、大合作與大發展格局 [2]。這是兩岸關係發生歷史性變化的四年(即2008至2012年)也是兩岸之間交流合作制度化卓有成效的四年,在這四年中,臺灣民意發生了什麼樣的變化,是一個值得且急需檢視的問題。特別是臺灣民眾的統「獨」立場、身分認同的持續與變遷,以及臺灣民眾對ECFA的態度等,既是臺灣島內政治的重要議題,也一直是關心兩岸關係人士所關注的焦點。

就本文而言,從身分認同開始,根據臺灣政治大學選舉研究中心的歷年民調資料顯示自認為是臺灣人的比例繼續上升,但這是否必然就會導致臺灣民眾「獨立」意識的增強?這裡需要考察四年中臺灣民眾的統「獨」立場的變化,需要分析臺灣意識與臺灣「獨立」之間關係的經驗數據。自認為臺灣人比例的持續上升,是否臺灣民眾也會在同時期低估兩岸合作的前景?這涉及到臺灣民眾對ECFA的實施、馬英九當局兩岸政策等問題的態度。上述問題均涉及兩岸和平發展最終是否有利於推進中國和平統一進度這一關鍵問題(即兩岸和平發展的方向問題,是和平統一,還是和平分離,抑或永遠維持現狀)。對此,本文根據臺灣主要民意調查機構所公布的數據,特別是其在2008年和2012年進行的四年期民意調查原始數據(即TEDS系列調查資料),來考察2008年以來數項臺灣民意的微妙變化,並試圖根據相關結論,探討臺灣相關民意變化對兩岸交流合作與制度

化建設的影響。

一、臺灣民眾身分認同的變化

臺灣民調機構對民眾身分認同的測量一般是詢問受訪者自認為是臺灣人、中國人，還是都是（即重疊認同、連鎖認同或雙重認同）的問題，此問題多被用於考察島內民眾的臺灣意識比例上升與否。根據臺灣政治大學選舉研究中心的身分認同變化趨勢圖[3]，截至2012年12月，可以發現20年間（即1992～2012年），臺灣民眾自認為是臺灣人的比例已升至第一位，由17.6%至54.3%，重疊認同的比例由46.4%下降至38.5%，認為自己是中國人的比例由25.5%下降至3.6%。若考察2008年12月至2012年12月這四年間的變化，可以看到自1992年12月至2008年12月的16年間，自認為是中國人的比例平均每4年下降約5%，2008年至2012年總體下降0.4%，基本不變。認為自己是臺灣人的受訪者比例，在1992年至2008年平均每4年上升近8%，在2008年至2012年總體上升5.9%，有所減緩。認為自己既是臺灣人也是中國人的比例，基本保持穩定（見表1）。

表1 臺灣民眾身分認同的變化（2008～2012）

	1992.12	2008.12	2009.12	2010.12	2011.6	2011.12	2012.6	2012.12
台灣認同	17.6	48.4	51.6	52.7	54.2	52.2	53.7	54.3
重疊認同	46.4	43.1	39.8	39.8	39.0	40.3	39.6	38.5
中國認同	25.5	4.0	4.2	3.8	4.1	3.9	3.1	3.6

資料來源：臺灣政治大學選舉研究中心重要態度分布趨勢（1992.12～2012.12），http://esc.nccu.edu.tw/modules/tinyd2/content/TaiwanChineseID.htm。

表2 臺灣民眾身分認同的變化（2008～2012）

身份認同	台灣認同	重疊認同	中國認同
TEDS2008P	53.1%	39.9%	4.8%
TEDS2012	57.3%　+4.2%*	36.2%　-3.7%	3.7%　-1.1%
TEDS2012T	50.3%　-2.8%	42.7%　+6.5%	3.7%　-1.1%

資料來源：TEDS2008P報告書，第366頁；TEDS2012報告書，第455頁；

TEDS2012TRQ149數據整理所得。＊表示與TEDS2008P做比較。

如果對比2005～2008年臺灣選舉與民主化調查四年期研究規劃中的2008年「總統」選舉面訪案（以下簡稱TEDS2008P）和2012「總統」與「立法委員」選舉面訪案（以下簡稱 TEDS2012）和電訪案（以下簡稱TEDS012TR），也可以看到臺灣認同的上升趨勢有所緩和 [4]。根據TEDS012，持臺灣認同的受訪者從2008年的53.1%，上升為2012年的57.3%，增加了4.2%；持重疊認同的受訪者從39.9%下降為36.2%，升降的幅度均不如上述政大選舉研究中心的民調數字。而若根據TEDS2012TR，持臺灣認同的受訪者下降為50.3%；持重疊認同的受訪者則上升為42.7% [5]，即比較2008至2012年的面訪案同類問題，臺灣認同比例上升，重疊認同比例下降，而若比較 2012年的電訪案（TEDS2012T）與 2008年的面訪案（TEDS2008P）同類問題，則可看到臺灣認同比例下降，重疊認同比例上升，這是一個需要注意的地方（見表2）。導致身分認同的原因很多，諸如時代更替、政治社會化等，且在相關民調資料中暫未發現因果關係的專項問題考察此議題，在此不予探究。通過考察2008年至2012年臺灣民眾身分認同的變化，可以發現臺灣（認同）意識有所上升，但上升勢頭較之前減緩，重疊認同比例下降，漸趨穩定。這裡存在需要繼續討論的一個問題，即臺灣意識上升的同時，在臺灣民眾的統「獨」立場方面，偏「獨」的比例是否會同步上升？

二、臺灣民眾統「獨」立場的變化

對臺灣民眾的統「獨」立場進行綜合考察，目前可資借鑑並比較可信的考察方式（或觀察指標）主要有兩種：一是臺灣政治大學選舉研究中心的統「獨」立場趨勢圖（6分法），趨勢圖是根據歷年的電話訪問研究案做出，訪問資料每年合併一次；二是考察TEDS系列民調中對統「獨」立場的問題，在此方面又可細分為三個次項目，分別為6分法問題、11分值問題以及設定條件下的問題考察。

根據臺灣政治大學選舉研究中心的追蹤調查（即統「獨」立場6分法趨勢圖），在1994年接受訪問的民眾中，主張維持現狀再決定的占38.5%，無反應者占20.5%，偏向統一的占15.6%，永遠維持現狀的占9.8%，偏向「獨立」的占8.0%，盡快統一的4.4%，盡快「獨立」的占3.1%，呈現維持現狀為主，統大於

「獨」（20%比11.1%）狀態。在2000年接受訪問的民眾中，主張維持現狀再決定的占 29.5%，其次為主張永遠維持現狀（19.2%）、無反應（17.4%）、緩統（17.3%）和緩「獨」（11.6%），再次為主張急「獨」（3.1%）和急統（2.0%），統只是略大於「獨」（19.3%比14.7%），兩者的差距縮小。而在2012年12月的同樣調查中，主張維持現狀再決定的占33.9%，永遠維持現狀的占27.7%，緩「獨」的占15.1%，三者的比例均較10年前明顯增加，合占76.7%。[6]

若細加觀察2008年以來的民意變化，可以發現根據同樣的民調數據，傾向「獨立」的受訪者（包括主張盡快「獨立」和偏向「獨立」的受訪者）已經從2008年12月的23.1%，回落到2012年12月的19.9%，屬於近年第一次明顯下降。主張永遠維持現狀的受訪者增加了6.2%，主張先維持現狀再決定的受訪者下降了1.9%，不同程度傾向統一的受訪者則維持在10%。（見表3）。

表3 臺灣民眾統「獨」立場的變化（1994.12～2012.12）

	2008	2009	2010	2011	2012
維持現狀再決定	35.8%	35.1%	35.9%	33.8%	33.9%
永遠維持現狀	21.5%	26.2%	25.4%	27.4%	27.7%
偏向「獨立」	16.0%	15.0%	16.2%	15.6%	15.1%
偏向統一	8.7%	8.5%	9.0%	8.8%	8.7%

資料來源：臺灣政治大學選舉研究中心「臺灣民眾統『獨』立場趨勢分布」（1994～2012.12）。

http://esc.nccu.edu.tw/modules/tinyd2/content/TaiwanChineseID.htm.

根據TEDS2012的數據，主張盡快「獨立」和偏向「獨立」的受訪者由2008年的23%，微弱上升到23.4%，傾向統一的比例下降了1%，主張維持現狀再決定的下降了2.4%，主張永遠維持現狀的上升了4.1%。而根據TEDS2012T的數據，傾向臺灣「獨立」的比例，下降了4.5%，主張盡快統一和偏向統一的受訪者，也下降了3.2%，下降的幅度小於前者；同時，主張永遠維持現狀和先維持現狀再決定的受訪者，從57.5%上升為63.5%。其中主張永遠維持現狀的增加了10.4%，主張先維持現狀再決定的減少了4.4%。TEDS2012和TEDS2012T的數據

存在較大差異，其共同點是維持現狀再決定的比例都有不同程度的下降，而主張永遠維持現狀的比例則有不同程度的上升（參見表4）。[7]

表4 臺灣民眾統「獨」立場的變化（2008～2012）

統「獨」立場	傾向「獨立」	維持現狀再決定	永遠維持現狀	傾向統一
TEDS2008P	23.0%	39.5%	18.0%	13.1%
TEDS2012	23.4%	37.1%	22.1%	12.1%
TEDS2012TR	18.5%	35.1%	28.4%	9.9%

資料來源：TEDS2008P報告書，第366頁；TEDS2012報告書，第455頁；TEDS2012T中Q145原始數據整理。

若將6分法中維持現狀再決定者與永遠維持現狀者合併計算，可以看到選擇維持現狀的比例由2008年的57.5%上升為2012年的59.2%，合計比例遠超傾向「獨立」與傾向統一的比例，維持現狀者中是否具有更為清晰的統「獨」立場，是一個需要解答的問題。在此，可對TEDS2008P中的問題M3和K1和TEDS2012中的問題N3-M1數據交叉分析，即6分法與11分值問題進行交叉分析。在TEDS2008P中，選擇維持現狀者中，持偏「獨」立場（選擇數值0～4）的占15.9%（172人），持偏統立場（選擇數值6～10）的占 14.4%（158人），真正持中間立場（選擇數值5，即不統不「獨」者）的占61.8%（678人），偏「獨」者比例高出偏統者1.5%。而根據TEDS2012的原始數據，持偏「獨」立場的占12.9%（141人），持偏統立場的占13.3%（146人），真正持中間立場的占64.2%（704人），偏統者的比例高出偏「獨」者的0.4%。[8]

若比較TEDS2008P的K1與TEDS2012的M1數值，則為用統「獨」立場的11分值問法來考察臺灣民眾對自我在統「獨」光譜中的定位。根據TEDS2008P，當受訪者在以0代表盡快宣布「獨立」、10代表盡快統一的光譜中進行自我定位（問題K1）時，選擇中間立場（5）的最多，占44.1%，選擇盡快宣布「獨立」（0）的占12.6，選擇盡快統一（10）的占5.7%。TEDS2012年的數據呈現了類似的分布，只是選擇中間立場的略有增加，選擇盡快「獨立」（0）和統一（10）的比例有所下降（參見表5）。

表5 臺灣民眾對自我在統「獨」光譜中的定位（2008～2012）

	0	1	2	3	4	5	6	7	8	9	10
TEDS2008P	12.6*	2.3	3.1	4.7	4.5	44.1	4.5	4.4	3.2	0.6	5.7
TEDS2012	11.2	1.6	2.7	5.8	4.4	47.5	5.8	3.5	3.0	0.6	3.5

資料來源：根據TEDS2008報告書（p.353）和TEDS012報告書（p.451）的資料整理製圖，其中0代表盡快宣布「獨立」，10代表盡快統一。＊表中數值均為百分比。

若將0～10分值合併，即0～4 為偏「獨」，5 為不統不「獨」，6～10為偏統，可以看到臺灣民眾10 分值自我統「獨」定位的整體變化（見表4），可以發現，偏「獨」者比例下降1.5%，偏統者比例下降2.0%，而不統不「獨」者比例上升3.4%（參見表6）。

測量臺灣民眾統「獨」立場的另一方法是詢問受訪者在特定情況下的統「獨」偏好。根據TEDS2008 P，受訪者被問到「如果臺灣宣布 『獨立』後，仍然可以和中共維持和平的關係，則臺灣應該成為一個新國家」（即「和平分離」選項）、「就算臺灣宣布 『獨立』 後，會引起中共攻打臺灣，臺灣還是應該成為一個新國家」（即「戰爭分離」選項）、「如果大陸和臺灣在經濟、社會、政治各方面的條件相當，則兩岸應該統一」（即「有前提統一」）和「就算大陸和臺灣在經濟、社會、政治各方面的條件差別相當大，兩岸還是應該統一」（即「無條件統一」）四個問題。這種特殊問法則具有假設性，偏重於測量受訪者的主觀偏好，2008年與2012年的比較可參見表7。若將該表格中「非常同意」和「同意」兩個選項合併，可以發現2008年傾向接受和平分離選項的受訪者合計57.6%，2012年合計56.8%；2008年願意接受在特定前提下統一的受訪者合計33.1%，2012年合計34.9%，即和平分離的比例小降0.8%，有前提統一的比例小升1.8%，但值得關注的是戰爭分離的比例上升2.9%。[9]

表6 臺灣民眾對自我在統「獨」光譜中的定位（合併項）

統獨立場(11分值)	偏「獨」(0-4)	不統不獨(5)	偏「統」(6-10)
TEDS2008PX （K1）	27.2%	44.1%	18.4%
TEDS2012 （M1）	25.7%　－1.5%	47.5%　＋3.4%	16.4%　－2.0%

資料來源：根據TEDS2008報告書（p.353）和TEDS012報告書（p.451）的資料整理製圖。

表7 臺灣民眾在特定情況下對統「獨」問題的看法（2008～2012）

態度＼選項	非常同意 2008	非常同意 2012	同意 2008	同意 2012	不同意 2008	不同意 2012	非常不同意 2008	非常不同意 2012
和平分離	11.7%	16.1%	45.9%	40.7%	24.7%	25.5%	5.5%	7.4%
戰爭分離	4.2%	6.0%	24.5%	25.6%	47.1%	42.5%	11.4%	14.2%
有條件統一	2.5%	2.9%	30.6%	32.0%	45.2%	44.2%	7.1%	8.1%
無條件統一	0.5%	0.9%	9.4%	9.4%	62.9%	60.5%	14.3%	17.1%

資料來源：TEDS2008P± p.367～368。

三、臺灣意識不等於主張臺灣「獨立」[10]

通過對TEDS2008P中的問題 M1（受訪者自我身分認同定位）與 M3（受訪者對兩岸關係未來發展的選擇）所得數據的交叉分析，可以發現在自認臺灣人的受訪者中，主張急「獨」的占 11.4%，主張緩「獨」的占25.2%，合計36.6%，高於一般比例（23.0%）。主張急統的占1.3%，緩統的占3.5%，合計4.8%，又低於一般比例（13.1%）。在主張急「獨」和緩「獨」的受訪者中，自認臺灣人的比例高達84.3%，這表明傾向「臺獨」者主要源於堅持以臺灣為唯一認同對象的民眾。同時，根據TEDS2012的數據，在自認臺灣人的受訪者中，主張急「獨」的占10.3%，主張緩「獨」的占24.8%，合計35.1%，高於一般比例（23.4%），但比四年前少了1.5%；主張急統的占0.5%，緩統的占6.4%，合計6.9%，這比四年前增加了2.1%。在主張急「獨」和緩「獨」的受訪者中，自認臺灣人的比例下降為81.3%，比四年前少了3%。上述數據表明，臺灣認同與主張「臺獨」立場的相關性較四年前有所減弱（參見表8 [11]）。

表8 臺灣民眾身分認同和統「獨」立場（6分法）的關係（2008～2012）

身份認同 統「獨」立場		台灣認同 2008	台灣認同 2012	重疊認同 2008	重疊認同 2012	中國認同 2008	中國認同 2012
盡快統一	人數	13	21	26	26	10	14
	%	1.3%	.5%	3.4%	2.1%	10.8%	12.3%
維持現狀，後統一	人數	35	108	138	256	25	43
	%	3.5%	6.4%	18.2%	17.3%	26.9%	23.3%
盡快「獨立」	人數	115	145	13	21	2	5
	%	11.4%	10.3%	1.7%	1.0%	2.2%	1.4%
維持現狀，後「獨立」	人數	255	545	52	156	1	6
	%	25.2%	24.8%	6.9%	6.1%	1.1%	1.4%
維持現狀，再決定	人數	347	745	366	865	30	39
	%	34.3%	31.4%	48.2%	46.8%	32.3%	26.0%
永遠維持現狀	人數	184	622	134	649	20	54
	%	18.2%	20.3%	17.7%	24.5%	21.5%	30.1%

資料來源：對TEDS2008P問題M1-M3交叉列表和TEDS2012問題N1-N3交叉列表合併製表。

如果將身分認同與測量統「獨」態度的另一指標（11分法）進行交叉分析，也可看出類似的變化苗頭。根據TEDS2008P數據，持臺灣認同的受訪者中持偏「獨」立場的占42.2%，持中間立場（維持現狀）的占38.6%，持偏「獨」立場的比持中間立場的高出3.6%。持中國認同的受訪者，50%偏向統一，31.5%傾向維持現狀。而根據TEDS2012數據，在認同臺灣的受訪者中，持偏「獨」立場占36.6%，較四年前減少5.6%；持中間立場（維持現狀）的占42.5%，較四年前增加3.9%；持偏「獨」立場的比持中間立場的反而低了5.9%。與此同時，在臺灣認同者中，持偏統立場的受訪者也比四年前增加了1%。根據上述這兩個民調資料，持臺灣認同的比例雖然在四年間增加了4.2%，但並不意味著傾向「臺獨」的比例的同步上升。此外，在持重疊認同者中，傾向「臺獨」的比例也有下降（參見表9[12]）。

表9 臺灣民眾身分認同和統「獨」立場（11分法）的關係（2008～2012）

身份認同 統「獨」立場		台灣認同		重疊認同		中國認同	
		2008	2012	2008	2012	2008	2012
偏統(6-10)	人數	86	98	216	172	46	26
	%	8.5%*	9.5%**	28.4%	25.7%	50.0%	35.6%
中間(5)	人數	391	439	409	386	29	31
	%	38.6%	42.5%	53.8%	57.7%	31.5%	42.5%
偏「獨」 (0-4)	人數	427	378	82	62	7	8
	%	42.2%	36.6%	10.8%	9.3%	7.6%	11.0%

＊8.5%表示在TEDS2008P，8.5%的臺灣人身分認同者持偏統立場。

＊＊9.5%表示在TEDS2012，9.5%的臺灣人身分認同者持偏統立場。

資料來源：對TEDS2008P問題M1-K1的數據、TEDS2012問題N1-M1的數據交叉列表製表。

四、臺灣民眾對部分兩岸關係議題的態度

在TEDS2008P中，在被問到若（臺）當局完全開放兩岸經貿，臺灣的經濟將會如何的問題時，在獨立問卷中，有38.3%的受訪者表示會變好，在追蹤問卷部分，認為臺灣經濟將因兩岸經貿變好的比例達到41.7%（參見表10）。

表10 若（臺）當局開放兩岸經貿，則臺灣經濟將會如何？（2008）

	獨立問卷		追蹤問卷	
	次數	百分比	次數	百分比
變好	729	38.3	315	41.7
變壞	486	25.5	180	23.8
不變	364	19.1	132	17.5
合計*	1905	100.0	755	100.0

資料來源：TEDS2008P的K5描述統計結果，見TEDS2008P報告書第363頁。

＊合計欄中包括拒答、很難說、無意見、不知道等項。

若TEDS2008P中的問題K5是對未來「完全開放兩岸經貿」的期望，則2012

年是對兩岸簽訂「經濟合作架構協議」（即ECFA，自2010年9月12日起實施，這是兩岸經貿全面交流的指標性協議）1年半時期內臺灣經濟狀況的評價判斷。在TEDS2012T中，當被問到在兩岸簽訂 ECFA之後，臺灣整體經濟狀況作何變化時，在獨立問卷部分，有28.7%的受訪者表示變好，有39.2%的受訪者表示沒有發生變化，表示臺灣經濟因為ECFA變壞的受訪者有19.1%。而在TEDS2012中，對同一問題的回覆結果顯示：有36.2%的受訪者表示變好，表示沒有改變的比例為 38.2%（其接近TEDS2012 T的39.2%），表示變壞的比例為11.6%（見表11）。[13]

表11 ECFA對臺灣經濟的實際影響（2012）

	TEDS2012T		TEDS2012	
	次數	百分比	次數	百分比
變好	1379	28.7	659	36.1
變壞	915	19.0	213	11.6
沒有改變	1883	39.2	698	38.2
合計*	4805	100.0	1826	100.0

資料來源：TEDS2012T的Q5描述統計結果和TEDS2012報告書中對M2的次數分配，表中數值均為獨立問卷數值。

＊合計欄中包括拒答、很難說、無意見、不知道等項。

通過對TEDS2008P原始數據的交叉分析，可以發現持臺灣認同的受訪者，在被問到兩岸經貿全面開放對臺灣經濟的可能影響時，只有24.4%的受訪者認為將導致臺灣經濟變好，但有37.3%的受訪者認為全面開放將導致臺灣經濟變壞。與此相反，在持連鎖認同的受訪者中，有55%認為兩岸經貿全面開放可能使臺灣經濟變好，只有12.5%的受訪者認為可能使臺灣經濟變壞；持中國認同的受訪者則更肯定兩岸經貿全面交流對臺灣經濟的益處（見表12）。

表12 身分認同與對兩岸經貿開放的態度（2008）

兩岸經貿完全開放對台灣經濟的可能影響	身份認同	台灣認同	連鎖認同	中國認同
變好	人數	247	418	57
	百分比**	24.4	55.0	61.3
變壞	人數	377	95	10
	百分比	37.3	12.5	10.8
沒有改變	人數	205	140	12
	百分比	20.3	18.4	12.9
	總人數*	1012	760	93

資料來源：根據對TEDS2008P問題M1和K5的原始數據交叉列表分析結果製表。

＊總人數含不回答、拒答、無意見、不知道等受訪者，高於表中相關數字之和。

＊＊百分比表示占同一認同者的比例，如24.4%意為247／1012。

通過對TEDS2012T原始數據的交叉分析，可以看到在持臺灣認同的受訪者中，在考慮ECFA對臺灣經濟的實際影響時，認為其使臺灣經濟變壞的比例，已經從3年多前（即 TEDS2008P）的37.3%下降到28.1%，認為ECFA使臺灣經濟變好的比例，固然也從24.4%下降到16.8%，但下降幅度不如前者。同時，在持連鎖認同的受訪者中，認為ECFA使臺灣經濟變好的比例，從3年多前55%下降到40.7%，認為ECFA使臺灣變壞的比例，也從三年多前的 12.5%下降為9.8%。[14] TEDS2012 原始數據的交叉分析（M2-N1）結果顯示，在持臺灣認同的受訪者，認為ECFA使臺灣經濟變好的比例比3年前僅下降0.9%，認為 ECFA使臺灣經濟變壞的比例則由37.3%下降到16.9%；持連鎖認同的受訪者中，認為ECFA使臺灣經濟變好的比例較3年前的55%上升至56.8%，認為ECFA使臺灣變壞的比例，也從三年多前的12.5%下降為4.9%（見表13）。

表13 身分認同與ECFA對臺灣經濟影響（2012）

ECFA對台灣經濟的實際影響	身份認同	台灣認同 TEDS2012T	台灣認同 TEDS2012	連鎖認同 TEDS2012T	連鎖認同 TEDS2012	中國認同 TEDS2012T	中國認同 TEDS2012
變好	人數	406	243	834	380	96	44
變好	百分比**	16.8	23.5	40.7	56.8	53.9	60.3
變壞	人數	679	175	201	33	10	2
變壞	百分比	28.1	16.9	9.8	4.9	5.6	2.7
沒有改變	人數	1004	444	802	197	43	14
沒有改變	百分比	41.5	43.0	39.1	29.4	24.2	19.2
總人數*		2418	1033	2051	669	178	73

資料來源：根據對TEDS2012T問題Q5和Q149，TEDS2012問題M2和N1的原始數據交叉列表分析結果製表。

＊總人數含不回答、拒答、無意見、不知道等受訪者，高於表中數字相關數字之和。

＊＊百分比表示占同一認同者的比例，如16.8%意為406／2418。

通過比較上述三個問卷的結果，可以看到，臺灣民眾認為ECFA對臺灣經濟發展有利的比例（2012年的28.7%和36.1%）低於原先預期兩岸經貿全面交流有利臺灣經濟發展的比例（2008年的38.3%），對此方面數值的降低是可以理解的，畢竟在2012年民調時，ECFA僅實施1年多，其在臺灣的影響廣度和深度尚有限。但認為ECFA有礙臺灣經濟發展的受訪者比例（19%和11.6%）也明顯低於原先預期兩岸經貿全面交流不利臺灣經濟發展的比例（25.5%）。肯定ECFA有利臺灣經濟的民眾比例遠遠多於認為其不利臺灣經濟的比例。同時，通過對相關問題的交叉分析，可以看到就是在這1年多的時間中，持臺灣認同的民眾對ECFA的態度發生了類似的變化，這些都表明雖然ECFA實施才1年多，但已經有效降低了臺灣民眾中對兩岸經貿全面交流持反對態度的人數。隨著ECFA積極效應的持續，可以預料更多的臺灣民眾對兩岸經貿交流將不會持異議態度，從而增進兩岸和平發展的程度[15]。

臺灣民眾對兩岸經貿全面合作的支持，從TEDS2012T的民調數據（獨立問卷

部分即TEDS2012TR）也可看出。當民眾被問到對馬英九這三年多來處理兩岸關係的表現滿意不滿意時，有48.5%的受訪者表示非常滿意或有點滿意，只有30.8%的受訪者表示不太滿意或非常不滿意（見表14 [16]）。在選後的追蹤調查（TEDS2012TP）中，有26.8%的受訪者主張加快兩岸交流的速度，44.2%主張維持目前的速度，只有16.9%主張放慢速度（見表15 [17]）。這說明多數民眾滿意馬英九當局處理兩岸關係的表現，同時也認可目前兩岸的交流速度，與多數民眾主張兩岸關係維持現狀的情況大致契合。

表14 臺灣民眾對馬英九處理兩岸關係的滿意度（2012）

	人數	百分比	累積百分比
非常滿意	886	18.4	18.4
有點滿意	1544	32.1	50.6
不太滿意	796	16.6	67.1
非常不滿意	682	14.2	81.3
拒答	41	0.8	82.2
很難說	48	1.0	83.1
無意見	353	7.3	90.5
不知道	457	9.5	100.0
合計	4806*	100.0	/

資料來源：由TEDS2012TR中問題Q4數據整理所得。

＊樣本數為4805，此處是基於各選項數字四捨五入後總體出現差異。

在TEDS系列民調中，也可以看到臺灣民眾對「九二共識」態度。根據TEDS2012T的民調數據，當被問及在兩岸協商的議題上，是否應該繼續用九二共識（即一個中國各自表述）問題時，42%的受訪者表示繼續用「九二共識」，只有 24.2%的受訪者表示不應該再用「九二共識」。[18] 在TEDS2012中，面對同樣的問題，42.5%的受訪者表示繼續用「九二共識」，有14.2%的受訪者表示不應該再用「九二共識」（見表16）。

表15 臺灣民眾對兩岸交流速度的看法（2012）

	人數	百分比	累積百分比
加快	544	26.8	26.8
維持現在的速度	898	44.2	71.0
放慢	344	16.9	87.9
拒答	3	.2	88.1
很難說	50	2.5	90.6
無意見	72	3.5	94.1
不知道	121	5.9	100.0
合計	2032	100.0	

資料來源：TEDS2012TP（選後追蹤問卷2032份）報告書第13頁，其問題表述為「在馬英九連任『總統』後，您認為兩岸交流的速度應該要加快、維持現在的速度，還是放慢」。

表16 臺灣民眾對「九二共識」的接受程度（2012）

	TEDS2012T		TEDS2012	
	次數	百分比	次數	百分比
繼續用「九二共識」	2017	42.0	775	42.5
不應該再用「九二共識」	1165	24.2	259	14.2
都支持	38	0.8	18	1.0
都不支持	52	1.1	9	0.5
不知道	1099	22.9	318	17.4
合計	4806*		1826	

資料來源：由TEDS2012T中問題Q134以及TEDS2012中問題N2數據整理所得。

＊樣本數為4805，此處是基於各選項數字四捨五入後總體出現差異；另合計欄還包括拒答、看情況、無意見等項。

在TEDS2012中，問題R4是詢問受訪者在2012選舉後，其對未來兩岸關係是緩和還是緊張的態度，有13.3%的受訪者（243人）表示兩岸關係將是非常緩和

的，有38.6%的受訪者（705人）表示兩岸關係將有點緩和，此二項比例合計為51.9%；認為未來兩岸關係沒有改變的比例為35.6%（650人），認為未來兩岸關係有點緊張和非常緊張的合計比例為4.9%（89人）。以上也間接表明自2008年以來，兩岸關係已進入一個新的緩和期，這對雙方進一步推動經濟與政治方面的交流的制度化是非常有利的。

五、小結

對島內民眾臺灣意識的研究存在著多種理論視角以及多種研究方法的運用，通過對相關經驗數據的考察，可以看到在2008年至2012年的民調中，臺灣意識的概念有明確的可操作化的問題，即自認為是臺灣人的身分認同。TEDS中的面訪案數據顯示，四年間臺灣認同總體上升4.2%，這其中固然涉及臺灣時代更替、政治社會化等客觀因素，但較之以前，上升幅度已明顯減緩。同期，重疊認同比例下降。但若比較電訪案（其樣本數超過面訪案），則發現臺灣認同基本穩定，且有小降，重疊認同有所上升。若考其緣由，這四年間兩岸和平發展必然是原因之一。

在統「獨」立場方面，可資觀察的數據指標較多。在6分法考察方面，首先從電訪案綜合而成的趨勢圖來看，四年間傾向「獨立」的受訪者（包括主張盡快「獨立」和偏向「獨立」的受訪者）下降了3.2%（即2008年12月的23.1%到2012年12月的19.9%），主張永遠維持現狀的比例增加6.2%；比較四年期民調數據（即TEDS2008P與TEDS2012以及TEDS2008P與TEDS2012），TEDS2012中傾向「獨立」的比例沒有發生明顯變化，TEDS2012T傾向「獨立」的比例下降4.5%，TEDS2012和TEDS2012T的數據的共同點是維持現狀再決定的比例都有不同程度的下降，而主張永遠維持現狀的比例則有不同程度的上升。若將維持現狀再決定者與永遠維持現狀者合併計算，則維持現狀的合計比例上升1.7%，達到59.2%。在11分值考察方面，合計偏「獨」者下降1.5%，不統不「獨」者比例上升3.4%，達到47.5%。在設定特定問題的考察方面，主張和平分離的比例小降0.8%，有前提統一的比例小升1.8%。

將臺灣民眾身分認同與統「獨」立場相關數據的交叉分析結果進行四年前後

的比較，可以考察身分認同與統「獨」立場之間關聯的變化。身分認同與6分法統「獨」立場的交叉比較結果顯示，在主張急「獨」和緩「獨」的受訪者中，自認臺灣人的比例下降為81.3%，比四年前少了3%；身分認同與11分法統「獨」立場的交叉比較結果顯示，持臺灣認同的受訪者中，偏「獨」立場比例較四年前減少5.6%，在持重疊認同者中，傾向「臺獨」的比例也有下降。上述數據表明，臺灣認同與主張「臺獨」立場的相關性較四年前有所減弱，持臺灣認同的比例雖然在四年間有所上升，但並不意味著傾向「臺獨」的比例的同步上升。

在對兩岸關係相關議題的態度方面，雖然臺灣民眾認為ECFA對臺灣經濟發展有利的比例（2012年的28.7%和36.1%）低於原先預期兩岸經貿全面交流有利臺灣經濟發展的比例（2008年的38.3%），但是肯定ECFA有利臺灣經濟的民眾比例遠遠多於認為其不利臺灣經濟的比例。特別是在持臺灣認同的受訪者中，在考慮ECFA對臺灣經濟的實際影響時，認為其使臺灣經濟變壞的比例，已經從3年多前（即 TEDS2008P）的37.3%分別下降到28.1%（TEDS2012T）和16.9%（TEDS2012）。這表明雖然ECFA實施時間尚短，但已有效降低了臺灣民眾中對兩岸經貿全面交流持反對態度的比例，這也說明兩岸更應該加強經貿交流制度化的必要性。在「九二共識」的態度方面，TEDS的兩項數據顯示在兩岸協商的議題上應該繼續用「九二共識」（即一個中國各自表述）的分別為 42.5%（TEDS2012）和 42%（TEDS2012T），均在諸選項中位列第一位。

2008年至2012年的四年是兩岸經貿相互依賴與整合的四年，是兩岸交流合作發展制度化不斷向前推動的四年。對相關經驗數據的分析表明兩岸關係的和平發展有助於降低臺灣民眾的「臺獨」傾向，增強臺灣民眾對兩岸未來和平發展的信心，消除雙方的隔閡與敵意，進而為未來的政治整合提供必要的民意基礎。

注　釋

[1].本文使用的數據全部（部分）系採自「2005年至2008年 『臺灣選舉與民主化調查』 四年期研究規劃（4）：2008年 『總統』 選舉面訪計劃案」（TEDS2008P）（NSC96-2420-H-004-017）、「2009年至2012年 『選舉與民主化調查』 三年期研究規劃（3）：2012年 『總統』 與 『立法委員』 選舉電訪

調查」（TEDS2012T）（NSC100-2420-H-002-030）、「2009年至2012年『選舉與民主化調查』三年期研究規劃（3）：2012年『總統』與『立委』選舉面訪案」（TEDS2012）（NSC100-2420-H-002-030）。「臺灣選舉與民主化調查」（TEDS）多年期計劃總召集人為臺灣政治大學黃紀教授，TEDS2008P為針對2008年臺灣「總統」選舉執行之年度計劃，計劃主持人為游清鑫教授；TEDS2012T、TEDS2012為針對2012年臺灣「總統」與「立委」選舉執行之年度計劃，計劃主持人分別為黃紀教授、朱雲漢教授；詳細資料請參閱TEDS網頁：http://www.tedsnet.org.作者感謝上述機構及人員提供數據協助，唯本文之內容概由作者自行負責。

[2].參見林岡、吳維旭：《從臺灣民意變化看兩岸關係和平發展的前景》，《鞏固深入兩岸關係和平發展研討會會議論文集》（2012年6月），第115頁。

[3].臺灣政治大學選舉研究中心網站公布的政治態度趨勢圖資料是根據政大選研中心根據歷年的電話訪問研究案做出，訪問資料每年合併一次，較面訪案同類數值稍有不同。可參見臺灣政治大學選舉研究中心重要態度分布趨勢：http://esc.nccu.edu.tw/modules/tinyd2/content/TaiwanChineseID.htm.

[4].TEDS2008P調查獨立面訪問卷1905份，面訪時間是2008年7月～9月初。TEDS2012調查獨立問卷1826份，面訪時間是2012年1月16日～2月18日。詳細資料請參閱TEDS網頁：http://www.tedsnet.org.

[5].TEDS2012TR調查獨立問卷4806份，電訪時間是2011年12月10日～2012年1月13日。詳細資料請參閱TEDS網頁：http://www.tedsnet.org.

[6].相關數據節選自臺灣政治大學選舉研究中心重要態度分布趨勢（1992～2012）。http://esc.nccu.edu.tw/modules/tinyd2/index.php?id=3.

[7].參見林岡：《臺灣政黨政治的發展趨勢》（未刊稿），第21頁。

[8].參見林岡：《臺灣政黨政治的發展趨勢》（未刊稿），第22頁。

[9].詳見林岡：《臺灣政黨政治的發展趨勢》（未刊稿），第23-25頁。

[10].該節題目可見於林岡《臺灣政黨政治的變化趨勢》（未刊稿）第41

頁，關於臺灣民眾身分認同與統「獨」立場更為詳盡地分析，可見《臺灣政黨政治的變化趨勢》（未刊稿）第41～48頁。

[11].參見林岡：《臺灣政黨政治的發展趨勢》（未刊稿），第42頁。

[12].參見林岡：《臺灣政黨政治的發展趨勢》（未刊稿），第43頁。

[13].這三次問卷的問題有些微差異。TEDS2008P的問題（K5）是假設兩岸經貿完全開放，臺灣經濟將受到何種影響，屬於預期判斷。TEDS2012T的問題（Q5）是對兩岸簽訂ECFA後，臺灣經濟受到何種影響的實際判斷。TEDS2012的問題（M2）與TEDS2012T相同。由於ECFA是兩岸經貿全面開放的指標性協議，對這兩個問題的調查結果具有一定的可比性。

[14].參見林岡：《臺灣政黨政治的發展趨勢》（未刊稿），第40頁。

[15].參見林岡、吳維旭：《從臺灣民意變化看兩岸關係和平發展的前景》，《「鞏固深入兩岸關係和平發展」研討會會議論文集》，2012年6月，第120頁。

[16].參見林岡、吳維旭：《從臺灣民意變化看兩岸關係和平發展的前景》，《「鞏固深入兩岸關係和平發展」研討會會議論文集》，2012年6月，第117頁。

[17].參見林岡、吳維旭：《從臺灣民意變化看兩岸關係和平發展的前景》，《「鞏固深入兩岸關係和平發展」研討會會議論文集》，2012年6月，第118頁。

[18].相關具體分析請參見林岡：《臺灣政黨政治的發展趨勢》（未刊稿），第40～41頁。

臺灣民眾政治取向變化與兩岸交流的路徑選擇

福建省委黨校社會發展研究所 廖中武 李金旺

兩岸及民眾之間的交流已有二十餘載，期間兩岸關係出現了坎坎坷坷的波折，終於在2008年國民黨重新執政後再現緩和與融合的趨勢。然而深入分析臺灣民眾的政治取向，卻依然處於「十字路口」的徘徊之狀，很重要的原因就在於臺灣民眾對自身的政治身分定位和國家取向產生了種種的矛盾，使得臺灣民眾難以抉擇。

一、臺灣民眾政治世代的政治取向變化與認同選擇

臺灣民眾的政治身分定位牽涉到他們的國家認同和國際身分，是一個不得不面對卻又十分棘手的現實問題。實際上多數臺灣民眾並不瞭解也不清楚海峽兩岸之間的政治定位，包括臺灣的統派媒體也稱臺灣是個「國家」。從中國傳統的政治觀念看，由於1946年國共談判破裂，國共兩黨及其領導的武裝力量陷入爭奪何者為正統的內戰，當中華人民共和國成立，同時意味著國民政府正統性被以中國共產黨為代表的新政權所取代，這從新中國建國初期得到廣大民意支持便可以反映出來。[1] 而從國際法規則看，儘管在美國的扶持下，臺灣的「中華民國」多年來一直在國際舞台上以代表「中國」的身分自居，然而從「中華民國」被驅逐出只有主權國家才有資格參加的聯合國起，其在國際舞台中代表一個主權國家的資格已被終止，這也是美國前國務卿鮑爾稱臺灣不是「主權國家」的原因。[2] 然而多年來臺灣的國民黨當局從不承認大陸政權的合法性和正統性，到了李登輝、陳水扁治下，更是通過政治社會化方式塑造臺灣民眾錯誤的國家觀，如李登輝的「特殊國與國」關係、陳水扁的「一邊一國」論造成臺灣民眾國家認同上的

混亂，這些積非成是的觀念，在很長一段時期內難以扭轉。在陳水扁時期，由於有意對「中國」醜化、惡化、汙名化，在「臺灣主體意識」日益突顯的狀況下，很多不明真相的普通臺灣民眾對認同「一個中國」產生懷疑、動搖以至於走向反面。[3]

為了說明臺灣民眾「國家觀」的發展變化，有必要從政治世代更替的角度來做一番整理。相關研究結果顯示不同世代的臺灣人生活經歷和政治社會化內涵不同，由此產生的國家認同指向也不同，如美國學者Shelley Rigger在分析了臺灣四代人政治觀後發現，四個世代臺灣人的生活經歷和政治社會化方面的差異造成了對臺灣政治兩岸關係和中國大陸的態度有重大差別，較老的幾代人——尤其第二代人——傾向於對中國和海峽兩岸之間關係持強烈的和感情用事的看法，而年輕一代則傾向於比較溫和和務實，對他們來說，愛臺灣並不意味著仇恨中國。[4] 臺灣學者陳義彥結合臺灣族群劃分研究政治世代的變化，得出本省人與外省人第一、二代較強烈的各自認為是「臺灣人」與「中國人」，但到了第三代逐漸持雙重認同，外省人各世代較強烈地要求「統」而不願走向「獨」，本省各世代主張「看情形再決定統獨」為最多，趨「獨」的比例並不高。[1] 臺灣研究生李靜婷分析了臺灣不同族群中四個政治世代的認同差異，認為第一、二世代認同「中國」和持雙重認同與政治世代有明顯關聯，到了第三、四世代時有了顯著轉變，由「中國人」認同轉向「臺灣人」認同居多。[2] 對於這種現象，可以理解為在臺灣戒嚴前後成長起來的臺灣年輕世代受李登輝和民進黨陳水扁20年來異化教育、「去中國化」的影響，已然覺得中國再好，也是「中國是中國，臺灣是臺灣，兩岸一邊一國」，這樣的言論和思維在臺灣將會變得越來越普遍。

兩岸之間的關係原本不是什麼特別複雜的關係，而是由於內戰未結束所導致的內部關係，但受李登輝尤其是陳水扁時期「去中國化」的影響，在各種言必稱「臺灣」、宣導以「臺灣」為中心的政治社會化氛圍下，越來越多的臺灣民眾只認同臺灣不認同「中國」，臺灣學者包淳亮指出，（臺灣）許多人的自我認同從「中國人」轉變為「臺灣人」，另一個臺灣學者張麟徵指出這是人為製造出來的：「從李登輝到陳水扁，他們是刻意地「去中國化」。經過20年的政策推廣，所以製造了不只是一代，現在差不多三年就有一代了，不是20年才一代。

所以，很多臺灣人他們就會覺得，講我是臺灣人，他覺得理所當然。但是，他忘掉了，其實每個人的身分都不只是一種身分。」[3]臺灣政論者南方朔認為：「臺灣現在談這個（認同）問題，基本上是把臺灣認同與中國認同對立起來。」[4]為瞭解決這個問題，有些臺灣學者提出「雙重認同」的主張，臺灣政論家南方朔就提出：「臺灣要有雙認同，我是臺灣人，我也是中國人。」大陸學者陳孔立等也贊成這種政治認同做法。[5]以筆者的觀點，臺灣民眾認同自己是「臺灣人」，未必代表他們是從政治意義上表明他們的身分，可以說更多的是從地域角度來表明他們自己的身分，而持觀望態度也表明他們的身分認同存在轉變的可能。這種認同的區分是在以中國大陸作為參照物的基礎上進行，臺灣也可以「中華臺北」、「中國臺北」等名義來參加相關的國際政治組織和活動，如在參加奧運會中臺灣代表隊就以「中華臺北隊」的形式來參加，而參加亞洲銀行時，以「中國臺北」的身分參加，這種模式被稱為奧運模式、亞銀模式，這些稱呼和身分表示其實是一種雙重身分認同和表達，淡化了政治色彩，更具包容性和開放性。

二、和平發展時期兩岸的交流與融合路徑

進入21世紀以來，從20世紀就已經出現和發生的全球化和區域化趨勢愈發明顯，全球性和地域性之間的交往越來越頻繁密切，沒有哪個國家和地區能置身全球化和區域化之外，成為漂移海外的「蓬萊島國」，如1998年引發於泰國的東南亞金融風暴，在短期內席捲整個東南亞地區，使得整個東南亞慘遭金融「海嘯」的洗劫，幾乎所有東南亞地區的國家與地區都無法獨善其身，連日本、臺灣、香港也遭受金融風暴的強烈影響。當2008年起源於美國的金融風暴再次席捲全球，繼而在歐債危機的加重下，世界經濟動盪不安、萎靡不振，只有中國大陸以其獨特的社會環境和調控體系成為世界經濟活動中的「定海神針」，起著「穩壓器」的作用。以外向型經濟為主的臺灣，不可避免地受到外界經濟危機或金融風暴的影響，難以閉門自保。在臺灣經濟無法提振的背景下，臺灣領導人馬英九堅決開放兩岸往來，實施有利於兩岸往來的兩岸政策，這項政策儘管飽受民進黨等泛綠陣營的批判，被批為「親中賣臺」、「鎖進中國」，然而馬英九當局由於實施這項政策，每年給臺灣帶來了700多億美元的貿易順差，不但穩定了臺灣經濟，還使得臺灣經濟在逆勢中得到成長，正如馬英九在2012年「大選」中

高調宣傳的那樣，臺灣經濟在2011年奇蹟般地出現了10.24%的增長，成為臺灣10多年來首次的經濟大增長，這不能不說跟馬英九所實施的開放和增強兩岸交流與合作有極大的關聯。

全球化在當今時代已經成為不可阻擋的大趨勢，伴隨全球化趨勢的是區域融合的趨勢，這是現今兩岸所處的時代特徵和外部大環境，臺灣將無法置身於外，否則將不可避免地失去重大的發展機遇，遭受重大經濟損失，其結果已被陳水扁執政期間的8年實踐所驗證，也為馬英九上任以來兩岸開放政策所驗證。正是在這種大的時代背景下，筆者認為可以從四個方面推動兩岸接軌，促進兩岸之間的交流與融合。

（一）發展兩岸的文化教育交流 促進兩岸文化教育的互補

美國學者杭亭頓認為：「人民之間最重要的區別不是意識形態的、政治的或經濟的，而是文化的區別。人民和民族正試圖回答人類可能面對的最基本的問題：我們是誰？他們用人類曾經用來回答這個問題的傳統方式來回答它，即提到對於他們來說最有意義的事物。人們用祖先、宗教、語言、歷史、價值、習俗和體制來界定自己。他們認同於部落、種族集團、宗教社團、民族，以及在最廣泛的層面上認同文明。人們不僅使用政治來促進他們的利益，而且還用它來界定自己的認同。我們只有在瞭解我們不是誰。並常常只有在瞭解我們反對誰時，才瞭解我們是誰。」[6]杭亭頓還指出：「文化既是分裂的力量，又是統一的力量。人民被意識形態所分離，卻又被文化統一在一起。」[7]文化認同是民族認同、國家認同的重要基礎，而且是最深層的基礎。文化認同促進民族認同，進而產生民族凝聚力，從民族凝聚力到國家凝聚力的提升，這是一個從文化認同到政治認同發展的過程，而國家凝聚力是以政治認同為基礎的，正因為如此，文化認同比政治認同、社會認同、族群認同等具有更深遠的內涵，與其他的認同相比，喪失文化認同，引起的病理性焦慮的影響更為深遠。

受各種「臺獨」思想的影響，臺灣越來越多的團體和民眾開始強調臺灣「獨立」的文化認同，強調與中國大陸的文化區隔，試圖把臺灣描繪為一個「非中國」的社會。在李登輝時期，就藉故操弄文化議題，於1990年公開聲稱「臺灣

文化不是中國文化的一部分」，加快了「文化臺獨」的步伐，導致「文化臺獨」出現惡性蔓延的勢頭。到陳水扁上台執政，更是在歷史、教育、文學、藝術等領域全面推行「文化臺獨」路線。對於李陳執政時為何如此操弄「文化臺獨」的議題，大陸學者陳孔立做了這樣的分析：他們之所以不肯認同中國文化，強調臺灣文化的認同，並不是因為臺灣民眾不認同中國文化，實際上很多人都認為不能不認同中國文化，只好肯定了「文化認同」，也不是因為臺灣民眾只願意認同臺灣的鄉土文化，人們發現臺灣的鄉土文化脫離不開中國文化，甚至是「愈鄉土愈中國」。他們之所以害怕文化認同，是擔心對中國的文化認同導致對中國的國家認同，他們鼓吹認同臺灣文化也是為了它的政治目的：從對臺灣的文化認同到對臺灣的「國家認同」。[8]在此，陳孔立教授一語中的地指出「文化臺獨」的目的。由此可見，「臺獨」分子居心叵測地大力推行文化「臺獨」，其真正目的是為了割斷臺灣與祖國大陸的精神脈絡和心理聯繫，為「臺獨建國」做文化思想方面的準備。

　　因此通過文化交流與合作來增進兩岸的共識在當前顯得極其重要。胡錦濤在紀念《告臺灣同胞書》發表三十週年座談會上的講話中指出：中華文化源遠流長、瑰麗燦爛，是兩岸同胞共同的寶貴財富，是維繫兩岸同胞民族感情的重要樞紐。中華文化在臺灣根深葉茂，臺灣文化豐富了中華文化內涵。2010年，胡錦濤在會見吳伯雄榮譽主席時又強調，推動兩岸關係和平發展，不但要厚植共同利益，也要增強休戚與共的民族認同。[9]國民黨執政當局也認為「中華文化是兩岸最大的公約數」，臺灣領導人馬英九在2011年元旦講話中提出「兩岸炎黃子孫應該通過深度交流，增進瞭解，培養互信，逐步消除歧見，在中華文化智慧的指引下，為中華民族走出一條康莊道路」。[10]

　　針對臺灣在陳水扁執政期間割裂兩岸史觀的做法，兩岸之間應該盡快建構起共同史觀，形成兩岸共同的歷史認同，此外，還應該繼續開展和拓寬文化教育領域的交流與合作。由於兩岸在文化教育領域的共性和互補，因而具有廣闊的發展空間和前景。自2008年5月馬英九上台以來，拋棄了陳水扁當局的「文化臺獨」政策，兩岸的文化交流呈現遞增勢頭，取得了顯著的成果：2008年7月百餘位大陸京劇藝術家在臺北戲院演出新編歷史京劇《媽祖》、9月在北京紫禁城上演了

臺灣的南音樂舞《洛神賦》，2009年兩岸故宮交流、聯合編纂《中華大辭典》、在臺北舉辦大陸圖書展，大陸各地優秀的文物、劇目展，如「秦兵馬俑特展」、「永遠的孔子大展」、「屈原的故鄉——楚文化特展」、齊白石作品展以及京劇、越劇、崑劇、閩劇、歌仔戲、南音、高甲戲等紛紛赴臺亮相展演，2010年7月在廣州舉辦的第六屆經貿文化論壇，有關專家特地就兩岸文化教育問題展開專題討論。再從海峽兩岸文化產業博覽交易會（簡稱文博會）的發展情況看，2008年11月首屆文博會創下了58.7億元人民幣的成交佳績，2009年11月第二屆文博會又創下了87億元人民幣的新佳績，比增近五成，2010年6月舉辦的第三屆文博會成交金額近99億元人民幣，繼續呈現良好的增長勢頭，2011年11月第四屆文博會則突破性地達到了300多億元的總簽約額，比上屆增長了2倍多，由此可以看出兩岸文化在相互交流中彼此得到繁榮和發展。

（二）繼續發展兩岸之間經貿社會往來形成兩岸利益共同體

馬克思曾經說過，「人們奮鬥所爭取的一切，都與他們的利益有關」[11]，臺灣民眾的所作所為也正是基於其利益考量，用利益的觀點來審視臺灣民眾的需要和心理變化不失為好的視角。在筆者看來，利益可以分為物質利益（即經濟方面）、政治利益（即政治權利）、文化利益（即精神生活）、社會利益（即社會生活）等面向，臺灣民眾多年來所努力和奮鬥的無非也是為了實現其基本的利益，特別是政治利益。由於臺灣民眾尤其是臺灣本省籍和中南部基層民眾在政治參與與政治權利保障方面長期以來處於一種受壓抑的狀態，在開放選舉後政治能量呈現噴發式的釋放，出現政黨輪替和政權變更。然而臺灣民眾在追求實現其政治利益的同時，亦不能脫離物質利益、文化利益和社會利益等方面的需求，尤其在當今全球化、區域化趨勢下，兩岸之間如何應對這種機遇和挑戰，建構起共同的利益共同體是一個不可繞開的話題。在陳水扁當局與民進黨執政的8年，兩岸的經貿往來處於一種緩慢發展甚至停滯狀態，臺灣也由昔日的亞洲「四小龍」之首跌落到「四小龍」之尾，儘管臺灣有識之士呼籲提出「大膽西進」的策略主張，卻總受到臺灣內部一股反對勢力的阻撓。在飽嘗經濟萎靡之苦後，臺灣民眾逐漸認識到開放兩岸經貿社會往來的重要性，這從兩岸兩會在多次協商後終於實現了多年以來所強烈要求的「三通」、簽訂ECFA、開放陸資陸客入臺等目標可

以看出，對兩岸之間發展正常的經貿和社會往來持贊成態度的臺灣民眾變得越來越多。也只有兩岸之間順利地實現正常的經貿社會往來，形成利益共同體，才能有助於兩岸民眾產生命運共同體的感受。

　　其實，兩岸在和平發展的過程中，通過簽署合作協議，不斷實現共享和平紅利，這其中的好處，陳孔立教授早在12年前就做了詳細的說明，指出不管是在安全、生活、文教、法治、科技合作、經濟合作、國際地位等等方面都會給兩岸民眾帶來巨大的好處。[12]這些好處有的已經實現了，如經濟、文化、科技等方面的交流與合作等。馬英九當局在開放大陸學生、大陸遊客、大陸資金入臺等方面還在逐步推進中，據有關方面統計顯示，到2011年年底為止三年間兩岸人員往來達1686萬人次，僅2010年就超過了680萬人次。大陸居民赴臺旅遊已達242萬人次，三年來兩岸貿易總額高達3808億美元，2010年創下了1453億美元的新紀錄。[13]而據最新的數據統計，2012年大陸與臺灣之間的貿易額達1689.6億美元，占同期大陸外貿總值的4.4%，比上一年增長5.6%。其中，大陸對臺灣出口值為367.8億美元，增長4.8%；自臺灣進口值為1321.8億美元，增長5.8%。2012年大陸進口臺灣ECFA項目下商品的貨值為84.3億美元，增長了1.05倍。全年兩岸人員往來的規模達到797萬人次，再創歷史新高；大陸居民赴臺旅遊197萬人次，同比增長57.5%。兩岸交流不但在數量上持續發展，更重要的是，兩岸交流更加深入基層，更加貼近普通百姓。[14]

　　從這個發展狀況看，兩岸的交流與合作呈現出良好的開端，區域合作日益密切，從未來發展趨勢看，還有很大的空間和良好的前景，將呈現不斷發展的勢頭，這對於促進兩岸之間的融合不無裨益。

　　（三）增強兩岸的政治互信與合作為創建兩岸「政制中國」做前提準備

　　由於多年來人為的阻隔和對立所造成的敵意，臺灣內部對大陸的誤解頗深，從政治層面的認知和情感看，兩岸之間的政治互信與合作尚處於一種低水準狀態。就大陸而言，從目前的狀況看，「一國兩制」無疑是大陸政治層面所釋放出的最大善意和寬容，用大陸官方層面的觀點，「一國兩制」在臺灣的實施可擁有比香港、澳門特別行政區更多的自主權，不但擁有自主的財政稅收權、人事任免

權,還擁有司法終審權以及保有足夠的自衛武裝力量。然而由於兩岸政治間的低信度,即便再好的政策也無法在臺灣得到落實。在臺灣開放選舉以來,選舉已經成為臺灣選民甄辨、去留執政黨和當局的重要方式,臺灣的執政者不得不受制於臺灣選民的取捨,因而如何贏取臺灣多數選民的支持顯得尤為重要,「只要一個政府是建立在贊同的基礎上,那麼以集體的名義採取行動就不可能是一種毫無意義的形式。」[15]從當前臺灣的政治形勢看,臺灣當局要採取任何事關兩岸的措舉,尤其是建立兩岸的互信與合作,都不得不爭取多數臺灣民眾的支持,唯此才能推動兩岸之間政治互信的建構和穩固,為未來兩岸政治制度上的融合——創建「政制中國」做好準備。

(四)加強國際外交領域的合作建構起統一國際人格

兩岸在國際外交領域方面的現實狀況就是:中國大陸與世界上大多數國家和地區建立了正式的外交關係,成為世界上最重要國際組織——聯合國的創始會員國和聯合國安理會常任理事國,中國大陸在國際舞台上的地位日益提升、發揮著重要作用;另一方面臺灣目前尚有23個「正式建交」的「邦交國」,還與世界上大多數國家和地區保持著半官方和民間的往來管道,兩個政治體系依然有其自身的「生命力」和「運動能量」。實現兩個政治體系的融合與統一,不得不面對二者在國際外交領域的交往與合作關係,從維護整個中華民族總體利益的角度看,二者「合則共榮、分則共損」,在國際外交領域上的對抗和分裂,造成的是兩岸整個中華民族總體利益的損失。陳水扁的「烽火外交」、「對抗外交」,結果是損失了臺灣民眾的利益,得利者是其他國家和地區。大陸學者劉國深認為,兩岸在面對外交事務方面,應該採用「肩並肩」的合作方式。[16]兩岸之間不單單在第三方國家與地區有著利益的交集與合作空間,就是近在「家」門口的釣魚島主權問題、南海主權問題等共同利益和事務方面,都需兩岸共同合作與發揮作用,來維護共同的領土與主權統一。

法國政治學家布丹第一個提出了國家主權理論:「認為國家主權是一種絕對的永久的最高權力,並將主權視為國家的最重要的特徵,確立了國家與主權之間的聯繫,有國家就有主權,而有主權就只能是國家的主權。」[17]布丹關於國家

主權的思想論述闡釋了國家與主權的密不可分的內在關聯性，也給如何定位兩岸的國際地位以及兩岸關係提供了理論上的依據。兩岸高層在這個問題也有著共同的立場和觀點，胡錦濤說「兩岸之間是遺留的內戰問題，不是領土和主權的再造」，馬英九也明確表態「兩岸問題最終解決的關鍵不在主權爭議」，[18]這些觀點都為兩岸的融合掃除了理論上的障礙，為兩岸統一的實現提供了理論基礎。正是因為主權概念在國際外交關係中是如此重要，而兩岸高層的看法一致，有助於在國際外交領域建構起統一的國際人格，以「一個中國」的名義開展國際外交領域的合作，處理應對國際上一系列外交事務。

根據上述的論述，筆者認為為了推動兩岸的融合，可以從兩岸教育文化方面的交流與互補等（即文化中國）、利益共同體（即經濟中國）的形成漸次達到政制共同體（即政治中國）的融合、共同國際人格（即國際中國）的塑造等，從而推動、培植兩岸民眾共同的政治認知與認同，形成共同的國族感，完成兩岸的融合與統一，如下圖所示：

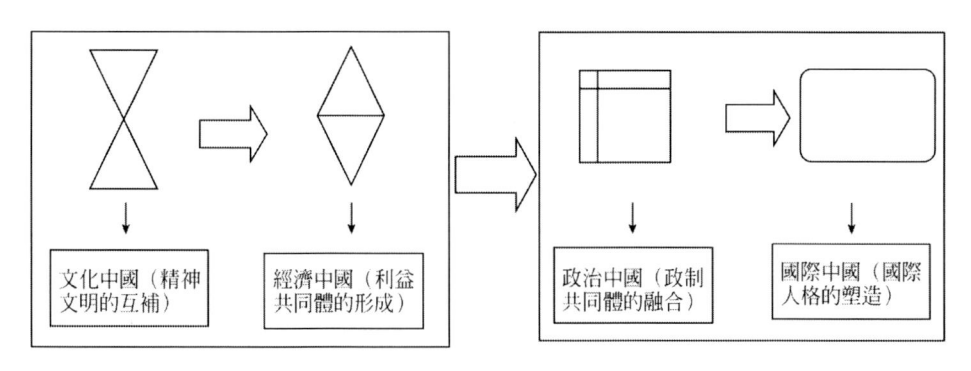

兩岸政治認同的建構與演進圖

上述圖例，展示在兩岸融合方面的步驟和演進方向，由於經濟文化交流相對容易，易於達成，而政治外交領域的融合顯得困難重重。從總體上看，兩岸發展趨勢是走向融合，因此這個趨勢可分為兩大階段：第一階段，以經濟文化的交流與融合為主，通過兩岸文化精神領域的互補、經濟利益的交流與增加，形成兩岸之間日益緊密的文化利益關係共同體，增進兩岸的共識，為後續政治融合鋪陳基礎；第二階段，在「一個中國」的基礎上，達到兩岸政治制度層面、國際外交事

務層面的協商與合作，最終在國家層面、國際層面做到一種聲音説話、一個面孔對外。這種交流和融合的演進步驟和方式，符合兩岸之間歷史和現實的狀況，也符合兩岸政界和學界關於兩岸融合「先易後難」、「先經濟文化後政治」的思路。

三、結語

儘管臺灣民眾的政治身分與政治取向成了當前橫於兩岸之間最大的政治心理障礙，使得兩岸交流會出現梗塞甚至反彈的狀況，但筆者相信隨著兩岸關係大環境的緩和，兩岸之間愈加密切的文教、經濟往來與互動，在打通「政治中國」（海峽兩岸政治狀況）與「國際中國」（國際政治舞台上「中國」的融合）的任督二脈後，兩岸之間的真正融合依然有期可待。

注　釋

[1].中華人民共和國成立後，中國共產黨政權獲得高達八成以上的民意支持，見拙作：《新中國政治文化變遷的研究》華僑大學2005年碩士學位論文，第10頁。

[2].2004年10月，時任美國國務卿鮑威爾公開表示「臺灣不是獨立的，也不享有作為國家的主權」，見劉國深等著：《臺灣政治學概論》，九州出版社2006年版，第19頁。

[3].相關活動和數據見拙作：《和平發展視野下的兩岸文化交流狀況及其前瞻》，《江蘇省社會主義學院學報》2011年第2期，第39～40頁。

[4].相關觀點見美國東西方中心網站的論文：Taiwan's Rising Rationalism: Generations, Politics, and "Taiwanese Nationalism" 闡述。

論兩岸法治的建構

武漢大學法學院 祝捷

自「建構兩岸關係和平發展框架」的戰略思考提出以來，經過多年的研究和探討，學界和政界對於法治思維在建構兩岸關係和平發展框架方面的作用已經有了比較清晰的認識，基本形成了兩岸關係和平發展框架應當包括並且主要體現為法律機制的共識。但是，宏大地、抽象地研究法律在建構兩岸關係和平發展中的意義，早已不能滿足實踐的需求。儘管有學者注意到兩會協議構成兩岸和平發展的法治化形式這一特點，[1] 但在總體上學界對於調整和規範兩岸關係和平發展的法律到底指涉為何並無清晰的認識，體現為兩岸關係和平發展框架的法律機制究竟是僅存在於理論形態或觀念形態中，還是已經出現端倪這一根本性問題仍未獲得解決。為此，本文提出「兩岸法治」的概念，作為統領兩岸各自處理涉對方事務的法律規範以及兩岸通過兩會事務性商談機制形成的協議的總括性概念，為更加深入和準確地探討法律在兩岸關係和平發展中的地位與作用提供智識資源。由於學界缺乏對兩岸法治相關問題的論述，一些學者甚至對兩會協議是否具有法律屬性仍存有質疑，因此，本文將對什麼是兩岸法治、兩岸法治的表現形態、兩岸法治的建構方法等理論作一闡述，以求教於方家。

一、兩岸動力系統與建構兩岸關係和平發展框架：「兩岸法治」的概念與功能

基於法律機制在建構兩岸關係和平發展框架中的作用，[2] 兩岸法治不妨可以作一個描述性的定義：兩岸法治是調整和規範大陸和臺灣在兩岸關係和平發展過程中各類行為的規範和制度的總稱。顯然，描述性的定義沒有揭示出兩岸法治的特點，也沒有對實踐中兩岸法治所遭遇的困境和問題作出回應，遠遠不能滿足兩岸關係和平發展的需要。因此，有必要立於兩岸關係和平發展框架對於制度的

需求,對「兩岸法治」的概念作一更加精準的分析。

臺灣學者蘇宏達在分析歐盟形成的原因時指出,歐洲各國基於自利原則都不願意為了歐洲整合而讓渡主權,歐洲整合的動力來自於整個歐盟的結構性制約和導引。[3] 據此,蘇宏達提出一個有意義的結論:歐洲整合的動力在於它的「不可瓦解性」,在歐洲整合面臨「共同體既有成果」受到威脅時,面對歐盟結構可能被動搖甚至瓦解的恐懼時,可以進一步刺激整合的深入,此即歐洲動力系統。[4] 儘管歐盟模式不具有可移植性,[5] 且歐盟與兩岸關係也無必然聯繫,但蘇宏達對歐盟研究的成果,對兩岸關係具有極為重要的參考意義。類似於歐盟動力系統,大陸和臺灣亦形成了兩岸動力系統,其任務是為兩岸關係和平發展框架提供持續的推動力。依循兩岸動力系統的特點,兩岸法治對於建構兩岸關係和平發展框架的意義,可以從兩個方面來加以解讀:其一,兩岸法制為建構兩岸關係和平發展框架提供了制度動力;其二,兩岸法治保證了兩岸結構的穩定性,從而為兩岸動力系統提供了具有「不可瓦解性」的結構。本文將嘗試以兩岸動力系統為分析工具,對兩岸法治的概念作一討論。

(一)制度動力:兩岸法治對兩岸關係和平發展的推動作用

兩岸動力系統的動力主要來自於兩個方面:其一,中國傳統文化中的大一統觀念,以及由此形成的對中國統一的追求,構成兩岸動力系統的歷史動力;其二,維護臺海地區穩定、維護兩岸人民福祉構成了兩岸動力系統的現實動力。這兩種動力在當前的實現方式主要是:歷史動力被解讀為兩岸對於統一的民族情感和對「中國」符號的認同,因此,歷史動力的實踐方式主要集中於對中華文化的散播性宣傳以及對一個中國原則的反覆宣告;現實動力則被理解為對兩岸民眾經濟利益的滿足,尤其是在當下兩岸政治對立的情勢下,現實動力更加被理解為大陸通過優惠政策向臺灣單方面的利益輸送。

對於兩岸動力系統的上述實現方式,在效果上不可謂不明顯。至少自2008年後,對「中華民族」和「九二共識」兩個符號的運用,以及大陸一系列惠臺政策的運用,對於兩岸關係和平發展造成了至關重要的推動作用。然而,在臺灣充斥「族群」、「省籍」議題的非理性政治場域中,此種實現方式能否持續,則相

當令人質疑。以2012年臺灣立法機構選舉為例，從大陸惠臺政策中直接受益的一些選區並未在選情上發生正面變化，相反，藍營在幾乎所有的「大陸採購區」都遭遇了選票下滑的現象。同樣的，國民黨對於「九二共識」的堅持，在相當程度上也被選民理解為兩岸關係和平穩定的必要途徑，而「九二共識」所具有的「一中性」意涵，則並未獲得臺灣民眾足夠的認可。基於以上事實，尋求兩岸動力系統新的實現方式顯得尤為必要。

法律這一制度性因素可以發揮民族情感、國家認同乃至於經濟利益無法造成的作用。在歷史動力的實踐方面，法律可以將有關民族認同和國家認同的共識規範化，運用規範的明確性、穩定性和強制性維護共識的權威性和有效性。在歐洲整合運動中流行一時的憲法愛國主義，就是將人們對於國家的認同寄託於憲法，以論證歐洲制憲的必要性。[6] 賈慶林在第八屆兩岸經貿論壇的講話中，提出：「一個中國框架的核心是大陸和臺灣同屬一個國家，兩岸關係不是國與國的關係。兩岸從各自現行規定出發，確認這一客觀事實，形成共同認知，就確立、維護和鞏固了一個中國框架。」從政策話語上肯定了法律規範在確認民族認同和國家認同方面的重要性。因此，合適的法律規範可以合理地表達兩岸共識，儘量減少兩岸因「主權」和「國家」而產生的「概念之爭」，以最大限度地體現共識。在現實動力的實現方面，可以發揮法律作為社會關係調整的功能，將兩岸之間的利益關係，轉變為權利義務關係，用權利義務機制肯定和保障人們對現實利益的需求與實現。當前大陸的惠臺措施，主要體現為政策形式，因而在靈活性有餘的同時有著規範性和穩定性不足的問題。政策與法律的落差，導致了政策在臺灣方面的接受度和信任度並不盡如人意。將現實利益予以法治化，推動現實利益的「權利化」，以肯定和保障權利的方式，消除現實利益的不穩定性，從而持續的、穩固地滿足相關主體的利益需求。

兩岸動力系統的目的，是為兩岸關係和平發展提供持續的推動力。類似於歐洲動力系統，兩岸動力系統的持續推動力，也來源於兩岸關係和平發展的「不可瓦解性」，而此種「不可瓦解性」不可能僅僅來自於一種處於持續變化狀態的認同與情感、一種不穩固的現實利益，而同時也必須來自於制度通過對規範的實施和保障而產生的驅動。兩岸法治的釋出，符合了兩岸動力系統的需求，為建構兩

岸關係和平發展提供了制度動力。

（二）制度依賴：兩岸法治對兩岸關係和平發展框架的保障機理

更進一步，兩岸動力系統不僅要通過兩岸法治來驅動兩岸關係和平發展，而且需要將兩岸關係和平發展轉化為一種穩固的結構，通過結構的穩定性來強化兩岸關係和平發展的「不可瓦解性」。此種結構就是政策話語所表述的「兩岸關係和平發展框架」，兩岸關係和平發展框架因而可以被理解為是為強化兩岸對和平發展的制度依賴而建構的結構。

考察兩岸關係的歷史與現狀，兩岸關係是否和平發展對於人的因素有著較大的依賴。亦即：兩岸關係的發展狀況與兩岸政治人物、主要黨派乃至於兩岸所處的國際背景都有著密切的聯繫。這一現象表明，兩岸關係和平發展在相當程度上依循著一種「人治型」的模式。在「人治型」的發展模式下，兩岸關係和平發展的前途、步驟都是仰賴於人的意志，尤其是臺灣領導人的統「獨」觀點、個人品性在兩岸關係中成為具有決定性意義的因素。這種「人治型」的發展模式已經不止一次被證明不利於兩岸關係和平發展的大勢：政治人物的行為、黨派的政策調整可以從根本上改變兩岸關係的總體局面，例如2008年後兩岸關係和平發展的良好局面，與臺灣發生有利於兩岸關係和平發展的政治局勢變化也有著密切的關係。島內「政黨輪替」已經呈現出常態化的樣貌，將兩岸關係和平發展的希望寄託在臺灣的某一個黨派甚至某一個人已不現實。克服兩岸關係和平發展中的偶然性，關鍵是消除兩岸關係和平發展中的「人治」思維，建立「法治」型的兩岸關係和平發展框架，藉由制度的穩定性，來弱化、消除兩岸關係和平發展的偶然性，從而提升其必然性。

值得疑問的是：兩岸並不存在一個類似於歐盟之於歐洲各國的「超兩岸」框架，亦即兩岸法治事實上並不具有強制適用的效力，那麼，法治型的發展模式又如何通過兩岸法治保障兩岸關係和平發展框架的建構呢？在大陸，依靠公權力機關與民眾對國家統一事業的追求與認同即可為兩岸法治提供足夠的效力源泉，而在臺灣，答案則不會如此簡單。對此，可以用臺灣學者吳玉山提出的「選票極大化策略模式」理論加以解釋。

吳玉山認為，臺灣當局的兩岸政策包括兩個面向：其一是統「獨」爭議，即「認同面向」；其二是經濟與安全的衝突，即「利益面向」。這兩個面向構成了臺灣兩岸政策的「議題空間」。[7] 根據臺灣近年來民意調查的結果，臺灣民眾在「認同面向」和「利益面向」構成的議題空間內，出現選擇趨中的現象：所謂「趨中」的現象是指臺灣民眾在「統」與「獨」之間選擇「維持現狀」，在「經濟」與「安全」之間選擇「和平發展」。兩岸法治體現了兩岸關係和平發展的價值取向，也通過兩會框架的制定程序，充分體現了兩岸共識，因而正好落在臺灣民眾可以接受的議題空間內範圍。在「選票極大化」的驅動下，臺灣政黨和政治人物必須根據自身選票最大化決定政策的傾向，因而對兩岸法治產生了制度上的依賴。政治力在形成兩岸法治的同時，也自覺地進入了兩岸法治所設定的規範框架，並且產生了對兩岸法治的依賴，反而為兩岸法治所限制，必須服從於兩岸法治，而不能與之相違背。隨著此種依賴的加深，兩岸法治通過制度依賴強化了兩岸關係和平發展框架的「不可瓦解性」。

　　基於以上的討論，兩岸法治的概念可以從三個層次上加以理解：在外在表現的層次上，兩岸法治體現為調整和規範兩岸交往中各類關係的規範體系；在方法論的層次上，兩岸法治構成了推動兩岸關係和平發展的制度動力，是固化兩岸關係和平發展成果的規範方法；而在本體論的層次上，兩岸法治嵌入了兩岸關係和平發展框架的結構，並起著強化這一結構的功能，是保障兩岸關係和平發展框架的制度因素。

二、兩岸法治的表現形態

　　兩岸法治是一個在兩岸關係曲折發展的歷程中逐漸成長起來的概念。由於兩岸關係的複雜性，兩岸法治並未呈現出單一的形態，而是根據建構方法和建構主體的不同，呈現出不同的形態。總結兩岸法治的表現形態，對於窺探兩岸法治的外在表現形式以及探討與兩岸法治有關的效力、接受、適用方式等法技術問題，都有著重要意義。以兩岸法治的建構主體劃分，兩岸法治有著以兩岸各自作為建構主體的兩岸涉對方事務法治以及兩會協議兩種表現形態。兩岸涉對方事務法治在本質上仍是兩岸依循各自區域內的立法機制所建構的兩岸法治，因而不具有

「兩岸性」,是兩岸法治的初級形態。而兩會協議是兩岸經由制度化的商談機制形成的「兩岸間」規範,因而屬於兩岸法治的進階形態。

(一)兩岸法治的初階形態:兩岸涉對方事務法治

「兩岸法治」一詞的出現,表徵著兩岸從不接觸狀態到接觸狀態的轉變。在1987年前,兩岸間僅有極為偶然的幾次接觸,並無大規模的人員、資金、貨物往來,因而兩岸之間並不存在兩岸法治的生成條件。1987年兩岸恢復接觸後,兩岸民間往來日益密切,兩岸因人員往來而發生的法律適用問題也逐漸出現,由此產生了對於兩岸法治的原始需求。在兩岸恢復接觸之初,大陸和臺灣儘管已經創建了事務性商談的框架,但後者的創法特徵並不明顯,且雙方互信並未獲得足夠的累積,因此,兩岸法治首先出現的表現形態是兩岸在各自法域內制定的、以調整對方人員在本法域內行為以及解決法律適用問題的規範性文件。

1992年7月臺灣頒布的「臺灣地區與大陸地區人民關係條例」(以下簡稱「兩岸人民關係條例」)是兩岸間最早也是迄今為止綜合程度最高的規範性文件。臺灣正是以「兩岸人民關係條例」為核心建構起臺灣的涉大陸事務法律體系。目前,臺灣的涉大陸事務法律體系已經涵蓋經貿交流、文教交流和社會交流等各個方面,成為臺灣法律體系的重要組成部分。以「兩岸人民關係條例」為核心的臺灣涉大陸事務法律體系,在臺灣法律體系中的地位,是延續臺灣「六法全書」的傳統,將涉大陸事務的法律根據其內容,歸類到不同的部門法中。如「兩岸人民關係條例」被歸類為「憲法類」、「大陸地區人民來臺投資許可辦法」等屬於行政法類,等等,此種方式事實上否認涉大陸事務的法律自成一獨立的法律部門,而僅僅認為其不過是具有「大陸事務」這一相同的調整對象。

在2005年《反分裂國家法》頒布之前,並沒有類似於「兩岸人民關係條例」的涉臺事務基本法律。2005年制定的《反分裂國家法》雖未如臺灣的「兩岸人民關係條例」對於涉大陸事務作成全方位的綜合性規定,但也有統領大陸涉臺立法的作用。然而,《反分裂國家法》僅僅在第6條對於調整和規範兩岸交往行為作出了相當原則性的規定,大陸的涉臺立法因而仍呈現出分散立法的狀態。根據國務院臺灣事務辦公室編纂的《臺灣事務法律文件選編》,大陸涉臺事務的

法律包括憲法類、經濟法類、行政法類、民法商法類、社會法類、訴訟法類等。[8] 由此可見，大陸涉臺事務的法律在主流觀點中，也沒有被視為是一個獨立的法律部門，而僅僅是由分散於各個部門法中、共同調整對臺事務的規範性文件組成的法律體系。

兩岸涉對方事務的法律雖然在立法主體、程序和效力淵源上有所不同，但兩岸涉對方事務的法律都是在內容上體現出「兩岸」性，在本質上仍是兩岸各自區域的法律：

其一，由於兩岸在各自制定涉及對方事務法律時，遵循的是己方根本法所規定的立法程序，涉及對方事務法律是兩岸各自區域法律體系的重要組成部分，因而與對方的法律體系無涉。

其二，由於兩岸依然存在政治對立關係，因而在制定涉對方事務的法律時，兩岸缺乏立法前的溝通與協調，僅僅以己方的兩岸政策指導立法，導致兩岸涉及對方事務的法律不可能體現兩岸共識，而只能是兩岸各自政策獨白的法律表現。

其三，由於兩岸立法的區域性，兩岸涉對方事務的法律在效力上並不及於對方，除因法律適用規則在己方法域內適用對方的法律外，兩岸各自的涉及對方事務法律主要在己方的區域內產生效力，因此，在嚴格意義上，兩岸涉對方事務的法律依然是各自的區域法，而不是「兩岸法」。

由於上述原因，兩岸涉及對方事務法治雖均以兩岸事務為調整對象，但彼此之間並不協調，相衝突之處亦不少見。相較而言，臺灣涉及大陸事務的法律對兩岸交往施加較多的限制，在一定程度上造成兩岸交往的不便與困難；而大陸涉臺事務的法律雖以「惠臺」為主軸，但一些規定也不見得能夠為臺灣當局和民眾所接受和認同。如果說在兩岸剛剛恢復接觸的初期，兩岸由於制度化的事務性商談機制尚未有效運轉和兩岸關係遭遇波折的原因，無法通過協商達成共識並將之法治化，因而只能通過各自區域內立法的方式處理涉及對方的事務，那麼，在兩岸關係和平發展已經比較成熟和持續深入的情況下，兩岸涉及對方事務的法律在兩岸關係和平發展中的作用就顯得有所不足了。因此，兩岸涉及對方事務法律文件在量上為數眾多，但事實上已經不能滿足兩岸關係和平發展的需求，甚至已經不

足以構成兩岸法治的主幹。

（二）兩岸法治的進階形態：體系化的兩會協議

截至2012年12月底，兩岸通過海協會和海基會構成的兩會事務性商談機制簽署了28項協議（含共識、共同意見、辦法、紀要等，以下簡稱「兩會協議」），通過規範化的協議形式表達了兩岸開展事務性合作的共識，並規範了合作的範圍、形式和程序。兩會協議在兩岸關係和平發展框架中具有重要的地位，有固化與表達兩岸共識、引導與規範合作行為的關鍵作用。目前，兩會協議在量的累積基礎上，呈現出體系化的趨勢。兩會協議體系化的主要方式是在前一協議中設定議題，再由後續協議落實議題成果的方式完成，亦即「預先設定議題的體系化方式」。

預先設定議題的體系化方式，在本質上是從內容上對兩會協議進行體系化的一種方式。早期的《辜汪會談共同協議》曾通過列舉年度擬討論議題的做法，為後續兩會談判設定的議題，進而按照該安排分別通過談判制定兩會協議。然而，由於兩岸關係發生巨大變化，《辜汪會談共同協議》的協議體系化嘗試未能成功。2008年6月至2009年6月兩會先後通過的《海峽兩岸包機會談紀要》、《海峽兩岸空運協議》和《海峽兩岸空運補充協議》是通過預先設定議題的方式所完成的第一個兩會協議體系，即兩岸空運協議體系。2008年6月，兩會就常態化包機簽訂《海峽兩岸包機會談紀要》，建立了制度化的兩岸包機直航，其中第10條和第11條分別設定了兩岸開展貨運包機和定期航班的議題。2008年11月，兩會又簽訂了《海峽兩岸空運協議》，其中第5條實現了《海峽兩岸包機會談紀要》第10條所規定的「貨機包機」，同時，《海峽兩岸空運協議》第3條和第4條又規定兩岸同意對擴大直航航點和定期客貨運航班作出安排，為後續商談設定了議題。2009年6月，為落實《海峽兩岸空運協議》第3條和第4條所設定的議題，兩會以此兩個條文為依據，簽署了《海峽兩岸空運補充協議》，對擴大直航航點和開通定期客貨運航班的事宜進行了規定。在兩岸空運協議體系中，《海峽兩岸包機會談紀要》是具有引導性的協議，引導了後續兩個協議的商談與簽署。但是，有關兩岸空運的三個協議中，並沒有一個協議相對於其他兩個協議具有基

礎性，因而此種體系化僅僅是依靠內容上的關聯性而構成的體系，與區域法以基本法律為核心建構的法律體系仍有區別。

2010年6月，兩會簽訂的《海峽兩岸經濟合作框架協議》（ECFA）繼續通過預先設定議題的方式，嘗試在經濟合作領域的實現兩會協議體系化。ECFA第5條和第6條分別就「投資」和「經濟合作」開列了若干議題，包括「投資保障機制」、「智慧財產權保護與合作」、「金融合作」、「貿易促進及貿易便利化」、「海關合作」、「電子商務合作」等內容，並要求兩會在「六個月內」或「盡速」協商達成協議。2012年8月，兩會簽訂的《海峽兩岸海關合作協議》和《海峽兩岸投資保護和促進協議》，分別在前言中援引ECFA第5條和第6條作為簽訂協議的依據，從而在兩岸經濟合作領域，以ECFA為核心形成了一個初步的協議體系。與兩岸空運協議不同，兩岸經濟合作協議體系有著明確的核心協議，即ECFA。儘管兩會並未就協議之間的效力等級形成明確的規定，但ECFA在兩岸經濟合作協議體系中已經隱然具有超越其他協議的地位。以ECFA構成的兩岸經濟合作協議體系與區域的法律體系已經有著高度的類似之處，暗示了兩會協議的進一步成熟。

滿足「法治」型的兩岸關係和平發展模式對於制度的需求有著兩種方式：一是藉由立法者立法，以提供制度；二是通過主體之間的相互協商，以形成制度。顯然，大陸和臺灣之上沒有一個「超兩岸」的主體，因而不存在為兩岸制定共同規範的「超級立法者」。基於此認識，對兩岸關係和平發展進行制度供給，必須依賴大陸和臺灣之間的協商，兩會框架亦因此而成為兩岸制度供給的主要來源。就現實層面而言，大陸和臺灣通過協商創出制度的主要形式是兩會協議。體系化的兩會協議，使得兩會協議已經具備了類似於區域法的規範特徵和體系特徵。兩會協議以規範性文件的形式，將兩岸共識予以制度化，從而為兩岸關係和平發展提供了規範依據。因此，較之兩岸所制定的涉對方事務的法律，兩會協議能夠更加充分地運用法律規範表現兩岸共識，因而也更加有利於規範和調整兩岸交往行為。可以說，體系化的兩會協議已經成為了「兩岸法」，是兩岸從政策獨白到法理共識轉變的標誌。

三、兩岸法治的建構方法

兩岸法治經由兩岸各自區域的涉對方事務立法和兩會協議及其體系化的嘗試，已經初具雛形，對於建構兩岸關係和平發展框架以及規範和調整兩岸交往行為造成了重要的作用。然而，距離法治型的兩岸關係發展模式對於制度的需求，當前的兩岸法治還有著相當的差距。尤為重要的是，當前的兩岸法治，無論是兩岸涉對方事務的法律，還是體系化的兩會協議，更多的是在「兩岸法治」這一概念統領下的學理描述，因而並不是兩岸基於兩岸關係和平發展對於法律和制度的需求而進行的主動行為。建構兩岸關係和平發展框架，需要兩岸以更加積極的心態，從自發地「形成」兩岸法治轉變為自覺地「建構」兩岸法治，用法律的語言規避政治的爭議，用法律的權威克服政治的盲動，形成法治型的兩岸關係發展模式。在建構兩岸法治的過程中，簽訂兩岸憲制性協議、完善兩岸創法機制和引導公民有序參與等，都可以作為具體的方法加以運用。

（一）簽訂兩岸關係的憲制性協議

兩岸各自區域的法律因兩岸仍存在著政治對立，並無法在對方區域生效，因而對於兩岸交往行為的調整強度和範圍比較有限。由此可見，儘管當前兩岸涉對方事務的法律在量上占據著兩岸法治的多數，但從兩岸關係和平發展的長遠來看，兩會協議在調整和規範兩岸交往行為方面將起著更加重要的作用。

兩會協議經由預先設定議題的方式已經實現開始了體系化的嘗試，而且在某些領域已經形成了簡單的協議體系。然而，當前體系化的兩會協議距離一個法域內的法律體系仍有較大的差距，集中體現為兩會協議缺乏一個具有基礎地位的憲制性協議，導致兩會協議當前只能是處於體系化的階段，而未能因憲制性協議的統帥作用形成兩會協議的體系。多有學者曾經提出兩岸簽訂基礎性、綜合性協議的設想。如臺灣學者張亞中曾經提出過「兩岸和平發展基礎協定」的設想，[9] 大陸學者周葉中教授也曾提出過中共十七大報告所提的海峽兩岸和平協議是兩岸關係和平發展的基礎性規範。[10] 綜合以上學者的觀點，如果說要在兩岸之間形成一個具有憲制地位的協議，那麼，和平協議無疑是最佳的選擇。

和平協議作為兩會協議中的憲制性協議，應當造成統帥兩會協議體系、解決

兩會協議中具有基礎性、根本性問題的作用。兩會協議要真正地成為一個法律體系，必然涉及一些法律技術方面的問題，如兩會協議是否具有法律效力、兩會協議可否在兩岸各自區域適用以及如何適用、兩會協議與兩岸區域涉對方事務的法律如何銜接、兩會協議的解釋、變更和廢止等問題，都極須解決。由於兩岸缺乏憲制性協議對兩會協議的上述法律技術問題進行系統規範，導致兩岸在實施協議的實踐中，對一些問題產生了不同認知，有些已經對兩岸實施協議、進一步累積互信產生了消極影響。如臺灣方面在以何種方式通過需要修改臺灣區域法的《海峽兩岸海運協議》等協議，以及是否應當以「公民投票」的方式通過ECFA等問題上，都出現了一些不利於兩岸關係和平發展和協議實施的聲音與現象。和平協議作為兩岸關係和平發展的憲制性協議，儘管主要任務在於確認兩岸關係的若干優先性內容，並規定兩岸關係和平發展的制度與程序，[11] 但也有必要對於兩會協議制定與實施中的法律技術問題加以規定，解決兩會協議制定與實施中的法律障礙，為推動兩會協議的規範化提供憲制性保障。

（二）突顯和完善兩會框架的創法性功能

綜觀兩岸自1990年起至今所形成的協議，除1990年由兩岸紅十字組織簽署的《金門協議》外，其他協議均是由海協會和海基會構成的兩會框架經由商談簽訂，可以說，兩會框架不僅是兩岸事務性商談的機制，而且已經成為兩岸法治的形成機制之一。隨著兩會協議在兩岸法治中的地位逐漸提高，兩會框架的創法性功能亦應隨之得到突顯和完善。

當前，兩會框架是兩岸進行公開接觸的核心途徑。大陸和臺灣在「一個中國」的問題上仍存在不同認知，因而雙方無法通過官方管道進行直接交流，而只能在一種微妙的默契下，採取迂迴的方式開展溝通與對話。授權不具有公權力性質的民間團體開展商談，是兩岸採取的主要迂迴方式。兩岸成立了諸多專門服務兩岸對話和溝通的民間團體，其中海協會和海基會是綜合程度最高、影響力最大的民間團體。按照成立的目的，海協會和海基會在兩岸公權力機關授權的情況下，開展兩岸商談與合作，因此，其職能範圍不限於制定兩會協議。兩會框架除了制定兩會協議外，尚有其他方面的職能。如就某一具體事務開展商談、處理兩

岸突發事件、代替兩岸公權力機關傳遞訊息等。

2008年後,兩岸制度化合作的形式發生了深刻的變化,體現為兩會協議所設立的聯繫主體機制的逐漸成形和兩岸共同機構的出現,由此,兩會協議的實施職能從兩會框架中切割出來,導致兩會框架逐漸向著兩岸間的創法機制轉變。聯繫主體制度是兩岸在兩會機制中具有特色的制度,兩岸借聯繫主體制度,將協議所規定的具體業務交由被指定的聯繫主體辦理。ECFA則創設了名為「兩岸經濟合作委員會」的常設性兩岸共同機構,作為兩岸開展經濟合作的協商機制和ECFA實施機制。兩會協議無論採取上述何種方式實施,都表明兩會協議一旦簽署,兩會框架則不再涉及兩會協議的實施事務中。從兩岸關係的未來走向來看,兩會協議中的聯繫主體制度將逐漸定型化,而類似於兩岸經濟合作委員會的兩岸共同機構也會越來越多,因此,兩岸事務會體現出早期歐洲一體化過程中的「分支化」現象,即兩岸事務被分割到一系列共同機構中,而並非由單一機構完成。兩岸事務的分支化,使得兩會框架能夠更加專注於兩會協議的制定,從而使得兩會框架的創法功能愈加強化。

兩會協議實施職能的切割,表明兩會框架已經具備從兩岸交流與合作的綜合性框架向專門創法機制轉變的條件。將兩會框架理解為兩岸專門的創法機制,則兩岸通過兩會的商談可以理解為兩岸法治的立法程序,兩岸亦因而可以按照類立法程序的設計改造兩會當前的商談程序。這一理解和改造有利於強化兩會協議的規範屬性,使得兩會協議的法律效力不僅可以通過兩會協議的目的正當性而成立,也可以通過制定程序的規範性獲得證立。

(三)有效引導公民參與兩岸事務

將「公民參與」的理念引入兩岸事務,是兩岸關係和平發展至新階段的必然。目前,兩岸通過「兩會框架」所進行的商談,具有比較濃厚的祕密政治特徵。普通民眾除了能夠觀看到兩會領導人的會談以及事後閱讀正式協議文本外,根本無從知曉兩會協議的商談過程,更無法參與協議的制定並表達利益訴求。由於在當前的情勢下,兩岸關係的主題詞是恢復和加深交往,因而只要符合兩岸恢復和加深交往的兩會協議,都被認為是符合兩岸民眾利益的,因而也能夠獲得大

多數民眾的認同。在此背景下，兩岸公民是否參與到兩會協議的制定過程，對於兩會協議本身的正當性而言，並無實質性的影響。

然而，公民參與的缺乏雖在目前尚未顯現出弊端，但對兩岸法治的建構在一個可預見的未來將產生消極作用。

其一，建立完善的程序，實現程序正義，是法治的核心理念之一，而公民參與是程序正義的必然要求，缺乏公民參與的兩岸法治，不足以構成法治型的兩岸關係發展模式的規範基礎。

其二，公民參與的缺乏，使得兩岸民眾將逐漸淪為兩岸關係和平發展的「旁觀者」，被動的接受兩岸公權力機關所設置與安排的發展範圍、步驟和方式，使得兩岸法治淪落為兩岸關係發展的劇場。顯然，被劇場化的兩岸法治，將導致兩岸法治的建構成為兩岸政治人物展現政治觀點的方式，又使得兩岸法治重新墜入「人治型」的兩岸關係發展模式。

其三，未來兩岸民眾的利益格局將在兩岸關係持續和平發展的背景下發生深刻變革，兩岸民眾因交往產生的利益衝突，將直接拷問兩岸關係和平發展的正當性。ECFA簽訂後，一部分臺灣政治人物以ECFA可能對臺灣經濟造成負面影響鼓動臺灣民意，獲得臺灣部分民眾回應，已經表現出了這一趨勢的端倪。引入公民參與兩岸事務，將兩岸民眾的利益訴求體現在兩會協議的制定過程中，盡可能地在協議中包容各方利益，是強化兩會協議正當性和可操作性的重要方式。

臺灣領導人馬英九曾經提出，臺灣與大陸簽訂和平協議需滿足民意支持和立法機關監督等三項條件，實際上已經包含了將公民參與引入兩岸事務的觀點。相對於臺灣積極引入公民參與兩岸事務的傾向，大陸方面對此問題尚缺乏足夠的認識。因此，有必要在兩岸事務中也樹立起程序意識和引導公民參與的意識，通過兩會框架形成相應的機制，有效引導公民參與到兩岸事務中，將民眾的利益需求藉由公民參與導入兩會協議的制定過程，更加有效地建構兩岸法治。

四、結語

考察中共十八大報告，制度建設已經成為建構兩岸關係和平發展框架的重要

組成部分，也是進一步推動兩岸關係和平發展的重要動力。建構健全的兩岸法治，在兩岸交往日益熱絡的背景下，對於深入兩岸關係和平發展的前景和固化兩岸關係和平發展的成果，具有重大而現實的意義。目前，兩會事務性商談的創法功能不斷發酵，規範兩岸交往行為、為建構兩岸關係和平發展框架提供規範依據的兩會協議不僅有量的累積，而且已經有了初步的體系化嘗試。但是，真正從宏觀制度建構的高度思考建構兩岸法治，尚在決策和實務層面缺乏相應的措舉。本文在理論上對兩岸法治的建構進行了宏觀探討，以為對於如何建構兩岸法治、為兩岸關係和平發展提供持續的動力機制提供概念話語和理論指引。需要說明的是，本文所提出並論證的，是僅具靜態意涵的兩岸法治。至於兩岸法治在實踐中的運行狀態——暫且稱之為「兩岸法治」，則是另一更為複雜之問題，只有留待另文論述。

注　釋

[1].參見杜力夫：《論兩岸和平發展的法治化形式》，載《福建師範大學學報》2011年第5期，第5頁。

[2].周葉中：《論建構兩岸關係和平發展框架的法律機制》，載《法學評論》2008年第3期，第3頁。

[3].蘇宏達：《以「憲政主權建造」概念解釋歐洲統合之發展》，載《歐美研究》第31卷第4期，2001年12月，第651頁。

[4].參見蘇宏達：《以「憲政主權建造」概念解釋歐洲統合之發展》，載《歐美研究》第31卷第4期，2001年12月，第666頁。

[5].參見王泰詮：《歐洲聯盟之本質及其形式》，載施正峰編：《歐洲統合與臺灣》，前衛出版社2003年版，第46頁。

[6].參見王展鵬：《憲法愛國主義與歐洲認同：歐盟憲法的啟示》，載《歐洲研究》2005年第10期，第115頁。

[7].參見吳玉山：《臺灣的大陸政策：結構與理性》，載包宗和、吳玉山主編：《爭辯中的兩岸關係理論》，五南圖書出版股份有限公司1999年版，第180

頁。

[8].參見國務院臺灣事務辦公室編：《臺灣事務法律文件選編》，九州出版社2001年版，第1頁至第5頁。

[9].參見張亞中：《〈兩岸和平發展基礎協定〉芻議》，載《中國評論》2008年第10期，第1頁。

[10].參見周葉中：《論建構兩岸關係和平發展框架的法律機制》，載《法學評論》2008年第3期，第9頁。

[11].參見周葉中、祝捷：《海峽兩岸和平協議（建議稿）》，載《法學評論》2009年第6期，第3頁。

修正「兩岸人民關係條例」與兩岸交流合作的法治化

中國社會科學院臺灣研究所 劉世洋

「臺灣地區與大陸地區人民關係條例」（簡稱「兩岸人民關係條例」）是臺當局規範兩岸人民往來並處理衍生法律事件的「母法」，自公布施行20年來對兩岸交流合作產生了重大深遠的影響。該條例含有大量限制兩岸交流合作的條文，雖幾經修正但並未根本改觀。隨著2008年後兩岸關係進入和平發展新階段，以及兩岸大交流、大合作、大發展局面日趨成型，該條例許多條文已越來越不合時宜。馬英九連任後多次宣布將全盤檢討修正「兩岸人民關係條例」作為第二任重大施政規劃，若能順利落實，將大幅深入兩岸交流合作的法治化進度，推動兩岸關係制度化建設再上新台階。

一、「兩岸人民關係條例」的頒布及歷次修正

「兩岸人民關係條例」是臺當局為因應兩岸關係發展新形勢而制定的法律，公告施行後隨著兩岸交流合作不斷發展而經歷了多次大修小補，可謂「修正是常態、不修是例外」。

（一）「兩岸人民關係條例」是兩岸進入交流合作新階段的產物

1987年11月，臺當局開放民眾赴大陸探親，兩岸由隔絕對峙走向民間交流新階段。為「確保臺灣安全與民眾福祉，規範臺灣地區與大陸地區人民之往來，並處理衍生之法律事件」，1989年2月，臺「法務部」提出「臺灣地區與大陸地區人民關係暫行條例草案」，歷經「立法院」4個會期18次會議長達3年的審議，特別是在1991年4月臺「國民大會」臨時會議通過「憲法增修條文」第11條「自由地區與大陸地區人民權利義務關係及其他事務之處理，得以法律為特別之

規定」後，最終於1992年7月16日三讀通過，並定名為「臺灣地區與大陸地區人民關係條例」。

「兩岸人民關係條例」兼具實體法與程序法，民事法、行政法與刑事法，一般私法、公法與涉外民事法律適用法，是臺當局處理兩岸關係的基本法和母法，同時因內容涉及對「憲法」許多規定的突破和補充，在「六法全書」中被列入位階最高的「憲法及其關係法規」類。這是臺當局首次將「一國兩地區」、「一國兩政治實體」的意圖化為具體法律，立法過程中堅持「臺灣優先，安全第一」的原則和出發點，制定了大量限制兩岸各項交流合作、歧視大陸人民在臺權利的條文，但「委託立法」方式則為因應兩岸關係未來變化預留了空間。

（二）「兩岸人民關係條例」隨著兩岸交流不斷發展而經歷了多次修正

「兩岸人民關係條例」自1992年9月正式施行以來，在兩岸交流不斷深入的歷史潮流和廣大民意推動下，20年間已經歷14次修正，幾乎是「每年一小修、十年一大修」，其中1997年、2003年修正力度最大。

1997年，李登輝當局為落實「戒急用忍」政策，對「兩岸人民關係條例」進行了5條增訂和20條修正，明顯強化了對委託機構與大陸訂定協定的控制，加強了對大陸民眾赴臺交流定居及兩岸海空交通與投資合作的管制，並對兩岸交流衍生的繼承、許可、仲裁、違法等問題做出具體規定。2003年的修正則是在陳水扁當局加緊推動「臺獨」施政及兩岸民間經貿交流十分熱絡的背景下展開，此次共增訂37條、修正55條，占全部133項條文的70%，是「公布施行以來最大幅度的修法工程」。[1] 此次修正以「原則開放、必要管制」為指導，頒布了方便臺灣民眾來大陸探親旅遊的措施，增加了大陸民眾在臺居停留、大陸機構赴臺招生及設立辦事處、兩岸直航、人民幣進出臺灣的彈性，明定兩岸事務協商仍採「複委託」機制，但同時強化了對許多純經濟和民間事務的管理，尤其是對大陸配偶的管理查核機制，禁止臺灣民眾在大陸擔任黨務、軍事、行政等職務，因此呈現出「開放沒到位、限制不放鬆、缺乏前瞻性」[2] 的特徵。2013年是第二個「十年」關頭，在兩岸關係和平發展新形勢下，「兩岸人民關係條例」有必要再次大修。

（三）現行「兩岸人民關係條例」已無法滿足兩岸交流合作新形勢的要求

2008年國民黨重新執政以來，兩岸關係逐漸進入和平發展新階段，與「兩岸人民關係條例」頒布之初的時空背景已發生根本性變化。經歷了1990年代兩岸開放交流之初的「乍暖還寒」、2000年代「臺獨」政權干擾下的「大起大落」之後，兩岸交流合作已呈現全然不同的新面貌，兩岸大交流、大合作、大發展的局面已然形成。在此背景下，「兩岸人民關係條例」仍然延續「確保臺灣」而非兩岸雙贏的單向思維，仍以「表面開放、實質管制、立足防堵」為政策考慮，不願在兩岸交流合作機制化、制度化方面邁大步，日益成為阻滯兩岸交流互惠深入發展的法律性、體制性障礙。這主要體現在：現行條例對兩岸經貿互動、技術合作、人員往來、文化交流等設定了諸多限制或禁止規定，對大陸民眾在臺觀光、求學、工作、婚姻、繼承等權益充滿歧視，甚至以刑法處理純粹的兩岸民間經濟文化交流行為。這些不合理而又過時的種種規定應盡速予以全盤糾正。

與此同時，有利馬當局全盤修正「兩岸人民關係條例」的內外環境也正在發生積極變化，修正工作已具備充分可行性。一方面，島內主流民意高度支持。「陸委會」1月3日公布的民調顯示，72.4%的民眾支持馬當局全面檢討並修正「兩岸人民關係條例」，以符合民眾實際需求；67.5%贊成分階段修改「兩岸人民關係條例」，落實移居來臺的大陸民眾人權及平等權；67.1%認為應適度開放陸資來臺，60.3%認為開放陸資來臺有利於兩岸投資平衡發展，並對兩岸經貿往來有所助益；64.2%贊成兩岸兩會互設辦事機構，71%認為此舉有助於兩岸關係發展。[3] 另一方面，大陸明確給予正面肯定。國臺辦多次呼籲，「在兩岸關係和平發展的新形勢下，臺灣方面確實有必要與時俱進，盡早修改不合時宜的政策規定，以適應兩岸大交流、大合作的客觀需要」。[4]

二、馬當局全盤修正「兩岸人民關係條例」的政策規劃

為滿足兩岸交流合作持續發展的需要，馬英九上台後已連續5度修正「兩岸人民關係條例」，2012年初連任後進一步宣示「過去制定的兩岸相關法規已不合時宜，「陸委會」正全面檢討，要讓法規走在時代前面」，[5] 主張「取消不合時宜的限制與歧視性規定」，[6] 明確將全盤檢討修正「兩岸人民關係條例」

列入第二任期兩岸政策的三大工作目標。

（一）2008年以來「兩岸人民關係條例」已完成5次修正

馬英九上台開始就著手修正「兩岸人民關係條例」，以配合其兩岸開放政策的落實。馬在第一任內的修正要點包括：為配合陸客赴臺而開放人民幣在島內兌換、放寬大陸民眾赴臺居留限制、加強大陸民眾在臺權益保障、取消對兩岸航空業者雙重課稅、承認大陸學歷並開放陸生赴臺就學、加強處罰大陸漁船越界捕魚等。具體情況如下：

第一次修正：2008年6月，臺行政院公布第38條、第92條修正條文，為人民幣在島內兌換及管理賦予了法源。其中，第38條增訂兩岸簽訂雙方貨幣清算協議或建立雙方貨幣清算機制之前，「大陸地區發行之幣券，在臺灣之管理及貨幣清算，由中央銀行會同行政院金融監督管理委員會訂定辦法」；第92條規定違反者沒入其大陸地區發行之幣券及價金，得處或並處新臺幣30萬元以上150萬元以下罰款。

第二次修正：2009年8月，臺行政院公布第12條、第17條至18條、第57條及第67條修正條文，放寬了大陸民眾申請赴臺居留的限制，並加強了對保險、工作、繼承等權益的保障。其中，第12條「經許可受僱在臺灣工作之大陸人民，其眷屬在勞工保險條例實施地區外罹患傷病、生育或死亡時，不得請領各該事故之保險給付」的規定被全文刪除；第17條刪除申請在臺依親居留須「結婚已滿二年」或「已生產子女」的規定，刪除申請在臺定居須「年滿二十歲」且「有相當財產足以自立或生活保障無虞」的規定；第17條之1刪除依親居留者在臺工作須「向主管機關申請許可」及「主管機關為前項許可時，應考慮臺灣就業市場情勢、社會公益及家庭經濟因素」的規定；第18條針對已取得居留許可但有不當行為者增訂「內政部入出國及移民署於強制其出境前，得召開審查會，並給予當事人陳述意見之機會」，並刪除將從事與許可目的不符之活動或工作之情事的大陸人民「由治安機關逕行強制出境」的規定；第57條將「父母之一方為臺灣人民，一方為大陸地區人民者，其與子女間之法律關係」由「依父設籍地區之規定，無父或父為鰥夫者，依母設籍地區之規定」改為「依子女設籍地區之規

定」；第67條增訂大陸配偶在島內繼承遺產時不適用「總額不得逾新臺幣二百萬元之限制」規定，允許長期居留者「得繼承以不動產為目標之遺產」。

第三次修正：2010年6月，臺行政院公布第29條之1條文，為解決兩岸海空運業者面臨的雙重課稅問題賦予了法源。該條文增訂「臺灣及大陸之海運、空運公司，參與兩岸船舶運輸及航空運輸，在對方取得之運輸收入，得依第四條之二規定訂定之臺灣與大陸協議事項，於互惠原則下，相互減免應納之營業稅及所得稅」，「前項減免稅捐之範圍、方法、適用程序及其他相關事項之辦法，由財政部擬定，報請行政院核定」。

第四次修正：2010年9月，臺行政院公布第22條、第22條之1條文，正式承認大陸學歷並開放陸生赴臺就學。其中，第22條明定「在大陸地區接受教育之學歷，除屬醫療法所稱醫事人員相關之高等學校學歷外，得予採認」，「大陸地區人民非經許可在臺灣設有戶籍者，不得參加公務人員考試、專門職業及技術人員考試之資格」，「大陸地區人民經許可得來臺就學，其適用對象、申請程序、許可條件、停留期間及其他應遵行事項之辦法，由教育部擬定，報請行政院核定之」；第22條之1關於臺商或組織在大陸設立臺商學校的規定被全文刪除。

第五次修正：2012年3月，臺行政院公布第80條之1條文，加強了對大陸船舶違法進入及漁船越界捕魚的處罰力度。該條文增訂「大陸船舶違反第32條第一項規定，經主管機關扣留者，得處該船舶所有人、營運人或船長、駕駛人新臺幣一百萬元以上一千萬以下罰鍰」，「前項船舶為漁船者，得處其所有人、營運人或船長、駕駛人新臺幣五萬元以上五十萬元以下罰款」，「前二項所定之罰鍰，由海岸巡防機關執行處罰」。

（二）馬英九將全盤檢討修正「兩岸人民關係條例」列為第二任重大施政目標

馬英九在2011年10月「大選」期間拋出「黃金十年願景」，主張「建構長期、穩定、制度化的兩岸關係」，「常態化兩岸人員往來機制，落實民眾權益保障，完善法治規範」，「循序穩健推動兩岸互設辦事機構」。馬成功連任後，即於2012年2月指示「陸委會」、「教育部」、「衛生署」等相關單位全盤檢討

「兩岸人民關係條例」的相關規定。5月18日，馬在海基會新大樓啟用典禮上宣布「未來將朝檢討與修正法規、互設機構，並擴大雙方交流項目而努力」。[7] 此後馬又在8月14日國民黨中山會報、10月10日「雙十演講」、11月2日《亞洲週刊》專訪、11月9日「九二共識20週年學術研討會」致詞、12月20日接見大陸各地臺商代表、2013年元旦講話、2月18日出席「大陸臺商春節聯誼活動」等場合反覆重申，「未來政府將朝擴大與深入兩岸交流、兩岸兩會互設辦事機構，以及全盤檢討與修正 『兩岸人民關係條例』 等三項目標而努力，希望超越目前兩岸互動的格局，為彼此打下長遠永固的基礎」。馬英九還特意任命有法律背景、具協調能力的子弟兵王郁琦接替賴幸媛出任「陸委會主委」，希望更好地推進「兩岸人民關係條例」修正工作。

　　馬英九積極檢討修正「兩岸人民關係條例」，主要有三點考慮。一是完善兩岸交流合作的法治保障，推動兩岸關係走向正常化制度化。馬英九當局反對李登輝當局的「兩國論」及陳水扁當局的「一邊一國論」，堅持「九二共識」、「兩岸同屬中華民族」、「兩岸不是國與國的關係」的定位，因此主張逐步廢除對兩岸民間各領域交流合作的不合理限制，取消對大陸民眾特別是大陸配偶在島內居留和生活等方面的歧視，並為兩岸正常的交流合作提供法律和制度保護，逐步推動兩岸關係走上正常軌道。島內高層分析指出，此舉顯示「馬第二任期有意讓兩岸進入 『一個新階段』」。[8] 二是為臺灣經濟社會長遠發展創造更多制度化「和平紅利」。隨著大陸越來越扮演世界市場和全球經濟引擎的角色，各國紛紛前進大陸，臺灣以往相對於大陸的比較優勢日漸式微。馬當局希望通過清除有關障礙，進一步扣緊大陸經濟高速列車，為臺灣長遠發展注入活力。特別是，「修法」鬆綁大陸金融業及服務業等陸資赴臺，開放大陸在島內投放業態廣告，不僅有助ECFA後續商談，更將推動兩岸經貿關係走向正常化；「修法」將陸生納入健保不僅可提高陸生赴臺就學意願，提升臺灣的大學及整體競爭力，還因陸生須自負多數保費而帶動臺灣保險業發展，活絡島內經濟。三是進一步深入兩岸關係以鞏固個人歷史定位。馬連任成功後宣布，「未來4年，沒有連任的壓力，但有歷史評價的壓力，一定會盡心盡力把事情做好，在國家跟社會的歷史上留下典範」。[9]馬在第一任內大幅改善兩岸關係獲得高度讚譽，增強了其深入兩岸關係

的信心，因此希望在第二任為兩岸關係和平發展進度建立起法律化制度化的長久保障，從而進一步鞏固其在兩岸關係方面的歷史評價。

（三）馬當局全盤修正「兩岸人民關係條例」的基本規劃

從目前各方面透露出來的訊息看，馬當局未來檢討修正「兩岸人民關係條例」，將大致堅持以下思路和原則。

1.修正目標

一是強化大陸民眾在臺期間的權益保障。例如，第18條修正草案將「內政部入出國及移民署」強制違反規定的大陸地區人民出境前「得召開審查會」修正為「應召開審查會」，就是為了確保當事人有陳述意見的機會；將「於強制出境前，得暫予收容，並得令其從事勞務」修正為「受收容時間以60日為限，必要時得延長一次，最多為120日」並刪除「得令其從事勞務」規定，從而避免變相長期收容及「一罪二罰」。馬當局此舉不僅符合其標榜的人權主張，同時也有利於更好地落實2009年馬英九簽署的《公民與政治權利國際公約》及《經濟社會文化權利國際公約》有關保障人身自由的精神。

二是保障大陸配偶在島內生活及工作等權益。目前大陸配偶在島內仍受到最嚴格的限制和歧視，成為「二等公民」。例如，現行條例第21條規定「大陸地區人民經許可進入臺灣者，除法律另有規定外，非在臺灣設有戶籍滿10年，不得登記為公職候選人、擔任公教或公營事業機關（構）人員及組織政黨」。這導致雖已取得臺灣身分證但設籍未滿10年的大陸配偶，就連在公教機關擔任工友、駕駛、清潔工、臨時人員、停車場管理及病房助理等編制外、庶務性且無涉公權力行使的廣義公職人員職務也不可能。對此「陸委會」已表示，將「考量新移民權益立場，檢討陸配設籍認證相關規定」。[10]

三是為兩岸正常的交流合作提供更多便利。「立法院副院長」洪秀柱表示，「條例修改必需方便兩岸未來的發展」。[11] 未來修法將進一步放寬甚至廢除對兩岸經貿、文教、社會等領域往來與合作的限制政策，為兩岸正常的人流、物流、金流等往來營造寬鬆良好的環境，推動兩岸交流進入正常化軌道。

2.修正原則

一是簡政原則。制定各行政程序時儘量簡便易操作,避免給當事人增加時間和金錢等不必要負擔,同時也降低臺當局行政成本。例如,第18條之1及第87條之1條文修正草案增訂「逾期居留未滿30日,原申請居留原因仍繼續存在者,經處新臺幣2000元以上1萬元以下罰鍰後,得重新申請居留,無需強制出境」規定,就是針對偶因疏忽未依期限辦理延期造成逾期居留等情況而新增的便民方案,避免當前條文「治安機關得逕行強制出境」給當事人造成無謂困擾。

二是公平原則。減少甚至取消對大陸民眾的歧視性規定,即便受客觀條件制約無法在尊重人權目標下達成對兩岸民眾權益的平等對待,至少也應實現對大陸民眾與僑外民眾的一視同仁。以第22條修正草案將陸生在臺就學期間納入健保範圍為例,「陸委會主委」王郁琦就表示,「最主要考量還是公平性,現在僑生跟外籍生都已經納入健保,只有陸生還沒納入健保,這樣對陸生並不公平」。[12] 同樣,第17條原規定大陸配偶取得身分證需8年,2009年修正後縮短為6年,新修正草案改為4年,也是希望大陸配偶在取得身分證年限上獲得與外籍配偶相同的公平待遇。

三是平衡原則。受現實條件制約,為保障臺灣民眾權益並減少修正阻力,在改善大陸民眾在島內權益的同時,也儘量以不對島內民眾造成衝擊為前提。例如,在逐步放寬「三限六不」政策以維護陸生公平公正權益的同時,仍堅持不得影響臺生工作權益,防止引發島內就業問題;在逐步放寬陸資赴臺政策的同時,仍反對採取比照外資待遇的一體化原則,特別是禁止陸資投資部分敏感企業項目,防止產生所謂的「國安」問題;在將陸生赴臺就學期間身分由「停留」改為「居留」以便合法納入健保範圍的同時,又增列「撤銷或廢止許可事由」,規定只要就學事由與時間終止就可撤銷居留身分,防止衍生長期居留及定居等後續身分聯結問題。

3.修正時程

馬當局全盤檢討修正「兩岸人民關係條例」工程浩大,曠日持久,很難一次到位,勢必採取「先易後難」的方式「分區」逐步推進。2012年5月18日,時任

「陸委會主委」賴幸媛稱,「未來會將修正草案『一塊、一塊』地送交立院審議,每個會期都會持續提出」。[13] 11月22日,新任「陸委會主委」王郁琦指出,「陸委會持續推動修法,且分區塊修正,已修好的部分呈送行政院再送立法院審議,並持續檢視已送立法院部分,例如兩岸避免雙重課稅,同時持續修法送行政院審查」。[14]

綜合「陸委會主委」王郁琦2012年10月3日在「立法院」備詢[15]及2012年12月5日在國民黨中常會發表的「中共『十八大』後兩岸關係發展」專題報告可以看出,大幅翻修現行「兩岸人民關係條例」中不合時宜的條文將分為三階段實施:第一階段配合聯合國《難民地位公約》的修正,擬定避免雙重課稅問題、大陸人民強制出境及收容制度的修正草案,並於2012年6月底在第1會期送到「立法院」審議。第二階段擬提案修法加強對大陸配偶權益的保障、推動陸生比照外籍生納入全民健保、調整大陸地區人民取得身分後服公職的限制、重新檢討大陸廣告管理規範等,並於2012年下半年的第2會期送「立法院」審議。第三階段修法重點包括配合ECFA後續協商進度循序檢討修正經貿交流相關規定、配合政策需要研議規劃兩岸兩會互設辦事機構的法規(擬於2013年上半年完成法治化作業)、配合兩岸關係現況調整刑事相關規定等,預計在2013年至2014年底間完成。

4.修法方向及方法

據透露,馬當局將朝「開放的」、「公平的」與「前瞻的」三大方向,全面修改「兩岸人民關係條例」,為另一個20年的兩岸關係確立經緯。[16] 對此,廣大臺商及兩岸有識之士紛紛呼籲,「兩岸人民關係條例」應朝向「更前瞻、開放、寬鬆、直接與鼓勵雙向」的角度修正(上海臺商協會會長葉惠德),[17] 使兩岸關係導入「正常化及制度化」(中國文化大學中山大陸所助教劉性仁),[18] 讓兩岸人民往來能往「更便利、開放、自由」的方面發展(上海臺灣研究所長俞新天)。[19]

在具體操作上,將主要有三種修正方法:一是全文刪除不合時宜的規定。二是細化量化規定及罰則,防止在執行中被濫用。三是變通「合憲不合理」的條

文，例如儘管不修正禁止臺商擔任大陸政協職務等規定，但仍「會從職務上作為區分，不會對政協特邀、特聘的委員開罰」。[20]

（四）「兩岸人民關係條例」修正重點及行政院已完成的草案要點

2012年10月2日，「陸委會」送到「立法院」的書面報告指出，「將全盤檢討修正《兩岸人民關係條例》，修法重點包括保障陸配權益、調整大陸地區人民取得在臺身分後服公職限制及配合兩岸互動新局及經貿往來需求，重新檢討中國大陸廣告管理規範」。[21] 11月8日，馬英九接受《亞洲週刊》專訪時稱，「全面翻修《兩岸人民關係條例》目前幾乎已近完成，屆時將送立法院」。[22] 從目前已公開的進展看，「兩岸人民關係條例」將重點修正如下議題：

1.大陸配偶在島內生活及工作的權益保障

目前在臺大陸配偶已由兩岸開放交流之初的零星現象，發展到目前逾30萬人的規模，成為數量相當可觀的群體。但受制於「兩岸人民關係條例」在身分變更、學歷認證、工作權等方面設置的一系列人為限制與歧視，其在島內的居留、定居、工作、生活都面臨諸多困難。以取得身分證為例，由於依親居留後須再等6年才能取得，目前僅有9萬多人取得身分證。[23] 目前行政院已完成第17條修正草案，主張參照「入出國及移民法」、「國籍法」外籍配偶申請定居規定，將大陸配偶申請定居年限由6年修正為4至8年，規定「依親居留連續居留滿3年，且每年在臺灣合法居留期間183日以上者，得申請長期居留；長期居留滿1年且居住335日以上，或連續居留滿2年且每年居住270日以上，或連續居留滿5年且每年居住183日以上者，得申請在臺灣定居」。另參照外籍配偶制度，增訂「大陸配偶於申請定居時需具備國民權利義務基本常識，協助盡速適應在臺生活」。未來還將進一步修正第21條，屆時大陸配偶取得身分證後，無需滿足設籍10年的規定，就可到公教機關擔任無涉公權力行使的廣義公職人員職務。

2.大陸民眾在島內旅遊及交流的權益保障

據臺「觀光局」初估，2012年大陸赴臺遊客約197萬人次、商務及專業人士約22萬人次、醫美健檢團約5萬人次，合計達223萬人次，占全部赴臺旅客700

萬人次的36%。在此背景下，「兩岸人民關係條例」中仍存在諸多限制和歧視大陸民眾赴臺權益的條文，迫切需要修正。以放寬大陸地區人民逾期居留的規定為例，目前行政院已完成第18條、第18條之1、第87條之1修正草案，其中第18條修正「得強制大陸地區人民出境之法定事由」，規定「內政部入出國及移民署於強制其出境前應召開審查會」；修正「收容大陸地區人民之要件」，刪除「得令受收容人從事勞務」的規定，增訂延長、廢止收容相關規定，賦予受收容人對於收容方法、程序及其他侵害利益情事之即時救濟途徑。第18條之1及第87條之1增訂「主管機關對於逾期停留、居留之大陸地區人民，得處罰鍰」、「逾期居留未滿30日，原申請居留原因仍繼續存在者，經處新臺幣2000元以上1萬元以下罰鍰後，得重新申請居留，無需強制出境」等規定。

3.大陸學生在臺就學期間的權益保障

2010年8月臺「立法院」三讀通過「陸生三法」修正案、正式承認大陸學歷並開放陸生赴臺灣學以來，迄今已連招兩屆大陸學位生，2011年實錄928人，2012年實錄955人。馬當局已宣布將擴大規模，承認學歷的大陸大學將由985工程、41所擴大到211工程、逾百所，並招收大陸專科生赴臺修讀二技學位[24]。但陸生在臺就學仍受「三限六不」的嚴格限制，甚至因其身分為「停留」而非「居留」導致不能享受健保，成為影響陸生赴臺就學意願的重要原因。預估未來將會逐步「修法」放寬這些不合理的限制。目前行政院已完成第22條修正草案，主張將陸生在臺就學期間身分從「停留」修改為「居留」，從而可比照僑生及外籍生納入健保第六類人口，每個月保費新臺幣1249元，其中「政府」負擔500元、陸生自付749元，每年自付保費8988元；並增列「撤銷或廢止許可事由」，規定只要就學事由與時間終止就可撤銷居留身分。

4.大陸企業資本在島內從事經濟活動問題

目前兩岸相互投資存在嚴重不對稱，截至2012年11月底，大陸累計批准臺資項目87760個、實際利用臺資567.6億美元，僅2012年1～11月就達25.6億美元，而臺當局自2009年7月1日開放陸資赴臺至2012年11月底，僅累積核准330件、總計3.5億美元，就連馬英九也認為「開放中國大陸資金來臺3年僅3億美

元，實在太難看」。[25]究其原因，主要是臺當局對大陸企業赴臺投資存在非常嚴苛的限制。其中最為突出的是，儘管兩岸商業活動大幅開放、經貿交流持續深入甚至已洽簽ECFA、臺當局已累積開放陸企可投資408項內容，但絕大多數大陸廣告仍受「兩岸人民關係條例」第34條「許可制」的制約而無法刊播，就連島內媒體以專輯、特刊等方式刊播大陸各地風情、文化、旅遊、經貿等內容也屢遭「監察院」糾正。目前「陸委會」正規劃檢討鬆綁大陸企業在島內投放廣告等議題，未來應在擴大開放領域的同時，著重加強對大陸企業權益的保障，才能真正提高陸資赴臺的意願和成效。

5.兩岸經貿中的雙重課稅問題

由於兩岸徵稅系統缺乏互惠協議及稅務協助，致使兩岸民眾及組織自對方的收入所得不得不面臨兩次徵稅，不僅給業者造成損失，也影響兩岸經貿交流的深入發展。為此，業界強烈呼籲盡快採取措施解決這一問題。目前行政院已完成第25條之2修正草案，明定「在互惠原則下，對於大陸地區人民、法人、團體或其他機構自臺灣取得的收入或所得，以及臺灣人民、法人、團體或其他機構自大陸地區取得的收入或所得，減免其應納的所得稅及營業稅」，且「為維護租稅公平並確保稅收，得相互提供稅務協助」。

6.兩岸兩會互設辦事處問題

為更好地服務兩岸交流合作，早在2008年第一次江陳會談時，海協會長陳雲林就提議由香港中旅社到臺灣設辦事處，當時海基會回應稱要設就應由兩會互設機構。隨後大陸多次呼籲並釋放善意，廣大臺商積極奔走，馬英九在2012年10月提出的「黃金十年願景」中也明確宣示「循序漸進推動兩岸互設綜合性辦事機構」，連任後多次重申將推動兩岸兩會互設辦事機構，顯示兩會互設辦事處的時機日漸成熟。但「兩岸人民關係條例」第6條僅規定得依對等原則許可大陸機構赴臺設分支機構，且許可事項須「以法律定之」，並未明文許可臺灣機構赴大陸設分支機構。未來須待「立法院」修正該條文賦予法源後，海基會才能就此議題和海協會展開協商。

7.臺商在大陸擔任公職問題

目前大陸臺商已達8.7萬家，人數逾百萬，僅憑臺灣同胞投資企業協會已無法滿足臺商需求。大陸為臺商設身處地考慮，已開放臺商通過政協平台參政發聲。但「兩岸人民關係條例」第33條明文規定「臺灣人民、法人、團體或其他機構，不得擔任經行政院大陸委員會會商各該主管機關公告禁止之大陸地區黨務、軍事、行政或具政治性機關（構）、團體之職務或為其成員」。「陸委會主委」王郁琦也多次表示，「政協具有統戰成分，開放臺商擔任政協委員的部分，我方還是不能接受」，[26] 但「特聘或特邀的政協委員，只有發言權而沒有投票權，性質上類似榮譽職，這部分有討論研究的空間」。[27]

三、「兩岸人民關係條例」修正前景展望

（一）「兩岸人民關係條例」修正將為兩岸關係長遠發展提供法治保障

一是為兩岸人民帶來更多福利。此次全盤檢討將會大幅修正涉及兩岸民間交流活動中人民權益與民事關係的相關規定，為兩岸民眾往來及交流合作營造更便捷的環境。例如，第17條修正草案通過後，大陸配偶取得身分證的年限將與外籍配偶一致，最快四年就可取得身分證，估計將有2萬餘人受益。[28] 另外，兩岸經貿交流中不合時宜的規定也將鬆綁，特別是放寬對陸資赴臺的諸多限制，給兩岸企業提供更廣闊自由的合作空間。

二是推動兩岸關係走上制度化軌道。馬英九明確指出，全盤檢討修正「兩岸人民關係條例」等三項工作，「將使兩岸在結構上做好基礎工程，未來無論何人執政，方向都不會改變，這才是可大可久的目標」。[29] 此次修正還有望從制度上為兩岸兩會互設辦事機構解決問題，將兩岸交流合作的機制化程度再提升一個層次。馬當局各項修法規劃特別是兩岸民眾關心的議題若能真正落實，將比此前歷次修正更具歷史意義，可為兩岸未來10年乃至更長時期的交流合作打下基礎。

（二）馬當局修正「兩岸人民關係條例」仍將有不盡如人意之處

一是許多不合時宜的條文並未列入修正規劃。現行「兩岸人民關係條例」中對公職人員登陸須申請並經審查許可等規定及對大陸涉臺民事法律與刑事判決的

歧視，目前並未看出有修正的徵兆。對於臺生到大陸大學讀書的服兵役問題、臺胞在大陸的就醫問題以及如何進一步完善服務大陸臺商的機制問題，特別是臺商參加政協等機構的鬆綁，也是馬當局未納入修正範圍的重要議題。

　　二是政治定位及政治議題可能不在本次修正範圍。時任「陸委會主委」賴幸媛指出，「禁止臺灣民眾或臺商擔任大陸公職，包括地方政協委員職務的規定，由於兩岸法律不相容，目前不會修改不允許民眾出任大陸公職的規定」。[30]「兩岸人民關係條例」明定兩岸是「一國兩區」定位，此舉不僅來源於「憲法」增修條文第11條，而且也符合馬當局一貫主張，加之事涉兩岸關係基本規範的任何變動都極為敏感，馬當局此次修正可能不會納入「兩岸同屬一中」等更為清晰的兩岸政治定位論述。

　　三是雖極須調整但可能對臺灣造成衝擊的限制政策短期仍將延續。目前很多條文若調整將有利兩岸交流合作，但可能對臺灣造成一定衝擊，這種政策將暫不調整。以兩岸間單純的招商行為為例，「陸委會」已明確表示，「由於大陸來臺投資與臺灣赴陸投資目前嚴重不對等，臺赴陸投資比例遠高於大陸來臺投資比例」，加之「對等不代表相等，由於大陸經濟量體遠大於臺，因此目前不對等的情形，並非指雙方金額不相等」，因此「暫時不考慮開放大陸人士赴臺招商」。[31]

　　四是不排除加入部分不利兩岸關係和平發展的條文。馬當局為澄清綠營對其修正「兩岸人民關係條例」是「傾中」之舉的攻擊，同時也為了與綠營妥協以降低其抵制阻撓力度，不排除在一定程度上納入部分綠營要求管制兩岸關係的主張。例如，針對綠營為幫助「藏獨」、「民運」及大陸異議人士赴臺居留而訂定的「難民法草案」，馬英九已明確表示，「陸委會正全盤檢討、修正兩岸人民關係條例，當中也包括『難民法』部分，未來會做詳細報告，這是未來三年半兩岸關係的重要基礎工作，一定會有明確交代」。[32]

（三）馬當局全盤修正「兩岸人民關係條例」面臨一定困難與挑戰

　　一是民進黨等「獨派」頑固阻撓。其一，惡意抵制提案。例如行政院提出修正第22條以將陸生納入健保範圍，民進黨與「臺聯黨」不僅叫囂讓陸生「全額

自負保費」，更在「立法院」連續9度抵制，旨在縮短大陸配偶在臺取得身分證年限的第17條修正草案也被阻擋5次。其二，無理設置前提。對於兩岸互設辦事機構，民進黨主席蘇貞昌聲稱，「一定要地位對等、定位清楚，功能要符合臺商及各方面現在解決各種問題的需要，而且運作要透明」。[33] 針對外國人在臺灣申請身分證須放棄原國籍，但大陸配偶因適用「兩岸人民關係條例」無需放棄國籍，民進黨臺北市議員徐佳青要求馬當局在縮短大陸配偶取得身分證年限的同時，「應先要求陸配放棄中華人民共和國國籍」。[34] 其三，借勢提出對案。為反制馬當局不斷鬆綁陸資赴臺限制，民進黨提案修正第73條，要求將「經濟部」據此頒訂的「大陸地區人民來臺投資許可辦法」提升到法律位階，在「兩岸人民關係條例」中專章規範，不僅明訂禁止投資業別、嚴禁大陸軍方資金赴臺，還規定逾5億新臺幣的投資案須列入審查。民進黨「立委」蕭美琴甚至提出「難民法草案」，要求給「藏獨」、「民運」及大陸異議人士合理的身分，以幫助其在臺居留及就業。[35]

二是島內仍有部分民眾擔憂兩岸交流過快會造成衝擊。島內主流民意支持兩岸關係和平發展，樂見馬當局修正不合時宜的有關法規，但仍有部分民眾因長期接受恐共教育及「臺獨」宣傳，害怕兩岸交流過快可能引發一些無法預知的後果，進而衝擊民眾的工作生活甚至臺灣前途走向。2012年12月「陸委會」公布民調顯示，39.8%的民眾認為目前兩岸交流速度「剛剛好」，17.8%認為「太慢」，31.7%認為「太快」。國民黨「立委」陳學聖指出，目前社會氛圍並不希望太快開放，很多問題要溝通；江啟臣也認為「不能期盼一次大調整」，建議分短、中、長期修法，較敏感的留到後頭。[36] 這直接牽制了馬當局推進修正工作的力度和意願，近日有臺商就私下抱怨「行政部門的態度比民進黨還保守」。[37]

三是「立法院」複雜政治生態不利修正草案的審議。「二合一」選後「立法院」形成兩大兩小格局，政治生態更加複雜化，將嚴重影響修正草案的審議進度。例如，為了給兩岸簽署租稅互免協議提供法源進而實現避免雙重課稅，行政院早在2009年3月就通過第25條之2條文草案並送「立法院」審議，但期間不僅

民進黨、「臺聯黨」聯手抵制，就連親民黨也以「兩岸簽署租稅協議前不應先修法空白授權給行政機關」為由表示反對，導致至今尚未列入「立法院」議程。另外，國民黨內部也並非意見完全統一，部分國民黨「立委」對一些修正條文不願全力支持。未來隨著各項修正草案陸續送交「立法院」進而納入議程，「立法院」四個黨團之間的合縱連橫勢將更加激烈。此外，「兩岸人民關係條例」修正通過後的一系列子法修正工作也將異常繁雜。

（四）馬當局修正「兩岸人民關係條例」應更具魄力

一是著眼長遠，拉高站位和格局，對立法體系和思維做出大刀闊斧的修正。兩岸關係近年的迅猛發展為全盤修正「兩岸人民關係條例」提供了強大支持，馬當局應抓住機遇為未來10年奠定新的交流秩序。否則若僅就細枝末節的技術問題略作修補鬆綁，不用多久兩岸關係獲得新發展後將再度面臨左支右絀的局面，而機會稍縱即逝後再想回頭將十分困難。因此，馬當局應排除各種困難，扭轉過去立法中的防堵心態和限制思維，全盤清除加諸兩岸關係的不合理限制，特別是徹底拋棄「……，應申請許可」、「……得予限制」等表述，轉以開放、合作、共贏的精神為兩岸交流合作建立新的法治保障。

二是借修法機會將兩岸政治互信成果特別是「兩岸同屬一中」法治化。「九二共識」已被證明是兩岸關係和平發展的重要政治基礎，理應被正式納入修正條文。「一國兩區」是20年前臺當局對兩岸交流狀況的描述，已不能完全適應兩岸政治新格局的戰略發展趨勢。此次修正馬當局應在立足「憲法」及「一國兩區」基礎上，進一步明確「兩岸同屬一中」的政治定位，為探討新形勢下兩岸政治關係戰略構想創造條件。

三是建立和完善有利兩岸交流合作制度化發展的戰略布局。馬當局在修正「兩岸人民關係條例」的過程中，應明確訂定兩岸設置各項交流平台及委員會的政策規範，不僅滿足當前兩岸兩會互設辦事處的即時需求，更為未來設置兩岸和平發展委員會等機構提供法源，進一步完善兩岸交流合作的機制化建設，為兩岸和平發展制度化打下更堅實的基礎。

四是為兩岸人民的感情交流與社會融合創造有利條件。「兩岸人民同屬中華

民族,都是炎黃子孫」,展望兩岸關係未來十年的發展,兩岸民眾心理距離將更加拉近,共同的民族認同更加增強,社會融合程度更加提高。馬當局應順應這一發展趨勢,在此次修法中為未來兩岸洽簽文教交流協議、共同開發平潭試驗區、共同建設社群試點等可能性預留空間,進而有效提升兩岸交流的品質和層次,深入兩岸融合進度。

注　釋

[1].《兩岸條例三讀通過　兩岸協商可委託民間》,《聯合報》2003年10月10日。

[2].李翌鵬:《新「兩岸關係條例」到底有多「新」?》,《福建日報》2003年10月14日。

[3].《「民眾對政府大陸政策之看法」民意調查(2012／12／22～2012／12／25)》,「陸委會」網站。

[4].《國臺辦新聞發表會輯錄(2012／10／17)》,國臺辦網站。

[5].《馬:推海基、海協互設機構》,《中國時報》2012年5月19日。

[6].《馬「總統」籲擴大深入兩岸交流》,《聯合報》2013年1月2日。

[7].《總統出席「財團法人海峽交流基金會辦公廳落成啟用典禮」》,「總統府」網站2012年5月18日。

[8].《翻修兩岸條例「陸委會」動起來》,《中國時報》2012年8月29日。

[9].《「總統」:未來4年盡心力留下典範》,《中國時報》2012年1月15日。

[10].《陸配服公職限制擬修法調整》,《中國時報》2012年10月2日。

[11].《國民黨「立委」盼速修兩岸條例》,《今日新聞網》2012年12月21日。

[12].《陸生納健保　王郁琦:不會增加健保負擔》,《中國時報》2012年10月11日。

[13].《賴幸媛：臺商任大陸公職不考慮修法放寬》,《中國時報》2012年5月18日。

[14].《王郁琦：修正兩岸條例以合時宜》,《中國時報》2012年11月23日。

[15].《王郁琦：優先推陸生納保及修法》,《中國時報》2012年10月3日。

[16].《馬英九的兩岸歷史定位》,《臺灣立報》2012年12月30日。

[17].《兩岸條例不副實 臺商促大修》,《旺報》2012年12月18日。

[18].《臺〈兩岸人民關係條例〉修法方向之探討》,《北大公法網》2012年12月26日。

[19].《兩岸條例不副實 臺商促大修》,《旺報》2012年12月18日。

[20].《臺商任大陸公職 不開放》,《中國時報》2012年7月12日。

[21].《陸配服公職限制 擬修法調整》,《中國時報》2012年10月2日。

[22].《總統接受〈亞洲週刊〉專訪》,「總統府網站」2012年11月8日。

[23].《「行政院會」通過兩岸人民關係條例修正草案》,《臺灣時報》2012年11月9日。

[24].《採認陸生學歷 擬增70所》,《臺灣立報》2013年1月14日。

[25].《馬：陸資來臺3年3億美元,太難看》,《中國時報》2012年8月28日。

[26].《「陸委會」表態：政協具有統戰成分 我方還是不能接受》,《今日新聞網》2012年12月27日。

[27].《綠阻陸生納保 王郁琦轟嘴上人權》,《旺報》2012年12月28日。

[28].《「行政院會」通過兩岸人民關係條例修正草案》,《臺灣時報》2012年11月9日。

[29].《陳長文安排陸法學者見馬 府內談半小時》,《聯合報》2012年12月

12日。

[30].《臺商任大陸公職 不開放》,《中國時報》2012年7月12日。

[31].《臺商任大陸公職 不開放》,《中國時報》2012年7月12日。

[32].《馬：關切中國人權 不是趕時髦「立委」：馬說多做少根本是偽善》,《自由時報》2012年12月19日。

[33].《馬提兩岸互設辦事機構蘇：要對等透明》,《中國時報》2012年10月11日。

[34].《中國配偶身分證取得年限擬下修「立委」：應要求放棄中國籍》,《自由時報》2012年8月29日。

[35].《馬：關切中國人權 不是趕時髦「立委」：馬說多做少根本是偽善》,《自由時報》2012年12月19日。

[36].《臺企聯赴「立院」疾呼開放臺商加入陸政協》,《中國時報》2012年12月22日。

[37].《臺商維權爭取任職大陸政協》,《中國時報》2012年12月22日。

兩岸共同維護中國海洋權益探析

全國臺灣研究會 嚴峻

隨著「黃岩島事件」、日本「國有化」釣魚島列嶼、「廣大興事件」、菲律賓向中國提起國際強制仲裁，東海、南海爭端日漸白熱化。面對「美日安保同盟」以及可能出現的所謂「南沙集團」甚至「卡拉特集團」，[1] 爭端各方中的中國大陸及臺灣似乎略顯勢單。於是，有關兩岸合作維護中國海洋權利的呼聲近年來不斷高漲。然而，儘管中國大陸官方在海洋爭端問題上主張「主權在我、擱置爭議、共同開發」，臺灣當局也提出高度相似的「主權在我、擱置爭議、和平互惠、共同開發」政策，但兩岸公權力機關在合作維護中國海洋權利上仍然面臨相關法理問題。

一、兩岸公權力機關在海洋問題上有關合作（不合作）維護中國主權的立場分析

長期以來，兩岸公權力機關在兩岸是否合作共同維護中國海洋主權上有著不同的表述。外界一般認為，臺灣當局反對在維護海洋權利上進行兩岸合作，而大陸方面的立場則反之。

（一）臺灣當局立場分析

從歷史上看，兩蔣時期臺灣當局對是否與中國大陸合作維護中國的東海、南海主權沒有進行過明確、正式的官方表述，但由於當時臺灣當局的政策是對大陸「不接觸、不談判、不妥協」，所以從邏輯上講，既然連接觸、談判都不做，就更談不上主張兩岸合作了。據有關媒體報導，1992年「辜汪會談」時，臺方代表曾表示可與中國大陸在南海議題上合作，但具體合作對象及合作內容並不清楚。[2]1993年外電也曾報導，臺「國防部長」孫震表示「不會阻止也不會排除

與中共交換意見,探討和平發展與管理南沙群島的可能性」。[3]1994年臺灣當局「行政院大陸事務委員會」還委託撰寫了《兩岸就南海諸島事務進行對等合作可行性之研究》,當年臺行政院核准的「南海問題討論會議結論」中有6項涉及兩岸合作。[4]但臺灣當局1996年9月成立跨「部」、「會」的「釣魚台案工作小組」後,確立4條工作原則,第一次明確提出「不與中共合作解決」的政策;民進黨上台主政後沿襲了該政策,曾全文重申上述工作原則。[5]2008年臺灣執政權再次輪替後,作為曾經的保釣積極人士馬英九也表示在維護海洋主權上不會與中國大陸合作,這令外界較難理解。

那麼,臺灣當局聲稱不與中國大陸合作,是不與中國大陸的什麼對象合作呢?從以前臺灣當局的「中共」這一用語看,顯然是指不與中國大陸方面合作。2008年後在兩岸關係大幅改善的背景下,馬英九當局官員較少在公開正式場合使用可能被誤解為帶有貶義及敵意的「中共」一詞。如2012年4月26日,前「陸委會主委」賴幸媛在臺「立法院」針對釣魚島爭端表示,「釣魚台是中華民國固有領土」,對釣魚島的主權「我們不會與對岸共同或一起維護」——這裡的「對岸」是僅指政府層面或者還包括民間,賴語焉不詳。但從臺「外交部」網「釣魚台列嶼之主權聲明」中有關「我不與中國大陸合作或聯手之原因」正式文告的內容上下文看,裡面的「中國大陸」指政府層面。[6] 臺當局「新聞局長」楊永明2011年7月15日在美國「全國新聞俱樂部」發表演說時,則明確使用「北京政府」一詞,稱「有關南海問題,臺灣政府不會與北京政府諮商或合作」。[7] 由此可見,臺灣當局稱不與中國大陸合作維護海洋主權,主要是指不與政府層面合作。據媒體披露,2013年2月18日馬英九在國民黨「國家發展研究院」舉辦的會議中再次表示兩岸不能聯手保釣時,仍用「中共」一詞,這也可作為臺灣當局將合作對象指向政府的一個輔證。[8] 但對於兩岸民間聯手維護海洋權利,臺灣方面似未曾表示過反對意見。

(二)中國大陸官方立場分析

近年來中國大陸官方在正式場合多次表示兩岸應共同維護國家海洋主權。如2012年7月5日,外交部發言人劉為民在例行記者會上表示:「中方將繼續採取

必要措施堅決維護釣魚島主權,維護中國的領土完整與主權是兩岸同胞的共同意願,也是雙方的共同責任。」同年9月24日外交部發言人洪磊在記者會上表示:「釣魚島及其附屬島嶼是中國的固有領土。在民族大義面前,兩岸同胞應齊心合力,以各自的方式,共同維護國家的主權和領土完整,共同維護民族的整體和根本利益。」2013年1月30日國臺辦發言人楊毅在記者會上表示:「維護釣魚島及其附屬島嶼的領土主權是兩岸同胞的共同責任。」3月27日楊毅面對記者表示:「不管是釣魚島也好,還是你講的南海諸島也好,兩岸同胞都應當共同維護中華民族的整體的、根本的利益,在民族大義面前應該超越分歧、同心協力。」[9] 從這些資料可見,在兩岸維護海洋主權的合作者的身分上,外交部和國臺辦正式口徑都是「兩岸同胞」。那麼,「兩岸同胞」僅指兩岸人民,不包括兩岸公權力機關呢,還是包括兩岸公權力機關在內,兩部(辦)發言人都沒有具體說明。當然,大陸官方有時也不用「兩岸同胞」而僅用「兩岸」或「海峽兩岸」,如2012年4月25日國臺辦發言人范麗青在記者會上表示:「中國對南海諸島及其附近海域擁有無可爭辯的主權,釣魚島及其附屬島嶼是中國的固有領土,海峽兩岸都有責任加以維護。」[10] 這裡的「海峽兩岸」具體指什麼對象仍然未清楚表明。此外,從目前筆者搜集的資料看,中國大陸官方在正式發言中,強調兩岸應「共同維護」主權,或強調維護主權是兩岸「共同責任」,或者表示兩岸「都有責任」,但從未出現兩岸「合作」或者「聯手」的用語。

通過上述資料,可以大體得出如下結論:從合作(不合作)對象上看,臺灣當局「不與大陸合作」主要指不與中國大陸官方合作,至於兩岸民間是否應該或可以合作維權則未說明,但似乎並不反對;大陸官方主張兩岸共同維權,在對象上指稱「兩岸同胞」,至於「同胞」是否包括兩岸官方則未明示,不過依中文語義之一般理解似乎重點在民間而非官方。

二、臺海兩岸官方合作維護中國主權的政治與法理基礎解析

然而,從國際法的角度看,維護主權主要應由政府(官方)來實行,單純的民間活動較難在法律上用來主張領土主權。[11] 因此,如果兩岸僅僅是在民間層次進行合作,共同維護中國海洋權利,其法律效果將大打折扣。那麼,中國大陸

官方是否可以明確表示「希望臺灣當局與大陸方面共同維護海洋主權」呢？甚至是否可以進一步表示「兩岸官方合作維護海洋主權」？從兩岸關係上看，目前是困難的。這裡主要涉及兩岸合作的法理基礎問題。有學者認為，兩岸關係自2008年以後在「九二共識」的基礎上取得巨大進展，那麼，「九二共識」也同樣「使兩岸南海合作具備了政治前提」。[12] 臺灣有媒體也認為兩岸應將「九二共識」的「效益極大化」，以共同維護海洋主權。[13] 不過筆者認為，「九二共識」在處理東海、南海爭端上面臨兩個困難：第一，「九二共識」僅是處理兩岸之間而非涉外事務的共識；第二，「九二共識」僅是處理非政治的事務性業務的基礎，而東海、南海爭端則具高度的政治、軍事性質。所以，以「九二共識」作為兩岸處理涉外海洋爭端的基礎有困難。

那麼，能否以「九二共識」的核心內容，即「一個中國」作為兩岸合作維護海洋權利的共同基礎？依目前國民黨當局將「九二共識」作「一中各表」的態度分析，其在島內對於「九二共識」的解釋難以只提「一中」不提「各表」——而「一中各表」又是大陸方面不能認同的。就大陸方面立場而言，「九二共識」在兩岸事務性商談中可以不涉及「一個中國」的內涵，然而一旦涉及國際事務，大陸方面則不能不提及「一個中國」的內涵，具體表述是「世界上只有一個中國，中華人民共和國政府是代表中國的唯一合法政府」。若加上「大陸和臺灣同屬一個中國」這一事實，那麼從邏輯上一般可以理解為：臺灣當局是中國的地方政府。對此臺灣方面不少人表示不滿意，認為大陸方面這是在「欺騙」臺灣，因為鄧小平等領導人說過「兩岸平等協商……不提中央與地方談判」，[14] 而且大陸方面在兩岸關係上已經用「新三段論」（即，「世界上只是一個中國，大陸和臺灣同屬於一個中國，中國的領土主權不可分割」）取代「舊三段論」（即「世界上只是一個中國，中國的領土主權不可分割，中華人民共和國政府是代表中國的唯一合法政府」）了，而「新三段論」重點就是突顯兩岸平等。然而，依現行國際法原則，一個主權國家只能有一個中央政府，為了避免國際上形成「兩個中國」的印象，大陸方面也只能「內外有別」，在國際上強調「中華人民共和國政府是代表中國的唯一合法政府」。大陸學者黃嘉樹甚至認為這是大陸方面「在未統一狀態下對臺灣行使主權的唯一體現」，「如果大陸不再這麼做，無異於在國

際領域 『自廢武功』 ……等於全面顛覆當前國際上已經形成的 『一個中國』框架」。[15]

所以，儘管現在兩岸在兩岸之間都不提雙方是「中央」與「地方」的關係，但根據兩岸有關規定和政策，從法律邏輯上仍然是：從大陸的觀點看，就國際場合而言，中國的中央政府在北京，臺灣是中國的一個地方政權；反過來，從臺灣的觀點看，臺北是中央政府，北京是地方政權。[16] 那麼，一個國家的地方地權可以宣示維護其所屬「國家」的「主權」嗎？現行國際法規約對此似未明確規定，主流國際法理論，如《奧本海國際法》則略有提及，但主要也是針對聯邦制及加盟共和國形式進行討論，對單一制國家形態則未涉及。[17] 就國內法而言，《中華人民共和國憲法》規定涉及國家主權的外交及國防權利僅屬於全國人民代表大會及其常務委員會、國家主席、國務院。地方政府僅有主要運用於接待、交流的外事權而非外交權。然而，一般理解，一國境內的組織和個人表示要維護國家的主權應該是允許的，地方政府應該也可以宣示國家主權，只要它不以「中央政府」的名義來宣示。

從法理上講，兩岸不能承認對方擁有主權，否則對方就不是地方政府而是又一個中央政府，兩岸就成「兩國」。這似乎好理解，為什麼大陸方面在呼籲兩岸共同維護中國海洋主權時，只提「同胞」而不提「當局」；反過來，馬英九當局「不與大陸（政府）合作」的提法多少也反映了其「兩岸互不承認主權」主張。[18] 總體來看，兩岸結構性政治難題（主要是兩岸既同屬一個國家，又都自認為是中央政府，這在現行國際法中難以找到雙方都滿意的解釋）是兩岸難以合作維護海洋主權的主要法理癥結所在。例如，南海在地緣政治中戰略地位十分重要，「誰控制了這裡，誰就控制了海上運輸的生命線，掌握了制海權，從而在爭奪東南亞和亞太地區乃至世界事務主導權的鬥爭中取得主動地位。」[19]不過，在談及南海問題時，有大陸學者認為，「兩岸共同維護南海主權，這實際上是『中華民國』 是否具有國際地位的問題」，「兩岸合作維護南海主權，不僅對於處理問題沒有幫助，還會引起兩岸之間不必要的主權爭議衝突。」[20]臺灣有學者也認為「南海問題與兩岸關係問題是兩個在某種程度上存在一定對抗性因素

的問題,將二者聯繫起來,需要謹慎評估、處理其中隱含和可能衍生的各種風險」。[21]然而,風險與效益往往掛鉤,兩岸官方在海洋領域的合作可能正是兩岸開啟政治對話乃至進行政治合作的一個著力點,也許可以「不要把東海與南海的合作視為是兩岸政治關係必須先改善後的下一步,而將其視為兩岸政治合作的先行者」。[22]也就是說,一般理解上,海峽兩岸要先就彼此的政治關係達成「合情合理的安排」後,[23]才有可能共同維護中國領土主權,但由於兩岸政治關係要達到兩岸雙方都認為「合情合理的安排」具有高度困難性,所以,從某個角度看,也許兩岸在官方合作共同維護中國海洋主權上能夠摸索出一條新的路徑,從而為何謂「合情合理的安排」提供某種參考。

三、對兩岸官方合作維護中國海權的相關政治與法律思考

值得注意的是,馬英九2012年9月提出要在釣魚島問題上「三組雙邊」對話,首度表示可與大陸方面(從其上下文內容看,主要指官方層面)進行協商。[24]馬當局此舉有突顯臺灣「國際法主體地位」的用意,但某種程度上也是對「兩岸(官方)不合作」的首次突破,海內外一些媒體對此給予肯定。如香港《中國評論》在社論中表示:「馬英九關於兩岸可以就釣魚島問題展開對話的言論,是值得肯定和密切關注的重大政治訊息。」[25]那麼,兩岸官方如何合作?近年來學者們就此發表不少論文,在建議方面卻大多還是主張「民間先行」,也有部分學者提出要「由民入官」,便如何「由民入官」卻較少具體論述。事實上,兩岸民間海洋合作一直在開展,具有一定官方背景的「學術二軌對話」已經連續召開十餘年,兩岸公營企業海上合作也已多年。為在國際法意義上進一步增強兩岸的法理效力,今後可以著重研究如下涉及兩岸公權力機關合作的問題。

(一)「主權宣示」的困境與可能出路

主權宣示是維護主權的重要方式,兩岸都宣示南海諸島、釣魚島屬於中國,客觀上對其他聲索國造成一種聚合壓力。但理論上,為避免「兩國論」,兩岸又似應對彼此的領土主權宣示進行否定。不過在實踐上,這樣做恐怕容易傷害兩岸關係。所以有學者曾就釣魚島問題提出兩岸應「互不否認對方的 『主權』 主張」,因為這有助於兩岸對日本的立場造成衝擊、客觀上形成兩岸共同維護「祖

權」的良好局面，在國際上昭示「一中」以及有助於增進兩岸政治互信等。[26] 事實上，這些年當臺灣當局宣稱「中華民國對南海諸島（或釣魚台列嶼）擁有無可爭議的主權」時，大陸的確並未直接予以駁斥與否認，而是重申「維護中國領土完整與主權是兩岸同胞的共同責任」，展示了較大的靈活性。不過，從主權角度觀察，兩岸關係存在「相互否認主權——互不承認主權——互不否認主權——相互承認主權」的由「一國」漸進到「兩國」的光譜。可以說，「互不否認主權」比馬英九提出的「互不承認主權」給對方提供了更大的主權空間。為防止兩岸法理關係朝國家分裂方向（即「相互承認主權」）滑動，大陸方面是否有必要在內部單方面採取相應立法措施？例如可否頒布相關規定，許可地方政府在一定條件下可以代表中央政府宣示主權？如果可行，今後臺灣當局再單方面宣布維護「中國主權」時，大陸方面不進行批駁，從法理上就可以解釋得通。另外據悉，馬英九當局曾公布新聞稿稱，由於大陸仍是「中華民國憲法上的領土，故對大陸當局宣稱的釣魚台列嶼為中國固有領土的主張，自然不能表示異議」，[27] 但目前臺灣法學界似乎尚未論證「地方政府」可以代表「中央政府」宣示「主權」，臺灣當局也未從法律上做過相關許可。當然，這種內部頒布相關法律許可的措施頒布後，兩岸如何既能合作宣示主權以對其他聲明索取領土主權的國家形成合力優勢，又不致產生「兩個中國」的法理危機，需要兩岸法學家認真研究。此外，臺灣當局一直希望參與南海多邊協商機制，這也是其突顯「主權」的一個重要機會。對此大陸方面一直是「封殺」的，但也有大陸有學者提出「這又涉及臺灣參與國際空間問題，需要大陸全盤考慮，不妨以更開放的姿態，在一個中國框架下讓臺灣合理參與南海爭端的處理，共同維護兩岸的利益或中華民族的利益」，[28] 但兩岸如何在涉及主權問題的國際多邊機制中體現「一中框架」，需要兩岸學者，特別是研究國際組織的學者仔細推敲。

（二）為今後可能的國際司法與仲裁程序做準備

實踐上，大國在處理領土爭端上一般不走國際司法途徑，這不僅有「勝之不武，敗則為笑」的心理矛盾，也有實力優勢比司法裁決更易獲取戰略利益的考慮，[29] 中國大陸長期以來在處理東海、南海爭端時也不主張走司法途徑。然而面對日本長期實際占有釣魚島，這一問題久拖不決可能不利於中國，近年來有一

些大陸學者主張中國應以國際司法途徑解決東海爭端。[30] 也有學者從國際法爭端解決機制上考察，提出中國大陸可以考慮像韓國那樣就《聯合國海洋法公約》第298條發表聲明，排除三類爭端的管轄，以排除導致有拘束力裁判的強制程序的適用。[31] 筆者贊同這種提法，因為依目前國際爭端解決機制的運作規則，中國在該機制中獲勝可能性有，但風險也大。現在日本政府也宣稱「尖閣群島問題上不存在領土爭議」，因此也不會主動挑起司法裁判。然而，不排除今後日本為避免事態嚴重惡化而主動選擇國際司法途徑，屆時中國可能將無法迴避司法解決，對此有學者預言釣魚島爭端排除法律手段解決的時間是有限的。[32] 所以兩岸現在要確實加強合作，為今後可能的國際司法程序預做準備。

　　兩岸公權力機關可否考慮組成「共同專家組」，對這些指定研究人員開放所有有關檔案，由專家組成員完成史料整理，並甄別真偽。特別是臺灣「國史館」擁有自1930年代以來豐富的對外交涉資料，這些資料在今後可能的國際司法裁決上將發揮重要作用，兩岸可加強對這些資料的研究工作，然後在史學工作的基礎上對這些資料進行國際法意義上的「證據處理」，依「無主地」、「有效占領」、「條約效力」等法律原則進行有利於中國的國際法論證。需要注意的是，對中國不利的證據，兩岸學者也要正視，然後共同思考如何進行相對有利的論述。例如，日本有些學者和政府官員曾拿出一些所謂「史料」，聲稱中華人民共和國建立後，中國大陸有關報紙文章、出版的世界地圖以及政府官方講話都曾表示過「尖閣列島」屬於日本。日本方面拿這些似是而非的「論據」來指責中國違反國際法的「禁止反言」原則。對此，中國大陸可以依據相關國際法進行反駁。此外，可否考慮兩岸在這些問題上合作，共同弱化爭端對象國所謂「證據」的證明力。例如，兩岸是否可在「外交承認對象」（有些「證據」是爭端對象國與中華人民共和國未建交而與「中華民國」保持「外交」關係時出現的）上依據國際法相關法理進行反證？當然，這勢必涉及中國的政府繼承、「中華民國」的歷史地位等敏感問題，為防止造成「兩個中國」，防止出現的顧此失彼、顧外失內的窘境，兩岸國際法學者需要進行慎重仔細的學理推論。

　　此外，日本宣稱釣魚島主權歸屬與「琉球法律地位」密切相關，因為日本認為釣魚島屬於琉球，而琉球屬於日本。對此，中國大陸不予認可。但退一步講，

即便釣魚島主權歸屬與琉球有關，日本也未必能在法理上完全站得住腳。在此問題上，臺灣當局可能比中國大陸具有更有利的論述條件，例如，1953年8月美國決定將琉球北部之奄美大島交給日本時，臺灣當局「外交部」於當年11月24日遞文給美國駐臺「大使館」，表示「中國政府對於美國所作舊金山和約並未使琉球脫離日本主權之解釋，不能同意……自1372年至1879年間，中國在琉球享有宗主權，此項權利僅因日本將琉球侵併始告中斷……中國政府對琉球並無領土要求，亦無重建宗主權之任何意圖，唯願見琉球居民獲得選擇其自身前途之機會……中國政府對琉球問題的基本立場，堅持對於琉球的最後處置，有發言之權利與責任。」[33] 臺灣「中央研究院」有學者也認為「中華民國根據開羅會議期間的討論、對會議宣言與《波茨坦公告》的理解，至今仍主張 『琉球群島之未來地位，應由主要同盟國予以決定』。」[34]「琉球地位」問題對日本擁有釣魚島的主張具有較大威懾力，但處理不好也可能會影響到中國新疆、西藏問題，兩岸今後在這些問題上如何揚長避短進行合作有待進一步研究。再者，面對南海諸島聲索國可能越來越多的向國際法院提告，兩岸在9段或11段的「斷續線」、「歷史性水域」與「歷史性權利」上如何進一步進行法理整合，也是兩岸維護中國海洋權利必須認真思考的問題。

　　對於一些重要的爭端焦點，兩岸也可以事先達成共識。例如，有學者指出，兩岸「長期堅持與自然延伸概念有關的劃界主張將會付出高昂的政治和經濟代價」，[35] 那麼，應該主張什麼樣的劃界方法對中國最有利？對於這些問題，兩岸學界不妨先進行溝通。另外，由於中國在東海、南海區域諸多爭端中大多是其中當事一方，即便某一案件的國際司法裁判對中國有利，但其判決標準卻可能對中國在另一爭端中的權利爭取不利，因此要特別注意其連動效應，以免影響中國的整體利益與長遠發展，[36] 兩岸對此也需要共策共力，相互配合，以最大限度維護中國海洋權利。

（三）臺海兩岸應加強地方行政執法上合作

　　兩岸還應加強地方行政執法上的合作。事實上，這個問題還涉及一個兩岸軍力合作的問題。中國大陸高層曾說過，兩岸統一後允許臺灣保留自己的軍隊。但

在統一前，臺灣當局是否具有「國防權」（哪怕這裡的「國」是指整個中國）在法理上仍有可議之處，而維護海權最堅實的後盾與手段就是軍事力量與行動。兩岸若能在軍事上進行合作，對爭端對象國將是巨大的威懾。不過，據臺灣有關政治人物透露，馬英九當局在維護海洋主權上所謂「不與大陸合作」主要恰是指「不與大陸在軍事上聯手」。[37] 臺灣當局採取這種政策，有其仍然視中國大陸為主要敵人，並在安全上嚴重依賴美國軍事力量及美日安保體系的考慮。但歷史上，臺灣當局曾經在中國人民解放軍的南沙、西沙保衛戰中給予過默契式幫助。「戰略思想在每個世紀，或在歷史的每一時刻中，從經驗本身之中吸取其靈感」，[38] 今後兩岸可以進一步總結歷史經驗，繼續軍事戰略上的默契，這事實上也有利於臺灣自身的安全利益，因為倘若兩岸能在東海、南海上達成某種「軍事安全互信機制」，將使兩岸關係進一步融洽，也將使一些海洋問題爭端國更加顧忌對臺灣採取挑釁動作。可以說，如何以行政執法的方式進行實質的戰力合作，是需要兩岸進一步探討的一個問題。

　　值得欣慰的是，近年來兩岸都各自在海洋維權上加重行政執法份量。就行政區劃而言，東海、南海海域在兩岸分別隸屬福建、海南、高雄、宜蘭等地方政府。由兩岸行政部門尤其是地方行政部門進行海事行政合作，在法理上更易避開敏感的主權問題。當然，從法律角度看，兩岸在海域管轄權衝突、領海基線劃定等方面尚存在大量需要協調的地方，[39] 這需要兩岸海洋主管部門乃至更高層進行商談。在東海爭端問題上，兩岸也應該考慮如何進行行政執法合作，尤其是與兩岸民生問題密切相關的護漁問題。總之，今後兩岸可以考慮簽訂類似ECFA（「兩岸經濟合作框架協議」）的MCFA（「海洋合作框架協議」，Maritime Cooperation Framework Agreement），以更有力地維護中國海洋權益。

　　應該說，目前兩岸在合作維護海洋權利上存在一些法理困難，這些困難的存在，影響、削弱了兩岸共同捍衛中國領土主權的力道，這需要兩岸從維護中華民族整體利益的高度出發，進行相關政治對話，共同商議解決之策。當然，法理世界本質上是理想主義世界，在海洋維權上也不應過於誇大其作用，不過隨著人類社會發展，「文明的進步可以被看做是從武力到外交、從外交到法律的運動」。[40] 善於利用法理工具，往往可以在爭取道義支持以及獲得實際利益上取

得事半功倍的效果，這值得兩岸中國人重視。

注　釋

[1].「南沙集團」源自2009年7月2日馬來西亞《吉隆坡安全評論》文章，鼓吹東南亞國家聯合起來在南沙問題對抗中國，參見方輝：「『南沙集團』　不可能成形」，香港《文匯報》2009年7月14日，A22版。「卡拉特」是美國每年與東南亞6國（菲律賓、泰國、新加坡、馬來西亞、印尼）舉行聯合軍事演習的名稱。

[2].《思想者論壇：兩岸海洋事務合作前景》，香港《中國評論》2012年10月號，第67頁。

[3].Jane's Defence Weekly, July17, 1993: 32.

[4].馮梁、王維、周亦民：《兩岸南海政策：歷史分析與合作基礎》，《世界經濟與政治論壇》2010年第4期。

[5].李明傑著：《臺灣海洋問題研究》，中國社會科學出版社2011年版，第216～217頁。

[6].《在釣魚台列嶼爭端中我不與中國大陸合作或連手之原因》，見臺「外交部」網。

[7].《南海問題楊永明稱兩岸不諮商合作》，香港中國評論新聞社2011年7月17日臺北電。

[8].《馬：釣島主權不會讓步，兩岸不能聯手保釣》，香港中國評論新聞社2013年2月19日臺北電。

[9].資料來自中華人民共和國外交部、國務院臺灣事務辦公室官網。

[10].國務院臺灣事務辦公室官網，2012年4月25日。

[11].魏靜芬著：《海洋法》，臺北：五南圖書出版股份有限公司2008年版，第353頁。

[12].馮梁、王維、周亦民：《兩岸南海政策：歷史分析與合作基礎》，《世

界經濟與政治論壇》2010年第4期。

[13].《將「九二共識」的效益極大化》,臺灣《新生報》2012年10月31日社論。

[14].鄧小平:《中國大陸和臺灣和平統一的設想》,《鄧小平文選》,北京:人民出版社1993年版,第30頁。

[15].黃嘉樹:《和平發展階段兩岸處理政治關係的矛盾與困難》,載於《兩岸關係的發展與創新會議論文集》,香港,2013年6月。

[16].《中華人民共和國憲法》規定:「臺灣是中華人民共和國的神聖領土的一部分。」2005年《反分裂國家法》的提法為「臺灣是中國的一部分」;臺灣方面的「中華民國憲法」、「兩岸人民關係條例」以及整套「中央政府機構」在臺北,易使臺灣當局「一個中華民國,兩個地區」的政策從邏輯上被理解為「臺北是中國的中央政府」。

[17].參見詹寧斯・瓦茨修訂:《奧本海國際法》,北京:中國大百科全書出版社1995年版,第163～164頁。

[18].當前馬英九當局對兩岸法律關係的定位是兩岸「互不承認主權,互不否認治權」。

[19].Gplin Mac Andrew and Chia Lin Sien, Southeast Asian Seas: Frontiers for Development, McGraw-Hill International Book Company, 1981, p.234。

[20].李祕:《兩岸南海合作:性質、路徑和空間》,載於上海市臺灣研究會、上海市日本學會、上海國際戰略問題研究會編:《兩岸海洋合作前景研究會論文集》,上海,2013年6月,第102、103頁。

[21].臺灣學者孫國祥觀點,見《思想者論壇:兩岸海洋事務合作前景》,香港《中國評論》2012年10月號,第73頁。

[22].臺灣學者張亞中觀點。他認為兩岸可以「政治默契、民事互助、經濟合作」方式開展海洋合作。見《思想者論壇:兩岸海洋事務合作前景》,香港《中

國評論》2012年10月號,第76頁。

[23].中共十八大政治報告提出「希望雙方共同努力,探討國家尚未統一特殊情況下的兩岸政治關係,作出合情合理安排」,胡錦濤:《堅定不移沿著中國特色社會主義道路前進為全面建成小康社會而奮鬥》,《人民日報》2012年11月9日。

[24].《釣魚台問題,臺灣展現理性務實》,香港中國評論新聞社2012年9月18日臺北電。

[25].見香港《中國評論》月刊2012年10月號社論:《堅持「一中論述」,共衛中華海疆》。

[26].王偉男:《論兩岸在釣魚島問題上的合作》,《臺灣研究》2013年第1期。

[27].轉引自倪永傑:《馬英九東海、南海政策及兩岸合作前景》,載於《兩岸海洋合作前景研究會論文集》,上海,2013年6月,第71頁。

[28].王建民:《海峽兩岸南海政策主張與合作問題探討》,香港《中國評論》2012年8月號。

[29].參見蘇曉宏:《大國為什麼不喜歡國際司法》,《法學》2003年第11期。

[30].參見姚瑩:《解決中日東海爭端的司法路徑探析》,《當代法學》2011年第3期;王玫黎、宋秋嬋:《論新形勢下釣魚島爭端的解決策略——以法律手段為視角》,《西南政法大學學報》2011年8月號;管建強:《論中日東海劃界、領土爭端解決的法律方法》,《學術界》2010年第5期。

[31].吳慧:《國際海洋法爭端解決機制對釣魚島爭端的影響》,《國際關係學院學報》2007年第4期。

[32].管建強:《和平解決東海劃界爭端方法之研究》,《法學》2008年第11期。

[33].丘宏達著：《關於中國領土的國際法問題論集》，臺北：商務印書館2004年版，第83頁。

[34].林泉忠：《〈開羅宣言〉的現在進行式》，臺灣《中國時報》2013年11月18日。

[35].李令華：《關於最終解決東海劃界的理論基礎問題》，《中國海洋大學學報》（社會科學版）2008年第2期。

[36].梁詠：《從國際法視角看中日東海大陸架劃界爭端》，《法學》2006年第8期。

[37].《思想者論壇：兩岸能否在南海東海攜手合作》，香港《中國評論》2012年11月號，第77頁。

[38].Raymond Aron, The Evolution of Modern Strategic Thought in Problems of Modern Strategy, Studies in International Security, 14, New York: Published for the Institute for Strategic Studies by Praeger, 1970, p.25.

[39].有關兩岸海域管轄衝突協調問題，可參見吳慧、商韜：《兩岸合作維護海洋權益研究》，載於周志懷主編《海峽兩岸持續合作的動力與機制》，九州出版社2012年版，第462～465頁。

[40].Louis Henkin, How Nations Behave: Law and Foreign Police (2nded), New York: Columbia University Press, 1979, p.1.

海峽兩岸資產追繳協助機制研究——以《海峽兩岸共同打擊犯罪及司法互助協議》第9條為基礎

南開大學法學院 高通

　　隨著兩岸交往的快速增加和不斷深入，當前海峽兩岸跨境犯罪種類更加多元化，犯罪重點也從傳統的嚴重暴力犯罪以及帶有政治性的犯罪轉向發展「黑色經濟」。如大陸加入世界貿易組織以及兩岸開放「三通」後，海峽兩岸間的洗錢活動日益猖獗。據亞太防制洗錢組織（APG）2005年的調查，每年通過兩岸地下通匯移轉的現金高達700億美元，超過臺灣外匯存底2536億美元的四分之一。[1] 此外，臺灣偽造人民幣的犯罪也十分嚴重，涉案金額十分巨大。2004年9月至2005年4月，臺灣共查獲偽造人民幣案五起，其中每起案件的涉案金額都在1億元以上。[2] 這些「黑色經濟」為兩岸跨境犯罪提供源源不斷的資金支持，嚴重影響了兩岸正常的經貿往來。但長期以來，兩岸在打擊經濟犯罪等問題的合作上成果較少，這也增加了兩岸協助資產追繳的難度。為打擊兩岸跨境犯罪的囂張氣焰，有觀點提出兩岸可以借鑑國際引渡慣例，在移交人犯時，將人犯所持有的財物，包括人犯非法犯罪所得、犯罪工具、犯罪財物等贓物一併移送。[3] 但實踐中，兩岸協助追繳犯罪資產的進展仍然十分有限，主要停留在學術探討層面。為徹底改變這一局面，兩岸在《海峽兩岸共同打擊犯罪及司法互助協議》中明確規定了「罪移交」程序，雙方同意「在不違反己方規定範圍內，就犯罪所得移交或變價移交事宜給予協助」。隨後，臺灣「法務部」又公布《海峽兩岸調查取證及罪移交作業要點》是為島內進行協助的法律來源，其第6條規定「大陸地區主管部門依請求所移交或變價移交之犯罪所得，如未經臺灣法院宣告沒收，亦無發還

權利人而無留存之必要者,除大陸地區主管部門已通知無用歸還者外,應歸還之」。當前大陸地區尚未就兩岸協助資產追繳問題發表相關規定,但隨著雙方在重大經濟犯罪等領域合作的加強,兩岸協助追繳資產問題必然會成為未來兩岸刑事司法合作的新重點。

一、國際資產追繳制度考察

贓款贓物的追繳和移交是國際刑事司法合作的重要內容。早在1988年《聯合國禁止非法販運麻醉藥品和精神藥物公約》的「序言」中即已指出「意識到非法販運可獲得巨額利潤和財富,從而使跨國犯罪集團能夠滲透、汙染和腐蝕各級政府機構、合法的商業和金融企業,以及社會各階層,決心剝奪從事非法販運者從其犯罪活動中得到的收益,從而消除其從事此類販運活動的主要刺激要素」。近些年來國際社會普遍加大資產追繳的協助力度,資產追繳協助正逐漸成為刑事司法協助的「新中心」。[4] 如2000年《聯合國打擊跨國有組織犯罪公約》第12、13、14條對沒收事宜及相關國際合作進行規定;2003年《聯合國反腐敗公約》進一步明確針對財物進行協助活動的必要性,指出「將腐敗或其他非法所得資產轉至國外給來源國造成了一些嚴重的甚至是災難性的後果。它損害了外援,使現金儲備耗竭,減少了稅基,加劇了貧困,不利於競爭,並削弱了自由貿易。因此,所有公共政策,包括有關和平與安全、經濟增長、教育、保健和環境方面的公共政策,都有可能受到嚴重影響。這些所謂『貪官當政』的盜賊行徑舉目可見,竊取國家財富、腐敗、賄賂、敲詐、有系統的劫掠和非法出售自然資源或文化財富以及把借自於國際機構的資金轉作他用,僅為其中幾例。在這些例子中,沒收並歸還所盜資產(通常由最高層公共人物執行)是許多國家所面臨的一個緊迫任務。因此,任何政策,若能行之有效並具有震懾力,就必須超越國界,處理歸還資產於受害國或其他當事方的問題」。[5]《聯合國反腐敗公約》對「資產的追回」進行專章規定,並在第51條申明歸還資產是公約的一項「基本原則」,授權締約國「在這方面相互提供最廣泛的合作和協助」。對此有學者評論道,《聯合國反腐敗公約》最終決定把第46條第3款所列舉的司法協助形式與第五章「資產的追回」掛起鉤來,這向國際社會發出一個明確的法律信號:應當更多地從國際司法合作的角度看待第五章規定的各項追繳犯罪所得或收益的機制和

措施。[6]這實際上是將資產追繳相關措施作為國際刑事司法協助條款的補充，一些傳統的協助形式也可以圍繞資產追繳進行，開創了為追繳犯罪所得或收益而開展調查取證、凍結、扣押、沒收等方面國際刑事司法合作的體系。此外，一些國家也通過了專門規範犯罪資產追繳的法律，如英國《2002年犯罪收益追繳法》、澳大利亞《2002年犯罪收益追繳法》等。

《聯合國反腐敗公約》等國際公約主要確立了兩種資產追回方式，即「直接追回財產的措施」和「通過沒收事宜的國際合作追回資產的機制」。首先，《聯合國反腐敗公約》第53條確立了三種「直接追回財產的措施」：一是通過民事訴訟程序歸還，即「允許另一締約國在本國法院提起民事訴訟，以確立對通過實施根據本公約確立的犯罪而獲得財產的產權或者所有權」；二是通過支付補償或損害賠償歸還，即「允許本國法院命令實施了根據本公約確立的犯罪的人向受到這種犯罪損害的另一締約國支付補償或者損害賠償」；三是簡易歸還，即「允許本國法院或者主管機關在必須就沒收作出決定時，承認另一締約國對通過實施根據本公約確立的犯罪而獲得的財產所主張的合法所有權」。其次，通過沒收事宜的國際合作追回資產的機制。《聯合國打擊跨國有組織犯罪公約》和《聯合國反腐敗公約》都規定有「沒收事宜的國際合作」條款，對沒收請求「應當在本國法律制度的範圍內盡最大可能」。依據法律途徑不同，該機制主要包含兩種方式：一是承認和執行外國的罰沒裁決。如《聯合國反腐敗公約》第54條第1款規定：「為依照本公約第五十五條就通過或者涉及實施根據本公約確立的犯罪所獲得的財產提供司法協助，各締約國均應當根據其本國法律：（一）採取必要的措施，使其主管機關能夠執行另一締約國法院發出的沒收令」；二是通過在財產所在地國展開刑事或民事沒收。《聯合國反腐敗公約》第54條第1款進一步規定「……（二）採取必要的措施，使擁有管轄權的主管機關能夠通過對洗錢犯罪或者對可能發生在其管轄範圍內的其他犯罪作出判決，或者通過本國法律授權的其他程序，下令沒收這類外國來源的財產；（三）考慮採取必要的措施，以便在因為犯罪人死亡、潛逃或者缺席而無法對其起訴的情形或者其他有關情形下，能夠不經過刑事定罪而沒收這類財產」。對於被追繳和沒收財產的處置問題，《聯合國打擊跨國有組織犯罪公約》第14條「沒收的犯罪所得或財產的處置」和《聯合國

反腐敗公約》第57條「資產的歸還和處分」分別進行規定。總體來說，國際公約確立了歸還加分享的處置被追繳財產的原則。首先，基於「如果不沒收犯罪分子的犯罪所得並將其歸還合適的當事人，則預防工作、對法治和刑事司法程序的信任、正當有效的治理、官員的廉政或正義感及對腐敗做法不會帶來好處所持的信念，都無從談起」[7] 的認識，兩公約原則上要求應當將沒收的犯罪所得歸還請求國或當事人。其次，為了鼓勵各國積極參與有關的國際司法合作，充實或彌補合作各方的財力，兩公約還確立了「被沒收財產的分享機制」，即「根據本國法律或行政程序，經常地或逐漸地與其他締約國分享這類犯罪所得或財產或變賣這類犯罪所得或財產所獲款項」。[8]

　　協助追繳資產除在國際刑事司法合作獲得廣泛適用外，它也是區域刑事司法合作的重要形式。以中國大陸地區與香港、澳門地區間的協助追繳資產為例。隨著跨境犯罪案件的大幅增加，大陸與港澳間追繳資產的協助活動越來越具有緊迫性。如在大陸央行的一份研究報告中指出，香港、澳門已經成為大陸貪官洗錢外逃的主要中繼站。[9] 香港和澳門回歸中國之前，由於地緣上的特殊關係，廣東的公安司法機關與港澳地區之間已經存在追繳犯罪所得方面的合作。但時至今日內地與港澳之間仍未簽訂全面的司法合作協議，三地間的協助追繳資產仍然主要以「個案協助」的形式進行。在「個案協助」模式下，協助資產追繳主要通過三種方式得到實現。一是通過提起民事訴訟的方式，即通過提起民事訴訟，確認對犯罪所得的資產的合法所有權，並申請他方司法機關執行該民事判決或裁定以追回資產；二是委託方式，即獲得當事人的授權對相關資產進行處置，這是當前比較通行的追繳資產方式；[10] 三是勸導知情人自願歸還的方式，即辦案機關一旦發現涉案贓款贓物存放在境外時，可以請求港澳廉署協助查明贓款贓物的存放地點，受託方在查明案情後可以設法找到知情人，並向其講明該款項是案件嫌疑人使用非法手段所獲得的贓款贓物，勸導知情人自願歸還。

二、兩岸協助追繳資產機制的主要內容

　　《海峽兩岸共同打擊犯罪及司法互助協議》第9條規定：「雙方同意在不違反己方規定範圍內，就犯罪所得移交或變價移交事宜給予協助。」依此，兩岸協

助追繳資產機制的主要內容有如下幾個方面：

第一，追繳協助的主體和方式。首先，資產追繳協助的主體。依據《海峽兩岸共同打擊犯罪及司法互助協議》中的表述，兩岸追繳資產的協助主體為兩岸業務主管部門。臺灣《海峽兩岸調查取證及罪贓移交作業要點》將協助追繳資產工作交由臺灣檢察機關負責，檢察官可以自行或指揮檢察事務官、司法警察官或司法警察執行。大陸尚未就追繳協助相關主體進行明確規範，但依據《海峽兩岸共同打擊犯罪及司法互助協議》中確立的「聯絡人」制度，大陸負責追繳資產協助的主體應包括公安機關、檢察機關和法院等業務主管機關。雖然臺灣《海峽兩岸調查取證及罪贓移交作業要點》明確臺灣「法務部」作為協助聯絡人、檢察機關作為追繳協助的主體，但對於這一主體能否順利實現追繳資產協助，筆者仍持懷疑態度。依據現代訴訟法理論，只有法院才有定罪權，除法院之外的任何機關，尤其是行政機關與立法機關都不得行使司法裁判權。沒收和追繳無論是在大陸還是在臺灣，都是法定的刑罰方式，只有法院才有權作出沒收或追繳的裁判。所以，在國際資產追繳協助中，除存在某些特殊犯罪中的犯罪嫌疑人在逃、失蹤或死亡的情形時，追繳和沒收的協助一般由法院來實施，檢察機關並無權決定能否進行沒收或追繳協助。那麼，臺灣《海峽兩岸調查取證及罪贓移交作業要點》將追繳資產協助工作逕行交由檢察機關行使的做法，必然會帶來檢察機關是否有權行使該項協助的爭論。綜上，筆者認為兩岸協助資產追繳宜交由法院負責，這既體現現代刑事訴訟基本精神，也符合兩岸「法律」的規定。其次，資產追繳協助的方式。兩岸業務主管部門依據《海峽兩岸共同打擊犯罪及司法互助協議》，通過大陸業務主管部門的聯絡人和臺灣「法務部」進行聯絡和協助。兩岸協助請求主要通過書面方式提出，特殊情況下可以通過電話、口頭、傳真、電子郵件等形式與對方直接聯絡，但應留存聯繫記錄，並於結果通報書中敘明。除通過《海峽兩岸共同打擊犯罪及司法互助協議》通道外，受害人也可以通過提起民事訴訟或附帶民事訴訟的方式來解決。該管道主要是建立在海峽兩岸相互認可執行民事裁決的基礎之上的。最高人民法院先後頒布《最高人民法院關於人民法院認可臺灣有關法院民事判決的規定》和《最高人民法院關於認可臺灣有關法院民事判決的補充規定》，明確大陸法院對臺灣法院民事判決、民事裁定、調解書、支付令以

及臺灣仲裁機構裁決的認可程序；臺灣「臺灣地區與大陸地區人民關係條例」第74條規定：「在大陸地區作成之確定民事裁判、民事仲裁判斷，不違背臺灣公共秩序或善良風俗者，得聲請法院裁定認可。前項經法院裁定認可之裁判或判斷，以給付為內容者，得為執行名義。」

第二，追繳協助的對象。兩岸協助追繳的對象是「犯罪所得」，這與國際公約中的表述是一致的。[11]《聯合國反腐敗公約》中將「犯罪所得」定義為「通過實施犯罪而直接或間接產生或者獲得的任何財產」，其中「財產」是指「各種資產，不論是物質的還是非物質的、動產還是不動產、有形的還是無形的，以及證明對這種資產的產權或者權益的法律文件或法律文書」。除包括直接犯罪所得、價值與這種所得相當的財產以及犯罪的財產、設備或其他工具外，「犯罪所得」還包括如下三種形態：一是替代收益，即「犯罪所得已經部分或全部轉變或轉化為」的其他財產；二是混合收益，即「犯罪所得已經與從合法來源獲得的財產相混合」。對這類財產，《聯合國反腐敗公約》規定「應當在不影響凍結權或者扣押權的情況下沒收這類財產，沒收價值最高可以達到混合於其中的犯罪所得的估計價值」；三是利益收益，即「來自這類犯罪所得、來自這類犯罪所得轉變或者轉化而成的財產或者來自已經與這類犯罪所得相混合的財產的收入或者其他利益」。可見，聯合國公約中對「犯罪所得」的界定是十分廣泛的，只要來源於犯罪的任何財產都屬於「犯罪所得」。大陸刑法學界對「犯罪所得」概念的認識並不如公約中規定的那麼寬廣，主要來源於《中華人民共和國刑法》第64條關於沒收的規定和第312條規定的掩飾、隱瞞犯罪所得、犯罪所得收益罪的規定。當前一般認為，在贓物罪中犯罪所得及其產生的收益是指犯罪所得的物或者財產上利益及其產生的天然孳息和法定孳息，但只有物化的財產上利益才可以成為本罪的犯罪對象。[12] 臺灣學者將「犯罪所得」區分「犯罪所生之物」與「犯罪所得之物」，犯罪所生之物是指因犯罪的結果所產生之物，如偽造貨幣行為所產生的偽幣；犯罪所得之物是指因實施犯罪而取得之物，如因竊盜而竊得的財物、因犯罪行為而獲得的報酬等。刑法實務上，「犯罪所得之物是指因犯罪直接所得之物」。[13] 綜上可見，雖然「犯罪所得」在兩岸有關規定和國際公約中的表述一致，但其內涵並不完全一致。

《海峽兩岸共同打擊犯罪及司法互助協議》中雖提出「犯罪所得」一詞，但並未對其內涵進行規定，在適用中留下模糊空間。對此，許多觀點都認為應依據國際公約中的規定對兩岸移交「犯罪所得」進行解釋，「犯罪所得」應當包括「直接或間接地通過犯罪而產生或獲得的任何財物」。從打擊犯罪角度來講，應當依據「嫌犯財產」理論極力擴充犯罪所得的範圍，[14] 將犯罪所得的任何價值增值，即使與犯罪無關，也應當沒收。但從實踐來看，當前不宜對「犯罪所得」做寬泛解釋，仍宜將其限定為雙方法律都認可的直接犯罪所得。財產權是一項非常緊要的權利，並且受到法律的特別保護，對被非法轉移至境外的資產進行追繳涉及一些相當複雜的問題，如沒收的依據、程序等。即便是在《聯合國反腐敗公約》中，協助追繳資產問題也經歷了比較長的討論和斟酌過程。[15] 事實上，許多國際條約也都要求在開展追繳贓款贓物時要充分尊重被請求國的有關法律制度。這一規定在兩岸各自的法律中也存在著，如《中華人民共和國和加拿大關於刑事司法協助的條約》第17條第3款規定「在法律允許的範圍內，被請求方可以根據請求方的請求將上述贓款贓物移交給請求方」；臺灣「駐美國臺北經濟文化代表處與美國在臺協會間之刑事司法互助協定」第17條第3 款也規定「犯罪所得或犯罪工具須依締約上方所屬領土內之法律規定予以處理。締約之任何一方在其所屬領土內之法律許可之範圍，且認為適當時，得移轉該財物、變賣所得之全部或部分予他方」。因此，筆者認為，兩岸罪贓移交協助的「犯罪所得」僅指兩岸都認可的直接犯罪所得，並不包括間接產生或獲得的犯罪所得。

第三，追繳協助的限制條件。雖然《聯合國反腐敗公約》將協助資產追繳作為一項基本原則，並要求「各締約國應在本國法律制度的範圍內盡最大可能採取必要的措施，以便能夠沒收」，但《聯合國反腐敗公約》也要求追繳協助應當遵循被請求國的法律。海峽兩岸移交犯罪所得制度亦是如此，也規定了一些限制性條件。如臺灣《海峽兩岸調查取證及罪贓移交作業要點》第7條規定：「『法務部』 接獲大陸地區主管部門提出協助之請求時，認為有下列情形之一者，得不予協助並將該事由通知大陸地區主管部門：（一）請求內容不符合臺灣法令規定。（二）請求書所述之事實，依臺灣法律認為未涉嫌犯罪。但認有重大社會危害且經雙方同意個案協助者，不在此限。（三）執行請求將有背於公共秩序或善

良風俗。（四）執行請求將妨礙正在進行之偵查、起訴或審判程序。（五）有其他情事人有拒絕或暫緩提供協助之必要。」除上述情形外，臺灣《海峽兩岸調查取證及罪贓移交作業要點》第12條第7款第1項還規定臺灣檢察機關還應當就如下事項進行審查：「（1）請求書所述之犯罪事實，依臺灣法律亦構成犯罪。（2）請求移交或變價移交之犯罪所得未經臺灣法院宣告沒收。（3）對犯罪所得，在臺灣並無得主張權利之人，或經過主張權利之人同意。」從上述規定來看，臺灣對追繳資產協助的審查，除雙重犯罪、違背臺灣法令、公共秩序等內容外，主要是對是否已被沒收或存在權利主張人進行審查。值得注意的是此處之「主張權利之人」是否包括善意第三人。傳統民法認為，盜贓物原則上不適用善意取得，但是近代以來為了保護交易安全，一些國家作出不同的規定。總體來看，犯罪所得能否適用善意取得當前主要存在三種立法模式：一是犯罪所得不適用善意取得的立法模式，如《德國民法典》第935條規定：「物從所有人處被盜、遺失或以其他方式喪失的，不發生以第932條至第934條為依據的所有權取得。在所有人只是間接占有人的情況下，物從占有人處喪失的，亦同。對於金錢或無記名證券以及公開拍賣方式出讓的物，不適用上述規定。」[16] 二是肯定犯罪所得適用善意取得的立法模式，如澳大利亞《2002年犯罪收益追繳法》第330條第4款規定了不屬於犯罪所得或犯罪工具的情形，（a）項規定「如果犯罪收益或工具被第三人取得，該第三人為此付出了足夠的對價並且不知曉該財產為犯罪所得或犯罪工具或不存在引起這種合理懷疑的情形」時，則該財產停止作為犯罪所得或犯罪工具。《聯合國反腐敗公約》也持該種觀點，第55條第9款規定「不得對本條規定作損害善意第三人權利的解釋」。三是犯罪所得例外適用善意取得的立法模式，德國、法國、日本和臺灣的法律都規定犯罪所得一般不適用善意取得，但是有例外規定，符合特定條件才適用善意取得。如臺灣「民法典」第949條第1款規定：「善意取得之動產如為盜贓或遺失物時，喪失動產之被害人或遺失人自被盜或遺失之時起二年內得向占有人請求回覆其物。」第950條規定：「盜贓或遺失物，如占有人由拍賣或公開市場，或由販賣與其同種類之物之商人，以善意買得者，非償還其支出之價金，不得回覆其物。」大陸地區《物權法》迴避了犯罪所得能否適用善意取得，[17] 有關犯罪所得善意取得制度的司法

解釋和規章對該問題態度前後不一，有些規定對於贓物採取「一追到底」的態度，有些規定又採取「無條件善意取得」的態度。[18] 對此，筆者認為，既然大陸地區有關犯罪所得適用善意取得較為混亂的規定，而臺灣採取例外適用犯罪所得的模式，如果否定犯罪所得的善意取得的化，則明顯違背兩岸的相關法律制度。同時，為了避免兩岸追繳資產協助在該問題上爭論不休，兩岸資產追繳協助原則上應當適用犯罪所得的善意取得原則，這也是與國際公約的基本精神相一致的。

第四，與追繳協助相關的輔助措施。一般來說，與追繳協助相關的輔助措施主要包括通知、調查和保全制度。首先，通知制度。資產追繳程序中應當為相關人員提供適當機會和時間提出抗辯或異議，以證明有關資產的合法性或主張自己的權利。而抗辯或異議的前提即為通知，相關業務部門在作出是否進行追繳協助時，應當向財產所有人以及與之有利害關係的人員發出書面通知，並向上述人員抄送相關文件和資料。其次，調查制度。為完成追繳協助，應當賦予相關業務部門一定的調查權，相關業務部門可以依據己方法律規定對相關人員採取訊問或其他調查措施。最後，保全措施。為了防止相關資產被轉移和迅速有效地對可能屬於犯罪所得的財產進行搜查、扣押，應當予以在資產追繳協助中適用相應的保全措施。如《聯合國反腐敗公約》第31條第2款規定「各締約國應當採取必要的措施，辨認、追查、凍結或者扣押本條第一款所述任何物品，以便最終予以沒收」，第3款規定「各締約國應當根據本國法律採取必要的立法和其他措施，規範主管機關對本條第一款和第二款中所涉及的凍結、扣押或者沒收的財產的管理」。

三、兩岸協助追繳資產制度的完善

第一，建立相對獨立的資產追繳程序。

如前所述，獨立的沒收和追繳程序主要是指沒收和追繳獨立於刑事定罪程序，不以刑事定罪為前提條件，甚至可以在尚未啟動刑事訴訟程序的情況下獨立地為沒收和追繳程序。一般來說，獨立的財產沒收程序主要有如下特點：一是對物不對人。傳統的資產追繳程序一般依附於引渡制度而存在，因而有學者認為，

「物的引渡」只有在「人的引渡」可行的情況下才可行，兩者必須同時進行。[19] 但物的附帶引渡帶來諸多弊端，不利於國際追繳犯罪所得。1988年《聯合國禁止非法販運麻醉藥品和精神藥物公約》將追繳毒販收益規定為一項國際義務，美國為履行該項義務創設民事沒收制度，後來該制度被擴展至洗錢犯罪以及與洗錢犯罪相關的其他上游犯罪。如美國司法部「資產沒收與反洗錢處」的一位專家解釋說「財物的所有主並不一定是幹壞事的人，如果壞人利用某人的財物實施犯罪，我們就可以在民事上沒收該財物，因為有關訴訟行為針對的是物（item）」。[20] 二是不以被告人定罪為前提。由於獨立的資產追繳程序是一項只針對物，而不針對人的追繳制度，因此，它的實施可以獨立於對有關人員的刑事追訴程序和追訴結果。如在美國的民事沒收（civil forfeiture）制度中，只要證明有關的財物「構成、起源或者來自於直接或間接通過犯罪取得的收益」，即可對之實行扣押、凍結和沒收，即使有關的犯罪嫌疑人、被告人或者其他關係人在逃、失蹤、死亡或者被監禁在其他國家。三是適用民事訴訟的證據規則。獨立的資產追繳程序不以刑事定罪為前提條件，在訴訟規則上主要適用民事訴訟規則，也不要求公訴機關完全承擔關於犯罪收益的舉證責任。如在關於民事沒收的訴訟中，作為原告的美國政府應當證明：有關財產與犯罪之間存在著「實質性聯繫」；另一方面，如果任何人認為對有關財物享有權利或者認為民事沒收的決定過分嚴厲，他則同樣負有舉證的責任。如果某人宣稱自己是有關財物的「無辜所有主（innocent owner）」，有關的證明責任將由該人承擔。[21] 獨立的資產追繳程序能使追贓擺脫對定罪的依賴性，突顯追贓的獨立性和重要性，有利於大幅提升追贓的及時性和有效性，對海峽兩岸追繳資產作業大有裨益。此外，獨立的資產追繳程序也較符合當前的兩岸資產追繳機制。如前所述，臺灣《海峽兩岸調查取證及罪贓移交作業要點》將資產追繳協助的審查決定權交由臺灣「法務部」和檢察機關，但依據臺灣相關法律沒收只能由法院依法作出，檢察機關並無權作出沒收決定。如果確立獨立的資產追繳程序，資產追繳決定應由相關主管部門來作出而並不必然要求法院作出，[22] 符合當前資產追繳機制的要求。

兩岸法律中都存在一定的相對獨立的資產追繳程序。首先，大陸地區相關法律中也規定有一些主管機關在未定罪情況下的沒收程序，如《刑事訴訟法》第

142條第3款規定:「人民檢察院決定不起訴的案件,應當同時對偵查中扣押、凍結的財物解除扣押、凍結。對被不起訴人需要給予行政處罰、行政處分或者需要沒收其違法所得的,人民檢察院應當提出檢察意見,移送有關主管機關處理。有關主管機關應當將處理結果及時通知人民檢察院。」[23] 其次,在臺灣,臺灣「刑法」第40條規定的「違禁物單獨宣告沒收」是一種相對獨立的沒收程序。在臺灣,沒收屬於從刑的一種,原則上必須依附主刑的宣告而宣告,「但違禁物或其他不宜任令在外流通之物,因性質特殊,得不必附隨主刑宣告,而且 『免除其刑者,仍得專科沒收』。故本法乃規定 『沒收,除有特別規定者外,於裁判時並宣告之』」。[24] 2002年臺灣修訂「刑事訴訟法」增訂第259條之一明確規定相對獨立的沒收宣告程序,規定「檢察官依第253條或第253條之一為不起訴或緩起訴之處分者,對供犯罪所用、供犯罪預備或因犯罪所得之物,以屬於被告者為限,得單獨聲請法院宣告沒收」。雖然大陸和臺灣都存在一定程度的相對獨立沒收程序,但都與國外獨立的民事沒收程序存在重大區別:兩岸相對獨立的沒收程序雖然不以定罪為前提條件,但仍附隨於刑事訴訟程序,只是在刑事訴訟程序無法繼續進行或出現法定中斷事由時,對違禁物或違法所得等實施的一種沒收程序,其本質上仍然要以刑事訴訟程序進行為存在前提;而國外獨立的民事沒收程序並不以刑事訴訟程序的開始為前提,只要「有合理懷疑」有關人員實施了某些犯罪,即可針對有關的財產實施扣押、凍結和沒收。因此,結合兩岸刑事司法實踐,兩岸不宜確立完全獨立的資產追繳程序,宜採用相對獨立的資產追繳程序,僅適用於已經啟動刑事訴訟程序但在法院定罪前犯罪嫌疑人或被告人死亡、逃跑或失蹤的情形。確立相對獨立的資產追繳程序後,海峽兩岸可以據此進行追繳協助。兩岸進行追繳資產協助時,可以參考《聯合國反腐敗公約》第55條第1款的規定:「在沒收事宜的國際合作中,被請求國在收到對腐敗犯罪擁有管轄權的請求國關於沒收位於被請求國領域內的犯罪所得、財產、設備或者其他工具的請求後,可以由主管機關取得本國沒收令後執行或者依據請求國法院發出的沒收令予以執行。」

第二,確立兩岸追繳資產的分享機制。

犯罪資產的分享指的是合作破案的國家或地區間分享經合作而沒收的犯罪所

得的制度。傳統國際刑事司法合作中，犯罪所得是負責沒收的締約國專屬財產的觀點一直占主導地位。[25] 如《聯合國打擊跨國有組織犯罪公約》第14條第1款規定「締約國依照本公約第12條或第13條第1款沒收的犯罪所得或財產應由該締約國根據本國法律和行政程序予以處置」。但為了鼓勵各國積極打擊某些國際犯罪，國際社會在實踐中形成對被沒收資產的分享機制。1988年《聯合國禁止非法販運麻醉藥品和精神藥物公約》率先提出各締約國應當「按照本國法律行政程序或締結的雙邊或多變協定，定期地或逐案地與其他締約國分享這類收益或財產或由變賣這類收益或財產所得的款項」。此後的該項公約中也大都包含有關於分享的類似條款，「資產分享」的做法後來也被一些國家擴展至普通刑事案件的司法合作中，用以解決有關的請求國歸還被追繳的犯罪所得問題。《聯合國反腐敗公約》則在「資產分享」的基礎上更前進一步，確立了所有權人的優先歸還權。對於海峽兩岸協助追繳資產的分享機制，《海峽兩岸共同打擊犯罪及司法互助協議》並未規定，臺灣「法務部」頒布的《海峽兩岸調查取證及罪贓移交作業要點》也未規定資產分享機制。大陸在對外司法合作實踐中並不認可追繳資產分享機制，但在與外國簽訂的公約中並未反對這一分享機制，某些條約甚至包含了資產分享的相關內容。如《中華人民共和國和日本國關於刑事司法協助的條約》第16條第2款規定「被請求方如果因為根據第一款提供協助而保管犯罪所得或者犯罪工具，可以在本國法律允許的範圍內並在其認為適當的條件下，將全部或者部分的犯罪所得或者犯罪工具，包括出售這些資產的所得，移交給請求方」。臺灣不是國際法上的主體，無法對外簽訂國際條約，但從臺灣既有的司法互助協定來看，臺灣最近立法也承認了追繳資產的分享機制。臺灣「駐美國臺北經濟文化代表處與美國在臺協會間之刑事司法互助協定」第17條第3款規定：「犯罪所得或犯罪工具須依締約雙方所屬領土內之法律規定予以處理。締約之任何一方在其所屬領土內之法律所許可之範圍，且認為適當時，得移轉該財物、變賣所得之全部或部分予他方。」[26] 既然追繳資產的分享機制都客觀存在於兩岸刑事司法合作實踐中，那麼隨著未來兩岸資產追繳合作的深入，兩岸資產追繳協助中引入資產分享機制並不困難。

《聯合國反腐敗公約》將追繳資產的利益分享這一問題交由各締約國自行解

決,「在適當的情況下,締約國還可以特別考慮就所沒收財產的最後處分逐案訂立協定或者可以共同接受的安排」。由於資產追繳的分享機制對兩岸都是較為新鮮的事物,兩岸也缺乏資產追繳分享的經驗,因此,在建構兩岸追繳資產的分享機制時,我們可以借鑑國際社會中較為成熟的做法。目前,美國是最擅長運用這一策略的國家,並通過一系列立法行動將有關的分享機制具體化。根據美國的有關法律和實踐,與外國分享罰沒的資產需要符合以下條件:

第一,有關國家直接或者間接參加了依照美國法律開展的扣押、凍結或者沒收犯罪所得的活動。

第二,美國司法部長或者財政部長批准向有關外國移交分得的被追繳資產,並且上述移交資產的決定獲得美國國務卿的准可。

第三,美國與有關外國通過雙邊刑事司法協助協定或者有關的個案協定就分享達成協議。澳大利亞《2002年犯罪收益法》規定了與外國分享被罰沒資產的兩項條件:

一是澳大利亞司法部長認為,有關外國在澳大利亞開展的資產追繳活動或者對有關違法行為的調查或追訴活動作出了「重要貢獻」。

二是與外國就資產追繳問題達成了協議。[27] 可見,美國和澳大利亞與外國分享追繳資產的條件主要有三項,一是司法部長或財政部長同意,二是該外國在資產追繳活動中作出重要貢獻,三是與該外國就資產追繳問題達成協議。

兩岸分享追繳資產時,也可以借鑑上述做法,具體來說:

一是一方在協助另一方進行資產追繳獲得或對有關違法行為的調查或追訴等活動中作出重要貢獻,即兩岸間存在實質司法合作。

二是追繳資產分享應當徵得兩岸相關主管部門的同意,如在臺灣可以由「法務部撥交使用審議委員會」[28],大陸可由相關主管機關進行審議。

三是兩岸就追繳資產的分享問題達成協議,可以是個案協議,也可以是雙邊

有關資產追繳協助的合作協議。至於分享比例，應由兩岸依據個案中協助的程度等具體協商。此外，追繳資產的分享不得損害被害人、財產合法所有人和善意第三人的權利。如《聯合國反腐敗公約》確立了對某些財產的優先歸還權，並且「優先考慮將沒收的財產歸還請求締約國、歸還其原合法所有人或者賠償犯罪被害人」。

第三，設立金融情報機構。資產追繳協助離不開金融機構間的合作，如《聯合國打擊跨國有組織犯罪公約》第7條規定了打擊洗錢活動的措施，第4款要求「締約國應努力為打擊洗錢而發展和促進司法、執法和金融管理當局間的全球、區域、分區域和雙邊合作」。為促進各國金融機構間的訊息共享，《聯合國反腐敗公約》第58條鼓勵各國設立金融情報機構，負責「接受、分析和向主管機關轉遞可疑金融交易的報告」。

自1990年以來，已有超過110個國家設立了金融情報機構。國際上的金融情報機構主要有如下幾種模式：

一是行政型模式。這種情報機構或者附設於監管／監督機關，例如中央銀行或者財政部，或者作為獨立行政機關。以一個行政機構作為金融機構和其他舉報部門以及執法部門之間的「緩衝器」，各機關可以更容易地取得舉報機構的合作，舉報機構常常意識到它們與執法機構的直接制度化聯繫在客戶心目中產生的不利影響。

二是執法型模式。在某些締約國，由於強調金融情報機構的執法方面，金融情報機構是被作為一個獨立公共機構或者執法機構的一部分設立的。這被視為設立一個擁有適當執法權的機構的最容易的方式，不必在一個新的法律和行政框架內設計一個新實體。

三是司法或檢察型模式。這種類型的金融情報機構一般設立在司法部門內部，並且最經常處於檢察官管轄之下。在具有大陸法傳統的締約國，這種安排具有典型性，這些國家的檢察官是司法機關成員，並有權管轄偵查機構。

四是混合型模式,即上述幾種模式的組合。如有些金融情報機構將行政型和執法型金融情報機構的特點相結合,而另一些則將海關機構的權力和警察的權力相結合。[29] 大陸地區的金融情報機構採用行政型模式,2004年於中國人民銀行內成立中國反洗錢監測分析中心,負責收集、分析、檢測和提供反洗錢情報;臺灣雖無法參加《聯合國反腐敗公約》,但主要由「法務部調查局」中的「洗錢防制中心」負責與各國金融情報機構聯繫。兩岸資產追繳協助首先需要建立兩岸金融情報共享機制,如《海峽兩岸金融合作》第2條第1款規定:「雙方同意為維護金融穩定,相互提供金融監督管理與貨幣管理資訊。對於可能影響金融機構健全經營或金融市場安定的重大事項,雙方盡速提供。」至於訊息共享機制的建構,可以利用現有框架下大陸地區的中國反洗錢檢測分析中心與臺灣的「法務部調查局洗錢防制中心」,兩岸金融情報機構間就收集、分析、檢測和提供犯罪資產情報進行合作。

注　釋

[1].《兩岸洗錢天堂每年地下通匯移轉700億美元》,載http://ido.3mt.com.cn/pc/200508/20050816132286.shtm,訪問時間2011年5月6日。

[2].這五起案件分別是臺中昱翔印刷工廠案、臺中美金及人民幣偽造案、彰化仕字印刷案、高雄偽造人民幣地下工廠案和臺南偽造人民幣印刷工廠案。

[3].鐘德勛:《兩岸刑事司法互助與共同打擊犯罪之研究》,臺灣東華大學公共行政研究所2003年碩士學位論文,第230頁。

[4].黃風:《國際刑事司法合作的規則與實踐》,北京大學出版社2008年版,第107頁。

[5].《聯合國反腐敗公約實施立法指南》,第229頁。

[6].黃風:《國際刑事司法合作的規則與實踐》,北京大學出版社2008年版,第108～109頁。

[7].《聯合國反腐敗公約實施立法指南》,第261頁。

[8].如《聯合國打擊跨國有組織犯罪公約》第14條第3款（b）項、《聯合國反腐敗公約》第57條第5款的規定等。

[9].央行反洗錢監測分析中心課題組：《中國腐敗分子向境外轉移資產的途徑及監測方法研究》（參評精簡本），第43頁。

[10].如在溫慶巍受賄境外追贓取證案中，溫慶巍在香港銀行開設保險箱和多個帳戶，並用部分贓款100餘萬元在澳門購置房產。為能夠順利地從香港地區追回贓款贓物，在香港廉政公署的支持協助下，並在取得溫慶巍的授權後，由大陸辦案人員依照香港法律和銀行規定的程序進行處理，最終將溫慶巍的全部贓款及時轉回大陸。

[11].在《聯合國打擊跨國有組織犯罪公約》和《聯合國反腐敗公約》的英文版本中使用「proceeds of cirme」，對應的聯合國正式中文版本中，將其翻譯為「犯罪所得」。但「犯罪所得」在大陸和臺灣的相關文獻中表述並不太一樣。

[12].參見楊金彪：《贓物罪中「犯罪所得」的含義》，載《社會科學》2008年第2期。

[13].林山田：《刑法通論（下冊）》（增訂九版），臺灣大學法學院圖書部2006年，第445～446頁。

[14].如《聯合國反腐敗公約技術指南》指出，鑒於犯罪會盡快將主要犯罪所得出手，以阻止追查這些財產的調查努力，這項規定對於適用物品沒收模式具有重大相關性，目的是避免與可能的善意第三人的衝突，並為調查和起訴活動提供便利。這項規定體現了價值沒收模式背後的同一種理論：重要的是使罪犯不能通過不法手段致富。該規定遵循所謂「嫌犯財產」理論，根據該理論，嫌犯財產與「乾淨財產」發生交換後，後者變為嫌犯財產。儘管這可能引發關於善意接受的問題，但各國已經制定了要求，立法據此將「嫌疑」的不可撤銷性放在第一位，無論重複轉移、接收和轉換了多少次。《聯合國反腐敗公約技術指南》，第76頁。

[15].如聯合國反腐敗公約特設委員會在審議「犯罪所得」時指出「特設委員

會決定將重新審議本項，以確定為了對 『犯罪』 一詞加以限定是否有必要添加『根據本公約確立的』 一語」，雖然公約最終並未添加上述用語，但這的確反映了特設委員會專家在該問題上的擔憂。《聯合國反腐敗公約修訂草案》，第5頁。

[16].《德國民法典》（陳衛佐譯），法律出版社2004年版，第295頁。

[17].對此，立法機關的解釋是「對被盜、被搶的財物，所有權人主要通過司法機關依照刑法、刑事訴訟法、治安管理處罰法等有關法律規定追繳後退回」；「在追贓過程中，如何保護善意受讓人的權益，維護交易安全和社會經濟秩序，可以通過進一步完善有關法律規定解決，物權法對此可以不作規定。」胡康生：《中華人民共和國物權法釋義》，法律出版社2007年版，第244頁。

[18].如1992年8月最高人民法院研究室在《關於對詐騙後抵債的贓物能否判決追繳問題的電話答覆》中指出：「贓款贓物的追繳並不限於犯罪分子本人，對犯罪分子轉移、隱匿、抵債的，均應順著贓款贓物的流向一追到底，即使享有債權的人善意取得的贓款，也應追繳。」但大陸地區1996年《最高人民法院關於審理詐騙案件具體應用法律的若干問題的解釋》規定，行為人將詐騙財物已用於歸還個人欠款、貸款或其他經濟活動的，如果對方明知是詐騙財物而收取屬惡意取得，應當一律予以追繳；如確屬善意所得，則不再追繳。

[19].張智輝：《國際刑法通論》，中國政法大學出版社1999年版，第328頁。

[20].黃風：《論對犯罪收益的民事沒收》，載《法學家》2009年第4期。

[21].黃風：《論對犯罪收益的民事沒收》，載《法學家》2009年第4期。

[22].如依據《美國法典》第18章第981條（b）款（1）項的規定，司法部長、財政部長或郵政部門都有權作出民事沒收的決定。

[23].當然，中國目前獨立的沒收程序缺乏體系化、系統化，而且適用範圍也非常狹窄，無法解決當前所面臨的複雜情況。因此，有學者建議借鑑外國的民事沒收制度以及相關的成功經驗，在大陸盡快建立針對犯罪所得或者違法行為所得

的、獨立的財產沒收制度。參見黃風：《論對犯罪收益的民事沒收》，載《法學家》2009年第4期；宋英輝、何挺：《區際追贓合作中的獨立財產沒收》，載《人民檢察》2011年第6期。

[24].林山田：《刑法通論（下冊）》（增訂九版），臺灣大學法學院圖書部2006年，第446頁。

[25].《聯合國反腐敗公約實施立法指南》，第265頁。

[26].臺灣與美國簽訂「駐美國臺北經濟文化代表處與美國在臺協會間之刑事司法互助協定」時，臺灣法律體系中並未有「追繳資產分享機制」。上述協定簽訂後，臺灣「法務部」立即著手推定相關立法，並於2003年1月13日通過「洗錢防制法」第十二條之一（2009年「洗錢防制法」修訂後為「新法」第15條），規定「依前條第一項沒收之犯罪所得財物或財產上利益為現金或有價證券以外之財物者，得由『法務部』撥交檢察機關、警察機關或其他協助查緝洗錢犯罪之機關作公務上使用。外國政府、機構或國際組織依第十六條所簽訂之條約或協定或基於互惠原則協助中國執行沒收犯罪所得財物或財產上利益者，『法務部』得將該沒收財產之全部或一部撥交外國政府、機構或國際組織」。

[27].黃風：《國際刑事司法合作的規則與實踐》，北京大學出版社2008年版，第169～177頁。

[28].臺灣為履行「駐美國臺北經濟文化代表處與美國在臺協會間之刑事司法互助協定」，臺灣「法務部」於2004年通過「洗錢犯罪沒收財產管理撥交及使用辦法」。依據該辦法，臺灣於「法務部」內部成立「撥交使用審議委員會」，負責審核撥交使用之案件。「洗錢犯罪沒收財產管理撥交及使用辦法」第6條第2款規定：「前項審議委員會置委員九人，其中一人為主任委員，有『法務部』次長擔任，其餘委員，分別由『最高法院檢察署』、『行政院海岸巡防署』、『內政部警政署』、『國防部軍法司』、『財政部關稅總局』、『法務部調查局』、『臺灣高等法院檢察署』、『法務部檢察司』代表各一人擔任，均為無給職。」

[29].《聯合國反腐敗公約技術指南》，第173～176頁。

臺日「投資協議」的法律特徵與政治邏輯

廈門大學臺灣研究院 季燁

在臺灣發展對外關係方面，長期以來，學界普遍關注其在參與非政府組織以及功能性政府間國際組織方面的訴求，對其所達成的雙邊經貿安排卻著墨不多。這或許是因為，迄今為止臺灣當局所締結的雙邊經貿安排多屬於「政治驅動型」，經濟效用並不明顯，象徵色彩大於實質意義。然而，2011年臺灣與日本通過各自民間團體正式簽署的「亞東關係協會與財團法人交流協會有關投資自由化、促進及保護合作協議」（Arrangement Between Association of East Asian Relations and Interchange Association for the Liberalization, Promotion and Protection of Investment, 簡稱臺日「投資協議」），卻是兩岸簽訂《海峽兩岸經濟合作架構協議》（Cross-Strait Economic Cooperation Framework Agreement, ECFA）後，臺灣與其主要貿易夥伴簽署的第一個促進與保護投資的雙邊安排，[1] 其經濟功能和法律特徵均值得探究，本文擬就後者發表管見。

一、臺日「投資協議」的背景與由來

現代意義上的雙邊投資條約（Bilateral Investment Treaty，BIT）肇始於傳統的友好航海通商條約，後演變為與投資保險制度相銜接的雙邊投資保證協定。到了1950年代後期，旨在促進和保護跨國投資並兼有實體性和程序性規定的雙邊投資協定開始成為雙邊投資條約最普遍的形式。1959年11月，聯邦德國與巴基斯坦兩國政府簽署了全球第一個BIT，啟動了二戰後世界經濟重建進度的重要一環。[2] 時至今日，BIT被普遍認為是一個經濟體吸引外來資本參與內部建設的重要法律機制和戰略。也正因為如此，BIT的發展勢頭異常迅猛，截至2011年底，全球BIT的締結總量已達2833項，約占現有各種國際投資協議的89.5%。[3] 針對BIT的繁盛，德國學者阿克塞爾·伯傑（Axel Berger）提出了「外國直接投資的

全球治理體系」的概念，並主張BIT成了外國直接投資治理最重要的法律制度。[4]

臺灣當局也曾力推雙邊投資保護戰略，但實踐效果不佳。自1952年與美國政府簽署「關於保證美國投資制度換文」以來，臺灣當局迄今以各種名義和身分與相關國家僅簽署了29個雙邊投資保護安排。相比之下，大陸在改革開放以來短短的30多年中，就與128個國家商簽BIT，締約數量僅次於德國而位居世界第二。[5] 除了締結數量有限，臺灣簽訂的雙邊投資保護安排多集中於1990年代，在內容方面也仍然拘泥於投資保證這一早期形態，甚至還包括了與美國和馬拉維政府簽署的兩個單邊保證協議。此外，在談判對象方面，臺灣當局的談判對象主要集中於極少數與其建立所謂「邦交」關係的國家。

臺灣當局的雙邊投資保護實踐之所以進展有限，其原因是多方面的。首先，就締約意圖而言，臺灣當局似乎一開始就並未遵從BIT所固有的經濟邏輯，而是藉此機會擴大其所謂的「國際能見度」。一個鮮明的例證便是，臺灣對外簽訂且生效的諸多雙邊投資保護安排系在其與所謂「邦交國」之間展開，在吸引外來資本方面的實際效果極為有限。同時，臺灣當局的自我定位模糊也阻礙了其實踐的發展。從行政機構到經濟主管部門再到對外關係主管部門等，臺灣對外雙邊投資保護安排的簽訂主體不一而足，反而進一步彰顯了臺灣當局將雙邊投資保護安排作為其「國際活動空間」有所擴大的政治點綴。最後，兩岸關係的波動也成為制約臺灣對外經貿安排發展的關鍵因素。在2008年之前臺灣當局片面否認「九二共識」、挑釁「一中框架」並衝擊兩岸政治互信的背景下，臺灣方面要通過對外締結雙邊經貿安排更容易被視為頗富政治意味的企圖，非但大陸並不樂見，臺灣的經貿夥伴也心存顧慮。對此，位於布魯塞爾的歐洲智囊「歐洲國際政治經濟中心」曾公布研究報告表示，臺灣要對外商簽自由貿易安排，首先要得到來自北京的「綠燈」，如果大陸認為這樣的討論有悖於「一個中國」政策，任何一個國家都不會跟臺灣展開類似討論。[6] 這種觀察是符合實際的，例如，新加坡政府資政李光耀就曾表示，新加坡與臺灣的關係，不能快過臺灣與中國大陸的關係，這是新加坡的立場，一旦兩岸關係改善，臺新之間討論簽署自由貿易協定（Free Trade Agreement，FTA）將不成問題。[7]

但在2008年馬英九擔任臺灣領導人之後，兩岸關係因當局重新承認「九二共識」而進入和平發展的新時期。2010年6月，兩岸兩會領導人在重慶簽署ECFA，從而為兩岸經貿交流的制度化和規範化奠定了基礎。藉此東風，國臺辦主任王毅在ECFA簽署儀式後的記者會上表示，只要兩岸保持良性互動，不斷增進互信，對於臺灣與他國簽訂自由貿易協議，大陸會「合情合理對待，務實妥善處理」。商務部副部長姜增偉也公開表示，瞭解臺灣參與國際活動，擴大國際交往的願望，在不違反「九二共識」的前提下，兩岸可找到確實的解決之道。這也是大陸官方首次正面響應臺灣對外簽署經貿安排的提議。[8]

大陸態度的轉變也使得臺灣當局與日本關於雙邊投資保護協議的商簽工作逐漸明朗。據臺灣經濟主管部門透露，鑒於臺日之間密切的經貿往來，[9]臺灣長期以來積極推動與日本洽簽雙邊投資保護協議，不過日方礙於政治因素，遲遲沒有給予正面響應。但自ECFA簽訂以來，日方態度轉趨正面。[10]該項談判於2010年正式啟動，經多次協商，雙方於2011年7月就文本草案達成初步共識，此後雙方舉行了多輪會談推敲文字，並於2011年9月15日確認最終協議草案。9月22日，臺灣「亞東關係協會」（the Association of East Asian Relations）會長彭榮次與日本「財團法人交流協會」（the Interchange Association，簡稱「日本交流協會」）新任會長大橋光夫在臺北正式簽署《亞東關係協會與財團法人交流協會有關投資自由化、促進及保護合作協議》。

二、臺日「投資協議」的非典型性法律特徵

傳統上，BIT是國家之間締結的，旨在保護和促進相互間跨國私人投資流動的法律文件。然而，臺日「投資協議」在締約主體、名稱和內容等方面均與傳統的投資條約呈現出較大差異。上述差異對於從法律角度正確把握臺日「投資協議」的性質、科學看待臺灣對外簽訂雙邊經貿安排的可行性及其實施機制等問題，具有重要意義。

（一）締約主體

從臺日「投資協議」的文本看，其主體一方是臺灣的「亞東關係協會」，另一方則是「日本交流協會」，二者均屬各自法律體制下的民間團體。之所以通過

這樣的管道簽署協議，這是因為，隨著1972年9月29日日本國政府與中華人民共和國政府正式建交，日本與臺灣當局不再維持所謂「外交」關係。但是，為因應維持兩地在貿易、經濟、技術、文化等方面的交流與合作，雙方於當年12月分別成立了上述兩個民間團體，並簽署「互設駐外辦事處協議書」，從而維持民間層面的經貿文化往來。[11]

儘管臺日「投資協議」是以雙方民間團體的名義簽署，但這並不影響臺日雙方理應承擔的責任。一方面，從談判的參與主體來看，臺灣當局和日本政府的有關職能部門都實質性地參加了協議的談判工作。具體而言，臺灣方面的談判由亞東關係協會牽線，談判成員來自對外關係、內政、經濟、交通、法律、教育、衛生、金融、農業、銀行、文化建設、通訊傳播、公共工程等主管部門；日本方面則由交流協會牽線，成員來自經濟產業省、財務省、農林水產省、國土交通省和總務省。另一方面，無論是從國際法還是行政法理論上看，經法律授權而行使政府權力要素的實體，在特定情況下以受權的資格行事時，其行為應歸於政府。[12] 臺灣「行政程序法」第2條第3項也規定，受託行使公權力之個人或團體，於委託範圍內，視為行政機關。據此，亞東關係協會經臺灣內部法律授權而從事的簽署協議的行為，應視為臺灣當局的行為，且協議的履行責任亦應由臺灣當局承擔。

應予指出，雖然臺灣是中國不可分割的一部分，但這並不必然妨礙臺灣以合適的名義和身分參與條約實踐。晚近的國際法實踐表明，主權國家只是條約實踐的主要而非唯一主體，非主權實體參與締結國際條約並非罕見。[13]這一主張亦可從香港在經濟領域的條約實踐得到佐證。[14] 唯臺灣與香港的不同點在於，香港特區在對外事務領域（包括經濟、經濟、貿易、金融、航運、通訊、旅遊、文化、體育等領域）的自主權有1984年《中華人民共和國政府和大不列顛及北愛爾蘭聯合王國政府關於香港問題的聯合聲明》和1990年《中華人民共和國香港特別行政區基本法》的法律保障；[15] 而鑒於海峽兩岸關係尚未完全正常化的現狀，臺灣當局在對外事務中的自主權亦處於不穩定狀態。

（二）締約名稱

臺日「投資協議」在島內被稱為「協議」，事實上，其作準的英文名稱是「Arrangement」，[16] 似乎翻譯為「安排」更為妥當。對此，向來對締約名義頗為看重的臺灣經濟主管部門有關人員在簽約後的記者會上解釋道，之所以用「arrangement」而非國際常用的「agreement」（協議），只是為了照顧到雙方既有的締約習慣，因為雙方過去簽訂的文件向來都使用前者。[17]

然而，事實並非如此簡單。回顧ECFA的醞釀階段，不難發現，之所以ECFA的簽訂一波三折，其主要障礙之一便在於名稱的選擇問題。針對起初擬議中的內地與臺灣之間的「更緊密經貿安排」（closer economic partnership arrangement，ECFA），島內主要反對力量即以「港澳化」、「矮化」為由表示強烈反對；[18] 即便後來臺灣當局將其改稱為「兩岸綜合性經濟合作協議」（comprehensive economic cooperation agreement，CECA），亦因為其英文名稱與ECFA相近而不被反對者所接受，以至於當局又將中文改為「兩岸綜合性經濟合作協定」，試圖強化其條約的屬性，從而突顯所謂的臺灣「主權」與「對等」。[19] 幾經周折，才最終命名為「海峽兩岸經濟合作架構協議」（ECFA）。

從法律的角度看，名稱的意義並不如島內少數反對力量所想像得那麼重要。1969年《維也納條約法公約》第2條第1款（甲）項規定：所謂「條約」，是指「國家間所締結而以國際法為準之國際書面協定，不論其載於一項單獨文書或兩項以上相互有關之文書內，亦不論其特定名稱如何」。李浩培教授進一步指出，上述規定只是意在說明該公約使用的「條約」這個名詞所具有的意義，而非對條約的定義；事實上，條約的實踐者不限於國家這一唯一主體，非國家實體亦具有條約實踐的行為能力。此外，廣義的條約還包括專約、公約、協定、議定書、文件、宣言、換文、臨時協定、諒解備忘錄、安排和聯合公報在內。[20] 據此，筆者無意執著於臺日「投資協議」中「arrangement」一詞的翻譯正確與否，但應予指出，既然在臺日「投資協議」中可以使用「arrangement」（安排）一詞作為文件的名稱，而在兩岸經濟關係制度化的過程中卻成為「矮化」臺灣的標誌，這一事實說明，島內少數反對力量似乎並沒有抱著開放的心態和專業的精神來對待兩岸間的交流與合作，這種「為了反對而反對」的非理性主張也在一定程度上表

明，兩岸關係正常化與制度化的政治互信與社會基礎仍有待進一步厚植。

（三）締約內容

就全球範圍內而言，自1980年代，尤其是90年代以來，以雙邊投資條約為主體的國際投資法制出現了明顯轉向，即從以往以投資保護為中心目標的歐式協定向以投資自由化為主要目標的美式協定轉型。較之於前者，美式協定的突出特點在於，它通過擴大受條約保護的投資與投資者的範圍，將最惠國待遇和國民待遇標準從准許進入後階段延伸適用至准許進入前階段，通過列舉「負面清單」的方式竭力擴大締約方的開放領域和部門，並拓展禁止業績要求的適用範圍。[21] 由於這種高標準的投資自由化條款在很大程度上限制了東道國規制外資的權限，對東道國的市場開放度和行政能力都提出了較高的要求，因此，儘管在美國的竭力倡導下，包括加拿大、日本等少數發達國家採取了類似實踐，但總體上，這種美式投資條約在國際社會仍屬「非主流」。[22]

就臺灣的實踐而言，臺灣當局目前與29個國家簽有「投資保障協議」，卻始終不曾與主要貿易夥伴國家簽署類似的雙邊安排，而且，過去簽署的協議也僅限於投資保障，未觸及投資自由化。因此，臺日「投資協議」系臺灣與其主要貿易夥伴簽署的第一個雙邊投資協議，也是第一個以投資自由化為主要目標的投資協議，以至於臺灣經濟主管部門負責人以「進步型、全盤性」對其表示高度肯定。[23] 具體而言，臺日「投資協議」的自由化特徵主要表現在以下三方面：

首先，在實體待遇方面，該協議以互惠方式授予締約任一方投資者以國民待遇和最惠國待遇，並延伸適用於投資准許進入階段。該協議第3條和第4條規定，任一方投資者及其投資在他方領域內之相關投資活動，應受到不低於他方投資者及其投資在同類情況下所受到的待遇，亦不低於任何其他國家或區域之投資者及其投資在同類情況下所受到之待遇。而根據第2條第3項的解釋，「投資活動」不但包括投資的營運、管理、維護、使用、收益、出售或其他處分，還包括了投資的設立、收購和擴充。

其次，該協議引入了詳盡的禁止業績要求條款，極大限制了締約方對投資者及其投資的管轄權。傳統上，業績要求是外資進入一經濟體或享受特定優惠的前

提，該經濟體也藉此機會對外資進行調控以便服務於其內部的經濟社會發展目標。但自1980年代以來，以美國為代表的發達國家以業績要求措施扭曲跨國貿易和投資流動為由，竭力要求予以限制直至取消。此類主張在世界貿易組織（WTO）框架下也取得了部分進展，烏拉圭回合多邊談判達成的《與貿易有關的投資措施協定》便明確禁止使用當地成分要求、貿易平衡要求、外匯平衡要求和當地銷售要求等四項投資措施。作為WTO成員，臺灣當局也承擔著上述義務。但是協議第7條進一步擴大了業績要求的範圍，將出口要求、當地原材料要求、國內銷售、當地僱傭、技術轉讓、總部處所、高管聘任、當地研發要求等方面的限制也納入禁止之列，從而大大地削減了締約雙方的投資壁壘，提升了投資自由化水平。

最後，在部門開放幅度方面，該協議通過採用「負面清單」的方式極大地拓展了投資准許進入的範圍。與「肯定清單」相比，這種義務承擔方式的特點在於，在協議中設定普遍適用的高水平的義務範圍，僅允許締約方通過談判對其設定有限的例外，且將通過後續談判逐漸消除這些例外。[24] 由於這種義務承擔方式要求協議各方具備推進投資自由化的高度決心和勇氣，能夠應對高度的投資自由化可能引發的經濟風險，具備對其限制貿易與投資的措施進行識別和分類的充足行政能力，因此，實踐中只有美國、加拿大等極少數發達國家在其BIT中採用了這種方式。儘管臺灣行政機構基於其僑外投資條例的授權，[25] 在制定「僑外投資負面表列——禁止及限制僑外人投資業別項目」時已採用「負面清單」方式來界定僑外投資者允許投資的範圍，[26] 但在其對外雙邊投資保護安排中採用類似實踐還是第一次，即便就全球BIT實踐而言也具有一定的超前性。

然而，與幾乎所有BIT如出一轍，臺日「投資協議」也並非一種毫無防線的高度自由化協議。一方面，協議採納了大量的例外條款，包括一般例〔外第18條第1款（a）至（c）項〕、基本安全例外（第18條第2款）、金融服務審慎監管例外（第20條）、稅收措施例外（第22條）、不降低健康、安全、環保與勞工標準條款（第24條）等，藉此為締約方採取相關的經濟調控與社會管理措施保留必要的政策空間；另一方面，協議還以行業為導向，通過引入關於「不符措施」的規定（第8條），放鬆核心實體待遇條款的約束強度。根據協議，國民待

遇、最惠國待遇和禁止業績要求條款不適用於協議附錄(1)所列舉的行業、子行業或活動及相關措施,但不得更具限制性。這些規定對於附錄(1)所列舉的不符措施具有「鎖定並逐步回退」(stand still and roll back)的「棘輪效應」,從而逐步提升投資自由化的水平。同時,針對附錄(2)所列舉的特定行業、子行業或活動,締約方還可以繼續維持既有不符措施,甚至採取新措施或更具限制性的措施。換言之,附錄(2)所列舉的相關措施已經完全豁免於上述核心實體紀律之外,是對特定行業的特殊保護政策。

三、臺日「投資協議」的法律與政治邏輯

儘管從表面上看,臺日「投資協議」是一份典型的經濟協議,但其背後所蘊藏的法律意義和政治邏輯卻不可小覷。長期以來,臺灣對外商簽經濟協議的可行性問題一直存疑。對此,中國政府的立場一以貫之,即對臺灣同外國開展民間性的經濟往來不持異議,但反對任何國家與臺灣商簽具有主權意涵和官方性質的協議。[27] 從表面上看,臺日「投資協議」的簽署也同樣遵循了上述邏輯。作為一份以經濟合作議題為中心的法律文件,臺日「投資協議」本身並不具有高度的政治含義。此外,臺日「投資協議」在序言部分也開宗明義,雙方締結協議的法源依據是1972年12月26日簽訂的「亞東關係協會與財團法人交流協會互設駐外辦事處協議書」,根據該協議書,雙方的權能僅限於締訂或協助締訂雙方之間貿易、投資、技術合作等事項方面的民間協定。[28] 因此,臺日「投資協議」是通過臺灣和日本雙方各自的內部民間團體這一「白手套」機制談判並達成一致,可理解為發展雙方經濟交往的一種民間法律安排,而非中國政府一再反對的臺灣與外國之間的「官方協議」。

誠然,上述從協議外觀入手的方法固然可以作為對臺日「投資協議」法律屬性的一條詮釋路徑,甚至不排除被臺灣當局作為日後對外商簽類似協議或安排的一種模式。然而,單純依靠這種立足於外觀主義的法律分析方法顯然不足以解釋臺日「投資協議」的商簽過程和運作機理。例如,作為臺日「投資協議」的法源,「亞東關係協會與財團法人交流協會互設駐外辦事處協議書」竟然在雙方內部均無任何法律基礎。[29] 從談判過程來看,臺日「投資協議」由臺灣當局和日

本政府雙方的主管部門工作人員直接參與協商和談判,只是在最後階段由雙方民間團體負責人完成簽署行為。作為對臺民間窗口,日本政府一直試圖突出交流協會的民間性,但其成員卻主要來自外務省和經濟產業省(即原通商產業省)等政府部門,經費主要由日本政府以補助金的形式編列,其派駐人員和經費來源的政府背景十分引人注目。[30]又如,該協議針對潛在的投資爭端設立了「投資者訴政府」爭端解決機制,允許一方投資人向另一方有關主管機關提出書面請求諮商或談判未果的情況下,經雙方同意,將投資爭端提交國際調解或仲裁,[31] 有關主管機關可能被仲裁庭判決承擔金錢賠償或將財產恢復原狀的責任。[32] 可見,從責任承擔的角度看,該協議項下的義務履行方和最終責任人都是有關當局的主管機關。

儘管如此,就筆者有限的關注範圍來看,大陸有關方面並未對臺日「投資協議」表達激烈的反對,而是採取了緘默的立場。在錙銖必較的對外關係場合,這種緘默無疑具有重要的政治象徵乃至法律意涵。在傳統國際法的觀念中,主權國家是唯一的條約主體。但隨著國際法理論的更新和實踐發展,非國家實體等派生國際法主體的有限國際法律人格逐漸得到承認。例如,著名華裔國際法學者鄭斌教授便主張以「實體」(entity)的概念來重建國際法的主體理論。他認為,凡在國際法律體制中有能力(capacity)享有權利並承擔義務的實體,便是國際法主體,而這種能力則是由該實體自身所處的法律體系所賦予的。[33] 本質上,這種法律體制是一種同意與承認機制,即國際法律人格可以在既有國際法人的同意下,以明示或默示的方式授予一個非國家實體。[34] 正是從這個意義上看,我們對臺日「投資協議」的沉默或許可以被視為對臺灣當局此次締約能力的默示授權。這種授權的法律意義在於確認臺日「投資協議」的合法性以及臺灣當局在此協議項下責任承擔的相對獨立性。換言之,當日本投資者認為臺灣當局的措施侵犯了其在臺日「投資協議」項下的合法權益,即可在雙方同意的情況下,以自身名義並以臺灣當局為被申訴人,將投資爭端提交國際調解或仲裁。

然而,這種授權締約方式並不穩固。即便臺灣的學者也承認,非國家實體只有在被允許成為條約主體的架構下,才能成為該條約所創造的國際法制度的主

體，同時，這並不能使該實體自動獲得在其他條約規範下的國際法主體地位。[35] 換言之，除非另有說明，這種基於原始國際法主體（國家）的授予而享有的締約權利只具有個案效應。至於授權的緣由，則是一種複雜的政治決斷，考慮的要素可以包括臺灣當局對於一個中國原則的態度、兩岸關係的穩固性、兩岸政治互信的程度以及相關協議本身的重要性與緊迫性等。毫無疑問，臺日「投資協議」的簽署在上述因素上都展現出較為積極的一面。

四、餘論

在兩岸關係平穩的大背景下，臺日「投資協議」在雙方各自民間團體的運作下順利簽署，並成為臺灣當局迄今為止與其重要經濟夥伴簽署的第一份關於投資保護與促進的雙邊安排。透析這份「投資協議」可以發現，該協議不但在實質內容上跳出了傳統BIT以投資保護為中心的模式，而是沿襲美國、加拿大等發達國家的BIT實踐，體現了投資促進的價值導向，而且，該協議在締約主體和名稱等形式方面也具有不同於傳統BIT的非典型性。該協議在形式和內容方面的非典型性固然在一定程度上反映了臺灣當局有限的法律地位，還體現了臺灣當局試圖擴大對日實質關係的法律策略。

此外，臺灣當局從經濟入手提升臺日實質關係的企圖也不會止步於這份「投資協議」。事實上，早在2001年秋季，臺灣經濟部門負責人就與日本經濟產業大臣一致同意啟動雙邊FTA的民間研究，並完成了「日臺FTA民間研究中期報告」，其中明確提出應簽訂投資自由化等系列經濟合作協定。臺灣當局更於2001年將簽訂FTA作為提升對日關係的五大目標之一。由於中國的反對，日本方面的態度轉趨消極，臺灣當局也不得不將對日FTA戰略調整為：先簽署相互簡化投資企業准許進入手續等方面的投資保護協定，之後進入經濟合作協定，最後實現簽署FTA的共同理想和目標。[36] 可見，臺日「投資協議」絕非一份單純的雙邊投資保護與促進安排，在臺灣方面看來，它承載著邁向全面性雙邊FTA的長遠期待，更具有提升對日關係、拓展所謂「國際空間」的政治意涵，這也解釋了中國政府在處理臺灣對外簽署「官方協定」方面態度審慎的原因。鑒於此，未來臺灣方面意欲拓展其對外關係法律安排的空間，不但需提出更具說服力的法律依

據,更應以實際行動展現維護兩岸關係和平發展和鞏固深入的誠意。唯有如此,臺灣參與國際活動的空間方可隨著兩岸關係的行穩致遠而得到合情合理合法的妥善安排。

注　釋

[1].楊珍妮:《臺日「投資協議」不是日本的經濟殖民協議》,http://www.moea.gov.tw/TJI/main/news/News.aspx?kind=1&menu_id=40&news_id=11,2012年8月15日訪問。

[2].關於國際投資雙邊法治的形式變遷史簡介,可參見陳安主編:《國際經濟法學》(第四版),北京大學出版社2007年版,第363～365、369～373頁。

[3].參見UNCTAD,World Investment Report 2012: Towards a New Generation of Investment Policies, New York and Geneva: United Nations, 2012, p.84。

[4].參見阿克塞爾·伯傑:《中國雙邊投資協定新綱領:實體內容、合理性及其對國際投資法創製的影響》,載於《國際經濟法學刊》第16卷第4期,法律出版社2010年版,第72頁。

[5].參見UNCTAD, World Investment Report 2010: Investing in a Low-Carbon Economy, New York and Geneva: United Nations, 2010, p.82。

[6].參見lana. Dreyer, Fredrik. Erixon, Hosuk. Lee-Makiyama, Razeen. Sally, Beyond Geopolitics-The Case for a Free TradeA ccord between Europe and Taiwan, ECIPE OCCASIONAL PAPER? No.3/2010, p.5。

[7].參見陳孔立:《走向和平發展的兩岸關係》,九州出版社2010年版,第74頁。

[8].參見唐家婕、章濤:《ECFA:一道前菜》,《新世紀》2010年第27期。

[9].據臺灣經濟主管部門稱,日本是臺灣第二大貿易夥伴,也是其外資與技術的主要來源。2010年臺日貿易額近700億美元;過去50年來,日本對臺直接投資金額高達165億美元;臺灣對日本投資金額接近16億美元。參見臺灣「經濟

部」經貿談判代表辦公室：《對臺日簽署投資協議表示歡迎》（2011年9月22日發布），http://www.moea.gov.tw/TJI/main/news/News.aspx?kind=1&menuid=40&newsid=10，2012年8月15日訪問。

[10].參見《行政院院會通過〈亞東關係協會與財團法人交流協會有關投資自由化、促進與保護合作協議〉》，（臺灣）《行政院焦點新聞》2011年9月29日。但亦有消息報導，日本前首相安倍晉三則認為，日本有其既定政策的規劃，臺日簽訂投資保護協議和ECFA無關。參見黃筱筠：《綠轉述安倍稱：臺日投資協議無關ECFA》（中評社東京10月6日電），http://www.zhgpl.com/doc/1018/5/8/6/101858618.html?coluid=93&kindid=2931&docid=101858618，2012年8月14日訪問。

[11].關於1972年起建立的臺日之間民間層次的雙邊關係，參見何思慎、蔡家增主編：《「七二年體制」下臺日關係的回顧與展望》，財團法人兩岸交流遠景基金會2009年版，第6～7頁。

[12].例如，國際法委員會於2001年8月10日通過《國家對國際不法行為的責任條款》第5條即作此規定。聯合國大會注意到了這些條款，「提請各國政府加以注意」，並將其作為2001年12月12日第56／83號決議的附件。

[13].參見李浩培著：《條約法概論》，法律出版社2003年版，第4～10頁。

[14].關於香港對外自治權理論與實踐的論述，參見 ZENG Huaqun, Unprecedented International Status: Theoretic and Practical Aspects of the HKSAR's External Autonomy, The Journal of World Investment & Trade, Vol.9, No.3, 2008, p.275~297。

[15].《中英聯合聲明》第三條第（十）款規定：「香港特別行政區可以『中國香港』的名義單獨地同各國、各地區及有關國際組織保持和發展經濟、文化關係，並簽訂有關協定。」《香港基本法》第一百五十一條規定：「香港特別行政區可在經濟、貿易、金融、航運、通訊、旅遊、文化、體育等領域以『中國香港』的名義，單獨地同世界各國、各地區及有關國際組織保持和發展關係，簽訂和履行有關協議。」

[16].臺日「投資協議」規定，協議以英文作成。據此，中文翻譯文本僅供參考。

[17].參見莊慧良：《臺日簽署投資協議進一步邁向自貿協議》（2011年9月23日），http://www.zaobao.com/special/china/sino_jp/pages4/sino_jp110923.shtml，2012年8月15日訪問。

[18].參見《蘇起：兩岸將協商簽署 CECA》（中評社臺北 2009年 2月 14日電），http://www.zhgpl.com/doc/1008/8/6/4/100886453.html?coluid=7&kindid=0&docid=100886453，2012年8月1日訪問。

[19].儘管臺灣現行所謂「憲法」並未就「協定」一詞有所解釋，但根據「大法官會議」第329號解釋，「憲法」所稱之條約，是指臺灣當局與其他國家或國家組織所締結之國際書面協定，包括用條約或公約之名稱，或用協定等名稱，而其內容直接涉及「國家」重要事項，或人民之權利義務且具有法律上效力者而言。由此可見，「大法官會議」傾向於將「協定」理解為臺灣當局和其他國家簽訂的「條約」。

[20].參見李浩培著：《條約法概論》，法律出版社2003年版，第1～10、21～28頁。

[21].參見陳安主編：《國際投資條約的新發展和中國雙邊投資條約的新實踐》，復旦大學出版社2007年版，第20～21頁。

[22].參見 UNCTAD，Bilateral Investment Treaties 1995~2006: Trends in Investment Rulemaking, New York and Geneva: United Nations, 2007, p.21~23。

[23].參見莊慧良：《臺日簽署投資協議進一步邁向自貿協議》（2011年9月23日臺北報導），http://www.zaobao.com/special/china/sino_jp/pages4/sino_jp110923.shtml，2012年8月15日訪問。

[24].參見Scott Sinclair & Jim Grieshaber-Otto, Facing the Facts: A Guide to

the GATS Debate, Ottawa: Canadian Centre for Policy Alternatives, 2002.p.12。

[25].例如,臺灣「外國人投資條例」第7條規定,對「國家」安全、公共秩序、善良風俗或「國民」健康有不利影響之事業,以及法律禁止投資之事業,外國人禁止投資;投資人申請投資於法律或基於法律授權訂定之命令而限制投資之事業,應取得目的事業主管機關之許可或同意。對於禁止及限制投資的業別,由行政院制定,並定期檢討。此外,臺灣的「華僑回國投資條例」第7條也有類似規定。

[26].參見2010年12月21日臺灣行政機構發表的「院臺經字第0990066528號令」。

[27].參見國臺辦新聞發言人:《國臺辦新聞發表會輯錄（2012-06-27）》,http://www.gwytb.gov.cn/xwfbh/201206/t20120627_2764190.htm,2012年8月15日訪問。

[28].參見「亞東關係協會與財團法人交流協會互設駐外辦事處協議書」第3條第1款及第7款。

[29].參見〔日〕淺野和生:《一九七二年體制下日臺關係之再檢討》（何義麟譯）,載於《臺灣國際研究季刊》第3卷第1期,第4頁。

[30].參見巴殿君著:《冷戰後日本對臺灣政策研究》,九州出版社2010年版,第45頁。

[31].參見臺日「投資協議」第17條第4款。

[32].參見臺日「投資協議」第17條第8款。

[33].參見 Bin Cheng, Introduction to Subjects of International Law, in Mohammed Bedjaou ed., International Law: Achievement and Prospects, Martinus Nijhoff Publishers, 1991, p.23~25。

[34].Id., p.36.

[35].參見高聖惕:《以「實體」作為國際海洋法條約規範主體的理論與實

踐：以臺灣的條約實踐為中心》，載陳純一主編：《丘宏達教授贈書儀式和第一屆兩岸國際法學論壇學術研討會實錄》，政治大學國際事務學院國際法學研究中心2010年版，第162～163頁。

  [36].參見巴殿君著：《冷戰後日本對臺灣政策研究》，九州出版社2010年版，第106～107頁。

兩岸在國際合作中的路徑及制約性因素分析

上海交通大學 曹軍強

基歐漢和約瑟夫·奈爾在《權利與相互依賴》一書中開篇即言「我們生活在一個相互依賴的世界中」。[1] 然而就相互依賴的動力而言，當代國際關係的相互依賴不只是一種學術的視角，它是近代以來席捲全球的市場經濟和工業主義內在邏輯的必然結果。相互依賴只是一個歷史的過程，隨著工業資本的擴散和商品經濟在全球範圍的伸張，過去那種地方的和民族的自給自足和閉關自守狀態被各民族的相互依賴所代替了。[2] 在一個整體的而又相互連動的相互依賴體系中，各個國際行為體的內部決策和治理越來越受到外部的或者國際的因素制約，國家內部的許多經濟社會問題越來越具有國際影響的痕跡。相互依賴的核心是制度與合作，在當代國際關係中，追求絕對獲益成為自由主義的核心觀念，也是相互依賴理論在新時期得以應用的關鍵所在。面對全球化的浪潮，大陸和臺灣都不可避免的參與其中，兩岸在國際競合體系中處於不同的位置，在競爭中如何處理利益分配以及在面臨共同問題的時候如何加強合作，這都需要從國際化的背景中尋找答案。[3]

一、合作與利益的概念界定

（一）合作的含義

簡單地說，合作就是行為者為了達到一定的目標而採取的行動，羅伯特·尼斯貝特在為《國際社會學百科全書》撰寫「合作」的詞條裡，從社會學意義上把合作定義為「為了達到某種目的而採取的聯合或者協調性的行為」，在合作中，存在著獲取共同的利益或者報酬的希望。合作的可能是自願的或者非自願的，指

令的或者非指令的,正式的或者非正式,但是不管怎麼樣,合作總是為達到特定的目標而做出的各種努力,合作的所有參與者都有自己現實的或者想像的利益。[4]

羅爾斯則從另一個意義上論述國際社會中的合作現象,合作有以下幾個要素組成:(1)合作區別於單純的社會性的協調活動。(2)合作有公認的規則和程序指導,那些在進行合作中的人認可這些規則和程序,並且認為他們恰當的調節著他們的行為。(3)合作包含著關於公平的理念,這些條件是每個參與者都有理由接受的,公平的合作條件規定了一種互惠的理念。[5]

羅爾斯對合作的看法,為我們理解國際合作提供了一個自由主義的思路,他對合作的理解包含著「善」、「正義」和「道德」的觀念,具有強烈的規範色彩。首先,合作的演進與命令和強制性無關;其次,規則或者程序對合作的進步是重要的,最後,規則和程序的被認可,是合作合法性的基礎,是合作得以進步的關鍵。

尼斯貝特與羅爾斯從不同的視角對合作的規範,讓我們對國際合作有一個比較清晰的認知,一般來說,在國際關係中我們傾向於接受基歐漢關於國際合作的界定:當行為者通過政策協調,將自己的行為調整到與其他行為者的實際偏好和預期偏好一致的時候,合作就會出現。或者合作可以用更加正式的形式概括為——作為政策協調過程的後果,當一個政府實際採取的政策也被他的同伴們視為是對他們自己的目標的認定時,政府之間的合作就有可能發生。[6]

基歐漢的這個概念與中國學者俞正梁關於國際合作的概念很相似。俞正梁指出國際關係行為體全面或者局部的協調、聯合等行為,是一種相互適應,它是基於各行為主體在一定的領域和範圍內利益或者目標的基本一致或者部分一致。[7]分析國際合作的界定的意義在於我們通過概念的界定,釐清國際合作包括兩個層面的內容:

第一,它假設每個行為體的行為都是以一定的目標為指向的,儘管對於不同的行為體來說,各自的目標並不一定是相同的,但是他們的行為導向是一致的。

第二，合作意味著行為主體可以獲得收益和報酬，儘管對每一個主體來說，收益和報酬在種類和規模上並非一定相同，但重要的是合作對每一個行為體來說都有一定的收益。[8]

通過不同學者對國際合作的界定，可以得出以下幾個方面的結論——

首先，兩岸在國際社會中存在著合作的可能性，這個可能性基於利益或者目標的一致性或者部分一致性。大陸與臺灣在國際社會中有諸多層面的利益交疊，除去政治主權意義之外的領域雙方存在著極大的合作空間，不僅僅是經濟利益上的，還有文化觀念上的利益重疊。在推廣中華文化向國際社會傳播中，大陸與臺灣在彼此利益的結合中某種程度上在踐行著國際合作的秩序，在觀念性制度的約束下實現儒學在國際傳播中的廣泛影響力，從而為兩岸之間在國際軟實力的合作中開闢一個新的方法和途徑。

其次，國際合作的界定以利益為核心，在合作中不強調利益的絕對一致，而是強調在合作中的參與者都有一定的收益。那麼什麼是利益，利益的分類及利益的分配，利益與實力的關係在利益分配中的作用將是兩岸在國際合作中面臨的核心問題。

第三，國際合作需要雙方的協調，兩岸在參與國際合作中的制度性安排將是兩岸參與國際合作的重要保證。隨著ECFA的簽署以及「兩岸經濟合作委員會」的運作，兩岸在國際合作中的制度性建設取得重大進展。但是國際合作是全方位的合作，如何把經濟領域的合作延伸到政治、文化、軍事等領域是擺在兩岸之間的一個迫切性與敏感性的話題。

最後，相互依賴在國際合作中關注絕對獲益的闡述為大陸與臺灣在國際合作中調解矛盾與糾紛奠定了理論基礎，強調利益產生於合作之中，在彼此的合作中各取所需，實現利益的最大化與最優化。

綜上所述，國際合作概念的界定為兩岸之間在國際合作中存在各種可能性提供了一個窗口，合作的目的在於追求利益，在相互依賴的國際體系中大陸與臺灣是兩個不盡相同的行為體，或者說臺灣不具備國際法人的資格，在國際合作中如何保證自身利益的實現，在與大陸互動參與國際合作如何實現自身利益的最大

化。國際合作的界定非常緊迫地引導出下一個議題，即什麼是利益，利益如何分類，兩岸之間在各種利益的交疊中如何實現彼此利益的最優。

（二）利益的界定

不管是現實主義關於國際合作的解釋還是自由主義對國際合作的定義，核心點都是利益，在當代國際關係中合作也是為了謀求在力所能及的範圍內的更大的利益。沒有永恆的敵人，沒有永恆的朋友，唯有永恆的利益。大陸與臺灣在國際舞台上以合作者的面目出現很大程度上也是為了實現利益的最大化，兩岸之間參與國際社會中的合作出發點與歸宿點都是利益，拋開利益談國際合作是畫餅充饑，建在流沙上的樓閣，經不起時間的考驗。

權力利益

根據卡普蘭關於「利益是滿足行為體的需要，有與行為體的需要相一致的對應性」的論斷，[9] 在國際體系中，行為體需要什麼，那麼行為體追求的利益就是什麼。如何滿足行為體追求自身的利益，摩根索認為是權力，他認為「政治家是按照權力來規定利益的概念並進行思考和行動的」，他甚至認為，以權力界定利益的概念「對行為者來說提供了行動的合理原則，造成了驚人的外交政策上的連續性……無論動機、偏好以及理智和道德上的品質有何不同，政策的連續性始終和自身目標是一致的」。[10] 如果我們看到作為政治實體的所有行為體在追求權力時所界定的利益，我們就能對所有的行為體做出公正的評價。[11] 基歐漢與約瑟夫·奈爾在他們合著的《權力與相互依賴》一書中說的也很明白，所謂權力，就是行為者迫使他人做他們不願意的事的一種能力，權力也被看做是控制事情結果的能力。[12] 權力的這種性質規定了權力的行為者所獲得的利益，是剝奪他人利益的結果，是以強制性為前提的，行為者的權力有多大，權力利益也就有多大，利益的大小是由實力決定的，權力利益包含政治、經濟、軍事等體現國家綜合國力的諸多層面。卡特政府的國家安全顧問布里辛斯基說過，「當需要在運用美國的實力和維護人權兩者之間進行選擇時，我認為居首位的應是實力，沒有可靠的實力，我們就不能保護我們的利益，也不能促成更多的人道的目的」。權力也是一種利益，權力利益在國際舞台上表現為支配或者控制、影響其他行為體

的能力，兩岸在當代國際社會中可以通過有效的合作，獲得整體權力利益的收益，在國際的博弈中實現1+1＞2的效果。權力利益的界定可以為兩岸在國際合作中，尤其是在處理非洲、太平洋島國等國際問題上提供一個合作的理論依據，權力利益不僅僅是中國和平崛起的需要，也是大國崛起的保障。在國際合作中，權力利益是實現其他利益的重要後盾，沒有權力利益的訴求，沒有強大的支配力能力，在國際博弈中往往會依賴大國強權制定的「遊戲規則」，在眾多話語權的掩蓋下利益被掩埋，從而喪失在國際社會中的地位與尊嚴。

道德利益

國際關係理論發展到今天，已經從赤裸裸的以實力為後盾上升為制度層面的解釋，如前面我們分析沒有權力利益的界定其他利益的訴求就沒有強有力的保障，但是並不能排除其他的利益訴求在國際關係中的影響力。兩岸在權力利益上的合作可以保證其他層面利益的實現，但是也要重視包括道德利益在內的利益的追求，道德利益運用於文化與話語權的建構，在軟實力等層面實現行為體的利益。二戰後道德利益曾一度被摩根索等人嚴厲批評，摩根索認為「政治現實主義認為，不能把一個特定的國家道義上的願望同支配全人類的道德法則混為一談」。他強調政治上思考與從道德上思考不同，認為國家利益不能從抽象的道德觀念出發，他認為政治家和外交家在國際舞台上不能為所欲為一個重要的原因就是「道德禁令在我們這個時代在不同層次上有著不同的效力，但是它只是輔助手段」。[13]

隨著冷戰的結束，世界格局「一超多強」，道德利益的追求很大程度上限制了美國霸權的擴張，隨著亞洲一系列新興國家的崛起，美國已經不能僅僅依靠實力來實現其全球霸權的目的。「人權高於主權」等論調在冷戰結束後十年時間成為美國實現其國際利益的手段，雖然披著道德利益的外衣，但是不能否認在美國強力的宣傳和推行下，道德利益即非軍事或者說不完全是軍事的行動成了實現國家利益的主要手段。大陸在崛起過程中不可避免的與美國的利益產生矛盾，而日本面對中國大陸的崛起也抱以懷疑的態度，在傳統與非傳統領域挑戰大陸的利益。兩岸在國際合作中追求道德利益的一致性，可以有效地遏止美日等國家的圍

堵與威脅，在國際社會營造一個有益於中國崛起的輿論環境。道德利益的核心是文化，大陸的和平崛起與臺灣的「有臺灣特色的中華文化」之間從某種程度上是一種呼應，中國大陸「和平崛起」建設「和諧世界」是基於當前的國際現實提出的符合大陸發展的外交路線，臺灣與大陸同文，在道德利益的訴求上有很強的一致性，在追求道德利益的過程中大陸與臺灣有較好的文化基礎。

二、兩岸在國際合作中的路徑界定

前文我們分析兩岸之間基於利益的追求存在著合作的可能性，在權力利益和道德利益的獲取上兩岸之間存在最大的公約數。國際合作是一個複雜的談判和不斷的博奕過程，這個談判和博奕的過程，其目的在於如何使集體的行動代替個體的行動，使個體在集體行動下的收益大於單方面行動下的收益，最終達到國際社會合作中的利益最大化的目標。

（一）保證型合作路徑

表1 保證型國際合作路徑

	B1	B2
A1	(4, 4)	(1, 3)
A2	(3, 1)	(2, 2)

在這種合作路徑中，博奕的雙方都不存在主導的戰略，各自的戰略隨著合作的雙方的戰略而制定，但是雙方存在著兩種奈許戰略均衡A1B1或者A2B2。

第一，只要在參與國際合作的行為體B選擇第一種戰略B1，那麼A就同樣選擇同樣的戰略A1，而如果行為體A選擇A1，那麼行為體B就選擇B1，這樣的平衡結果就是A1B1，行為體A和行為體B都能達到各自收益的最大收益4，這是一種理想的柏拉圖最優狀態。

第二，另一種均衡結果是A2B2，這個結果是行為體A和B同時選擇第二種戰略時，表面上行為體A的收益是3，行為體B的收益是1；反之行為體A的收益是3，行為體B的收益是1。但是由於雙方在國際合作中的相互依賴，行為體A和行為體B在選擇不同的戰略時，它們的收益結果正好成為另一種均衡，而這種均衡

卻是最差的均衡，但是基於參雙方都是理性的、追求利益最大化的，它們會按照利益的原則選擇第一種戰略，從而實現各自利益的最大化。

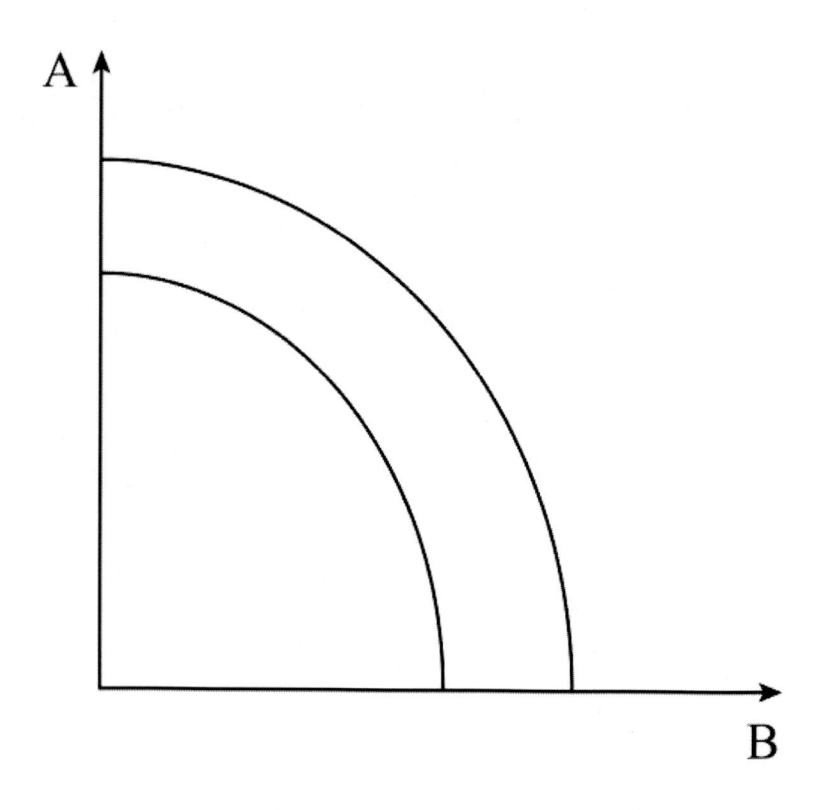

圖1 保證型合作路徑的柏拉圖效用邊界

保證型合作方法是一種合作性的博奕過程，它是具有兩個奈許平衡的混合戰略組成。[14] 但是存在著合作的共同利益並不意味著雙方就一定能夠合作成功，雙方能否合作的關鍵取決於談判的成效，取決於利益的分配是否與實力等因素成正向分布。在這種合作方式下，合作的雙方溝通成為關鍵性因素，在保證型合作路徑下行為者合作的障礙是彼此之間的信任與理想選擇。

保證型合作是目前兩岸之間在國際合作中存在的最有效的合作路徑，合作的雙方能夠達成的制度也能夠克服集體行動失敗的問題。[15] 這種合作方式的實現不一定需要監督和迫使雙方按照理想的戰略行事。在這種合作模式下行為體需要

實現的最大利益與集體需要達到的最大利益是一致性的，兩者之間不存在背離的問題。這種模式面臨的問題不是對行為體的在國際合作中的懲罰或者約束，而是如何通過訊息的溝通和交流，使行為者在合作中能夠認識到怎麼樣才能實現利益的最大化。

盧梭在《論人類不平等的起源和基礎》說，當大家在捕一隻鹿的時候，每個人都知道自己應該遵守自己的崗位，但是如果有一只兔子從其中一個人眼前經過，這個人會毫不猶豫地去追捕這只兔子；當他捕到了兔子以後，他的同伴因此沒有捕到其他獵物，他也不會太過在意，這是無需懷疑的。[16]

在捕鹿遊戲中每個人都面臨四個偏好序列。第一，都合作；第二，採取不合作態度，個人收益最大；第三，所有人都去捕捉兔子；第四，堅守崗位。這四個偏好序列中，第一種偏好是最優策略，捕到鹿之後每個人都可以飽餐一頓。

2008年8月，中國國家海洋局副局長陳連增在「海峽兩岸第七屆海洋科學研討會」上，就呼籲兩岸應加強海洋事務合作以維護共同利益。

2010年3月，中國國家海洋局國際合作司副司長陳越也表示，釣魚島和南沙群島是兩岸有共同點的議題，維護海域、島礁的主權和管轄權是非常重要的問題，兩岸應該共同合作。臺灣方面也表達出希望兩岸在國際社會合作的願望。

2010年10月，臺「陸委會」發言人劉德勳在例行記者會上表示，「兩岸如果能在國際空間上有更好的合作，相信更能發揮兩岸在國際上的影響力，兩岸在國際上的合作，也是兩岸互利雙贏、良性互動的方向」，希望「在這方面能夠有很好的發展」。

相較於「捕鹿遊戲」，兩岸在國際合作中在利益一致的前提下往往能夠採取合作策略。華爾茲在《人、國家與戰爭》一書中說：「理智可能已經告訴雙方，彼此的長遠利益要依靠建立起這樣的信念：合作的行為將使合作的雙方受益。」[17]

范青麗在國臺辦兩岸共同保釣記者會上表示，釣魚島及其附屬島嶼自古以來就是中國的固有領土，兩岸同胞對這一事實有著共同認知和主張，對日本近期策

動的「購島」鬧劇同感憤慨，堅決反對，絕不接受。兩岸同胞是一家人，「兄弟鬩於牆，外禦其侮」。維護釣魚島及其附屬島嶼的主權，維護中華民族整體利益，是兩岸同胞義不容辭的共同責任。兩岸各自採取的維護中華民族整體利益的措舉都會得到全體中華兒女的堅決支持。

因此，兩岸在國際合作尤其是相關功能性合作層面，在理性主義的範疇內，在利益攸關的領域能夠達成廣泛的共識，並採取合作一致的策略，共同參與國際社會的競合遊戲。

（二）協調型合作路徑

第二種國際合作方式為協調性合作，在這種合作狀態下，也存在兩個奈許均衡戰略，因此這種合作的模式也是一種混合的戰略合作。與前一種合作方式不同的是，協調性合作的兩個奈許平衡都是柏拉圖最優。

表2 協調性合作路徑

	B1	B2
A1	(4, 3)	(1, 2)
A2	(2, 1)	(3, 4)

在協調性合作中，當行為體A採取第一種戰略時，它的收益不是4就是1，當其採取第二種戰略時，其收益或者是2或者是3，從收益排序看，第一種戰略的潛在收益大於第二種戰略的潛在收益。對行為體B來說，它的收益得失與行為體A是一樣的，但是它採取第二種戰略的收益要優於第一種戰略的收益。因此，在這種國際合作模式下，對行為體A和B來說，面臨的戰略選擇要嘛採取第一種戰略要嘛採取第二種戰略，絕對不要在對方採取第一種戰略時自己選擇第二種戰略，或者對方採取第二種戰略時自己採取第一種戰略。因此，在這種合作路徑下，沒有主導型的戰略，但是它存在兩個奈許平衡結果，任何一方的偏好都支持一個平衡結果而不願意接受另一個偏好結果，因此雙方合作的關鍵在於雙方的協調，如何在退讓與進取之間尋找利益的平衡點。

在這種合作路徑下合作的雙方都不能背叛或者欺騙，從而影響最終的獲益。

與前一種合作路徑一樣，協調性合作存在兩個最優的結果，問題在於如何協調兩種均衡的結果，以達成共同的收益。在這種合作模式下，關鍵問題不是時間問題，[18] 而是如何決定那一種平衡能夠占優的問題，[19] 即一種對最終收益如何分配的問題，只要合作雙方的偏好是相同的（有共同的利益訴求），那麼合作的雙方對結果就不會有太大的爭議，重要的是合作的雙方到底要達成哪種奈許平衡。由此看來，協調型合作具有重要的分配性含義，正如克拉斯納所說「協調性合作最主要的意義是分配性含義，分配性問題有時候會使合作性的解決方案難以達成」，雖然合作雙方都認為有協議總是比沒有協議好，但是在具體的採取什麼樣的協議上會存在爭端。[20] 一方面，在協調中雙方又面臨著相對收益問題，即對任何一方來說，獲益到底是3還是4。如果合作的雙方關注的主題是絕對的獲益，那麼在合作的時間點上，雙方總是會達成合作的可能性，因此，協調是這種合作能夠成功的關鍵所在。

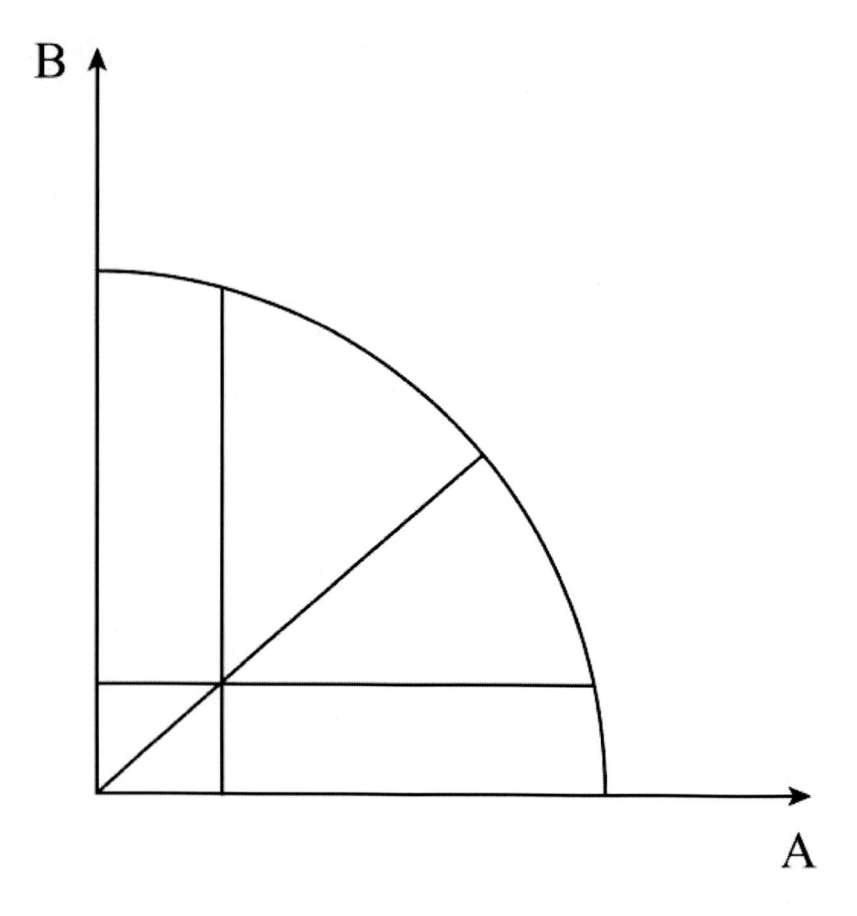

圖2 協調型合作路徑下的柏拉圖效用邊界

在協調合作中，公共利益的實現需要集體的行動，而決定採取哪一種分配結果，權力的因素是成敗的關鍵。如果行為體A的實力相對強大的話，那麼協調的結果可能是A1B1，A的收益是4 而B的收益是3；反之亦然。協調性合作有時候也需要制度性作為保證，但是這種保證力量並不意味著強權。此外協作型合作與勸說型合作在國際合作中也是比較常見的合作路徑，但是它要求主權國家意義上的合作與大陸和臺灣的現實狀況有所出入。

一對夫妻要結伴逛街，但是他們的目的並不相同，男的想去看球賽，女的希望逛商店。如果男的陪女的逛商店，那麼他的希望就可能無法達成；如果女的陪

男的看球賽,則女的預期也無法實現。初看上去,兩者似乎無法達成符合雙方意願的共識,但深究之後我們發現,兩者結伴逛街的前提是「希望在一起」,與看球賽或者逛商店相比,在一起並參加一項快樂的活動是一種更高的偏好,也是相較於看球賽或者逛商店更沒有爭議的選項。為了這個偏好,夫妻雙方往往能夠自願地在活動安排上做出妥協。[21]

協調型合作路徑的主導戰略不是背叛或者欺騙,因為背叛和欺騙帶來的收益對雙方來說都不是最優的,與保證型合作路徑一樣,協調型合作路徑的關鍵在於如何調整兩種均衡結果,以達成共同收益的目的。

因此,協調型合作路徑具有重要的分配性含義,正如克拉斯納所說:「協調型合作路徑具有主要的分配性含義,分配性問題有時候會讓合作性的解決方案難以達成,儘管合作的雙方都認為有協議比沒有協議好,但是在採取什麼樣的協議問題上會存在爭端。」[22] 因此,共同規避一些問題對合作的雙方而言都是必要的也是重要的。

具體而言,兩岸在國際合作中應循序漸進,先易後難。首先,領土與領海權益。在不造成「兩個中國」或「一中一臺」的前提下,在「一中」框架內對於在領土、領海等主權議題方面進行合作。兩岸應從中華民族的根本利益出發,共同保護中國的領土與主權完整。2010年8月,第一份由兩岸南海問題專家合作撰寫的《2010年度南海地區形勢評估報告》出爐,兩岸的南海合作已經有所行動。

其次,海外華人華僑的合法利益。無論中國大陸還是臺灣,都有越來越多的公民前往世界各地從事各種活動,各類企業從事經濟活動,以及駐外機構和組織從事相關的活動。這些在海外的公民和組織都會面臨各種風險與威脅,如地區衝突與恐怖活動構成的威脅,由於經濟利益出現矛盾而產生的傷害事件,帶有種族歧視與排華性質的民事傷害事件,針對兩岸中國人的非法行政事件,非法移民傷害事件,兩岸留學生心理疾病而導致的惡性傷害事件,不可抗力的意外事故等導致的傷害等。兩岸在這些方面都應該建構合作機制,進行充分的互助與合作,以確保兩岸人民的人身財產安全。[23]

第三,海外經濟利益。根據商務部公布的《2009年度中國對外直接投資統

計公報》顯示，截至2009年底，中國12000家境內投資者在國（境）外設立對外直接投資企業1.3萬家，分布在全球177個國家和地區。截至2009年底，中國大陸對外直接投資存量已達2457.5億美元，境外企業資產總額超過1兆美元。從臺灣的情況看，臺灣是一個對外聯繫密切的經濟體。據統計，從1959年到2005年，臺灣對中國大陸以外地區投資合計11023件，總額為445億多美元。兩岸在海外投資領域面臨各種壓力和挑戰，對海外投資與海外貿易的協調合作對兩岸而言都具有重要的意義。

最後，海外能源開發。2008年12月26日，中國海洋石油總公司（中海油）與臺灣中油股份有限公司（臺灣「中油」）在北京簽署四項協議，雙方將攜手進行海外勘探開發。其中《肯尼亞9號區塊部分權益轉讓協議》則規定，中海油下屬非洲有限公司CNOOC AFRICA LTD.，將肯尼亞9號區塊30%的工作權益轉讓給臺灣「中油股份公司下屬公司 OPIC CHAD CORPORATION。另外三項協議是《合作意向書》、《臺南盆地和潮汕凹陷部分海域合約區石油合約修改協議》、《烏坵嶼凹陷（南日島盆地）協議區聯合研究協議》。這次的能源合作首先是一個「擱置爭議」的結果。中國海洋石油總公司與臺灣的「中國石油股份有限公司」都是「中」字頭的公司。依以往之例，僅就這種「中」字頭的解釋，就可能導致要嘛是乾脆無法坐下一起談，要嘛是即使想談也是無果而散。這種政治稱謂的糾紛長期困擾兩岸關係，也長期為國際社會的一些國家所利用，最終受損的是兩岸的中華民族。

此外，兩岸在國際社會中弘揚中華文化方面也可以進行積極有效的合作，大陸與臺灣在推廣孔子學院、傳播中華文化方面可以進行深入的交流與合作。文化是建構話語權的重要元素，文化權力的強弱與在國際體系中話語權的大小息息相關，中華文化在世界範圍內的廣泛傳播有利於兩岸的共同利益。兩岸在國際社會的合作，不僅可以避免內耗、增進互信，更好地爭取民心，而且有利於培育兩岸的共同體意識，更好地維護中華民族的整體利益。

三、兩岸在國際合作中的制約性因素

通過對兩種合作路徑的分析，我們可以清晰地明白兩岸在國際合作中的制約

性因素。在保證型合作中,互信是合作得以成功的關鍵;在協調型合作中,利益的分配成為合作能夠繼續進行的核心,因此,從這兩個層面挖掘兩岸在國際合作中的制約性因素就顯得十分重要。

(一)兩岸政治互信需要深入

兩岸政治互信簡單地說就是各自在政治上給予對方政治信心。對臺灣來說,就是要給予大陸「臺灣不會走向分裂、海峽兩岸最終會走向統一」的信心;對大陸來說,就是給予臺灣「保持臺海的和平穩定,兩岸和平統一對兩岸人民有利」的信心。但是兩岸在建立政治互信上存在著結構性矛盾,目前兩岸之間的政治互信並非完全穩固,尤其是在國際舞台上,大陸還沒有足夠的信心能夠保證臺灣不會脫離「一個中國」的軌道,在主權意義上還存在著極大的疑慮;臺灣對大陸的各種惠臺政策都疑似「統戰」手段,雙方在主權意義上的分歧短時間無法彌合,在更大程度上表現在國際舞台與國際合作中。大陸與臺灣雖然在釣魚島、南海等諸多國際問題上有充分合作的可能性與必要性,但是雙方在合作中關於主權的論述,關於合作的身分認同存在著極大的爭議,追根究底還是政治互信不足,雙方無法在高階議題上達成更深入的共識。臺灣以觀察員身分加入WHA,一定程度是大陸的妥協,也是大陸增加政治自信心的開始。2008年胡錦濤總書記在紀念《告臺灣同胞書》發表30週年座談會上演講中說:「兩岸在事關維護一個中國框架這一原則問題上形成共同的認知和一致立場,是建構政治互信的基石,什麼事情都好商量[24]」。如何建構兩岸之間的政治互信是一個長期而又複雜的過程,但是沒有兩岸的政治互信,兩岸在國際合作中的深度將會受到很大的制約,保證型合作模式就很難深入進行,最終必將影響兩岸在國際博弈中的利益。

(二)利益分配與實力不相適應

合作雙方能夠得以成功的動力在於彼此之間對於利益的一致性或者局部性一致的訴求,利益的一致性並不一定達成合作的成功,還要看合作之後利益的分配。利益的分配不僅僅是一個技術性的議題,也是關於合作的雙方能否成功合作的關鍵,協調型合作路徑本身關注的重點就是利益的分配。正如史奈德所說:「協調型國際合作的延續會使行為體更加關心特定協調結果的分配性問題,從極

端意義上説,這可能誘使他們故意打破流行的協調結果,以建立其他對自己更有利的協約或者制度。」[25] 大陸與臺灣基於實力的不同在國際合作中所處的位置也不盡相同,但是在利益分配問題上卻出現與實力不相適應的現象。大陸與臺灣在國際社會的廣泛合作不僅僅有利益的考量,也有物質與非物質的成本的考量。科斯定理就簡單地指出,交易費用為零的情況下,不管初始的權力如何分配,自由交易都會達到資源的最優化利用。這種情況下,兩岸在國際合作中都能得到自己最大的利益收益,合作的空間就非常廣泛,但是科斯定理還強調這是一種理想狀態,沒有成本的合作只存在於理論模型之中;在交易費用大於零或者交易費用為正數的情況下合作的雙方對於合作的效率與效果就比較重視,如果合作的一方認為合作的收益遠遠小於付出的成本,那這種合作就存在破局的風險;合作的雙方如果存在相對的剝奪感,那麼合作的風險也會比較大,在合作中不可避免遇到各種各樣的摩擦,斯蒂格勒説一個沒有交易成本在內的合作就如同自然界沒有摩擦力一樣,是不現實的。[26]

(三)制度化建設相對停滯

國際合作制度是由一系列主要由行為者在協調環境下形成的準則和在協作環境下創立的規約構成,[27] 制度是一種權力約束,它規定行為者在追求自身利益的時候知道什麼是可以做的,什麼是不可以做的。任何一種制度約束都包含著積極和消極兩個方面的意義。從積極方面來説制度建設可以擴大合作的參與者在國際範圍內的自由行動;從消極的層面來説,制度就是禁止或不允許行為者做什麼,它們的目的在於限制、約束行為者在國際合作中的行為。兩岸目前在國際合作上缺乏制度性的保證,兩岸在國際合作中也沒有懲罰性的措施在內,在合作中關於利益分配的糾紛問題如何解決也缺少長期性的方案,僅僅依靠薄弱的交流產生的選擇理性不能保證兩岸在國際合作中真正地做到相互信任,沒有制度的約束只依賴人類天性的善的道德力量促成國際合作無疑是高風險的。歐洲一體化過程中的機制化原則,對推動兩岸關係有重要的啟示。兩岸關係的和平發展,兩岸的融合與一體化,實際上也是一個不斷實現機制化的過程,需要一系列機制化的保障。目前,兩岸在經濟合作方面已經初步實現了機制化,也就是兩岸經濟合作框架協議的簽署(ECFA)。兩岸在國際社會的合作,也同樣需要一系列的機制化

安排，如兩岸在涉外事務上的協商機制、資訊通報機制、緊急救援機制、突發事件的會晤與處理機制等。[28] 此外，兩岸之間政治制度上的結構性矛盾、臺灣島內的政治生態、美日及東南亞等第三方因素也在某種程度上影響與制約兩岸在國際社會的合作。

四、結語

全球化的到來讓國際社會的每一個因子都處在相互依賴的體系之中，大陸與臺灣在新一波的全球化浪潮中也扮演著重要的角色，如何在新的國際局勢下通過在國際社會中的合作實現雙方現實的利益和戰略利益是擺在兩岸之間的一個重要課題。兩岸在以往的國際事務中時常處於被「訛詐」狀態，但是隨著兩岸之間關係的緩和，兩岸在國際事務中由對抗走向對話、由對立走向合作的趨勢在不斷的增強，臺灣對外關係的發展、國際地位的提升和兩岸關係的良性發展有密切關係，而這些議題都需要大陸與臺灣在國際社會明確彼此的利益所在，通過保證型合作路徑與協調型合作路徑，求同化異，加強合作，實現利益的雙贏。兩岸在國際社會中加強合作，不僅能發揮彼此的比較優勢，也符合兩岸關係和平發展的整體趨勢。兩岸在國際合作中如果能夠正視制約性因素，深入兩岸政治互信，按照互信互利原則合理分配利益，全面強化兩岸合作的制度化，創造性地破解兩岸在國際合作中的僵局，在一系列重大議題上找到雙方都可以接受的契合點，必將對兩岸關係的和平發展產生深遠的影響，也一定能夠把兩岸的全方位合作推向新的階段。

注　釋

[1].基歐漢和約瑟夫·奈爾：《權利與相互依賴》（林茂輝譯），中國人民公安大學出版社1992年版，第1頁。

[2].馬克思：《共產黨宣言》（第一卷）（中共中央馬恩列斯編譯局譯），人民出版社1972年版，第255頁。

[3].Philip G. Cerny: "Globalization and the Changing Logic of Collective Action," International Organization, Winter 1995, p.608~612。

[4].Ann Arbor: How to Manage Interdependence, The University of Michigan Press, 1997, p.11.

[5].更準確地說,這與現實主義者對相互依賴與國際衝突的看法有關。

[6].Klaus Knorr: The Power of Nation: The Political Economy of International Relations, New York: Basic Books, 1975, p.208.

[7].俞正梁:《當代國際關係學導論》,復旦大學出版社1996年版,第117頁。

[8].Ann Arbor: How to Manage Interdeperdence, The University of Michigan Press, 1997, p.17.

[9].卡普蘭:《國際政治的系統與過程》,威力出版社1962年版,第151頁。

[10].倪世雄選編:《當代美國國際關係理論流派文選》,學林出版社1987年版,第40頁。

[11].倪世雄選編:《當代美國國際關係理論流派文選》,學林出版社1987年版,第46頁。

[12].倪世雄選編:《當代美國國際關係理論流派文選》,學林出版社1987年版,第201頁。

[13].摩根索:《國家間權力——為權力與和平而鬥爭》,諾普弗出版社1985年版,第237頁。

[14].所謂混合戰略不存在穩定的被雙方接受的戰略,是一種動態的平衡戰略。

[15].Todd Sandler: Collective Action: Theory and Applications, p.42.

[16].雅克·盧梭:《論人類不平等的起源和基礎》(李常山譯),商務印書館1962年版,第114～115頁。

[17].肯尼斯·華爾茲:《人、國家與戰爭》(倪世雄譯),上海譯文出版社

1991年版,第144～145頁。

[18].Lisa L. Maritin: "The Rational State Choice of Multilaterlism", p.96.

[19].Lisa L. Maritin: "The Rational State Choice of Multilaterlism", p.101.

[20].Stephen D. Krasener: "Global Communicationa and National Power", World Politics, Vol.43, April 1991, p.339.

[21].丹尼爾·布羅姆利:《經濟利益與經濟制度-公共政策的理論基礎》(陳郁等譯),上海三聯書店和上海人民出版社1996年版,第108頁。

[22].Stephen D. Krasener: "Global Communicationa and National Power", World Politics, Vol.43, April 1991, p.339.

[23].孫雲:《新形勢下兩岸在國際社會的合作析論》,廈門大學學報哲學版2012年02期。

[24].胡錦濤:《攜手推動兩岸關係和平發展》,《人民日報》2009年1月1日,第2版。

[25].卡爾·多伊奇:《國際關係分析》(周啟鵬譯),世界知識出版社1992年版,第350頁。

[26].張軍:《現代產權經濟學》,上海三聯出版社1994年版,第7頁。

[27].道格拉斯·諾斯:《制度、制度變遷與經濟績效》(劉守英譯),上海三聯書店1994年版,第3頁。

[28].孫雲:《新形勢下兩岸在國際社會的合作析論》,《廈門大學學報》(哲學版)2012年02期。

馬英九任內美國對兩岸政治對話的態度及其影響

中國社會科學院臺灣研究所 鐘厚濤

隨著兩岸關係和平發展逐漸步入「核心區域」，兩岸舉行政治對話，為兩岸進一步發展掃除障礙的必要性和迫切性日益增大。美國作為影響臺灣問題的重要外部因素，對於兩岸開展政治對話具有難以忽視的影響。本文主要分析美國對於兩岸政治對話的基本態度及其影響，並對如何減少美對兩岸開啟政治對話的擔憂和干擾提供一些思考。

一、基本態度

美國對於兩岸政治對話的態度較為複雜，美國既歡迎兩岸深入開展對話，以維持臺海和平穩定，避免美國利益受損；同時又擔憂兩岸關係發展過快，兩岸政治對話將加速兩岸統一進度。因此美對兩岸政治對話的態度充滿矛盾、搖擺不定，其內部也始終未形成統一意見。美對兩岸政治對話的基本態度主要包括：

（一）顯性層面上宣稱「歡迎兩岸政治對話」

對於兩岸談判，美國早有既定政策。1982年7月，時任「美國在臺協會理事主席」李潔明晉見蔣經國時，曾向蔣口頭承諾「六項保證」（Six Assurances），其中第六條即是「美國不會迫使臺灣與大陸進行談判」（The United States would not pressure Taiwan to enter into negotiations with the PRC.）。[1] 但時過境遷，美國的官方說法已經由早期的「不會迫使」變成「支持」。

2009年11月11日，中美兩國元首在北京會晤，共同發表《中美聯合聲

明》，美方表示：「歡迎臺灣海峽兩岸關係和平發展，期待兩岸加強經濟、政治及其他領域的對話與互動，建立更加積極、穩定的關係。」[2] 這是美國第一次表態支持兩岸政治對話，具有一定的積極意義。《中國時報》認為「歐巴馬聲明樂見兩岸加強『政治對話』的説法前所未見，顯示美方臺海政策明顯超越小布希時代」。[3]當然，必須看到，美國此種表態，更多停留在象徵意義層面，甚至有人猜測，歐巴馬如此表態是受到了中國影響。例如，民進黨「政策會執行長」兼「駐美代表」吳釗燮就稱：「其實歐巴馬到達北京之前，就有人説中國會要求美國談及兩岸政治對話，中國希望美國認可中國現在對臺政治布局，以此形塑一種國際環境，讓中國推動對臺政治對話成為理所當然，讓臺灣陷入被動，喪失拒絕政治對話的本錢。」[4]

雖然這顯然是對中國大陸的惡意抹黑，但從另外一個層面也説明，即使是島內都已經意識到，美國此種表態完全是外交辭令，美國政府難以真誠地支持兩岸政治對話。事實上，歐巴馬北京之行後不久，2009年11月24日，美國政府就派出「美國在臺協會理事主席」薄瑞光赴臺向藍營和綠營重要人士澄清：「《中美聯合聲明》中美國支持兩岸政治對話的『政治』一詞，只是泛泛説法，人們無需過多關注。」[5] 也正是由於這種原因，2009年之後，美國對於兩岸政治對話的態度逐漸由「歡迎」、「支持」滑向「不反對」、「不勸阻」，甚至有意進行模糊化處理，「支持」色彩明顯淡化。例如薄瑞光2013年4月23日就表示：「美國從未隱諱地或明確地勸阻臺灣不要和中國進行政治談判。」[6] 2012年馬英九發表「就職演説」之後，美國白宮高級官員隨即回應：「我們非常歡迎兩岸關係升溫，也支持兩岸繼續各項對話。」此處美國只是泛泛地聲稱支持兩岸各項對話，至於其中是否包含政治對話，則並不明確。

（二）隱性層面上施壓反對兩岸政治對話

美國由於憂心兩岸關係發展過快，對兩岸政治對話一直嚴加防範，竭力通過具有官方背景的智囊學者向臺灣喊話，或明或暗地向臺灣施壓，阻撓臺灣與大陸進行政治對話。例如美國國務院前副發言人、現任史汀生中心東亞研究室主任容阿倫·羅伯格（Alan Romberg）2012年11月19日在華盛頓舉行《臺海兩岸：從

對立到合作（2006～2012）》新書發表會時明確宣稱：「中國大陸想要推動政治對話，但目前看不出臺灣近期有任何時間表，大陸太過急切只會造成臺灣陷入困境。」[7] 另外，「美國在臺協會」前理事主席、布魯金斯學會東北亞政策研究中心主任卜睿哲（Richard Bush）2013年3月25日在約翰霍普金斯大學高級國際研究院舉行座談時也表示：「臺灣的民意和輿論都不支持，兩岸要開展政治對話非常困難。」[8] 4月9日在臺北舉行《未知的海峽：兩岸關係的未來》新書發表會時，卜睿哲又提出了近乎完全相同的論調。

（三）政策作為上有意干擾兩岸政治對話氛圍

2012年以來，隨著東海、南海局勢的日益緊張，臺灣民間要求兩岸進行聯手合作的呼聲逐日增長，兩岸進行政治對話的氛圍也日漸濃厚。例如，釣魚島爭議出現後，臺灣《中央日報》刊文稱：「臺灣要想真正獲得釣魚島海域的漁權，兩岸聯手保釣是唯一的選擇。」[9] 在這種格局下，兩岸完全可以順應民意，攜手應對，共同維護釣魚島主權。但美國竭力防範兩岸聯手，美國前亞太事務副助理國務卿、「2049 計劃」執行長薛瑞福（Randall Schriver）警告臺灣：在釣魚島問題上，應避免與中國大陸有任何合作。

在美國強大壓力下，馬英九2013年2月18日明確拒絕與中國聯手保釣。臺灣東吳大學劉必榮教授分析稱，馬當局此舉「是向美國輸誠，保證臺灣絕對不會在釣魚島問題上製造事端，更不會與大陸聯手，促美放心」。

國民黨前「立委」邱毅指出：「臺灣堅絕不搞兩岸聯合保釣，是為了配合美國『以臺制中』的亞太戰略。」[10] 如此，美國就成功地強化了臺美實質關係，離間了兩岸關係，降低了兩岸聯手保釣的可能性，破壞了兩岸建立政治互信的可能性。

除了在東海、南海等問題上破壞兩岸政治對話氛圍，美國還利用種種手段擴大對臺灣影響力，例如加強高層互訪、給予免簽證待遇、重啟「臺美貿易暨投資框架協議（TIFA）」談判、支持臺灣加入包括國際民航組織（ICAO）在內的國際組織等，其目即在於加大對臺灣掌控力度，阻撓兩岸政治對話進度。顯而易見，美國對於臺灣一如既往地採取了「獨裁懷柔」的兩手策略，一方面竭力打

壓,破壞兩岸政治對話氛圍;另一方面又主動拉攏,試圖進一步強化臺美關係。但無論是打壓或者拉攏,其目的都在於阻撓兩岸政治對話。

(四)刻意冷處理兩岸民間政治對話

以「民間先行、學術開路」為基本路徑,近年來兩岸民間機構已經進行了多場政治對話。2012年12月,「臺北會談」以「認同、復興、和平發展」為主題,進行兩岸民間政治對話。出席此次會議的不僅有國臺辦副主任孫亞夫(以海峽兩岸關係研究中心主任身分參會)、臺灣兩岸統合學會理事長張亞中等人,而且也有許多綠營重要人士與學者。此次會議不僅是紅藍綠三方民間機構首次展開政治對話,更形成了大陸與綠營互動的新模式。

繼「臺北會談」之後,兩岸學者2013年6月相繼召開了「北京會談」和「兩岸軍事安全築信研討會」,在海內外引起了強烈反響。對於兩岸正在逐步深入開展的民間政治對話,美國基本態度就是既不公開反對,也不明確支持,至少到目前為止還沒有任何一位美國政府官員、國會議員或者是智囊學者給予評論。美國各界之所以對此刻意進行冷處理,首先是因為目前兩岸關於政治對話的互動只是停留在民間層級,尚未提升到官方高度,其產生的影響相對有限;其次,美國口頭上「歡迎」兩岸政治對話、但實質上嚴加防範的矛盾立場,決定了美國難以對兩岸民間機構的政治對話進行公開評論。

二、主要原因

美國表面上「歡迎」兩岸政治對話,主要是為了避免刺激中國大陸,影響中美關係大局走向。而美國實質上刻意阻撓兩岸政治對話,其原因頗為複雜,主要有:

(一)防範兩岸關係發展過快、過熱

2008年5月以來,兩岸在經濟貿易、文化交流、人員往來等方面都取得了長足進步。以貿易為例,根據商務部公布的數據,2013年1至4月兩岸貿易額為707.4億美元,同比上升48.5%。其中,大陸自臺灣進口額為567.5億美元,同比上升51.7%。[11] 再以人員往來為例,2008年以來,不但有連戰、吳伯雄、蕭萬

長、吳敦義等國民黨高層多次來大陸交流，即使是民進黨也有謝長廷、許信良等前黨主席相繼往返大陸。與此同時，大陸高層也以不同方式、在不同場合會見了臺灣重要人士20餘次。面對兩岸關係日益升溫，美國一些人士極度擔憂。

2013年4月16日，馬英九在與美國史丹福大學學者舉行視訊會議時，美國前國務卿萊斯（Condoleezza Rice）就明確表示：「部分美國學者憂心兩岸和解可能影響臺美關係。」[12]

喬治·華盛頓大學教授薩特（Robert Sutter）也稱：「美國國會和媒體確實有些人不喜歡兩岸關係走得太近。」[13]

對於美國的擔憂，島內也有清醒的認識，臺《中央日報》（網路版）就刊文稱：「隨著兩岸關係不斷邁向『核心區域』，兩岸間的政治、軍事議題逐漸浮出水面，兩岸民間關於開啟政治對話的呼聲不斷高漲，這在美國看來已屬於『過熱』，任其發展下去可能損害美國在臺海、亞太乃至全球的戰略利益。」[14]

（二）擔憂兩岸政治對話衝擊美國重返亞太的戰略布局

2009年美國時任國務卿希拉蕊·柯林頓高調宣布「重返亞太」以來，美國在政治、經濟、外交、軍事等各個領域不斷加大對該地區的傾斜。美國「重返亞太」的重要目的之一即是對中國大陸進行圍堵遏止，因而美國在實施這一戰略的過程中，對扮演對抗大陸急先鋒角色的臺灣寄予較高期望。

具體而言，在宏觀布局上，美國高度重視臺灣的地緣價值。2011年10月美國時任負責亞太事務的助理國務卿坎貝爾（Kurt Campbell）在眾議院外事委員會聽證會上聲稱：「與臺灣建立一個更加強健和多樣的關係已成為美國亞太戰略調整的重要組成部分，這將推進美國在該地區的眾多經濟和安全利益。」[15] 在經濟上，美國直接給臺灣下指導棋，指示臺灣如何配合美國「重返亞太」，例如美國前白宮國安會亞太事務高級主任、布魯金斯研究院高級研究員李侃如（Kenneth Lieberthal）就表示：「在美國多邊外交、強化經貿、軍力部署的三合一亞太戰略指導下，臺灣要把重點多放在經貿事務，那才是臺灣可著力之

處。」[16]

而在軍事上，臺美雙方向來互動密切，拋開美國對臺軍售這一大難問題不談，單是臺灣的作戰計劃和作戰系統，都染上濃厚的美國色彩。

事實上，「美國太平洋總部本身就有針對臺海的作戰計劃，在臺灣進行重大演習如 『漢光演習』期間，美國軍方會適度參與。臺灣強化戰力整合的博勝案，也是採取美國系統，對潛在的同盟作戰預留指揮管制整合的基礎」。[17]

既然美國對臺灣寄予了如此之高的厚望，自然不希望臺灣與大陸進行政治對話或者簽署「和平協議」，否則，臺灣作為反對大陸的急先鋒作用將大打折扣，臺灣作為美國「重返亞太」戰略中的棋子作用也將受到重創。

民進黨「立委」陳唐山聲稱：「美國擔心兩岸一旦商簽和平協議，它將在亞太失去一顆制華『棋子』。」[18] 更為重要的是，如果兩岸經由政治對話走向政治互信，進而聯手維護在東海、南海等地區的合法權益，自然會對美國的亞太再平衡戰略甚至是全球戰略布局造成巨大衝擊。

（三）避免美國經濟利益受損

對於美國而言，臺灣不僅具有重要的戰略地緣價值，而且具有豐厚的經濟利益價值。作為美國第11大貿易夥伴、第16大出口市場和第7大農產品出口市場，臺灣在美國的對外出口貿易體系中占據著一定的位置。特別是長期以來，臺灣一直熱衷於對美軍購，為美國提供了豐厚利潤。

據美國國務院2012年1月11日公布的《全球軍備進出口與武器移轉報告》，1995至2005年期間，臺灣總計進口美國281億美元軍備，占臺灣進口總額的31.3%。而據美國國會研究處的一份報告，近20年來，臺灣向美國購買的軍備總額超過1兆元（新臺幣，下同），平均每個人對美國貢獻近4.5萬元。

僅2012年，臺「國防部」向「立法院」提交5年兵力整建計劃，主張在5～10年內對美武器採購清單經費達5000億元，若加上未來可能採購的柴電潛艇3000億元、66架Ｆ16戰鬥機3000億元，總採購金額又將超過上兆元。而一旦兩岸經由政治對話簽署和平協議或者建立兩岸軍事互信機制，臺灣自然無需再向美

購買過多軍事武器來對抗大陸,即如卜睿哲所言:「兩岸既然走向和平,臺灣為何還需要向美國購買F16戰機?」[19] 這說明兩岸政治對話會直接損及美國的實際利益。

三、主要影響

對於兩岸政治對話,美國一直扮演著幕後棋手的作用,雖然沒有走到前台與大陸直接對奕,始終在背後操控著臺灣的每一個落步棋子,這對島內政局及兩岸關係和平發展帶來了許多不確定性變數。

(一)馬當局迫於美方壓力對兩岸政治對話立場搖擺不定

馬英九在2008年競選期間和執政之初,主張推動兩岸政治對話、建立軍事互信、簽署和平協議。馬英九當時表示:「未來四年,我將與大陸談三項內容:第一與大陸簽訂經濟合作協定;第二與大陸談判簽署和平協定,包括採取軍事信任措施,避免衝突發生;第三,我們將與大陸談臺灣的國際空間。」但自2009年下半年以來,馬英九對於兩岸政治對話的態度發生了逆轉,立場不斷倒退。

首先,在兩岸政治對話議題上,先是強調兩岸協商「先經後政」,後又滑向「只經不政」,甚至明確表示「兩岸政治談判條件不成熟」、「兩岸政治對話具體該談什麼,大家沒有一致意見,那又何必急」。[20]《中時電子報》刊文認為:「面臨兩岸政治談判時,臺灣領導人在維護『臺美關係』考慮下,勢必會顧及美國的態度反應。」[21]《美麗島電子報》副董事長郭正亮也稱:「馬更在乎臺美關係,並不希望兩岸關係走太快,導致美國起疑。尤其是兩岸政治對話,將觸及美國核心利益,馬更是戒慎恐懼。」[22]

其次,在建立軍事互信議題上,馬當局對此消極因應、極力迴避,對此有學者分析稱:「臺灣擔心一旦與北京建立軍事安全互信機制,美國對臺的態度將會改變,而且美國的亞洲再平衡政策不容許兩岸建立軍事安全互信關係。因而美國因素成為馬當局不願與北京進行政治或軍事安全對話的最主要原因。」[23]

第三,在簽署兩岸和平協議議題上,馬英九早期表示支持,後又改口稱「和平協議不是施政優先選項」,有分析人士指出,馬英九此種立場倒退「背後有美

國因素在作怪」。[24] 顯然，馬英九在兩岸政治對話、建立軍事互信、簽署和平協議等議題立場上消極保守、不斷倒退。至於其中之原因，臺灣無黨團結聯盟主席林炳坤曾一針見血地指出，「臺灣是在美國影子下與大陸交流」。[25]

（二）美國立場助長了民進黨抵制阻撓兩岸政治對話的氣焰

整體而言，民進黨絕對反對兩岸政治對話，誣衊兩岸政治對話是「統一談判」、「和平協議」是「統一協議」。吳伯雄率團訪問北京時，民進黨青壯派「立委」陳其邁、李俊俋等人聯合召開記者會，誣衊國民黨「要把臺灣賣給中國，導致臺灣陷入主權流失危機、改變臺海現狀危機、危害臺灣民主價值危機」。[26]

2013年6月14日，民進黨主席蘇貞昌在美國兩大智囊布魯金斯研究院與戰略和國際研究中心合辦的座談會上，回答記者有關「未來民進黨重新執政如何處理來自中國要求兩岸政治對話的壓力」的提問時，稱「我們絕不承認臺灣是中國的一部分……至於兩岸之間的互動應該是政府對政府，而非政黨對政黨之間的利益交換」。[27] 蘇貞昌之所以在美國如此表態，除了受其「臺獨」立場的驅動之外，更企圖利用美國的「重返亞太」戰略來拒絕兩岸政治對話，一來向美國展現「仇中」的立場，爭取美國的支持，二來延緩兩岸政治對話進度，鞏固「臺獨」的社會基礎。

（三）島內支持兩岸政治對話的民意基礎遭到衝擊

民意支持是兩岸進行各項交流包括政治對話的重要前提，中共中央政治局常委俞正聲2013年5月22日就表示：「民心到，事情就成；民心不到，急著做某些事，就適得其反。」[28]

2011年10月18日，臺灣《中國時報》民調顯示高達59%的民眾認為兩岸簽署和平協議有助於兩岸和平穩定。但臺灣競爭力論壇2013年5月9日的民調結果卻顯示「只有45%的人支持兩岸簽署和平協議」。對於這一民調結果，臺灣競爭力論壇理事長彭錦鵬稱，「在馬英九任內要討論兩岸和平協議，機率大概趨近於零」。[29]

近期吳伯雄在訪問北京時也表示：「在臺灣有些敏感問題若要談，必須得到民意支持，目前兩岸間正式開啟政治對話條件還不具備。」[30]

兩岸進行政治對話、簽署和平協議的民意支持度之所以由2011年的近60%下滑至45%左右，原因錯綜複雜，既包括臺灣近20年的「臺獨」教科書教育，也包括「去中國化」思潮的負面影響，還包括美國因素的參與。

島內部分人士誤以為可以利用美國「重返亞太」戰略來拒絕兩岸政治對話，即如有人所言：「美國實施重返亞太戰略，臺灣受益極大，可以藉此擺脫大陸政治對話的壓力。」[31] 這顯然是把美國「重返亞太」戰略看做是臺灣拒絕兩岸政治對話的「護身符」與「擋箭牌」。

臺《臺灣立報》2013年5月6日發表社論也稱，美國與臺灣在拒絕兩岸政治對話議題上已經形成了一種共謀結構，馬英九之所以會稱「兩岸政治對話何必急」，部分民進黨中生代之所以會要求「臺灣要與大陸進行任何政治協議，應在大陸人民以民主普選方式產生政府後為之」，目的即是為了呼應美國卜睿哲「臺灣輿論民意都不支持兩岸政治對話」的說法。[32]

（四）大陸推動兩岸政治對話的努力面臨更多挑戰

推動兩岸政治對話，實現臺海地區和平穩定是大陸一以貫之的不懈追求。2012年底，中共十八大報告首次在黨的報告中提出：「希望雙方共同努力，探討國家尚未統一特殊情況下的兩岸政治關係，作出合情合理安排。」[33]雖然有學者提出，大陸方面竭力推動與臺灣進行政治對話，「按照『先經後政』的原則，2010年被看作是兩岸開展政治對話的最佳時間」，[34]但到目前為止，兩岸正式政治對話一直沒有進展，一個重要的因素就是美國的牽制。目前，中國大陸雖然積極與美國發展以對話而非對抗為主導的新型大國關係，逐步利用中美在國際議題上的合作來抵消雙方在政治上的分歧，進而逐漸稀釋臺灣對於美國的重要性，並最終推動臺美關係再次發生質變，但這一過程將是長期而複雜的，不可能在短時間內出現根本性轉機。這就意味著大陸未來若想推動兩岸政治對話、建立兩岸軍事互信機制、簽署和平協議，將無法迴避來自美國因素的挑戰。因而未來兩岸政治對話，除了要面臨兩岸政治定位等固有矛盾及民進黨強力反彈等制約因

素外，兩岸還將面臨美國的外部插手，這勢必將給大陸推動兩岸政治對話的努力帶來更多難題。

四、幾點思考

兩岸政治對話攸關兩岸人民福祉、事關亞太地區和平穩定，因而需要雙方共同努力，開創兩岸關係發展新前景。

（一）持續提升大陸綜合實力、強化兩岸各項交流，進一步厚實基礎，為兩岸政治對話創造條件

美國雖然是臺灣問題的最大外部因素，但發揮主導作用的仍然是兩岸本身。在處理兩岸政治對話議題上，若要進一步弱化美國因素的干擾，大陸仍需在兩個方面著力。

一是持續壯大自身綜合實力。改革開放以來，中國大陸現代化建設取得了舉世矚目的成就。2010年大陸經濟以40.1兆元總量超越日本，躍居世界第二位，僅次於美國，其GDP總量由2000年約占美國的12%穩步上升到40%左右。隨著中國大陸綜合實力的不斷增強，以及中美實力的此消彼長，大陸排除美國因素干擾的自信心將穩步提升，對兩岸關係發展的主導權也將不斷鞏固。

二是強化兩岸交流。2008年以來，海峽兩岸在恢復中斷將近10年的制度化協商基礎上，順利簽署19項協議。展望未來，兩岸要以此為機會，在經濟、文化、軍事以及政治等層面向更高層次挺進，在經濟上推動兩岸一體化建設，在文化上強化島內民眾對於中華民族的身分認同，在政治上簽訂和平協議，在軍事上建立互信機制。未來只要兩岸沿著既定的方向逐步向前邁進，掃清人為設定的禁區與空白，兩岸關係將趨向穩定化和制度化，而在這一過程中，美國因素的影響力自然會日漸式微。

（二）推動臺灣各界認清臺美關係發展態勢，扭轉臺灣對美國的過度依賴

馬英九上台以來，高度重視臺美關係，一直奉「親美友日和中」為最高準則，並且選派自己的心腹金溥聰赴美擔任「駐美大使」，爭取做到「零意外」、「零時差」和「零誤差」。[35]但無論馬英九如何努力，臺美關係無法也不可能

再回到30年前。從60餘年的歷史走向來看，臺美關係已經呈現出下坡路的態勢。而且美國當年給予臺灣的許多承諾，現在基本上已經形同虛設。例如，臺灣當局高度倚重的「六項保證」，其中第二項是「美國不事先與大陸協商對臺軍售」（The United States would not hold prior consultations with the People's Republic of China regarding arms sales to the ROC），但2011年10月24日，美國時任國防部長潘內達對外透露，美國在宣布新一輪對臺軍售之前，已經告知中國大陸。[36] 這說明美國在執行「六項保證」上已經開始鬆動。特別是當前中美正著力建構新型大國關係，可以樂觀預測，合作而非競爭將成為兩國發展的主色調，在許多重大國際性問題上美國將更加需要中國的參與和支持。

在這樣的背景下，臺灣問題對於美國的價值必將日益弱化。如果臺灣當局沒有意識到此種轉變，仍然抱殘守缺，誤以為美國還會像當年那樣對臺灣鼎力相助，那麼最終的結果只能是陷於絕地而不自知。美國處理臺灣問題的基本出發點永遠都是美國利益，臺灣不過是美國對華布局中的一枚棋子而已。

1978年美國可以因為「聯中抗蘇」放棄臺灣，未來就完全有可能因為其他某一原因徹底抛棄這枚棋子。美國廢奴運動知名傳教士詹姆士‧克拉克（James Freeman Clarke）曾經為「政客」與「政治家」做出過區分：政客想的是下一次選舉，政治家想的是下一代（A politician thinks of the next election, a statesman, of the next generation.）。[37] 如果馬英九以「政治家」自我定位的話，那麼他就應該認清臺美關係走向，盡力擺脫美國的「緊箍咒」，積極地為兩岸政治對話鋪設道路。

（三）促使美國方面意識到兩岸政治對話符合美國戰略利益

長期以來，由於歷史原因或現實考慮，美國方面一直認為，兩岸政治對話將會衝擊臺美實質關係，影響美國在亞太地區的戰略布局。其實這完全是一種誤解，事實上，作為維護臺海地區和平穩定的重要途徑之一，兩岸開展政治對話不僅僅符合兩岸利益，也符合美國戰略利益，因為政治對話的目的就是要鞏固兩岸已取得的豐碩成果，並在此基礎上將之進一步往前推進，確保臺海地區實現長久和平穩定，而這顯然是與美國的利益完全相符的。而要想促成美國在這一方面的

意識發生積極變化，需要兩岸共同加大對美宣傳力度。從目前的觀察來看，美國對於兩岸政策的瞭解，基本上僅限於政府相應部門及少數智囊學者中間。因而兩岸需要共同努力，通過舉行國際學術研討會、開設英文網站、出版英文刊物或著作等方式，加強與美國學界和政界的溝通交流，逐步化解美國方面誤解，讓美國逐漸認識到，兩岸政治對話，並非政治談判，即使是未來走向政治談判，也並非就是統一談判，同時也並不意味著臺美關係會趨向疏遠，而是意味著臺海地區和平穩定的強化。顯然，這不僅僅符合兩岸的根本利益，同樣也符合美國的戰略利益。

結語

擺脫美國不利因素對兩岸政治對話的影響，需要兩岸同胞共同努力。「兄弟鬩於牆，外禦其侮」。只有兩岸攜手並進、精誠合作，才能逐漸消除美國設置的障礙性因素，全面深入兩岸關係和平發展格局，早日實現中華民族的偉大復興。

注　釋

[1].Richard C. Bush. At Cross Purposes: U.S.-Taiwan Relations since 1942.New York: M.E.Sharpe, Inc.2004.p.174.

[2].《人民日報》（海外版）2009年11月18日。美方的翻譯是：The United States welcomes the peaceful development of relations across the Taiwan Strait and looks for ward to efforts by both sides to increase dialogues and interactions in economic, political, and other fields, and develop more positive and stable cross-Strait relations.

[3].臺灣《中國時報》2009年11月18日。

[4].臺灣《自由時報》2009年11月23日。

[5].George W. Tsai. "Cross-Taiwan Straits Relations from Taipei's Perspective"

, in Cross-Taiwan Straits Relations Since 1979: Policy Adjustment and Institutional Change Across the Straits. Singapore: World Scientific Publishing Co.

Pte. Ltd, 2011,p.143.

[6].臺灣《自由時報》2013年4月25日。

[7].臺灣《自立晚報》2012年11月20日。

[8].臺灣《聯合報》2013年3月27日。

[9].臺灣《中央日報》（網路版）2013年3月19日。

[10].《人民日報》（海外版）2013年5月22日。

[11].《人民日報》（海外版）2013年6月27日。

[12].臺灣《中央日報》（網路版）2013年4月18日。

[13].臺灣《中央日報》（網路版）2013年4月18日。

[14].臺灣《中央日報》（網路版）2013年6月8日。

[15].中評網：

http://www.chinareviewnews.com/doc/1021/7/7/3/102177300_2.html?coluid=137&kindid=8190&docid=102177300&mdate=0731004852，訪問時間2013年7月30日14點28分。

[16].臺灣《聯合報》2012年7月20日。

[17].臺灣《臺灣時報》2012年7月21日。

[18].中評網：

http://www.chinareviewnews.com/doc/1024/8/5/8/102485812_2.html?coluid=7&kindid=0&docid=102485812&mdate=0329110200，訪問時間2013年7月30日14點32分。

[19].臺灣《臺灣立報》2013年3月31日。

[20].《中央日報》（網路版）2013年4月21日。

[21].臺灣《中時電子報》2013年6月27日。

[22].人民網：http://fujian.people.com.cn/n/2013/0325/c181466-18347835.html，訪問時間：2013年7月30日14點56分。

[23].臺灣《中時電子報》2013年6月28日。

[24].《人民日報》（海外版）2013年5月22日。

[25].中評網：http://www.chinareviewnews.com/doc/1024/8/3/2/102483238.html?coluid=93&kindid=4030&docid=102483238&mdate=0328002930，訪問時間：2013年7月30日15點08分。

[26].臺灣《中央日報》（網路版）2013年6月14日。

[27].臺灣《民進黨》2013年6月14日。

[28].臺灣《聯合報》2013年5月23日。

[29].臺灣《旺報》2013年5月10日。

[30].《人民日報》（海外版）2013年6月24日。

[31].臺灣《中央日報》（網路版）2013年7月6日。

[32].臺灣《臺灣立報》2013年5月6日。

[33].胡錦濤：《堅定不移沿著中國特色社會主義道路前進為全面建成小康社會而奮鬥——在中國共產黨第十八次全國代表大會上的報告》，人民出版社2012年版。

[34].Lin. Gang. "Beijing's Evolving Policy and Strategic Thinking on Taiwan", in New Dynamics in Cross-strait Relations. New York: Routledge 2013.p.69.

[35].臺灣《聯合早報》2012年12月3日。

[36].臺灣《中國時報》2011年10月24日。

[37].James. Freeman. Clarke. "Wanted, A Statesman", in Old and New,

Volume II (July 1870 to January 1871), p.644.

淺析馬英九當局對日本「購島」的應對

中國現代國際關係研究院涉臺事務研究中心 郭擁軍

2012年9月11日，日本政府悍然宣布「購買」釣魚島及其部分附屬島嶼，將之「國有化」。臺灣長期堅稱「無論從歷史、地理、地質、使用及國際法觀點而論，釣魚台列嶼主權屬於中華民國，不容質疑」，[1] 是釣魚島爭端中不可或缺的當事一方。馬英九第二任期剛剛開局，對日本「購島」做出了相關應對，其政策對釣魚島局勢走向、兩岸關係、臺對外關係的影響值得關注。

一

1960年代末70年代初釣魚島爭議日益突出以來，臺灣當局一直主張對釣魚島擁有「主權」。美日簽署歸還沖繩協議前六天，1971年6月11日，臺灣「外交部」發表聲明，稱釣魚島「附屬臺灣省，構成中華民國領土之一部分，基於地理位置、地質構造、歷史聯繫以及臺灣省居民長期繼續使用之理由，已與中華民國密切相連，中華民國政府根據其保衛國土之神聖義務在任何情形之下絕不能放棄尺寸領土之主權」。[2] 協議簽署後十二天，臺灣海軍「敦睦艦隊」航經釣魚島海域，劉和謙少將（後來官至「參謀總長」）特地搭乘小艇環繞全島一週宣示主權，全程三個半小時。[3]

1999年，臺灣公布第一批領海基線、領海和毗連區外接線時，就包括了臺灣本島、釣魚島、東沙群島、南沙群島。四十餘年來，島內政局流轉變動，但當政者均堅持上述基本立場，並形成「主權在我、擱置爭議、和平互惠、共同開發」的十六字原則。

日本「購島」鬧劇嚴重衝擊臺灣在釣魚島問題上的基本原則立場，因此，馬英九當局從一開始就高度重視，密切關注事態進展。2012年4月16日，日本東京

都知事石原慎太郎在美國提出「購島」動議。次日，臺灣「外交部」發言人章計平就表示：一概不承認日本政治人物相關發言，請日本政府審慎以對；不希望看到日方有任何片面行動，損及臺日友好關係。此後數月，隨著事態發展，馬當局採取了一系列積極而強硬的應對措施。[4]

成立跨部門、高層級的「釣魚島情勢應變小組」，統籌相關政策措舉。2012年8月14日，馬英九指示「國家安全會議」成立該小組，由「國安會」祕書長主持，必要時馬英九本人親自主持。小組成員單位涵蓋「外交部」、「國防部」、「海岸巡防署」、「交通部」、「農業委員會漁業署」等。對日本反覆宣示「主權」立場，抗議「購島」行徑，要其承認存在爭議。

2012年9月7日，馬英九在臺灣海空軍大陣仗保護下，搶在日本「購島」前夕登臨彭佳嶼，宣示「主權」。日本政府「購島」當天（9月11日），臺灣「外交部」發表聲明，稱「購島」為「侵犯中華民國領土主權的不法行為」，表示「對日本政府任何侵害我對釣魚台列嶼主權的言行，包括所謂將釣魚台 『國有化』 之非法作為，一概不予承認並提出嚴厲的譴責」，強調「中華民國的國家主權與領土完整無法妥協，民族尊嚴與國民福祉不容侵犯」，要求日本政府「立即停止傷害臺日雙方友好合作關係及升高東海緊張情勢的一切措舉，正視釣魚台列嶼爭議存在的事實」。[5] 當天，「外交部長」楊進添召見日本駐臺代表樽井澄夫表達強烈抗議，並立即召回「駐日代表」沈斯淳。強力保護漁民捕魚及保釣活動。

2012年9月24～25日，臺灣東北部漁民自發組織八十多艘船隻、數百人，以「為生存、護漁權」為主題，浩浩蕩蕩前往釣魚島海域宣示主權，反對日本「購島」。這是近年臺灣民間少見的大規模「保釣」行動。馬英九當局沒有為息事寧人而阻撓，相反，派出十多艘海巡艦船強力保護，一直挺進到距離釣魚島僅2.1海里處。日本海上保安廳艦船向臺灣漁船噴水時，「海巡署」艦船也予以回擊。「海巡署長」王進旺甚至表示，如果日本要逮捕臺灣漁民，臺灣方面不排除開火。[6]當日，臺灣軍方也高度戒備，「參謀總長」林鎮夷進駐衡山指揮所。

2013年1月24日，臺灣民間保釣組織「中華保釣協會」成員乘坐「全家福

號」前往釣魚島，「海巡署」派出四艘公務船隻隨行保護。積極對國際社會發聲，宣傳其政策主張。

2012年10月10日，馬當局在《紐約時報》、《華盛頓郵報》、《洛杉磯時報》、《華爾街日報》等美國主流媒體刊登廣告，圖文並茂地聲明對釣魚島擁有「主權」。

10月19日，新任「外交部長」林永樂在美國國際時政類主流刊物《外交政策》網站發表文章「那些島嶼屬於臺灣」。

22日，媒體報導巴拿馬總統馬丁內利訪日時表示在釣魚島問題上支持日本立場，臺灣「駐巴拿馬大使」旋即與巴拿馬代理外長交涉。[7]

此外，2012年10月19日，「立法院」通過「國會宣示釣魚台主權決議文」，要求當局持續以具體、明確作為，宣示釣魚台列嶼主權屬「中華民國」。

馬英九當局的這一系列策動作既主動又強硬，表明馬當局在捍衛「主權」上有相當的政治決心和意志。例如第一時間召回「駐日代表」，是相當果斷而強硬的措舉。目前的臺灣社會，民間保釣力量呼聲遠不及大陸。

臺北街頭2012年9月23日出現的保釣遊行，僅有千餘人參加，與大陸多地出現的大規模遊行示威完全不可同日而語，民進黨更是消極不作為。在內部缺少強大民意施壓和推動的情況下，馬當局能有此作為，實屬可貴。

任何具體政策，都是當局長期奉行的基本政策立場與特定時期具體執政者個人風格相結合的產物。前者確立了框架，但也給後者留出足夠空間，供之發揮。

馬當局對日本「購島」的上述回應，固然是堅持臺灣當局此前就確立的原則，但也帶有濃厚的個人色彩。對馬英九而言，「保釣」具有特別重要的意義，既是重要的人生經歷，又是學術研究的主攻方向。

美日私相授受釣魚島的1971年，尚是臺灣大學法律系三年級學生的馬英九應邀訪美，目睹了海外中國留學生掀起的第一輪「保釣」高潮。返臺後，馬英九不但在美日達成歸還沖繩協議當日（6月17日）參加了臺灣大學的大遊行，更受國際法學者丘宏達影響，確立了研究釣魚島問題、以實際行動維護民族權益的學

術志向。[8]此後，馬英九的人生經歷深深打上「保釣」的烙印。作為法學博士、國際法專家，他在哈佛大學完成的博士論文是《怒海油爭：東海海床劃界及外人投資之法律問題》，在此基礎上完善形成的一系列釣魚島相關著作是其學術代表作，而其在政治大學法律所教授的課程「海洋法」、「國際公法」、「國際法實習」也多與釣魚島問題相關。[9]

身為政治人物，馬英九始終關注「保釣」運動，臺北市長任內多次參加「中華保釣協會」的活動，提議組建「保釣」博物館，公開批駁李登輝「釣魚台是日本領土」的賣國言論，甚至表示「為了『保釣』，與日本不惜一戰」。[10] 可以說，「保釣」深刻影響了馬英九的認識論、世界觀、國際觀。在他成為臺灣領導人後，這些人格特質自然反映在臺灣當局關於釣魚島的政策傾向中。

2008年，馬英九上台不到一月就面對臺灣「聯合號」漁船在釣魚島海域被日本海上保安廳撞沉的嚴重突發事件。整個事件過程中，馬當局姿態強硬，召回「駐日代表」，甚至揚言「不惜一戰」，迫使理虧的日本登門道歉、賠償損失。和四年前的純粹漁事糾紛不同，「購島」鬧劇是日本處心積慮、圖謀改變現狀的標竿性重大政策舉動，對馬英九第二任期的開局「外交」提出嚴峻挑戰，其做出積極、強烈回應也就在自然之中。

馬英九當局的強勢作為，引起國際社會的相當關注。多家西方主流媒體均報導了2012年9月25日臺灣當局保護漁船宣示「主權」的新聞，《紐約時報》網站一度將其置於頭條。

10月17日，美國著名智囊戰略與國際研究中心特地舉行題為「臺灣對東海主權爭議攀升的應對」的研討會。日本政府也不得不正視臺灣在此輪爭端中的角色和份量。

9月13日，日本交流協會臺北事務所特地公布新聞稿，就「購島」進行解釋和「安撫」。

9月25日，外務省事務次官河相周夫來大陸溝通的同時，日本交流協會理事長今井正也赴臺灣。這種同時向兩岸派出「特使」的做法，表明日本政府對馬英

九當局的強硬立場有感。

10月5日，日本外相玄葉光一郎親自上陣，通過日本交流協會發表「對臺灣各位傳達的訊息」。[11]日臺並無正式外交關係，玄葉此舉極為罕見。

安倍內閣上台後，2013年1月31日，新任外相岸田文雄特地致信日本交流協會，祝賀其成立40週年。這一公開信稱臺灣為「與中國有緊密的經濟關係及密切的人員往來的重要夥伴」，讚揚其「實現了令人印象深刻的經濟發展與政治民主化，也深植了公平與公正的政治制度」，期盼雙方關係「超越時代、超越世代、永遠綻放出璀璨的光芒」。[12]而日本對臺灣釋出的最重要信號就是重啟漁權談判。

二

釣魚島海域漁權是臺日關係中曠日持久的艱難議題。清朝以來，這裡就是臺灣東北部漁民傳統捕撈作業區。日本殖民統治時期，「總督府」曾在1920年正式將其劃為臺灣漁民的鰹魚漁場，1925年出版的《臺灣水產要覽》也公告其為臺灣的「重要漁場」。但是，美日私相授與後，日本長期反覆扣押到該地區捕撈作業的臺灣漁民。

1996年起，李登輝、陳水扁當局與日本就此進行了15輪談判，均未取得實質成果。馬英九上台後，雙方僅在2009年2月進行一輪談判，仍然無果而終。而臺灣漁民被日本抓扣的事件不斷發生，僅2010年就發生7起。因此，對馬英九當局而言，漁權談判具有突出意義。

「購島」鬧劇中，擱置已久的漁權談判再次被連帶提出，且一波三折，反映出臺日雙方在新形勢下的政策考量。之所以前16輪談判多年無果、第17輪談判被持續擱置，關鍵是日本立場強硬，拒絕做出實質讓步。

「購島」發酵過程中，日本仍堅持固有立場，新一輪談判在2012年6月間仍未有重啟跡象。但隨著「購島」決定進入操作階段，日本調整立場，開始主動對臺灣示好。

9月上旬，日本在APEC海參崴峰會上主動向臺灣提議推動漁業合作，隨後更

明確通知臺灣10月3～5日在東京舉行第17輪談判。宣布「購島」後，日本頻頻釋出積極信號，展露「誠意」。

9月13日，日本交流協會臺北事務所新聞稿「澄清」臺灣漁民在東海作業不受影響，「期待盡早重啟日臺漁業談判」。日本政府在「購島」之際表面上同意重啟談判，甚至表現出某種積極主動，主要是為了舒緩「購島」招致的臺灣反彈，拉攏臺灣、分化兩岸，最大程度避免遭遇兩岸聯手施壓。對此，日本國內媒體都直言不諱。

日本新聞網10月8日分析指出，日本政府希望與臺灣單獨簽署漁業捕撈協議，滿足臺灣漁民對漁業資源的要求，從而切開臺灣與大陸之間在釣魚島問題上的利益關係，使得釣魚島問題只成為日本與大陸之間的單挑關係。[13]

反觀馬當局，在「購島」發酵階段對漁權談判較為積極，呼籲盡早啟動談判。2012年8月中旬，「外交部長」楊進添、「次長」董國猷就香港保釣人員被逮捕事件與日交涉過程中均對此有明確表示。[14]但「購島」前後，在日本表現出主動意願後，馬當局反而猶豫起來，甚至拉高姿態，要求日本首先確實拿出誠意、善意，確保談判達成實質性成果。APEC會議上，連戰批評以往多輪談判均無果而終，表示如日本不改變態度，「會再開十幾次一樣沒有結果」。[15]「購島」之後，馬當局更擱置日本提出的10月3～5日在東京重啟談判的建議，公開表示「會談應在適當時機及良好氣氛下進行」，要對「購島」的形勢進行「審慎評估」。[16]據島內媒體報導，馬當局對日本剛通知重啟談判旋即宣布「購島」大為光火，認為是「一手棍棒、一手胡蘿蔔的兩面手法」，此刻來談漁權時間點根本不對，「總不能給糖吃，就來侵占我領土」。[17]

但10月初，馬當局開始逐漸軟化立場，接過日本提議，籌備恢復漁權談判。

4日，在日本方面並未就「購島」做出重要讓步的情況下，臺灣「駐日代表」沈斯淳返回日本，其重要任務就是盡快促成漁權談判重啟。次日，日本外相玄葉發表「對臺灣各位傳達的訊息」，再次表達重啟漁權談判的意願。至此，雙方在「購島」問題仍僵持的情況下，就重啟漁權談判達成一致。

11月30日，雙方在東京就新一輪漁權談判相關事宜舉行首次預備會議。臺灣方面代表團長為「駐日代表處」業務組長張仁久，「外交部」、「漁業署」和「海巡署」相關人員以觀察員身分出席；日方團長為交流協會總務部長小松道彥，外務省、水產廳、海上保安廳及內閣府沖繩總合事務局的各相關官員也以觀察員身分出席。

　　馬當局幾個月來對重啟漁權談判的微妙政策變動，反映出其在「主權」與漁權之間的徘徊。從原則上講，「主權」比漁權重要，優先於漁權。只有在「主權」問題上站穩腳跟，才能在漁權談判中占得上風。馬英九也承認，「沒有主權就沒有漁權，主權絕對不能擱置，也不能放棄」。[18]

　　對日本在「購島」之際提出重啟談判的政策用心，馬當局也並非不察。正因此，馬當局才一度擱置日本提議。然而，漁權既是民眾迫切的生計問題，又是敏感的島內政治問題。馬當局如遲遲不接受日本提議、啟動談判，不但不利於島內漁業經濟和漁民生計，而且會遭遇相關利益群體反彈，衝擊其執政地位。

　　某種程度上講，對馬當局而言，漁會要求促成漁權談判、保護漁民權益的壓力遠大於「統派」要求捍衛「主權」的壓力。

　　島內輿論普遍認為日本遭遇大陸強大壓力、意欲拉攏臺灣提供了難得的「良機」，臺灣可藉此打破漁權談判僵局、對日提高要價。輔仁大學日本研究中心主任何思慎認為，「臺灣不存在『棄子爭先』的本錢，但日本應有『逢危須棄』的智慧」，日本須暫將主權與漁權脫鉤，先期與臺灣就釣魚台漁場秩序達成「過渡性的安排」。

　　《中國時報》文章認為，維護漁權是「現階段比較可行的『火中取栗』目標，也是政府高層想定的方向」，「雖然絕對不能放棄對釣魚台的主權，但是能放進口袋的利益更實際，在主權問題上持續發聲，或是不時來點實際行動，讓『這盆火』持續燃燒，才有可能累積確保資源分享的本錢」。[19]

　　面對「主權」和漁權、民族根本政治利益和暫時局部經濟利益的這種選擇，與大陸民間大規模抵制日貨形成強烈對比，折射出臺灣社會相當的投機心理。這

是由臺日關係的不對等決定的。面對強勢的日本，馬當局的「主權」抗爭只能見好就收，仔細拿捏，更注重經濟實利。

然而，這種「無奈的投機」能否產生馬當局預期的效果尚難確定，新一輪漁權談判能否順利舉行、日本是否確實拿出誠意、準備實質性讓步，還有諸多變數。首輪預備會議並沒有取得實質性成果。而在「海巡署」保護「中華保釣協會」出海宣示主權後，傳出日本認為此舉影響漁權談判的消息。

這種「無奈的投機」並不只限於漁權談判，而及於臺日整體經濟關係。臺日經濟關係素來緊密。

兩岸簽署ECFA和日本大地震後，日本產業加速向臺灣轉移，以期借道臺灣、利用ECFA優惠條件進軍大陸市場。

臺灣則希望通過深入與日本的經濟關係減少對大陸的「過度依賴」，向簽署自由貿易協定方向努力，為與亞太區域經濟合作機制相銜接、加入TPP做準備。

2011年，臺日簽署了「投資保障協議」。馬英九當局儘管對日本「購島」做出強烈反應，但是無意因此而影響雙方經濟關係的深入進度。相反，馬當局視大陸與日本經濟關係的趨冷為深入日臺經濟關係的良機。

日本「購島」後，對島內經濟政策影響甚大的前「副總統」蕭萬長就表示中日衝突對臺灣來說反而是一個發展機會，可以加強對日經濟合作。

「副總統」吳敦義認為日本企業受到威脅之際，正是臺灣組團到日本、對日本企業宣揚如何與臺灣合作、進軍大陸的好時機。「立法院長」王金平則表示「聯日、拉中、抗韓」將是日本震後和兩岸新局中推動臺日產業合作的基礎。

2012年11月29日，亞東關係協會會長廖了以與日本交流協會會長大橋光夫在臺北國賓大飯店就電機電子產品檢驗與產業合作等簽署「臺日相互承認合作協議」與「臺日產業合作搭橋計劃合作備忘錄」。[20]

三

除了政治抗爭、經濟謀利，馬英九當局提出「東海和平倡導」，試圖引領釣

魚島問題的解決思路。

　　2012年8月5日，馬英九在臺北賓館出席《臺日和約》生效60週年紀念活動，表示憂慮釣魚島爭議可能導致東海和平與安全陷入不確定狀態，進而提出「東海和平倡導」，呼籲相關各方：自我克制，不升高對立行動；擱置爭議，不放棄對話溝通；遵守國際法，以和平方式處理爭端；尋求共識，研訂「東海行為準則」；建立機制，合作開發東海資源。此後，臺當局不斷完善該倡導。

　　9月7日，馬英九登臨彭佳嶼宣示主權之際，進一步提出「東海和平倡導推動綱領」。綱領主張通過兩個階段推動倡導，先是和平對話、互惠協商，建立一軌與二軌對話管道，強化互信；繼而通過管道開展各種對話與協商，推動實質合作計劃，建立共同開發資源機制。

　　涵蓋領域則包括漁業、礦業、海洋科學研究與海洋環境保護、海上安全與非傳統安全，特別是要簽署「東海行為準則」。馬英九特別強調先進行兩岸及分別與日本「三組雙邊對話」，取得進展後再推進到「一組三邊協商」。[21]

　　應該説，「東海和平倡導」及其「推動綱領」帶有鮮明的馬英九個人色彩，源於其長期從國際海洋法研究釣魚島問題形成的學術觀點。

　　馬英九的基本理論是：「由於釣魚台列嶼面積小、距岸遠、資源少、無人居，及主權有爭執，因此在中、日東海大陸礁層（即大陸架，引者）劃界中不應具有劃界效力……不論中日兩國最後何國取得釣魚台列嶼的主權（或甚至維持目前的僵局），東海海床劃界的問題皆可與釣魚台列嶼主權問題完全分離。換言之，此二問題彼此全不相關，既可同時解決，亦可先後解決。」[22]

　　海床劃界直接關聯的是石油等海洋資源的分配，其與主權的分離意味著各方可以擱置主權爭議而共享資源。這一理論為「東海和平倡導」提供了理論支撐，即「國家主權無法分割，但天然資源可以分享」。由此，馬英九得以自圓其説，在堅持「中華民國」擁有釣魚島「主權」的同時，呼籲各方通過協商對話而合作開發資源，獨享「主權」與共享資源實現了統一。

　　馬「總統」將馬博士殫精竭慮的研究成果作為執政當局正式的政策主張提出

來,是學者出身的政治人物的常見做法。馬當局在日本「購島」勢在必行但尚未正式實施之際提出「東海和平倡導」,顯然有提前布局以應對「購島」的用意。然而,在臺灣特殊的國際環境下,「東海和平倡導」卻有著特殊的長遠「戰略」意圖。馬英九當局希望藉此展示臺灣的軟實力、巧實力,占據話語權制高點,突出爭議當事方地位,讓國際社會有感,從而為未來參與相關機制布局。

2012年10月2日,馬英九接受TVBS採訪,坦言臺灣在「列強環伺」的情況下想爭「話語權」,必須有明確主張,並頗為自認「東海和平倡導」在國際社會已初步產生影響,很多國家討論東海問題時都會提到,「我們占了一個戰略的高度」。

前「陸委會副主委」黃介正稱,新倡導是「讓國際『有感』的作為」,讓別人有感,臺灣「才有討論機會」。

政治大學外交系教授李明認為倡導是「以善意換取善意,為和平解決釣魚島爭端找出路,對提升臺灣的國際形象,具有正面積極的意義」。[23]

馬英九上台以來,不再「烽火外交」、與大陸爭奪「邦交國」、無謂地圖謀「重返聯合國」,轉而以務實做法逐步擴大國際空間,「東海和平倡導」可謂此整體戰略下新措舉。

「東海和平倡導」出爐後,被馬當局視為「重大理論創新」,竭力向國際社會宣講。馬英九近期會見來訪外賓,屢屢進行闡釋。「外交部」就釣魚島問題發表的一系列聲明,言必提及該倡導。

臺灣在《華盛頓郵報》等美國主流媒體的廣告標題就是「中華民國(臺灣)提出東海和平倡導」。而國際社會也確實出現不少肯定聲音。「美在臺協會臺北辦事處」前處長包道格、「美在臺協會」前理事主席卜睿哲、國務院前副發言人容阿倫・羅伯格、國務院前亞太助理國務卿幫辦薛瑞福等人均認為倡導具有建設性,甚至是解決問題的唯一出路。[24]馬紹爾等「邦交國」更在聯合國大會期間特意推介。然而,關鍵當事方日本卻並未做出實質回應。

2012年8月7日,日本外相玄葉光一郎稱「並非不可以考慮東海的各種合作

形式」，否定式回應看不出實質性積極態度。

10月5日，玄葉在「對臺灣各位傳達的訊息」中表示，「確保東海的和平與安定為所有當事者的共同利益。對於臺灣日前提出的『東海和平倡導』與『推動綱領』，有部分我方雖無法接受，但亦能體察『倡導』與『綱領』呈現的就是如此的基本想法與精神」。[25]

這種外交語言虛與委蛇，著力玩弄辭藻而無具體回應，意圖只在拉攏、安撫馬當局，而毫無接受「東海和平倡導」的政策意涵。實際上，即使卜睿哲、阿倫・羅伯格等肯定該倡導的美國戰略界主流學者也指出日本、大陸不會接受，高度質疑倡導的可行性。

四

美國是釣魚島爭端的關鍵外部因素。儘管日本在清朝末年的竊占是釣魚島問題的肇始，但直接造成四十餘年來紛爭格局的卻是美國政府。

二戰後初期，美國在託管期間將釣魚島納入琉球群島範圍，並在1972年將管轄權一併「歸還」日本，埋下中日爭端的禍根。這與老牌殖民國家英國退出中東、南亞時的做法並無二致。不僅如此，美國聲稱《美日安保條約》第五條適用於釣魚島，一定程度上為日本保持實際控制的相對有利地位和對大陸、臺灣堅持強硬立場提供了保護傘。

此條規定：「本條約締約雙方宣誓，在日本國管轄的地域內，若締約的任何一方受到武力攻擊，都將被視為本國自身的和平與安全受到威脅，並且依照本國憲法的規定和程序，採取行動應對這種共同的危險，任何這種武力攻擊及由此而採取的所有措施都必須按照聯合國憲章第五十一條的規定，立即報告聯合國安理會，當聯合國安理會採取了必要的措施來恢復國際和平與安全時，這些措施必須停止。」日本此番悍然「購島」，與美國重返亞太戰略並非毫無關係，但尚難言美國有意推動。「購島」是對釣魚島現狀和中日多年共識的顯著改變，由此引發的中國強硬反制和中日矛盾激化都可預期。當前的美國亞太布局、中美關係、國際經濟形勢下，美國並不樂見中日關係緊張到如此程度。

問題的關鍵在於美國雖然未積極推動日本「購島」，但在「購島」事發後的相關表態一度相當曖昧。事態升溫過程中，美國儘管也聲稱對主權歸屬保持中立、不持特定立場，但其對美日安保條約適用性的強調更容易對相關各方的博奕心理和決策產生影響。

　　2013年1月，卸任在即的希拉蕊·柯林頓國務卿會見就職開始的日本外相岸田文雄，前所未有地表示反對任何單方面破壞日本管轄權的行動，將美國對日本的袒護和縱容政策推進了一大步。

　　美國在釣魚島問題上的立場從一開始就與臺灣當局存在結構性矛盾。關於「主權」，臺灣堅稱歸己、寸土必爭，而美國的所謂中立立場認為地位未定，等同於否認臺灣主張。

　　臺灣當局儘管視美日安保條約為東亞安全的基石，寄望於其對自身的長期庇護，但是也並不認可將該條約正式適用於釣魚島。因此，馬當局對美國的確有所不滿。

　　2012年9月25日，馬英九會見銜柯林頓國務卿之命訪臺的國務院亞太局經濟政策協調官科夏普時，就公開呼籲美國堅持40年來的中立立場。[26]智囊人士對美國的不滿更是溢於言表。

　　亞太和平研究基金會副執行長陳一新連發數文，直接指責「造成東海緊張情勢升高的始作俑者，以及勸阻東京國有化不力，當然非美國莫屬」，「若是沒有美國國務院發言人紐蘭兩度發言宣稱美日安保條約適用『尖閣群島』（釣魚台列嶼），借給東京十個膽子也不敢行此天下大不韙之事」，甚至警告美國「袒護日本『太超過』，未來恐將愈來愈難扮演公正的斡旋者，誠所謂典守者不能辭其咎」。[27]這種火力全開的言論出自親美人士口中，實為罕見。

　　然而，臺美關係的基本格局和當前趨勢決定了馬英九當局不會為此而與美國公然挑釁。畢竟，在臺灣當局看來，美國是其最主要的外部支持力量、安全所繫。

　　馬英九第一任期內，美臺恢復陳水扁執政後期跌至谷底的互信，美國三批次

售臺武器的規模超越李登輝、陳水扁時期。馬英九連任競選中，美國關鍵時刻頻頻出手，有計劃、有節奏地續推軍售、高官到訪、宣布免簽待遇等動作，成最大外部輔選員。馬連任成功後，強力推動解禁美國牛肉，既回報了美國輔選，更移除美臺關係障礙。

在臺日關係因釣魚島爭議出現變數的同時，臺美關係卻持續深入。海參崴APEC會議上，代表馬英九的連戰與代表歐巴馬總統的柯林頓國務卿舉行正式會談。

2012年9月30日，年度「美臺國防工業會議」在美國如期召開。

10月2日，美國正式宣布臺灣加入免簽證計劃，11月即開始實施。

2013年2月4日，臺灣「駐美代表」金溥聰與「美在臺協會」理事施藍旗在華盛頓簽署新版「特權、免稅與豁免協定」，完善對雙方互派駐機構和人員的保障。美國貿易代表署副貿易代表Demetrios Marantis定於3月11～12日率團訪問臺灣，與臺「經濟部次長」卓士昭共同主持，重啟擱置六年之久的TIFA會議。在臺美關係發展大趨勢下，馬英九當局在處理釣魚島爭端中的美國因素時，並非單純施壓批判，而主要是遊說、溝通。陳一新儘管嚴厲抨擊美國，但還是銜命赴華盛頓公關。

在釣魚島問題上，馬英九當局要獲得美國信任，關鍵之一在於拒絕與大陸聯手保釣，讓美國安心。這已成為馬當局近年來的一項基本原則，在此輪「購島」爭議中也是言必稱之。無論是馬英九接受日本NHK專訪，還是「外交部」的一系列聲明，均多次重申。甚至發表對日抗議聲明，也要刻意搶在大陸之前，以免造成追隨大陸、開展合作的印象。[28]

2013年2月18日，馬英九進一步列出不與大陸合作保釣的三大「理由」，即大陸不承認「臺日和約」、未回應「東海和平倡導」、不希望臺日漁權談判觸及主權等。然而，日本在美國袒護下蓄意滋事，導致事態不斷升級，衝撞兩岸政策底線，無可避免地促成兩岸未必有意為之但卻客觀出現的配合。對日本「購島」過程中的具體動作，兩岸均進行抗議，表明的立場如撤銷購島決定、承認爭議基本重疊。兩岸宣示主權的重要動作，都是海事管理部門巡航、護漁。兩岸均呼籲

485

美國保持中立。

對巴拿馬總統的失言,兩岸均進行交涉。這些政策做法,除了頒布的時間有前後腳外,基本都一致。兩岸儘管未進行事前溝通協調,但步調卻高度一致。這已超越臺灣當局的「不聯合保釣」的主觀意願,而是形勢使然,反映出的是兩岸在涉外主權事務領域不以當政者主觀意願為轉移的客觀互動規律。儘管是「兄弟登山、各自努力」,以各自的方式進行保釣,但是共同的指向、共同的立場必然導致心照不宣的默契,而這種默契會隨著外國滋事的升級而相應深入。

陳一新曾詳細論述兩岸不能聯合保釣的多條理由,但是面對日本在美國袒護下的「購島」行徑,不得不承認「東京的蠻橫決定及美方的自以為是與力挺日本,卻讓兩岸在保釣這個議題上有更多機會在不約而同的情況下合作」。[29]

馬英九當局的「國家安全」基本戰略是「和中友日親美」,而釣魚島爭議恰恰牽涉美日及中國大陸,直接衝擊該戰略。臺灣在三強之間周旋,應對不當會導致一組甚至多組雙邊關係受損,大戰略破局;應對得當則可化危為機,得到最大實惠。釣魚島爭端還在持續,臺灣的角色也值得觀察。

注　釋

[1].《中華民國外交部譴責並強烈抗議日本政府侵害中國主權》,http://www.mofa.gov.tw/official/Home/Detail/8204dc9b-c7f4-4bfd-a208-5a080b7d38bd?arfid=88ce0e14-af13-4a76-8015-83fe91b55db0&opno=fe15c741-bf77-468b-bb7d-0f7eff7b7636,臺灣稱釣魚島為「釣魚台」。

[2].《釣魚台群島資料》,香港《明報月刊》1979年5月,第50頁。

[3].《41年前我海軍貼岸宣示釣島主權》,《聯合報》2012年9月6日。

[4].《外交部:不希望片面行動損及臺日友好》,《聯合晚報》2012年4月17日。

[5].《中華民國外交部譴責並強烈抗議日本政府侵害中國主權》,http://www.mofa.gov.tw/official/Home/Detail/8204dc9b-c7f4-4bfd-a208-5a080b7d38bd?arfid=88ce0e14-af13-4a76-8015-83fe91b55db0&opno=fe15c741-

bf77-468b-bb7d-0f7eff7b7636.

[6].《日若敢逮人 海巡署：不排除開火》，《聯合晚報》2012年9月24日。

[7].Yung-Lo Lin, "Those Islands Belong to Taiwan", http://www.foreignpolicy.com/articles/2012/10/18/those_islands_belong_to_taiwan. 《外交部重申中國對釣魚台列島立場》，http://www.mofa.gov.tw/official/Home/Detail/5d244e2c-8528-49ce-822f-ea3e20258956?arfid=7f013c3f-f130-44a9-905f-84cbaba2eca6&opno=907477b5-1d95-4205-a89d-320ed4806d4b；《外交部肯定巴拿馬外交部重申巴國總統訪日期間對釣魚台列嶼所說系遭媒體片面解讀之正面回應》，http://www.mofa.gov.tw/official/Home/Detail/ae5c9a3c-dd60-4888-9563-9168c75532a1?arfid=7f013c3f-f130-44a9-905f-84cbaba2eca6&opno=907477b5-1d95-4205-a89d-320ed4806d4b.

[8].馬英九：《從新海洋法論釣魚台列嶼與東海劃界問題》，臺北：正中書局1986年版，第V頁。

[9].馬英九關於釣魚島的主要論著包括：Legal Problems of Seabed Boundary Delimitation in the East China Sea，Baltimore: University of Maryland Law School，1984（在博士論文Trouble over Oily Waters: Legal Problems of Seabed Boundaries and Foreign Investments in the East China Sea基礎上修訂而成）；《從新海洋法論釣魚台列嶼與東海劃界問題》；《釣魚台列嶼主權爭議回顧與展望》，臺北：「中華民國反共」愛國聯盟，1996年。

[10].張鈞凱：《馬英九與保釣運動：兼論馬政府時期的釣魚島問題》，臺北：文英堂出版社2010年版，第13～29頁。

[11].《關於臺灣對東海漁業之相關報導》，http://www.koryu.or.jp/taipei-tw/ez3_contents.nsf/New/E92E5EDEB10E4C8B49257A78003A41CB?OpenDocument；《玄葉外務大臣通過交流協會對臺灣各位傳達的訊息》，http://www.koryu.or.jp/taipei-tw/ez3_contents.nsf/New/31BBE35F9EDE1AEC49257A8E000EADA7?

OpenDocument.

[12].《岸田外務大臣致交流協會成立40週年之賀辭》，http://www.koryu.or.jp/taipei-tw/ez3_contents.nsf/Top/A1A437D29C15E74549257B0400132FE0?OpenDocument.

[13].《日媒：日擔心臺陸協力護釣島，拋漁權談判》，《中國時報》2012年10月8日。

[14].《外交部長楊進添接見日本眾議員中津川博鄉等一行，就近日釣魚台列嶼問題重申我政府立場》，http://www.mofa.gov.tw/official/Home/Detail/ec81a20a-189d-4b13-9967-3c45a61ae651?arfid=88ce0e14-af13-4a76-8015-83fe91b55db0&opno=fe15c741-bf77-468b-bb7d-0f7eff7b7636；《外交部政務次長董國猷約見日本駐華代表樽井澄夫，就近日釣魚台列嶼問題重申我政府立場》，http://www.mofa.gov.tw/official/Home/Detail/679e2b14-a608-43e3-a652-28794e7fc594?arfid=88ce0e14-af13-4a76-8015-83fe91b55db0&opno=fe15c741-bf77-468b-bb7d-0f7eff7b7636.

[15].《本週宣布重啟漁業會議，與馬越洋熱線不斷》，《中國時報》2012年9月10日。

[16].《我政府維護釣魚台列嶼主權之堅定立場不變，並以務實態度與日方協商漁業問題，捍衛我漁民權益》，http://www.mofa.gov.tw/official/Home/Detail/c0253bc7-1303-496a-9658-bdd3c1899583?arfid=88ce0e14-af13-4a76-8015-83fe91b55db0&opno=fe15c741-bf77-468b-bb7d-0f7eff7b7636；《我政府正持續與日方洽談第17次漁業談判之細節》，http://www.mofa.gov.tw/official/Home/Detail/0c338999-8a90-441b-bbd6-719a667e1342?arfid=7f013c3f-f130-44a9-905f-84cbaba2eca6&opno=907477b5-1d95-4205-a89d-320ed4806d4b.

[17].《駐日代表返臺，拒漁權談判》，《中國時報》2012年9月11日。

[18].《馬「總統」：臺日漁權談判月初可能展開》，《聯合報》2012年10月3日。

[19].何思慎：《釣島漁權博奕，臺日各有棋譜》，《中國時報》2012年10月4日；《釣島風雲：三強之間難為小，臺灣火中取栗爭漁權》，《中國時報》2012年9月28日。

[20].《蕭：中日衝突時發展臺日經濟合作機會》，《中國時報》2012年9月19日；《中日經貿關係緊張，臺擬赴日招商》，《經濟日報》2012年9月27日；《臺日就電機電子產品檢驗與產業合作等簽署「臺日相互承認合作協議」與「臺日產業合作搭橋計劃合作備忘錄」》，http://www.mofa.gov.tw/official/Home/Detail/99cadd0e-2633-4206-ad4d-1f7cfed5883d?arfid=7f013c3f-f130-44a9-905f-84cbaba2eca6&opno=907477b5-1d95-4205-a89d-320ed4806d4b。

[21].《「總統」出席「中日和約60週年紀念活動」》，http://www.president.gov.tw/Default.aspx?tabid=131&itemid=27837&rmid=514；《「總統」視察彭佳嶼》，http://www.president.gov.tw/Default.aspx?tabid=131&itemid=28069&rmid=514。

[22].馬英九：《從新海洋法論釣魚台列嶼與東海劃界問題》，第158頁。

[23].《馬總統：臺日漁權談判月初可能展開》，《聯合報》2012年10月3日；《東海倡導：學者——讓國際有感》，《中國時報》2012年8月5日；李明：《兩岸別相妨害，反對日本挑釁》，《聯合報》2012年8月7日。

[24].《包道格：馬「總統」倡導是唯一出路》，《中國時報》2012年9月8日；《卜睿哲肯定馬和平倡導》，《聯合報》2012年9月12日；《薛瑞福：僅臺提具體建議》，《中國時報》2012年10月19日。

[25].《玄葉外務大臣通過交流協會對臺灣各位傳達的訊息》，http://www.koryu.or.jp/taipei-tw/ez3_contents.nsf/New/31BBE35F9EDE1AEC49257A8E000EADA7?

OpenDocument.

[26].《總統接見美國APEC資深官員、國務院亞太局經濟政策協調官科夏普》，http://www.president.gov.tw/Default.aspx?tabid=131&itemid=28184&rmid=514。

[27].陳一新：《釣島與獨島爭議替美國解圍》，《中國時報》，2012年10月3日；「美日聯手戰略，試探中國底線」，《中國時報》，2012年9月12日。

[28].《駐日代表返臺，拒漁權談判》，《中國時報》2012年9月11日。

[29].陳一新：《美日聯手戰略，試探中國底線》，《中國時報》2012年9月12日。

淺析臺灣參與TPP的動機

中國戰略文化促進會 王勇

一、前言

2008年全球金融危機以來，美國面臨失業率高企、經濟增長乏力、綜合實力下降等問題，全球領導者地位日益受到衝擊和挑戰。為扭轉該局面，美國戰略界經過反覆評估後，喊出了「重返亞洲」口號。

2009年7月，美國國務卿希拉蕊‧柯林頓在東盟地區論壇上高調表示，「我們回來了」，[1] 標幟著美國「重返」政策的開始。

同年11月，美國總統歐巴馬親赴亞洲出席第一屆「美國——東盟」峰會，再次釋放美國「重返亞洲」的強烈信號。[2] 自此，美國將重心重新轉移到亞太地區，而「跨太平洋戰略經濟夥伴協定」（TPP）正是美國從經濟上「重返亞洲」、主導亞洲經濟一體化進度的重要手段。[3]

自國民黨重新執政以來，臺美實質關係深入發展，臺灣當局領導人馬英九2012年2月會見「美在臺協會」主席薄瑞光時表示：「臺美關係30年來最好。」[4] 為進一步發展並維持臺美關係，避免在新一輪亞太區域經濟整合中被邊緣化，臺對加入由美主導的TPP興趣極大。2011年，馬英九在其黃金十年規劃中宣示，將在未來10年內加入TPP，2012年7月，馬英九加快參與步伐，希望臺灣8年內加入TPP，要「排除障礙，調整心態，8年入T，能快就快」。[5] 但 TPP不僅是一個高標準的自由貿易協定，還是美國用來「制衡中國」的經濟手段，臺灣參與過程將面臨一系列的困難。

二、TPP概述

TPP由紐西蘭、新加坡、智利於2002年發起，目的是推動三國間經貿交流，並以推動亞太地區自由貿易為遠期目標。

2005年6月，上述三國和汶萊經過談判，簽訂了一份「涵蓋所有商品和服務項目」的綜合性自貿協定，即「基礎四國協定」（P4）。該協定於2006年5月正式生效。由於發起國經濟總量較小，該協定初期並未在亞太地區引起重視。

2008年，美國宣布加入TPP。

2009年11月，美國正式提出擴大TPP並全面主導，使其影響力迅速上升。隨著澳大利亞、祕魯、越南、馬來西亞相繼加入談判，該協定引起了廣泛關注。

2010年3月，TPP首輪談判在澳大利亞墨爾本舉行。

2011年APEC夏威夷會議期間，歐巴馬宣示：各方已就TPP框架協定達成一致，擬於2012年完成談判。[6]

2011年11月，日本前首相野田佳彥宣布加入TPP。

2012年10月，墨西哥和加拿大先後宣布加入，自此，TPP成員國擴大為12個。

從美國貿易代表辦公室（USTR）公布的框架協定看，TPP有五大特徵：

一是強調全面市場准許進入，消除所有貿易和投資關稅和壁壘。

二是主張全面的地區協調性，協助成員經濟體發展生產與供應鏈，同時為創造就業、提高民眾生活水平、提高社會福利和推動各國可持續增長服務。

三是涉及「交互影響的（Cross-cutting）貿易議題」，包括制度一致性、競爭和商業便利化、扶持中小企業、關注國家發展等。

四是呼籲應對貿易新挑戰，包括數字經濟、綠色科技等，以保障公平競爭環境。

五是保持發展勢頭，隨時向新議題和新成員開放。[7]

截至2013年2月，TPP已進行十五輪談判。總體看，談判可分為兩大階段：

（一）初期談判階段（2010年3月至11月）。本階段共進行三輪談判，談判正式成員增至9個並設定了2011年的預期目標。該階段談判主要討論農產品、電信、金融服務、關稅和政府採購等問題。

（二）加速談判階段（2010年12月至今）。2010年12月，第四輪TPP談判在紐西蘭城市奧克蘭舉行，馬來西亞首次作為正式成員參與談判。2011年，TPP共進行6次談判；2012年，共進行5次談判。本階段，談判各方達成協定框架。與時同時，在美國主導下，不斷推進談判進度，衍生出許多「非傳統」議題，例如針對成員國的市場監管、經濟立法基礎建設、市場透明、勞工和環境保護等。

TPP成員國第十六輪談判擬於2013年3月4日至13日在新加坡舉行。

三、美國力推TPP的目的

（一）擴大對外貿易，重振經濟活力

歐巴馬政府將重建經濟作為國家安全戰略基礎，但當前美國經濟復甦乏力、失業率居高不下。在國內消費疲乏、原有市場容量有限的情況下，開拓新對外貿易市場，成為美促進經濟復甦的優先選擇。在具體行動上，2010年3月11日，歐巴馬簽署第13534行政法令，宣布實施「國家出口振興行動」（National Export Initiative，NEI），提出「五年出口倍增計劃」戰略目標：未來五年實現美國出口增長一倍，並由此為美國國內增加200萬個就業職位。[8]

自2008年金融危機以來，亞太是世界經濟格局中發展得最好的地區，人口總數、經濟總量均為世界第一，其重要性日益提升。根據亞洲開發銀行2012年8月15日公布的2011年度亞太地區主要指標報告顯示，2011年亞太地區對全球國內生產總值（GDP）總量的貢獻率進一步上升至36%，高於2009年的33.3%；2011年亞洲未經加權的平均經濟增長率為5.6%，較2010年的5.9%雖有放緩，但仍高於全球2.6%的平均經濟增長率和美國1.7%的增長率。[9]

為提升與亞太經濟體的經貿關係，並在新一輪亞太經濟整合中掌握主導權，美國適時宣布加入TPP談判。TPP對美國的意義不言而喻：統計數據顯示，墨西哥和加拿大宣布加入後，TPP成員國成為美國最大的商品和服務出口地。

2011年，美國向該區域出口商品近9000億美元，占全部商品出口的 60%；出口農產品 980億美元，占全部農產品出口的72%。[10] TPP可以說是美國在經濟上「重返亞洲」並落實「五年出口倍增計劃」的戰略支柱之一。北京大學中國經濟研究中心與美國國際貿易委員會等機構合作模擬測算亦顯示，對美國而言，TPP有助於實現白宮制定的「五年出口倍增計劃」，重振美國經濟活力。

（二）主導亞太地區經濟格局發展進度

進入21世紀以來，亞太多邊機制發展迅速，區域經濟融合程度不斷加深，出現了越來越多的雙邊自貿協定和區域貿易協定。例如，「東盟——中國」、「10＋3」（東盟10國和中、日、韓3國）、「10＋6」（在「10＋3」基礎上，再加上印度、澳大利亞、紐西蘭）等較大的地區貿易機制，但美國在該區域僅擁有6個自貿協定，且除北美自貿區外，其他均為雙邊安排（美國分別與澳大利亞、加拿大、韓國、墨西哥、新加坡五國簽有自貿協定）。[11]

在此背景下，美國認識到亞太區域對其國內經濟的增長、就業能力的提升和大國地位的鞏固具有基礎性作用。位於華盛頓的彼得森國際經濟研究所估計，一個沒有美國參與的東亞自由貿易區可能使美國公司的年出口至少損失250億美元，或者約20萬個高薪職位。[12]

鑑於此，美國不想再當旁觀者，要採取確實的行動成為亞太區域經濟整合的領導者，與太平洋對岸的政府、企業和公眾進行溝通、交流與融合。通過區域經濟合作打開新的市場空間，確保美國企業能夠自由和公平地進入這些最具活力的出口市場。因此，美國調動一切行政、經濟和外交資源全面參與TPP談判，打破亞太原有的區域經濟整合節奏，削弱亞太地區原有的貿易機制。通過對亞太區域經濟一體化進度的介入，進一步稀釋中、日等大國的區域經濟和政治影響力。[13]

（三）鞏固與亞太地區盟友關係

從美公布的協定框架可看出，有關監管、法治建設、市場透明、反貪和規則一致化等內容已遠超出經濟範疇，深入到各談判成員國的國內政治和安全領域。

如協定正式生效，美與各國聯繫必將更加緊密。美智囊東西方中心研究報告稱，「美力推該協定不僅具有經濟目的，而且還有地緣政治考慮，服從和服務於美深入與亞太地區接觸的戰略目標」。

在全面主導TPP的同時，美亦通過一系列的經濟、外交、軍事手段，積極鞏固其與亞太地區主要國家的關係。2012年，美國務卿希拉蕊、國防部長潘內達等高官先後訪問亞洲地區，歐巴馬亦在連任後訪問泰國、緬甸和柬埔寨，並成為歷史上第一位訪問緬甸的美國總統。[14]

2012，在亞太地區由美國主導的聯合軍演高密度連環舉行。最明顯的特點就是，多種聯合軍演的參加國家達到歷史之最。如2月7日舉行的為期11天的「金色眼鏡蛇」聯合軍演，參加此次軍演的正式國家包括美國、泰國、新加坡、韓國、印尼、馬來西亞、日本、澳大利亞、法國、加拿大、英國、孟加拉國、菲律賓和越南等，這是該軍演迄今為止規模最大的一次多國聯合軍演，也是美國以亞太為中心的新軍事戰略提出後的首次聯合軍事演習。[15]

（四）遏阻中國勢力擴張

隨著中國地位的提升，美國在亞洲的經貿影響力相應衰落。以中國與東盟的經貿為例，統計數據顯示，2000年，中國與東盟的貿易總額為395億美元，美國與東盟的貿易總額為1000億美元；2011年，中國與東盟的貿易總額上升至3628億美元，而美國與東盟的貿易總額僅為1940億美元。

2010年1月1日，有19億人口和6兆美元GDP的「中國——東盟自由貿易區」正式建成，對東亞經濟一體化進度產生重要影響，而美國並未參與其中。與此同時，東亞國家對美國的貿易依存度，整體來講是下降的：再以韓國為例，1990年到2010年，韓國對美國市場的依存度，由27%降到9.3%；韓國對中國市場則由同期的2.9%上升到20.4%。[16]

2012年11月21日，中國商務部發表公告稱，東盟十國與中國、日本、韓國、印度、澳大利亞、紐西蘭的領導人共同發表了《啟動「區域全面經濟夥伴關係協定」（RCEP）談判的聯合聲明》，正式啟動這一涵蓋16個國家的自貿區建

設進度,同期宣布啟動的還有中日韓自貿區談判。一旦成行,RCEP涵蓋的經濟總量將達20兆美元,約占全球經濟的三分之一;中日韓三國均為全球重要經濟體,互為重要的貿易投資體位,自貿區則涉及經濟總量14兆美元,占全球經濟的五分之一。面對美在亞太地區經濟影響力越來越弱、中國在亞太地區影響力越來越強的情況,美「重返」亞洲已成了必然選擇。[17]

表面上看,美國是在權衡各方利益的基礎上,試圖達到亞洲經濟發展機遇「共享」的目的。而其深層用意則是確保在亞洲大陸不要出現一個挑戰或與美國對抗的區域性組織或國家,而其重中之重就是消減中國在地區內的影響力。[18]臺前「新聞局長」、現任「立委」江啟臣表示:「美國總統歐巴馬的所謂重返亞洲政策,說白的一點,就是要遏阻中國大陸勢力擴張,因為隨著中國大陸經濟高速成長,軍費不斷倍增之下,中國大陸在亞洲甚至全球都開始展現它的影響力,這已威脅美國的領導地位,因此重返亞洲,就是要對抗中國大陸。」[19]

四、臺灣參與TPP的動機

(一)振興臺灣經濟

臺灣屬於海島型經濟,國內資源有限,振興經濟必須經由國際貿易的擴張。經貿關係對臺灣的經濟成長十分重要,而若從1996年以來的經貿關係來加以觀察,便可發現臺灣進出口貿易幾乎都處於順差的地位,其順差金額由1996年的147億美元到2010年的234億美元。在對外經濟關係方面,美國與日本是最主要的進出口國家,長久以來,一直都是臺灣的前兩大貿易夥伴;90年代以後,中國大陸經濟崛起,臺灣的進出口已逐漸轉向中國大陸,另有部分轉向歐洲與東南亞市場,同時也是泰國、印度尼西亞、菲律賓、馬來西亞,以及越南的主要投資來源。[20]

TPP被認為可給臺灣帶來巨大的出口利益,使臺灣在未來區域經濟整合道路上不會被邊緣化。馬英九表示:「臺灣生產毛額70%仰賴外銷,自歷史經驗可知『開放帶來希望,閉鎖帶來萎縮』,政府將盡快和主要出口國家簽訂自由貿易協定或經濟合作協定,加入 TPP會給臺灣帶來巨大的出口利益。」[21] 臺「國貿局副局長」陳銘師指出,加入TPP後,可強化臺灣在亞太地區的重要地位。臺國貿

局組長戴婉蓉進一步指出,加入 TPP,臺GDP會明顯提升115.62億美元,其中工業部門獲益最多;在出口部分,對外總貿易出口值可因加入TPP而大幅提升,估計約可增加106億美元。

(二)鞏固臺美實質關係

臺美關係在臺對外關係中一直占據最主要地位。自馬英九執政以來,臺美關係深入發展。在經濟方面,自臺「立法院」三讀通過「美牛案」後,臺美「貿易暨投資架構協議」(TIFA)將於2013年3月復談。在軍事方面,美國依據「臺灣關係法」,繼續加大對臺軍售力度:2011年9月21日,歐巴馬政府宣布了總額高達58.52億美元的對臺軍售計劃;2013年1月8日,美國參議員、「臺灣連線」共同主席殷霍夫在對臺灣訪問時表示,美國將在2013年對臺出售30架「阿帕契」攻擊直升機,2014年出售60架「黑鷹」運輸直升機,2015年出售「愛國者」導彈。[22] 在臺「國際空間」方面,美力挺臺加入「國際民航組織」(ICAO)、「世界衛生組織」(WHO)等,並於2012年底給予臺免簽證待遇。

為配合美「重返」亞太戰略,削弱美國內「棄臺論」聲音,自歐巴馬連任後,臺再次釋放出深入臺美關係、加入TPP的意願。臺前「行政院長」陳沖表示,「推動加入TPP是政府當前施政重點」。臺灣「外交部政務次長」柯森耀在2012年12月18日「臺美日三邊安全對話研討會」上表示:「美國宣示重返亞洲政策中,其中TPP將有助於強化美國與亞太國家之經貿關係,也廣受區域國家的重視與歡迎,馬英九明確提出八年加入TPP的決心,現階段以堆積木的方式與各國分別就投資、關稅、服務等進行交涉,以逐步邁向FTA的目標。」[23]

(三)降低對大陸經濟依存度

馬英九執政以來,臺灣當局大力加強改善兩岸關係和拓展「國際」經貿空間,取得了較大的改變和突破。特別是2010年6月與大陸簽訂「兩岸經濟合作框架協議」(ECFA)以來,兩岸貿易占臺灣外貿的比例平均逐年提高。同年,臺灣進出口增長率達到10.88%,是臺灣二十多年來再度出現兩位數經濟增長率的唯一年份。[24]

2011年1月兩岸正式開始實施ECFA相關協議內容。目前，中國大陸已成為臺灣的第一大貿易夥伴、第一大出口市場、第二大進口來源以及貿易順差的最大來源地。可以說兩岸貿易已成為推動臺灣經濟發展的主要力量。隨著兩岸ECFA談判的不斷深入推進和實施，臺灣對大陸的貿易依賴程度會繼續提升。

臺灣經濟部門分析，這種過度依賴向大陸出口的經濟增長模式在客觀上面臨著嚴峻考驗。[25] 尤其是中共十八大以後，大陸「以經促政」的趨勢更為明顯，臺面臨著與大陸商談「和平協議」、「兩岸軍事互信協議」的壓力。臺灣當局高調宣布積極準備以加入TPP，充分顯示出已開始規劃重返亞洲區域經濟整合的可能性，希望通過TPP積極參與亞太區域經濟整合，協助臺灣企業拓展海外發展商機，並以此擺脫對大陸經濟的過度依賴，緩解與大陸開展政治談判的壓力。

（四）拓展臺灣「國際空間」

在當前國際經濟社會中，由於兩岸關係的特殊性，臺灣長期面臨「外交」與外貿的困境。目前，臺灣已簽署生效的FTA，除ECFA之外其餘均是和中美洲國家達成的，這讓經濟對外依存度極高的臺灣非常被動。2011年，臺灣在亞洲的競爭對手韓國先後與美國、歐洲簽訂了自由貿易協定（FTA），臺灣危機感劇增。馬英九雖在就職演說中表示，將在「一中各表」的「九二共識」基礎上，與大陸就臺灣「國際空間」進行協商，並推出「活路外交」政策，力圖拓展臺灣的「國際空間」。但臺灣在參與「國際空間」方面，很大程度上依賴於美國的支持。美國常駐聯合國代表團曾發表聲明，表示美國長期以來都支持臺灣「有意義參與」包括WHO在內的聯合國專門組織。但為符合「一個中國」政策，美國僅支持臺灣加入不需要以國家為會員身分的國際組織。在兩岸關係深入發展階段，中國大陸對臺灣參與國際組織的態度似有鬆動。馬英九當局為贏利選民選票、獲得美方支持，當然要充分把握機會，積極表態配合美「重返」亞太戰略，加入美國主導的TPP。

臺灣若成功加入TPP，不僅是擴展國際空間的里程碑式突破，更可密切與各成員國之間的經貿交流與合作：與東盟四國連接，不用分別商談雙邊FTA；與臺灣的第二及第三大貿易夥伴——美國與日本經濟整合；深入與南美洲的智利和祕

魯、大洋洲的澳大利亞和紐西蘭的經貿關係等。[26]

注　釋

[1].中國日報網，http://www.chinadaily.com.cn/hqpl/2009-07/22/content_8459808.htm。

[2].聯合早報網，http://www.zaobao.com/wencui/2009/11/liaowang091125r.shtml。

[3].余森傑，《TPP：美國的獨角戲？》，金融時報中文網。

[4].環球網，http://taiwan.huanqiu.com/news/2012-02/2399293.html。

[5].中華人民共和國商務部網站，http://www.mofcom.gov.cn/aarticle/i/jyjl/l/201207/20120708251854.html。

[6].多維新聞網，http://national.dwnews.com/news/2011-11-12/58300787.html.

[7].美國貿易代表辦公室網站，http://www.ustr.gov/tpp.

[8].和訊網，http://opinion.hexun.com/2012-07-09/143324248.html.

[9].中華人民共和國商務部網站，http://www.mofcom.gov.cn/aarticle/i/jyjl/m/201208/20120808291001.html.

[10].美國貿易代表辦公室網站，http://www.ustr.gov/tpp.

[11].美國貿易代表辦公室網站，http://www.ustr.gov/trade-agreements/free-trade-agreements.

[12].騰訊網，http://finance.qq.com/a/20100316/001782.htm.

[13].中國貿易救濟訊息網，http://www.cacs.gov.cn/cacs/topicMore/articleDetail.aspx？articleId＝92325.

[14].網易網，http://news.163.com/12/1119/10/8GLRTU0100014JB6.html.

[15].觀察者網，http://www.guancha.cn/li-da-guang-da-

xiao/2012_08_02_88378.shtml.

[16].《TPP與美國亞太戰略調整及對中國的影響》,《中國評論》月刊,2012年3月。

[17].和訊新聞網,http://news.hexun.com/2012-11-22/148206655.html.

[18].《「重返亞洲」——歐巴馬政府東亞政策評析》,《當代世界》2010第1期。

[19].「中央日報」網路版,http://www.cdnews.com.tw/.

[20].《臺灣與TPP》,國家政策研究基金會,http://www.npf.org.tw/post/2/10427.

[21].中評網,http://www.zhgpl.com/crn-webapp/doc/docDetailCreate.jsp?coluid=7&kindid=0&docid=102205414.

[22].網易網,http://war.163.com/13/0109/10/8KP7H3SO000140MD.html.

[23].香港經濟網,http://www.hkfe.hk/article/show/6638.html.

[24].王勇:《臺灣尋求加入TPP的動機、路徑選擇及前景》,《國際經濟合作》2012年第8期。

[25].《臺灣經濟向前看》,《經濟日報》2011年1月24日。

[26].林祖嘉、譚瑾瑜:《臺灣加入TPP的重要性、挑戰與具體策略》,《兩岸經貿月刊》2012年第1期。

建立具有兩岸關係特色的軍事安全互信機制探討

中國國際問題研究所 郭震遠

建立兩岸軍事安全互信機制，已經成為兩岸相關部門、研究機構和個人廣泛關注的一個焦點問題。正如不可能將現有的各種理論、模式套用到對整個兩岸關係的研究，特別是用於處理兩岸關係一樣，研究與建立兩岸軍事安全互信機制，也不可能套用現有的相關理論和模式。雖然，在技術層次的某些具體問題上，還是可以有所借鑑。從根本上說，這是整個兩岸關係的獨特性決定的，即古今中外的前所未有性決定的。所以，關注和研究建立兩岸軍事安全互信機制問題，關鍵是必須著重關注、研究其兩岸關係特色。不然，這一問題在實際上將不可能得到解決。

一、不是單純地處理兩岸軍事關係問題，而是兩岸關係和平發展不可缺少的重要組成部分

世界上已建立了很多軍事互信機制。儘管各自的形式和內涵並不相同，但它們都是單純處理相關方面的軍事關係。建立這一機制的目的，明顯地就只是為了處理相關方面的軍事關係。無論是對於國際性的軍事衝突，還是對於內戰性的軍事衝突，建立軍事互信機制無不如此。例如，針對當年歐洲的華約與北約之間的軍事對峙、埃及和敘利亞與以色列的軍事衝突以及一些非洲國家內戰等，建立的軍事互信機制就都是單純地處理相關的軍事關係。儘管其中的一些軍事衝突、對峙實際上有著十分重要的政治衝突背景，例如華約與北約的軍事對峙。主要原因是，軍事衝突的當事各方無論是華約與北約，還是埃以、敘以以及內戰各方，都認為衝突不可能真正解決，但又都需要緩解激烈的衝突，尤其需要避免衝突進一

步激化,所以,各方都接受建立軍事互信機制,以爭取緩解衝突並維持衝突不進一步激化的狀態,而不是謀求真正解決衝突。實際上,上述軍事互信機制建立後,總體上看,確實在一定程度上緩解了衝突,並維持了衝突沒有進一步激化的狀態,但同時所有的衝突也都沒有因此而得到真正的解決。其中,華約與北約的軍事對峙的解決,是因為華約解體,而不是因為建立了軍事互信機制。從這個意義看,已建立的軍事互信機制,實際上就是維持軍事關係現狀。

建立兩岸軍事安全互信機制,具有與已建立的各種軍事互信關係完全不同的目的,從而表現出明顯的兩岸關係特色。兩岸面臨的軍事形勢是獨特的。

1979年1月1日,全國人大常委會發表《告臺灣同胞書》以後,大陸方面即停止了炮擊金門等對臺軍事行動。

1988年以後,隨著兩岸交流、交往的迅速發展,兩岸的軍事對峙雖然繼續存在,但強度持續下降,在這一期間曾經發生過零星的軍事事件,如臺灣方面誤擊大陸,但沒有擴大、激化。

2008年兩岸進入和平發展歷史新時期以來,兩岸的軍事對峙進一步緩和,可以說,臺灣海峽已經成為「和平的海峽」。顯然,建立兩岸軍事安全互信機制,既不是為了緩和激烈的軍事衝突,也不是為了防止衝突的進一步激化。因為實際上,在兩岸之間這兩方面都不再存在,甚至不太可能會重新出現。但是,隨著兩岸關係和平發展進度的深入,建立兩岸軍事安全互信機制問題,卻成為兩岸都十分關注的焦點問題。顯然,兩岸都認識到,建立兩岸軍事安全互信機制,雖然已不是兩岸之間迫切的軍事關係問題,但卻是兩岸關係和平發展進度進入核心區域,必須面對和處理的重要問題。眾所周知,從1949年到1978年的30年中,軍事對抗一直是兩岸關係的主體。

1979年以來,軍事對抗持續、明顯地減少,但不僅始終存在,而且其影響明顯大於其實際的存在。事實上,作為兩岸關係最深刻的歷史記憶,兩岸軍事衝突對兩岸關係的直接影響和間接影響,始終強烈存在。

1991年臺灣當局宣布終止所謂的「動員戡亂時期」,據此,臺灣方面堅持宣稱,兩岸的「敵對狀態已經結束」。但是,臺灣方面作為中國內戰的一方,在

未經內戰雙方談判、協商並達成共識的情況下，單方面宣稱「結束敵對狀態」，並不具備法理意義。更重要的是，從那時直到2008年，臺灣當局對大陸的全面敵視、高度防範始終存在，並且成為發展兩岸交流、交往的最嚴重障礙。

2008年以後，臺灣方面對大陸的敵視、防範明顯減少，但其影響猶存，並仍然是兩岸關係和平發展的嚴重干擾因素，這在兩岸關係的各領域都有所表現。顯然，完全結束兩岸敵對狀態，已經成為兩岸關係和平發展進度鞏固、深入的關鍵性步驟，而建立兩岸軍事安全互信機制，則是實現這一步驟不可缺少的前提和基礎。這從根本上決定了，建立兩岸軍事安全互信機制完全不同於已建立的各種軍事互信機制。兩岸軍事安全互信機制不是單純的兩岸軍事關係問題，而是兩岸關係和平發展進度的重要組成部分，就是這一機制最重要的兩岸關係特色，是建立這一機制時最基本的依據和出發點。顯然建立兩岸軍事安全互信機制，不是保持兩岸軍事關係現狀，而是持續推進兩岸關係和平發展進度，這是這一機制建立和運行的最重要目的。

認識與把握建立兩岸軍事安全互信機制的兩岸關係特色，不僅將直接決定這一機制的能否建立，而且還將決定建立這一機制對於兩岸關係和平發展進度的影響。陳水扁執政時期，一度熱衷於要與大陸建立「軍事互信機制」，臺灣相關部門為此進行了一些研究，臺灣的年度「國防報告書」也對此有所論述，但最後「無疾而終」。

陳水扁出於推行「臺獨」的目的，企圖通過建立所謂的「軍事互信機制」，以處理兩岸之間單純軍事關係的方式，保證「一邊一國」之間的所謂「軍事穩定」，實際上就是企圖消除大陸方面針對其「臺獨」行徑的「軍事威脅」。陳水扁的圖謀理所當然地不能實現，從反面顯示了；僅從單純的軍事關係著眼，脫離兩岸關係大局，不可能建立兩岸軍事安全互信機制。

馬英九執政以來，兩岸關係進入和平發展歷史新時期，臺海局勢得到前所未有的緩和。在這個背景上，臺灣方面對於建立兩岸「軍事互信機制」的關注不斷減少，在2013年度的「國防白皮書」中，僅一句話涉及這一問題。馬還一再表示這一問題「沒有急迫性」。顯然，臺灣方面仍然從單純的兩岸軍事關係看待建

立兩岸軍事安全互信機制問題。實際上，儘管臺海局勢已大為緩和，但在臺灣仍然存在對大陸相當廣泛的疑慮、畏懼，甚至一定程度的敵意，這對於兩岸關係和平發展進度的鞏固和深入形成了不可忽視的干擾。馬英九當局對於建立兩岸軍事安全互信機制的消極態度，明顯不利於消除臺灣方面對於大陸的疑慮、畏懼和敵意。這進一步顯示了，建立兩岸軍事安全互信機制與兩岸關係和平發展進度的密切關係。但是，認識和把握建立兩岸軍事安全互信機制的兩岸關係特色，並在此基礎上建立這一機制，對於兩岸都是全新的課題。顯然，只能堅持兩岸共同努力、進行實踐、摸索路徑、總結經驗，爭取比較順利地建立起這一機制，並在兩岸關係和平發展進度的鞏固、深入中發揮其重要的積極作用。

二、不僅是建立兩岸具體的「軍事互信」，更是建立兩岸廣泛的「安全互信」和「政治互信」

可以預料，未來建立的兩岸軍事安全互信機制，肯定包括一系列具體的「軍事互信」措施，例如，通報軍隊和重武器部署調整，視察軍事演習等等。因為這些都是「軍事互信」必然具有的內涵，也正是已建立的各種軍事互信機制的主體內涵。但同時還可以預料，未來建立的兩岸軍事安全互信機制，將包括更廣泛的「非軍事的」安全互信，甚至政治互信措施，例如，共同救助海難、共同護漁，以及共同維護海洋權益等等。這些並不是一般意義的「軍事互信」措施，但卻必然是未來建立的兩岸軍事安全互信機制重要的、甚至是主要的內涵。所以，建立兩岸軍事安全互信機制，不僅是建立兩岸具體的「軍事互信」，更是建立兩岸廣泛的「安全互信」、「政治互信」。這是建立兩岸軍事安全互信機制一個重要的兩岸關係特色。正因為這一特色，大陸方面認為，應建立的是「兩岸軍事安全互信機制」，而不是一般所謂的「軍事互信機制」。

未來建立的兩岸軍事安全互信機制，不僅包括兩岸具體的「軍事互信」，更包括兩岸廣泛的「安全互信」、「政治互信」，這是兩岸關係，特別是其和平發展進度深刻影響的必然表現。如前所述，已建立的處理具體軍事關係的各種軍事互信機制，都是相關方面既深陷於嚴重的軍事衝突對峙中，又難以在軍事上完全擊敗對方，因而採取的緩解措施。相關方面關注的只是如何預防對方利用緩解之

機，獲取得以取得最終勝利的軍事優勢，特別是要力避緩解中遭到對方突然襲擊的危險。所以，建立的軍事互信機制，必然以「軍事互信」措施為主要內涵。但是，建立兩岸軍事安全互信機制卻面臨著完全不同的局面。不僅因為2008年以來，兩岸軍事衝突、對峙的危險及可能性都不斷降低，以至於可認為基本上不再會發生，更因為兩岸之間「互疑」的焦點，實際上不是具體的「軍事互疑」，而是「政治互疑」，即大陸方面對於臺灣方面可能選擇「臺獨」的疑慮以及臺灣方面對於大陸方面以武力反「獨」促統的畏懼。顯然，僅包含具體「軍事互信」措施的所謂「軍事互信機制」，對於兩岸、對於兩岸關係都沒有重要的實際意義。兩岸之間真正需要的，是以消除「臺獨」可能性對兩岸關係深刻不利影響為核心內涵的「除疑增信」，即建立和不斷強化以消除「臺獨」危險為基礎的「安全互信」、「政治互信」。坦率地說，在兩岸關係持續和平發展的形勢下以及兩岸軍事實力對比大陸占有絕對優勢的現實下，具體的「軍事互信」，對於保持臺海局勢的和平穩定以及維護臺灣安全，都沒有真正重要的實際意義。關鍵問題過去是、現在是、今後仍然是消除「臺獨」的危險及其影響。所以，雖然需要具體的「軍事互信」，但更需要廣泛的「安全互信」、「政治互信」。前述未來建立兩岸軍事安全互信機制，可能涉及的「安全互信」、「政治互信」措施，顯然是十分必要的，而且必然占據主導地位。

既包括兩岸具體的「軍事互信」，更包括兩岸廣泛的「安全互信」和「政治互信」，這一兩岸軍事安全互信機制的兩岸關係特色，將不僅在最終建立的「機制」中得到表現，而且在「機制」的建立過程中就將得以表現，並將在這一過程中發揮十分重要的積極影響。儘管現在臺海局勢大為緩和，但建立兩岸軍事安全互信機制，在臺灣島內仍然是高度敏感問題，而令執政者望而生畏，從而實際上難以進行。但相對而言，某些前述「安全互信」、「政治互信」措施，卻似乎具有一定可行性。例如，「共同救助海難」實際上就已經展開，進行了幾次聯合演習。這使人們受到啟發，即在廣泛的「安全互信」和「政治互信」範疇中，總是可以發現具有可行性的項目而先行先試，從而帶動兩岸軍事安全互信機制的建立。當然，兩岸執政者，特別是面臨質疑的臺灣執政者的膽識、勇氣和智慧，是決定性的因素。

三、無須，也不允許來自外部的所謂監督、仲裁，而堅持以兩岸關係和平發展的政治基礎為「機制」的保障

世界上已經建立的各個軍事互信機制，無例外地都包括了相應的監督、仲裁機制。尤其值得重視的是，這些監督、仲裁幾乎全部由當事雙方之外的第三方實施，即監督、仲裁來自外部。唯一的例外是當年華約與北約建立的歐安機制中的監督、仲裁機制，不是來自外部。原因應該是，沒有外部力量能夠對華、北約以及它們之間的糾紛實行監督、仲裁。可以預料，未來建立的兩岸軍事安全互信機制，當然包括相應的監督、仲裁機制，但肯定不是由兩岸之外的任何第三方對之實施。這是兩岸關係的特點決定的，是兩岸軍事安全互信機制的又一個重要的兩岸關係特色。

各種軍事互信機制中包括的監督、仲裁機制，有兩個方面的功能。其一，處理、協調由於違規行為引發的雙方糾紛甚至衝突，以保證機制的正常、穩定運行；其二，防止機制被嚴重破壞，以避免機制的失效。在這個意義上，未來建立的兩岸軍事安全互信機制，需要包括監督、仲裁機制。幾乎所有已建立的軍事互信機制，都由當事方之外的第三方實施監督、仲裁，是由於這些機制都是第三方的外部參與、推動下建立的，很多情況下，外部的參與、推動甚至有決定性影響。但是，兩岸的軍事安全互信機制的建立，將只是兩岸共同努力的成果，將沒有也不可能允許兩岸之外的外部的參與。所以，未來建立的兩岸軍事安全互信機制中的監督、仲裁機制，將不會也不允許由兩岸之外的第三方對之實施。對於大陸方面而言，絕不允許、不接受外部勢力插手、干涉臺灣問題，是1949年以來始終堅持的最基本原則。在兩岸軍事安全互信機制的建立及其監督、仲裁方面，將必然繼續堅持這一原則。至於臺灣方面，雖然長時期以來一直希望美國插手、干涉兩岸關係，但實際上並不成功。所以可以肯定，兩岸軍事安全互信機制，包括其中的監督、仲裁機制，必然也只能在兩岸共同努力下沒有任何外部插手、干預地建立和運行。實際上，兩岸軍事安全互信機制的建立和運行，最可靠的保障不是、也不可能是由外部實施的所謂監督、仲裁。這一機制建立與實施的保障，特別是臺灣安全的保障，只能是堅持和強化兩岸關係和平發展的政治基礎，即堅持一個中國原則，反對「臺獨」。事實將表明，只有堅持這一政治基礎，兩岸軍

事安全互信機制才能得以建立,並在建立後順利運行、發揮作用;如不堅持這一政治基礎,機制將不可能建立,即便建立也不可能順利運行。而且,從根本上說,沒有這一政治基礎,就不可能有臺灣的安全。

四、建立的時機和前景

世界上已建立的各種軍事互信機制,都是經歷了激烈軍事衝突,但沒有一方獲得完全勝利,在明顯的軍事相持態勢下,經由雙方談判建立的。顯然,軍事衝突進入相持階段,是建立軍事互信機制的時機。原因在於,軍事衝突進入相持階段,表明衝突雙方都已明確不具有完全擊敗對方的絕對優勢,而且此前的激烈衝突已使雙方迫切需要調整、恢復,因而緩解衝突、防止衝突進一步激化,逐漸成為衝突雙方的共識和共同選擇。但是,建立兩岸軍事安全互信機制,卻有完全不同的時機判斷標準。兩岸軍事衝突的相持階段早已結束,大陸對臺灣的壓倒性軍事優勢已經不可逆轉,正是在這一背景上,建立這一機制成為了兩岸關注的焦點之一。這一事實充分顯示了,對於建立這一機制時機的判斷,也表現出明顯的兩岸關係特色。

雖然馬英九宣稱,兩岸簽訂和平協定、建立軍事安全互信機制「沒有急迫性」,但兩岸對於建立這一機制的關注持續增強的事實卻越來越清楚地顯示了,建立這一機制已經具有了明顯的迫切性和可行性,即出現了建立這一機制的重要時機。本文第一部分關於建立兩岸軍事安全互信機制是兩岸和平發展進度重要組成部分的論述,實際上也是對於建立這一機制的迫切性的論述。僅對其基本論點略作重複:儘管兩岸關係已有重大改善、臺海局勢明顯緩和,但臺灣仍然具有對大陸的疑慮、畏懼,甚至某種程度的敵意,這對兩岸關係和平發展進度的深入、鞏固具有重要不利影響。建立兩岸軍事安全互信機制,將有助於有效地消除這些疑慮、畏懼和敵意,是兩岸關係和平發展進度進入核心區域後應受到兩岸共同重視的重要措舉。顯然,建立這一機制的迫切性,已有越來越明顯的表現。同樣,在2008年以來的兩岸關係和平發展進度中,建立兩岸軍事安全互信機制的可行性也有越來越清晰的表現。

首先,在兩岸關係和平發展進度中,堅持一個中國原則、反對「臺獨」的政

治基礎已經確立,並且在兩岸日益深入人心。

其次,幾年來,兩岸多領域、多層次、多形式的交流持續發展,軍事領域的交流實際上已經開始。這些為建立兩岸軍事安全互信機制創造了氣氛、提供了條件,從而形成了建立這一機制的可行性。所以,應該認識到,現在已經出現了建立兩岸軍事安全互信機制的重要有利時機,需要及時把握。

兩岸軍事安全互信機制的兩岸關係特色,決定了建立這一機制的特殊困難,對此須有充分估計。但是,建立這一機制的迫切性和可行性的事實已經越來越明顯和表明,這一機制是完全可以成功建立的。關鍵在於,兩岸必須堅持共同努力、相向而行。現在對於建立這一機制,大陸方面態度積極、明朗,而臺灣方面卻表現猶豫甚至消極。對於臺灣方面受到島內外多種因素的牽制、干擾,大陸方面是理解的,因而不會對臺灣方面強求。但需要指出的是,建立兩岸軍事安全互信機制的時機寶貴,兩岸都應及時把握,爭取早日啟動建立這一機制的進度。可以預料,建立這一機制的進度啟動後,肯定會遭遇諸多困難。但同樣可以預料,作為兩岸關係和平發展進度重要組成部分的,建立兩岸軍事安全互信機制,經過兩岸共同努力,其前景肯定是樂觀的。

共生中的差異與差異中的共生

全國臺灣研究會執行副會長兼祕書長 周志懷

近代以來，海峽兩岸由於歷史道路不同，逐漸形成了不同的政治和社會制度，在意識形態、發展模式與生活方式上也存在著諸多差異，從而構成了阻礙兩岸關係和平發展的政治分歧。這些差異或分歧雖然客觀存在，但這並不能、也不應該割斷兩岸之間歷史的、文化的、血緣的、地理的、民族的和法理的聯結。如何看待兩岸在共生過程中存在的差異與分歧，並在處理這些差異與分歧中獲得共生，應是海峽兩岸的共同願望與責任。本文重點探討2008年以來兩岸關係和平發展過程中的差異與共識問題，同時也就現階段兩岸紅綠之間的交流以及兩岸關係和平發展進度中出現的「臺獨休克」現象作一整理。

一、兩岸關係和平發展的共識與分歧

在2008年以來的兩岸關係發展過程中，兩岸或許形成過諸多共識，但筆者認為以下三點具有重要作用：

一是兩岸間的政策共識。亦即兩岸雙方在處理彼此關係時，在大政方針方面所形成的基本共識。2013年6月以來，兩岸執政者在這方面的共識更加清晰，這就是：兩岸都主張一個中國原則，都用一個中國框架定位兩岸關係，都認同堅持「九二共識」、反對「臺獨」的共同政治立場。在這樣一個基礎上，兩岸雙方可以牢牢把握兩岸關係和平發展主題，把兩岸關係良性發展的情勢保持下去，不斷開創兩岸關係和平發展新局面。

二是主流民意的共識。一是兩岸和平，二是兩岸的持續或長期和平，三是兩岸和平的制度化。馬英九先生曾在2011年的元旦祝詞中稱，「爭取臺海長期和平發展是兩岸人民的共同願望」。這一判斷體現出對兩岸民意的精準把握。實際

上，早在2008年3月，馬英九在剛剛當選後就指出，如果大家都接受「九二共識」，「不敢講百年和平，至少長期和平是有機會的」。這當然是一種良好與善良願望。對此，大陸方面也持完全相同的看法。

2008年12月，胡錦濤在紀念《告臺灣同胞書》發表30週年重要講話中強調，要「竭力避免再出現骨肉同胞兵戎相見，讓子孫後代在和平環境中攜手創造美好生活」。同時也再度呼籲：「在一個中國原則的基礎上，協商正式結束兩岸敵對狀態，達成和平協議，建構兩岸關係和平發展框架。」這一講話，同樣突顯了大陸希望兩岸子孫後代能夠在長期和平中創造並共享美好生活的願望，同時也提出可以用建構兩岸關係和平發展框架的方式，使兩岸間的長期和平獲得制度性保障。

三是共同利益的共識。應該說，2008年以來兩岸關係所取得的所有進展，都是建立在共同利益基礎上的，而這個共同利益又是建立在中華民族整體利益上的。

2009年4月，馬英九在出席美國「『戰略與國際研究中心』 臺灣關係法30週年研討會」視訊會議時稱：「為了臺灣繁榮以及中華民族的整體利益」，要「加強與大陸的交往」。胡錦濤也一再表明應增進中華民族的整體利益，2011年11月在美國檀香山會見連戰榮譽主席時指出：3年多來，在兩岸雙方共同努力下，臺海局勢發生重大積極變化，兩岸關係開創出和平發展新局面。事實證明，兩岸關係和平發展符合兩岸同胞共同意願，符合中華民族整體利益。

2013年6月，習近平總書記在會見吳伯雄榮譽主席時也強調，要堅持從中華民族整體利益的高度把握兩岸關係大局。實踐表明，現階段兩岸關係和平發展所取得的成果，正是兩岸雙方充分考慮了民族整體利益的結果，這展示了今後兩岸關係發展的基本方向。如果海峽兩岸在今後的合作發展中均能以民族整體利益為核心考量，和平發展就能夠得到持續鞏固與強化。

兩岸關係的和平發展不僅有共識，當然也存在不同的差異與分歧。紅與藍、紅與綠之間的差異與分歧到底在什麼地方？筆者認為，大陸與國民黨之間的差異與分歧，主要在於政治制度、意識形態、價值觀和生活方式，但與民進黨的分歧

則主要在於主權、領土完整與國家安全。政治制度、價值觀與意識形態等方面的分歧是可以暫時放在一邊的。因此，我們與國民黨之間並不會因為分歧阻斷了雙方之間的交流、理解與互信。但是，大陸與民進黨之間的差異與分歧則是原則性的、本質性的，是零和的、不可調和的，因而難以取得共生。

2013年6月習近平總書記在會見吳伯雄榮譽主席時指出：「『臺獨』分裂勢力及其分裂活動仍然是對臺海和平的現實威脅，必須繼續反對和遏止任何形式的『臺獨』分裂主張和活動，不能有任何妥協。」這與江澤民、胡錦濤兩代領導人對於「臺獨」問題的判斷完全是一脈相承的。

2004年9月，江澤民同志辭去軍委主席職務後在中央軍委新團隊擴大會議上的講話中曾明確指出：「當前和今後一個時期，對中國國家安全最大、最現實的威脅就是『臺獨』分裂勢力。」胡錦濤同志在2008年「12／31」重要講話中也強調：「『臺獨』分裂勢力及其分裂活動違背兩岸同胞共同利益，損害中華民族根本利益，拂逆中國發展不可阻擋的歷史潮流，是對兩岸關係和平發展的最大威脅。」

中共三代領導人反對「臺獨」分裂勢力及其分裂活動的論述，表明了大陸維護國家主權與領土完整的決心與意志。民進黨如何解決與大陸之間的根本分歧，應該是今後必須要思考的重點。

二、紅藍綠的不同困境與民進黨的大陸政策選擇

兩岸紅、藍、綠都有著各自不同的困境。

大陸目前面臨的最大問題是治理困境。僅從脫貧問題看，世界銀行2008年宣布，將國際貧困標準從每天生活費標準的1美元提高至1.25美元。

中國大陸則於2011年宣布上調國家扶貧標準，從2010的1274人民幣（每天0.55美元）提高到2300元（每天1美元）。這一調整則使大陸貧困人口從2688萬擴大至1.28億，占農村總人口的13.4%，接近全國總人口的1／10（臺、港、澳除外）。

再從就業問題看，大陸2013年僅大學畢業生就高達699萬。老齡化社會的問

題也日益突出。發達國家一般在人均1萬美元以上進入老齡社會，而大陸則在低收入階段進入老齡化社會，未富先老。到2050年大陸60歲以上將達4億人，每4人中就有一老人。其他諸如環境保護、城鄉二元化、腐敗等問題上，也面臨嚴峻挑戰。

馬英九目前面臨的最大問題則是再次政黨輪替問題。在2008年「大選」中，國民黨候選人馬英九以765萬票的絕對優勢當選，大贏民進黨候選人謝長廷220餘萬票。但其後卻頻遭「8.8」風災、「美國牛肉進口」以及人民對經濟復甦「無感」等因素困擾，施政滿意度始終無法提升，以至被民進黨貼上「無能」標籤，從而使2012年「大選」的連任也贏得心驚肉跳。

馬英九在第二任期內所推行的「油價、電價上漲」、復徵「證券交易所得稅」、「核四公投」、「改革年金制度」等多項政策，也備受爭議，民意支持度繼續處於低迷狀態。

臺灣指標民調公司2013年6月下旬公布的民意調查結果顯示，受訪民眾對馬英九的信任度為21.9%，不信任度為63.7%；對馬的執政滿意度僅為16%，不滿意度則高達73.7%。這一狀況的持續，勢必會危及國民黨2016年的繼續執政。

對於要重返執政的民進黨來說，如何面對大陸，處理好兩岸關係，維護臺海和平，則是其不得不面對的重大現實問題。對於2008年與2012年兩次「大選」的失敗，民進黨內的有識之士都曾直指為民進黨的路線挫敗。但兩次敗選後，我們都未看到民進黨真正要檢討其核心價值、政治路線以及事關臺灣前途的大陸政策。特別是對於2012年「大選」的檢討，黨內很多人認為美國與大陸的介入才是導致敗選的重要原因。

蔡英文選後還曾以下鄉謝票為由，拒見「美國在臺協會」主席薄瑞光。而代為會見的民進黨智囊副執行長蕭美琴則當面抱怨：部分美國現任及卸任官員在選舉期間支持特定政黨，民進黨感到遺憾。[1] 無法面對問題所在，正是民進黨所面臨的困境。這是世人皆知的困境，民進黨卻渾然不知？

民進黨要重返執政，在大陸政策上面臨著三種選擇：第一是以不變應萬變，堅持既有意識形態，難以擺脫「臺獨」黨綱與基本教義派的羈絆。第二是調整：

也就是策略性與試探性的調整，其目的主要是應對選舉。第三是轉型：轉型的基本概念是棄「獨」。在上述三項選擇中，轉型是遲早要走的路。

2012年民進黨敗選後，謝長廷曾表示，「如果民進黨的中國政策與國民黨拉得太開，不僅讓對手有攻擊目標，臺灣內部也會持續對立」。他主張，「民進黨應嘗試貼近國民黨的中國政策」。[2] 那麼，國民黨的大陸政策究竟是什麼呢？按照民進黨原「中國事務部」主任、現任臺灣清雲科技大學企管系副教授顏建發的理解，「馬英九所代表的國民黨主張 『不統、不獨、不武』，仔細探究，實際上 『不統』 並非實情，精確地講，應該是 『暫時不統』。不過，『不獨』 則是鐵律，而且其反臺獨」。[3] 果如此，國、民兩黨的基本立場南轅北轍，民進黨要如何向國民黨的大陸政策靠攏呢？要找到真正答案，除了棄「獨」之外，民進黨可能別無選擇。

三、「臺獨休克」現象與民進黨的轉型機遇

從目前情況看，在民進黨現狀派與調整派，或是基本教義派與務實派的較量中，現狀派或基本教義派還是占上風的。與此同時，我們也應該看到，島內「臺獨」基本教義派目前的聲音雖然還很大，但在2008年「大選」失敗後，民進黨已失去了運用體制內力量與手段推動「臺獨」分裂活動和「去中國化」的能量。隨著兩岸關係和平發展的深入，島內已開始出現「臺獨休克」現象。這一現象的主要表現有三：

一是「臺獨」空間受到壓縮，「臺獨」的價值理念受到挑戰。2013年5月，民進黨主席蘇貞昌在就職週年前夕談及其兩岸立場時，表達了「何必再喊臺獨」以及「法理臺獨讓學者去講」的想法。被視為蔡英文重要文膽的臺灣清華大學副教授姚人多則直言「臺獨」、「建國」已失去主流市場。這些現象表明，2008年以來的兩岸關係和平發展效應，已開始讓「臺獨」的價值出現邊緣化趨勢。

從李登輝與陳水扁過去的執政實踐看，「臺獨」其實也只能是一種空想。理性地思考一下，「臺獨」起碼需要如下幾個條件：一是民意相挺，但現實表明，島內大多數人主張維持現狀；二是國際社會支持；三是以軍力為支撐；四是法理基礎。可以肯定地說，這些條件對於「臺獨」鼓吹者來說，基本上都是要向不可

能的事物挑戰。實際上，早在2006年，美國的中國問題專家陸伯彬就曾直言，主客觀條件已使得「臺獨」運動趨於式微。[4]　李登輝2007年1月29日接受臺灣《壹週刊》訪問時也曾稱，他「從來沒有主張過臺獨」，也不是「臺獨」教父。李還批評民進黨製造「追求臺灣獨立的假議題」，「統獨天天談都是假的，都在權力鬥爭」。而陳水扁面對現實時，也不得不坦言：「臺獨做不到就是做不到」。由此觀之，也就不難理解蘇貞昌、姚人多等人為何會有上述言論了。民進黨在兩次「大選」失敗之後，路線檢討的聲音雖被壓制，但始終沒有消失。一種觀點認為，民進黨只有再嘗敗績，才有可能真正警覺與反省，認真思考轉型，這一論斷不無道理。

　　二是民進黨對兩岸交流的限制開始轉為正面思考並持開放態度。2012年2月，民進黨中執會通過的「2012年大選檢討報告」指出，在實務上，未來除了要更深入研究大陸的變化與對臺戰略，也應更具體展開雙向交流，擺脫「反中、鎖國」等錯誤刻板印象。2012年3月，陳菊任民進黨代理黨主席時則公開表示，民進黨歡迎所有黨公職同仁對中國大陸有更多瞭解與交流。其後，陳菊還明確表示，樂見並肯定兩岸關係和平發展及兩岸人民密切交流互動。蔡英文也提出「民進黨應建立與中國交流的模式」。民進黨中執委洪智坤認為，如此一來，民進黨與大陸的往來交流，可以制度化、正常化、除罪化。民進黨對現實的兩岸交流不再採取無視、漠視或者敵視的態度，不再停留在反對、批判的層面，這是一種重要姿態。

　　目前，民進黨已不再禁止縣市長與黨公職人員訪問大陸、參加城市交流或登陸促銷農產品。據統計，2012年民進黨公職人員赴大陸事先報備的有50件左右，約比2011年增加兩倍。特別是謝長廷先生去年的登陸，已邁出紅綠交流的最為艱困的一步。謝長廷訪問後，臺灣中國時報的民調發現，有44%的人支持謝的「開展之旅」，51%期許蘇貞昌主席也能有趟大陸行，近五成認為民進黨與大陸的交流應更大膽開放些。[5] 在謝登陸的8個月之後，未來事件交易所的調查顯示，支持謝訪問大陸的受訪者已高達64%，較過去增加了20%。

　　紅綠之間交流與互動的增加，顯然是催生「臺獨休克」現象的重要因素。

三是民進黨及其支持者不再排斥兩岸對話。2010年5月，民進黨的民調顯示，有高達86%的泛綠支持者，支持民進黨與大陸對話。當時蔡英文也馬上鬆口稱，「民進黨不排除在不預設政治前提下，與大陸進行直接並實質的對話」。[6] 2013年6月，未來事件交易所發表的「民共對話與互動」的民意調查結果也顯示，對民進黨與共產黨共同舉辦兩岸關係論壇的支持度高達51.9%，對於民進黨智囊與大陸學術界智囊進行二軌政策對話的支持度亦達56.9%。這顯示，島內民意對於民共對話寄予較高期待。實際上，蘇貞昌2012年在登記參選黨主席時，也曾主動拋出兩岸關係主張，強調應以「用對話代替對抗、用互動追求互利互惠、促成共存共榮」。要求與大陸對話的聲音越大，相互瞭解與理解的可能也就隨之增加，「臺獨」的空間也勢必會受到相應的擠壓。

「臺獨休克」現象的出現，應是民進黨大陸政策調整或轉型的機遇，關鍵在於民進黨中央如何把握，大陸可以拭目以待。

四、紅綠雙方面對差異的路徑：創造性接觸與持續接觸

兩岸之間固然有很多差異，但這些問題畢竟都是共生中的差異。孟子曰：物之不齊，物之情也。差異客觀存在，並不可怕。關鍵是如何面對差異、處理差異、縮小差異，在差異中實現共生與雙贏，亦即臺灣維新基金會董事長謝長廷先生經常所論及的「和解共生」。《周易·繫辭傳下》曾有這樣的精闢論述：「天下同歸而殊途，一致而百慮」。也就是說，我們無論尋找何種路徑，採取何種辦法，具有何種不同思考，但共生都是我們必須要達到的共同願望與目標，而這正是殊途同歸，百慮一致。

紅綠雙方要面對差異並尋求共識，最簡單的路徑就是雙方必須進行創造性接觸與持續接觸。2012年之後，紅綠雙方的互動開始出現一些令人值得關注的現象。

當年3月，國務院臺灣事務辦公室所屬的海峽兩岸關係研究中心在雲南騰衝市舉辦第十屆兩岸關係研討會，時任民進黨中央發言人的羅致政、原陳水扁辦公室主任陳淞山、原民進黨「中國事務部」主任董立文等應邀與會，民進黨的「三隻小豬」啟動了2012年「大選」後紅綠交流的按鈕。10月，謝長廷先生毅然登

陸「調酒」，這是紅綠雙方的一次創造性接觸。謝的「開展之旅」雖不計名分，但這並不能改變其為綠營極具代表性人物的實質。12月，國務院臺灣事務辦公室副主任孫亞夫以海峽兩岸關係研究中心主任名義出席臺北學術研討會，與民進黨政策會執行長吳釗燮公開互動並同臺演講致詞，吳稱這是他印象中的「民進黨與大陸官員的第一次公開見面」。

2013年7月，由民進黨前主席蔡英文任董事長的「小英教育基金會」舉辦專題會，邀請大陸中國銀行首席經濟學家發表專題演講，這是該基金會首度邀請大陸人士面對面座談，「開啟了蔡英文與中國大陸的接觸」。[7] 應該說，這是蔡英文與大陸之間的一次試水式的互動。

2013年，紅綠雙方還架設了持續性接觸的重要平台。6月，維新基金會在香港主辦「兩岸關係的發展與創新」學術研討會，國務院臺灣事務辦公室以及商務部、文化部、農業部、環保部官員和眾多學者與會，鮮明表達了與綠營保持持續性接觸的立場。應該說，在香港舉辦的這一論壇，正是促進大陸與民進黨務實派、與綠色陣營創造性接觸與持續接觸的重要平台。「兩岸關係的發展與創新」學術研討會最終達成了三點結論：

1.兩岸同源同文，兩岸關係和平發展得到兩岸主流民意的支持。臺灣各政黨、政團及民間團體的參與，有助於全面反映臺灣民意，穩健推進兩岸關係的發展。兩岸政黨均應認識到，擺脫對立衝突、開展平等協商、推進雙方交流，為兩岸人民及國際社會所樂見。

2.兩岸交流應讓廣大人民受益。任何協議應平等協商，互惠互利，符合人民需求，特別需要重視基層民眾和利益與合理關切，以利於維持兩岸關係長期穩定發展。

3.兩岸協商已進入核心區域，彼此差異仍未解決。兩岸應面對歷史、正視現實，尊重民意與增進人民福祉，推進政策創新，促進兩岸共同繁榮發展。[8] 這表明，在這個論壇上，紅綠不僅可以面對差異與分歧，而且可以推進對話，尋求交集或共識。這樣的論壇若能持續舉辦，必將為紅綠交流「樹立一個良性互動的典範」，[9] 紅綠間的共識則可能從無到有，從少到多，從而引發蝴蝶效應，對

兩岸關係的發展產生重要影響。

五、四項建議

為了實現兩岸紅綠雙方之間的創造性接觸與持續接觸，縮小差異，並在差異中贏得共生，筆者特別提出以下建議：

1.「共同建設者」應該成為兩岸關係和平發展中的新的關鍵字。參與兩岸關係，做反對派、批判者很容易，但作一個建設者卻十分困難。在兩岸關係和平發展中，民進黨應承擔更多的責任與義務，不要一直處於邊緣地位，而是要轉變成一個負責任的參與者。

2.共創和平。和平不分紅與綠、發展不分紅與綠、民生不分紅與綠。共創和平需要兩岸之間有一個公開透明的協議，綠色陣營應支持簽署和平協議，使兩岸和平的現狀能夠制度化、固定化。

3.紅綠交流要選擇合情合理的切入點。當前，民進黨可從改變相互稱謂開始，將「中國」改稱為中國大陸、北京、臺海兩岸等。這個切入點應該是合情合理的，並不困難。

4.架設紅綠對話平台，共同舉辦「南南合作與發展論壇」。臺灣南部縣市與學界可以與大陸南部合作舉辦論壇，尋找連接點，擴大合作，深入共同利益，打造制度化的交流平台。

注　釋

[1].林政忠：《拜會民進黨，薄瑞光「碰釘子」》，臺灣《聯合報》2012年1月31日。

[2].社論：《民進黨敢向國民黨靠攏？》臺灣《聯合晚報》2012年2月8日。

[3].顏建發：《兩岸議題可望在2014年的七合一選舉提早登場》，臺北論壇網站2013年7月4日。

[4].《西方外交官：民進黨把臺獨玩完》，臺灣《中國時報》2006年3月29日。

[5].社論：《民進黨必須回答的幾個問題》，臺灣《中國時報》2012年10月15日。

[6].社評：《掌握機會，引發民進黨改變》，臺灣《旺報》2012年1月31日。

[7].《蔡英文邀請大陸學者登島談「錢」》，北京《人民日報海外版》2013年7月11日星期四。

[8].《兩岸關係的發展與創新》研討會閉幕式結論，臺灣維新影子政府網站2013年6月30日。

[9].孫亞夫：《民共交流，必先棄「獨」》，香港《文匯報》2013年6月30日。

推進與民進黨人士交流的思考——從謝長廷登陸談起

浙江臺灣研究會 陳凌雄

　　2012年10月4日～8日,民進黨前黨主席謝長廷以「維新基金會」董事長身分受邀參加在京舉辦的調酒大會,由此展開了意義非凡的登陸之行。謝長廷一行以福建東山祭祖、認祖歸宗開啟大陸之旅,此後與廈門大學臺研院、中國社科院臺研所等學術單位進行閉門座談,中共臺辦主任王毅、國務委員戴秉國先後會見了謝長廷,給予了高規格的禮遇。在大陸期間,謝以個人身分呼籲民共之間正面接觸,希望民進黨正視兩岸關係發展的現實,重新調整大陸政策。政治上提出了「憲法各表」論述,認為未來兩岸和民共之間應「積極超越分歧和差異」;經濟上認同兩岸經貿交流的正面意義;文化上認同兩岸同屬一脈,到大陸「就像去兄弟的家一樣」,「政治不能超越人性」;而在涉臺「外交」領域,則主動表示,兩岸在國際上不涉及主權領域。謝長廷大陸之行發生在兩岸關係和平發展深入鞏固、民進黨面臨大陸政策轉型的壓力時期,謝的登陸猶如狂風攪動民進黨內一潭死水,引發熱議,贊成、反對、沉默、抵制反應不一,但無論謝登陸的目的、功過、效應如何,登陸之行本身已經在民進黨內投下了震撼彈,勢將對國、民兩黨兩岸政策方面的競爭產生一定影響。如何面對謝登陸引發的效應,因應民進黨可能進行大陸政策的調整,探討推進與民進黨人士的交流,未雨綢繆,建立相關交流機制,做好各方面的準備,乃深入兩岸關係和平發展、促進兩岸政治關係發展的重要一環。

一、謝長廷登陸的背景及引發的效應

　　謝長廷在多次試探後終於下定決心來大陸參訪,既有其本身獲取更多政治資

源的主觀考慮，也有為民進黨在兩岸政策方面尋求突破的客觀需要。

（一）民進黨在大陸政策上被邊緣化、極須改變是其登陸的客觀原因

1.在大陸事務方面民進黨被明顯地邊緣化

2008年國民黨候選人馬英九贏得「大選」、國民黨再度上台後，在國共兩黨共同努力下，兩岸關係在「九二共識」的基礎上發生逆轉，兩岸關係的改善、「三通」的實現，使「臺獨」活動空間明顯壓縮，臺灣民眾在大交流的過程中感受到兩岸關係發展的和平紅利。不言而喻，國民黨執政開創的兩岸關係新局，使民進黨執政時期製造兩岸對立情緒的大陸政策相形見絀、黯然失色。雖然國民黨在發展民生經濟方面受到國際大環境的影響，效果不彰，而兩岸關係一直是國民黨執政的亮點，尊重「九二共識」，維護兩岸關係和平發展越來越被大多數臺灣民眾接受和認可。在這樣的大環境下，黨內部分人士及支持者越來越普遍地對民進黨僵化的大陸政策提出質疑，要求檢討甚至修改「臺獨」黨綱的言論不絕於耳。

呂秀蓮稱，面對急劇變化的兩岸關係，民進黨不能裝作沒看到，應該重新檢討黨的大陸政策。[1] 陳菊表示，她早就體認到兩岸關係急劇變化，民進黨有必要因應時勢改變態度。[2]

蔡英文也強調，民進黨並沒有反對兩岸交流。蘇貞昌在當選黨主席後恢復「中國事務部」，成立「中國事務委員會」，並直言面對不斷變化中的大陸，民進黨在兩岸議題「態度該放的放，方法要靈活。」[3] 民進黨內重要政治人物在不同時期表現出對開展兩岸交流、改善兩岸關係的願望，顯見大陸政策已成為民進黨無法迴避的議題，謀求改變、尋求突破已是民進黨政治人物的基本共識。

2.兩岸因素在臺灣政治生態中的重要性大幅提升

兩岸關係的穩步推進以及兩岸交往的熱絡和深入，使兩岸關係與臺灣民眾的切身利益更為密切，民進黨在兩岸關係上的話語權逐漸衰弱，而兩岸關係議題在臺灣政治生態中的影響力和作用卻日益突出。

2008年以來，兩岸關係不斷改善，恢復制度化協商，簽署18項協議，並積

極謀求在和平發展的基礎上實現政治互信。隨著和平發展顯性效應的持續發揮，「密切、發展兩岸關係」成為島內共識並呈現不可逆轉之勢。民進黨在2012年「大選」中再度失利，很大程度上是因為其僵化、徘徊不前的兩岸政策。選後，黨內要求檢討大陸政策的呼聲更高，民進黨如果再不跟上時代的步伐、順應臺灣民意、及時修正缺陷明顯的大陸政策，恐會進一步流失政治基礎，重新執政也將變得遙不可及。

3.長期模糊化的兩岸論述制約了民進黨生存空間，極待尋求突破

民進黨現有的兩岸政策與大陸反「臺獨」的底線存在明顯衝突，而制約民進黨大陸政策轉變的因素相當的深刻和複雜。由於民進黨長期堅持「臺獨」理念並以此團結一批頑固「臺獨」分子，進行政治操弄，獲得現實政治利益，要改變民進黨「理念至上」的政治動員模式仍有相當難度。蔡英文、蘇貞昌等黨內大人物和實權派人物雖然有調整大陸政策的想法，然而要拿出既與國民黨有所區隔，又符合臺灣社會和平發展利益的論述，不論在制定抑或在實施當中都將遇到不少阻力。民進黨曾因陳水扁家族的貪腐案遭遇毀滅性打擊，蔡英文力圖收拾殘局，卻因兩岸政策而與「大位」失之交臂。

蘇貞昌目前地位尚不穩固，顧慮到內部反彈可能造成黨內路線分裂，對於制約民進黨發展的大陸政策問題也如芒刺在背、如履薄冰，其大陸政策陷入「不改困難，改更困難」的局面，謝長廷在民進黨大陸政策進退維谷的之際訪問大陸，拋出「民共接觸」的善意，試探各方反應，對於民進黨而言，也不失為目前次佳的權宜之計。

（二）固有政治理念和現實政治利益的需要是登陸的主觀原因

1.相對務實的大陸政策理念促其登陸

謝長廷的大陸政策在民進黨中相對「務實」。他的主要邏輯是大陸政策應該服從和服務於民進黨的政治前途，應以「理念」促進民進黨在政黨政治中實力的壯大，不能因「理念」的侷限而束縛民進黨的發展。故在陳水扁執政時期，謝長廷就曾以「一個國家的兩個城市」交流為由，希望以高雄市長身分訪問廈門未果。此次如願以償，其目的之一在於希望統籌民進黨內的大陸政治主張，特別是

在兩岸關係方面的思路。這既是實現其理念的極佳機會,也是確立其黨內「論述」主導權的有效途徑。事實上,他在大陸所提的「憲法一中」、「憲法共識」、「憲法各表」引起了各方的強烈反響,也是其一貫主張的集中體現。

2.派系生存和擴大派系影響的現實政治利益需要

謝系是民進黨內實力較強、組織相對嚴密的重要派系,但因謝長廷2004年代表民進黨參選失利,謝系遭遇來自黨內其他派系的衝擊和排擠,謝本人辭去黨主席以「謝罪」之後,謝在民進黨內的地位漸顯式微,甚至一些子弟兵準備靠向蔡系或蘇系以謀求政治前途。出於凝聚力量和東山再起的考慮,在兩岸關係議題份量日增的背景下,謝長廷希望通過訪問大陸,主導兩岸議題,在黨內形成「大鳴大放」回應,鼓舞謝系士氣,增強派系實力,在激烈的黨內鬥爭中謀得一席之地。

3.尋找民進黨大陸政策的出路,為重新執政做好準備

謝長廷在民進黨內向來以身段柔和著稱,加之他歷來都能在兩岸問題上適應形勢發展,兩岸論述相對系統而務實,善於平衡折中,且謝長廷本身已經不再擔任黨內要職,敏感性相對較低,較易被大陸接受,成為以民間身分走訪大陸的合適人選。據臺灣媒體報導,親謝人士透露,謝幾經思考後認為既然兩岸是黨的罩門,為重返執政考慮,自己就要在兩岸議題上有所作為,為「黨」達成目標。[4]謝辦曾表態:「訪大陸已為民進黨搶下 『灘頭堡』,(民共)雙方已有基本互信,未來即便沒有黨職,亦有互動平台與角色。既然與蘇貞昌想法互異,那就不要再互相耽誤了。」[5],甚至有評論認為謝開啟了「民共交流」的大門,「民共交流、維新先行」,[6] 即是謝長廷登陸的重要成果。

(三)謝長廷登陸在民進黨內引發了多重效應

1.加深了民進黨內矛盾

謝長廷訪問大陸在兩岸引起了很大的關注,加深了民進黨內矛盾和派系重組。謝長廷訪問大陸,使謝系因此成為民進黨內率先與大陸建立溝通管道的派系力量,拉抬了謝系力量的實力,引起了其他派系的高度緊張,引發了新的權力鬥

爭和理念分化。

其他黨內派系表面上對謝長廷訪陸表示讚賞或附和，暗地裡卻察言觀色，積極尋找自身在大陸政策上的價值定位。

由於民進黨權力布局的分散性和派系共治的特徵，蘇貞昌在大陸政策這一敏感議題上較難作為，然而，強化權力地位，在很大程度上有賴掌握大陸議題的主導權。為防止謝長廷在兩岸政策方面占據優勢，蘇一改原先承諾，親自擔任「中國事務委員會」主任，以統馭大陸政策實現整合黨內力量。

蔡英文則以精算的態度評估謝長廷訪陸的效應，利用此事趨利避害，實現自身利益的最大化；黨內其他力量如非實權派扁系等乘機附和謝長廷的言行，藉此制約蘇系力量的擴張。謝訪問大陸激化了民進黨內派系鬥爭並可能導致新一輪的權力結構調整。

2.引領新一波民進黨人士登陸熱

謝長廷大陸行之後，《中國時報》調查發現，有44%的人支持謝長廷此次的「開展之旅」，整體而言，有近五成的人認為謝長廷的大陸行有助於民進黨重返執政，並認為民進黨未來與大陸的交流應更大膽開放。長期以來，民進黨頭面人物訪問大陸在內部受到限制，謝長廷成功訪問大陸的舉動使得這一限制出現鬆動，登陸行為快速「除罪化」，從而帶動新一波登陸熱。

蘇貞昌、蔡英文兩位指標性人物訪問大陸的話題再度成為焦點，民眾對蘇貞昌與蔡英文到大陸參訪多表「認同」。蔡英文認為謝長廷訪問「中國（大陸）」有助未來與「中國（大陸）」交往常態化，她希望雙方未來能有常態化交往，[7]並表示只要對民進黨有利，她也願意到大陸訪問。

2013年1月20日，出身「臺獨」聯盟，在黨內具有舉足輕重的地位的現任民進黨「立委」許添財赴大陸開展城市交流，表明「獨」派人士在開展兩岸交流、推動黨內大陸政策轉型的態度上也開始鬆動。

3.引發新一輪大陸政策辯論的熱潮

民進黨歷史上曾不止一次展開大陸政策辯論。雖然蘇貞昌認為進行大陸政策

辯論的時機尚不成熟，稱有自己的節奏，但謝長廷作為大陸政策調整、辯論的積極呼籲者，以實際行動撥動民進黨大陸政策調整的敏感神經，謝訪問大陸後，多位黨內人士要求民進黨盡快開展兩岸政策辯論，務實開啟民共互動。民進黨中執委洪智坤率先向蘇貞昌提議開放平台開展大陸政策討論，以適應「現今的兩岸發展與國際情勢，必須要有新的思維與態度」。[8] 謝系「立委」趙天麟指出，讓各路人馬通過辯論為黨及社會找出路，是黨主席最起碼該做的事，否則民進黨很可能會被臺灣人民淘汰。[9] 前「陸委會副主委」童振源表示，民進黨的精英應盡快形成黨內共識，務實開啟民共互動與兩岸和平發展的新頁，才有助贏得多數臺灣人民的信任。扁辦前主任陳淞山公開站到謝的一方表示：蘇貞昌深知大陸政策的敏感性，一度在兩岸關係上冷卻、淡化，停滯不前，在謝長廷意欲訪問大陸這件事上有意拖後腿。由謝長廷登陸引發的效應仍在逐漸擴散，勢將帶動黨內新一輪的大陸政策辯論熱潮。

二、民進黨大陸政策現狀

2012年蔡英文在敗選檢討報告中坦承「要在互動中瞭解中國」，[10] 此後，黨內大陸政策檢討和調整的呼聲再次湧現，在5月27日黨主席改選時達到了高峰。蘇貞昌以脆弱多數贏得黨主席選舉，而中常委、中執委中，謝長廷、游錫堃、新潮流三足鼎立，「獨」派則虎視眈眈，尚未鞏固黨內權力、尚未形成黨內共主地位的蘇貞昌，在大陸政策問題上欲迎還休，作出檢討調整的姿態，但沒有實質進展，甚而在原有立場上倒退，可以說目前民進黨大陸政策處於進退失據、雜亂無章、迷失方向的階段。

（一）民進黨大陸政策基本思路

1.堅持「臺灣主權獨立」，形塑「主權維護者」形象

當前臺灣主體意識高漲，以反對運動起家、以「臺獨」黨綱為神主牌的民進黨，以「臺灣主權守護者」自居，較好地迎合了高漲的「主體意識」氛圍。尤其是黨內「急獨派」，論述能力較強，往往能用簡單易懂的語言、煽情的方式取得論述主導權，從而擁有較為穩定的10%左右的民意支持。這是民進黨的死忠支持群，也是民進黨的鐵票部隊，難以輕易放棄。故反映在大陸政策上，蘇貞昌多次

強調臺灣「主權獨立」，對於國民黨當局與大陸達成的相關協議，都持反對意見，甚至對大陸充滿敵意。在競選黨主席期間，蘇貞昌表示「民進黨絕不可接受一個中國原則」，勇敢地切斷了自己在一個中國問題上的退路，愚蠢地劃地自限，壓縮民進黨在大陸政策上的空間，間接地否定了「九二共識」。在近期訪日行程中，狂言「聯日抗陸」，2月4日，在與「日華議員懇談會」會長平沼赳夫、幹事長藤井孝男、首相安倍晉三的胞弟岸信夫及跨黨派議員會晤時表示，「日本、美國、韓國、臺灣，這是一個民主的夥伴關係，是一個民主同盟的關係，讓這個地區的穩定非常重要，往後我們應該可以繼續用這樣的努力，防止這個地區有其他不同勢力、不同認同，來介入、來引起不同，引起衝突緊張」，厚顏表示「臺灣與日本的核心利益是一樣的」，臺灣是這個區域的正面因素。在喊出「民主同盟圍堵大陸」這種媚日賣臺反陸的言論後，黨內批評聲一片，前民進黨「立委」郭正亮直言民進黨已重回兩岸對抗路線，是「既盲目又白目（愚蠢）」。[11] 要與美日等國結成「民主同盟」，圍堵大陸，這一方面顯示蘇貞昌個人草莽、無知和愚蠢。另一方面也說明民進黨大陸政策堅持臺灣「主權」，逢中必反的基本特徵。

2.泛政治化，擅用民粹

兩岸關係錯綜複雜，既有歷史上臺灣幾次脫離中華主體文明的悲情，又有近代內戰遺留的歷史恩怨，同時夾雜近些年大陸為反「臺獨」鬥爭被「臺獨」分裂勢力誤導為大陸的敵意，故島內充斥著極易激起民粹的土壤。在大陸政策上，民進黨往往採取政治掛帥的方式，將大陸議題政治化，用政治語言掩飾其無力處理大陸政策的困境，以此愚弄民眾，騙取民意。陳水扁執政時期，高喊「一邊一國」，公投「制憲」，對於民眾加強與大陸交往的呼聲，甚至以「太平洋沒有加蓋」這種說辭，推卸阻礙兩岸關係的責任。蔡英文競選「總統」時，仍用同樣的手段，淡化兩岸關係和平發展帶給臺灣民眾的紅利。蘇貞昌出任主席後，沿用同樣的思維，針對「兩岸投資保障和促進協議」的簽訂，稱臺商地位不如外商、港商，「完全是淪為次殖民地的待遇」，[12] 將經貿民生議題政治化，充滿民粹的氣味。

3.實用主義，政經分離

民進黨是選舉型政黨，選舉利益高於一切，實無理想性可言。故在處理大陸政策上，一方面呈現政治掛帥、強硬不妥協的姿態，另一方面又顧及現實利益，務實面對兩岸經貿往來，呈現明顯的二元務實、政經分離的特點。

為應對2000年「大選」，不惜以「臺灣前途決議文」凍結「臺獨」黨綱，執政初期陳水扁拋出「四不一沒有」，承諾成立和平委員會，即使在最瘋狂推動「臺獨」路線期間，仍施行政經分離，政治上走「正名」，「去中國化」，堅持「臺獨」路線，經濟上走務實道路，開通春節包機，所謂「小三通」等，以緩解其執政壓力。當前，民進黨亦不再反對ECFA等涉及經濟、社會交往的政策措施，恢復「中國事務部」，成立「中國事務委員會」，擺出有意願、有能力處理兩岸政策的姿態，對於謝長廷、許添財等黨內大人物或「獨」派人士登陸持不公開反對態度，對於執政縣市首長訪問大陸、開展兩岸經貿活動亦不持反對。

（二）大陸政策調整的內外因素

儘管民進黨大陸政策有其固有的思維邏輯，十幾年來也跳不出這種思維窠臼，但當前國際政治格局和兩岸政經情勢的變化，使其面臨調整的巨大壓力。民進黨內對大陸的態度已出現嚴重的分歧，未來進行微調的可能性大增。

1.內部因素是民進黨調整大陸政策的推手

蔡英文敗選後，黨內出現一股「不調整大陸政策，重新執政的最後一里路將遙不可及」的強大聲音。

蘇貞昌也表示「要積極自信的與大陸交往互動，讓大陸完整地瞭解臺灣，民進黨更要瞭解大陸，用對話代替對抗，用互動追求互利互惠，促成共存共榮」。[13]

謝長廷登陸使黨內形成了務實交流派與圍堵關門派，交流派在聲勢上越來越占據上風。原為關門派的許添財訪問大陸後，由衷表示「百聞不如一見」，[14]明顯將門縫打開，民進黨另一中央蔡英文以相對理性的態度，繼續在島內營造能打贏或比蘇貞昌更有機會打贏2016年「大選」的政治氛圍。受此壓力，圍堵派

的蘇貞昌從日本回國後，口氣軟了許多，不得不表態農曆年後將運作「中國事務委員會」，但因受限於「獨」派的掣肘，且2013年沒有選舉，調整動力不足，故內部推動力量尚不足以促其對大陸政策進行大調整。

2.外部因素是民進黨調整大陸政策的拉力

牽引民進黨進行大陸政策調整的外在因素主要有二：

一是臺灣民意的變化，當前臺灣民意「不放心無能力或無法處理兩岸關係的政黨執政」已成主流，民進黨一日不調整兩岸政策，民眾就一日不放心將政權交給它。

二是最重要的大陸因素，當前國際政經格局發生深刻變化。政治上，隨著中國崛起和國際影響力的持續提升，臺灣地緣戰略地位相對下降；經濟上，過去十年臺灣融入國際經濟秩序，又搭上大陸發展的快車，經濟得到了一定的發展，但隨著北美、南美、中美洲、歐盟、美韓、東盟及10＋1、10＋3等自由貿易區的形成以及準備啟動的美歐、跨太平洋戰略經濟夥伴關係協議（TPP）、美日、中日韓自貿協定等談判的進展，未來幾年將形成以美國和大陸為核心的區域性自由貿易區，即國際經濟格局從世界性的自由貿易即WTO時代向雙邊、區域性的自由貿易區即FTA時代過渡，臺灣若跟不上這一波FTA談判的腳步，勢將被排除在國際經濟新秩序之外，這是臺灣最大的挑戰，唯有處理好兩岸關係，搭上大陸與各國洽簽FTA的順風車，臺灣經濟才有快速發展的機會。

對此，民進黨別無選擇，只能朝處理好兩岸關係的方向調整。當然，另一重要的外部因素是美國為核心的國際因素。臺灣作為美國亞太戰略的核心棋子之一，地位越來越重要，美國對民進黨大陸政策調整造成反向牽制作用，也影響民進黨大陸政策調整的動因。

（三）未來民進黨大陸政策的基本形態

由於國民黨馬英九執政能力趨弱和執政政績不彰，國民黨的執政基礎進一步削弱，民進黨陷入不調整大陸政策照樣能走完最後一里路的迷思，因此，現階段民進黨內部沒有對大陸政策進行重大調整的強大壓力，依然會堅持「臺獨」黨

綱，但圍堵關門派和務實開放派會進行理論論戰和行動上的交鋒，集中在對「九二共識」和開放交流的態度。

1.重新包裝「九二共識」

2012年選戰的過程，某種程度是「九二共識」在臺灣的普及化的過程，經過選戰的洗禮與考驗，「九二共識」是兩岸關係和平發展的政治基礎得到堅固化，在臺灣民眾中或已形成「承認『九二共識』有可能處理好兩岸關係，不承認『九二共識』一定處理不好兩岸關係」的二分法看法，民進黨要想重新執政，「九二共識」將成為其繞不開的議題，最終不得不加以承認，但受限於民進黨反對「九二共識」太過強化，直接承認引發太大爭議，或認為與國民黨態度一樣沒有優勢等考慮，會對「九二共識」重新包裝，如創造一體現一個中國原則的新共識或以實質承認一中原則的新表述取代「九二共識」，以此既區別國民黨，又取信於臺灣民眾，但這種大陸政策的重大調整，只有在重大選舉時才能發揮最大張力，有利於選情。因此，調整的可能時機：

一是2014年七合一選舉前，蘇貞昌若受到蔡英文強大挑戰，擔心黨內初選無法取勝，需要七合一選舉大勝為自己加持時。

二是2016年「大選」前，任何一位候選人為勝選都可能做上述調整。

2.「交流派」聲勢更大，「關門派」門縫進一步擴大

由謝長廷登陸帶來的交流效應將繼續擴大，預計謝將再次登陸，若謝能在交流中與大陸有關部門達成一些能直接帶給臺灣民眾現實利益的共識與建議，並最終得到落實，則民進黨內與大陸開展交流的聲勢將更大，可以預期包括陳菊、賴清德在內的執政縣市首長、「立委」、議員、智囊、中央黨部和地方黨部主管、黨工等，將紛紛登陸，與大陸開展多層次、全方位的交流，而關門派也只能跟進，許添財打開的門縫將逐漸擴大。

三、推進與民進黨人士交流的思考

民進黨堅持「臺獨」黨綱，我們不可能與其開展黨對黨交流，但政黨由多個元素組成，理念固然重要，然理念是人創造的，故人是核心。謝長廷登陸引發的

效應,仍在發酵,訪陸「除罪化」後預計將迎來一波更加廣泛的民進黨人士登陸潮,如何通過與民進黨人士的交流,促使民進黨大陸政策轉型,為兩岸關係和平發展的大局服務,值得思考。

（一）做民進黨工作的戰略選擇

對民進黨的態度可以分為遏止論和交往論。遏止論認為:不必促使民進黨調整大陸政策,將民進黨繼續留在「獨」的光譜裡,讓其繼續在野,或許在野12年或16年後,才會幡然醒悟,徹底放棄「臺獨」,畢其功於一役,改變島內「統獨」分明的政治生態,故我們策略是剛性堅持「一中原則」與「九二共識」,客觀上設置其與我交流的障礙,讓民進黨無法與大陸交往,無法藉機攝取政治資源,避免間接助其再次執政;交往論認為,島內政治制度將使政黨輪替成為常態,民進黨在可預期的將來重新執政的可能性很高。我們無法避免與其交往,而交往客觀上可以造成影響民進黨人士對大陸的態度,消除一些不必要的誤解,爭取理性民進黨人對兩岸關係和平發展的支持,最終弱化「臺獨」黨性,弱化「臺獨」勢力。筆者支持交往論,認為開展對民進黨的交流,有利於兩岸關係和平發展的進一步深入,並將最終有利於兩岸和平統一大業的完成。

（二）與民進黨交流的基本原則

1.把握原則性與靈活性

胡錦濤同志在十八大報告中明確指出,對臺灣任何政黨,只要不主張「臺獨」、認同一個中國,我們都願意與他們交往、對話、合作。[15] 因此,「不主張」是我們與民進黨交流的基本原則。但這一原則可以靈活把握,如以前主張過現在不主張、以前公開主張現在不公開主張的、參加相關活動但不是公開組織者與宣導者,這些都應納入交往的對象。

2.兼顧長遠利益與現實效應

開展與民進黨的交流,促進民進黨人士理性客觀地看待兩岸關係,重建中國認同、進而調整大陸政策、修改「臺獨」黨綱,是一個長期艱鉅的過程,這個過程的初期效果未必明顯,也可能會遇到許多困難、挫折,甚至特定時期反而有利

於民進黨勢力的增強，但這是細枝末節。立足長遠，一定有利於我兩岸關係和平發展的整體戰略。

3.注意普遍性與特殊性，處理好頭面人物與一般黨工的關係

對於普通民進黨員、各級黨工和民進黨的支持者，應以開放的態度歡迎前來大陸交流參訪休假遊覽，而對於特定的頭面人物、特定指標性人物，則應把握節奏、個案處理。

特定指標性人物，採公開和私下相結合的方式，視情況擴大宣傳或減少曝光。對於一般民進黨人士來大陸訪問則以不公開為主，參加各種活動可以自然的方式處理新聞，不刻意、不突出、不迴避。

（三）重視交流機制建設

1.建立統一協調機制

由涉臺部門組成協調會商制度，針對不同領域、不同層次的對象，分工負責，同時建立安排來訪活動的標準作業程序SOP，對相關注意事項和安排作出原則性規定，做到有章可循。

2.建立效應評估制度

成立特別工作小組，按期進行效應評估，分析存在的問題和不足，提出針對性改善回應之策，同時建立臺灣民意的調研機制，要派有調研能力的學者，深入臺灣各地調研，瞭解社情民意的變化，以此作為效益評估的重要依據。

3.智囊間交流制度

鼓勵大陸各學術單位與綠營智囊建立聯繫，開展學術活動。重要智囊間形成每年定期舉辦公開的學術會議，不定期舉辦閉門會議。

注　釋

[1].（臺灣）「中央社」，2009年7月3日。

[2].《中國時報》，2009年7月6日。

[3].東南網,2012年5月28日。

[4].《經營兩岸 謝長廷陣營自認沒蘇貞昌也「行」》,華夏經緯網2012年10月25日。

[5].《蘇貞昌謝長廷關係瀕臨破局 謝系欲自己前行》,臺灣《中國時報》2012年10月25日。

[6].陳先才:《民共交流 維新先行》,臺灣《美麗島電子報》,2012年10月17日。

[7].(臺灣)「中央社」2012年10月9日。

[8].中評社2012年10月26日。

[9].《兩岸政策遲無辯論 謝長廷子弟兵批蘇貞昌太離譜》,華夏經緯網2012年10月25日。

[10].民進黨2012「大選」檢討報告。

[11].郭正亮:《民主同盟的盲目與白目》,臺灣《美麗島電子報》2013年2月18日。

[12].臺灣《中國時報》2012年8月10日。

[13].臺灣《聯合晚報》2012年4月12日。

[14].人民網2013年1月28日。

[15].《人民日報》2012年11月18日。

新形勢下推動兩岸經濟一體化的思考與探索

中國社會科學院臺灣研究所 王敏

自1970年代末以來,在經濟全球化與兩岸發揮各自經濟比較優勢的帶動下,兩岸經貿關係蓬勃發展,以兩岸貿易與投資活動為基礎的兩岸功能性一體化取得了長足的進展,但以兩岸公權力部門為樞紐的制度性經濟一體化相對停滯。當前,兩岸經濟一體化面臨著一系列新的發展形勢:一方面,兩岸關係和平發展勢頭不斷增進,ECFA後續談判也將陸續完成,為兩岸全面推進制度性經濟一體化奠定良好經濟基礎。另一方面,後國際金融危機時期全球需求與產業結構發生深刻變革,兩岸各自經濟轉型步伐也不斷加快,同時亞太經濟一體化呈現出新的發展形勢,對兩岸經濟關係產生深遠影響。在此背景下,探討推動兩岸經濟一體化的路徑,無疑對開拓ECFA後續協議完成後的兩岸經濟合作新局、鞏固深入兩岸關係和平發展具有重要的現實意義。

一、區域經濟一體化與兩岸經濟一體化演進

(一)區域經濟一體化與主要形式

一體化(Integration)研究早期主要集中在企業經營活動上,而區域經濟一體化(Regional Economy Integration)的研究可追溯至國際經濟一體化的相關研究。二戰後,經濟全球化迅猛發展,特別是西歐國家經濟一體化的啟動,為區域經濟一體化研究提供了豐富的素材。維納(1950)開創性地提出「貿易創造」和「貿易轉移」的新術語,荷蘭經濟學家廷貝亨(1954)則最早提出「經濟一體化」的概念,將其定義為「消除有關阻礙經濟最有效運行的人為因素,通過相互協調與統一,創造最適宜的國際經濟結構」,並將經濟一體化分為消極一體化

和積極一體化。[1] 此後，馬克盧普（1977）、羅布森（1998）等學者也從不同角度分析區域經濟一體化，其中最具代表性的是美國經濟學家巴拉薩（1961），他首創從靜態與動態兩方面去解釋區域經濟一體化，稱經濟一體化定義既是一種過程，又是一個狀態。就過程而言，它包括旨在消除各國經濟單位間差別的種種措舉；就狀態則表現為各國間各種形式差別待遇的消失。[2]

依據不同的標準，區域經濟一體化具有不同的組織形式。從政府參與程度角度看，區域經濟一體化主要包括制度性經濟一體化與功能性一體化，前者主要指通過政府公權力部門的推動，以一定的協定和組織形式為框架，而後者則是指經濟活動本身高度密切關係為基礎的而不依賴於協定或組織保證的若干關稅區經濟整體聯繫性的增強。[3] 根據區域經濟在相互給予關稅優惠、成員間自由貿易、共同對外關稅、生產要素自由流動、經濟政策協調、統一的經濟政策等自由化的實現程度，將區域經濟一體化從低到高依次劃分為優惠貿易安排、自由貿易區、關稅同盟、共同市場、經濟同盟與完全經濟一體化（見表1）。

表1 區域經濟一體化組織形式及特徵

組織形式	相互給予貿易優惠	成員間自由貿易	共同對外關稅	生產要素自由流動	經濟政策協調	統一經濟政策
優惠貿易安排	√					
自由貿易區	√	√				
關稅同盟	√	√	√			
共同市場	√	√	√	√		
經濟同盟	√	√	√	√	√	
完全經濟一體化	√	√	√	√	√	√

資料來源：MBA百科。

（二）兩岸經濟一體化演變與特點

近30多年來，以臺商不斷擴大對大陸投資及其所驅動的兩岸貿易高速成長為主線，兩岸經濟一體化程度不斷加深，[4] 且逐漸由功能性一體化向制度性一體化升級。總體看，兩岸經濟一體化進度大致經歷了以下幾個發展階段。[5]

1978年至1992年的功能性一體化起步階段：

自1970年代末大陸公開發表《告臺灣同胞書》及實施改革開放政策後，兩岸政治對立與軍事對峙局面有所緩和，兩岸經濟交流與合作的藩籬逐漸被打破。1980年代中期，隨著島內土地、勞動力等生產要素不斷上漲及臺灣當局放鬆外匯管制，島內勞力密集型企業不斷外移，部分臺商開始通過第三地對大陸進行投資，1987年臺灣當局宣布解除「戒嚴」和開放島內部分民眾赴大陸探親，並逐步默許一定程度的兩岸間接貿易。1988年7月大陸頒布《鼓勵臺灣同胞投資規定》，兩岸經貿關係開始活躍，出現了臺商投資大陸的第一波熱潮。但由於當時兩岸關係形勢並不明朗，臺商對大陸投資還處於試探性，因此兩岸經貿往來仍十分有限，且雙方在彼此經貿格局中的比例仍較小，兩岸功能性一體化水平較低。

1992年至2008年的功能性一體化深入發展階段：

1992年鄧小平「南行講話」後，大陸掀起改革開放熱潮，臺商也掀起對大陸的第二波投資熱潮，大陸逐漸成為臺商對外投資最主要的目的地。在臺商投資帶動下，兩岸貿易額也步入快速發展的軌道。儘管1990年代中期後，兩岸關係陷入動盪不安的局面，李登輝後期及民進黨當局更先後採取一系列政策措施來限制兩岸經貿發展，但兩岸經貿關係仍克服重重阻力實現迅猛發展。隨著兩岸經貿往來的日益緊密，大陸逐漸成為臺灣最大的貿易夥伴、出口市場和投資目的地，臺灣在大陸對外貿易與外資投資中的比例也逐漸升高，兩岸功能性一體化進入前所未有的深入發展階段。

2008年以後制度性經濟一體化啟動階段：

馬英九上台後，兩岸關係邁入和平發展的新軌道。兩岸兩會在堅持「九二共識」、反對「臺獨」的共同基礎上重啟會談，迄今已先後完成簽訂18項經貿協議，達成多項共識，有力促進了兩岸經貿關係正常化、制度化與機制化。兩岸全面實現「三通」，並在2010年6月簽訂了具有重要里程碑意義的兩岸經濟合作框架協議（ECFA），為兩岸經濟合作架設了制度化與機制化的合作平台。ECFA主要包括貨物貿易、服務貿易、原產地規則、早期收穫計劃等內容，是充分體現兩岸特色、推進兩岸經濟全面深入合作的制度安排。自2011年1月1日起兩岸全面

實施早收清單,並啟動貨物貿易、服務貿易、投資保障及爭端解決等後續四項協議的談判。2012年8月,兩岸簽訂「貨幣清算合作備忘錄」和「投資保障與促進協議」,服務貿易、貨物貿易協議也有望在2013年簽署,兩會互設辦事處等也將陸續完成,兩岸制度性一體化將進入全面鞏固深入的新階段。

綜觀近30年來兩岸經濟一體化演變,不難發現其具有以下幾個主要特點。

首先,兩岸制度性經濟一體化起步晚、發育停滯。近30多年來,兩岸貿易、投資、產業分工等經貿往來日益密切,兩岸功能性一體化已取得了長足的發展。但由於兩岸政治格局的制約,兩岸功能性一體化長期呈現「間接、單向、不對稱」的不正常局面。

2008年兩岸關係實現重大歷史性轉折後,兩岸制度性經濟一體化後才開始啟動,迄今不超過5年。雖然ECFA簽署標幟著兩岸經濟合作進入制度性一體化的軌道,但總體而言兩岸制度性經濟一體化僅架設了ECFA這樣一個合作框架,且目前ECFA生效實施的只有早收清單,占兩岸貿易比例不足5%,而在兩岸貿易中占據主體地位的貨物及服務貿易等協議尚未完成簽署。如果按照自由化程度劃分(見表1),ECFA目前僅相當於最低水平的「優惠貿易安排」,由此可見兩岸制度性經濟一體化尚有很長的路要走。

其次,大陸經濟崛起是兩岸經濟一體化不斷推進的最主要動力。近30多年來,亞太地區最令人矚目的經濟現象莫過於中國大陸經濟的迅速騰飛。大陸憑藉其充沛而廉價的勞動力、土地等生產要素資源,通過改革開放融入經濟全球化,一躍成為全球第二大經濟體,並成為亞太地區經濟發展的主要引擎。對臺灣而言,由於地理、同文同種等先天優勢,大陸更是很快躍居為臺灣最主要的貿易與投資夥伴,對臺灣經濟具有難以替代的影響力。正由於大陸經濟實力的與日俱增,才使得兩岸功能性經濟一體化迅速發展,也使得臺灣當局必須加強與大陸的制度性經濟合作,從而為兩岸制度性經濟一體化推進奠定堅實基礎。

第三,兩岸制度性經濟一體化具有較鮮明的「兩岸特色」。與世界其他區域經濟一體化所不同的是,由於兩岸關係的複雜性,兩岸制度性一體化進度也被深深地打上兩岸的烙印。一方面,兩岸制度性經濟一體化是建立在兩岸堅持「九二

共識」、反對「臺獨」的共同政治基礎上的，這意味著其進度與島內政治格局息息相關。若堅持「臺獨」主張、頑固否認「九二共識」的政黨上台，兩岸制度性經濟一體化無疑將面臨停滯甚至嚴重倒退的風險。另一方面，由於短期內兩岸政治難題難解，兩岸始終在「先經後政、先易後難、循序漸進」的方針指導下展開制度性經濟合作，這意味著短期內兩岸制度性經濟一體化很難呈現大開大闔之勢。

二、當前兩岸經濟一體化面臨的新形勢與機遇和挑戰

首先，兩岸關係和平發展及兩岸經濟合作新形勢為兩岸推進制度性經濟一體化提供新機遇。一方面，馬英九2012年成功連任，「九二共識」順利通過島內民意的考驗，兩岸關係和平發展大局得以鞏固與發展。在第二任任期內，繼續加快兩岸ECFA後續談判、深入兩岸經濟合作已成為馬英九當局施政的主要任務。與此同時，中共十八大報告中明確提出「鞏固和深入兩岸關係和平發展的政治、經濟、文化、社會基礎，為和平統一創造更充分的條件」、「深入兩岸經濟合作，厚植共同利益」等對臺方針政策，意味著大陸新一屆領導團隊對臺方針政策將保持連續性與穩定性。日前，海協會會長陳雲林訪臺期間就公開表示，「兩岸經濟一體化已刻不容緩」，[6] 充分顯示大陸已高度重視兩岸經濟一體化相關議題，這為兩岸加快經濟一體化創造有利的條件。

另一方面，兩岸經濟合作日益深入發展，為下一階段推進兩岸經濟一體化奠定良好的基礎。自2008年以來，兩岸經貿關係正常化、制度化與機制化步伐不斷加快，兩岸經貿政策良性互動局面也初步形成。特別是ECFA簽署後，兩岸制度性經濟一體化框架基本建立。雖然ECFA簽訂後兩岸談判進入「核心區域」，但兩岸通過積極協商，仍穩步推進ECFA後續談判，並完成簽署投保協議。馬英九當局為避免經濟被邊緣化危機，提出「2013年底前完成ECFA所有協議談判」的目標。可預見的是，若兩岸貨物、服務及爭端解決等協議簽署和生效實施，兩岸「自由貿易區」將基本成型。屆時，推動兩岸向更高水平邁進將成為深入兩岸經濟合作的主要課題，而推進兩岸制度性經濟一體化無疑將成為ECFA後續協議簽署後開拓兩岸經濟合作新局的必然選擇。

其次，大陸經濟發展前景將為兩岸經濟一體化提供堅實保障。兩岸經濟一體化的關鍵在於大陸，大陸未來經濟前景直接影響到兩岸制度性經濟一體化的廣度與深度。經過30多年的發展，大陸已躍升為全球第2大經濟體，並發展為全球經濟增長的主要引擎。未來，在工業化、城鎮化、訊息化及農業現代化的帶動下，大陸經濟有望繼續保持平穩較快發展態勢。有經濟學家就提出，大陸經濟還有維持20年平均增速超過8%的發展潛力。[7]。中國社會科學院2011年預測，中國名義GDP將可在2015年達到美國經濟80%左右的規模，2020年將超過美國成為全球最大經濟體 [8]與此同時，大陸經濟已進入新的轉型期，加快完善社會主義市場經濟體制和加快轉變經濟發展方式已成為未來大陸經濟工作的中心任務。十八大報告更勾畫了2020年實現全面建設小康社會的宏偉藍圖，提出包括「2020年實現國內生產總值和城鄉居民人均收入比2010年翻一倍」、「工業化基本實現，訊息化水準大幅提升」等具體目標。可預計的是，大陸經濟實力的快速增長與經濟轉型步伐加快將為臺灣經濟帶來更多機會，也將為兩岸經濟一體化提供更多有力保障。

第三，後國際金融危機時期全球及亞太經濟形勢深刻變革，使兩岸經濟一體化面臨機遇與挑戰。當前，全球經濟形勢呈現出新的發展形勢：一方面，全球需求與產業結構進入新一輪調整期。歐美經濟形勢持續低迷，而以「金磚四國」為代表的新興經濟體依然保持較快的發展態勢，全球需求結構重心正由歐美向新興經濟體轉移。據有關報告預測，2010年「金磚四國」對世界經濟增長的貢獻超過60%，預計2015年「金磚四國」GDP總量占世界份額由2008年15%提高至22%，超過美國的比例。[9] 與此同時，歐美大力推動「去高槓桿化」、「再工業化」，重新重視發展實體經濟，使得國際金融危機前「美國搞金融、中國搞製造」為主要特點的全球產業分工模式進入重建期。全球經濟深層次轉型對長期依賴歐美市場的兩岸經濟關係產生嚴重衝擊，其中臺灣經濟更是首當其衝，2012年經濟又再陷入困境，堪比國際金融危機時期。另一方面，區域經濟一體化深入發展，特別是最具活力的東亞地區經濟一體化蔚然成風，對長期游離於東亞經濟一體化浪潮之外的臺灣產生前所未有的壓力（見表2）。臺灣當局危機感倍增，提出「8年內加入TPP」的目標，並公開表示願意加入RCEP。在此背景下，加快

推進兩岸經濟一體化,無疑有利於兩岸共同應對區域經濟一體化的挑戰,為兩岸經濟共同發展與亞太區域經濟合作機制相銜接創造有利條件。

表2 當前東亞地區經濟一體化主要形式、進展及對臺灣影響

形式	時間	進展	對台灣影響
東盟「10+1」(東盟分別與中日韓)	亞洲金融危機後	東盟已分別與中日韓簽署FTA,並建立涵蓋經濟、文化等領域的多層次合作機制	/
東盟「10+3」(東盟與中日韓)	上世紀90年代末期	在24個領域已設立66個不同層級兌換機制,包括17個部長級會議機制	/
東盟「10+6」(東盟與中日韓、澳洲、紐西蘭及印度)	2005年後啟動	2010年美俄加入東亞峰會,成為「10+8」	/
中日韓自由貿易區	2002年提出	2012年5月簽訂中日韓投資協議,2012年12月啟動正式談判	臺產值減少4600億元,GDP減少1.49%◆
區域全面經濟夥伴關係協定(RCEP)	2012年8月	由東盟十國發起,邀請中國、日本、韓國、澳洲、紐西蘭、印度(10+6)共同參加,預計2015年前完成	實質GDP將減少50.72億美元(-1.8%),總出口減少19.00億美元(-1.37%)*
跨太平洋夥伴全面進步協定(TPP)	2008年由美國主導	累計11個成員國正式參與談判,已舉行15回合談判	若臺加入,產值增加115.62億美元,GDP增長2.5%◆

＊來自中華經濟研究院相關評估報告;◆來自臺「經濟部」研究報告。

資料來源:作者根據相關資料整理而成,數據更新截至2013年1月底。

最後,推進兩岸經濟一體化面臨著諸多的挑戰。

一是馬英九當局態度較為保守。儘管兩岸經濟一體化與馬英九在2008年競選期間所提出的「兩岸共同市場」等政策具有異曲同工之妙,但出於多因素的考慮,目前馬當局基本對此採取冷處理的策略。海基會副董事長高孔廉曾公開表示

「兩岸經濟一體化還太早」。[10]與此同時，馬英九當局為避免所謂經濟過度依賴大陸，提出「分散市場」等目標，並加緊對外商簽自由貿易協議（FTA）的步伐，使兩岸經濟一體化進度客觀上面臨著臺灣貿易與投資轉移效應的衝擊。

二是島內綠營對兩岸經濟一體化抱持否定、抵制的態度，擔憂兩岸經濟一體化會導致臺灣的經濟和所謂的「主權」被大陸「吃掉」。民進黨主席蘇貞昌就曾宣稱「兩岸經濟一體化，臺灣產業就會沒空間」。[11]

三是島內支持推動兩岸經濟一體化的民意基礎還不穩固。雖然臺灣大多數民眾認可與支持加快兩岸經濟合作，但對大陸往往抱持「既期待又害怕」的複雜心態，一方面將大陸視為「生意夥伴」，期待分享大陸快速發展的經濟利益，但另一方面又擔憂臺灣的「主體性」會受到影響，因而對可能出現「兩岸一體化」抱有較深的疑慮。

三、對深入兩岸經濟一體化的幾點初步思索

（一）充分認識到兩岸經濟一體化的「四性」：不可逆性、特殊性、長期性和複雜性

「不可逆性」是指推動兩岸經濟一體化既是順應經濟全球化與區域經濟一體化潮流的必要之舉，也是兩岸經濟不斷深入發展的必然結果，是不以任何人、任何政黨的主觀意志為轉移的客觀規律，兩岸特別是臺灣方面對此應有清醒的認識。

「特殊性」是兩岸經濟一體化並非國與國間的經濟一體化，而是建立在一個中國原則基礎上的「中國主體與其單獨關稅區（臺澎金馬）」之間的一體化。[12]這意味著儘管推進兩岸經濟一體化可適當借鑑歐盟等一體化經驗，但更重要的是要立足於兩岸關係發展的實際情況，穩步推進具有鮮明「兩岸特色」的經濟一體化。

「長期性」是指經濟一體化本是一個漫長的過程。從國際上看，歐盟推進經濟一體化超過50餘年，雖已取得相當豐碩的成果，但仍未實現完全一體化的程度，且依然面臨著歐債危機的嚴重挑戰。因此可見，推動兩岸經濟一體化必然將

是一個長期艱鉅任務，不可能一蹴可成，但也不能因此而氣餒，兩岸特別是大陸應有充分的信心與耐心。

「複雜性」是指由於兩岸關係的特殊性，特別是在兩岸政治難題短期內難以解決的背景下，兩岸經濟一體化必然將面臨諸多非經濟因素的制約，兩岸經濟一體化將是一個包括兩岸及國際外部環境等一系列因素在內的各方複雜博奕進度。

（二）不斷豐富兩岸經濟一體化的內涵，推動建設「兩岸共同家園」

兩岸經濟一體化是一個全面性、綜合性的概念，它不僅僅包括傳統意義上的兩岸經濟諸要素的一體化，更是涵蓋經濟、社會、文化等方方面面的綜合性一體化。因此，推動兩岸經濟一體化應在推進經濟要素一體化基礎上，更加重視其他領域的整合，將打造兩岸共同家園列為推動兩岸經濟一體化的重要內容。

兩岸共同家園是兩岸同胞在一個中國原則的前提下，共同參與治理、並建構彼此共同的生活家園。早在2008年12月底，胡錦濤總書記在《紀念告臺灣同胞書》發表30週年座談會上就提出，「兩岸同胞是血脈相連的命運共同體，包括大陸和臺灣在內的中國是兩岸同胞共同家園，兩岸同胞有責任把她維護好、建設好」。建設兩岸共同家園，首先，推動建構以「宜業、宜居、包容、認同」[13]為主要內容的「共同家園」。

一方面，將「宜業」作為建設兩岸共同家園的重心，繼續推動大陸經濟又好又快發展，使大陸成為越來越多臺商實現事業「第二春」的根據地。

另一方面，打造「宜居」的生活環境，為廣大臺灣同胞在大陸工作和生活提供舒適的環境。

同時，建構「包容」的社會文化環境，尊重臺胞的基本生活方式。

此外，不斷厚實兩岸關係和平發展的共同政治基礎，逐漸增強廣大臺胞對「一個中國」、「兩岸一家人」的認同與支持。

其次，在推動建設兩岸共同家園過程中，可以將「平潭綜合實驗區」列為兩岸合作先行先試的區域，以「共同規劃、共同開發、共同經營、共同管理、共同受益」的「五個共同」為方針，加快平潭在經濟、社會、行政管理等方面體制機

制改革創新，盡快將平潭建設為兩岸同胞的「共同家園」。[14]

（三）「摸著石頭過河」與加強頂層設計相結合，建構「市場為基礎、政府主導、民間參與」的「三位一體」的合作框架

推動兩岸經濟一體化是一項系統複雜的工程，在當前兩岸政治格局制約下面臨著諸多不確定性。兩岸在探索經濟一體化進度中一方面應「摸著石頭過河」，以循序漸進的方式穩步推進，穩紮穩打，在實踐中逐漸累積經驗。另一方面，兩岸經濟一體化也是全局性的工作，要取得實質性進展離不開對兩岸經濟合作的頂層設計。這要求兩岸相關部門站在維護兩岸關係和平發展大局的高度，就兩岸經濟一體化的一些全局性、關鍵性的問題進行頂層判斷，提出解決的整體思路與框架，以此作為制定具體政策的依據，從而最大限度地化解兩岸經濟一體化進度的各種阻力。從目前形勢看，加強兩岸經濟一體化頂層設計其實離不開兩岸對「經濟一體化」這幾大問題的回答。

一是兩岸經濟一體化推進的基礎與原則。如何規避兩岸政治難題可能造成的政治紛擾，如何更加鮮明地體現「兩岸特色」與兩岸同屬「一個中國」原則。

二是推動兩岸經濟一體化組織機構與現有兩岸經濟合作組織機構的銜接問題。如目前兩岸經濟合作委員會建立在「兩會」框架下，未來是否應繼續維持這一框架，兩岸經合會未來在兩岸經濟一體化中的定位與角色都是值得研究的問題。

三是兩岸經濟一體化的內容與路徑，主要包括與傳統的國際中區域經濟一體化及大陸各省市間次區域經濟一體化的異同。

筆者認為，推進兩岸經濟一體化需要市場、政府及民間組織充分發揮各自作用：

1.「市場為基礎」，即推動兩岸經濟一體化要尊重市場在資源配置中的基礎性作用，而發揮市場作用關鍵在於擴大對彼此市場開放程度，推動兩岸經貿往來的正常化與自由化。由於兩岸政治格局的制約，短期內實現兩岸間經濟要素自由化流動難度很高，因而可考慮優先推動次區域、部分行業或部門的一體化。

在兩岸經濟量體懸殊的背景下，率先推動海峽西岸經濟區與臺灣展開經濟合作無疑具有重要的現實意義。更具體而言，可推動平潭或廈門與臺灣「自由經濟示範區」等部分區域「先行先試」，逐漸累積兩岸經濟一體化經驗。此外，也可率先推動部分行業、部門的一體化。這方面可充分借鑑歐盟煤鋼共同體等建立經驗，優先選擇在兩岸具有較大發展潛力且競爭關係較弱的部分新興產業展開試點合作，如可結合臺灣當局正大力推動的「六大新興產業」與大陸正積極發展的「七大戰略性新興產業」，選擇某些產業甚至某條產業價值鏈進行整合。

2.「政府主導」，兩岸應加強經濟一體化的制度建設（見圖1）。筆者建議可在維持目前兩岸經濟合作框架基礎上，在兩會框架下重新建立或由此前的兩岸經合會升級成「兩岸經濟一體化委員會」，並建立相應的監督及政策諮詢等工作小組。同時，可借鑑國際市場及大陸省域經濟一體化經驗，在兩岸一體化委員會下設立商品市場、生產要素市場、基礎設施、產業、社會文化及經濟政策協調等6個工作小組。

3.「民間積極參與」，鼓勵兩岸相關行業協會、經濟團體等社會經濟組織加強互動，加強兩岸文化、教育等多領域的交流與合作，逐步推動兩岸社會文化的一體化。

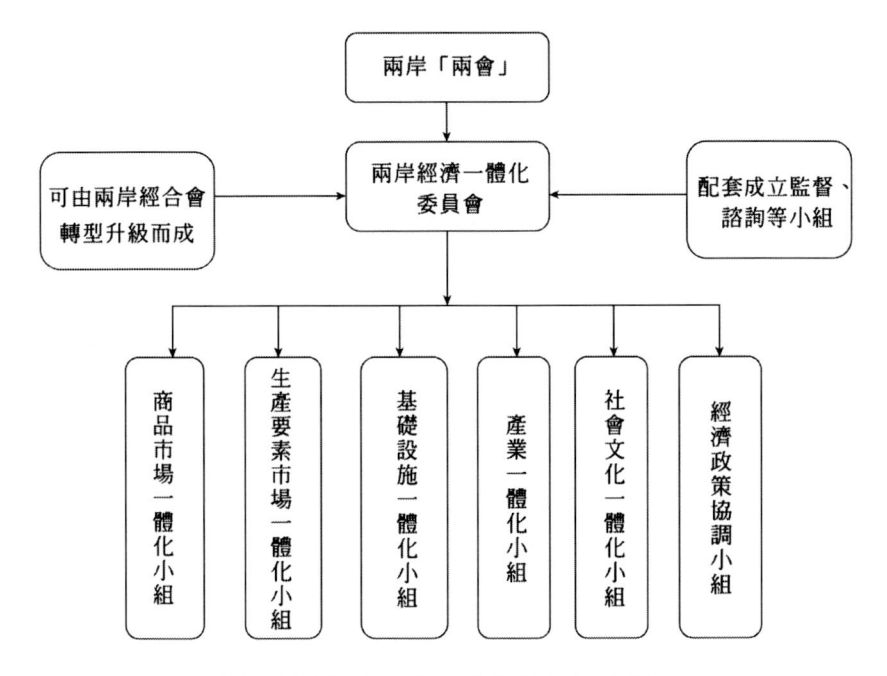

图1 两岸经济一体化合作框架初步构想

图表来源：作者根据构想绘制而成

注　释

[1].唐永红：《两岸一体化问题研究——区域一体化理论视角》，鹭江出版社2007年版。

[2].孟庆民：《区域经济一体化的概念与机制》，《开发研究》2001年2月。

[3].黄绍臻：《海峡两岸经济一体化的发展趋势和目标定位》，《福建论坛（人文社会科学版）》2005年第10期。

[4].孙升亮：《海峡两岸经济整合的方式、程度与前景》，《台湾研究》2008年5月。

[5].朱磊、张晓楹：《投资台湾指南》，中国经济出版社2012年版。

[6].陈云林：《两岸经济一体化已刻不容缓》，台湾《中央日报》网路版

2012年8月9日。

　　[7].林毅夫：《大陸還有20年平均年增長8%的潛力》，臺灣《中央日報》網路版2012年11月19日。

　　[8].新興經濟體藍皮書預測2020年中國GDP成世界第一，新浪網，http://news.sina.com.cn/c/2011-04-07/162122252140.shtml。

　　[9].中國社科院：《新興經濟體藍皮書：金磚國家發展報告》，社會科學文獻出版社2011年版。

　　[10].高孔廉：《兩岸經濟一體化還太早》，臺灣《中國時報》2012年8月8日。

　　[11].蘇貞昌：《兩岸經濟一體化臺灣產業沒有空間》，中國評論新聞網站（香港），www.chinareviewnews.com??2012-08-09。

　　[12].曹小橫：《海峽兩岸經濟一體化的選擇與定位》，中國網，http://www.china.com.cn/chinese/TCC/haixia/50151.htm。

　　[13].劉震濤：《十八大要建造臺灣同胞的精神家園》，中國評論新聞，http://www.zhgpl.com/crn-webapp/doc/docDetailCreate.jsp?coluid=93&kindid=7491&docid=102301153。

　　[14].余克禮、方彥富：《閩臺區域融合發展研究》，臺海出版社2012年12月版。

兩岸經濟合作制度化現實與展望——基於區域經濟一體化理論的分析

福建社會科學院現代臺灣研究所 蘇美祥

按照區域經濟一體化的理論，依據形成的動力機制不同，一體化可以劃分為功能性一體化和制度性一體化。一般而言，功能性一體化主要體現出經濟體之間以市場機制為主導自然形成的經濟密切互動的關係，而制度性一體化則反映出公權力在一體化中的主導作用。[1] ECFA的簽署，兩岸經濟合作進度從功能性向制度性發展轉變，開啟了兩岸經貿關係發展的新紀元，正是區域經濟一體化理論在兩岸經濟合作問題上的創新實踐。ECFA生效至今兩年來，後續協商持續推進並落實，ECFA在國際經濟變局中對兩岸經濟產生積極效應逐漸顯現，兩岸經濟合作步入「深入區」。

一、兩岸經濟合作制度化發展的理論運用

1.兩岸經濟合作制度化的理論分析

區域一體化理論是兩岸經濟合作制度化的理論基礎。區域經濟一體化是伴隨著經濟全球化的推進而不斷發展的，最早始於1950年代末期，到90年代得到迅速發展。以歐盟、北美自由貿易區等為代表的一批區域經濟組織在國際貿易和世界經濟發展中占有越來越重要的地位。區域經濟一體化是特定區域中的兩個或兩個以上的國家或地區，為謀求區域內商品和生產要素流動的自由化，通過簽訂經濟合作的條約、協議，在經濟上結合起來形成一個區域性經濟聯合體的過程。區域經濟一體化的實質就是生產要素在區域內不斷趨向自由流動的一個動態化的過程，在過程的每一個階段，則表現為具體的生產要素流動程度的一種狀態。隨著區域經濟一體化的發展，理論研究從其經濟效應分析起步並向路徑選擇方面擴

展,形成了區域經濟一體化理論體系的基礎和核心,相關理論包括關稅同盟理論、大市場理論和協議分工理論等。

不同國家和地區之間的一體化總要通過一定的制度安排來加以實現,而維繫一體化同盟的制度安排卻需要通過一定的路徑選擇來完成。區域經濟一體化理論在兩岸經濟合作制度化研究的運用與創新的基礎上,學界做了大量探索,提出了多種兩岸經濟合作機制的模式。

1980年代初至90年代,兩岸經貿合作的研究開始起步,學界主要從區域經濟整合最終走向政治統一的角度來看待兩岸經貿合作,提出的主要合作模式有:「中國人共同體」、「大中華共同市場」、「大中華經濟共同體」、「華南經濟圈」、「海峽兩岸經濟圈」、「中華經濟區」、「中港臺自由貿易區」等。加入WTO後,兩岸經濟合作機制的研究再次升溫,學界主要從兩岸同為WTO成員、在WTO框架下加強兩岸經貿合作的角度來考慮,提出了ECFA、自由貿易區、兩岸共同市場等模式。[2] 也有學者以雙邊貿易理論分析認為,與WTO相比,兩岸通過簽訂自由貿易區將使貨物貿易、自然人移動、服務貿易、資本和訊息流動等更加便利,既更有利於區域內經濟體利益的實現,也避免臺灣在區域經濟一體化進度中被「邊緣化」。[3] 有的學者則以比較利益觀點分析認為,儘管海峽兩岸經貿關係的發展演變,不可能完全依據比較利益原則,然而過分追求現階段各種條件尚未達到經濟效益的產業,則往往得不償失。[4]

2.兩岸經濟合作制度化的特殊性

從兩岸經濟互動的實際情況看,儘管長期以來缺乏公權力的介入與規範,但兩岸在經貿往來中形成了經濟波動的高度相關性和投資、貿易的密切往來,進而達成功能性一體化的合作形態,並對一體化的深入與發展提出了更高的需求。自1979年以來,以市場機制為基礎,通過大陸單方面市場開放及相關優惠措施的實施,推動了兩岸經濟合作的不斷深入。兩岸經貿合作通過「民間、單向、間接」的方式,突破了臺灣的相關政策限制,從原先的分散、零星狀態發展到密切、熱絡、密不可分的兩岸經濟互動,進而迫使臺灣方面必須正視兩岸經濟交流交往的現實及對臺灣經濟的正面影響,以默認既成事實的方式應對兩岸經濟合作

的新情勢，從而使兩岸之間形成了基於「一個中國」框架下、市場開放基礎上的、密切互動的經濟關係。同時，兩岸經濟一體化又是一種特殊性質的經濟關係，主要體現在以下4方面：

首先，兩岸經濟合作不是國與國之間的經濟合作，而是在一國框架下主權國家與其單獨關稅區之間的合作，由此也形成了較特殊的互動合作模式和在區域合作中的雙層結構。

其次，兩岸經濟合作是在WTO規範下進行的，所達成的相關協議必須符合WTO的規範。

第三，兩岸經濟關係的發展與兩岸關係發展既有區隔，又有著緊密互動的關係，兩者相互影響也相互制約。

最後，兩岸制度性一體化的建構與發展是在同一主權下進行的，不能違背「一個中國」原則，而現階段則主要體現在以「九二共識」作為協商與合作的基礎。

當前，兩岸越來越認識到深入經濟合作的重要性，並且憑藉兩岸兩會協商的平台，簽署了包括ECFA在內的一系列協議，推進兩岸經濟合作步入機制性一體化進度。

2012年，ECFA後續協商取得重大進展，兩岸投保協議、兩岸海關合作協議簽署，兩岸貨物貿易、服務貿易協商也已取得重大進展，並已啟動爭端解決協議的商談，雙方在金融及非金融領域等多個服務業部門間的合作都取得實質性的進展，特別是兩岸簽署貨幣清算合作備忘錄，兩岸貨幣清算機制得以成功建立，為兩岸金融業深入合作及兩岸投資貿易便利化奠定了基礎。

3.ECFA效應的理論分析

經濟一體化的最大動因，就是一體化所帶來的經濟利益大小。近兩年來，對於兩岸經濟合作制度化的效應評估，學界就ECFA對未來一段時期的兩岸經濟合作的影響，均作出正面預判。就整體效應來看，根據臺灣「中華經濟研究院」測算，兩岸簽訂ECFA會使臺灣GDP增加1.65%～1.72%，臺灣總就業人數增加25.7

萬~26.3萬人。就「早期收穫計劃」來看，大陸同意臺灣列清單並調降的關稅總額為138.3億美元，臺灣同意大陸列清單並調降的關稅總額為28.6億美元，臺灣獲得免稅總額約為大陸的四倍。[5]

美國彼特森國際研究院2010年6月28日發表研究報告指出，兩岸簽署ECFA後臺灣的GDP在2020年可增加4.5%。[6] 蔣含明等（2012）應用GTAP模型對ECFA的建立對兩岸的經濟影響效應進行了模擬研究，得出結果：

一是ECFA的建立擴大了海峽兩岸的貿易規模和總量，在大陸與臺灣之間形成貿易創造效應。

二是ECFA的建立會改善兩岸的福利水平，有利於海峽兩岸的經濟增長，對臺灣的貿易條件有所改善，擴大了臺灣的進出口貿易總額，有助於臺灣建構更優質、穩定及具可預測性的兩岸經貿經營環境。臺灣除了可以借助ECFA的簽訂擴大兩岸貿易和投資，更有利於吸引外資，設立營運總部，有助於舒緩臺灣面臨經濟邊緣化的危機。

三是在建立ECFA後，由於大陸各部門或地區投入產出和貿易結構的差異以及技術水平、勞動生產率和生產規模的差異，大陸一些部門如漁業、糧食作物以及機械電子業等領域會受到輕微程度的衝擊。[7] 張冠華（2010）撰文分析，ECFA的簽訂發生在後國際金融危機時期全球經濟將產生深刻變革，以及海峽兩岸各自經濟均進入新的重大轉型期的大背景下，其對兩岸經濟交流與合作的意義就更為深遠，並將對促進兩岸經濟關係發展方式轉變產生重大影響。[8]

二、兩岸經濟合作制度化的現實檢視

近兩年來，也有不少研究資料，主要以2011年度的臺灣經濟數據表現、兩岸貿易和投資的規模為論據，提出ECFA對兩岸經濟具有卓越貢獻之結論。當然，ECFA對兩岸經濟的貢獻不可否認，但如此推理顯然有失偏頗，加之一些媒體推波助瀾，容易形成兩個認識上的誤差：

一是將ECFA早收清單與ECFA二者混淆。

二是將ECFA與兩岸經濟合作制度化混淆。

三是誇大ECFA對兩岸經濟的促進作用。

2012年臺灣經濟下行，經濟成長率僅1.25%，創3年來的最低水平（2011年為4.07%）。兩岸貿易增速減緩，據海關統計，2012年，大陸與臺灣之間的兩岸貿易達到了1689.6億美元，增長5.6%（2011年增長10%），美國取代大陸成為臺灣的最大外銷地。在這樣的數據面前，ECFA效應是否已在消減？對此，筆者以為，應對ECFA進行冷思考。

1.ECFA還不是完全的自由貿易協定

自由貿易協定應該包括貨物貿易、服務貿易、貿易投資便利化、產業合作等多方面的合作與開放內容，兩岸目前的開放還只是通過早期收穫實施，所以，遠遠未達到自由貿易協定的層次。

一是在貨物貿易領域，尚未達到全面的貿易自由化要求。根據ECFA，達成的貨物貿易協議包括立即實現零關稅產品、分階段降稅產品、例外或其他產品三類。GATT1994第24條第8款（b）項規定，該款「實質上所有貿易」的要求並非絕對，而是允許自由貿易區成員在「必要」的情況下保留有關關稅和其他非關稅措施。

二是在服務貿易領域，目前的開放程度與有關要求和承諾差距更為明顯。大陸根據加入WTO議定書附件，承諾對其他成員方開放商業服務、通訊服務、建築及相關工程服務、分銷服務、教育服務、環境服務、金融服務、旅遊及與旅遊相關的服務、運輸服務等9個部門。而ECFA的服務開放領域尚未涉及建築及相關工程服務、教育服務、環境服務、旅遊及與旅遊相關的服務等4個部門，且有些已經開放部門中分部門的開放程度也非常有限，如商業服務分部門的「專業服務」中只有「會計、審計和簿記服務」一項，其他如法律、建築設計、醫療等7項ECFA涵蓋的服務部門均未涉及；此外，通訊服務中的電信服務，分銷服務中的批發服務、零售服務，運輸服務中的海運服務、倉儲服務等重要敏感的部門也未涉及；至於金融服務的開放面更窄，臺灣對大陸的金融服務只有銀行服務，且僅開放一點。

總體而言，ECFA是兩岸遵循世界貿易組織規則，結合兩岸經濟發展的現狀

和特點,按照平等互惠原則簽署的經濟合作框架協議,是充分兼顧兩岸特色,推進兩岸經濟全面深入合作的特殊安排。ECFA到目前為止,仍是個框架性協議,具有自由貿易協定的雛形,但並非完全的自由貿易協定。

2.ECFA不等同於兩岸經濟合作制度化

從長遠看,兩岸經濟合作制度化目標,不僅僅是貿易、投資的正常化、自由化進度,ECFA並未涵蓋兩岸經濟合作的全部內容。ECFA只是兩岸經濟合作制度化的起點,ECFA自身在現實環境下,其後續的投資保護、貨物貿易、服務貿易以及爭端解決機制等四大協議的協商將更為複雜、艱難。現有ECFA效應主要來自ECFA早收清單。據臺「經濟部」統計數據顯示,ECFA早期收穫計劃於2012年進入降稅第二階段後,94.5%的早收項目關稅已歸零。截至10月份,臺灣出口至大陸的產品適用優惠關稅金額約68.5億元(美元,下同),減免關稅約4.45億元,分別較去年同期增長98.2%和3.2倍。大陸出口至臺灣的產品適用優惠關稅金額約12億元,減免關稅約4514萬元,分別較去年同期增長39.8%和141.1%。[9] 但目前所開放的貨品貿易及服務貿易早收清單,項目及開放程度,與完整的自由貿易協議(FTA)內容仍有相當大的落差。以ECFA貨品貿易早收清單為例,大陸對臺灣開放539項,臺灣對大陸開放267項貨品,仍只是8000多項貨品中的一小部分,許多項目仍有調降關稅的空間,須進一步協商。[10]

從ECFA早期收穫的內容來看,ECFA仍是以大陸單邊對臺開放為主,臺灣對大陸開放的幅度依然不大。貨物貿易領域,臺灣對大陸產品入臺的關稅減讓產品和減讓幅度都比較窄,大陸對臺高貿易逆差的現象仍未得到改變。服務貿易領域,臺灣對大陸的開放也屬於小幅度開放,大陸企業赴臺投資的熱情和積極性不高。這種不對等開放使得ECFA的自由化目標難以真正實現。

3.ECFA短期內無法改變兩岸經貿交流中的結構性困難

觀察2012年兩岸經貿關係,一方面,兩岸貿易往來增速大幅放緩。受歐債危機衝擊,兩岸貿易上半年出現了衰退,經過兩岸共同努力,加上ECFA協商進展順利的有力推動,兩岸貿易往來在第4季開始企穩回升。兩岸貿易中的結構性困難暴露得更加突出。兩岸貿易目前屬一般貿易占比僅略高於30%,廣義的加工

貿易占比超過65%，2012年全球市場需求萎縮超過預期，導致大陸下半年雖積極採取強化對臺採購、擴大自臺進口的措施，實際拉動效果仍相當有限。根據臺灣有關部門的統計顯示，2012年前10月對大陸與香港的出口額減少了6.4%，占臺灣出口總額的比例跌破40%，僅為39.3%，退回到了2005年的水平。另一方面，大陸臺灣面臨轉型升級的壓力越來越大。2012年前10個月大陸共批准臺商投資項目1768個，同比下降16.5%，實際使用臺資金額23.3億美元，同比上升31.8%。但大陸臺商經營困難的處境並未得到根本改善，其獲利仍在下降，前3季度臺灣股票上市公司認列的大陸投資收益為848億元新臺幣，較去年同期減少34%。臺商對大陸投資區域出現新的變化，更趨多元化，臺商傳統集中地江蘇與廣東兩省頭10個月的臺商投資額同比都下降了30%以上，而增長最快的山西省增幅高達420%，河北與黑龍江也都增長了250%以上，2011年表現突出的重慶市則下降了64%。臺商投資的產業調整也在繼續，對電子零組件業的投資減少了43%以上，增長最快的是不動產業，增幅高達188%。根據臺灣區電子與電器同業公會的調查，由於歐債危機對全球市場的衝擊，大陸臺商面臨著更加沉重的成本上升、經營條件惡化等壓力，勞動力密集型產業完全喪失競爭力，投資生產意願已連續第三年下降。長期以來，由於兩岸貿易中加工貿易占比極高，造成兩岸貿易對世界市場有著高度依賴性，大陸臺商對大陸土地和勞動力低成本的高度依賴性。當大陸土地與勞動力資源供應已經因趨於飽和而不斷升值，不僅造成兩岸貿易結構性的困難難以在短時間內得到克服，也使兩岸關係大交流、大發展的局面無法充分反映在兩岸經貿往來的數字上。[11]

4.ECFA不是臺灣經濟唯一「解藥」

目前臺灣限制著大陸約兩千多項產品進口，反觀大陸對臺灣幾乎沒有作任何產品的進口限制，臺灣因而獲得超額報酬。由於ECFA是以關稅來協議，如果回到WTO規範框架下而言，平心而論，目前是臺灣在經貿方面對大陸有著明顯的比較經濟利益。臺灣目前每年對於大陸的出超約可達500億美元，相當於3185億人民幣。由於2008年美國金融危機後國際經濟低迷不振，不但影響了大陸的出口貿易，也直接連帶影響了臺灣對大陸的出口貿易。[12] 然而，臺灣經濟發展受多種因素影響與制約，不是簽一項ECFA就能解決面臨的一切經濟困難的。ECFA確

實為臺灣經濟發展創造了條件，但能否轉化為實際的促進作用，還要有許多其他配套措施及其他政策的共同作用。從全球範圍看，就是整個FTA或共同市場的實施，也沒能夠讓某個國家或地區實現經濟起飛，就像東盟自由貿易區的簽署並未改變菲律賓經濟現狀一樣。[13]

5.ECFA受到島內反對勢力的阻撓

ECFA是基於「九二共識」及一個中國原則為基礎簽訂。國共兩黨在「九二共識」上的基本認知上是趨近一致，雖然ECFA簽署已兩年多，早期收穫清單正在逐步落實，ECFA對臺灣的經濟效益也明顯呈現了，但是臺灣的反對勢力卻仍圖推翻ECFA，臺灣內部反對ECFA的政黨與團體主要是民進黨、「臺灣團結聯盟（臺聯）」和一些本土派社團。

2012年7月20日臺灣「行政院公投審議委員會」進行重新審查「臺聯黨」主席黃昆輝提出的「ECFA公投案聽證會」，黃昆輝希望繼續發動公民投票來廢止已經實施中的ECFA。顯示臺灣內部反對勢力反對兩岸經濟合作仍未止息。民進黨當然也是採取反對態度，民進黨前主席蔡英文曾表示應該利用多邊談判體系來保護臺灣權益，ECFA的雙邊談判機制風險高很多。民進黨現任黨主席蘇貞昌在2010年參選臺北市長時表示：「ECFA對臺北市也有害，許多人以為ECFA只會傷害中南部，但實際上臺北只是較晚受害，未來的大規模開放會讓服務業受到強烈衝擊，而臺北市服務業人口達八成。」2012年7月20日民進黨在臺灣「立法院」擬提案修改「兩岸人民關係條例」，主張將大陸民間資本來臺審議門檻訂為新臺幣五億元，禁止投資業別則由正面表列改為負面表列；民進黨「立院黨團總召」柯建銘說，希望以法律明確規範陸資，並將投資業別訂定清楚，以防臺灣「門戶洞開」。因為民進黨對兩岸交流互動上有著諸多反對行為以及其在臺灣內部有著一定的政治影響力讓ECFA的未來充滿不確定性。[14]

三、兩岸經濟合作制度化的焦點思考

總體而言，近期內兩岸經濟合作制度化主要內容是：將在ECFA框架下，以落實「早期收穫」措施為基礎，繼續展開貨物貿易協議、服務貿易協議、投資保障協議及其他經濟合作事項等議題的協商，並簽署相關協議。因此，ECFA後續

發展是當前兩岸經濟關係的焦點。

1.關於簽訂兩岸「服務貿易協議」及「貨物貿易協議」的迫切預期

兩岸服務貿易協議將提供給大陸臺商更完善的金流、物流、醫療服務品質，並配合臺商原有的特色發展生產性服務業，滿足臺商製造業的服務需求。對臺灣而言，臺灣服務業產值占GDP比例近70%，服務業的發展與臺灣經濟成長息息相關。臺灣服務業受限於島內市場規模，通過拓展大陸服務業市場實現發展，就可以更好地發揮其作為臺灣經濟成長動能的功效。此外，服務業拓展將會增加對於服務業人力的需求，提高服務業僱用的就業人數比例，創造就業機會。目前ECFA服務貿易早收清單，臺灣開放9項，大陸開放17項，相對兩岸服務業合作的廣闊空間，只是冰山一角。不可否認的是，服務貿易市場的開放是一個漸進、逐步完成的過程，涉及行業影響面大，雙方發展水準存在差異，且法令規章存在差異，將給「服務貿易協議」洽談增加難度。兩岸的服務貿易協議商談從2011年3月開始以來，已經進行了10多輪商談和多次內部溝通，先後安排了兩岸30多個部門進行了60餘場的口頭商談。目前雙方初步達成的市場開放承諾是符合當前兩岸服務業發展狀況和民眾需求而做出的具體安排。雙方也將會在服務貿易協議中做出相關規定，以循序漸進開放的方式，適時根據兩岸服務業的發展和市場需求變化等因素，就擴大和深入兩岸服務業部門的開放進行協商，進一步滿足兩岸民眾及業界的需求。[15]

兩岸「貨物貿易協議」商談也於2011年3月啟動。根據ECFA，兩岸雙方同意在協議第七條規定的「貨物貿易早期收穫」基礎上，不遲於協議生效後6個月內就貨物貿易協議展開協商，並盡速完成。貨物貿易協議協商內容包括但不限於關稅減讓或消除模式、原產地規則、海關程序、非關稅措施、貿易救濟措施等。

2011年8月，兩岸雙方就貨物貿易協議及服務業貿易協議的條文大綱展開意見交換。貨物貿易協議涉及細項繁多，多達8000多項，且隨著商談的推進越顯艱難，因此到2012年底，兩岸「服務貿易協議」未能如各界預期完成簽約。然而，馬英九2013年1月初卻表示：過去4年發展是臺灣的「再平衡」，把重心都放在大陸的趨勢已減緩下來；兩岸在ECFA協商部分有進展，但還需要一點時

間,把服務貿易與貨品貿易(協議)部分結束。所謂的「一點時間」究竟為多長,端視臺灣當局對大陸經貿政策所執的態度。縱然如此,各界仍樂觀估計,「服務貿易協議」和「貨物貿易協議」將於2013年談妥並簽訂。

2.關於兩岸「投資保障和促進協議」的後續執行問題

實際上,早在1995年第二次「辜汪會談」就已經針對臺商權益以及人身安全等議題進行協商,至2012年8月《海峽兩岸投資保障和促進協議》(以下簡稱《投保協議》)簽署,歷經17年。該協議涉及層面甚廣,取得多項突破:

一是溯及既往。《投保協議》第二條規定:「本協議應適用於一方投資人在另一方於本協議生效前或生效後的投資。」如此,讓過去已經發生的糾紛也能依照該項協議解決,這種溯及既往的規定,在國際協議上相當少見。

二是強化臺商人身自由與安全的保障。國際投資協議鮮少有涉及人身自由與安全保障的規範,大陸與一百多國簽署的投保協議中,也不例外,頂多只有原則性的規定。然而,《投保協議》以雙方共識的方式,要求限制人身自由時需在24小時內通知大陸家屬。此作法已經優於外商的2～5日的通知時限。

三是多管道的爭端解決機制。對於爭端解決,主要分為投資人對政府(P2G)以及投資人對投資人(P2P)等兩種情形。針對P2G總共訂立協商、協調、協處、調解和司法等五種解決管道。臺商在大陸發生爭端,可視情況選擇最有利的解決模式。這也是國際上投保規範鮮見的規定。

四是規範徵收行為。該協議詳細明文徵收的要件、正當程序、種類(直接徵收與間接徵收)及以公平市場價值為補償等。

五是引入兩岸仲裁機制。過去臺商在大陸的商務糾紛仲裁基本限定在大陸的仲裁機構進行仲裁,《投保協議》引入兩岸仲裁機制,投資人可在雙方合意(事前或事後均可)下,選擇兩岸仲裁機構,由具有專業知識的仲裁人在第三地進行仲裁,提供臺商新的救濟管道。《投保協議》已經遠遠超越一般的國際投資協議的範疇,顯見大陸為促進《投保協議》做出極大的讓步。

《投保協議》簽署以後,如何執行和落實的問題立即被提上日程。《投保協

議》包括兩個最重要的內容，一是投資保障，二是投資促進。

其一，臺商最為關注的人身安全保障以及發生商務糾紛時的仲裁解決。協議雖然規定了爭端解決的多個管道，包括爭端雙方協商解決、由投資所在地或其上級協調機制協調解決、由雙方所設的投資爭端協處機制協處解決、由投資人提交兩岸投資爭端解決機構通過調解解決，以及依據投資所在地的行政救濟或司法程序解決等，但是，部分臺商和島內學者擔心，由於大陸法治不健全，「人治」色彩濃厚，因此對以上管道持悲觀態度，認為臺商權益得不到真正保障。對此，國臺辦主任王毅提出，未來將通過7件事情執行落實協議內容，包括盡快召開由中央和國務院30多個部委共同參與的維護臺商權益的部際聯席會議、向大陸臺商宣傳介紹投資保障協議、建立協議中規定的投資爭端協處機制和投資諮詢機制等。[16] 如此觀之，《投保協議》的落實，有待於雙方進一步累積互信，增強共識。當前，如何建立一個有效率的、公正的兩岸仲裁機制十分重要。

其二，「投資促進」落實的前景亦不容樂觀。協議寫進了「投資促進」的內容，所以這個協議不僅是「投資保障」的協議，還是「促進投資」的協議。因此《投保協議》不但對大陸的臺商保護程度有大幅度提高，也有助於陸資赴臺正常化，有利於推進ECFA的後續談判，對兩岸關係和平發展在經貿領域邁向貿易的既定目標有重大的推進作用。然而，對於兩岸投保協議的簽署，島內一些人特別是民進黨對於「促進」一詞很敏感，認為這將損害到臺商的權益。在《投保協議》洽談過程中，一度堅持先「保障」後「促進」。一直以來，由於臺灣當局對陸資入島的限制政策，「投資促進」的全面落實，尤其是在陸資入島方面將十分艱難。

3.關於「貨幣清算機制」下兩岸金融合作問題

2012年8月31日兩岸正式簽署《兩岸貨幣清算合作備忘錄》，隨後，中國人民銀行宣布授權中國銀行臺北分行擔任臺灣人民幣業務清算行，臺灣「央行」宣布由臺灣銀行上海分行擔任新臺幣清算行。

2013年1月25日，中國人民銀行與中國銀行臺北分行簽訂《關於人民幣業務的清算協議》，兩岸貨幣清算的業務正式啟動。兩岸貨幣清算機制的建立，是繼

2009年11月16日兩岸簽署《金融監理合作備忘錄》之後,在兩岸金融合作領域的又一件極具里程碑意義的大事。

一是直接促進島內金融機構人民幣業務開放與發展。臺灣「金管會」於2012年底開放銀行辦理存款、放款、匯款、貿易結算以及理財等5項人民幣業務,並於2013年1月25日再開放銀行辦理人民幣衍生性商品業務。

二是促進兩岸金融機構開展雙向交流。目前,臺灣金融服務業已有9家銀行在大陸開業,7家銀行設有代表人辦事處;證券期貨業則有12家證券商來大陸設立25處辦事處,2家投信設立辦事處,核准1家投信合資申設大陸基金管理公司,6家投信、7家保險公司核准QFII(合格境外機構投資者)資格,合計核准投資額度為6.5億美元;保險業則有6家已在大陸營業,設有14處代表人辦事處。受益於服務貿易早收清單,大陸的中國銀行及交通銀行已經到臺申請設立從事商業銀行業務,投資金額約9148萬美元。[17]

三是人民幣結算的貿易業務量將快速增長。以2012年1〜8月大陸跨境貿易人民幣結算占貿易總額約11.15%推算,兩岸2012年貿易總額大陸海關統計是1689億美元,其中的11.15%為188億美元,折算為人民幣大約是1198億元。另外,臺商赴大陸投資非正式統計累計逾2000億美元,又根據環球金融同業電信協會的統計,2012年7、8月臺灣與大陸及香港的銀行間款項支付,其中已高達24%是以人民幣支付。[18] 這是在兩岸尚未有貨幣清算安排下、通過境外金融中心(OBU)及海外分行的結果。兩岸貨幣清算的業務正式展開後,島內外匯指定銀行(Domestic Banking Unit,DBU)也可以辦理人民幣業務,其數量和規模遠大於境外金融中心,因此以人民幣結算的貿易業務量將會大增。

四、兩岸經濟合作制度化的趨勢展望

世界各地的經驗表明,區域經濟一體化的進度無論在深度上還是廣度上均存在巨大差異,政治意願一直是推動區域一體化深度發展的主要因素,強而有力的制度安排正是支持政治目標和促進區域一體化的有效工具之一。區域一體化有多種模式,採取何種模式為宜,取決於有關國家和地區的政治意圖以及實現這些意圖的相應機制。然而,美國國際經濟研究所研究員C·蘭德爾·亨寧(C.Randall

Henning）分析認為，在實現一體化過程中，制度建設應當有別於政治動力。[19]因此，政治上的密切合作並非總是促進制度建設和經濟一體化的前提條件，但至少是重要條件之一，反而政治上的阻撓將成為經濟一體化的制約因素。在兩岸經濟合作制度化進度中，政治因素的作用不可估量。受兩岸關係因素制約，30年來兩岸經濟制度合作化進度緩慢，ECFA的簽訂是兩岸關係仍存在重大政治分歧、兩岸政治互信仍未建立以及島內仍有政治勢力予以強力抵制的大環境下簽訂的，因此，ECFA在總體框架上雖有法律約束力，但在兩岸經濟關係正常化、自由化的程度、進度等方面並沒有條文上的明確約束。ECFA後續協商與落實任重道遠，兩岸經濟合作制度化將是一個漫長的演進過程。

兩岸經濟合作制度化推進的最佳落腳點是寄望於臺灣人民。

一是充分考慮臺灣民眾對兩岸經濟合作深入的複雜心理。只有兩岸關係和平才有利於臺灣，在大陸不斷崛起的過程中，臺灣必須充分利用這個機會發展自己。兩岸經濟發展的事實證明，大陸已經是臺灣的主要市場與經濟發展的後盾。然而，目前臺灣的一部分民眾不願正視這樣的事實，反而認為是大陸「掏空」了臺灣的經濟。

二是兩岸關係中經濟與政治的關係難以完全區隔。兩岸經濟合作本身就是政治，雙方政治關係的發展寓於兩岸經濟關係的發展中，因此，用經濟政策或手段來緩解兩岸間的政治問題，是對兩岸間爭正統爭主權的一種超越，從而使雙方可以跨越零和式的博奕，讓兩岸關係可以基本地穩定發展。

三是讓多數臺灣民眾共享兩岸關係和平發展的紅利。這不僅關係到兩岸經濟關係發展中存在是否「公平化」問題，而且存在需要重視兩岸經濟合作效率發揮的問題，更需要重視兩岸特別是臺灣的中下層民眾享受兩岸經貿發展紅利的問題。

當前，世界經濟存在諸多不確定因素，周邊各經濟體之間的FTA不斷增加，地區一體化機制正在擴大。面對一體化浪潮，基於兩岸民眾福祉考慮，未來兩岸關係仍將以經貿為主軸，以ECFA為主要載體的兩岸經濟合作制度化才剛剛起步。

從發展趨勢分析，依據WTO的相關規定，通過ECFA早期收穫清單的實施及後續協議的協商、簽署與落實，兩岸大部分貨物貿易將逐步實現零關稅，兩岸服務市場將大幅相互開放，兩岸經濟交往和合作的制度化將達到一個相當高的程度，兩岸經濟機制化合作的框架將逐步形成。在ECFA基本目標實現之後，兩岸經濟的機制化合作將邁向新的階段，逐漸實現生產要素自由流動，從而更有效地整合兩岸資源，實現經濟更持續穩定的發展，為實現兩岸全面的經濟合作奠定堅實的基礎。

注　釋

[1].盛九元：《ECFA的後續發展：趨勢、路徑與步驟》，《亞太經濟》2012年第1期。

[2].鄧敏、范小陽：《兩岸經貿合作機制研究述評》，《雲南財經大學學報》2010年第4期，第27～33頁。

[3].劉亮等：《論ECFA對兩岸經濟關係的影響——基於雙邊自由貿易理論的分析》，《亞太經濟》2011年第1期，第146～150頁。

[4].翁嘉禧：《兩岸經貿關係及其展望——比較利益觀點的分析》，中國網2001年8月10日發布，網址：
http://www.china.com.cn/chinese/TCC/haixia/49980.htm.

[5].孫東方：《後ECFA時代兩岸經濟合作發展論析》，《理論月刊》2012年第6期。

[6].《兩岸經合會首輪達成共識》，臺灣《工商時報》2011年2月23日。

[7].蔣含明等：《ECFA對兩岸經濟的影響效果評估——基於GTAP模型的模擬分析》，《國際貿易問題》2012年第8期。

[8].張冠華：《後ECFA時期兩岸經濟關係發展方式的轉變》，《臺灣研究》2010年第6期。

[9].《2012年兩岸關係：持續累積政治互信鞏固深入新局》，中國網，網

址：http://www.china.com.cn/news/tw/2012-12/21/content_27481115.htm.

[10].《2012年兩岸關係鞏固深入新局》，華夏經緯網，網址：http://www.huaxia.com/tslj/jjsp/2013/01/3171886.html.

[11].《2012年兩岸經貿關係繼續深入結構性困難日益突出》，中國網，網址：http://news.hexun.com/2012-12-12/148957312.html.

[12].董彥良：《ECFA與臺灣經濟》，聯合早報網，網址：http://www.zaobao.com/forum/pages5/forum_tw121122.shtml.

[13].王建民：《ECFA熱中的冷思考》，《世界知識》2010年第14期。

[14].董彥良：《ECFA與臺灣經濟》，聯合早報網，網址：http://www.zaobao.com/forum/pages5/forum_tw121122.shtml.

[15].《臺辦新聞發表會介紹兩岸服務貿易協議商談等情況》，網址：http://www.gov.cn/xwfb/2012-12-26/content_2299317.htm.

[16].王毅在第十八屆魯臺經貿洽談會開幕式上的致詞，網址：http://www.gov.cn/gzdt/2012-09-01/content_2215036.htm.

[17].譚瑾瑜：《參照ECFA速簽服務貿易協議》，網址：http://www.npf.org.tw/post/2/11708.

[18].周信佑：《貨幣清算兩岸同享其利》，臺灣《旺報》，2013年1月29日。

[19].張林：《全球框架中的區域經濟一體化——20國集團研討會綜述》，《中國金融》2004年第22期。

虱目魚契作模式對大陸惠臺政策的啟示

中國社會科學院臺灣研究所 呂存誠

2013年是大陸對臺南學甲地區進行虱目魚契作的第三年,對契作模式(契約作物)進行系統回顧總結具有重要的現實意義。特別是在大陸始終貫徹落實做好臺灣中南部地區工作的指導下,契作模式的成功與經驗可以為大陸惠臺政策、措施提供有益的借鑑,而且也將為進一步做好民進黨工作奠定良好的基礎。

一、虱目魚契作模式的基本內涵

虱目魚契作模式(以下簡稱「契作」),是大陸直接採購臺灣南部漁民養殖虱目魚的重要惠臺措施,是兩岸關係和平發展開啟大交流、大合作、大發展局面下產生的有效合作模式,具有鮮明的特色。

(一)產生背景

兩岸經濟交流實現制度化後,虱目魚列入ECFA早期收穫清單,該魚種養殖戶強烈希望獲得穩定收購價格,在國臺辦積極協調下,上海水產公司與臺南學甲地區部分養殖戶簽訂採購協議,從而開啟了首個大陸對臺漁業採購的契作模式。

1.兩岸經濟交流制度化為契作奠定良好基礎。

2008年以後,兩岸關係出現重大積極變化,兩岸關係步入和平發展階段,兩岸全方位交流格局逐步形成。尤其是2010年6月《兩岸經濟合作框架協議》(ECFA)簽訂,奠定了兩岸經濟交流合作機制化的基礎。在ECFA的早期收穫清單中,虱目魚作為大陸對臺開放的18項農產品之一被列入其中。這使虱目魚銷往大陸的關稅大幅降低,並且逐步實現零關稅,而且銷售的運輸問題、通關程序等都不斷簡化,使整個流通過程時間減少、程序便利,為虱目魚進軍大陸、開拓新的市場消除了諸多不便的限制。

2.島內漁民的實際需求獲大陸方面高度重視。

虱目魚在臺灣養殖歷史悠久，但長期以來臺灣虱目魚交易受中間代理商的層層壓榨，形成了買方壟斷市場，收購價格被壓至比較低的水準。據悉，在虱目魚豐收季節，島內中間商對養殖戶的收購價一般約在每臺斤（即600克）32～35元（新臺幣，下同），一些年份和季節收購價甚至低到22元左右，大大低於養殖戶的飼養成本。[1] 但由於虱目魚屬熱帶魚種，一旦入冬再不捕獲，便可能大量死亡而造成更大的損失，因此養殖戶經常被迫以低價出售給中間商。

兩岸ECFA簽訂後，臺灣虱目魚養殖戶強烈希望開拓大陸市場，獲得大陸國臺辦的高度重視與支持。2010年8月，國臺辦副主任鄭立中以民間身分首訪學甲地區，漁民在交流中提出，「漁民不求大富大貴，只求三餐溫飽，大陸如果在35元養殖成本下，再加幾塊，用契作收購，就是照顧我們漁民了」。鄭立中當即回應盡快研究、落實。此後，國臺辦深入調研並逐步明確方案，經與大陸相關水產企業協調溝通，最終在2011年初順利推行契作。

3.契作可操作性強。比起大陸地方政府大型採購團或者其他採購模式，虱目魚契作的生產銷售等交易流程相對簡單，由銷售方與採購方直接商議，減少了第三方的因素，使協商過程及協議簽訂的形式趨於簡化。同時，虱目魚在生產、保存、運輸及檢驗檢疫等方面的技術要求相對較低，對該產品採取契作方式的可行性較大。

（二）發展過程

大陸從2011年正式向臺灣虱目魚養殖戶進行契作採購，已歷經3年，契作內容逐步完善。契作協議首度完成。2011年，負責採購的上海水產公司向臺南學甲的100名養殖戶收購，每戶3萬臺斤，每臺斤以45元保證價收購，並且對參與契作的養殖戶預先支付30萬元訂金。在虱目魚進入8月的收穫季節後，上海水產公司直接負責收購並運輸至大陸銷售。

契作協議不斷改進。2012年，在首次試行成功的經驗及不足方面的基礎上，上海水產公司繼續推進契作。當年，契作的戶數擴大至120戶，採用先申請，後集中抽籤的方式確定參與者，即確保自主性，又保證了公平。採購的數量

與價格維持不變。另外，根據島內的實際需求，大陸方面在嘉義合資設立了虱目魚冷凍廠，並基本確定在臺南設立虱目魚加工廠。

契作逐步形成常態化、規範化模式。2013年，上海水產公司維持了120戶的採購規模，基於市場供求關係，收購數量不變，但收購價格改為42元。同樣，參與契作者仍採取先申請，後抽籤的方式。從目前看，大陸對臺虱目魚契作採購，逐步形成具有每年實施的常態化趨勢，而且程序、形式基本穩定，成為一種大陸惠臺政策的特殊模式。

（三）基本特點

1.直接性。這是指訂立契作合約的雙方當事人是初端養殖戶與終端銷售方，而非一般的虱目魚養殖戶需與中間代理商訂立合約，代理商又與其他銷售方另訂合約，「學甲虱目魚契作模式，越過在臺灣地方擁有一定政經實力的中盤代理商」，[2] 這等於直接減少了中間環節，使初端產品直接進入終端市場，因此具有直接性的特點。

2.保障性。這是指契作合約簽訂後，產品收購的數量及價格不變，不受季節、市場供需、物流成本等其他物價上漲因素的影響，而且採購方預先支付一定數量訂金，供養殖戶養殖所需。這改變了以往養殖戶對出售虱目魚時價格起伏的波動，消除了養殖戶產量過多造成價格下跌或無法出售的擔憂，保障了養殖戶的基本收益。

3.市場主導性。這是指契作合約仍是企業與養殖戶之間的市場交易行為，交易的商品最終必須在市場上銷售，受到市場交換規則的制約。這不同於一般的大陸政府採購團，政府主導性強，採購的商品、數量、價格及頻率受政治因素影響，可能造成偏離市場規律的情況。

4.兼顧公平性。這是指契作合約對養殖戶具有一定條件要求，第一優先名單是低收入戶或家有重症需照料者，第二優先名單是自有魚塘土地並有養殖經驗，為養家餬口外出工作者，鼓勵其返鄉就業，最後才是具有學甲戶籍的養殖經驗戶。這與一般的買賣合約優先向養殖能手簽訂有所不同，體現了契作模式作為大陸惠臺重要措施，除了考慮經濟效益外，更注重社會效益。

二、契作模式的成效評估

（一）經濟效益評估

1.契作穩定保障養殖戶的經濟收入。契作模式的直接性與保障性特點，決定了參與契作的養殖戶收益是必然的。從縱向對比看，2011年和2012年，上海水產公司向每戶養殖戶的收購價均是45元／臺斤，向每戶收購量都是3萬臺斤，最終每戶的收入達到了135萬元。同時，參與契作的養殖戶完成額定產量外，多餘的產品還能向臺灣其他採購商出售，收入勢必更多。即使在2013年收購價降低至42元／臺斤，每戶的總收入也可達126萬元。而這兩年臺灣的人均GDP約為60萬元，[3] 參與契作的養殖戶收入超過人均值一倍。可見，契作為養殖戶帶來的實實在在的經濟利益。從每年學甲總共500多戶有300多戶積極爭取120個契作名額的情況，也反映出契作的正面效應。

2.契作模式具有經濟溢出效應。除了給養殖戶帶來實際的利益，契作模式還產生額外的經濟溢出效應。

一是穩定了學甲地區虱目魚的整體採購價格，有助維護漁民的基本利益。以往臺灣中間商向養殖戶採購的價格會隨市場供需關係發生強烈的變化，「最低收購價可能只有20元／臺斤」。而採取契作後，學甲地區虱目魚的整體收購價穩定維持在35～40元。[4] 這是由於有大陸企業的穩定採購後，非契作的虱目魚養殖戶便以契作價格為標尺，若相差太多，便不輕易向臺灣收購方出售。

二是一定程度打破了虱目魚中間商的壟斷地位，促進市場競爭秩序的規範。過去由於缺乏競爭，臺灣的部分中間商在收購時便形成壟斷地位，人為壓低價格，損害了漁民利益，但有了大陸企業的參與，打破了原有的壟斷格局。島內有學者認為，「契作模式砍斷了學甲地區虱目魚的買方壟斷市場」。[5]

（二）政治效應評估

虱目魚契作雖然只是小範圍實施的大陸惠臺經濟措舉，但其對鞏固深入兩岸關係和平發展的政治影響力不容低估。儘管短期內部分效應並不明顯，但一些積極苗頭已然顯現，若長期改進落實，必然具有更大的「政治紅利」。總體來說，

契作模式產生的政治效應可以按三個層次劃分：

1.有力改變深綠選區對兩岸交流合作的認同感。歷次重大選舉顯示，臺南學甲地區民眾支持民進黨的比例約為2／3，是傳統意義上的深綠選區。長期以來，該地區民眾受民進黨蠱惑，對兩岸關係和平發展，以及在此基礎上推進的兩岸交流合作抱持很大的保守乃至反對態度。但隨著虱目魚契作在該地區不斷推動、深入，不僅受益的養殖戶力挺兩岸交流合作，其他未參與者也逐步轉變保守觀念，開始認同、支持兩岸的交流。島內媒體曾多次對學甲地區漁民採訪，報導契作情況，漁民普遍認同兩岸交流確實為自己帶來實際的好處，「是讓基層有感的最佳途徑」。[6] 負責學甲地區契作養殖戶聯絡統籌的臺南市海峽兩岸經貿文化發展協會理事長王文宗指出，「他們（指養殖戶）以前對兩岸交流有疑慮甚至排斥，但現在想法在慢慢改變，認為契作能帶來生機和工作尊嚴，誰反對契作，誰就是與漁民搞對立」。[7] 可見，只要堅持不懈地實際為民眾謀利，即使是深綠地區的民眾也能因切身的感受而逐步改變對兩岸交流合作的保守態度，進而轉向支持。

2.有力增進對大陸民眾的友善程度與大陸官員親近感。臺灣學者黃清賢將「認同」區分為「本質性認同」與「建構性認同」，認為前者是原生的、先天給定的，難以短時間改變，後者是被創造的，具有一定可塑性。該學者對契作模式深入研究後批判性認為，契作模式難以扭轉深綠地區民眾的「臺灣認同」，但確實增加了對大陸的親切感。[8] 本文基本同意其對契作模式所產生的正面影響及未能實現的效果。但本文認為，「建構性認同」與「本質性認同」並非是割裂、「平行線」的關係，恰恰相反，根據「感性認識是理性認識基礎」這一唯物主義認識論觀點，作為感性認識的「建構性認同」增加有可能導致作為理性認識的「本質性認同」轉變。目前，契作模式已經對所在區域民眾產生了良好的「建構性認同」基礎。

在2013年四川雅安發生強震後，臺南學甲漁民自發性募款，主動慷慨解囊，充分印證了這一地區民眾對大陸民眾的同胞情誼，是對大陸民眾友善度提升的有力佐證。同時，學甲地區乃至南臺灣民眾普遍認同國臺辦副主任鄭立中親力

親為的務實作風，也表明大陸官員長期在島內塑造的良好形象確實得到了島內民眾的認可，增加了親近感。[9] 事實上，島內多次民調也都顯示，隨著兩岸關係和平發展深入，臺灣民眾對大陸的友善度已經超越了敵對度，這是兩岸進一步邁向更高政治認同的基礎。

3.弱化綠營選民對「臺獨」政黨的向心力，逐步鬆動綠營的民意基礎。曾有臺灣學者及媒體認為，儘管大陸在學甲開展了契作，在南部進行了大量政府採購，但2012年「大選」馬英九在這些地區的得票率反而不如2008年時期。之所以得出這樣的結論，除了部分輿論有意污衊大陸的惠臺措舉，更重要的是研究者僅看到了宏觀層面的得票率，卻未細究微觀層面投票現象的變化。以下三點選舉變化值得注意：

一是，2012年「大選」，臺南全市投票率為74%，而學甲區投票率僅71%，低了3個百分點。

二是，全市廢票率0.7%，學甲廢票率為0.8%，也比全市高。

三是，相較2008年「大選」，「蔡蘇配」在臺南市（2008年包括原臺南縣與臺南市）的得票率增加幅度為4.38個百分點，在學甲地區得票率增加幅度僅為3.2個百分點。這說明，契作模式確實發揮了積極作用，民進黨對一些鐵票地區選民的吸引力有所削弱。[10]

事實上，大陸推動惠臺政策著眼於長遠性影響，絕非侷限於某次選舉結果，最終是為更好的深入鞏固兩岸關係和平發展的大格局，促進兩岸的交流合作，進而增進兩岸民眾的瞭解與認同。從這一層面看，包括契作模式在內的部分惠臺措施已經很好地實現了預期政治效應，打開了大陸與臺灣南部深入互動的大門，為進一步轉變南部民眾對兩岸關係根深蒂固的保守認知奠定扎實基礎。

三、契作模式的借鑑意義

契作模式對於大陸進一步推出具有實效的惠臺措施有著重要的啟示，主要有以下幾點：

（一）制定長效機制。當前大陸的惠臺措施以應急性、臨時性，部分措施確

實發揮了救場效果，解決了島內民眾的實際需求，但長期看，這樣的方式具有三大缺點：

一是不可持續性，造成效應短暫，一旦客觀條件、時間變化，便失去原有的作用。

二是不具普適性，難以廣泛推廣。

三是易造成功利性印象，尤其對惠及中南部地區的措施若斷斷續續，容易被綠營扣上「銀彈攻勢」、「收買人心」等帽子。

契作最初推行亦存在這些問題，被質疑是「大陸拉攏南部民眾的救濟做法」，但隨著該措舉逐年完善，漸成長遠性規劃，認同度逐漸提升。因此，部分惠臺措施若能形成長效機制，效應將更加持久。

（二）打造「品牌」、「拳頭」措施。企業生產商品唯有樹立品牌、推出拳頭產品方可長久存續，大陸推動惠臺措施同樣需要具備品牌意識。契作之所以成功，是由於經過3年的發展在養殖戶中樹立了「穩定可靠、直接獲益」的品牌形象。但類似於部分大陸政府採購團等措舉，諸多意向性合約最初給臺灣民眾留下很多期待，但落實後與預期差距較大，甚至有無疾而終的現象，這反而挫傷臺灣方面的積極性，造成「形象工程」的反效果。因此，惠臺措施未必「求多、求廣，而求精」，以質取勝，更能贏得信任與民心。

（三）直接深入基層，簡化落實環節。此前的一些惠臺措施被島內部分輿論操弄成「圖利大財團」的印象，其問題就在於中間環節過多，層層受益，最終落在民眾實處的反而是微利，而且無法使大陸方面直接掌控措施走向。契作模式的最大特點在於將措施與受惠民眾直接聯繫，減少不必要的中間環節，這既能讓民眾實現收益最大化，也能達到直接與民眾「搏感情」的效果。因此，未來的惠臺措施應更多考慮以此種直接方式推動。

（四）以市場「雙贏」規律為導向，減少「政治任務式」措舉。當前不少大陸惠臺的經濟措施存在「政令一下，一哄而上」的問題，往往忽視了市場需求和飽和程度，造成臺灣方面獲益而大陸企業虧損的現象，導致部分措施難以為繼。

虱目魚契作模式較好的考慮了兩岸市場需求，臺灣漁民獲利同時，大陸企業亦不斷取得效益。因此，大陸惠臺的經濟措施應儘量遵循市場經濟規律，政治因素應充當協調促進作用。對此，臺灣學者丁仁方亦指出，「在南臺灣深入交流應儘量少政治多經濟，尊重市場經濟法則，才不會被擴大解讀」。[11]

注　釋

[1].《虱目魚政治 兩岸見高下》，臺灣《中國時報》2011年11月15日。

[2].丁仁方：《南臺灣與中國大陸交流深入芻議之一：臺南學甲虱目魚契作經驗的參照》，香港《中國評論》2012年第1期。

[3].統計數據源自「中華民國統計資訊網」，http://www.stat.gov.tw.

[4].《以農民生計為重》，臺灣《中國時報》2013年2月17日。

[5].丁仁方：《南臺灣與中國大陸交流深入芻議之一：臺南學甲虱目魚契作經驗的參照》，香港《中國評論》2012年第1期。

[6].《基層有感 兩岸交流更穩健》，臺灣《中國時報》2013年4月26日。

[7].《ECFA發功 臺南漁民有感》，臺灣《中央日報》2013年1月5日。

[8].黃清賢：《從理性與感性角度分析大陸對南臺灣的契作模式》，香港《中國評論》2012年第10期。

[9].《大陸官員的認真表現 國民黨官員應汗顏！》，臺灣《旺報》2012年2月14日。

[10].彭維學：《淺析民進黨社會基礎的現狀與發展態勢》，《臺灣研究》2013年第1期。

[11].丁仁方：《南臺灣與中國大陸交流深入芻議之一：臺南學甲虱目魚契作經驗的參照》，香港《中國評論》2012年第1期。

跨兩岸社會：特徵、風險與治理

南京大學政府管理學院 楊丹偉

2008年以來，兩岸社會的大規模交往，一個連接大陸與臺灣的跨兩岸社會正在浮現。兩岸在經濟、文化教育及社會生活領域的交往，使得兩岸之間聯繫管道越來越多，連接程度越加密切。這樣一個連接兩岸又不完全屬於其中單獨一方的跨兩岸社會，是兩岸以協商方式達成協議來實現共同治理，因而，跨兩岸社會一方面兼具兩岸社會的共同特性，另一方面又有其特色的模糊性、多變性。兩岸共同治理下的跨兩岸社會是兩岸走向社會一體化的起步階段，在其發展中，存在著各種各樣的風險，充滿了不確定性。如何管控風險、保證跨兩岸社會的穩定持續的發展，是建構兩岸命運共同體的重大課題。建構一個有公權力機構、市場和公民社會共同參與的複合型治理機制，方能實施有效的風險管理，減輕風險對兩岸關係的衝擊。

一、跨兩岸社會的出現

2008年以來，兩岸社會交流開始加速，大規模的社會交流催生了一個跨兩岸社會。跨兩岸社會的出現，是兩岸和平發展戰略思維的產物，是「兩岸命運共同體」建構進度中的階段性成果。

社會是「人的真正共同體」，[1] 是人通過各種關係形成的生活共同體，「社會不是由個人構成，而是表示這些個人彼此發生的那些聯繫和關係的總和」。[2] 按照馬克思主義的社會理論分析跨兩岸社會，兩岸之間經濟文化社會的要素連接是跨兩岸社會的基本動力，包括臺商、臺生陸生和觀光客在內的與兩岸關係有著直接利益關聯的兩岸族是跨兩岸社會的主體，兩岸各種交流主體通過協商達成的共識和簽署的協議提升了跨兩岸社會的制度化水準。

1.兩岸族是跨兩岸社會的主體

在兩岸長期對立的背景下，兩岸社會被隔絕。兩岸社會的各自存在和發展，形成了兩岸社會不同的發展道路和生存狀態，兩岸的政治、經濟、文化和社會的對立和差異消解了傳統的一體化的兩岸社會，沒有任何交集的兩岸社會逐漸變得疏離、陌生。「和平統一、一國兩制」國家統一戰略思想提出後，兩岸之間社會交往的大門被打開了一條縫。

1987年11月，臺灣的大陸籍老兵返鄉探親重啟了兩岸社會之間的直接交往。而探親之開放，迅速帶動了臺灣社會各界人士登陸旅遊、考察、經商的熱潮。通過登陸的實地接觸，臺灣社會瞭解了大陸的真實狀況，過去主觀上對大陸傳統的憧憬或對中國共產黨的惡意「抹黑」，被理性態度所取代。特別是大陸改革開放創造的無限商機，吸引了臺商赴大陸投資，互補互利的經貿關係成為兩岸關係最主要內容。具備超越體制行動能力的工商界、學術界精英，能夠突破兩岸之間的層層壁壘，活躍於兩岸經貿合作、學術交流中，建構起兩岸關係脆弱的連接。雖然這樣連接主要圍繞著經濟利益主題而展開，但是，兩岸之間開始重新認知對方，重新界定兩岸相互的身分和定位。精英交流開啟了兩岸交往的窗口，僅有精英交流的兩岸交往是有限的脆弱的，無法化解兩岸政治對立的衝擊，不足以保障兩岸關係的穩定發展。

2008年以來，兩岸和平發展不斷深入，兩岸交流從單向發展為雙向，交流主體從精英擴展到庶民，普通民眾開始參與兩岸交往，構成了基數大、影響廣的兩岸族。

兩岸的人員交流在2008年7月臺灣開放大陸居民赴臺觀光旅遊之後出現井噴式增長。

2009年大陸居民赴臺人次達935505，比2008年增長率235.7%。以臺灣居民赴大陸為主體的單向度的兩岸人員往來格局，被迅速成長的赴臺大陸居民所改變，兩岸居民互來互往的雙向交流新格局正在形成中。

2012年，兩岸人員往來穩步擴大，全年兩岸人員往來的總量接近800萬人次，再創歷史新高。全年臺灣居民來大陸534.02萬人次，同比增長1.47%；大陸

居民赴臺263.02萬人次，同比增長42.56%。大陸居民赴臺旅遊197萬人次，同比增長57.5%。[3] 大規模的人員交流是跨兩岸社會的基礎。「社會是一個被建構起來的實體，而不是一個基本的實體；社會僅僅存在於構成社會的個人之中並通過這些個人而存在……社會是一個像構成它的個人一樣的現實的實體。」[4] 參與兩岸交往、與兩岸關係發展有著直接利益關聯的社會群體構成了兩岸族，其主要類別有臺商群體、學生群體、兩岸通婚群體、觀光客群體和其他群體。

臺商，是兩岸經貿合作中的主角。臺灣企業家依託敏銳的經濟直覺、聰慧的經濟頭腦、靈活的經濟手段和雄厚的經濟實力，積極參與大陸的經濟發展，分享大陸經濟社會高速發展的成果，在兩岸經濟合作的舞台上「唱主角」。在兩岸政治僵持的情形下臺商群體主導的兩岸經貿關係是維繫兩岸關係的重要樞紐。在兩岸關係和平發展的戰略機遇期，臺商依然肩負起深入兩岸經濟合作的主力軍作用。陸資入臺剛剛啟動，大陸企業家對於投資臺灣表現出濃厚的興趣。2012年大陸企業赴臺投資金額6.94億美元，同比增長超過10倍。[5]

學生群體，是決定兩岸社會交往未來的關鍵因素。大陸一直以積極開放包容的善意姿態鼓勵臺灣學子赴大陸交流學習，在對臺生求學和就業方面規定了詳細、人性化、適時的優惠政策。

1978年起，大陸就開始對港澳臺招收研究生。

1985年起，福建省華僑大學首先辦理單獨招生。

1987年招收第一名臺灣學生。大陸大學除對港澳臺學生辦理聯合招生外，1998年，教育部再批准福建廈門大學等8所大學對臺灣學生實行單獨招生。就臺生赴大陸大學求學，教育部頒布一系列優惠政策，如可適當降低分數、擇優錄取。

2005年，再放寬核准臺灣學生在大陸大學求學，比照內地生標準收費；同時，為鼓勵臺生在大陸就業，放寬大陸證照考試資格，如律師、醫師、會計師等，同意開放臺生報考。2006年認可臺灣高等學校學歷。

2009年以來，每年約有2000至4000名臺灣學生到大陸報考大學，報考碩士

和博士的在職人士數量也呈現持續增長的趨勢。[6]　而臺灣方面在開放兩岸教育交流中，始終以保守、封閉的心態限制大陸學生到臺灣大學就讀。

1997年依「臺灣地區與大陸地區人民關係條例」規定，臺灣公布「大陸學歷檢核及採認辦法」。但因大陸學歷採認問題受臺灣政黨政治意識的影響，要與整體大陸政策掛鉤作全盤考慮，該辦法無法生效。開放大陸學歷採認與陸生來臺的政策，一直被視為高度政治性的議題，成為臺灣各政黨攻防的焦點。

2011年臺灣終於開啟了大學招收陸生的大門。受制於臺灣當局對大陸學生的「三限六不」政策，[7]　陸生來臺人數始終無法大幅增加。兩岸學生的入學條件、獎學金的發放、就業等方面的規定與兩岸關係的大局息息相關。大陸的開放與臺灣的保守形成了強烈的反差。無論如何，兩岸學生交流的浩浩大勢無人可擋。青年學生的求學、就業的權利和保障，直接受到兩岸交流政策的影響。兩岸學生相互的交往、認知、瞭解和溝通，伴隨著學生的政治社會化進度，將在形塑學生的「兩岸觀」等政治理念中造成重要作用。

近年來大陸學生在臺留學／研習人數

年度／學年度	2006	2007	2008	2009	2010	2011	2012
正式修讀學位陸生	—	—	—	—	—	928	1864
大陸研修生	448	823	1321	2888	5316	11227	15590

資料來源：臺灣「教育部」網站。[8]

兩岸婚姻，是兩岸民眾交流進度中的自然產物，也是連接兩岸的重要樞紐。隨著兩岸關係發展，兩岸通婚也越來越多，從早期陸女嫁老兵的「老兵婚姻」，到如今的臺女嫁大陸富商的「豪門婚姻」，兩岸婚姻在質與量都出現變化。然因兩岸政治、社會制度不同，兩岸婚姻產生的兩岸族的權利得不到應有的保障，衍生不少問題。2004年之前，臺灣方面關於大陸配偶政策的相關法令相當嚴苛，致不少教育水平較高的陸配，難以在臺正常生活或工作。

2009年，規範陸配來臺生活相關法令經過修訂，賦予陸配在臺生存權、福利權和工作權較為合理的保障，但是依然保存著許多不公平的規定。長期被「汙

名化」的陸配及其權益與臺灣社會尊重人權普世價值標準是矛盾的。「兩岸婚姻家庭是傳承中華民族根脈、傳播兩岸愛情親情、傳遞和平發展信念的重要力量，被譽為兩岸『三通』之外的『第四通』」。[9] 兩岸婚姻催生的兩岸族要維護自身權益，必然要求兩岸不同的法律法規體系的對接和兩岸公權力機關相互承認對方的治理效能。

兩岸的觀光客，特別2008年以後的大陸遊客赴臺旅遊，將從根本上改變兩岸社會生態，並重組兩岸關係的深層結構。自2008年開放陸客來臺後，目前團客人次累積高達483萬餘人，為臺灣創造高達新臺幣2433億元的旅遊收入。[10] 兩岸觀光的開放，為兩岸民眾的直接接觸提供了可能。兩岸觀光客可以親眼觀察兩岸社會的生態。大陸遊客通過與臺灣民眾的自由交談，當可體會臺灣方面既有的「兩岸觀點」、瞭解臺灣民眾的政治生活和政治態度。兩岸的社會交流著實帶給他們相當多的感動。有人形容：「原本對臺灣的印象是問號，但到臺灣之後，現在是驚嘆號。」在直接交往與互動中，兩岸社會可以期待一些共同價值觀的萌發和成長。從這個角度看，兩岸觀光，不僅帶來了巨額的商機，而且拉近了兩岸民眾的距離，在民眾的直接交往中形塑兩岸關係的新生態。

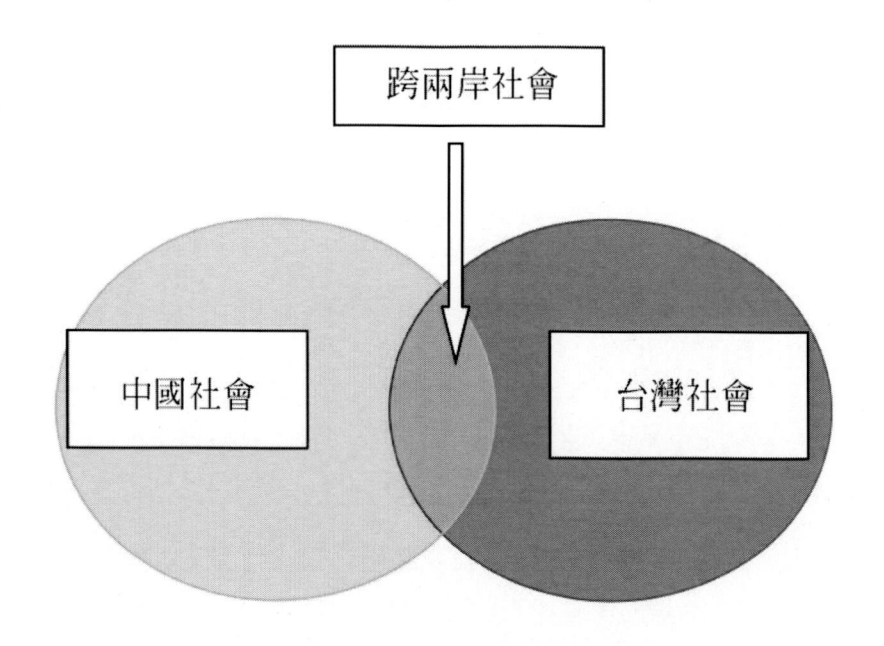

以上列舉組成兩岸族的各個不同社會群體，均有其不同的利益訴求，然而作為兩岸族，其共性體現在：

一是兩岸族的利益與兩岸關係的穩定發展密切相關。兩岸關係和平發展，他們的利益就能夠得到保障，否則，他們的利益就會受到不公正的待遇。

二是兩岸族同時接受兩岸公權力機關的管轄。無論是臺商、學生和兩岸婚姻，兩岸族的身分、法律地位、權利與義務等相關規定的法源依據是大陸的法律法規、臺灣的法律法規和經由兩岸協商達成的協議。兩岸族正常行使自身權利維護自身利益的依據是兩岸各自的法律法規，兩岸族在對岸從事相關活動時必須接受對岸的法律法規的約束。如果兩岸政治、法律與行政體系在維護兩岸族的權利過程中發生衝突和矛盾，需由兩岸協商來達成雙方均能接受的解決方案。

三是兩岸民眾的需求與意見，尤其是兩岸族的要求和行動，是推動兩岸關係發展的主導力量。從歷史經驗看來，兩岸交往中的重大進步都是基於兩岸民眾的民意要求。兩岸之間的經商、求學、婚姻和旅遊等社會交往一直綿延不斷，即使在兩岸政治關係緊張之際，依然無法阻隔兩岸民眾之間的交往。兩岸族的存在與成長，將充實、活絡兩岸社會交流，藉由促進雙方民間更多的認識並增進彼此的信任基礎。

2.兩岸交往機制的建構

交往機制建設，是兩岸關係發展的大方向。把兩岸社會交往中的偶然的、臨時的、突發的合作形式固定下來，提煉出兩岸合作的思路、原則和機制，建構出兩岸合作的穩定形態，推進跨兩岸社會的建設，是兩岸關係發展的重要特徵。經過幾年時間的努力，兩岸縣市「雙百論壇」、海峽兩岸婚姻家庭論壇、中原根親文化節、兩岸工會論壇、兩岸婦女論壇等兩岸社會各界別、各層次的社會交往機制的建構從無到有從小到大。其中，國共合作平台、兩會協商平台、海峽論壇平台和紫金山峰會奠定了跨兩岸社會交往機制的基本框架。

第一，國共合作平台。

在國共合作平台基礎上發展起來的「兩岸經貿文化論壇」，是依據2005年

中共中央總書記胡錦濤與中國國民黨主席連戰達成的「兩岸和平發展共同願景」而設立的。根據這一倡導，2006年首屆「兩岸經貿論壇」在北京舉行。2007年第三屆改名為「兩岸經貿文化論壇」，一直沿用至今。

「兩岸經貿文化論壇」由國共兩黨高層人士，臺灣其他黨派的代表，兩岸工商界、經濟界、產業界、文化教育界及兩岸有關專家學者共同研討兩岸交往中的重大議題，論壇裡形成的共同建議具有相當的可行性，為兩岸主管部門制定和實施相關政策提供重要的參考。過去七次有120餘項已經被兩岸重視和採納，並通過海協會和海基會的制度性協商，變成推動兩岸關係的非常大的助力。「兩岸經貿文化論壇」日益成為兩岸政黨間交往的主要平台，國民黨之外的其他承認「九二共識」政黨和社會團體也參與「兩岸經貿文化論壇」，拓展了其社會基礎，強化了「九二共識」的政治基礎。而拒絕承認「九二共識」的民進黨則在兩岸往來日益密切的歷史潮流中開始被「邊緣化」。「兩岸經貿文化論壇」召開之時，中共均會單方面宣布的惠臺利民政策，充分表達了大陸對臺灣同胞的誠意和善意，也為兩岸交往提供更加便利的條件。以政黨為主體的交往平台，溝通了兩岸民間社會與兩岸公權力部門之間的關係，發揮承上啟下的作用。

「兩岸經貿文化論壇」與「兩會協商」一起，構成了兩岸交往的重要制度設計。國共平台層級更高，互信基礎較好，話題更具有開放性和前瞻性；兩會協商則經過兩岸公權力機關授權，可以妥善處理涉及公權力的事務，尤其在週末包機、大陸觀光客赴臺旅遊等具體技術性問題上，結出真正有利兩岸同胞的果實。

第二，兩會協商平台。

海基會、海協會，是目前兩岸唯一得到公權力授權的協商機構，尤其是海基會有臺灣行政、立法機構的授權、監督和制約，能夠代表兩岸公權力機關。

2008年以來，兩岸兩會共舉行8次會談，達成18項協議。18項協議涵蓋了兩岸社會交往的經濟、衛生、檢驗檢疫、治安等各方面的內容，為兩岸民眾的交往提供了更加便捷、穩定的環境。

特別是2010年6月簽署的兩岸經濟合作框架協議（ECFA）是兩會協商史上兩岸同胞參與最廣泛的一項協議，是一份平等協商、優勢互補、互利雙贏的協議。

ECFA的簽署後續談判及協議的執行，標幟著兩岸經濟關係向正常化、制度化、機制化的進度邁出了最重要的一步，從以往經貿關係中的「一事一議」，上升為ECFA框架下全方位的整體推進。ECFA的後續談判和協議實施，為兩岸關係「先經後政、先易後難、循序漸進」的有序發展，提供了有操作性的推進路徑。

兩岸兩會協商模式逐漸定型，基本流程：會談前為兩岸業務主管部門官員之間業務溝通，力求達成共識；兩會副董事長（副會長）的程序性商談，解決協議最後歧見與爭議，並安排預備性協商及會談日程；正式公開的預備性協商，完成文本整合工作，正式敲定兩會會談時地與日程；最後海協會海基會舉行例行會談，完成協議的簽署。

兩會協商內容的擴展、模式的成熟、參與協商的主體擴大到政府高級官員，這一切表明，兩岸協商的性質與定位正在從具有「白手套」性質民間組織協商上升為有公權力參與的「準官方」性質機構間的制度化協商。

第三，海峽論壇平台。

海峽論壇，是兩岸人民交流的重要平台，是在已舉辦三屆的「海西論壇」基礎上發展擴大並更名的。圍繞「擴大民間交流、加強兩岸合作、促進共同發展」主題，海峽論壇展現了兩岸社會交往的新特徵：

首先，兩岸合作、多方參與：

海峽論壇由兩岸50多個機構聯合舉辦，上萬民眾共同參與，臺灣25個縣市、20多個界別、8個黨派派代表參加，無論是主辦單位的規模，還是涉及領域的廣泛都是前所未有的。

其次，突出民間、面向基層：

突出民眾參與這個主體，讓兩岸百姓當主角。通過論壇活動，深入兩岸基層民眾的交流，擴大基層參與面，開展基層各界別的口頭聯誼，促進基層對接常態化。

第三，領域廣泛、議題務實：

涉及經貿、科技、航運、旅遊、教育、農業、影視、出版、醫藥、體育、婦女、工會、青年和少數民族、鄉里長、宗親、媽祖信眾等20多個界別和行業，包括旅遊合作、文化溝通、教育研討、海上直航、產業對接、縣市協作、中醫藥研究、影視共賞、武術競技、書法切磋、工會交流、青年互動、婦女聯誼、宗親懇談等議題。作為兩岸民間交流的平台，海峽論壇可以發揮福建「五緣」優勢，以閩南文化、客家文化、媽祖文化和閩都文化等祖地文化為樞紐，開展與臺灣各界各階層同胞的交流活動。通過福建與臺灣民間關係的重新安排，既可重述歷史文化因緣，又能在福建與臺灣的經濟整合、社會交融的兩岸交流合作先行先試區域，探索先行先試政策的執行及成效，促進臺灣的內地化、地方化與中國化發展方向。

第四，紫金山峰會：

紫金山峰會是兩岸產業界的合作平台。2008年首屆紫金山峰會召開之時，正值全球金融危機蔓延，兩岸產業界研討如何擴大兩岸經濟的合作、實施經濟發展轉型來應對金融危機。

2012年紫金山峰會改由中華全國工商業聯合會、臺灣兩岸共同市場基金會等兩岸35家主要工商、企業團體和知名新聞單位聯合主辦，升格為「兩岸層次最高，最具權威性、開放性、互動性和務實性的企業家盛會」。峰會從民間發起的企業家論壇，已提升為兩岸首個以企業家為主體、聚焦兩岸產業合作的機制化高端論壇，也是繼兩岸經貿文化論壇、兩會商談、海峽論壇之後兩岸間第四個高端對話平台。

紫金山峰會為兩岸企業家互動提供重要平台。兩岸企業家主導的經濟合作是兩岸關係的重要內容，兩岸企業家肩負起深入兩岸經濟合作的主力軍作用，在兩岸經貿合作的舞台上「唱主角」。兩岸企業家可以借紫金山峰會，增進瞭解、尋找商機、擴大獲益。「兩岸經濟構成中華民族經濟，兩岸企業都是中華民族企業」。面對國際經濟秩序的大調整，兩岸企業家利用峰會的平台，整合兩岸資源、相互取長補短，聯手打造更多具有國際競爭力的民族品牌，共同創建更多立足世界市場的民族企業。

紫金山峰會是溝通企業家與政府之間關係的橋樑。紫金山峰會匯聚兩岸經濟精英，兩岸企業家以敏銳的市場直覺提出的意見和建議相互激盪，匯集企業經營共識，峰會及時向政府相關部門反映企業家的要求和建議，並將其轉化成具體政策並跟蹤推動落實。

紫金山峰會是兩岸總體經濟政策高層對話的窗口。兩岸經濟合作的深入，表現在不僅在具體項目投資，而且在重大戰略規劃、產業政策和宏觀經濟政策上要加強溝通協調。「兩岸也可以探討開展適當方式的非官方的高層次的經濟戰略對話，通過經濟形勢和有關政策，探討經濟合作的路徑，促進兩岸在重要經濟問題上協調力和行動」。[11] 在兩岸關係和平發展的大背景下，作為兩岸經濟合作的常態長效合作平台，紫金山峰會將在推動ECFA框架下兩岸經濟一體化進度中發揮重要作用。

峰會是從兩岸企業家的角度協同兩岸經濟合作。為了強化峰會功能，從2013年起紫金山峰會將在會期之外成立常設機構理事會，以架設常態化合作平台、深入兩岸產業合作。

二、跨兩岸社會的特徵

兩岸族為主體、各種社會交往機制和社會關係建構起來的跨兩岸社會雛形剛剛出現。跨兩岸社會，既是走向兩岸一體化的起點，又可能是兩岸矛盾衝突的易發領域。跨兩岸社會有著怎樣的特徵？在兩岸關係歷史進度中跨兩岸社會處於什麼位置？其蘊含著歷史機遇是什麼？又有怎樣的風險？如何建構起有效的治理體系，化解風險，引導跨兩岸社會走向兩岸社會一體化？這一系列議題需要在兩岸合作中去探討。

1.兼具兩岸特性

跨兩岸社會，是和平發展時期兩岸之間出現的特有中間社會形態。兩岸之間不同的要素在跨兩岸社會中形成了簡單的結合。兩岸完全不同的政治、行政、司法、經濟、文化、教育和社會管理等等要素、理念、利益、制度在跨兩岸社會開始接觸、衝突、磨合。這個中間社會形態，橫跨兩岸，兼具兩岸特性，又不同於兩岸各自的制度安排。

跨兩岸社會，是終結了六十多年歷史隔絕之後兩岸重新連接的產物，是兩岸民眾重新瞭解、認知對岸，確定相互身分關係的起點。跨兩岸社會的治理，需要兩岸協商，達成與兩岸各不相同的治理體系。比如兩岸人員往來的法定手續，是經過兩岸專業行政管理機構口頭協商，在實施出入境管理措施上達成共識，具體規定了兩岸人員往返的流程、簽注、管控、憑證和通關等相關事宜後，為兩岸民眾往來創造了便捷的條件。

跨兩岸社會的特點，正如滕尼斯所言，「我們假定從A的領域分離的一塊區域就不再完全隸屬於A的意志和統治之下；它也還沒有開始完全處於我們假定是B的意志和統治之下；它還處於A的局部的統治下，而且也已經處於B的局部的統治下。它依附於這兩個主體，只要它們在這方面的意志方向是相同的，正如只要給予和接受的意志持續著，情況就是這樣；它們是共同的財產，是社會的價值。」[12] 兩岸之間關於跨兩岸社會的「意志方向是否相同」，將是決定跨兩岸社會前景的關鍵因素。

2.模糊性

由於政治上相互不承認，兩岸至今依然無法在政治關係上取得共識。因而在兩岸社會交往中呈現出模糊性的特徵，「擱置爭議」是對模糊性的最好詮釋。擱置在政治的對立和爭議，兩岸在模糊中照不宣地創造出交往空間。

跨兩岸社會創造的模糊交往空間，為兩岸關係和平發展提供了基礎支持。如果執著於兩岸的政治身分和政治關係，兩岸可能陷於政治僵持而無法在事務性領域中實現廣泛合作。兩岸中國人以特有的政治智慧，模糊政治對立，創造性地以「九二共識」化解政治矛盾、以海基會海協會等介於政府組織與社會組織之間的中間組織作為兩岸協商的平台，從而為兩岸社會交往創設必要的空間。

跨兩岸社會的模糊性，逐漸鈍化了臺灣社會與大陸社會清晰邊界，在經濟、政治、到社會交往過程，兩岸的人員交流、利益交融、理念碰撞，兩岸因素相互滲透，相互影響，在交往中悄悄地改變著兩岸關係的現狀。大陸的人員、觀念、成就、追求在交往中自然深入臺灣社會中，臺灣社會的要素同樣在大陸傳播。在維持現狀的模糊中，兩岸關係的現狀發生著實質性的變化。

跨兩岸社會的模糊性，必然蘊含著兩岸之間矛盾、衝突的可能和風險。「九二共識」、兩會機制、兩岸經濟合作委員會、《海峽兩岸共同打擊犯罪和司法互助協議》等，一方面是兩岸和平發展中的成果和創新，另一方面，也包含著兩岸之間的差異和對立。比如兩岸對於「九二共識」概念的解讀就存在著相當大的差異；「兩岸經濟合作委員會」是雙方互相不承認對方政府合法性的前提下由政府高級官員組成的事務協調與執行監督機構，主要功能是負責協調、監督締約雙方的履約義務，仲裁雙方對條約內容的解釋或執行上的衝突。臺灣有些學者把兩岸經濟合作委員會定位為國際法上條約或公約中的常設條約機構（Treaty Body），類似的定性，會牽涉到主權、政府及公權力和民間組織關係等重大議題。短暫的迴避，可以創造兩岸交往的條件，但是絕對不能忽視這些議題的存在，尤其要注意模糊中蘊含著衝突的種子。

　　3.不確定性

　　跨兩岸社會雛形的出現，是兩岸社會共同努力的成果。跨兩岸社會能否承受住各種因素的衝擊和考驗，行穩致遠，最後實現兩岸社會一體化，需要兩岸社會對影響跨兩岸社會的因素進行系統分析與評估，化解各種因素的衝擊，降低發展中的不確定性、多變性，實現跨兩岸社會的穩定與發展。就兩岸關係的結構性特點來分析，導致跨兩岸社會不確定性、多變性的主要因素可劃分為臺灣社會、兩岸的和國際的三個層面。

　　臺灣社會沒有基本政治共識。在政治認同沒有共識的狀況下，臺灣快速的民主化進度激化了臺灣社會的兩極化對立。民主的選舉機制永遠無法解決政治認同等高位級的政治問題。臺灣社會分歧、政治對立使得臺灣社會在兩岸議題無法達成政治共識。國民黨、民進黨之間的對立，是臺灣社會矛盾的反映。在民主、理性、中道原則下，臺灣各大政黨回歸民主政治的本質，尋求社會共識，在兩岸互動的大背景下凝聚臺灣的政治認同，是消解兩岸關係發展中隱患的治本之道。

　　兩岸之間出現的社會和解與政治僵持並存格局。跨兩岸社會在經濟、文化和社會等領域文化交流暢通，成果豐碩，後續推進到政治議題時面臨著發展的瓶頸。問題癥結在於兩岸的政治地位、政治關係、兩岸政治制度的差異。政治上的

僵持，不僅遲滯了跨兩岸社會的發展進度，而且嚴重影響到跨兩岸社會的基礎和穩定。面對這些敏感的、「核心區域」議題，兩岸如何創造條件為問題的解決做好準備，如何找尋突破口？跨兩岸社會的治理將是一個風向儀。跨兩岸社會的治理，是一個介於民間與公權力之間的領域，是兩岸關係從民間社會交往向兩岸公權力機關直接合作的過渡空間，兩岸如能在跨兩岸社會的治理中，理念逐漸接近、利益能夠共享、機制實現對接、身分慢慢明確、情感油然而生，那麼兩岸政治對立的化解應該是水到渠成的結果。否則，跨兩岸社會的倒退、反覆也不是沒有可能。

在全球化的國際體系之下，跨兩岸社會時刻受到國際格局、大國關係等因素的影響，臺灣與大陸在國際社會的互動同樣左右著兩岸民眾「兩岸觀」走向。在主權國家為主體、各種國際組織日趨活躍的國際社會，臺灣希望獲得「主權國家」地位的要求與中國力圖以「一個中國框架」靈活務實地處理臺灣國際地位的思路之間的矛盾，一直沒有得到妥善解決。特別在兩岸經濟、社會關係改善後，臺灣以此要求大陸在臺灣參與國際社會領域中作更大讓步，「我們瞭解臺灣同胞對參與國際活動問題的感受，重視解決與之相關的問題。兩岸在涉外事務中避免不必要的內耗，有利於增進中華民族整體利益。對於臺灣同外國開展民間性經濟文化往來的前景，可以視需要進一步協商。對於臺灣參與國際組織活動問題，在不造成『兩個中國』、『一中一臺』的前提下，可以通過兩岸務實協商作出合情合理安排。」[13]

三、跨兩岸社會的風險與治理

1.跨兩岸社會的風險

跨兩岸社會，是原來兩個相互隔絕的對立的社會體系之間的對接，不同社會體制和秩序在政治、社會、經濟以及文化諸多領域呈出的差異和矛盾，帶來了相當的風險。脆弱的互信基礎，使一些本來比較單純的問題，最後釀成了困擾、衝擊跨兩岸社會穩定的風險。諸如問題奶粉事件、陳雲林會長在臺北被圍困事件、熱比婭事件等。跨兩岸社會的穩定和發展，有賴於研判跨兩岸社會的風險，建立起有效的預防管控體系。[14] 跨兩岸社會的風險大體可以分為：

第一，制度性風險。

制度性風險是指兩岸社會的大規模交流與制度匱乏之間的矛盾而蘊藏著風險。2008年以來，兩岸社會交往的進展並不能促成兩岸公權力機關相互承認。跨兩岸社會出現了「政府缺位」。在「政府缺位」下，兩岸社會交往的制度建設是相當欠缺，沒有制度規範的兩岸社會大規模交往充滿了風險。制度真空、制度失效均有可能成為風險的放大器，危及兩岸社會交往秩序的穩定和持續。兩岸政治對立導致的「政府缺位」，是兩岸社會交往存在制度風險的緣由。隨著兩岸社會交往規模擴大、領域拓展，急需「政府出場」，通過制度建設，為兩岸社會交往提供政策、規制等「公共服務」，以達成兩岸社會「善治」的目標。

第二，結構性風險。

結構性風險，主要表現為兩岸社會結構的異質性產生的矛盾與對立。60多年時間的隔絕，兩岸在不同發展道路上形成各具特色的政治結構、經濟結構和社會結構，以及在此基礎上建構起來的兩岸整體的結構性差異。當大陸以國家為中心的治理結構與臺灣以公民社會、企業為中心的治理結構相遇時，碰撞、矛盾與衝突在所難免。兩岸之間的國家與公民社會、市場的關係各不相同，無法匹配。這樣的不平衡關係會形成國家、公民社會和市場相互之間的錯位、缺位和越位，突破了相互之間的邊界，僭越了它們的功能，從而誘發了結構性的功能紊亂。化解結構性風險，是一個長期而曲折的過程。

第三，政策性風險。

政策性風險，是跨兩岸社會公共政策的制定、內容、執行等環節存在的問題所帶來的風險。政策性風險出現的機率是最高的。這主要是因為兩岸社會交往要面對不斷出現的新問題，需要兩岸公權力機關的積極作為，共同尋求問題的解決。以治安政策為例，1994年5月的「千島湖事件」本是刑事案件，由於兩岸處置治安問題的政策空白、互信不足，放大了刑事案件的社會風險，形成了衝擊兩岸關係的政治危機。因應跨兩岸社會的中不斷提出的新問題、新挑戰，兩岸公權力機關與時俱進地設計公共政策，有效應對公共議題，避免政策的過時、失效。長時間的政策失效會降低治理體系的效度，進而影響跨兩岸社會的穩定。

第四,文化性風險。

兩岸自成體系的、多元的文化和價值觀念的對立與衝突,使兩岸社會交往的基本規範難以取得共識。跨兩岸社會的文化交流,不僅是對中華傳統文化的簡單承繼,而且在開放的全球化背景下,把眾各種文化源流、文化要素在跨兩岸社會的實踐中熔鑄為兩岸中國人的共同文化。「文化是被實踐的,並且是從實踐中建構出來的,它不是編碼或模式,它是社會性地使用,其力量是將關於世界的假設從一個人傳到另一個人的社會關係的力量。」[15] 在跨兩岸社會的交流中是增進瞭解、化解文化隔閡,是跨兩岸社會建設中一個長期性的任務。

根據風險理論,跨兩岸社會可以是一個風險社會。兩岸社會交往中的制度性風險、結構性風險、政策性風險和文化性風險往往相互交織、相互滲透,形成複雜多樣的風險體系。

2.跨兩岸社會的治理

風險社會中,風險具有廣泛性、不確定性、連動性、兩重性。跨兩岸社會中的風險是一種帶有危害的可能性。一方面,風險發生時,可能轉化為危機,危機會對人類造成災難性傷害;另一方面,風險的發生,意味著傳統關係的緊張、舊有制度運行的困難,也就是說,風險的出現意味著創新,意味著變革,意味著發展的機會。從這種意義上講,風險又具有積極意義。作為風險社會,跨兩岸社會也是一個機遇社會。認知跨兩岸社會的基本特徵,全面評估跨兩岸社會的風險與機遇,是對其進行風險管理的第一步。更為重要的是建構一個適合跨兩岸社會特點的治理框架,有效管控跨兩岸社會的風險。

「國家、市場和公民社會構成了預防、分散和減少風險的基本治理框架,它們相互支撐、制衡並彌補了彼此的缺陷,為整個社會提供了穩定的秩序,使個人、團體等行為者能夠對自己的各種行為做出有依據的判斷。一套運行良好的現代治理機制應該具有三個基本特徵。

首先,三種治理機制保持平衡的關係。

其次,三種治理機制能夠相互滲透,構成分布均衡的網絡,使治理的觸角延

伸到社會生活的各個角落。

最後，三種治理機制要能連續產生出社會行為者對機制本身以及機制彼此之間的信任。」[16] 複合型風險治理體系涉及諸多要素，包括主體、兩岸社會的內部環境、目標制定、風險評估、風險反應、控制活動、訊息和溝通、監控等，其中最為關鍵的是國家、市場和公民社會的三個主體。

以此觀照當下跨兩岸社會的治理現狀，「國家」缺位、公民社會發育不良是影響治理體系建構的主要問題。

在跨兩岸社會治理中，國家、市場和公民社會等社會組織和行為者都是治理的參與者。「政府缺位」是當前跨兩岸社會治理體系中的重大缺陷。國家是現代治理形態的核心，應該利用其公權力、權威地位為跨兩岸社會交往提供有序穩定的制度環境。「風險管理系統是與政府的制度安排以及市場和非正式網路密切相關的，它向人們提供足夠的應對由經濟作用和其他原因引發的社會和經濟風險的復原能力。」[17] 缺少了國家的參與，市場、公民社會的自由發展過程中出現的失序、衝突得不到公權力的糾正，可能會給整個社會帶來制度性風險。跨兩岸社會交往的程度和面臨的問題，已經不是市場和公民社會這些民間組織所能解決的。雖然，目前兩岸公權力機關已經通過間接形式參與了兩岸社會交往的推動，顯然這樣的方式、力度和成效還不能滿足兩岸關係實踐的要求。在兩岸政治關係取得實質性突破之前，在行政層面，兩岸擁有公權力的行政機構應該更加直接參與兩岸社會交往的規劃和推動，建構起兩岸社會交往的全面制度基礎，化解兩岸交往中存在的風險，保障跨兩岸社會的發展行穩致遠。

複合治理，公民社會的健康發展是國家和市場的正常運行的基礎。公民社會運行的基本方式是志願行動，是及時解決不時出現的新問題、新矛盾的最初主體。在處理還沒有被納入正式制度解決範圍的問題、避免風險的養成和擴大時，公民社會的作為特別有效。公民社會作為政府與市場的中間地帶，以自願、合作、公正與互助的價值理念，一方面可以抵禦公共權力對個人生活的干預和侵擾，另一方面又能防止過分市場化的傾向，為實現社會健康公平發展提供了持久的支持。公民社會的開放性和寬容性，可以擴大社會信任的範圍，提高對「陌生

人」的認同感，超越兩岸的歷史隔閡，培養「兩岸命運共同體」大共同體意識。「從根本上說，現代性的整個組織機構一旦脫離了傳統就必須依賴具有潛在的不穩定性的信任機制，」[18] 大共同體意識，是對非本共同體的（血緣的、地緣的、種族的）「外人」的權利和尊嚴的承認。長期分離導致的信任缺失是跨兩岸社會風險的重要來源。每一個社會成員只有通過建立在共享價值和規範的基礎上的兩岸互動關係，才能進行真正的社會合作，才能於相互認可基礎上達成社會信任。兩岸公民社會的發育，而不是兩岸的談判，才是解決兩岸互信問題的治本之道。

國家到位、兩岸公民社會的發育與日益壯大的兩岸市場機制的良性互動，形成了一個各司其職、相互支持、相互滲透構複合型治理體系，方能有效的保障跨兩岸社會的穩定與發展。

注　釋

[1].《馬克思恩格斯全集》第一卷，人民出版社1965年版，第487頁。

[2].《馬克思恩格斯全集》第三十卷，人民出版社1995年版，第221頁。

[3].《2012年兩岸人員往來近800萬人次再創新高》，新華網北京2013年1月16日電，見國臺辦網站
http://www.gwytb.gov.cn/lajlwl/rywltj/201301/t20130121_3567678.htm.

[4].古爾德：《馬克思的社會本體論》，北京師範大學出版社1999年版，第42頁。

[5].《張志軍在第十一屆兩岸關係研討會上的講話》，見國臺辦網站
http://www.gwytb.gov.cn/wyly/201303/t20130322_3980522.htm，2013-03-22。

[6].展濤：《兩岸高校攜手，共創美好未來》，中國臺灣網，
http://www.taiwan.cn/2009年7月12日。

[7].「三限六不」是指：限制採認的高等學校、限制來臺大陸學生總量、限制醫事學歷採認；不加分優待、不影響島內招生名額、不編列獎助學金、不允許在學期間工作、不會有在臺就業問題、不得報考公職人員考試等。

[8].臺灣「教育部」網站http://www.edu.tw/pages/detail.aspx?Node=3378&Page=14083&Index=5&WID=31d75a44-efff-4c44-a075-15a9eb7aecdf.

[9].《兩岸婚姻家庭協會北京成立》，《聯合報》2012年8月29日。

[10].《經濟日報》2013年2月15日。

[11].曾培炎：《兩岸建立經濟戰略對話》，《經濟日報》2012年09月20日。

[12].斐迪南·滕尼斯：《共同體與社會》，北京大學出版社2010年11月版，第78頁。

[13].胡錦濤：《攜手推動兩岸關係和平發展　同心實現中華民族偉大復興——在紀念〈告臺灣同胞書〉發表30週年座談會上的講話》（2008年12月31日），《人民日報》2009年1月1日第2版。

[14].張亞中教授則認為，「建立兩岸民事安全機制刻不容緩」；趙春山教授等提出了「兩岸應協商成立　『信心建立措施（CBM）』，預防各種危機」；張五岳教授則建議，「兩岸應盡速建立信心互信機制，建立多層次、多管道的溝通管道」；臺灣著名政治評論家南方朔先生建議，「兩岸應建立風險管控合作機制」。

[15].喬納森·弗裡德曼：《文化認同與全球性的過程》，商務印書館2001年，第311頁。

[16].楊雪冬：《全球化、風險社會與複合治理》，《馬克思主義與現實》2004年第4期。

[17].Holzmann, Robert, Bynne Sherbume—Bern, and Emil Tesliuc, Social Risk Management: The World Bank's Approach to Social Protection in a Globalizing World, 2003, Social Protection Department, The World Bank.

[18].安東尼·吉登斯《生活在後傳統社會中》，載貝克、吉登斯、拉什著：《自反性現代化》，商務印書館2001年，第114頁。

兩岸共同治理的制度化研究

廈門大學臺灣研究院 唐樺

自1979年全國人大常委會發表《告臺灣同胞書》呼籲兩岸同胞開展交流交往30多年來，兩岸各領域交流與合作不斷發展，兩岸交流的內容不斷豐富，領域不斷拓展，兩岸人員往來的規模不斷增長、層次不斷提高。隨著2012年國民黨在臺灣「大選」中再次獲勝，兩岸關係和平發展又進入新的戰略機遇期。根據臺灣公布民調，72.8%的臺灣民眾支持通過制度化協商來處理兩岸交流問題。目前，兩岸已經以「九二共識」為基礎，以ECFA為媒介，為兩岸關係建立了制度化框架。兩岸關係的和平發展意在多元語境下通過公權力機關、公民、社團組織等多種社會與政治力量的廣泛參與生成兩岸治理的基本規則。

一、兩岸治理的內涵和制度化基礎

聯合國全球治理委員會於1995年對治理作了如下界定：「治理是個人和公共或私人機構管理其公共事務的諸多方式的總和。它是使相互衝突的或不同的利益得以調和並且採取聯合行動的持續的過程。」[1] 兩岸共同治理的核心要義就是在於在最大限度地增進兩岸人民共同利益的前提下，建立兩岸之間的合作關係，其本質是兩岸公權力機關與兩岸公民社會對兩岸公共事務的合作管理。除了國防、外交、國家安全等領域暫時不宜列入兩岸合作治理的內容以外，其他與兩岸民眾日常生活息息相關的所有內容（經濟事務；文化事務；戶政、社群、醫療衛生、社會保障、宗教事務等在內的社會事務；以及公共行政、公共安全、司法行政、政治事務在內的法政事務等）的兩岸合作治理。兩岸共同治理是一個由諸多要素所構成的系統，它的基本內涵如下：

首先，兩岸共同治理的主體是一個由來自不同領域、不同層級的公私行為體

（包括個人、公、私組織機構、次國家等）、權力和行為構成的複雜網絡結構。比如兩岸紅十字會組織，海協會和臺灣海基會，各種民間環境保護組織、民間人道救助機構、兩岸民航業行業協會、兩岸民間醫療合作組織等。各種治理主體在兩岸治理機制中扮演不同角色，發揮不同的作用。比如兩岸公權力之間、一方公權力與對方的非政府組織、兩岸非公權力組織之間進行的合作。受兩岸關係影響的公民都應該相互承認並彼此尊重各自的共治權利，不壓制和剝奪其他利害相關的公民的共治權利。在兩岸治理結構上，重要的是將所有相關的公民都包括在內，形成兩岸治理的共同體。

其次，兩岸共同治理的基礎是治理主體在持續協調的基礎上對權力的公平、合理共享，而不是兩岸公權力機關享有唯一的、獨占性的統治權力。兩岸公權力機關在兩岸治理中承擔的是平衡兩岸間各個層次的治理，形成一個語境，使得不同的治理安排得以實現，而非為它們制定特定的策略和計劃的原治理角色。兩岸治理的結構要素，主要是指在解決和處理兩岸公共事務過程中如何對多元化的治理主體進行合理的結構安排，使得各行為主體在兩岸治理機制中能夠互相合作、互相支持、相互制約，將機制的功能發揮到極致。

第三，兩岸共同治理的方式是既有正式的法規制度的管理，又有各治理主體自願接受並享有共同利益的非正式的措施或約束。信任、政策和法律將是在公共治理機制中發揮重要規範作用的規則體系。[2] 在實踐上可以通過規制、市場簽訂合約、回應利益的聯合、發展忠誠和信任的樞紐等不同的工具來實現共同治理。比如香港船東協會與臺灣海基會達成的商談紀要、公權力的授權等。

最後，兩岸共同治理的目的是兩岸在互信、互利的基礎上不斷化解衝突和矛盾，滿足各治理主體的利益的同時，最終實現兩岸社會發展和共同利益的最大化。兩岸治理過程中，政府和公民雙方的角色均要發生改變，政府主要體現在整合、動員、把握進度和管制等方面，公民不再是被動的消費者，而是積極的決策參與者、公共事務的管理者和社會政策的執行者；兩岸社會組織由弱小的依附者，變成了有效的專業參與者；公共權威由兩岸公權力機關回歸到治理共同體和公民；公共利益由對兩岸公共服務的單純滿足，上升為對共同體優良生活的共同

治理。[3]

　　自從馬英九主政臺灣以來，兩岸之間的政治關係得到一定程度的緩和，兩岸雙方根據「先易後難、先經後政」的原則把和平發展的重點放在解決相關社會民生問題上。馬英九2013年發表元旦祝詞表示，兩岸交流越制度化，兩岸人民對彼此的認識越深入，兩岸的和平也就越鞏固。國臺辦發言人楊毅在1月16日舉行的例行新聞發表會上表示，在新的一年裡，繼續推進兩岸各領域交流交往的制度化建設，推動兩岸大交流持續深入健康的發展。兩岸正在逐步進入一個共同治理的時代，政治互信、經濟依賴、文教交流和利益分化成為兩岸共同治理制度化的基礎。對兩岸共同治理進行制度化建設，既符合世界和平、發展的潮流，又與兩岸民眾的政治、安全與經濟利益密切相關。

　　1.逐步累積的政治互信：

　　2008年5月國民黨重新在臺灣執政後，兩岸雙方確立反對「臺獨」、堅持「九二共識」的共同政治立場。「九二共識」這個政治上的基本共識初步達成，成為確保兩岸關係和平發展的關鍵所在。除了達成基本的原則性共識，兩岸雙方在具體的政治互動中也秉持同理心，並形成互相體諒、避免為難對方的默契。在此基礎上，本著建立互信、擱置爭議、求同存異、共創雙贏的精神，海協會與臺灣海基會恢復協商，相繼簽署了包括兩岸經濟合作框架協議（ECFA）在內的18項協議，解決了諸多關於兩岸同胞切身利益的實際問題；兩岸雙方交流交往的層級大幅提升，交流範圍進一步擴大，兩岸間不再相互「拆台」，形成良性互動的格局，兩岸政治互信的基礎進一步得到厚實。

　　2.日益加深的經濟聯繫：

　　兩岸經濟合作框架協議（ECFA）的簽訂，打破兩岸經貿往來壁壘，實現了兩岸全面直接雙向「三通」，使兩岸經貿關係更為緊密。兩岸經濟合作不斷深入，規模持續擴大，層次日益提高。如今大陸遊客赴臺踴躍，已成為臺灣旅遊市場的主要客源，也給島內市場帶來逾千億新臺幣的商機，兩岸人員往來由2002年的380萬人次增加到2011年的710萬人次；《海峽兩岸投資保護和促進協議》、《海峽兩岸海關合作協議》等兩會多次簽署的18項相關協議，為兩岸人

流、物流、資金流架設起一座座連心橋樑，緊密的經濟聯繫，使得兩岸同胞休戚與共，利益攸關。兩岸經濟合作進入互利雙贏新階段，各界大交流、大合作格局初步形成，為兩岸治理提供現實誘因。

3.不斷拓展的文教交流：

兩岸文教交流觸及基本價值觀，文化和教育交流的制度化和常態化所可能帶動的認識與價值觀的趨同，將比經貿合作與交流所產生的影響更加深遠。近年來，兩岸文化交流規模不斷擴大，層次不斷提升，遍及文學藝術、非物質文化遺產、文化遺產、文化產業等各個領域，催生了海峽兩岸文博會、兩岸城市藝術節、兩岸漢字藝術節、兩岸非物質文化遺產月等一系列的交流品牌。

2011年，僅經文化部審批的兩岸文化交流項目就達到2900起，11000人次，項目同比大幅增長33%，交流形式日趨多樣、內容日趨豐富。作為交往主體的兩岸基層各文化藝術團體、宗教團體、教育團體等，通過開展多層次、多角度的合作與交流，推動兩岸基層民眾展開理性對話合作，努力打開心結，增進兩岸同胞相互理解和感情融洽，化解隔閡，增加兩岸民眾對彼此情勢變化的認知，增進了認同。

4.多元利益和認同分化：

由於歷史和現實因素，兩岸社會發展的不同，致使兩岸社會交往中，存在多元利益格局。作為交往主體的個人，越來越注重通過參與來維護自己的利益。各種涉及兩岸民生問題的政策、協議的制定、協商中，政策的公平性、利益群體的表達被納入考量。兩岸關係中，民間社會團體的數量和開展的活動不少，但是兩岸相隔分治超過六十年，加之從一九九零年代以來，島內李登輝、陳水扁等「臺獨」勢力不斷通過煽動省籍族群的對立，鼓吹所謂的「臺灣主體意識」，推行各種「去中國化」和「文化臺獨」的政策，造就不同的社會利益訴求和分化的群體認同，比如ECFA爭議、東京影展風波等，兩岸今後將面臨各種利益和資源的重新協調平衡、各種社會規範和社會制度的重新建立。

兩岸關係中的一個鮮明特徵是民間交流與需求遠遠地走在公權力機關前面，制度化建構明顯相對停滯，不能滿足日益增長的兩岸各方面交流與合作的需

要。[4]　面對兩岸關係和平發展的新要求，現階段，一方面，兩岸政府要為兩岸間的社會建構和交流架設發揮平台，通過建立各種交流合作機制，提供相關訊息和減少不確定性的執行機制，這是制度化進度的重要環節；另一方面，兩岸公權力可以考慮在兩岸公共事務層面進行主動的戰略收縮，讓兩岸民間社會的力量走到前台[5]，激發社會自身的活力，創出新的具有正面效應的制度和規範，由民間的共同理解推動並維持制度的正式化和行為的模式化。

二、兩岸共同治理制度化的關鍵要素

從一個社會學的角度，制度主義學者詹姆斯・瑪奇和瓊・奧爾森認為制度化就是制度的出現以及制度框架內行為體行為的模式化。[6]　麥可・史密斯認為制度化就是一個進度，這個過程創造和發展出認同、規範或者共享的行為標準。[7]兩岸合作取決於兩岸社會資本網絡所造就的預期和激勵因素，在一個繼承大量社會資本的兩岸共同治理過程中，制度化更容易出現。良好社會資本的存在是建構起治理模式的基本前提，信任、規範、網絡是兩岸共同治理制度化的關鍵要素。[8]

1.信任：制度化的認同基礎

信任是兩岸共同治理的基礎，有助於培養兩岸人民對兩岸治理機制的認同感和自覺服從。由於信任的存在，使得兩岸之間的訊息交流更為順暢，降低了兩岸治理的成本，信任程度越高，兩岸治理的效率就越高。

2008年之前，兩岸之間存在的互信薄弱，而且常常因為政治因素而中斷。國民黨重新執政之後，兩岸雙方得以在反對「臺獨」、堅持「九二共識」的基礎上建立互信，兩岸恢復了中斷多年的「兩會」制度化協商機制，簽署了多項協議，逐步化解影響和限制兩岸交流互動的各種障礙過程，兩岸互信程度得到逐步提高。兩岸關係中存在著兩類信任機制，一類是基於傳統文化、宗教、倫理、道德家庭親情關係義務的特殊主義的非制度性信任，一類是基於制度以及組織產生的普遍主義的制度信任。目前為止，兩岸關係中，關係運作可能依然是兩岸人民建立信任的主要機制。在長期合作關係中，加深情感的關係運作方法較受重視，而在一次性交往中，利用關係網或利益給予的關係運作方法較受重視。

兩岸人民在某一個領域共事，他們的不斷交往最終會確立可預測的行為、穩定的秩序和相互信任的習慣。一旦信任成為習慣的態度，就得到了內化。內化的信任又會改變人們之間的情感，改變之後的情感意味著身分的改變和規範的改變。以大陸臺商為例，由於經營習慣相同，身分背景類似，不難以臺商協會身分發展出相互信任。此外，臺商協會與大陸社會團體或公權力機關的互動交往模式對兩岸社會互信建構也可能產生影響。[9]　　由此而言，制度化是一個漸進的過程：創造新的政治進度的程序性變化可以導致規範和觀念等因素的漸進和自然的變化。兩岸應當通過設計良好的制度和法律，進而產生具有普遍意義的制度信任，減少集體行動的困境，使得兩岸治理制度化因得到共同體成員的相互信任、資源合作而能夠得以有效推進。

　　2.規範：制度化的秩序保障

　　兩岸共同治理中，既存在利益共享的成分，也有觀念共享的因素制度網絡的建立，既能夠實現既定行為體目標的理性考慮，也有使行為合法化的規範性需求。如果沒有建立在社會認同、自覺遵守以及普遍互惠基礎上的社會規範之上，兩岸共同治理制度化是不會得以長久維持的。在閩臺商中信仰宗教、祖先祭祀或參與民間信仰的民眾高達九成以上，[10] 宗教規範在兩岸關係網絡中起約束成員的行為、引導成員行為方向和協調成員利益關係的作用。宗教規範作為共有的知識和經驗更能產生信任和理解，比如媽祖文化就要求信奉媽祖文化的信眾要以善的標準行事，這些年來臺灣同胞及民間進香團到莆田湄洲祖廟朝聖的人數每年達到十萬人次之多。規範既隱含對現存正式制度的默認和接受，更是對傳統、習俗、非正式規則等非制度化「規範」的守護和遵行。由於社會規範的存在，使得兩岸治理主體間的合作具有可預見性和可依賴性，促進行動主體之間的良性互動，降低人們搭便車的行為。隨著民間組織的發展和兩岸社會之間橫向交流的增強，跨組織、跨文化、跨地區的合作受到鼓勵，人們在組織中能夠修正甚至放棄自己的狹隘目標而與其他派別達成某種妥協，相互寬容和理解，並在複雜博奕中形成慣例、規範、關係期待和遵規行動，進而為兩岸治理制度化提供有效的社會機制資源和有力的社會秩序保障。

3.網絡：制度化的結構表現

網絡使得信任可以傳遞和擴散，同時增強了互惠規範對行為的約束能力。網絡是制度化在結構層面的表現，兩岸關係都是由一系列人際溝通和交換網絡構成的，它的媒介是各種民間組織。社會秩序與規範的形成有橫向交流和縱向交流兩種形式。

橫向關係網絡越密集，合作越可能實現，制度化程度越高。垂直關係網絡無論多麼密集，都無法維繫社會信任和合作。

在兩岸關係中，各種非政府組織、公民的志願性社團、協會、社群組織、利益團體等構成了一個龐大的社會網絡，這種網絡結構確保了公民參與兩岸公共事務的權利，促進了兩岸的合作共治。更重要的是，社會網絡所蘊含的聲譽機制強化了兩岸的社會信任和互惠規範。大量自治性、多元性社會團體聚合了兩岸間的物質、精神資源，在經濟、社會和政治生活中具有一定的影響力，而且能在政府無力或不願介入的社會領域裡發揮不容忽視的作用。在共同賑災方面，兩岸民間社會蘊藏著大量的社會資本與資源，功能性網絡是兩岸民眾利益表達的有效管道，有利於形成和擴大兩岸社會的規範和共識。象徵性網絡有利於兩岸人民共同道德和社會認同的形成，海峽兩岸圍繞著媽祖信仰進行的「媒介化」傳播，有利於群體內個人的社會認同，能夠在民間層面建構一種文化「共同體」。在兩岸關係和平發展背景下，通過兩岸社會民眾的密切交流與合作，本著民主、平等、協商的精神，鼓勵兩岸公民社會的橫向聯結，兩岸相關民間團體相互開放兩岸民眾成為會員，加強兩岸社團合作，共同培育兩岸之間的網絡社會資本，創造兩岸共同利益，維持兩岸民眾交往互動的和諧社會秩序。

信任可以為兩岸共同治理制度化創造合法性基礎，贏得兩岸民眾的認同和支持。普遍互惠的社會規範，有效地限制了機會主義行為，強化了人們對規則的遵守，為兩岸共同治理制度化提供有效的秩序保障。兩岸人民參與網絡是兩岸共同治理的互動平台，是制度化得以展開的重要社會基礎。重建兩岸社會信任、社會規範和社會網絡是實現有效兩岸治理制度化的關鍵要素，只有在蘊含豐富的社會資本的兩岸關係中才會具有團結、合作、自主、信任的公共精神，具有高度的參

與意識以及合作意識，才有可能形成對兩岸公共事務的兩岸治理格局。兩岸治理實現了權力向社會的回歸，促進了兩岸公民社會的發展，這在根本上有利於信任、規範和網絡的培育，加速了兩岸關係的制度化進度。

三、兩岸共同治理的制度化建設

兩岸共同治理是解決兩岸公共問題的一種方式，它通過建構包括政府、社會組織和民間自治行動在內的綜合治理主體，形成不同社群提供公共服務的行動體系。它的制度化建設基於一定的集體行動規則，通過相互博奕，相互調適，共同參與合作等互動關係，形成多樣化的兩岸公共事務管理模式。[11] 兩岸共同治理中信任、規範和公民參與網絡等的缺失可能帶來的嚴重後果是，許多政策會因合作、信任的缺失而造成政策過程的迷亂。從中觀層面來說，制度化的建立恰恰能使組織有效地聯繫起來，建立溝通理解和信任的組織機制，形成一種合作的社會結構。

1.兩岸合作提供的公共服務方向

相比於傳統社會，當前公共服務需求構成種類多樣化，內容表達個性化。從公共服務需求的總體規模看，兩岸公共服務需求總體上呈現出持續增加的趨勢；從公共服務需求的結構看，兩岸公共服務需求的內容也隨著兩岸關係的發展而出現變化。兩岸共同治理不是一個公共資源配置問題，而是公共服務再生產的政策領域的建構。重新塑造兩岸公共服務，兩岸公權力機關能夠集中處理兩岸關係中的服務管理和協調的事務，而由那些民間組織去從事具體的服務活動。在縱向管理結構上，兩岸公權力機關應減少對兩岸民間合作的直接干預，轉為通過合約和合約的法律形式對民間組織和合作進行監督、約束和管理。非營利組織在組織體制、組織結構以及活動方式上有很大的彈性，所以他們的合作在滿足不同層次的兩岸公共服務需求方面具有靈活性。從資源動員來看，一方面，涉兩岸非營利組織可以通過慈善性、公益性的募款活動籌集善款和吸納兩岸各種社會捐贈，從而動員兩岸社會的慈善捐贈資源；另一方面，可以發動兩岸社會各個方面的志願者參與到各種慈善公益活動或互助共益活動中，從而動員兩岸社會中的志願服務資源；從社會服務來看，涉兩岸非營利組織可以提供的公益服務空間未來將可能非

常廣闊。包括扶貧濟困、救災救濟、公益慈善、環境保護、公共衛生、文化教育等方面都可能是非營利組織開展公益服務較為集中的領域。

近年來,我們看到了在兩岸之間越來越多的非營利組織和非政府團體,包括研究機構、慈善機構、公民網絡、民族宗教團體等,越來越多的致力於從地方事務到兩岸事務,要解決一系列兩岸民眾關心的社會民生問題,諸如教育、衛生、醫療、文化、體育、社會保障甚至貧困、失業、犯罪等。多元化的服務需求一方面推動兩岸關係向扁平化和網絡化的方向發展;另一方面要求兩岸公權力機關提供多樣化的公共服務,並通過將部分職能轉移和權力共享等形式發揮民間組織的作用以滿足公共服務的個性化需求。同時,通過以兩岸公共服務項目導向性的方式,吸引兩岸社會力量的參與,提供跨界性協同的公共服務,提供兩岸公民需求為中心的整體性服務,包括建立和完善基礎設施,共同開發利用自然資源,共同整治和保護環境;加強教育、文化、衛生以及共同救援方面的行政聯合;營造人才流動、外貿出口、技術開發、招商引資等方面無差別待遇的政策環境等。

2.兩岸公共事務的協商平台架設

兩岸在互動交往中存在大量的共同事務,諸如兩岸海上運輸、兩岸兩會的商談等,在兩岸治理中,公共商議的合作治理將超越傳統的「唯機構論」思維。在兩岸中組織起公開、公正、透明、有效的決策網絡,鼓勵各種治理力量在兩岸公共事務相關的政策制定過程中展開策略博弈,以便形成統一的治理目標,促進集體行動。兩岸共同治理中的話語協商,以兩岸的共識話語為媒介,以兩岸人民的相互理解為前提,是基於理解達成共識的合作活動。兩岸共同治理結構有助於形成兩岸理想的話語環境,就在於利害相關的兩岸人民在協商之前,首先制定出為大家共同遵守的話語協商的程序原則和論辯規則,營造兩岸公共事務共同協商解決的和諧環境。從現有的經驗來看,兩岸公共事務聽證會、兩岸關係研討會、兩岸精英論壇、兩岸智囊論壇等,對兩岸民眾參與兩岸事務有積極作用。

兩岸公共事務協商平台建設應該從以下幾個方面進行:兩岸公權力機關在兩岸事務中的角色轉變,將更多的兩岸公共事務交由社會組織管理;建立健全大眾傳播媒介組織機構,形成健全、獨立、理性的多管道、多元的兩岸交流網路體

系；為各種兩岸事務的民間組織、諮詢智囊組織提供寬鬆和良好的發展環境，充分發揮其在表達民意、鼓勵兩岸民眾在兩岸公共事務上參政議政、培養兩岸民眾政治參與能力和形成政策決策意見等方面的重要作用。平台的效果取決於以下兩方面，一是看是否有理性的程序來保證兩岸民眾對於公共事務的參與，二是看兩岸民眾的參與程度是否對決策產生足夠的影響。讓兩岸民眾在沒有任何壓力的情況下自由、平等地對話和交流，共同參與探討什麼是兩岸未來最好的生活方式以及實現手段。

3.兩岸NGO政策網路管理模式建立

兩岸關係本身就是各行為體之間不斷博奕的過程，而政策網路的核心任務就是提高兩岸行為體之間的互動品質和水準，協調不同組織的戰略目標。政策網路是相互依賴的兩岸行動者之間某種程度上穩定的社會關係類型，在此基礎上形成政策NGO，政策網路是一種縱橫交錯、雙向互動、多元主體對話協商的自主網路，它所形成的社會自主協調、自我管理的形式，以及組織之間通過談判、協商、互助等重複博奕的過程，就能靈活地反映著非常多樣化的規章制度甚至個人態度，是兩岸共同治理制度化的基石。兩岸民間組織間更容易形成相互配合、相得益彰的關係，兩岸政府需要不斷促進兩岸教育、科學研究、文化、衛生、體育、環境等跨域合作治理；策略地管理夥伴協作網路以及各種治理形式、力量、機制之間的協作管道；同時更需要重視代表各階層利益的非政府組織、行業協會等兩岸民間社會組織的往來，促進兩岸人民的瞭解和認同。例如，金門和廈門之間的海域極其容易因為垃圾漂浮而給雙方帶來海岸環境問題。如果由兩岸公權力機關出面進行合作治理這一環境問題，可能還涉及政治問題，[12] 如果兩地的環保型民間組織通過對話協商共同推動進行治理，治理的效果更佳。

某個範圍內的兩岸NGO政策網路一旦形成，就意味著網路中的兩岸行動者之間建立起了某種結構關係，這種關係既包含著彼此對兩岸提供資源、共享利益的承諾，也包含了兩岸對資源、利益共享方式的預期和協商。但是這種關係通常會受到一些條件的限制，如兩岸政策網路本身的性質（比如是文化政策、環境政策還是教育政策？政策領域的不同決定了網路中行動者資源依賴、結構關係以及採

595

取行為策略的不同)、兩岸公權力機關各自擁有的資源(包括資金或服務基金、技術和管理技術、訊息等)、兩岸NGO各自的發展程度、資源依賴等。中國大陸的大型城市中政府行政權力從社會生活中逐步退出，社會組織團體有了更多活動的空間和經濟實力，政府和城市社會的關係由原本的垂直權力控制轉變為協調性的社會連動或契約關係。雖然中國大陸城市的NGO仍帶有一些政府主導的味道，但是優勢卻在於組織間更容易形成相互配合、相得益彰的關係。在兩岸進行合作時，充分利用大型NGO的管理能力和資源、利用小型NGO的社會滲透能力和靈活性，建立輻射型的兩岸公共服務網路體系。微觀上，為提高兩岸基層NGO的合作，應建立如各種基金會、社團聯合會等促進兩岸NGO合作的支持性機構和包括兩岸民間組織活動的訊息中心、評估中心和管理委員會等的監督性機構。在政策網路中，各種兩岸治理主體通過對話和協商，在各種集體選擇的兩岸論壇中交流訊息，談判目標，共享資源，減少分歧，並努力地增進合意，在改善互動關係的同時達成各方都可以接受的政策方案。

4.訊息交換和激勵機制

兩岸關係走入和平發展，社會資源呈現多元化態勢，隨著技術進步帶來的通訊便利以及公民責任意識的不斷增強，很多兩岸民間社團在教育、扶助弱勢人群、就業等方面合作，促進了兩岸關係中社會資本的形成和轉化。

首先，建立兩岸民間的訊息交換和回饋機制，促進兩岸各種治理力量為實現共同目標而在互依關係中反思性地修正自身的目標追求和治理實踐，保障多形式的治理機制在活動過程中行動協調。

其次，建立兩岸治理主體間的學習網路，組織起開放性的考察平台，推動兩岸各種治理力量深入瞭解彼此行動理性和認知模式的差異，以便在協作過程中互相適應或加強團結。

最後，兩岸公權力部門應充分重視社會資本在推動兩岸持續合作中的角色功能，不應對兩岸民間社團交流做太多尤其是制度方面的限制，大力促進兩岸民間交流形成規模效應。一方面繼續大陸惠臺的讓利，兩岸公權力機關促進民間交流的措施等。另一方面要注重發揮社會領域內價值尺度的作用。在兩岸持續合作實

踐中，要特別注重經濟類的物質激勵和價值文化類的非物質激勵相配合的激勵機制。

兩岸關係一旦創造了相關的制度原則，後者就開始獨立存在，它反過來塑造兩岸的未來行為。兩岸共同治理的制度化是一個過程，伴隨著兩岸關係的發展和社會化進度，給人們帶來身分建構和認同塑造方面的影響。兩岸共同治理就是採取包括政府、政黨、社會團體媒介等多軌治理模式，兩岸公權力之間、一方公權力與對方的民間組織、兩岸民間組織之間彼此進行著有效地合作共同參與兩岸的公共事務，目標是實現兩岸人民的共同利益。隨著兩岸關係的深入發展，更多兩岸民間組織之間的緊密合作，在不同領域的政策網路之間進行資源的轉移、配置和協調，形成涵蓋面更廣泛的網路體系，應對與處理在兩岸關係和平發展過程中可能大量出現的兩岸共同事務。當然，兩岸共同治理也存在自身的困境，比如不是所有的問題都適合用治理的方式，治理本身有合法性和有效性的問題，尤其是第三部門想擴大參與社會事務，但往往自身組織能力低下，與其他類型組織缺乏有效溝通。

注　釋

[1].全球治理委員會：《我們的全球夥伴關係》，牛津大學出版社1995年版，第2頁。

[2].張世傑：《公共治理機制：實現責任行政的途徑》，吉林大學博士學位論文2008年。

[3].黃顯中、何音：《公共治理的基本結構：模型的建構與應用》，《上海行政學院學報》2010年第2期。

[4].嚴安林：《四年來兩岸和平發展的啟示》，中國臺灣網，http://cse.special.taiwan.cn/2012/ecforum/jcfy/cjxnycyhz/yjg/201207/t20120728_286(2012年12月5日。

[5].劉國深：《試論和平發展背景下的兩岸共同治理》，《臺灣研究集刊》2009年第4期。

[6].詹姆斯·瑪奇、瓊·奧爾森：《國際政治秩序的制度動力》，轉引自彼得·卡贊斯坦、羅伯特·基歐漢、史蒂芬·卡拉斯編：《世界政治理論的探索與爭鳴》（秦亞青、蘇長和、門洪華魏玲譯），上海：上海世紀出版社2006年版，第366頁。

[7].李海龍：《跨大西洋安全關係的制度化》，山東大學博士學位論文，2010年。

[8].羅伯特·普特南：《使民主運轉起來》（王列等譯），江西人民出版社2001年版，第195頁。

[9].耿曙：《制度環境與協會效能：大陸臺商協會的個案研究》，《臺灣政治學刊》2007年第2期。

[10].嚴志蘭：《在閩臺商社會適應研究》，上海大學博士學位論文，2010年5月，第144頁。

[11].邁克爾·麥金尼斯：《多中心體制與地方公共經濟》（毛壽龍譯），上海三聯書店2000年版，第69頁。

[12].陳建民：《兩岸小三通議題研究》，臺北：秀威科技股份有限公司2008年版，第91頁。

推進兩岸文化交流制度化建設路徑探討

中國華藝廣播公司政策研究中心 郝晨

兩岸關係進入和平發展階段以來，文化交流數量逐步增多，規模不斷擴大，層次穩步提升，已成為推動兩岸關係良性發展重要互動平台，增進同胞情誼主要精神樞紐，在累積共識、增進互信、深入認同方面發揮了重要作用。但同時，兩岸文化交流仍缺少制度化保證與機制性建設，極待進一步拓展交流的深度與廣度。隨著兩岸關係和平發展進入鞏固深入新階段，應下大力氣推進兩岸文化交流制度化建設，建立規範化機制，築牢兩岸關係和平發展文化基礎。

一、當前兩岸文化交流成績與問題同樣突出

1.交流速度發展較快，但仍停滯兩岸經濟交流。近年來，兩岸文化交流在多個領域全方位推進，數量、速度逐年提升。

自1991至2008年的17年間，大陸應邀赴臺文化交流項目僅為4500多項，計44000多人次。

而僅2009至2010年，經文化部審批的兩岸文化交流項目就3000餘項、30000多人次，幾乎達到前十年的總和。[1]

尤其值得注意的是，2008年以來，兩岸文化創意產業交流合作規模持續攀升，兩岸從文創會切入，整合資源、建構平台，推動文化產業交流規模化發展。

海峽兩岸文博會自2008年創辦以來累計參展企業達1632家，簽約項目329個，金額近245億元。[2] 目前，兩岸已形成企業、民間社團、產業園區、消費者等共同參與，涉及表演、影視、旅遊、網路等多個領域的文創產業蓬勃發展態勢。但兩岸文化交流與經濟交流相比，無論數量、規模、深度等各方面都停滯許多。

2006至2010年底,兩岸貿易金額累計已達6131.4億美元,[3] 而僅2010年一年,兩岸貿易金額就達1453.7億美元。[4]「經貿往來當然是兩岸關係的重要一環,但即便是經貿往來也需要文化理解注入潤滑劑。政治難題的破解、軍事互信的建立、和平框架的形成,如果沒有文化的支撐,恐怕也會徒勞無功。盡快推動文化交流制度化有著不容忽視的現實意義」。[5]

2.交流規模迅速擴大,但「物質化」傾向嚴重。當前,兩岸文化交流規模發展迅速,各層次、各領域、各類別文化交流合作齊頭並進,多層次、多元化、寬幅射格局日益顯現。

從結構上看,2008年以來,兩岸文化交流從官方到基層,從工商企業到文藝團體,從代表性交流到一般性互訪,交流往來呈多層級、多元格局。大陸省市文化參訪團赴臺交流熱絡蓬勃,基層訪臺漸趨增多,兩岸非官方層面文化交流互動愈發牢固。

從領域上看,兩岸文化交流從單純的文學藝術領域逐漸向宗教、影視、出版等領域擴展。目前兩岸文化交流範圍已遍及文學、美術、音樂、戲曲、舞蹈、曲藝、雜技、文物、民俗、藝術教育和博物館等諸多層面。

從形式上看,兩岸文化交流平臺、品牌逐漸增多,成為兩岸文化交流的重要途徑。如兩岸文化論壇、媽祖信仰、黃帝祭奠、宗族譜牒等。

從主體上看,兩岸文化交流越來越注重傾斜基層,廣大基層民眾參與度大幅提高,各類活動民生色彩漸濃,民間文藝團體互動熱絡。特別是兩岸青年文化交流成為一大亮點,近兩年,已有數萬名臺灣青年學生參加了大陸各地各部門舉辦的文化交流活動,兩岸青年聯歡節、兩岸青年論壇、海峽青年論壇中不乏經典文化交流品牌,凝聚和帶動效應十分明顯。但兩岸文化交流仍存在「重文化市場輕文化內涵,重文化消費輕文化整合,重經濟文化輕精神文化」等現象,有些文化交流活動重商重利跡象明顯,貌似文化交流,實則商業營銷,背後主導的是經濟利益,「物質化」傾向嚴重,不利於兩岸社會融合,不利於尋求兩岸文化價值認同的共識與差異,更無法達到兩岸文化交流最終目標,即「在相互理解、相互尊重、包容差異、互利共贏、心靈相通中形成民族認同、國家認同,最終實現統

一」。[6]

3.交流融合逐步深入，但制約因素依然突顯。兩岸文化交流速度和規模迅猛發展，拉近了兩岸民眾心理距離，增加了相互理解信任，減少了隔閡矛盾，強化了親情認同，擴大了共識利益，不僅為兩岸未來進一步增進互信，共謀發展奠定了良好社會基礎，也在相當程度上確保了兩岸關係和平發展的長期正確方向。但兩岸文化差異客觀存在，臺灣民眾中華民族歷史記憶日趨淡化，島內政治局勢不穩，文化交流政策不對等及「文化臺獨」影響等制約兩岸文化交流深入開展的因素依然突出。

一是歷史因素。從日據臺灣到國民黨退臺執政，近百年時間，兩岸文化交流嚴重斷層，儘管中華文化仍然是「臺灣文化的根」，但受歷史環境影響，臺灣文化與大陸所傳承的中華文化已有一定差異。不少受西方文化思潮影響至深的臺灣民眾，至今仍對大陸文化傳承中諸多歷史挫折如「文革」等詬病頗多，極力批評大陸所謂「文化集權」、「文化專制」等弊端。此外，兩岸文化交流中因歷史、政治教育不同而產生的文化偏見，也加重了兩岸文化交流深入開展的困難。

二是「臺獨」因素。從李登輝到陳水扁，在臺灣推行了20年的「文化臺獨」教育，旨在割斷臺灣與中國大陸的文化聯繫，企圖為「臺獨」思潮與主張奠定文化基礎，其負面影響嚴重，混淆了島內民眾的文化認知，至今仍有不容忽視的民意基礎。

三是臺灣當局因素。2008年馬英九執政後，對「法理臺獨」、「文化臺獨」、「去中國化」教育等阻礙兩岸關係發展的論調、做法進行了一定程度遏止，中華文化認同、中華民族意識得到了部分恢復改善。但措施並不有力，尤其是對簽訂《兩岸文化交流協議》更是瞻前顧後、畏縮不前，甚至對民進黨統治時期編訂的「本土化教科書」等政策仍裝聾作啞，任其自然發展，限制了兩岸文化交流深入進行。

四是民眾認知因素。兩岸民眾對大陸與臺灣誰更能代表中華傳統文化，存在一定認知差異。很多臺灣民眾認為，只有臺灣的中華傳統文化保存最為完整，也最能代表中華文化。此外，兩岸選擇了不同政治社會制度，走上不同現代化發展

道路，民眾對當前中華文化現代化發展過程中表現出的不同差異也存在較大認知偏差。臺灣民眾甚至將大陸中國特色社會主義現代化文化視為中華傳統文化的「異化」。大陸也並不贊同臺灣過度依賴所謂西方民主、自由，過於強調「本土文化」的做法。

兩岸文化交流中的這種矛盾雖與異質文化衝突有本質區別，但若任其積聚發展，將不利於兩岸文化凝聚共識、建立信任感，極大阻礙兩岸文化交流深入推進。

五是制度因素。鄧小平在論及組織制度、工作制度問題時指出：「這些方面的制度好可以使壞人無法任意橫行，制度不好可以使好人無法充分做好事，甚至會走向反面」，「制度問題更帶有根本性、全局性、穩定性和長期性」。[7] 制度作為一種規範化方法，具有執行力的剛性特徵，一定範圍和特定時間內要求每個人都要遵守，其實質在於科學劃分責任，保證工作落實。理想的制度系統至少應該包括法律規範系統和工作制度系統。而兩岸文化交流至今沒有建構起完善的制度規範系統，仍處於「零敲碎打」、「分散作戰」、「一哄而上」狀態，隨意性較大，重點不突出，難以形成合力。是否具有完善健全的制度規範，已成為制約兩岸文化交流能否順利、有序、深入開展的瓶頸，應加大推進兩岸文化交流制度化建設步伐，循序漸進，先易後難，盡快簽署《兩岸文化交流協議》。

二、推進兩岸文化交流制度化建設的必然性

1.是兩岸關係和平發展的必然要求。當前，兩岸關係和平發展局面形成，為擴大和深入兩岸文化交流提供了機遇，為建構長效合作機制創造了條件。

一是兩岸文化交流有共同政治基礎。即當前兩岸執政黨都堅持一個中國，認同「九二共識」，國民黨承認兩岸同屬中華民族，同受中華文化教育薰陶，都承載著振興中華文化重任。

二是「兩岸社會一體化」步伐明顯加快。兩岸政治、經濟、文化、教育等各方面交流全面展開，帶動了兩岸一體化步伐，兩岸民眾共同生活、聯手創業、一起學習、分享文化、融合一體的可能性大大增加，現實性穩步實現，給兩岸文化交流提供了各種機會，為打破過去臺灣當局種種封鎖限制，全面推進兩岸文化交

流提供了廣闊舞台。

　　三是島內執政當局一定程度地主動作為。適應兩岸關係和平發展趨勢，因應島內民意需求，馬英九執政以來，運用公權力行政手段，動用多種社會資源，採取了部分停止「去中國化」的措舉，一定程度上恢復中華文化傳統教育，對推進兩岸文化交流合作表現了積極態度。[8]

　　四是兩岸對進一步推動文化交流合作都有較高意願。大陸方面，要「全面貫徹兩岸關係和平發展重要思想，鞏固和深入兩岸關係和平發展的政治、經濟、文化、社會基礎」，要「持續推進兩岸交流合作」，要「促進平等協商，加強制度建設」，持續推進兩岸交流合作離不開擴大文化交流，以增強一脈相承的民族認同，共同弘揚中華文化優秀傳統，牢固兩岸關係和平發展的文化基礎；臺灣方面，馬英九2012年11月6日宣示「三大工作重點」，第一點就是「擴大並深入兩岸交流，包括學生、文化及其他各方面未涉及的領域」，[9] 顯見臺灣當局推動兩岸文化交流意願較為強烈。就推進兩岸文化交流制度化建設而言，一個「化」字，更表明兩岸文化交流的制度建設是一個過程，仍在進行之中。[10] 而「所謂建立交流制度化，就是推動兩岸建立更為密切、經常性和規範性的聯繫與往來機制」。[11] 只有將兩岸文化交流納入規範化、制度化發展軌道，才能以制度的有力保障進一步促進文化交流合作，增強文化認同，拉近心理距離，減少隔閡誤解，形成共謀兩岸和平發展的社會文化基礎。

　　2.是深入開展兩岸文化交流的題中應有之意。兩岸文化交流取得了很大進展，但仍有很多欠缺，交流廣度與深度也還不夠，「大多數領域目前還遠沒有實現常態化、更談不上制度化」。[12] 兩岸文化部門尚無正常交流接觸，雙方各有考慮，交流合作多為區域性、局部性、短期性內容，缺乏統籌性、全局性、長遠性規劃，更談不上科學規範。交流機制長期缺位，交流政策措施不對等、交流規模不對稱、交流領域受限等問題無法得到很好處理，極待通過穩固交流平台，制度性文化交流解決上述問題。

　　一是利於兩岸文化交流全面對接。目前兩岸文化交流活動和項目仍處在自發階段，缺乏具體推行機制，交流活動嚴重同質化，限制了兩岸文化交流全面對

接。「從自發到自覺還需要對兩岸文化交流加以制度化安排」，[13] 加強兩岸文化交流機制化建設，促進兩岸進一步科學規劃文化交流，並逐步加以推動制度化建設，以利於兩岸文化交流更加廣泛、深入和持久。

二是利於減除政策阻力或人為障礙。當前兩岸交流，大陸與臺灣都存在一定的政策、人為因素影響，臺灣方面尤其突出。大陸知名演員張國立曾表示，「有位臺商找我拍廣告，在臺灣卻批不下來。因為臺灣要照顧本土演員利益，不允許大陸人單獨拍廣告。最後，我演皇帝，周圍站著三個臺灣演員扮演的兩妃子、一太監。後來我把廣告收入全部捐給臺灣慈善組織，就是想表示，這不是錢的事情」，他說「加強交流不是單方面的事情。這些也都是些次要問題。期待兩岸影視交流可以用更高的智慧，回到市場的考量，使之走向良性循環」。[14] 制度化的兩岸文化交流設計和安排，可以有效避免政策、人為等負面因素影響，有利於交流的深入和更加常態化的發展。

三是利於降低島內執政權輪替對兩岸文化交流的影響。國民黨、民進黨輪流執政已漸成臺灣政治常態。兩黨雖同屬臺灣政黨，代表根本利益並無二致，但在具體政策主張、所持立場、代表階層等方面卻存在一定甚至是相當的分歧。兩岸各領域交流合作若無制度性保障，一旦兩黨交替上台執政，極易導致政策連貫性不足、執行力有限、甚至顛覆前朝政策也不足為奇。只有建立兩岸文化交流機制，形成制度化安排，才能為兩岸文化交流提供可靠保證，謀求長遠穩固發展。

3.是適應兩岸簽署多項合作協議發展趨勢的主動作為。「兩岸關係和平發展有政治、經濟、文化、社會四個基礎。如果和平發展是一列火車，政治基礎是車頭，經濟基礎與文化基礎是兩個車輪。車頭決定方向、速度，車輪則決定是否行穩致遠。當前，經濟基礎有了ECFA，文化教育則顯得停滯。一個停滯於另一個，說輕了，行走受影響；說重了，可能會翻車」。[15] 目前，兩岸已簽署了十八項協議、達成了兩項共識，內容多集中於海運、空運、食品安全、金融合作、投資保護、檢驗檢疫、經濟合作等經濟領域，文化領域交流合作制度化建設明顯停滯。國民黨榮譽主席吳伯雄在第五屆兩岸經貿文化論壇開幕式上曾指出，「從經貿的角度看兩岸，大家追求的是經濟的利益，從文化的角度看兩岸，大家重視

的是品質與價值的問題,包括制度的改革,生活的方式,以及社會的活力與創造力等等。經貿與文化是連接兩岸的兩大橋樑,缺一不可,現在該是搭起文化橋樑的時候了」。文化引領時代風氣之先,雖然兩岸文化交流已取得長足進展,但與兩岸經濟交流發展相比,還有很大提升空間。隨著兩岸關係和平發展由開創期進入鞏固深入新階段,兩岸文化交流更需要一個宏觀、完整、科學的制度體系來為其健康發展提供嶄新動力,擬定發展藍圖,創造更為便利的發展條件與環境,確保兩岸文化交流更為順暢、有序、規範發展。[16] 當前應不失時機推進兩岸文化交流與合作,不斷提升兩岸中華文化的文化自覺、文化自信與文化自強,使兩岸關係和平發展的民意基礎更為牢固。

  4.是實現中華民族偉大復興的客觀需要。習近平同志指出:「每個人都有理想和追求,都有自己的夢想。現在,大家都在討論中國夢,我以為,實現中華民族偉大復興,就是中華民族近代以來最偉大的夢想。這個夢想,凝聚了幾代中國人的宿願,體現了中華民族和中國人民的整體利益,是每一個中華兒女的共同期盼。歷史告訴我們,每個人的前途命運都與國家和民族的前途命運緊密相連。國家好,民族好,大家才會好。實現中華民族偉大復興是一項光榮而艱鉅的事業,需要一代又一代中國人共同為之努力。空談誤國,實幹興邦。我們這一代共產黨人一定要承前啟後、繼往開來,把我們的黨建設好,團結全體中華兒女把我們國家建設好,把我們民族發展好,繼續朝著中華民族偉大復興的目標奮勇前進。」[17] 文化是民族的血脈、國家的靈魂,中華民族的偉大復興必然包含中華文化偉大復興的「合理內容」,臺灣文化無論怎樣呈現,怎樣「具有臺灣特色」,仍是中華文化不可分割的一部分,實現中華文化復興是兩岸的共識,是全體炎黃子孫的共同宿願,也是兩岸人民肩負的共同歷史責任。當前,大陸正在以更加開放的心態推進中華文化的發展和繁榮,臺灣也在多年的實踐中形成了頗具特色的文化成果,結合宏觀戰略視野與微觀建設經驗,兩岸更應彼此尊重,在尊重的基礎上擱置爭議,著力推進兩岸文化交流制度化建設,大力加強交流合作,建立兩岸共同文化市場,聯手把中華文化推向世界,共同提升中華文化競爭力。

三、推進兩岸文化交流制度化建設的可行性

1.兩岸關係和平發展為推進兩岸文化交流制度化建設提供了強勁發展動力。兩岸關係和平發展重要思想具有豐富內涵,指出了推動兩岸關係和平發展的政治基礎是堅持大陸和臺灣同屬一個中國,重要途徑是深入交流合作、推進協商談判,強大動力是促進兩岸同胞團結奮鬥,必要條件是反對「臺獨」分裂活動。在這一思想的基礎上,形成了「增進政治互信、推進經濟合作、加強文化交流、協商涉外事務、解決政治軍事問題」等六個方面政策主張,構成一個系統的體系。當前,兩岸關係和平發展已經進入鞏固和深入的新階段,應進一步鞏固和深入兩岸關係和平發展的政治、經濟、文化、社會基礎,始終堅持一個中國原則,持續推進兩岸交流合作,努力促進兩岸同胞團結奮鬥,堅決反對「臺獨」分裂圖謀。兩岸關係和平發展由開創期進入鞏固深入新階段,為未來深入兩岸文化交流與合作、共同弘揚和傳承中華文化帶來了新的機會。以剛剛過去的2012年為例,兩岸人員往來穩步擴大,各項交流有序推進,兩岸大交流局面持續鞏固深入。兩岸文化交流領域也取得了新進展:在臺舉辦兩岸非物質文化遺產月、兩岸城市藝術節、兩岸文化創意產業展、智慧的長河——會「動」的清明上河圖赴臺巡展、海峽兩岸圖書交易會、大陸圖書展等大型活動,在島內掀起兩岸文化交流熱潮。在大陸舉辦海峽兩岸文博會、海峽兩岸和港澳地區藝術論壇、海峽兩岸文物交流20年紀念活動、海峽兩岸影視季等品牌活動,鞏固並創新兩岸文化交流平台。兩岸圖書和版權交流持續擴大。兩岸大學校際交流繼續推進,同源大學合作更加深入。《兩岸常用詞典》已經出版,兩岸合作編纂中華語文工具書業已取得階段性成果。2013年,應充分利用兩岸關係和平發展有利態勢,下大力氣找準文化交流對接點,擴大人員往來規模,充實文化交流內涵,創新交流合作形式,優化交流往來政策環境,推進制度化建設,努力營造鼓勵和支持兩岸文化交流良好氛圍,推動交流合作更加廣泛、深入、持久和常態化地開展下去。

2.兩岸文化交流具體實踐為制度化建設累積了實際工作經驗。近年來,兩岸文化交流合作規模持續擴大,平台建設成效不斷彰顯,機構口頭合作日趨密切,總體呈現繁榮發展情勢,所取得的一系列成果、經驗及由此培育起來的民意支持,為未來兩岸文化交流走向正常化、制度化創造了有利條件。

一是兩岸文化交流合作模式日益多元化。從公權力機關到基層,從工商企業

到社會團體,從代表性交流到個人互訪,從舉辦論壇到聯誼活動,從城市口頭到領域對接,從架設平台到形成品牌,兩岸文化交流合作互動熱絡,並逐步發展出初步的制度化合作模式,如簽署備忘錄、達成協議、常態化組織活動、締結姐妹聯誼團體等,通過資源互通共享,在兩岸文化交流互動發展中發揮了極大功效。

二是兩岸文化交流組織建設取得長足進展。以大陸「中華文化聯誼會」與臺灣「文化總會」為主要單位,兩岸文化交流合作組織建設成績可喜,在整合兩岸文化業界力量、資源並開展交流合作方面發揮了積極作用。兩岸文化交流組織機構承擔具體工作職能,是推進兩岸文化交流主要主體,一方面為兩岸文化業界交流合作積極牽線搭橋、架設打造了廣闊平台。另一方面,也為解決兩岸文化交流實際問題困難提供一線服務保障。針對當前兩岸文化交流尚未實現常態化、制度化的現狀,兩岸文化交流組織機構應當進一步發揮服務保障作用,利用各自「在地優勢」著力解決實際問題,扮演好兩岸文化交流合作「搭橋人」、溝通協調「聯絡員」、問題攻堅「先鋒隊」角色。此外,作為具體組織機構,還應努力推動兩岸文化團體、個人、活動、領域等全方位交流合作,形成交流、交往的機制化管道,引領、推動、實現兩岸文化交流的常態化和制度化。

三是兩岸文化交流某些領域已呈現常態化發展態勢。兩岸文化交流儘管尚未簽署宏觀戰略層次的「文化交流協議」,但是許多具體領域和部門的合作已逐漸向常態化、制度化邁進,開始嘗試簽署專門領域活動交流合作協議。如海峽兩岸大學教育合作不斷深入,合作大學之間簽署了多種合作協議,兩岸學生交流與就學、學歷認證取得重大進展。兩岸合作多次舉辦相關文化論壇,逐漸形成了定期舉辦機制。近年來,兩岸先後建立的經貿文化論壇、客家高峰論壇、新聞與傳媒論壇、教育論壇與茶文化論壇等均定期、持續進行,逐步實現常態化,為促進兩岸文化交流合作制度化建設進行積極有益的探索。

3.兩岸簽署多項合作協議為兩岸文化交流制度化建設提供了可以摸得到的「過河石頭」。中國大陸改革開放有一句名言:「摸著石頭過河。」改革開放是前無古人的嶄新事業,沒有現成經驗可以借鑑,只能在不斷實踐中探索前進,在總結經驗中把握規律,積小勝為大勝,不斷接近理想目標。「摸著石頭過河」,

既是對中國改革開放過程的形象概括,也是富有中國特色、符合中國國情的改革方法。「摸著石頭過河」就是摸規律,摸到了石頭,過河心裡才能有底。掌握了規律,改革才能穩步推進。要尊重人民首創精神,鼓勵大膽試驗、大膽突破,發現規律、運用規律,進而更好地涉水渡河。兩岸自2008年以來已經簽署了十八項協議,達成了兩項共識,累積了相當的專業領域制度化建設經驗,形成了一套制度化建設的方法,特別是簽署ECFA的過程中,將兩岸高層關於經貿領域合作的宏觀思考同民間企業、社團、個人的微觀探索結合起來,注重協議的系統性、整體性、協同性,注重整體經貿領域的相互促進、良性互動,整體推進、重點突破,最終形成框架協議的制度化成果。推動兩岸文化交流合作制度化,應借鑑簽訂ECFA的成功經驗,比照兩岸經貿交流模式,從民間主導逐步上升半官方層級,促進分散民間交流方式逐步走向制度化,適時商討簽署具有官方性質的協議,推動兩岸文化交流由感性走動來往向理性交流合作跨越。

四、推進兩岸文化交流制度化建設的具體路徑

  1.繼續深入交流合作,不斷形成更多共識,厚實推進兩岸文化交流制度化建設的認識基礎。應充分發揮兩岸民間團體、學術機構和工商企業在文化交流合作中的優勢,廣泛開展演出、展覽、研討等活動,通過組織兩岸民眾共同祭祖、文化尋根、共度傳統節日、申請世界非物質遺產、開展歷史文化研討會、共同開發歷史文化景點、合拍歷史文化體裁影視作品、共建兩岸文化博物館、共推民俗文化繁榮、共設宗教聯合會、共辦孔子學院等多種形式,進一步加大兩岸文化交流合作力度,爭取形成更多共識。

  一是樹立正確的兩岸文化異同觀。中華文化博大精深,臺灣文化特色鮮明,但臺灣文化本質上仍是中華文化的一部分。兩岸文化「同中有異,異中有同」。正因為不同,更應通過加強兩岸經濟合作、人員往來、文化交流,形成共同生活圈、生活方式,促成兩岸語言、價值、文化的趨同化、同步化;更應通過復興中華文化的共同實踐,創造兩岸新的集體文化記憶。

  二是正確認識臺灣本土文化特質。臺灣在完成現代化轉型時,其社會文化也發生了巨大變化,本土化意識迅速高漲。作為本土認同感與鄉土情懷集中表現的

臺灣本土文化特質,本身是一種正常心理需求與正當情感訴求,與中國國家認同並行不悖。應充分瞭解臺灣獨特歷史文化脈絡和現實政治文化生態,客觀看待臺灣民眾歷史悲情,不應簡單地把「臺灣意識」理解為「臺獨」意識。應著力在學理上整理臺灣本土文化特質合理成分,將鄉土情懷導向對中國的國家認同。

三是努力構築兩岸共有的精神家園。共同的歷史記憶和共有的精神家園,構成兩岸同胞「同是中國人」認識的關鍵所在,是增強臺灣同胞中華民族認同和中國認同的核心內容。為拉近兩岸民眾情感,增強臺灣民眾中國認同,既要強化兩岸已有的共同記憶,還可選擇適當歷史文化議題,如抗日戰爭、辛亥革命、臺灣光復等,培養兩岸民眾共同歷史記憶。同時,通過加強兩岸文化交流,拓寬合作領域,增進共同利益,不斷消解兩岸差異性歷史記憶。

2.盡快互設文化交流辦事機構,為推進兩岸文化交流制度化建設架設工作平台。兩岸文化交流經年日久,近年發展尤為迅猛,呼喚兩岸文化主管部門提供更好、更全面的服務,雙方互設文化交流辦事機構的必要性和緊迫性日益突顯。兩岸互設文化交流辦事機構將有效架設兩岸文化界溝通交流平台,加強直接聯絡協調,保護兩岸文化團體、企業權益。應在平等互利、求同存異原則下,盡快建立文化交流辦事機構,針對兩岸文化交流與合作相關議題,持續進行深入、全面討論協商。具體負責整合各方力量與資源,組織、規劃、管理、推動、落實兩岸文化交流合作,處理與兩岸文化交流相關的服務、推廣和權益保護等事務,加強相關部門溝通、協調、配合,為推進兩岸文化交流制度化建設做好前期鋪陳工作。

3.循序漸進,先易後難,重點突破,穩步推進兩岸文化交流制度化建設。推進兩岸文化交流制度化建設,意即通過建立一整套完善的兩岸文化交流制度規範體系,對參與兩岸文化交流各方主體的行為加以規範,並利用制度規範的剛性特點調整兩岸文化交流所涉及各種社會關係,避免該項工作隨意性,使兩岸文化交流處於規範化運行狀態,獲得可持續發展。兩岸文化交流制度化建設是一項系統工程,既有整體性、原則性、框架性安排,以說明兩岸文化交流目的意義、基本原則、主體內容、實現途徑、運作機制、發展方向,也有相關具體領域合作內容,同時還需完善相關政策法規支持。牽涉環節眾多,所涉內容繁雜,甚至觸及

少數敏感問題。應分領域、分階段逐步推進。可選擇兩岸文化交流具備良好基礎、合作意願較高、且敏感性較少領域，如文化創意產業合作、藝術交流、文化遺產交流等領域先行先試，推動商簽相關協議，爭取實現兩岸文化交流各領域制度化建設全面對接。近期，可以兩岸文化創意產業交流制度化建設為突破口，開創性探索實踐制度化建設路徑。臺灣行政院定義文化創意產業為「源自創意或文化累積，通過智慧財產的形成與運用，具有創造財富與就業機會潛力，並促進整體生活環境提升的行業」，並將其範疇歸為十三項：「視覺藝術產業、音樂與表演藝術產業、文化展演設施產業、工藝產業、電影產業、出版產業、廣告產業、設計產業、設計品牌時尚產業、建築設計產業、創意生活產業、數字休閒娛樂產業」等；2004年，大陸將文化產業定義為：「為社會公眾提供文化、娛樂產品和服務的活動，以及與這些活動相關活動的集合」；聯合國教科文組織定義「文化產業」為「按照工業標準生產、再生產、儲存以及分配文化產品和服務的一系列活動」。[18] 無論怎樣定義，文化創意產業都是文化與經濟結合創意的產業，包含範圍甚廣。近年來，兩岸對文化創意產業都相當重視，通過相關政策法規將其提升到事關戰略地位與競爭實力的高度。2009年國務院公布《文化產業振興規劃》，將文化產業作為國家戰略產業之一。2010年1月，臺灣也通過了《文化創意產業發展法》，將多元文化資產作為臺灣競爭力之一。在兩岸公權力部門積極推動下，兩岸文化創意產業發展較快且各具特色。臺灣文化創意產業起步比大陸早，有一批素質較好的文化創意人才，既有深厚的中華文化基礎，又受西方文化影響呈現多元化特色。大陸文化創意產業雖比臺灣起步晚，但有巨大市場後盾，人才培養、平台建設、盈利空間發展後勁十足。當前，兩岸文化創意產業合作已成為兩岸文化交流領域新的焦點。兩岸有關部門從政策制定、平台建構等方面傾力推動，兩岸業界也積極響應。2009年7月舉辦第五屆兩岸經貿文化論壇，就深入兩岸文化創意產業合作提出了一系列具體建議，包括共同打造具有民族特色、風格、氣派和原創性的知名品牌；推動制定兩岸文化產業標準，建立溝通合作平台；合辦兩岸文化創意產業博覽會；在兩岸電視劇合拍、電視劇及電視節目之市場准許進入、影視演職人員交流等方面，積極探討擴大交流合作；建立兩岸出版交流機制，積極擴大出版物貿易與版權貿易，加強出版合作，並共同開拓海

外華文出版市場等；2011年9月，中華文化促進會與中華兩岸文化創意產業發展協會簽署《推動兩岸文化創意產業發展備忘錄》，邁出了兩岸文化創意產業交流合作的制度化建設重要步伐，提出通過聯合架設會議平台、創建兩岸文化創意產業交流基地、設立兩岸標誌性文化創意獎項等方式，共同促進兩岸文化創意產業互助共贏；2012年9月10日，海協會會長陳雲林率領「海協會文化創意產業和書畫藝術交流團」赴臺交流，著重瞭解雙方文化創意產業現況、未來合作、現存政策問題。2012年12月19日，首屆兩岸文化創意產業合作論壇在杭州舉行，來自北京故宮博物院、臺北故宮博物院、臺灣雲門舞集文教基金會、華誼兄弟傳媒集團等機構的兩岸專家學者、知名企業家共百餘人參會。兩岸文化創意產業領域一系列的交流合作動作，充分表明文化創意產業作為融合經濟、文化、技術元素再創新價值的新興產業，具有巨大社會效益與經濟效益，其先天具有的利益驅動特性，使兩岸業界具有共同將其做大做強的強烈願望與動力。可以預期，基於兩岸的積極推動和ECFA後續協商的制度保障，兩岸基於中華文化共同資產的文化創意產業合作，在創造兩岸經濟雙贏的同時，必將成為推進兩岸文化交流制度化建設的重要突破口。

注　釋

[1].統計數據來自筆者2012年7月11日至文化部對外文化聯絡局（港澳臺辦公室）臺灣處調研記錄。

[2].王瓊：《兩岸文教交流發展迅猛》，《兩岸關係》2012年第5期。

[3].國臺辦經濟局局長徐莽：《歷屆兩岸經貿文化論壇共同建議落實情況——在第七屆兩岸經貿文化論壇上的發言》，
http://www.gwytb.gov.cn/newsb/201105/t20110530_1869330.htm.

[4].國臺辦：《今年力促兩岸經濟交流合作深入發展》，
http://www.gwytb.gov.cn/newsb/201102/t20110216_1752155.htm.

[5].參閱上海臺灣研究所所長俞新天發言，載《人民日報》（海外版）2012年08月06日。

[6].參閱石勇：《當前兩岸文化交流中值得關注的幾個問題》，http://www.cassits.cn/zjlt/news_0228.html.

[7].《鄧小平文選》第二卷，人民出版社1994年10月第2版，第333頁。

[8].辛旗：《弘揚中華文化加強兩岸文化交流》，http://blog.huaxia.com/html/07/8407_itemid 2861.html.

[9].《馬：兩岸領導人無互訪急迫性》，《澳門日報》2012年11月07日，A08版。

[10].「化」字此處意為：「詞尾，放在名詞或形容詞後，表示轉變成某種性質或狀態」，載《新華字典》，商務印書館2004年1月第10版，第192頁。

[11].http://news.163.com/09/0712/13/5E1CCAIK000120GR.html.

[12].參閱北京聯合大學徐博東教授發言，載《人民日報》（海外版）2012年08月06日。

[13].朱靜濤：《兩岸文化交流呼籲制度保障》，http://www.chinataiwan.org/plzhx/zhjzhl/zhjlw/201301/t20130111_3537005.htm.

[14].張國立在第八屆兩岸經貿文化論壇上的發言，http://tw.people.com.cn/n/2012/0831/c14657-18882246.html.

[15].國臺辦副主任葉克冬發言，http://tw.people.com.cn/n/2012/0831/c14657-18882246.html.

[16].參閱文化部：《文化交流是兩岸關係持續發展的重要動力》，http://www.chinadaily.com.cn/dfpd/shizheng/2012-10/11/content_15810704.htm.

[17].新華社2012年11月29日。

[18].轉引自劉國奮：《擴大和深入兩岸文化交流合作之初探》，載《中國評論》月刊2011年4月號，總第160期。

兩岸簽署「文化ECFA」的路徑探索

中國臺灣網評論互動中心 趙靜

兩岸關係邁入核心區域，「易」的部分基本完成，「難」的部分卻越來越難。ECFA的一系列後續協調日漸難走，但畢竟已讓兩岸經濟交流步入了機制化正軌；而原本走在各項交流前面的兩岸文化交流卻舉步維艱，一直未有任何突破性進展。「推動兩岸關係和平發展的重要途徑是深入交流合作、推進協商談判」——兩岸關係和平發展重要思想同時也告訴我們：如果兩岸和平發展只是「經濟」一枝獨秀，兩岸的交流必將陷入只開花不結果的困局。以「文化」作為「經濟」和「政治」之間銜接的橋樑，一直是大陸促進兩岸關係的思考重點，臺灣方面最早提出簽署文化交流協議，態度卻日趨保守。兩岸簽署「文化ECFA（文化教育交流協議）」障礙重重，但也並非無可作為。

一、「文化ECFA」簽署之路障礙重重

2009年ECFA（兩岸經濟合作框架協議）簽署之後，大陸方面一直有意將文化教育等領域的交流合作排入兩岸協商議程，但卻一直未有實質性進展。為何兩岸文教協議的商簽，民間有意願，腳步卻緩慢？除了公認的「文化牽涉意識形態、不易達成共識」的原因，它的障礙其實遠遠不止這些。政治分歧、「臺獨」勢力、國際因素以及兩岸文化交流不平衡不對稱、受眾不夠廣泛等等，都嚴重制約著兩岸文化交流向更深層次「質」的飛躍。

（一）意識形態的困擾

1.認同問題

2008年以來兩岸關係實踐顯示，經濟交流與合作在不斷深入，但臺灣民眾的認同感並未有所提升。根據2013年1月31日臺灣指針民調公布的「臺灣民心動

態調查、統獨與中國印象」調查結果顯示：雖然有86.6%的臺灣民眾認為大陸強大、68.3%認為成功，但仍然有占多數的民眾認為大陸不值得信任（69.2%）、和我們不一樣（75.7%）、具威脅性（71.2%）；對「臺灣和大陸無論如何最後都應該要統一」的說法表示反對的有63.3%（22.7%有點不贊成、40.9%很不贊成），表示認同的僅有20.9%（5.9%很贊成、15%還算贊成），剩下的15.5%未表達意見。[1]

由於兩岸長期的歷史隔絕、臺灣「戒嚴」時期國民黨的「恐共」教育、「解嚴」後李登輝、陳水扁的「去中國化」影響，島內社會至今還存在許多有關認同的錯誤言論，諸如「臺灣民族論」、「海洋文化論」、「臺灣人一貫受外來統治」等。余克禮認為：當前兩岸雙方都要認真面對的是臺灣島內嚴重的認同危機問題，它造成島內的嚴重內耗，而且還會影響到兩岸關係和平發展的深度和廣度，更是突破兩岸政治僵局的巨大障礙。[2]

2.「文化臺獨」

「文化臺獨」指臺灣一部分妄想推行「臺獨」的人，以片面強調所謂文化「本土化」為號召，虛化中國文化在臺灣文化中的地位，從而達到其實行政治「臺獨」、實質「臺獨」的目的。[3] 李登輝、陳水扁在臺灣長達20年的執政期間，大力鼓吹「文化臺獨」，成為兩岸文化交流的重要障礙，它不僅弱化了臺灣民眾的民族認同、擾亂了臺灣民眾的價值取向、為「臺獨」營造了文化氛圍，甚至還有可能將兩岸引向戰爭。

臺灣輔英科技大學教授蘇嘉宏曾在島內呼籲「不能將臺灣和文化中國切斷」，他說：認同問題，如果將「中國」視同政治符號，也許可以討論是否認同，但如果中國是個文化歷史義理甚至血緣的符號，臺灣的所有都離不開中國文化，不但媽祖關帝爺是中國的，連「擲筊」也是中原本有，非臺灣獨有，尾牙和年後的春酒等亦然，不都是中華文化嗎？[4] 蘇教授的呼籲，正是從一個側面說明了臺灣普通民眾在「文化臺獨」熏染下的思想混亂，同時也表明：「文化臺獨」帶來的詬病必然需要由文化本身來醫治，如此才能治標又治本；只有進一步推進兩岸文化交流，才能用中華文化占領臺灣民眾的頭腦，進而認同中華文化與

和平統一。

3.交往還欠理性

據統計，2011年兩岸文化交流項目達3037起、12170人次；2012年兩岸文化交流繼續延續去年的勢頭，臺灣當局統計顯示，前三季度大陸民眾赴臺文教交流的人數近7萬人次，內容遍及文學、民俗、美術、音樂、非物質文化遺產、文化產業等領域。成績不可謂不大，但不盡如人意處也不少，比如「現在還有不少臺灣鄉親認為福建人都是閩南人，客家人就是廣東人」這些常識性謬誤；[5] 比如：大陸赴臺旅遊團首發在即，臺南市衛生局長卻說了一句很難聽的話「陸客走過的地方都會進行消毒」；再比如：大陸在新版護照中納入臺灣日月潭與清水斷崖等景點照卻引起臺灣方面「高聲抗議」、「三限六不」導致臺灣兩年來招收大陸學生生源慘淡以及大陸新娘在臺灣遭遇的歧視性對待……這些都反映出了兩岸無論公權力機關還是民間在交流時都還欠缺一些理性。

儘管近年來兩岸關係有了實質變化，但臺灣有關單位還是難免存有習慣性的防衛心理，無法在兩岸關係的處理上大開大闔，尤其對於框架性協議的簽署總是存有戒心，害怕被「鎖定」或「套牢」。臺灣學者龐建國在分析原因時指出：這其中有政治生態的束縛，也有行政體系本身的自我設限，使得某些行政幕僚提供給領導階層的訊息，容易帶有「敵情」意識，偏向於強調風險，並在研擬兩岸政策時採取比較保守的態度。但龐建國也說：在呼籲大陸多一些同情理解之際，臺灣方面也要務實地面對大形勢的演進，如果決策當局無法跳脫謹小慎微的決策模式，在臺灣遲疑猶豫的同時，大陸方面仍然會從全世界吸收進步的養分，走出自己的中華文化復興之路，而臺灣將在中國大陸文化復興的執著中逐漸邊緣化。[6]

（二）兩岸不同步：大陸「熱」臺灣「冷」

兩岸進行制度性的文教交流以至簽署協議不是一個新鮮話題，最早提出「文教、科技交流」議題的恰恰是臺灣方面，那是在1993年4月23日到26日，當時的臺灣海基會祕書長邱進益和海協會常務副會長唐樹備在新加坡會面為第一次辜汪會談做準備之時；隨後在第一次辜汪會談簽署的協議中，就有了與兩岸文教科技交流相關的文字。但隨著兩岸關係變化，這項議題沒有機會正式端上台面。

2005年4月29日「連胡會」發表的《兩岸和平發展共同願景》，提到國共兩黨的共同體認之一是「促進兩岸同胞的交流與往來，共同發揮中華文化，有助於消弭隔閡，增進互信，累積共識」，可謂在兩岸間重新啟動了制度性文化交流的思考。此後，大陸方面繼續在各種場合表達兩岸應該協商簽署文化協議的意思，但臺灣方面均採取冷處理態度。

臺灣「中華文化總會」會長劉兆玄2010年9月表示：「兩岸間文化合作還需要時間討論，需要累積經驗，因為文化範疇比經濟更廣泛，談出架構協議不容易」。

2011年1月臺當局「文建會」主委盛治仁聲稱，目前不需要簽署兩岸文化交流協議，「傾向於從個別議題入手，自然形成交流機制」。

直到龍應台2012年就任臺當局「文化部長」後，首次拋出希望召開「兩岸文化前瞻論壇」的構想，作為兩岸是否或如何簽署文化協議先期溝通的平台。

再到2013年1月23日，臺灣海基會董事長林中森在海基會年終記者會上表示：馬英九已強調要擴大兩岸交流的領域，因此不排除簽署任何兩岸交流的協議；只要臺灣需要、立法機構監督、民意支持，不排除簽署兩岸文化協議。[7] 相對於臺灣方面一直以來的「婉拒」，林中森此次言論被媒體解讀似乎意味臺灣的政策已然有所變化，同時也可以看出，兩岸在應該加強文化交流方面沒有異議，只是對於簽署「文化ECFA」的時間點還有待凝聚更多共識。

（三）「文化協議」本身的特性

除了以上障礙，文化議題「範疇比經濟更廣泛、更龐雜、更難以界定」這些「自帶」的難題，也是兩岸「文化ECFA」遲遲無法簽署的原因之一。再加上中華文化在兩岸各自發展60餘年、以致今日兩岸政治和意識形態差距都較大這些客觀情況，更增添一筆難度。

龍應台曾表示她擔心「文化ECFA」將會是一個「空泛」的協議，「因為協議必須有實質性的內容，如果只是空泛的、只講民族情感、中華文化之類的協議並不重要」。這個「擔心」正是說出了文化協議本身的難以界定，就好比觀念是

附著於人的頭腦之中的,我們很難簽訂一個規範觀念交流的協議,只要有人的接觸交往、有事的交流合作,就會有觀念的自然溝通、碰撞與相互影響,看上去實在沒必要用一紙協議來規範它。

二、困難雖多卻並非無可作為

很多學者評估認為:在臺灣經濟形勢日益緊張的情況下,馬英九第二任期勢必仍然以拚經濟、處理臺灣內部事務為主,兩岸關係和平發展格局雖會繼續維持但會採取守勢,所以大陸期望的和平協議、軍事互信機制等政治議題勢必無法突破。但筆者以為,這並不意味著兩岸在這段時間無可作為,作為經濟與政治之間的橋樑,簽署「文化ECFA」便是解開兩岸關係進一步前行困局的最好突破點,障礙仍然存在,卻並非「堅不可摧」。

(一)清除障礙,利好眾多

雖然本文在第一部分列舉了許多兩岸簽署「文化ECFA」的障礙所在,但其實它們的突破點也同時存在。例如那份臺灣指針民調公布的「臺灣民心動態調查、統獨與中國印象」調查結果,我們也能從中看到諸多積極面:在「強大與虛弱、成功與失敗、防衛優先與具攻擊性、願意合作與不願合作、可以預測與無法預測、值得信賴與不值得信賴、和我們相似與和我們不一樣、愛好和平與具威脅性」這8個面向的調查中,10年之間有4項明顯趨於改善或增加,另外4項的進展幅度相對較小而大致呈現持平;尤其是和2003年的調查相比,臺灣民眾在「願意合作」這個選項上改變最大,10年前只有13%的臺灣民眾願意和大陸合作,如今已經升到34%。這不僅顯示臺灣民眾認知兩岸交流對臺灣確實帶來正面幫助,同時也提醒我們,兩岸間只由經濟交流建立的關係基礎是不牢固的,必須加強兩岸同胞的文化交流,以增進兩岸同胞對中華文化的認同,擴大精神上的對話,才能從根本上保持這種密切關係。

至於「文化臺獨」,我們當然不能小看它的危害,但也得看到它的脆弱性。就在島內大力鼓吹「文化臺獨」的李扁執政期,臺灣參加各種國際文化活動時都拿阿美舞蹈、排灣雕刻、平埔檳榔等「本土特色」的原住民文化去展覽,但其影響遠遠無法與臺北故宮文物在海外巡展時所受到禮遇相比,這種刻意排斥中國文

化的做法慘遭失敗，恰恰證明了：只有承認臺灣文化是中國文化的一部分、真心擁抱和大力弘揚中國文化，才能給臺灣帶來經濟繁榮、文化振興、社會進步的精神動力。

　　特別是馬英九2008年上台後，「文化臺獨」勢力得到進一步遏止，「臺獨」在島內的話語霸權也被打破，馬當局以「兩岸合作促進臺灣經濟發展」的實踐為臺灣民眾建構出了有別於「臺獨」分子的另一種「愛臺灣」的方式，一方面臺灣族群、省籍動員方式的效力明顯減弱，另一方面島內社會動員中民生訴求的比例和人數不斷增加。最令人欣喜的是，「九二共識」成了「臺灣共識」，受到臺灣民眾廣泛接受，尤其是在2012年初的「二合一」選舉中，「九二共識」在最後時刻竟然成了關鍵議題，這是臺灣實行最高領導人直接選舉以來前所未有的新變化，甚至有臺灣媒體認為這場選舉是「九二共識」的勝利。根據臺灣「陸委會」2012年底公布的最新民調顯示，70.9%的臺灣民眾支持通過制度化協商處理兩岸交流問題。[8] 因此可以說，兩岸當前簽署「文化ECFA」是能得到臺灣主流民意認同與支持的。

　　（二）文化協議可「粗」可「細」，總有解決之道

　　雖然「文化協議」表面看上去不太容易談成一個包含一切的綜合性協議，但卻絕不意味著兩岸「文化ECFA」毫無簽署的可能，畢竟「協議」這個東西可以是微觀具體的規定，也可以是宏觀抽象的原則；既可以像實施細則一樣面面俱到，也可以只有提綱挈領的概要。就像ECFA是關於兩岸經濟合作的框架協議一樣，兩岸文教合作協議為什麼不能先是一個「框架」、然後再協商後續的具體細則呢？

　　至於龍應台的擔心，我們並不認為將來的兩岸「文化ECFA」會是其口中那樣一個「空泛的、只講民族情感、中華文化之類的協議」，隨著兩岸文化交流與產業合作的不斷深入，隨著涉及領域的不斷拓展，就像兩岸經濟合作一樣，文化交流中遇到的、極須制度化協商及相關體制保障的「實質性問題」必然逐步增多。例如臺灣樂團到大陸演出，需要大量樂器通關，雙方必須要協商海關監管甚至劇場、影院、電影配額等實際的問題；再如：大陸的文物能赴臺灣展出、而臺

北故宮的文物卻無法來大陸。這些問題都是實實在在、有很強現實性和緊迫性，需要兩岸盡快協商解決的具體議題。

（三）「誤解」在往「理解」的方向發展

一是臺灣方面應該能理解，大陸對於簽署「文化ECFA」的堅決態度，源於島內政治生態對於兩岸交流的巨大不確定性。

相比臺灣對「文化ECFA」的「冷」，大陸對於兩岸制度化建設的立場與政策一向積極與堅決，這其中一個很重要的原因，是歷經民進黨執政8年帶來的教訓，使大陸深切體認到兩岸建立制度化合作的重要性與迫切性。

由於臺灣週期性「大選」對兩岸關係產生的重大影響，讓很多政策無法得到延續。如果由認同「九二共識」的國民黨繼續執政，兩岸關係的發展較有保障，和平發展的前景可以期待；如果由一個不放棄「臺獨」路線的民進黨上台，兩岸關係將面臨新的變數、陷入新的動盪之中。[9] 而且有學者研究後指出：目前臺灣藍綠的選票基礎大致持平，今後任何一個政黨要想維持長期的優勢均非易事。鑒於國民黨和民進黨各有源於不同階層、不同地域的基本支持者，臺灣民眾在身分認同、統「獨」議題、兩岸關係、涉外關係方面存在較明顯的「藍、綠」分野，有理由預料政黨輪替將成為島內的政治常態。[10] 因此，唯有將文化交流制度化，才能徹底擺脫這些人為障礙，相信國民黨當局也不願看到，一旦臺灣換做民進黨執政，兩岸2008年以來的一切努力都回到原點。

二是兩岸都應該意識到：制度化交流是必然趨勢。臺灣淡江大學教授潘錫堂認為，只有簽訂文化的ECFA，才能讓兩岸文化交流有實質深入的進展。[11] 兩岸都應該認識到簽署「文化ECFA」是為了讓兩岸文化交流取得更加長遠、穩健的進展，取得更大的提升空間，越早簽署，兩岸就越早受益。特別是從現有的兩岸各項文化交流項目來看，的確存在著許多不均衡、不對等現象：教育領域，大陸積極開放，而臺灣還躊躕於陸生赴臺難題上；文學藝術領域交流較多，其他領域交流較少；人員限制，大陸赴臺交流人員規模遠大於臺灣赴大陸人員……相信島內從臺當局到民間也一定都有建構兩岸文化經常性、規範性聯繫與往來機制的意願，如此一定能更加有效地集中雙方資源、資金和智慧，減少政策性壁壘，讓兩

619

岸的文化交流更加順暢、合作更加廣泛。

三是兩岸都應該對自己有信心，放心大膽讓民眾自由交流。對於文化交流，臺灣島內的顧慮之聲一直未停，有一種聲音最具代表性：大陸要推動的兩岸交流是有計劃性的，將充分利用文化的政治功能來進行和平統一的「演變」。

其實，大陸從不諱言現今的兩岸各項交流都是為了將來的中國統一服務的。臺灣2012年「大選」後，大陸對臺工作重點轉為鞏固深入既有成果、爭取民心、全面厚實兩岸關係和平發展的基礎，同時努力開拓新局面，建構兩岸關係和平發展框架，讓和平發展的紅利惠及更多的普羅大眾，為實現中國和平統一大業創造有利條件。

「統一」是大陸從民間到政府的共識，臺灣當局常愛說自己的政策要聽民意的，所以也應該體諒到：大陸也有大陸的民意。目前來看，大陸的對臺政策與大陸的民意是高度重疊的：大陸民眾絕大多數贊成和平統一政策、反對「臺獨」、渴望中國早日統一，與大陸民眾接觸過的臺灣民眾，也一定都對此有所感知。所以筆者也在此呼籲臺灣當局多一份對大陸民意的理解，在兩岸交流中也能照顧到大陸民眾的感受，一定會讓兩岸的各項交流更加順暢。

無可諱言，兩岸關係和平發展進度也是一個兩岸互相爭取民心的博奕過程。如果說馬英九第一任期內的兩岸和平發展初級階段，是通過經貿合作實現共同利益，那麼在現在的後ECFA時期，兩岸應該有個共識就是致力於形塑共同價值，通過文化、教育、新聞等交流合作達成「兩岸和諧發展」，這其中的基本途徑就是簽署文教交流合作協議。文化制度化可以為經濟注入更多的活力，為政治，為兩岸人民間的情感融合造成更重要的作用，何樂不為？

三、兩岸「文化ECFA」可以先是一個框架

胡錦濤在紀念《告臺灣同胞書》30週年座談會中提出：「中華文化在臺灣根深葉茂，臺灣文化豐富了中華文化內涵」，準確地概括了臺灣文化和中華文化的關係：臺灣文化既以中華文化為主體，又具有多元化的面向。這不僅意味著兩岸文化交流比其他領域的交流更為複雜，更意味著兩岸文化交流需要一個常態化和制度化的保障。如今兩岸步入大交流、大合作、大發展階段，正是到了該給文

化交流一個保障的時候了。從以上分析可知，文化議題雖然千頭萬緒、可深可淺，但相比政治議題爭議性不大，而且具有連接情感、溝通思想、凝聚認同、彌合分歧、重建共同記憶的基礎性作用，所以堪稱當前兩岸最可優先有所作為的領域；雖然它的諸多議題在現實的影響下急不得，但在馬英九第二任期內簽訂一個大致的框架卻是可行的。「文化ECFA」與ECFA是不同領域的協議，但ECFA的模式和精神，也是文化教育交流協議的重要依據和參考。大量事實顯示，大陸和臺灣在文化交流方面已經累積了相當基礎與共識，「文化ECFA」可能涉及的面向千頭萬緒，但兩岸大可不必拘泥於細節，也不必強求面面俱到，先把大體框架簽好未嘗不可。兩岸「文化ECFA」是一份具有現實意義的功能性保障和促進協議，洽談過程本身就是一項複雜的、系統性工程，需要從中縷出一條清晰的脈絡。

（一）需要一個突破點：文化產業

「作為文化同源的一家人，兩岸在文化與產業的結合方面加強交流，開展文創產業合作，顯然具有天然的優勢和基礎，同時又順應了國際產業發展的潮流，應當成為雙方下一步加強和深入兩岸經濟合作的新的突破點和發展方向之一。」[12] 雖然王毅主任該話是針對兩岸經濟合作而言，但對於兩岸文化合作，筆者以為其亦能造成突破點的作用。文化產業被公認為21世紀經濟全球化時代的「朝陽產業」、「黃金產業」，兩岸都很重視文化產業，雙方先就具體的文化行業和文化產業簽署交流合作協議也無不可。

以文化產業作為簽署兩岸「文化ECFA」的突破點，可以優勢互補、互惠雙贏。臺灣文創產業起步早、經驗多，對中華傳統文化的繼承比較完整，同時注重文化產品與高新科技相結合，中西方文化結合得比較好，但其消費市場狹小、經濟效益不穩定、競爭過於激烈等侷限性也同時存在，後續發展存在不小隱憂。相對而言，大陸文化產業起步較晚，但發展的空間很大，後發優勢正在逐步顯現。雙方合作對每一方的經濟發展都是大有裨益，特別是將為2013年面臨諸多嚴峻挑戰的臺灣經濟帶來春風，這也是以文化產業作為兩岸「文化ECFA」的突破點，能夠被臺灣接受的原因之一。給文化插上翅膀，為產業注入靈魂，兩岸共同

努力，一定能提高中華文化在國際上的整體競爭力，共同展現中華文化在全球經濟一體化、世界文化大融合中的獨特魅力。

另一方面，經過幾年的發展，目前兩岸文化產業合作已經奠定了良好基礎。2012年7月召開的第八屆兩岸經貿文化論壇通過的17項共同建議中，有6項是具體促進兩岸文化交流以及推動兩岸文化產業制度化合作的建議。但兩岸文化產業合作具體涉及合作機制、當事人權利義務關係以及兩岸相關制度和法令等問題也是極待解決；此外，合作過程中也衍生出了許多具體問題，如影視和新聞出版領域頻繁出現的著作權、盜版等。這些都說明文化產業合作制度方面急需兩岸公權力部門協議給予保障，兩岸文化交流及產業合作確實有必要進一步加強制度化協商，以最大程度保護相關業者的積極性、創造性及合法權益。

（二）需要確定幾個原則

1.「九二共識」的原則

這是兩岸簽署一切協議的最基礎原則，在兩岸沒有找到比它更好的表述之前，「九二共識」在任何時候都不能丟棄。經驗證明，兩岸關係的發展是需要雙方有一個最基本的政治共識與互信的，那就是兩岸至少應堅守各自的現行法治，認同兩岸同屬一個國家，儘管這個國家由誰代表、如何代表，雙方尚存爭議，但可以討論。唯有堅守「九二共識」，兩岸各個方面的交流才能擁有一個穩定的政治環境。根據臺灣「陸委會」2012年底公布的最新民調顯示，超過半數（55.5%）的受訪民眾認同臺灣當局關於「九二共識」的政策立場；同時，亦有53.6%的民眾贊成以「九二共識」作為推動兩岸制度化協商的基礎。「陸委會」並表示，「九二共識」的精神就是「擱置爭議，務實協商」，4年多來不僅為兩岸制度化協商機制奠定基礎，也務實解決兩岸經濟、社會交流互動所衍生的各項問題。[13]

2.政府主導的原則

島內對於兩岸「文化ECFA」有一種聲音是，應該以「從下向上」的力量來完成，也就是民間發起並推動、政府才能出手。但筆者以為，現在兩岸大交流、大合作、大發展的局面已經很好的證明了：兩岸民間文化交流的「自發階段」已

然成熟,是該到了公權力部門出手將其引向「自覺」的時候了。沒有人懷疑:兩岸「文化ECFA」絕不會只著重在開拓文化產品市場的層面,而應該還有更高層次的意義,那就是兩岸攜手,在國際舞台上取得軟實力的話語權,弘揚中華文化的精義。而這些,都離不開兩岸公權力部門的主導、兩岸民眾的全心參與,公權力與民眾這兩個主體,在兩岸文化交流的自始至終都缺一不可。而且,兩岸的文化交流與大陸內部各地區間的文化交流不同,它關係到兩岸政治乃至兩岸關係的發展、關係到兩岸民族文化認同、關係到中國和平統一大業,所以必須由公權力機關發揮主導作用,在兩岸社會價值差異較大的情況下展開價值與思維對話,推動「和諧兩岸」的建構,由利益互惠的和平發展提升到價值對接的和諧發展,應該成為兩岸文化交流協議必須重點思考的方向。

3.「增進認同」的原則

使兩岸重新走向共同的中華民族認同、重新走向「兩岸同屬一中」的國家認同——這是兩岸文化交流本身所具屬性,所以兩岸「文化ECFA」的簽署也必然要以「增進認同」為原則之一。中臺辦副主任孫亞夫在2012年召開的「臺北會談」研討會上曾指出,認同與互信是兩岸關係中的基本問題,也是推動兩岸關係和平發展的基礎問題;大陸方面有足夠耐心進行溝通,解疑釋惑,增進理解,累積共識;同時兩岸的與會人士也都感到「認同與互信」問題對於兩岸關係和平發展的重要性。因此這個原則應該也是在兩岸間得到一致「認同」的。在此原則基礎上,希望臺灣方面能真正確立反「臺獨」的文化政策,大陸方面則需要通過努力與推動,增強中華民族的吸引力與凝聚力。

4.「擱置爭議、彼此尊重」的原則

兩岸文化交流合作一直秉持「先易後難、先個別後一般」的規律,例如,早在民進黨執政時召開的國共第三屆經貿文化論壇即提出了「積極促進兩岸教育交流與合作」的7項建議;2009年國民黨執政後召開的第五屆兩岸經貿文化論壇提出6大類29項共同建議中,促進兩岸文教、文創產業和新聞交流等的內容就占了5大類26項;兩岸簽署ECFA後召開的第六屆兩岸經貿文化論壇,提出的22項共同建議中有10項涉及兩岸文教交流合作的內容……如今,上述內容中許多都已取

得積極進展。今後的兩岸「文化ECFA」協商，同樣需要這樣的原則，暫時避開不易達成或有政治爭議的議題，也是一種智慧。上海交通大學兩岸文化產業合作基地負責人胡惠林教授說，兩岸文化界面對的不是彼此的挑戰，而是世界的挑戰，實現中華文化復興是兩岸的共識，大陸正在以更加開放的心態推進文化的發展和繁榮，臺灣文化界要抓住這個機會。大陸有宏觀的戰略和視野，臺灣有微觀的建設經驗，要彼此尊重，在尊重的基礎上建立兩岸共同的文化市場。兩岸文化交流的制度化也要靠擱置爭議、彼此尊重來確立。[14]

（三）需要規定一些責任與義務

兩岸「文化ECFA」的框架性協議裡，還需要確定雙方必須承擔的責任，以協議的形式規定兩岸公權力部門必須實施積極的文化政策，以杜絕兩岸文教交流遭遇政治壁壘的現象發生。

1.雙方有義務提供充足的資金。經費緊張是影響兩岸文化交流的一個突出問題，因此，兩岸公權力部門都有義務加大對文化交流的財政扶持力度，為兩岸民間組織和社會組織提供資金支持，為兩岸文化交流自然順暢發展解除後顧之憂。

2.確定兩岸文化部門牽線的組織架構。為防止多頭管理，雙方都有必要先確定好制定與主導文化政策的主管部門，同時確立在對岸互設民間文化辦事機構，以便更好合作並及時處理隨時產生的新問題。

3.規定雙方公權力機關有引導自身民眾如何理性看待對岸的義務，並從自身法治的層面來規範兩岸民眾之間的正常化交往。兩岸關係是人與人之間的關係，客觀看待對方以及對方的文化是需要兩岸都重視解決的課題。大陸文化與臺灣文化雖然都屬中華文化，但差異也不少，可說是各有千秋，所以兩岸都應摒棄「蔑視」的態度，要善於正視差異、尊重差異、引導差異。

4.雙方應對「中華文化在世界上塑造什麼樣的形象」達成共識，以便攜手推進。一個民族經濟的復興，必須帶來文化的復興；大陸方面關於「中華民族偉大復興」的提議，相信也是臺灣方面希望看到的局面，這必然需要兩岸共同在國際社會樹立起中華文化的時代形象。「和諧是中華文化的主流」，所以兩岸應該有共識：「倡導和睦、和諧、和平的『三和文明』，應當成為中華文化在世界上

的時代形象,將中華文化審美空間擴散到國際性文化通感。對此兩岸可攜手研究,共享成果。」[15]

（四）需要確定若干有待日後具體協商的面向

臺前「陸委會副主委」趙建民曾說,文化領域主要分為文教、文創和一般民間交流三部分。目前來說,兩岸文創領域的交流各項條件已經成熟,完全達到了簽署協議的地步,其他還有一些目前可以達成共識的面向,比如新聞交流、文物展覽、京劇等藝術交流、兩岸互相承認學歷等,都可以先行將具體措施寫入協議;其他更多目前還無法達成共識的內容,可以先大致列出需要日後協商的面向,以便等雙方有共識時再作為「文化ECFA」的附則。這樣做的好處:擱置爭議的同時,也為其他暫時沒有共識的交流面向贏得了更多凝聚共識的時間,不必因為一個小細節的談不攏,而影響整個「文化ECFA」遲遲無法簽署。

臺灣海基會副董事長高孔廉認為,在2014年之前,是兩岸發展的關鍵,因為2014年底將有「7合1」選舉,大約從2014年中就開始進入競選過程,一旦到了選舉,許多關於兩岸的討論都無法理性,因此未來的這1年半,將是關鍵期。[16] 大陸文化部副部長趙少華2012年8月在兩岸經貿文化論壇上建議,兩岸雙方應加快推動整體性、框架性的兩岸文化交流協議協商,同時從文化創意產業、文化遺產等具體領域著手,推動相關協議,爭取實現文化各領域行業兩岸全面對接。[17] 筆者以為,未來一年半的時間正是兩岸能否成功簽署「文化ECFA」的關鍵期,需要雙方在「九二共識」基礎上,以ECFA的商簽模式和精神,相互尊重、精誠合作,先簡後繁、先易後難,逐步解決,如此達成的協議,才能為雙方人民所認可。同時,臺灣也大可不必顧慮過多,先簽署一個「講原則、定義務」的框架性協議,各個面向的細則日後再加以追加,亦無不可。兩岸由於政治與社會體制的不同,意識形態存在很大差異,今天能夠進入和平發展的階段實屬難得,先簽署文教交流的框架協議,正是為了將這種難得的成果保持下來,相信國民黨當局也不願意看到島內再次政黨輪替後兩岸幾年來努力的交流成果付之東流。希望兩岸的文化教育交流盡快制度化,跟上民意的需求、追上時代的步伐,既為後ECFA時期兩岸關係的進度增添前進動力,又為無可避免的政治對話、政

625

治協商創造必要的條件。

注　釋

[1].臺灣今日新聞網，2013年1月31日。

[2].余克禮：《正視臺灣認同危機深入兩岸和平發展》，《中國評論》月刊2011年3月號。

[3].《臺灣名詞解讀——「文化臺獨」》，中國臺灣網，http://www.taiwan.cn/twzlk/twzhzh/zhzhtzh/200803/t20080320_609756.htm.

[4].《兩岸文化一體 不容拆解》，臺灣《旺報》2013年2月5日。

[5].《臺北福建同鄉會副理事長：臺灣鄉親瞭解大陸太少》，《福建日報》2013年1月22日。

[6].龐建國：《循序漸進，邁向兩岸制度化交流合作新境界——從文化協議談起》，全國臺灣研究會編：《兩岸關係：共識累積與政策創新學術研討會論文集》2012年，第279頁。

[7].《海基會董事長林中森：不排除簽兩岸文化協議》，中國新聞網2013年1月25日。

[8].《逾七成臺灣民眾支持制度化協商處理兩岸交流問題》，中國新聞網2012年12月14日。

[9].周志懷主編：《臺灣2011》，九州出版社2012年版，第9頁。

[10].林岡：《臺灣政黨體系發展趨勢探析》，《江蘇行政學院學報》2011年5期。

[11].《限制性思維困擾意識形態 文化ECFA呼之不出》，《人民日報》2012年8月6日。

[12].《王毅：加強兩岸文創產業合作有三個現實意義》，中國臺灣網2012年12月19日。

[13].《逾七成臺灣民眾支持制度化協商處理兩岸交流問題》，中國新聞網，2012年12月14日。

[14].《兩岸文化界人士呼籲 盡快建立兩岸文化交流機制》，《人民日報海外版》2012年7月10日。

[15].駱沙鳴：《加強兩岸文化交流合作 共塑中華文化時代形象》，新華網2012年3月11日。

[16].高孔廉：《兩岸發展需與時俱進 未來1年半是關鍵期》，中國新聞網2012年12月30日。

[17].《兩岸文化交流熱絡 深入仍需破局》，中國新聞網2012年12月25日。

兩岸文化教育互動新階段：發展與前瞻
——以高等教育互動的論述為中心

廈門大學臺灣研究院　張寶蓉

　　近幾年來，兩岸關係明顯朝向更加平穩和融洽的方向發展，兩岸局勢面臨著難得的歷史性機會。在這樣的大背景之下，兩岸文化教育互動也進入到一個全新的發展階段。在新的階段，「以中華傳統文化的繼承發揚為核心，以閩臺兩地地域文化的交流為特色，以兩岸教育、文學藝術的交流為主要內容，以歷史、學術、影視傳媒、出版、科技、武術等領域的互動為拓展，以兩岸間各類文化節、藝術展、學術研討會等為交流和展示平台，以兩岸文化創意產業的合作為亮點」的兩岸文化教育交流合作多元格局基本形成。兩岸文化教育該如何在已有良好互動的基礎上，創新思路，開闊視野，展布新局，共創兩岸文化教育互動的嶄新局面？兩岸文化教育往來中如何實現制度化發展，以便提高互動的穩定性、規範性、安全性、緊密性和可持續性，從而進一步擴大互動的規模、提升互動的水平？如何充分發揮文化教育在兩岸關係和平發展進度及中華文化整合與創新中的作用，進而為實現中華民族的偉大復興做出應有的貢獻，是值得兩岸社會各界人士尤其是兩岸文化教育界各位同仁認真思考的問題。本研究嘗試從目前兩岸文教往來中最為熱絡的領域即高等教育領域的論述入手，深入剖析其發展的歷史與現狀，目前面臨的主要問題及其破解路徑，以期為兩岸相關部門提供可借鑑的意見和建議。

一、兩岸高等教育互動的歷史回顧

　　30多年來，兩岸高等教育領域的互動經歷了一個從無到有、由單向到雙向、間接到直接、簡單到多元、無序到有序的漸進式發展過程。兩岸高等教育的

交流與合作得到了大幅度的改善和發展。具體而言，我們可以將這一歷史進度劃分成五個階段。

第一階段：初始階段（1978～1986年）

1978年，確立了改革開放的基本國策。1979年1月，全國人大常委會發表《告臺灣同胞書》，提出了「雙方盡快實現通航、通郵……進行學術、文化、體育、工藝觀摩」的基本精神，[1] 單方面率先開啟兩岸關係發展的新篇章。1981年，教育部、國務院華僑辦公室發出通知，歡迎華僑和港澳臺青年回內地參加高考，根據「來去自由」的政策，畢業後，可以回原住地就業，願意留在內地的由國家統一分配工作。1985年，教育部批准北京大學、清華大學、復旦大學、廈門大學、中山大學、華南理工大學等7所大學，聯合招收華僑、港、澳、臺學生。但這一時期，兩岸高等教育的互動屬於典型的單向推動階段，因為臺灣尚處於政治高度「戒嚴」時期，當局對大陸釋放出的善意採取僵硬、不理會的態度。兩地的學者交流主要是在第三地進行。

第二階段：起步階段（1987～1992年）

1987年7月，臺灣「戒嚴」解除並准許民眾赴大陸探親，宣告兩岸關係長達近40年的「冰河期」成為歷史。1988年，臺灣當局公布了《大陸傑出人士、海外學人及留學生來臺參觀訪問審查原則》，首度開放大陸學者等赴臺參訪。兩岸重新拉開了以人員往來為主的文化教育互動的序幕。1991年，李登輝強調：「辦理兩岸學人及留學生的交流活動，促進彼此的瞭解，化解雙方的敵意」，[2] 並要求「把兩岸文化交流，列為最優先項目」，其中，就包括兩岸學者和學生的交流。[3] 1992年，當局批准公立大學校長及公務員到大陸從事文教活動，並通過《兩岸學生交流作業要點》。隨後，當局又通過了《大陸地區專業人士來臺講學審查要點》等一系列推進兩岸高等教育雙向互動的積極政策。[4]

同期，國家教育委員會也於1987年頒布《關於對臺灣進行教育交流的若干規定》，為臺灣人民到大陸從事教育交流提供依據，並鼓勵兩岸輪流舉辦單邊或多邊學術研討會。基於以上政策，兩岸學者到對岸從事短期講學或研究，兩岸大學互辦學術研討會，高教界人士組團互訪，臺生赴大陸就學等成為這時期兩岸高

等教育的主要互動形式。自此，兩岸高等教育正式邁入雙向交流階段，即兩岸高等教育互動關係建立的初創期。

第三階段：推動階段（1993～2000年）

1993年，「辜汪會談」召開；1994年，臺灣當局公布《臺海關係說明書》，明確了「一個中國」的政策原則；1995年，「江八點」和「李六點」相繼頒布，實現了兩岸領導人的間接對話。兩岸關係出現了逐漸緩和的跡象。兩岸關係的發展使得文教交流也隨之蓬勃發展起來。兩岸高等教育互動規模逐步放大，管道持續拓寬。表現在：

（1）兩岸部分大學建立了穩定的校際合作關係。如北京大學與臺灣大學，清華大學與新竹清華大學，廈門大學與淡江大學等，雙方建立了交流關係，互聘學者講學，合作研究、出版合作、圖書資料交換、定期舉辦研討會及各類賽事、學校領導人互訪等。

（2）兩岸在校大學生交流形式更加多樣。包括參觀訪問、夏令營、研討會、文藝演出和體育比賽等。[5]

（3）來大陸大學就讀的臺生上升快速。據統計，1993年至2000年間，到大陸就讀的臺生呈直線上升趨勢。[6]

（4）兩岸大學學術交流更加活躍。譬如，臺灣「陸委會」特地設立了「中華發展基金」，推動兩岸學術互動，資助兩岸學者互訪和講學。

（5）臺灣當局首度擬定大陸學歷認可政策。臺灣教育主管部門把兩岸高等教育互動當成重點議題，積極研討《大陸學歷採認及檢復辦法》，著手為兩岸文化教育交流合作創設良好的制度環境。1999年，教育主管部門頒布《大陸地區文教專業人士及學生來臺從事文教活動審查要點》，負責審查大陸地區專業人士及學生赴臺事宜。但由於1998年起當局實行了所謂「戒急用忍」的大陸政策，企圖阻止兩岸教育文化交流的發展，兩岸高等教育的互動不可避免地受到牽制和影響。

第四階段：發展階段（2001～2007年）

由於2000年臺灣政黨輪替，民進黨及新上任地區領導人——陳水扁的種種言行使得兩岸政治關係一度陷入緊張對峙的狀態之中。因而，2001年以來，兩岸關係處於震盪發展的格局。這一時期，臺灣當局及教育主管部門在兩岸高等教育互動上採取了比較保守的態度，除了2004年臺灣教育當局頒布《各級學校與大陸學校締結聯盟或為書面約定之合作行為審查要點》，對與大陸學校簽署校際協議等進行相關規定外，就沒有其他積極措施頒布。相反，隨著兩岸高等教育多年的互動，兩岸民間各界尤其是經貿交流的增多，尤其面對兩岸相繼加入WTO的客觀現實，臺灣的大學、個人、相關中間機構對與大陸高教界的互動熱情空前高漲，加強與大陸高等教育的交流與合作成為了臺灣高等教育領域一股不可逆轉的潮流。據統計，自2002年到2005年，臺灣到大陸從事文教交流活動者已突破6萬人次。[7] 幾年來，大陸在兩岸高等教育互動上採取了更加積極主動、開放包容的態度。政府及教育主管部門一方面通過採取決定、報告、意見及工作通知等形式，宣布各類旨在加強兩岸高等教育互動的優惠措施；另一方面，大力協助民間、大學、組織和個人開展多種方式的對臺高等教育交流與合作活動。譬如，在入學與就業上對臺生實行同等待遇政策；承認臺灣的大學學歷，歡迎臺灣的大學到大陸招生；赴臺交流人數及項目持續增加；建立校際合作關係的大學數量穩步增長等。

　　第五階段：飛躍階段（2008年迄今）

　　2008年，臺灣政局發生變化，兩岸政治互動進入了一個前所未有的新階段。當前兩岸民眾、大學、學生及各類民間團體等對擴大交流與合作的訴求進一步提升，加之受國際或區域性跨境高等教育發展趨勢及兩岸高等教育內部改革與發展的影響，兩岸高等教育相互開放的程度、範圍、領域、層次等明顯放大，兩岸高等教育交流與合作持續升溫，進入了半個多世紀以來最快速、最熱絡、最緊密的時期。

　　大陸進一步加大對臺招生力度，擴增兩岸大學交換生數量。與2007年相比，2009年，大陸大學向臺灣招收本科生的院校數量迅速增加，其中，招收本科第一批次的院校從104所增加到119所；招收本科第二批次的院校從69所提高

到78所。2008年，大陸向臺灣招收研究生的院校總數高達131所，並主要集中在北京、上海、江蘇、湖北、廣東、遼寧等高等教育資源豐富的省、市。同時，對臺招生專業和招生人數也持續增加。

以廈門大學為例，目前，在校就讀的臺生多達292名，其中本科生176名，碩、博研究生106名，分別就讀於21個學院（研究院）、60個專業。2013年7月，教育部宣布「以後凡是參加臺灣大學入學考試學科能力測驗，且考試成績達到臺灣一流大學錄取標準（頂標級）的臺灣考生，可直接向大陸的大學申請就讀，經學校面試達到錄取標準即可入學」，無疑將會促使更多的臺生到大陸就讀。此外，增加交換生數量成為了當前兩岸學歷尚未互認情況下另一頗受大學和學生歡迎的互動形式。

建立穩定的校際合作關係成為兩岸大學互動的重要樞紐。截至2008年10月底，大陸的大學共有229所大學與臺灣的103所大學簽署了校際合作關係，占臺灣全部大學的2／3以上。[8] 到了2009年5月，據不完全統計，大陸的298所大學與臺灣的108所大學簽署了校際交流合作協議。[9]

兩岸大學嘗試聯合開創高級人才培養新模式。以福建省為例，2009年，閩臺兩地的高職院校開始實施「閩臺高職聯合培養人才項目」，首批招收3000名高考學生，涉及13所高職院校41個專業。這部分聯合培養的學生將接受「拼盤式教育」，在3年的高職院校學習中，赴臺灣相關的高等技職院校學習一個學期，開展「校校企」合作模式，主要目的是為在大陸的臺資企業「訂單式」培養高級技能型人才。[10]

此外，擴大兩岸大學學術交流和教師互訪、開展兩岸青年學生交流活動依然是當前兩岸高等教育互動的重要媒介。

就臺灣來說，尤其值得提及的是，新上任的執政黨及教育主管部門逐漸成為了推動兩岸高等教育互動的主導力量之一。比如，2008年，國民黨在競選地區領導人的「政策白皮書」中明確指出：「將藉由擴大兩岸學術及教育交流，展布新局，凝聚共識」，[11] 表明臺灣當局及國民黨對大陸的高等教育政策正有意朝向鬆綁、開放的方向推進。臺灣教育主管部門、「陸委會大陸工作小組」等也在

緊鑼密鼓地召開各種內部協調會議，開展各種民意調查活動，草擬有關高等教育對大陸開放政策等。因而，兩岸高等教育互動過程中存在的更多實質性的或根本性的問題如學歷互認、相互招生等議題被迅速提上議事日程。

其一，延長陸生赴臺進修年限，放寬大學境外辦學限制。2008年10月，臺灣行政院及「教育部」頒發的「大陸地區專業人士來臺從事專業活動許可辦法」、「各級學校與大陸地區學校締結聯盟或為書面約定之合作行為審查要點」及「大陸地區文教專業人士及學生來臺從事文教活動審查要點修正案」明確規定：大陸學生赴臺進修的期限由原先的4個月延長到1年，人數也由原來每學年數百人增加到1千人；放寬臺灣的大學赴境外（含大陸地區）辦理推廣教育教學的條件，取消境外推廣教育教學師資比例限制和學員修讀條件的限制。[12] 受惠於該政策的頒布，2009年9月，福建省首次大規模、成批次地組織十餘所大學的200名學生赴臺進行為期1年的學習。

其二，積極研擬大陸學歷認可政策，開放陸生赴臺求學。2008年9月20日，臺灣「教育部」公布「大學法」與「專科學校法」條文修正案，決定將大陸地區與港澳地區學生，比照僑生、蒙藏學生與外籍生，增列為「特種考生」，未來臺灣高等院校將可以援引此法源，以外加名額方式招收大陸學生。[13] 儘管臺灣當局在擬定承認大陸的大學學歷和允許大學到大陸招生的同時，還頒布各種限制性政策，如「三限六不」原則、「不溯及既往」原則等，限制重重、審慎慢行，但臺灣當局能夠順應兩岸社會發展的客觀形勢，重啟「兩岸學歷互認」等重要議題，說明在對待兩岸高等教育互動的問題上已經採取了更加務實、積極的態度。

二、新階段加強兩岸高等教育互動的必要性及面臨的若干問題

分析發現，與過去各個歷史階段不同的是，當前兩岸高等教育互動的內外部環境皆已呈現出積極向好的新態勢。從外部環境來看，當前兩岸關係迎來了和平發展的全新機會，彼此釋放出的互信逐漸替代了原先緊張的對峙氣氛，為進一步加強兩岸高等教育互動提供了廣闊的空間和可能。從內部發展來看，經過兩岸幾十年的努力，兩岸高等教育的往來已經累積了較為豐富的經驗，當前正在朝向常態化、規模化的全新發展階段邁進，為將來兩岸高等教育互動的制度化發展提供

內在需求及基礎條件。「以擴大學術交流和教師互訪為平台、以加強科學研究創新和課題聯合研究能力為動力、以建立穩定的校際合作關係為樞紐、以開展兩岸青年學生交流活動為媒介、以大陸推廣特色教育和招收臺灣學生為主要內容、以開創兩岸高級人才培養新模式為導向」的兩岸高等教育多元互動格局已經初步形成。

（一）新階段加強兩岸高等教育互動的必要性

新形勢下，加強兩岸高等教育的互動，無疑具有更加深遠的意義，因為，這是全球或區域高等教育交流與合作的重要發展趨勢，也是當前乃至今後兩岸高等教育充分利用彼此優勢、共同謀求發展的內在訴求和理性選擇，還是兩岸關係常態化發展、兩岸制度性經濟一體化及中華文化整合與創新的客觀需求。

1.增強交流，實現與國際或區域高等教育交流合作的對接

兩岸高等教育的互動屬於世界區域高等教育交流與合作或跨境高等教育的重要組成部分，不能獨立於高等教育全球化或跨境高等教育的發展大潮流。隨著經濟全球化與訊息化的迅猛發展，尤其是教育服務貿易的日益升溫，不同國家和地區都在謀求開拓高等教育的國際或區域市場、吸引留學生和境外學生、加強合作辦學、運用現代訊息技術實施遠距教育等。從當前國際高等教育交流與合作的發展態勢看，區域化的交流與合作或區域高等教育市場正在發揮著越來越重要的作用。各個區域高等教育市場都在努力完善區域內學歷、學位認證制度，加強區域內學生雙向流動等。儘管兩岸已於2001年、2002年相繼加入WTO，為兩岸高等教育制度化合作提供了法律依據、空間與平台，但時至今日，兩岸高等教育的互動基本都是在兩岸這一次級區域內進行，並未真正履行在WTO中簽署的有限開放高等教育的相關規定，與國際跨境高等教育的發展趨勢存在著明顯的脫鉤現象。顯然，探索和創新兩岸高等教育的互動方式，進一步淡化或破除交流與合作中存在的壁壘，是當前兩岸高等教育參與高等教育全球化進度的客觀要求。

2.深入合作，促進新時期兩岸高等教育的轉型與發展

深入兩岸高等教育的合作，互通有無，可以為解決兩岸高等教育發展中的出現的問題提供良好的平台，有效彌補兩岸高等教育發展中的區域差別，充分體現

資源優勢互補的局面，促進新時期兩岸高等教育的轉型與發展。改革開放以來，雖然大陸高等教育取得了快速的發展，高等教育規模從過去的精英階段向大眾化階段邁進，尤其是1999年以後，伴隨著大學擴招步伐的加快，高等教育在相當程度上滿足了社會的旺盛需求，在一定程度上適應了社會經濟發展的需要。但我們也發現，近年來大陸高等教育市場的供給不足與人們日益增長的多樣化教育需求之間的矛盾愈加突顯。對於臺灣來說，高等教育歷經半個多世紀的發展，其規模和速度在取得令人矚目的成績之後，也陷入到了發展的「瓶頸期」，高等教育發展過程中一些已顯現的及潛藏的矛盾與問題被進一步激發出來。比如說大學招生、就業、經費、管理等表象問題，以及高等教育功能迷思、資源稀缺等深層次問題都急需解決。因而，可以說，深入兩岸高等教育的合作與交流，是兩岸高等教育差異性發展的必然結果。如果兩岸能夠開拓思維，通力協作，無疑將為當前及今後兩岸高等教育彼此的轉型與發展造成積極的促進作用。

3.加快互動，推動兩岸制度性經濟一體化進度與文化的整合

教育尤其是高等教育不僅僅停留為經濟提供服務功能，還是促進經濟發展的基本要素。從當前兩岸經貿交流合作的發展趨勢看，尤其是「兩岸共同市場」、「兩岸更緊密經貿關係安排」、「三通時代」等熱門詞語的出現，標幟著兩岸經貿發展進入了更加緊密的時期，也說明越來越需要大量既掌握本行業專業知識和技能又熟悉兩岸社會、政治、經濟制度安排的人才。但從現有勞動力市場中人力資源的儲備來看，這樣的人才明顯欠缺。只有加快兩岸高等教育的雙向互動，加強高等教育與經濟界、科技界和企業界的結合，才能為兩岸經濟持續發展及制度性經濟一體化提供有力的人力資源和智力支持。

在兩岸長期分裂狀態下和在兩種不同社會制度下形成和發展的兩岸高等教育，不管是理念、制度、發展模式、管理、師資、政策等都存在較大差異，已經逐漸發展起各具特色的文化意涵。加強兩岸高等教育的互動以及高等教育的相互開放，有助於促進兩岸高等教育的相互認識、理解與包容，逐步建立起擁有「大中華」觀念的文化整合與創新形態，進而推進兩岸關係的正常化發展。

（二）新階段兩岸高等教育互動面臨的若干問題

當然，我們也要客觀地認識到，由於當前兩岸高等教育互動是在有限制的政策環境空間下進行的，兩岸高等教育領域的互動在取得較佳成績的同時，還面臨著諸多困境和約束。

1.「政治導向性」是影響兩岸高等教育互動可持續性的重要因素

一般而言，世界多數國家或地區之間高等教育的互動關係都是由政治、經濟、文化及教育自身等多種因素綜合作用的結果。但從當前國際或區域高等教育交流與合作的發展趨勢來看，隨著20世紀後期教育服務貿易在全球的日漸升溫，經濟力量已經逐漸成為推進國際或區域教育互動的主導力量之一。此外，他們之間的高等教育互動也大多遵循其內在的教育規律，深受內部高等教育改革與發展的影響，不以個人或政黨意志為轉移。

相比較之下，兩岸之間的高等教育互動關係呈現出明顯的特殊性，即「政治導向性」突顯。兩岸高等教育的溝通、交流與合作歷來作為兩岸關係的重要組成部分，甚至被視為兩岸關係發展的「溫度計」。因而，幾十年來，伴隨著兩岸關係的起伏跌宕，兩岸高等教育的互動領域、內容、形式、層次、範圍和程度等也隨之發生變化。即使是今天，兩岸高等教育互動同樣難以規避政治形勢變數帶來的不確定性，從而使得兩岸高等教育互動過程更加的複雜而多變，長期而艱鉅，最終導致兩岸高等教育互動缺乏穩定的發展環境和政策根基，兩岸高等教育相互開放的空間受到嚴重的擠壓和衝擊，兩岸民眾的根本利益也在一定程度上受到嚴重的影響。

2.兩岸高等教育互動中存在著明顯的非均衡性或不對等性

非均衡性或不對等性體現在兩岸高等教育互動的多個方面，具體有：

其一，兩岸互動的不對等性。在相互招生問題上的不對稱性是兩岸高等教育互動不對等的典型體現。就大陸而言，自1978年十一屆三中全會確立改革開放的基本國策以來，就始終秉承著積極主動、開放包容的基本態度來推進兩岸高等教育的互動進度，努力為兩岸高等教育相互開放創設各種有利條件。以「大陸大學招收臺生」為例，經過了數十年的探索，既在入學考試這一重要門檻上向臺灣學生開放，承認臺灣大考成績；也在就學過程中給予臺生享受獎學金、與大陸學

生同等收費等各種優惠政策；在就業這一「出口」上同樣對臺灣學生開放，允許臺灣學生在大陸就業。這有利於減輕臺灣學生及家長的負擔，保障臺生的合法權益。但就大陸學生赴臺的問題臺灣卻限制很多。臺灣對大陸高等教育開放政策基本上採取比較保守、封閉的態度，從而制約了兩岸高等教育的深入合作問題。

其二，高等教育與經貿領域互動的非均衡性。30年來，高等教育是兩岸之間最早展開互動的領域之一。但是，與經貿、財金、交通、航運等領域相比較，兩岸教育交流與合作的步伐遠遠停滯於這些領域的互動，尤其是經貿領域的互動。在兩岸關係的建構中，「政治對話」、「經貿關係安排」、「兩岸共同市場」等政治、經濟術語掌握了主流的話語權，高等教育始終處於依從的地位，缺乏主體性。或者說，高等教育自身在兩岸互動中陷入到了話語缺失的困境之中。

其三，高等教育內部互動的非均衡性。從上文的分析中，我們可以看出，人員往來與學術交流一直是兩岸高等教育的主要互動形式，尤其是教師互訪、講學與學生流動上。兩岸高等教育一些更加實質性、深層次的合作，如合作辦學、合辦專業、合建實驗室、聯合科技研究等項目尚未真正開展起來。

3.制度化缺失是阻礙兩岸高等教育互動的另一關鍵因素

雖然說兩岸高等教育互動在數量上已經頗具規模，從當前兩岸高等教育互動關係中的相關制度化建設來看，還遠沒有起步，整體合作水平與世界高等教育主要合作區域或合作次區域相比較，合作規模和程度都還遠遠落在後面，處於相對初級的階段。因為，現有的兩岸高等教育互動基本上都是在彼此允許的範圍之內，經過極有限的公權力授權，依靠民間、大學、機構及個人來推動發展，具有自由、鬆散、暫時性等特點，缺乏統整性和長效性。雖然兩岸專家、學者在各類學術研討會或其他公開場合表達了推動兩岸高等教育交流的主觀訴求；各界人士在兩岸政黨交流、兩會談判、政治對話、高層互訪中，廣泛和深入探討了兩岸高等教育進一步深入交流與合作的議題，但至今兩岸尚未對高等教育互動的相關規範簽署共同協議，也未對兩岸高等教育往來中存在的一些基礎性問題，如大學學歷學位互認、職業資格認證的對接、學分或課程的轉換等簽署相關文件。因而，已有的兩岸高等教育互動政策多數是單邊政策，缺乏兩岸的共同認可，所以很多

政策的執行效果並不彰顯。

當前，兩岸之間也沒有建立相應的機構或組織，專門負責兩岸高等教育往來中的規劃與激勵問題，或處理兩岸高等教育互動過程中出現的各類突發性問題或品質監管問題。總之，由於在兩岸高等教育交流與合作過程中長期以來缺乏有效的制度性支持與安排，缺乏政府間的直接對話和合作框架的指導，兩岸高等教育領域也就喪失了寬廣的溝通路徑與對話空間，導致兩岸交流無法朝向深度領域發展，也使得兩岸高等教育的互補性無法得到應有的挖掘和發揮，兩岸高等教育發展的依存度很低。

三、新階段兩岸高等教育互動的階段性目標及機制建構

那麼，當前及今後一段時間該如何加強兩岸高等教育的雙向互動？如何共創兩岸高等教育大合作、大交流的格局？顯然需要我們解決的問題很多。筆者認為，兩岸高等教育往來中如何實現制度化發展，以便提高互動的穩定性、規範性、安全性、緊密性和可持續性，從而進一步擴大互動的規模、提升互動的水平應是新階段必須解決的首要問題。一套相對完善的高等教育合作機制是達成這一目標的重要基礎。所謂合作機制，國際上公認的涵義是特定國際關係領域的一整套明示或默許的原則、規範、規則以及決策程序。[14]在兩岸社會互動過程中，經貿領域對合作機制的研究與實踐要比其他社會領域領先了一步，有些經驗值得我們參考和借鑑。南開大學經濟研究所所長曹小衡認為，「兩岸經濟合作機制」是指使兩岸經貿合作的制度化、規範化，是兩岸公權力機關共同制定或認可，有相關法律或政府公權力保證其執行的兩岸經貿合作的制度性安排。[15]

據此，我們可以把「兩岸高等教育合作機制」界定為，基於互惠互利、求同存異、優勢互補的原則基礎上，兩岸公權力機關或經公權力機關授權認可的組織、機構經過平等協商，共同制定、簽署並認可的一系列程序、規則、政策和組織制度，用以調節兩岸之間的高等教育互動關係。

（一）兩岸高等教育互動的階段性目標

建構高等教育合作機制的目的在於確保兩岸高等教育互動的順利進行。當前

兩岸高等教育的往來互動應該分階段、有重點的逐步推展（見表1）。相關機制的建立應該緊密配合不同階段的互動內容。

第一階段，為了實現兩岸高等教育互動正常化、規模化與制度化，應該進一步擴大兩岸往來的人員數、項目數。在繼續推動現有互動方式的基礎上，重點突破：

1.大學相互招生。兩岸大學在專科、本科及研究生各個層次都相互開放，並允許資助、獎學金、自費等多種教育成本分擔形式並存。

2.強調「成對」，即校際聯合。在當前兩岸高等教育合作制度化建設不足的情況下，以「成對」的方式，加強校際合作是非常值得提倡的互動方式，有利於合作院校雙方及時處理互動中出現的各種問題。雖然說當前兩岸簽署校際合作協議的大學數量多，但真正落實到位的少，應避免流於形式，並由重視教師、學生互訪的校際合作真正轉向學生聯合培養、合建實驗室和實訓基地、圖書資源共享等方面；要嘗試聯合進行課程開發，共同制定教學計劃和課程設置，統一進行教學管理。

3.推動「閩臺高等教育合作先行區」等試點工作的進行。

表1：兩岸高等教育互動的階段性目標

項目	第一階段	第二階段	第三階段
目標	正常化、制度化、規模化	由互動到互補增強依存度	建構兩岸暨港澳四地區域高等教育市場(海峽兩岸次區域市場)
互動形式	1.人員往來(教師講學、相互招生、學生互換等) 2.學術交流(會議研討、課題聯合、產品研發、合作出版等) 3.校際協議(除教師、學生互訪外,強調合辦專業、課程聯合開發、學生聯合培養、合建實驗室和實訓基地、圖書資源共享等) 4.青年學生聯誼(夏令營、各種比賽等)5.試點工作(如閩臺高等教育合作先行區)	1.繼續加強第一階段的各種合作 2.兩岸合作辦學 3.開發各種「線上課程」(on-line)或網路「課程包」 4.設立教育服務或代理機構	1.繼續推動第一、二階段的各種合作 2.兩岸高等教育理念、教育制度的溝通與融合
重點突破	相互招生、課題與科研的聯合攻關、合建實驗室和實訓基地、校際協議的落實	合辦獨立院校、教育服務或代理機構	

第二階段,在兩岸充分互動、彼此認識更加深入的基礎上,充分發揮兩岸高等教育的互補作用,增強兩岸高等教育發展的相互依存度。重點推動:

1.合作辦學,主要指聯合設立獨立院校。

2.積極培育高等教育中間服務機構,提供各種培訓或課程,互動領域由學歷高等教育拓寬到各種非虛學歷成人高等教育,開闢兩岸繼續教育的市場。

第三階段,實現兩岸教育理念、教育制度的真正溝通與交流,從而逐漸形成兩地教育全方位、多學科、多形式、多層次、多領域的合作格局。共同建構一個開放性、選擇性、競爭性、流動性、整合性並存的兩岸和港澳四地區域高等教育市場或海峽兩岸次區域高等教育市場。

(二)兩岸高等教育互動機制建構的主要內容

兩岸高等教育互動機制的建構涉及多方面的內容,也將會觸及到兩岸之間各種複雜的關係,因而,是一項複雜的系統工程。筆者認為,當前比較迫切需要建

構的兩岸高等教育互動機制具體應包括以下幾方面內容：

1.組織協調機制。基於兩岸特殊的行政區劃關係，建議建立由兩岸相關人士共同參與的「跨界治理組織」，或設置實體型或鬆散型的組織機構，如「兩岸高等教育交流合作委員會」或「兩岸高等教育合作組織」等，定期或不定期舉行會議，負責與兩岸主管部門或相關利益團體或個人之間的訊息溝通，商定兩岸高等教育互動中存在的相關事務，探討兩岸高等教育互動中的組織、規劃與激勵問題，確定兩岸交流與合作的共同目標，處理兩岸高等教育相互開放中可能出現的各類突發事件或危機，及時消除誤解，掃除兩岸高等教育互動過程中可能會產生的各種障礙。

2.政策規範機制。兩岸高等教育互動政策應該圍繞WTO的相關精神展開，真正履行兩岸在WTO中對於跨境交付、境外消費、商業存在、自然人流動等方面做出的有限開放的承諾，相互提供更大範圍或更加自由的高等教育互動政策。在此大的政策背景下，兩岸主管部門應盡快通過談判、協商，以協議或共同宣言等形式規定或規範兩岸間高等教育合作政策，積極研擬並頒布《兩岸高等教育交流與合作協議》或相關管理條例，明確雙方合作的目標、內容、實現路徑、合作方式以及雙方的權利和義務等一系列制度性規範，儘量避免在兩岸高等教育互動過程中人為地製造各種差別化待遇或服務貿易的外顯性限制與隱藏性限制。同時，還必須盡快頒布一些更加專門化、細化的協議或規定，如《海峽兩岸關於相互承認高等學校學歷、學位和文憑證書的協議》、《兩岸合作辦學細則》、《關於推進兩岸學術往來的相關規定》及其他有關的保護協議及爭端解決協議等，盡快降低兩岸人員往來的門檻。

3.品質監控機制。兩岸高等教育合作中涉及的品質監控應該包括對互動中的人員、項目或機構的全過程的品質監控。當前兩岸高等教育互動中有關人員、項目等的品質監控問題基本上是依賴於雙方事先的默許，因而顯得比較被動，具有一定的隨意性和盲目性。比如說在「入口」上，主要有三種途徑：

一是對雙方主管部門品質評估結果的認可，比如，大陸在尋找臺灣的合作大學時，會參考臺灣大學在系所評鑑中的表現，臺灣則會關心大陸合作方是否為

「985」或「211」工程的大學,以及大學或專業的排名情況等。

二是通過一些資料、報導等對合作方的相關辦學水平或資質進行判斷,比如說雙方院校提供的有關課程內容、教學資源、師資等。

三是通過與第三方的比較中來判斷合作方的品質。在「過程」和「出口」上則完全由教育輸入方負責。因而,兩岸之間必須共同建立一套比較科學合理的品質監控體系,或者培育大學品質認證的中間機構,以確保每一個合作項目的運行及其結果都能達到雙方共同認定的品質標準。

4.法律保障機制。為了使兩岸高等教育的互動更加穩定、順利地進行,兩岸有必要在其他一切具體運行機制的基礎上建立一套明確的法律制度保障體系。比如,在合作辦學、學生就學與就業、智慧財產權、聯合進行科學研究與技術開發等方面。這是促進兩岸高等教育合作升級的需要,也是化解一些技術性矛盾、增進共識的必然要求。

注　釋

[1].《告臺灣同胞書》,《人民日報》1979年1月1日。

[2].曾文昌:《臺灣當前大陸教育政策之研究》,臺灣政治大學博士學位論文,2007年,第2頁。

[3].陳怡樺:《大陸學歷採認政策的環境與延宕因素之研究》,臺灣銘傳大學碩士學位論文,2004年,第67頁。

[4].肖真美:《海峽兩岸教育界之交流》,《中國大陸研究》1998年第3期,第70～71頁。

[5].張亞:《1978年以來海峽兩岸文化交流的歷史進度和思考》,中共中央黨校碩士學位論文,2005年,第22頁。

[6].李立、閻炳辰:《促進兩岸教育交流合作　奠定中華民族繁榮基石》,《臺聲》2007年第6期,第23頁。

[7].曾文昌:《臺灣當前大陸教育政策之研究》,臺灣政治大學博士學位論

文,2007年,第46頁。

[8].周兆軍、劉舒凌:《逾六成臺灣高校與大陸高校簽署校際合作協議》,中國法院網,http://www.chinacourt.org/html/article/200811/24/331986.shtml,2008-11-24。

[9].來建強:《海峽兩岸已有 400 多所高校簽署校際交流合作協議》,新華網,http://news.xinhuanet.com/tw/2009-05/17/content_11392073.htm,2009-05-17。

[10].《福建省教育廳關於公布閩臺高職聯合培養人才項目的通知》,福建省教育廳網站,http://www.fjedu.gov.cn/html/2009/06/379_49382.html,2009-06-02。

[11].《馬英九競選政策白皮書》第七條政件。

[12].黃冠超、倪鈺琦:《促進兩岸文教交流 放寬陸生來臺研修及大學赴大陸辦理推廣教育》,臺灣「教育部」網站http://www.edu.tw/mainland/index.aspx,2008-10-21。

[13].徐和謙:《臺灣高校將向大陸學生開放》,《財經》2008年9月。

[14].李玉潭:《東北亞區域經濟發展與合作機制創新研究》,吉林人民出版社2006年5月版,第30頁。

[15].曹小衡:《兩岸經貿關係現狀與經濟合作機制內涵探討》,《兩岸關係》2009年第1期,第43頁。

國家圖書館出版品預行編目(CIP)資料

兩岸經濟關係與政治關係的互動路徑 / 周志懷 主編. -- 第一版.
-- 臺北市 : : 崧博出版 : 崧燁文化發行, 2019.02
　　面 ；　公分
POD版
ISBN 978-957-735-658-1(平裝)

1.兩岸關係 2.文集

573.09　　　　108001807

書　　名：兩岸經濟關係與政治關係的互動路徑
作　　者：周志懷　主編
發行人：黃振庭
出版者：崧博出版事業有限公司
發行者：崧燁文化事業有限公司
E-mail：sonbookservice@gmail.com
粉絲頁　　　　　　網　址：
地　　址：台北市中正區重慶南路一段六十一號八樓815室
8F.-815, No.61, Sec. 1, Chongqing S. Rd., Zhongzheng
Dist., Taipei City 100, Taiwan (R.O.C.)
電　　話：(02)2370-3310　傳　真：(02) 2370-3210
總經銷：紅螞蟻圖書有限公司
地　　址：台北市內湖區舊宗路二段121巷19號
電　　話：02-2795-3656　傳真：02-2795-4100　網址：
印　　刷：京峯彩色印刷有限公司（京峰數位）

　　本書版權為九州出版社所有授權崧博出版事業股份有限公司獨家發行電子書及繁體書繁體字版。若有其他相關權利及授權需求請與本公司聯繫。
定價：1050元
發行日期：2019年 02 月第一版
◎ 本書以POD印製發行